高等院校“十二五”规划教材·工商管理大类系列

管理学

主　编　刘亚臣
副主编　周鲜华　刘　颖
　　　　张　嵩　岳文赫

哈尔滨工业大学出版社

内 容 简 介

本书是高等院校“十二五”规划教材工商管理大类系列中的一本。本书采用篇章结构编写。主要内容包括：第一篇总论：管理学概论、管理者、管理环境、管理者必备的知识；第二篇计划：计划的基础、计划管理过程及技术方法、战略性计划、预测、决策；第三篇组织：组织体系、组织的整合与层级化、人力资源管理、组织文化和组织变革与发展；第四篇领导：领导、激励、沟通；第五篇控制：控制原理、控制过程。每章配有案例分析和思考题。

本书吸收了国内外先进的管理理论与实践成果，注重管理的创新性和本土化，具有新颖、丰富、系统性强等特点。

本书可作为高等院校经济管理、工商管理大类等专业本科生及MBA、EMBA等研究生教材，也可作为政府、现代企业和公司、管理干部学院等培训教材，还可供管理者和准备做管理者的广大读者自学使用。

图书在版编目(CIP)数据

管理学/刘亚臣主编.—哈尔滨：哈尔滨工业大学出版社，2012.5(2021.8重印)
高等院校“十二五”规划教材·工商管理大类系列
ISBN 978-7-5603-3467-7

Ⅰ.①管… Ⅱ.①刘… Ⅲ.①管理学-高等学校-教材 Ⅳ.①C93

中国版本图书馆CIP数据核字(2011)第280734号

策划编辑 田新华
责任编辑 田新华 宋福君
封面设计 刘长友 思 华
出版发行 哈尔滨工业大学出版社
社 址 哈尔滨市南岗区复华四道街10号 邮编150006
传 真 0451-86414749
网 址 http://hitpress.hit.edu.cn
印 刷 哈尔滨圣铂印刷有限公司
开 本 787mm×1092mm 1/16 印张 22.25 字数 625千字
版 次 2012年5月第1版 2021年8月第4次印刷
书 号 ISBN 978-7-5603-3467-7
定 价 68.00元

高等院校“十二五”规划教材·工商管理大类系列

编　委　会

序

2008年国际金融危机以来，带着对经济发展模式的反思及后金融危机时代的思考，美国、欧洲等发达国家将“再工业化”作为重塑竞争优势的重要战略，通过大力发展先进制造业，重新回归实体经济，创造新的经济增长点。发达国家实施“再工业化”战略将对我国的工业化产生巨大的影响，我国与发达国家之间的竞争将更加激烈，竞争的根本则是教育和人才的竞争。美国工程院院长查尔斯·韦斯特指出：“拥有最好工程人才和管理人才的国家占据着经济竞争和产业优势的核心地位。”很多国家都将工程科技人才与管理人才的培养提升到国家战略的高度。

工商管理作为管理科学的重要基础和分支，是一门运用管理科学和工程技术，综合研究企业活动的交叉性、应用性的学科，直接支撑现代工业化和产业化的发展，研究如何运用现代管理的方法和手段来进行有效的企业管理和经营决策。作为我国特色发展的学科门类设置，广义的工商管理包含的领域很多，下设的二级专业各具特色，主要包括工商管理、市场营销、会计学、财务管理、人力资源管理、旅游管理等。

目前，国内高校的工商管理专业都在实行“大类招生，后期分流”的培养模式，这种培养模式的实施源于美国“通识教育”的理念。每当美国高等教育出现危机、面临迅速变化时，通识教育总是被看做应付这些挑战、进行革新的催化剂。哈佛大学在300多年的历史中，围绕着通识教育的推行，有过四次大的改革。中国现代意义上的大学是从西方引进的，通识教育与大学制度一道也被引进。

工商管理“大类招生，后期分流”的教育模式在强化对学生的综合能力、基础方法、广博知识和自我选择能力培养的基础上，造就视野开阔、综合素质高、基础理论扎实、专业技能突出、发展后劲强大的复合型人才。为了满足工商管理大类培养模式的需求，作为以工科专业教育为主和以土木建筑学科为特色的沈阳建筑大学对工商管理学科的教育内容体系与教学管理体系进行了全新的体现特色、面向应用的“基于工作过程”的调整与整合：从人才培养目标与规格，到专业教学计划，从课程组织到选课制度建设，从教师的教育观念转变到教学能力提高等，均把特色、实践和应用作为专业教育和培养人才的基点。当然，教材建设是教学系列改革中的核心要素，是体现和落实教育理念和设想的主要载体。教材是教师授课的取材之源，也是学生求知的学习之本，没有优秀的适用教材，就没有优秀的专业教学质量，也就没有优秀的定位清晰的应用型高等专业教育。

本套系列教材在哈尔滨工业大学出版社的大力倡导和策划下，由沈阳建筑大学发起，邀请哈尔滨工业大学、大连理工大学、东北大学、辽宁大学、辽宁工业大学、辽宁石油化工大学等东北地区部分高校以及暨南大学的专家组成了工商管理大类系列教材编委会，由沈阳建筑大学管理学院院长刘亚臣教授任主任委员。在编委会的精心组织下，通过编委们的辛勤劳动，本着成熟一本推出一本的开放的原则，将在许多优秀专业教师“发黄而厚重”的讲义的基础上，陆续提炼、扩展，出版能够完整涵盖工商管理大类学科知识体系的一系列精品教材。

本套系列教材的编写与出版，既源于基础和实践又面向未来。我们力争站在全新的发展起点上，准确把握“卓越管理工程师”的理念，深度跟进我国工商界对管理人才的需求和国际高等教育的发展趋势，构建布局合理、结构优化、类型多样、主动适应经济社会发展需要的直面应用的现代高等工商管理大类教材体系。本套“高等院校‘十二五’规划教材·工商管理大类系列”第一批主要包括：《会计学》（非专业用）、《初级会计学》、《中级财务会计》、《统计学》、《会计电算化》、《税收筹划》、《财务分析学》、《经济法概论》、《组织行为学》、《论语导读》、《管理学》、《市场营销》、《会计专业英语》、《成本会计》、《企业战略管理》、《人力资源管理》、《管理学原理与应用》、《管理心理学原理与应用》、《市场营销学原理与应用》、《电子商务》等20种教材。

本套系列教材的编写，力求最大限度地汲取工商管理大类相关学科的最新研究成果，强化现代工商管理基本理论知识的科学性、系统性以及操作技术的针对性和实用性。为了帮助学生加深对教材的理解和掌握，每本教材大都配有学习指导书，它既是教师的好助手，又是学生的好向导。

本套系列教材的顺利出版，要感谢沈阳建筑大学等8所高校领导和教师们的大力支持，感谢哈尔滨工业大学出版社的鼎力帮助，感谢所有主编与参编的精诚合作，感谢所有相关兄弟院校同仁们的友好协作与真诚关怀！

尽管我们做了较长时间的准备，所有编写人员付出了艰辛的劳动，但由于编写人员学识有限，难免有不妥与疏漏之处，恳请读者不吝赐教，以便在今后修订时予以更正和完善。

高等院校“十二五”规划教材·工商管理大类系列 **编委会**

2011年6月

前　言

管理学是一门指导有组织的人从事管理工作的科学，管理学有假设和自己的规定性，有原理，更有应用，是基于资源有效配置和整合的组织行为，是所有管理学科的基础与核心；管理学是一门具有艺术性的学科，管理学不像数学，只要给出一定的条件，按照一定的方法就能得出确定的结果，即使在已知条件完全相同时，有可能产生截然不同的结果，人脑的决策是最高级的艺术行为，管理在我们身边。对很多人，管理学是一门应用性学科，管理者要想实施有效的管理活动，不仅要掌握一定的管理知识和理论，而且 要能熟练灵活地将所掌握的管理知识用于实践。学习、借鉴、实践，发展有中国特色的适用性管理学并以之教导学生一直是我们的不懈追求。此次，我们以刘亚臣教授主编的《现代管理学概论》（辽宁大学出版社，1996）和《管理学》（中国电力出版社，2008）为基础编写，并借“工商管理大类”系列教材编写出版的契机，再一次组织精兵强将，对多年的教学体会、知识积累、实践经验和读者反馈进行了认真分析论证，重新整合。现今，一本力争诠释管理学基础与应用的全新《管理学》教材重整旗鼓，整装出发了。

中国 30 多年的改革经验开放告诉我们，中国的管理必须植根于中国的管理实践，中国的管理文化，中国的发展需要！经济越发展，管理越重要；社会越发展，管理更重要。三十多年，我国的 GDP 增长当属世界最快，这其中必有管理的功劳，管理的发展是和生产力发展同行的且是必需的。回想改革开放初期，我们主要是学习西方先进的管理理论，而现在，已经到了我们可以总结自己管理经验并将其升华为理论的时候了。农业时代，中国曾经有过辉煌，那时中国的管理思想也是领先的；工业时代，我们落伍了；现在是知识经济时代，我们又赶上来了。我们的管理也赶上来了，而且正在以坚定自信的步伐走向世界著名高校的讲坛。可以说，我们的管理到了应该“顶天立地”的时候了。所谓“顶天”，就是我们要有自己原创的有高度的理论；所谓“立地”就是我们的管理理论植根于中国的管理实践。学习和借鉴是必须的，传统和历史已是基础的一部分，但关键是“适合”和“对路”，基于这种认识，我们追寻中国改革开放的步伐，总结积累中国改革开放的成功经验，并将之编进教材。因此，密切结合中国的管理实践是本书的第一大特色。

目前有的《管理学》教科书，把创新看做是一种管理职能，我们认为创新不是一个独立的管理职能，它应该贯穿于整个管理过程，计划中有创新、组织中有创新、领导中有创新，控制中也有创新，它在全部管理的 4 种职能中起乘数作用。本书共分四篇，十八章，我们在每一篇的章节安排、内容建构、知识整合的过程中都融入创新的元素。如第一篇中，我们专门开辟一章，着重介绍当前管理者应该具备的前沿知识。可见，本书的第二大特色是创新深植于整部教材的每一篇。

本书的根基是我们的大学本科基础管理课程 18 年教学实践和一线教师讲授《管理学》

多年的发黄的讲义。一般说来，学习这门课程的学生没有工作经历，很少接触管理领域。因此，我们尽量不局限于对管理人员所从事的工作进行简单的描述和分析。我们努力用学生能听得懂的语言讲解管理的基本问题，并结合学生能够触手可及的身边实例讲解管理的基本原理。因此，通俗易懂、知行并重和案例运用彰显了本书的第三大特色。

本书由沈阳建筑大学管理学院刘亚臣教授主编，周鲜华、刘颖、张嵩、岳文赫为副主编。本教材由主编提出总体思路、框架及详细编写计划、参与写作，并最后定稿；参加初稿写作的有：周鲜华（一、二、三、四章）、刘颖（五、六、七、八、九章）、张嵩（十、十一、十二、十三章）、岳文赫（十四、十五、十六、十七、十八章）。

为了使广大读者更好地了解、领会和把握全书各章节的主要思想和知识点，本书在开篇设有本章关键词，各章后均附有思考题以及大量的案例和管理名家名言引述。本教材配有专门的学习指导书。

本书在编写过程中参考了国内外一些已出版和发表的著作和文献，以及专家学者的论述和建议，吸取和采纳了一些经典的和最新的实践及研究成果，在此一并表示衷心感谢！

由于作者水平及视野的限制，本书定有不足和疏漏之处，诚恳希望广大专家和读者给予出指正和建议，以便今后进一步完善和提高。

编　者

2011 年 2 月

目　　录

第一篇　总论

第二篇　计划

第三篇 组织

第四篇　领导

第五篇　控制

第一篇　总论

第一章　管理学概述

◆**本章关键词**

1. 管理　2. 管理的性质　3. 计划　4. 组织　5. 指挥　6. 协调　7. 控制
8. 管理学研究方法　9. 管理学简史　10. 管理发展趋势

第一节　管理的研究对象

一、管理的定义

差在哪?

一家有姐妹两个孩子,妹妹总是穿姐姐穿剩的衣服。新学期又开始了,妹妹找出一件姐姐穿过的裤子,让妈妈帮她剪下去二寸缝好,妈妈说工作忙你找奶奶帮你改吧。妹妹找到奶奶,让奶奶帮她剪下去二寸缝好,奶奶正打牌呢,让她找姐姐帮她改。妹妹又找到姐姐,让姐姐帮她剪下去二寸缝好,姐姐也忙着准备开学,说你找妈妈帮你改吧。能找的三个人都找过了,妹妹不知道再找谁了。到了晚上,妈妈想到小女儿的不容易,抽空把裤子剪了二寸缝上了。奶奶心疼小孙女,又把裤子剪了二寸缝上了。姐姐心疼妹妹,又把裤子剪了二寸缝上了。结果裤子短得不能穿了。

你觉得什么地方出了问题?

这个故事源自前苏联管理学家波波夫的著作《管理理论问题》,反映了管理的一般规律,即管理就是协调,它要求命令的统一、责任的落实等。这个地球上的任何组织,从国家到省、市、企业、医院、邮局、教会、学校,都有可能发生类似的事情。可见,管理无处不在,无时不在。

管理学是一门古老的艺术,年轻的科学。因为管理活动自古就有,但管理学作为一门科学只有百年的历史。管理学是近百年来社会科学中发展最快的学科,近30年在我国更是发展最快的社会科学学科。近百年来,世界上大多数国家都经历了前所未有的繁荣,近30年来,我国经济一直高速增长,人们生活水平空前提高。这和管理的大发展不是偶然的巧合,而是管理水平提高的必然结果。

那么,如何理解管理的定义呢?不同学者有不同的理解和诠释。

(一)不同学者对管理的理解

(1)福莱特(Follett,1942)把管理描述为"通过其他人来完成工作的艺术"。这一定义把管理视作艺术,它强调了人的因素在管理中的重要性。但要想对管理有个较全面的了解,这一定义显然是不够的。

(2)罗宾斯和库尔塔(Robbins and C. oultar)认为,"管理这一术语是指和其他人一起并且通过其他人来有效地完成工作的过程。"这一定义把管理视作过程,它既强调了人的因素,又强调了管理的双重目标:既要完成工作,又要讲究效率。

(3)刘易斯等人(Lewis,Goodman and Fandt)指出,"管理是指有效支配和协调资源,并努力实现组织目标的过程。”这一定义与前面的定义大同小异，所不同的只是它立足于组织资源。

(4)普伦基特和阿特纳(Plunkett and Attner)把管理者定义为“对资源的使用进行分配和监督的人员”。在此基础上，他们把管理定义为“一个或多个管理者单独或集体通过行使相关职能(计划、组织、人员配备、领导和控制)和利用各种资源(信息、原材料、货币和人员)来制定并实现目标的活动。”这一定义比前面的定义更加具体，突出了管理的职能。

(5)徐国华等指出，管理是“通过计划、组织、控制、激励和领导等环节来协调人力、物力和财力资源，以期更好地达成组织目标的过程”。这一定义有三层含义：第一层含义说明，管理有五种职能——计划、组织、控制、激励和领导。第二层含义是第一层含义所要达到的目的，即通过采取上述措施来协调人力、物力和财力资源。第三层含义又是第二层含义所要达到的目的，即通过协调人力、物力和财力资源来更好地达成组织目标。以上三个层次环环相扣，构成一个有机整体。

(6)杨文士和张雁认为，管理是指“组织中的管理者通过实施计划、组织、人员配备、指导与领导、控制等职能来协调他人的活动，使他人同自己一起实现既定目标的活动过程。”该定义与前一定义没有本质区别，只不过它只强调人的作用，而忽视了对其他资源的作用。

(二)本书对管理的定义

管理是在一定组织范围内，为了实现特定的目标对所拥有或控制的资源进行的有效整合。

理解这个定义有3个要点：

(1)管理者手中必有若干资源。如小孩管理自己的玩具和零花钱，家庭主妇管理家里的收入；公司经理管理公司的人、财、物、信息和关系；市长管理一市的人力资源和自然资源，总理管理一国的人力资源和自然资源。

(2)管理的本质是整合。整合通俗地说就是“协调”或“配置”，相同的资源通过不同的整合或配置，这会产生不同的结果。

(3)管理追求最佳的整合或配置效果。追求最佳是管理的目标，但最佳很难达到。当代管理只追求满意的结果，并不追求最佳，这是赫伯特·西蒙对我们的忠告，黄有光甚至告诉我们追求“第三优”。

在农业经济时代和工业经济时代，人类整合的主要是有形资源，如土地、机器设备、厂房和原材料等。如今人类已进入了知识经济时代，管理整合的资源除了有形资源之外，主要还有无形资源，如创意、品牌、知识产权等。

二、管理的性质

一般的，管理的属性包括自然属性和社会属性。自然属性是与生产力相联系的，指管理满足社会劳动的一般要求，目的是发展生产力；管理的社会属性是和生产关系、社会制度相联系的，体现为维护生产关系，实现特定的生产目的。

本书在此基础上，认为管理还具有以下几个重要性质。

(一)管理学本质上是一门实践性科学

管理学研究的目的是为了指导管理实践，如果不能指导实践，单纯的管理理论研究是没有任何意义的。管理学中有一个学派是经验学派，该学派否定任何现存的管理理论，只关注成功组织的经验，从总结成功组织的经验中得出自己的能指导其他组织成功的管理理论。

(二)管理的主要对象是人

管理是无所不包的，但管理的主要对象是人。人是世界上最复杂的动物，管理起来也是最难的。人是不同的，观察一下你的邻居或你周围的人，只要你的观察对象是10个，就会发现这10个人有不同的性格特点。人的特性还会随时间、环境的变化而变化。所有这些都增加了管理的难度。

(三)管理学既是一门科学,也是一门艺术

管理学是一门科学,表现在它自己的假设、假说等公理体系,大量地应用数学模型和计算机。但管理学还是一门艺术,无论自身的公理体系多么完备,数学模型多么精确,计算机应用多么广泛,永远也不会向自然科学那么精确,永远没有一个标准答案,永远不能纳入一个固定的最佳模式中。

(四)管理的原理是相通的

中国哲人老子的观点“治大国若烹小鲜”与国外“治国如织袜”的说法如出一辙。其共同意思是:管理的道理是相通的,治理一个国家和做你最擅长的那件事道理是一样的。无论你擅长的那件事是什么,都是资源整合问题,都是管理。“烹小鲜”是管理,“织袜”也是管理。

三、学习管理的目的

就个人而言,一个人的一生都需要管理。管理个人就是整合个人的各种能力、收入和关系,整合得好,这个人就成功;反之,就不成功。很多天分很高的人,由于对自身管理得不好,一生没有什么大的成就,而很多天赋平平的人,由于自我管理得好,获得了重大的成功。

就一个组织而言,它一定有各种各样的资源,如人力资源、财力资源、物力资源、信息资源等,管理得好,这个组织就会发展壮大,管理得不好,就可能解体、破产。当今世界是一个组织林立的世界,资源差的组织可能发展得很好,资源好的组织却可能发展很慢,究其原因,都是管理上的差异。

就一个城市而言,它的资源主要是它的人口和自然资源,发展得快慢、好坏都是管理上的问题。200年前,纽约还不大,现在发展成为世界上最现代化的都市,甚至这个城市的犯罪水平都是世界最高的。我国改革开放前,深圳是一个小渔村,20年后,一跃成为一座现代化城市。

就一个国家而言,管理得好,就能成为发达国家,管理不好,就难摆脱落后挨打的局面。从世界历史看,真正的全球性超级大国,只有英国和美国。英国的面积并不大,人口也不是很多,美国是一个新兴的国家,200多年前还是一块不毛之地,建国100多年后就成为世界第一强国,靠的就是管理。日本是第二次世界大战的战败国。战争使日本经济遭到了严重的破坏,整个国民经济在战争结束时已到达崩溃的边缘。但日本仅用了不到20年的时间,就从一片废墟上崛起,迅速超过英国、德国,一跃成为世界经济强国。促使日本经济高速增长的主要原因不是别的,正是管理。新加坡、韩国等地战后都曾一片萧条,而它们也都是通过加强管理措施而发展起来的,成为举世瞩目的经济繁荣国家和地区。改革开放后的中国,在30年的时间里,经济发展一直保持高速增长,靠的也是管理。

正如拉丁美洲流行的一句话所讲的那样,发展中国家并不是在发展上落后,而是在管理上落后。凡是在第二次世界大战以后取得经济和社会上迅速进步的地方,都是由于系统而有目标地培养管理人员和发展管理的结果。

第二节　管理研究的内容

最早提出管理职能问题的是被誉为“现代经营管理之父”的法国实业家亨利·法约尔(Henri Fayol),1916年他在著作《工业管理和一般管理中》首次提出管理有五种职能:“计划、组织、指挥、协调和控制。”法约尔也因此被称为管理职能学派的开山鼻祖。

1955年,美国管理学家哈罗德·孔茨(Harold Koonts)和西里尔·奥唐纳(S. O’D. onnel)在他们主编的管理学教科书中把管理职能划分为五种:“计划、组织、人员配备、指导和控制。”这本书一问世就成为最畅销的管理学教科书,这种情况持续了20多年,直到罗宾斯的管理学教科书出版。罗宾斯的管理学教科书也是按照管理职能体系编排的,只不过在他的教科书中,管理职能被压缩成四种:“计划、组织、领导和控制。”

第三节 管理学的研究方法

一、实证研究方法

实证研究方法是企图超越或排斥一切价值判断,只考虑建立管理事物之间关系的规律,并在这些规律基础上,分析和预测人们管理行为的效果。实证方法有两个特点:

(1)它要回答的是“是什么”的问题。

(2)它所研究的内容具有客观性,它的结论是否正确可以通过事实或经验来检验。

用实证方法研究管理问题,就是要提出用于解释管理现象的理论,用事实来检验理论,并根据理论对未来作出预测。

管理理论是由定义、假设、假说和预测构成的。

在形成一种理论时,首先要对所研究的变量的含义作出明确的规定,然后在一定的假设条件下提出假说,并根据这一假说对未来进行预测,最后,用经验事实来验证预测。如果预测是对的,那么,这种假说就是正确的理论;如果预测是错的,那么这种假说就要被否定,或者要进行修改,以形成正确的理论。

二、规范研究方法

规范研究方法是以一定的价值判断为基础,提出某些标准作为分析处理管理问题的标准,树立管理理论的前提,作为制定管理政策的依据,并研究如何才能符合这些标准。规范研究方法有两个特点:

(1)它要回答的是“应该是什么”的问题。

(2)它所研究的内容具有主观性,所得出的结论无法通过事实或经验来检验。

这里所说的价值不是商品价值那种意义上的价值,而是指管理事物的社会价值,即某一事物是好还是坏的问题。价值判断就是要判断某一事物是好还是坏。价值判断有时是一个很难的判断。

为帮助读者理解实证和规范这两种研究方法,请大家审视并分析判断图1.1和图1.2

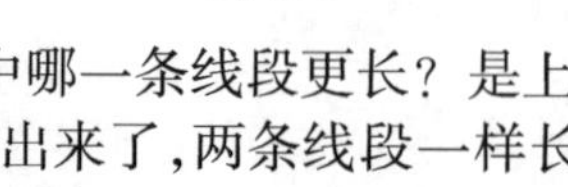

图1.1

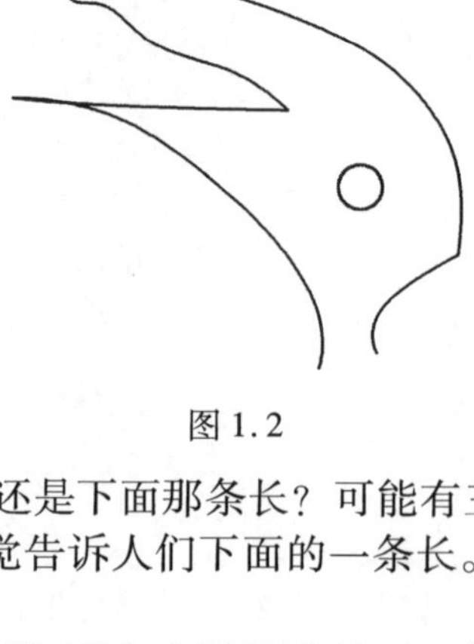

图1.2

在图1.1中哪一条线段更长?是上面那条长,还是下面那条长?可能有三个答案。拿尺一量,答案就出来了,两条线段一样长。尽管错觉告诉人们下面的一条长。这个问题就是一个实证的问题。

图1.2是什么呢?有人说它是鸟,有人说是兔子,还有人说是羚羊。这就是由于人看这个图的角度不同造成的。没有对错之分。这个问题就是一个规范的问题。

三、数学方法

当代管理学中广泛使用数学方法，在应用数学方法方面，管理科学学派走得最远。在这一派的管理学论文中常常看不到文字，整篇都是数学推导。他们甚至认为：一门科学没有应用数学就不是科学。在管理中，数学方法主要用在预测、决策、财务分析、库存分析、排队、搜索、规划的优化和博弈上。美国数学家约翰·纳什（John Nath）就因为研究博弈论获得诺贝尔奖。

四、案例分析法

案例分析法（case study）是学习管理学的重要方法。这种研究方法是从法学中借鉴来的。我们设想：一个没有学过法律的人，在法庭上从头到尾听200个案例，是不是他就可以当律师了。案例教学在哈佛大学的工商管理学院非常流行，那里要求学习管理的学生在学习期间至少做200个案例。案例都是从实践中优选出来的，涵盖了管理方方面面的情况，做过这些案例之后，就不会在现实生活中束手无策了。

管理学中一个学习做案例的案例是"沙漠求生"，世界上大多数学习管理的学生都做过这个案例。这个案例需要100分钟完成。

沙漠求生

在7月中旬的某天上午，一架小客机在航行途中不幸失事，乘客全部生还。飞机在下坠之际机长告诉乘客，在东南方向100公里处有一个小镇，飞机掉落在一片平坦的沙地，当时地面温度42度，有仙人掌生长。乘客们必须要在机舱被烧毁之前，抢救出你认为在15件物品中最重要的。请在20分钟内，讨论出物品的先后顺序。这15件东西是：

1. 手电　　2. 瑞士军刀　　3. 地图
4. 指南针　　5. 急救箱　　6. 降落伞
7. 手枪　　8. 太阳镜　　9. 水（4升）
10. 盐片（1千片）　　11. 书（名为沙漠中可食的动物）　　12. 塑料雨衣
13. 伏特加酒（4公斤）　　14. 大衣　　15. 化妆镜

要求：每个学生根据上述物品在求生中的重要性排一下队，最重要的打分为1，次重要的打分为2，以此类推，直至把15个物品全部打出分来，列入下表的个人打分栏中，如果你打得比较正确，你就能够获救，反之就有生命危险。在每个学生独立打分之后，把学生分成几个小组，让他们在平等自由的讨论中给出小组的打分。列入小组打分一栏。然后老师给出参考答案，让每个学生计算一下自己的打分和参考答案的分差，取绝对值列入下表第四栏，再计算一下小组打分和参考答案之差，取绝对值列入表1.1第五栏，最后把"个人打分和参考答案之差"、"小组打分和参考答案之差"分别加起来写在最后一行中，比较一下两个数字哪一个更小。一般应该是小组打分和参考答案之差相加后更小些，如果不是这样，说明你的选择比小组选择更好，你在这件事上不用和别人商量。做这个案例时，每个小组选一个组长，主持讨论，选一个秘书负责记录。讨论下一个案例时，换一个人当组长，换一个人当秘书，使每个学生都得到主持讨论的机会。

表1.1　沙漠求生

物品	个人打分	小组打分	个人打分和参考答案之差	小组打分和参考答案之差
手电				
瑞士军刀				
地图				
指南针				
急救箱				

续表 1.1

物品	个人打分	小组打分	个人打分和参考答案之差	小组打分和参考答案之差
降落伞				
手枪				
太阳镜				
水(4 升)				
盐片(1 千片)				
书				
塑料雨衣				
伏特加酒				
大衣				
化妆镜				

参考答案:1. 化妆镜;2. 大衣;3. 水;4. 手电;5. 降落伞;6. 瑞士军刀;7. 塑料雨衣;8. 手枪;9. 太阳镜;10. 急救箱;11. 指南针;12. 地图;13. 书;14. 伏特加酒;15. 盐片。

第四节　管理学简史

一、中国古代管理思想

中国有着悠久的历史,灿烂的文化。几千年的中华文明也孕育出了独具特色、自成体系的中国古代管理思想。尽管在今天看来,它存在着不少的缺点和问题,但是在已经过去的数千年里,它一直实实在在地发挥着作用、产生着影响。

中国古代管理实践有它自身的特点,特别是军事管理理论。古代军事管理思想中最有代表性的是我国战国时代的军事著作《孙子兵法》。《孙子兵法》对战争规律和军事管理作了哲学概括,因而不仅对于军事管理具有经典性的指导意义,对于管理决策论的研究,也有重要意义。

《孙子兵法》中“知彼知己,百战不殆”,“得道多助,失道寡助”,“不战而胜,是为上策”的战略思想;“避实而击虚”,“因敌变化而取胜”的应变策略;“令之以文,齐之以威”,“千军易找,一将难求”,“将者,智、信、仁、勇、严也”,在现代管理中,至今仍被很多人奉为经典。

在用人方面,中国古代管理体现了人本思想。如孔子提出,为政首先就是要考虑施恩惠于人民,使人民过着安逸的富裕生活,否则就是“不仁、不义”。治理国家的目标,首先在于安民。民贫则怨,民富则安。孟子提出要爱民、要富民、要教民。爱民,就是要“与民同乐”,“乐民之乐者,民亦乐其乐,忧民之忧者,民亦忧其忧,乐以天下,忧以天下,然而不王者,未之有也。”

中国的科技在现代虽然不是很发达,但在古代,却达到了高峰。就拿中国的工程管理来说,例如长城、青铜燕钟、古代王朝的宫殿等的制造与建成,无论从技术还是对人的管理上,都可以看出古代工艺与科技的辉煌与成就以及管理的有效性和先进性,制造的每一个环节中都包括了过程管理和流程管理。如今人们做任何事业,都知道要做好过程管理和流程管理、流程再造以及打造宣传壁垒,这些都是现代人运用古代的智慧和管理经验总结的理论和方法,是革命性的又是继承性的。

总结起来可以归纳为几个方面:第一,中国古代文化中军事斗争与管理的成果,对当今社会中,任何一个组织在对外的竞争过程中都具有指导意义。第二,中国古代思想文化的管理,为现代人的进步提供了不可或缺的哲学与理论指导。第三,中国古代技术与实践的进步是人类智慧和经验的结晶,现代人更应好好总结经验吸取养分。事实上,上述的四点正好涵盖了管理体系的四大方面。

中国古代管理思想体现在管理过程当中比较关注群体调和、步调一致，对于个体则在大部分情况下似乎不太留意。相对而言，西方管理思想在管理过程当中比较尊重个体，同时也追求共同进步。

二、古典管理理论

古典管理理论形成于19世纪末和20世纪初的美欧，它主要分为科学管理理论和行政管理理论。

（一）科学管理理论

科学管理理论着重于研究如何提高单个工人的劳动生产率的问题，其代表人物是美国的弗雷德里克·温斯洛·泰勒（Frederick Winslow Taylor，1856～1915）。他于1911年出版了代表作《科学管理原理》，系统地阐述了他的管理思想——泰勒制。泰勒被后人誉为"科学管理之父"。

> 管理的第一目标是使较高的工资与较低的劳动成本结合起来。
>
> ——泰勒（Frederick Winslow Taylor）（《科学管理原理》）

泰勒在米德维尔钢铁公司工作期间，经过长期观察发现，落后的管理是导致劳动生产率低下、工人缺乏训练并"磨洋工"、劳资冲突不断的主要原因。为了改进管理，他进行了大量试验，并在此基础上创建了科学管理理论体系，其主要内容包括以下5个方面。

（1）工作定额原理。泰勒为了制定出有科学依据的工作定额，进行动作和时间研究。他把工人的操作分解为基本动作，将每一个动作、每一道工序所使用的时间记录下来，去掉多余的动作和不必要的时间，得出必要的工作时间并加上必要的休息时间，即完成该项工作所需要的标准时间，由此定出一个工人"合理的日工作量"。

（2）标准化原理。所谓标准化就是要让工人在工作时采用标准的操作方法，使用标准的工具、机器、材料，并使作业环境标准化。泰勒认为，要提高劳动生产率，必须用科学方法对工人的操作方法、工具、劳动和休息时间的搭配、机器的安排和作业环境的布置等进行分析，消除不合理的因素，把最好的因素结合起来，形成最好的方法，这是管理者的重要职责。

（3）能力与工作相匹配原理。泰勒认为，要提高劳动生产率，必须要为工作挑选第一流的工人。人具有不同的能力，对完成某项工作可能是一流的人，对另一项工作就不一定合适。只要工作对他合适而且他也愿意做这项工作，他就能成为第一流的工人。管理者要选择出用科学的操作方法来训练和提高经过科学选择的"第一流的工人"，使他们严格按照最佳方法进行工作，激励他们尽最大努力去工作。

（4）差别计件工资制。泰勒发现，报酬制度不合理是引发工人"磨洋工"的重要原因。他提出了建立在科学工作定额基础上的刺激性差别计件工资制，即根据工人完成工作定额的实际情况采用不同的工资率来计算其应得报酬。这样，一方面支付工资是根据工人的实际工作表现而不是工作类别来支付工资，有助于激发工人的劳动热情，大大提高劳动生产率，克服消极怠工现象；另一方面，在生产率的提高幅度和利润提高幅度超过工资增加幅度的情况下，雇主也会从"做大的馅饼"中得到更大的利益。

（5）计划职能与执行职能相分离。泰勒主张用科学的工作方法取代经验工作方法。科学的工作方法是在实验和研究的基础上制定出标准的操作方法，采用标准的工具、设备。泰勒提出，应该明确划分计划职能与执行职能，所有的计划职能都由计划部门来承担，具体工作是制定出科学工作方法，而执行职能由现场的工人从事完成。

（二）行政管理理论

行政管理理论主要探讨行政管理的一般职能和原则及其运用问题，运用这些原则会使行政管理者的工作有更高的效率，深入推动组织理论的研究。主要包括法约尔的一般管理理论和韦伯的行政组织理论。

1. 法约尔的管理要素与管理职能理论

法约尔(Henri Fayol,1841～1925)于1916年出版了《工业管理和一般管理》一书。他以大企业的整体为研究对象,认为该理论不仅适用于企业,也是用于军政机关和宗教组织等。法约尔提出了经营六职能、管理五要素和十四条原则的学说,因而被誉为“现代经营管理之父”。

(1)经营六职能。法约尔认为,管理只是经营的六种职能活动之一。技术活动、商业活动、财务活动、安全活动、会计活动和管理活动六种职能活动是企业组织中各级人员都要进行的,只不过是由于职务高低和企业大小的不同而各有侧重。

(2)管理五因素。法约尔把计划、组织、指挥、协调、控制称之为管理五因素。

> 管理是计划、组织、指挥、协调和控制。
>
> ——亨利·法约尔(HendFayol)《工业管理与一般管理》

(3)十四条管理原则。法约尔的十四条管理原则分别是:分工原则、权限和责任原则、纪律原则、指挥或命令统一原则、尊重等级和横搭跳板的信息传递原则、个别利益服从整体利益原则、报酬原则、集权原则、等级系列原则、秩序原则、公平原则、保持人员稳定原则、首创精神原则、集体原则。

法约尔还特别强调教育的重要性,它力倡普及管理教育,力倡通过教育提高管理水平。他说,没有理论就不可能有教育,重要的是尽快建立一种管理理论,现在应是把经验资料系统化,并建立一个大家都能理解的学说的时候了。

2. 韦伯的行政组织理论

韦伯(Max Weber,1864～1920)的行政组织理论,主要反映在他的《社会组织与经济组织理论》一书中。韦伯认为,理想的行政组织体系是所谓官僚制,亦叫“科层制”。这种行政组织体系包括6个内容:(1)为了实现一个组织的目标,要把组织中的全部活动划分为各种基本的作业,作为公务分配给组织中的各个成员。(2)各种公务和职位是按照职权的等级原则组织起来的,每一职位有明文规定的权利和义务,形成一个指挥系统或层次体系。(3)组织中人员的任用,完全根据职务上的要求,通过正式考试或教育训练来实行。(4)管理人员有固定的薪金和明文规定的升迁制度,是一种“职业的”管理人员。(5)管理人员必须严格遵守组织规定的规则和纪律,使之不受任何人的感情因素的影响,保证在一切情况下都能贯彻执行。(6)组织中的各级官员必须完全以理性为指导,他们全没有个人目标,没有仇视、偏爱、怜悯、同情,然而却有理性,尽管这种理性带有机械性。

韦伯的行政组织理论,实际上是把管理非人格化,依靠单纯的责任感和无个性的工作原则,客观合理地处理各项事务。韦伯认为,这种理想的行政组织体系能提高工作效率,在精确性、稳定性、纪律性和可靠性等方面优于其他组织体系。但由于这种管理体制排斥感情因素,导致了整个社会感情的匮乏,扼杀了个人的积极性和创造性。

【案例】

泰勒的工时研究——搬运生铁实验

工时研究的目的在于合理确定工作定额。泰勒津津乐道的工时研究实例,就是在伯利恒进行的搬运生铁实验。

当时,伯利恒有一个75人的生铁搬运小组,每人每天装货约12.5吨。泰勒通过工时研究,计算出每个生铁搬运工每天能够搬运的定额为47～48吨。要达到提高定额这一目的,而且要使工人不致因任务过重而罢工,做到管理人员不同工人发生任何争吵,使工人们在以新的47吨的速度干活时比过去以12.5吨的速度干活感到更为高兴和更为满足,这就是泰勒想要达到的目的。

泰勒的具体方法如下:首先,他安排一位聪明的、受过大学教育的管理人员来跟踪搬运生铁的具体过程,在一个“头等工人”以最快速度进行工作时,用秒表准确记录一天的工作过程。在准确测时的基础上,把工作分解成小的基本动作,研究这些动作的最合理、最省力的具体做法,再把各个基本动作所耗费的时间联系起来,求出正常工作的速率,进而计算出标准定额。另外,还要估算出一天中休息时间应占的百分比,以及为意外情况或不可避免的迟延而留出相应的时间。然后,在工时研究的基础上,对工人的操作动作进行设计,用科学的方法合理安排工作程序、操作技巧以及进展速度,减少不必要的体力消耗,省略多余的动作,节约工人的劳动。再次,恰当地挑选实验对象,他挑选了一位人称“斯密特”的外籍移民工人,让他严格按照管理人员的指示进行工作,由一名拿着秒表的管理者掌握斯密特工作中的动作、程序和间隔休息时间。这样,斯密特在一天之内完成了47.5吨生铁的搬运工作,其工资也由过去的1.15美元增加到1.85美元。在这种实验里,秒表成了必不可少的工具,因而,泰勒也就有了“秒表骑士”的雅号。

在搬运生铁实验中,泰勒发现了一个重要的现象,就是工人干活时的疲劳程度与他完成的工作量不成正比。人们一般会想当然地认为,干活越多,疲劳程度越高。但泰勒却在实地测量中发现,并不是干活越多就越累,有的工人可能只搬了10吨生铁就精疲力竭,而有的工人可能搬了20吨也若无其事。为了弄清其中的奥妙,泰勒的助手巴思把工作中的所有可能导致疲劳的影响因素都汇出曲线图,用数学方法寻找答案。最后的结论是:工人的疲劳程度与负载的间歇频率相关,而不是与负荷重量相关。由此,泰勒发现了一个合理安排工人负载的新思路,可以在不增加疲劳程度的前提下大大提高工作量。

工时研究为钢铁厂的管理提供了基本依据,它是科学确定定额必不可少的前提,也极大降低了生产成本。同时,这种用秒表研究工时和动作的方式,为工业生产实现标准化、对工人进行科学方法的培训创造了条件。后来的运筹学,追根溯源,就是从工时研究发展而来的。

三、近代管理思想

近代以来,随着机器大工业生产和提高劳动生产率的需求,西方的管理科学得到了很快的发展,涌现了许多先驱人物。

(一)詹姆斯·瓦特和马修·鲁宾孙·博尔顿

他们的主要成就有市场研究与预测技术、生产计划技术、生产过程规范化、产品部件标准化,依据工作流程有顺序地安装机器,建立详细的生产统计与记录,按生产部门与环节实行成本控制与利润核算,培训工人与管理人员,按成果支付工资,工人的福利由自己管理等。

(二)亚当·斯密

亚当·斯密是英国古典政治经济学的杰出代表,著有《国富论》,提出两方面内容,一是经济人假设的提出,二是劳动分工理论。斯密认为,分工程度是一个国家产业、劳动生产力发展水平以及国民财富增长状况的标志。他对劳动分工的作用给予了高度评价,并且认为,劳动生产力的增进,以及劳动过程中的熟练程度、技巧和判断力的高低,都同分工紧密相关。可以说,斯密的经济人假设和分工理论,构成了管理学的理论前提和技术前提。

(三)罗伯特·欧文

罗伯特·欧文是英国空想社会主义者 ,首创关心人的管理哲学。他曾在其经营的一家大纺织厂中作过试验。试验主要是针对当时工厂制度下工人劳动条件和生活水平都相当底下的情况而进行的,主要包括改善工作条件、缩短工作日、提高工资、改善生活条件、发放抚恤金等。试验的结果如欧文所愿。欧文开创了在企业中重视人的地位和作用的先河,有人因此称他为人事管理之父。

(四)查尔斯·巴贝奇

查尔斯·巴贝奇(Charles Babbage)是英国著名的数学家和机械工程师。他对管理的贡献主要有以下两方面:(1)对工作方法的研究。他认为,一个体质较弱的人如果所使用的铲在形状、重量、大小等方面都比较适宜,那么他一定能胜过体质较强的人。因此,要提高工作效率,必须仔细研究工作方法。(2)对报酬制度的研究。他主张按照对生产率贡献的大小来确定工人的报酬。工人的收入应由三部分组成:a. 按照工作性质所确定的固定工资。b. 按照对生产率所作出的贡献分得的利润。c. 为增进生产率提出建议而应得的奖金。

他还提出“投资效益最大化”课题、“数字化管理”课题,对于改进资方或雇主的管理出发点、管理态度、管理思路,都具有开拓性的建树……

四、现代管理理论

现代管理理论是在第二次世界大战之后兴起的,表现为发展的多元性,形成了“管理学说丛林”。这些纷杂的“理论丛林”有些是表明或扩充原有概念,有些是适用于某种特定范围,也有一些是采用了全新的观念。如果说,近代管理理论主要侧重于研究生产过程的科学管理和组织控制,解决管理的行为,那么,现代管理理论就其主要特点来说,研究的重点是人群关系,并且把管理对象的相关因素综合起来进行系统研究,旨在建立和完善管理体制,解决经营管理的决策性问题。现代管理理论把人看做是受社会环境影响和制约的,具有自主性和个性的决策人,强调用各种激励方法激发人们的积极性和创造性。

(一)管理过程学派

管理过程学派以亨利·法约尔、厄威克、古利克、孔茨、奥唐奈等为代表。该学派的主要特点是把管理学说与管理人员的职能联系起来。他们认为,无论是什么性质的组织,管理人员的职能是共同的。古利克认为管理的职能有五个,即计划、组织、人员配备、指挥和控制。这五种职能就构成了一个完整的管理过程。管理职能具有普遍性,即各级管理人员都执行着管理职能,但侧重点不同。孔茨和奥唐奈在合著的《管理学》中认为,管理人员的职能有计划、组织、人事、指挥、控制五种,并按此来分析、研究阐明管理理论。

(二)经验主义学派

经验主义学派又称经理主义,以向大企业的经理提供管理企业的成功经验和科学方法为目标。

经验学派的代表人物是德鲁克和戴尔。该学派主张通过分析经验(即指案例)来研究管理学问题。通过分析、比较、研究各种各样的成功的和失败的管理经验,就可以抽象出某些一般性的管理结论或管理原理,以有助于从事实际工作的管理人员来学习和理解管理学理论,使他们更有效地从事管理工作。

(三)系统管理学派

系统管理学派产生于20世纪60年代初,它是在一般系统理论的基础上发展起来的。一般系统理论为理解和综合各种专门领域的知识提供了基础。该学派的主要代表人物是卡斯特和罗森茨韦克。

系统管理学派认为,组织是由一个相互联系的若干要素组成、为环境所影响的并反过来影响环境的开放的社会技术系统。因此,必须以整个组织系统为研究管理的出发点,应该综合运用各个学派的知识,研究一切主要的分系统及其相互关系。系统管理学派突破了以往各个学派仅从局部出发研究管理的局限性,从组织的整体出发阐明管理的本质,对管理学的发展作出了贡献。

(四)决策理论学派

决策理论学派的主要代表人物是曾获诺贝尔经济学奖的赫伯特·西蒙。决策理论学派认为,管理就是决策。管理活动全部过程都是决策的过程,管理是以决策为特征的;决策是管理人员的主要任务,管理人员应该集中研究决策问题。西蒙将决策分为程序性决策和非程序性决策,他的研究重点放在非程序性决策方面,提倡用电子计算机模拟人类思考和解决决策问题。

(五)管理科学学派

管理科学学派主张运用数学符号和公式进行计划决策和解决管理中的问题,求出最佳方案,实现企业目标;信息情报系统就是由计算机控制的向管理者提供信息情报的系统。

(六)权变理论学派

权变理论学派认为,由于组织内部各个部分之间的相互作用和外界环境的影响,组织的管理并没有绝对正确的方法,也不存在普遍适用的理论,任何理论和方法都不见得绝对有效,也不见得绝对无效,采用哪种理论和方法,要视组织的实际情况和所处的环境而定。

五、管理的发展趋势

从农业经济社会到工业经济社会,管理发生了一系列重大变化,从工业经济社会到知识经济时代,管理还将发生一系列重大变化。这些变化有的已经发生,有的将要发生,充分估计这些变化,对人们搞好知识经济时代的人本管理有重大的意义。本书认为从工业经济社会到知识经济时代,管理将发生十种主要变化。

(一)价值取向

从资本到知识管理是一种资源整合范式(Paradigm)。管理的价值取向是由管理所要整合的主要资源决定的。管理的重大变化通常是由管理价值取向的改变引发。在工业经济社会管理整合的数种资源中,核心资源是资本,而在知识经济时代中管理整合的核心资源是知识,或者说,工业经济社会的管理是以资本为价值取向的管理,知识经济时代的管理是以知识为价值取向的管理。这是从工业经济社会到知识经济时代管理的最大变化,这个变化为管理的发展提供了无限的空间,本书谈及的其他的变化或多或少都和这一变化有关。

为了说明这一变化,我们首先分析资本和知识的不同,然后再说明这种不同所导致的管理上的变化。

资本(Capital)是能够购买任何生产资料的生产要素。庞巴维克认为:“资本是迂回过程中的各个阶段出现的中间产物的集合体。”这些中间物包括厂房、机器设备、办公楼、原材料等。知识是“人们在社会实践中积累起来的经验”。国际经济合作发展组织《以知识为基础的经济》的报告中把知识具体地分为四种:即“知道是什么(Know-what)”,“知道为什么(Know-why)”,“知道怎么做(Know-how)”和“知道谁(Know-who)”。知识和资本是两种性质非常不同的资源。首先,知识是一种可以分享的资源,某人的知识给了另外一个人或一些人并不减少某人的知识总量,资本不具备可分享性,某人的资本给了另一个或另一些人就会减少某人的资本。其次,资本是有形的,资本是指物质生产资料,而知识是无形的,它存在于人们的头脑之中;再次,资本遵从边际收益递减规律,而知识不遵从经济学的这一基本规律。最后,资本是一种迂回的经济资源,而知识是一种直接的经济资源。管理的核心资源从资本到知识的转变必然导致管理价值体系发生重大变化。知识经济社会不再以物质资本为核心,取而代之的,将是知识价值。知识价值是“资本”化的信息,即能够产生创造新价值的信息。知识价值和信息的关系,犹如资本和金钱。对资本的管理是对有形物的管理,对知识的管理是对无形物的管理;对资本管理注重的是财务管理,对知识管理注重的是知识产权的管理。

在工业经济社会的产权制度中,主要是对物产的控制发展而来的。在工业社会,知识虽然也是力量,但还不是主要的生产力,知识更多地被人们视为共享财富,因此没有让产权制度对它加以特别关注。在知识经济时代,知识价值开始占据优势,因此围绕知识产权的制度安排也必然具有特殊重要的意义。

(二)管理者

从福特到盖茨工业经济社会的企业家代表是亨利·福特(Henry·Ford,1863~1947),

而知识经济时代的企业家代表人物是比尔·盖茨(Bill Gates,1955~)。审视从亨利·福特到比尔·盖茨的变化,我们可以看出从工业经济社会到知识经济时代企业家发生的主要变化。

亨利·福特是工业经济社会企业家的杰出代表,工业经济社会的代表性产品是汽车,福特刚好从业于汽车制造,工业经济社会的生产是大量生产,福特正好是流水线大量生产技术的首创者。从1903年到1945年,他长期担任福特汽车公司的总经理。无论是在生产技术上还是在管理上他都是走在工业经济社会最前列的人。"亨利·福特在生产和管理上的最大成就是把科学管理原理应用于生产,首创了流水线大量生产方式"。对流水线的管理是工业经济社会管理的样板。这种管理的特点是制度刚性和物质刺激。

盖茨作为知识经济社会的企业家,和福特相比有以下几个特点:

1. 全球视野

福特的视野是国内,他的理想是使每一个美国家庭都有一部汽车。而盖茨的视野是全球,他的理想是地球上每一个人都用上微软开发出来的产品。

2. 持续创新

应该说福特就是一个很有创新精神的企业家,他发明了流水线并不断地改进它,他在人事管理方面也有所创新,但受历史的局限,福特的创新精神和今天的盖茨相比还是有相当大的差别。比如,福特认为黑色的T型轿车会永远流行,盖茨不相信任何版本的软件能够永远流行,所以每周都有新产品推出。

3. 重视智力

流水线的一个重要特点就是可以造就人才,一个健康的人,在流水线上都可以成为熟练工人,所以福特重视的是人的体力,一个工人只要有健康的身体就可以保持流水线上的劳动生产率;而盖茨重视的是人的智力,对体力的重视已下降到很低的程度。

4. 重视教育

福特也重视人才,重视教育。对工作中有发明创造的人,他总是当众赞扬并大把地给钱,他的工厂里就有职业学校,但福特对人才和教育的重视仍无法和盖茨相比,福特注意的是通过高薪在社会上招收熟练工人,而盖茨已把触角伸到了高中。

管理者从福特到盖茨的变化说明知识经济时代的管理者受过更好的教育,更年轻,更善于与人沟通,"更具有独立能力,更加雄心勃勃,更乐于卷起袖子创造更美好的未来"。

(三)管理对象:从工人到职员

农业经济社会的主要管理对象是农民,工业经济社会的主要管理对象是工人,知识经济时代的主要管理对象是职员。从工业经济社会到知识经济时代管理对象发生的变化比从农业经济社会到工业经济社会管理对象发生的变化还要大。和工业经济社会的工人相比,知识经济时代的职员有以下变化:

(1)流动性更大。由于工作的目的主要是自我实现和多方面的自我发展,职员将要求丰富多彩的工作环境、内容和方式,因而希望在职务、工种、专业等方面进行流动。

(2)经济上更富裕。职员的收入高,经济上更富裕,很多人持有本公司或其他公司的股票,和传统意义上的工人相比,他们已经不是一无所有的无产阶级,而是中产阶级。

(3)科学文化水平更高。职员一般都受过中专以上的教育,在公司中大多从事脑力劳动。由于知识经济社会新的知识不断出现,任何职员要跟上知识爆炸的时代,参加工作以后也必须不断地学习,所以他们的科学文化水平更高。

(4)有更多的空闲时间。职员比工人有更多的空闲时间。除了每周固定工作时间的缩短之外,虚拟办公,特别是其中的在家办公还会使职员节余大量的时间。

(5)更多的工作在服务业。工业经济社会的工人大多工作在制造业,工作在工厂的流水线上,知识经济时代中的职员大多工作在第三产业;工业经济社会使用的主要是工人的体力,知识经济时代主要使用的是职员的智力,“过去强调的是体力上的疲劳,现在强调的是精神疲劳”。

管理对象的上述变化要求管理的方式方法做相应的变化。这些变化我们以后还有更系统的论述。

(四)管理目标:从一维到多维

管理目标随着管理价值取向的变化而变化。工业经济社会的管理是以资本为价值取向的,管理目标只有一个,那就是赢利。知识经济时代的管理目标将是多维的,不仅要考虑赢利,还要考虑社会、环境、信息、政治、经济、道德等各方面组成的综合标准。一个成功的企业将在保证自身经济可持续发展的基础上,对职工的个人发展和社会发展作出贡献,成为经济职能和社会职能并重的组织。亚当·斯密认为,人首要关心的是已知的自我利益。建立在这一定义基础上的工业经济社会管理理论的实质,“是利用人的这一特性或弱点对人的操纵以及使用刺激手段诱使人们按照‘我的方式’行事”。

在知识经济时代,亚当·斯密的论断虽然不会完全过时,但需要加以修改和补充。“追求更高层次需求的人们将会发现,自我实现完全离不开他人的实现,降低他人的价值等于降低自己的价值。这就导致了管理的本质从自我中心转变为我－你－他的共同利益,按我－你－他共同接受的方式,实现我－你－他共同确定的目标。”

知识经济是分享经济、合作经济。正因为我们今天所处的社会是一个高度复杂的巨大系统,其中人与人之间,部门与部门之间,企业与企业之间存在着千丝万缕的联系,合作与协同成为社会的主要工作方式,在知识经济社会里管理上的成功在很大程度上取决于管理者是否具有发展合作关系,满足世界市场需要的能力。随着工作方式的多样化,越来越多的工作在家中进行,管理者必须发展一种帮助员工实现个人目标和公司目标的管理方法。

管理目标从一维到多维,具体表现在从管理者满意到顾客、投资者、员工、社会和管理者五个方面的共同满意。

(五)管理手段:从文书图表到互联网络

工业经济社会的管理手段是甘特图、流程图、卡片。知识经济时代的管理手段是互联网络(Internet),虽然管理手段发展到20世纪80年代末,已经很先进,融入了相当多的信息手段,但这些手段只是限于企业内部的信息技术,“隶属于CIMS的CAD./CAM/CAE,随着网络数据通信的重要性的日益突出,管理实践中的以‘光速商务流’(Commerce at Light Speed,CaLS)为代表的、建筑在信息网络技术基础上的管理方式乃至管理体系的相继出现和应用,是管理的一大重要变化”。

Internet是一个世界范围内电脑网络的网络(Network of Networks),它联接着最简单的个人计算机和最复杂的超级计算机。由于它与高悬在我们头上的卫星之间有直接的联系,它的范围已大大超出了地球本身。Internet允许你在一定限度内向任何地方任何人发送或获取任何数字化的信息。

每一家企业都发现互联网络的环球网是向客户、合伙人或投资者传送信息的极好的方法。把同样的技术用于企业内部——通过内部网——可以明显地改善内部的通信联系,揭示隐蔽的信息,并改进组织结构。

内部网可以取代其他形式的内部通信联系,其中包括通常的计算机系统,费用既便宜,功能又强大。内部网最明显的优点之一是采用它之后就不用纸张了。因为环球网浏览器可以在任何一台计算机上运行,任何一个员工都可以看到同一条电子信息。内部网还可以发挥远比上述这些更为重要的作用。这种网能以同样的方式向每个计算机输送信息,因此能够起到计算机和软件制造商经常许诺但从未兑现的作用:把公司内的计算机、软件和数据库集合成一个单一的系统,这样信息无论在哪儿,员工都能找到。

正像全世界的千百万计算机互相联通这个简单的行动激发了互联网络革命一样,通过内部网把一个公司内部所有信息孤岛连接在一起正在引起一次前所未有的大协作。史蒂夫·乔布斯说:"内部网把公司内各部门之间的墙壁推倒了。"

在实业界,工程师和办公室工作人员都建立了自己的主页面,并使公司的其他人都能了解到他们主管项目的细节。

有了内部网,公司的结构将发生演变,如果通信系统足够良好,公司就不需要设立那么多管理层,作为上下级指令传输链条上的中间管理人员,现在已不再显得那么重要了。

由于信息高速公路为寻找和利用外部资源提供了便利,许多公司最终会变得越来越小。互联网络对企业管理的影响还表现在办公模式的变化上。进入21世纪,美国白领的工作环境发生着一场深刻的变革。宽松自由、便于交流的办公环境,工作人员不必坐班,哪里有生意就到哪里工作。他们在家里或在外面忙碌,通过寻呼机、手机、传真机或是电脑和调制解调器与公司保持完整的联系。员工可以选择任何一天到办公室上班。办公室面积可以减少一半。新型职员需要的是在办公室里找到一种个人和公司之间的平衡。

知识经济时代的竞争强调速度,是借助先进电子手段的高速竞争。在20世纪90年代初计算机信息处理能力快速提高的大背景下,互联网络在90年代中期日趋成熟,在应用上进一步商业化。

(六)管理方式:从刚性管理到柔性管理

工业经济社会的管理是刚性管理,知识经济时代的管理是柔性管理。刚性管理强调的是"以规章制度为本",是一种机械的、非人性化的管理,其结果是不能充分发挥人的能动性和创造性,有悖于"提高生产和工作效率"这一初衷。柔性管理的本质是一种以人为中心的管理,也可称之为"人性化管理"。它是在尊重人的人格独立与个人尊严的前提下,在提高员工对企业的向心力与归属感的基础上所实行的分权化的管理。刚性管理靠的是制度,而柔性管理靠的是习俗。

管理和技术是密切相关的。工业经济社会的技术是刚性的,钢铁、机器等的制造,能量和力的充分爆发和使用都带有刚性的特点,所以工业经济社会的管理也带有刚性的特点。知识经济时代的技术是柔性技术,芯片、通信、程序及其所合成的各类高级系统都带有柔性的特征,所以知识经济时代的管理也带有柔性管理的特征。

从管理的对象看,工业经济社会的主要管理对象是资本,而知识经济时代的主要管理对象是人,工业经济社会重视的是财务管理,而知识经济时代重视的是人力资源管理。在知识经济时代里,人类摆脱了对体力和资本的过分依赖,智力活动对生产的作用越来越大,应用知识、添加创意成了经济活动的核心问题。人是知识的载体,没有人,就没有知识。知识经济时代的竞争,最终是人才的竞争。

只有人是能动的,无论多么先进的设备也不会自我更新,过一段时间就会过时,而人却能通过不断的自我更新,不但使自己也使设备跟上时代前进的脚步。

工业经济社会的管理是以资为本的,由于资本是机器设备、厂房、原材料等生产资料的货币形态,所以,说到底还是物本。知识经济时代的管理是以知识为本的,人是知识的载体,所以知识经济时代的管理最终是以人为本的。故资本和知识是一个物和人之间的问题。资本和知识以何者为本是一个物和人以谁为本的问题。工业经济社会是一个物本的社会,只不过物在工业经济社会采用了它们的一般等价物——资本这种形态。工业经济社会里的管理首先考虑的是财务指标,主要是投资回收期和资本报酬率。知识经济时代以人为本,人是最重要的财富,是企业生存和发展的根本,如何尊重人、关心人、培养人、信任人,如何为员工的成长和实现自身价值创造条件,如何使员工和企业融为一个整体,将是知识经济时代管理的一个重要课题。

(七)管理组织:从工作型到学习型

工业经济社会的企业是一个工作型的组织,知识经济时代的组织是一个学习型组织。

在工业经济社会里，人们只要按照事先设计好的工艺流程和工作制度工作就可以了，变化是缓慢的、容易适应的，学习的重要性并不突出。在知识经济时代里，由于技术、经济的迅速发展和知识量的急剧增长，只有不断探索，不断学习，不断地更新知识，才能适应企业发展的需要。今后的 5 年里，工业国家的人中 4/5 的人的工作方式将与 50 年前不同。3/4 的员工必须接受新的职业培训或学习新的技能以继续从事原来的工作。而且，知识经济时代的学习，不仅仅是企业中个别人的学习问题，而是整个企业，并有能力不断地学习的组织。圣吉在其划时代的著作中不仅要求组织成员终身学习，不断充实新知、自我超越，而且强调系统思考和企业组织内知识整合的力量。在激烈的市场竞争中企业很难保持永远处于优势地位。为了适应环境，使企业保持可持续发展的势头需要不断地学习。学习是企业生命力的源泉。

学习型组织的真谛不仅仅是获取知识和信息，同时高度重视建立共同的愿景和改善心智模式。因为"一个缺少全体衷心共有的目标、价值观与使命的组织，必定难成大器"。不改善心智模式，也影响人们了解这个日新月异的世界。圣吉认为，"当团体真正在学习的时候不仅团体整体产生出色的成果，个别成员成长的速度也比其他的学习方式为快"。

（八）管理结构：从等级制到网络状

工业经济社会的管理机构是建立在传统的权威和等级制度基础之上的金字塔式结构，知识经济时代的管理结构将是建立在约定关系和个人理解基础上的网络状结构。

知识经济是信息经济。约翰·奈斯比特告诉我们："信息经济同等级制很不协调。刻板的等级制结构使信息传递速度放慢，而信息经济非常需要信息传递得更快更灵活。"等级森严的金字塔式的管理系统是因为我们需要掌握下属的去向以及他们的任务完成情况，而有了计算机的帮助，我们可以用平行联系的方法重新设计我们的组织机构。

知识经济是直接经济，知识经济时代的管理是直接管理。直接管理是"有高度鉴别力的领导者，越过中场，直接与有创造力的眼睛和大脑对话"。决策权将从个人转移到集体，下放到与该项决策关系最为密切的那一级；将建立与工业经济社会的雇主与雇员间讨价还价式的谈判或对话性质完全不同的正式的听取职工意见的法定程序；遇有特殊问题，会临时组成专家顾问团进行咨询。

工业经济社会的企业结构是外壳坚硬，内部层次分明的金字塔。一个处在中层的业务部经理既受到来自最高领导层的利润额、生产指标、销售量、质量等的压力，又受到来自基层改善工作条件、增加收入等的压力。未来的组织结构将是一个软性自由体，其外表是一层透明的、可渗透的表皮，分隔内部各层次、部门之间是同样性质的薄膜，各级管理人员透过表皮或薄膜与外部的个人及团体发生双向交流。

从工业经济社会到知识经济时代管理层次会大大地减少，这主要是由于信息网络化，使主要承担上下之间信息沟通联络的中间管理层失去应有的作用。管理层次的扁平化会大大地提高组织效率和应变能力。以微软为例，从比尔·盖茨到最基层员工只有 5 个管理层次。

（九）管理文化：从一元到多元

管理文化是"一个组织体的职工所共同持有的价值观念、行为规范和习惯"。管理活动是人们有意识的活动，必然受人们价值观念、伦理道德、行为准则和社会风俗的影响。管理活动与不同的文化相结合，形成不同的管理文化。

工业经济社会的管理文化基本上是一元的，即管理是在一种文化背景下进行的，如美国的管理文化强调个人价值、强调制度、理性决策技术和追求最大限度的利润等，日本的管理强调和谐的人际关系、上下协商的决策制度、员工对组织忠诚与企业的社会责任等。知识经济社会的管理文化是多元的，是融合了不同管理文化的管理文化。管理文化上取长补短、相互融合是管理变化的重要方面。

管理文化的多元化是知识经济时代出现的世界经济一体化趋势引起的。知识经济是全球一体化经济。在知识经济时代,人类一定能够实现在全球范围内整合资源,即人类需要什么就生产什么,哪里成本低就在哪里生产。毫无疑问,这样对人类来说是最为经济的,是最有效率的。要实现在全球范围内整合资源,就要面对多种文化的碰撞冲突问题,就要进行多元文化的管理。和一元文化的管理相比,多元文化管理具有下列基本特征。

1. 复杂性

这是多元文化管理比一元文化管理带普遍性的特征。因为多元文化管理比以往的管理又多了一种或一种以上的文化冲突需要协调。

2. 高超性

一般地说,跨文化企业,无论是合资企业、合作企业,还是外商独资企业,管理水平要比企业母国的管理水平高,这些企业常常是当地企业的管理楷模。

3. 世界性

多元文化管理是一个世界性的话题,并不特属于某一个国家和地区。强调世界性不一定要抹杀民族性。它追求共识,在共识中融合各种管理文化。

(十)管理边界:从清晰到模糊

工业经济社会的企业基本是在一国或多国经营的,其经营的范围有一个大致的边界。在知识经济时代,虚拟企业(Vitual Enterprise)成为企业的主体,其经营范围是全球。无论企业是否意识到,它实际上已经参加了全球化的竞争。全球化的竞争向每一个企业提出了"要么第一第二,要么被淘汰"的严峻挑战,同时也提供了施展才华的巨大空间,每一个企业都可以在全球范围内寻找发展的途径。

无国界经营要求企业把自己的战略视野从一国或多国扩大到全球,从全球战略的高度,提高经营管理水平。

首先,企业要研究全球市场需求动向,研究各国、各地区需求的特点,研究强劲对手的状况,研究如何适应全球市场多样化、多层次的需求。同时,也要研究如何充分有效地利用全球资源,尤其是先进技术资源,寻求国际多种形式的企业联合,以增强自己的实力。无国界经营或者说全球化经营有强强联合的趋势,知识经济时代是一个以大企业为轴心的时代。

其次,无国界经营,要求企业有强烈的竞争意识和危机感,一方面从世界水平的高度,努力创造达到国际标准的一流产品、一流服务、一流管理;另一方面,则应努力发掘自身的优势和特点,集中力量创造相对优势,寻求自己应有的位置和发展空间。

再次,无国界经营特别注意企业的形象和产品的品牌。企业形象是企业经济技术状况和管理水平的综合反映,是企业文化、价值观念的形象体现。良好的企业形象是企业的无形资产,企业的无价之宝。像 IBM, Microsoft 这样的公司在世界各地都给人一种一流的形象。产品的品牌是企业产品的象征,也是企业的重要无形资产。目前世界上最著名的品牌如 CocaCola, Marlboro 的市场价值都达到几百亿美元。

思考题

1 管理学是不是一门真学问?
2 比较泰勒和法约尔的管理理论。
3 当代管理有哪些发展趋势?
4 什么是学习管理?
5 有人说管理理论和实践的差异像白天和黑夜一样明显,你同意吗?
6 如果说管理的对象是人,你同意吗?
7 为什么说人性假设是管理的基础?
8 为什么说一切落后都是管理的落后?

9　组织中的管理通常包括哪些职能活动？每种职能活动是如何表现其存在的？它们的相互关系又是如何？

10　有人说管理就是管人理事。也有人说管理是以最少的投入获得最大的产出。请解释一下管理的定义，并从管理的表现形式、工作内容、作用、衡量标准、手段、本质等方面说明管理到底是什么？

11　管理学的研究方法有哪些？

12　管理是否可认为是一种职业？假如它是一种职业，你是否愿意从事这一职业？如果你想从事管理职业，如何提早做一些准备工作？

13　泰勒的科学管理原理的基本原则有哪些？这些原则是否可以用于现代的管理实践？

14　为什么说管理是科学性和艺术性的统一？

第二章　管理者

◆本章关键词

1. 管理者　2. 管理者角色　3. 管理者技能　4. 道德　5. 管理者道德水平
6. 伦理经营　7. 企业社会责任

第一节　管理者的角色与技能

一、管理者的定义

> 管理者是每个企业里具有活力并赋予生命的元素。如果没有管理者的领导，“生产资源”只能是资源，永远无法转化成生产力。
> ——彼得·德鲁克

管理既是一门科学，也是一门艺术。在组织中执行科学和演绎艺术的人即是组织中的管理者。关于管理者的定义国内外的许多学者都有自己的见解，管理者的定义也得到了不断发展。在此，大致介绍其中几种。

斯蒂芬·P·罗宾斯在《管理学》中认为，管理者(Manager)是同别人一起工作或者以协调他人的活动的方式实现组织目标的人。管理者的工作可能意味着协调一个部门的工作，也可能意味着监督几个单独的个人，还可能包含协调一个团队的活动。这个定义说明管理者是负责部属工作的人。换句话说，管理者就是“老板”，代表高位和权力。

彼得·德鲁克在《卓有成效的管理者》一书中将管理者称为 Executive，而不是 Manager，他认为 Manager 的含义应该是经理，强调的是一种行政上的职位；经理的职位总是有限的，不是所有的人都可以做经理(当然也不是所有的人都想做经理)，但是，所有的人(特别是知识工人)都应该努力成为管理者。德鲁克提出：“在一个现代的组织里，如果一位知识工作者能够凭借其职位和知识，对该组织负有贡献的责任，因而能实质地影响该组织的经营能力及达成的成果，那么他就是一位管理者。”由此可见，现代的管理者应该是负责知识的应用和绩效的人。

在组织中，管理者通常分为三个层次(见图 2.1)：

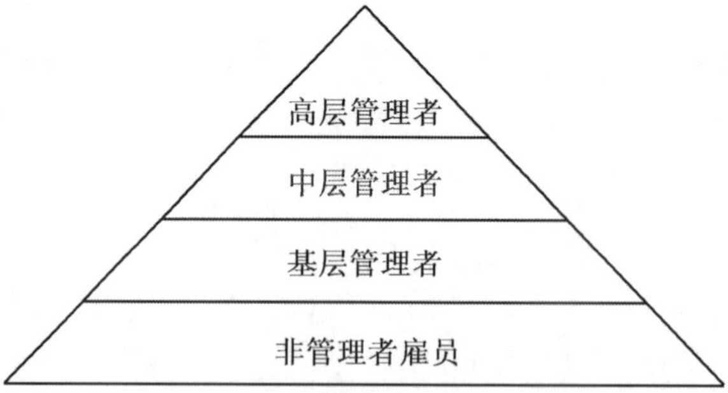

图 2.1

基层管理者(First-line Managers)、中层管理者(Middle Managers)和高层管理者(top Managers)。基层管理者是最底层的管理人员，通常被称为主管、生产线线长或工长。他们负责管理组织中所有非管理头衔的员工。中层管理者包括处于基层和高层之间的各个管理层次的管理者。他们一般具有部门经理、项目主管、工厂厂长或者事业部经理的头衔。他们管理着组织中的基层管理者。高层管理者是处于或接近组织顶层的人，他们承担着制定广泛的组织决策、为整个组织制订计划和目标的责任。通常称他们为执行副总裁、总裁、首席运营官、首席执行官或者董事会主席。

二、管理者的角色理论

20世纪60年代末期，亨利·明茨伯格(Henry Mintzberg)对5位首席执行官的工作进行了一项仔细的研究。在大量观察的基础上，明茨伯格得出结论，管理者扮演着10种不同的，但却是高度相关的角色。管理者角色(Management Roles)这个术语指的是特定的管理行为范畴，这10种角色可以进一步组合成三个方面的角色：人际关系角色(Interpersonal Roles)、信息传递角色(Informational Roles)和决策制定角色(Decisional Roles)。

(一)人际关系角色

管理者的角色有3个直接来自于正式权力并且涉及基本的人际关系。

(1)首脑。作为组织的首脑，每位管理者有责任主持一些仪式，比如接待重要的访客、参加某些职员的婚礼、与重要客户共进午餐等。涉及人际关系角色的职责有时可能是日常事务，几乎不包括严肃的交流或重要的决策制定，然而，它们对组织能否顺利运转非常重要，不能被管理者忽视。

(2)领导者。由于管理者管理着组织，他就对该组织成员的工作负责，在这一点上就构成了领导者的角色。这些行动有一些直接涉及领导关系。比如，在大多数组织中，管理者通常负责雇佣和培训职员。另外，也有一些行动是间接地行使领导者角色。比如，每位管理者必须激励员工，以某种方式使他们的个人需求与组织目的达到和谐。在领导者的角色里，我们能最清楚地看到管理者的影响。正式的权力赋予了管理者强大的潜在影响力。

(3)联络人。通过对每种管理工作的研究发现，管理者花在同事和单位之外的其他人身上的时间与花在自己下属身上的时间一样多。并且，令人吃惊的是，他们花在上级身上的时间却很少，通常这三种情况所花时间的比例分别是45%、45%和10%。在研究中，5位首席执行官所做的联系涉及很多人，有时多得令人难以置信。这些人包括：下属、客户、生意伙伴、供应商、类似组织的管理者、政府及贸易组织官员、国外子公司董事等。管理者结交这些联系人在很大程度上是为了发现信息。实际上，联络角色是专门用于建立管理者自己的外部信息系统的——它是非正式的、私人的、口头的，然而却是有效的。

(二)信息传递角色

依靠与下属和关系网的人际联系，管理者成为组织的神经中枢。他不可能知道每件事情，但却肯定比任何下属知道得多。管理者有正式和简单的途径去接近他们的每一个下属，他们比其他任何人都知道更多关于自己组织的事。另外，管理者的交往活动把他们暴露在外部信息面前，而他们的下属通常缺乏接近这些信息的途径。管理者进行的很多联系活动都是与其他具有同等地位的管理者之间的联系，他们本身就是自己组织的神经中枢。以这种方式，管理者逐步建立起强有力的信息资料库。

信息处理是管理者工作的关键部分。在研究中，首席执行官花了40%的联系时间专门用于传播信息，他们的信件有70%是纯粹的情报性质的(相对于那些请求行动的信件而言)。在很大程度上，沟通即是管理者的工作。监控者、传播者、发言人这3种角色从情报方面描述了管理工作。

(1)监控者。作为监控者，管理者为了得到信息而不断审视自己所处的环境。他们询问联系人和下属，接收主动提供的信息(这些信息大多来自他的个人关系网)。担任监控角色的管理者所收集的信息很多都是口头形式的，通常是传闻和流言。这些联系使管理者在为组织收集软信息上具有天然的优势。

(2)传播者。管理者必须分享并分配信息。组织内部可能会需要这些通过管理者的外部个人联系收集到的信息。在传播者的角色中，管理者需要直接传递给下属一些他们独享的信息，因为下属没有途径接触到它们。当下属彼此之间缺乏便利联系时，管理者有时会分别向他们传递信息。

(3)发言人角色。管理者把一些信息发送给组织之外的人，比如总裁发表演讲或者工头建议供应商改进某个产品。另外，作为发言人角色的一部分，每位管理者必须随时告知并满足控制其组织命运的人或部门的要求。首席执行官可能要花大量时间与有影响力的人周旋，还要就财务状况向董事会和股东报告，并且还要履行组织的社会责任等。

(三)决策制定角色

管理者在组织的决策制定系统中起着主要作用。作为具有正式权力的人，只有管理者能够使组织专注于重要的行动计划；作为组织的神经中枢，只有管理者拥有及时全面的信息来制定战略。以下4种角色描述了作为决策者的管理者的工作。

(1)创业者。管理者必须努力组织资源去适应周围环境的变化。在监控者角色里，总裁不断寻找新思想，而作为创业者，当出现一个好主意时，总裁要么决定一个开发项目，直接监督项目的进展，要么就把它委派给一个雇员。

(2)危机处理者。创业者角色把管理者描述为变革的发起人，而危机处理者角色则显示管理者非自愿的回应压力。在这里，管理者不再能够控制迫在眉睫的罢工、某个主要客户的破产或某个供应商违背了合同等变化。实际上，每位管理者必须花大量时间对付高压或骚乱。没有组织能够事先考虑到每个偶发事件。骚乱发生的原因不仅是因为拙劣的管理者忽略形势直到它们达到了危机程度，还因为好的管理者不可能预测自己采取的所有行动的结果。

> 管理者有创造一个真正整体的任务，这个整体大于它的各个组成部分之和，是一个多产的实体，多于投入给它的资源的总和。这里有个类比，即一位交响乐队的指挥，通过其努力，想象并领导那些聒噪的单个乐器，使之成为有生命的整体音乐。然而指挥有作曲家的乐谱，他只是演奏而已。管理者既是作曲家，又是指挥。——彼得·德鲁克

> (管理者)就像一位交响乐队的指挥，努力维持一场曲调优美的表演。在这场表演中，不同乐器的作用被协调和排序，形成模式和一定的调子。与此同时，乐队成员各有各的困难：置景工正在移动音乐台架，过多的暖气或冷气正在引起观众的不满，也带来乐器的问题，音乐会的主办者正在坚持对节目单做不明智的变更。——伦纳德·R·塞尔斯

(3)资源分配者。管理者负责在组织内分配责任，他分配的最重要的资源也许就是他的时间。接近管理者就等于接近了组织的神经中枢和决策者。管理者还负责设计组织的结构，即决定分工和协调工作的正式关系的模式。

(4)谈判者。对在各个层次进行的管理工作研究显示，管理者花了相当多的时间用于谈判，比如足球俱乐部老板被叫来解决与坚持不让步的超级球星的合同纠纷、公司总裁率领代表团去处理一次新的罢工事件等。

> 谈判对于富有经验的管理者来说是一种“生活方式”。谈判是管理者不可推卸的工作职责，而且是工作的主要部分，因为只有管理者有权把组织资源用于“真正重要的时刻”，并且只有他拥有重要谈判所要求的神经中枢信息。——伦纳德·R·塞尔斯

这些种角色形成了一个完全形态，但并不是说所有的管理者都给予每种角色同等的关注。实际上，销售管理者要花费相对更多的时间在人际关系角色上，据此可推测出这是营销活动外向本性的一个反映。生产管理者给予决策角色相对更多的关注，据此可推测出这是他们关心有效率的工作流程的一个反映。员工管理者花相对更多的时间在情报角色上，因为他们是为组织其他部分提建议的部门的专家。不过，在任何情形下，人际的、情报的和决策的角色都不可分离。

管理者如何进入角色

1. 角色认知。管理者必须要全身心地进入角色，进入角色的前提是角色认知。所谓角色认知，就是你对这个角色的认识程度、了解程度以及如何去认知。

2. 角色移情。第二点就是角色移情，即当你从事这个职业的时候，你应把对于家庭的情感，或者对自己爱人的情感，转移到对待职业这个角色上来。管理者应该有这个移情的过程，应该像对待至亲至爱的人一样，热爱自己的工作和职位。

3. 行为操作。需要决定生存，动机产生行为。在行为操作上，我们要根据动机强烈与否、需求大小与否，给自己设计一套操作行为方式，以便更好地达到目标。

社会对管理者角色期待的方式

当管理者进入角色的时候，别人就会对管理者产生期待。通常社会对管理者有三种期待方式：

1. 情景期待。在企业中，员工对所有的管理者都存在着期待，如期待奖金的提高；而作为中层干部，他们的期待一般是自己的工作得到企业的肯定与嘉奖，获得晋升的机会，在社会上有一定的地位。这就是企业员工对企业管理者的一种情景期待。

2. 伙伴期待。你的工作伙伴期待你很好地把握你的职位，把你的角色扮演得非常出色，从而为他的工作带来一些方便。例如在足球场上，当一名球员得到球的时候，其他球员就会产生期待，如期待把球递给我，因为我的位置非常好；或者是告诉他，你的位置非常好，赶紧临门一脚，这就是伙伴期待。

3. 观众期待

任何一个企业在从事经营活动的过程中，最大的观众就是客户，他们期待着企业发展得越来越好，能够生产出更多物美价廉的产品。

【自检】

请你阅读以下资料，并回答相关问题。

足球场上双方对阵，观众座无虚席，气氛极其热烈，队员觉得自己非取胜不可。请问，这句话阐述了哪种或哪几种社会期待方式 （ ）

A. 情景期待　　B. 伙伴期待　　C. 观众期待　　D. 自我期待

三、管理者的技能

电影院的效应

假如在一个座位按传统方式安排的电影院里，大家都在看电影，在这个过程中有一个人要去洗手间，如果这个人是坐在靠边的位置上，他只要站起来悄悄离开就可以了，但如果这个人是坐在中间的位置上，他站起来往外走，则他旁边的人都要给他让路，整排的人都要站起来。我们可以看到，同样的一个人做同样的事，影响的人和引发的场面却是如此不同。

这并不是因为他自身的影响力或素质发生了变化，只不过是因为他所处的位置不同。正是因为位置不同，所以他做同一件事所影响的范围和场面就发生了完全不同的变化。这个现象在我们的社会生活中普遍存在。有些人能够把事情做得引人注目、风光无限，并不是由于他的能力有什么不同，只是因为他所处的位置不一样。很多时候，人们会把一个人的表现归于他有特殊的能力、超常的素质，这就是位置特殊性造成的“能力光环”。

清楚地认识了这个现象以后，我们每个人都应该树立自信心，要能够透视能力光环，破除迷信，坚信通过学习，特别是通过扎实的基础和比强者更强的知识学习及规范的专业知识学习，加上一定的磨炼，我们也能够担当起重任。

摘自：魏洁. 授权：让别人完成你的事[M]. 哈尔滨出版社，2004.

罗伯特·卡茨(Robert L. Katz)在1955美国哈佛商业评论发表的《高效管理者的三大技能》中指出,一般来讲有效的管理者应当具备三种基本技能:技术技能(Technical Skill)、人际技能(Human Skill)和概念技能(Conceptual Skill)。

(一)技术技能

技术技能指管理者对某项特定活动的理解程度和熟练程度,主要是如何"处事"。如果是车间主任,就要熟悉各种机械的性能、使用方法、操作程序,各种材料的用途、加工工序等;如果是办公室管理人员,就要熟悉组织中有关的规章、制度及相关法规,熟悉公文收发程序、公文种类及写作要求等;如果是财务科长,就要熟悉相应的财务制度、记账方法、预算和决算的编制方法等。

(二)人际技能

人际技能指的是与组织中上下左右的人打交道的能力。包括联络、处理和协调组织内外人际关系的能力,激励和诱导组织内工作人员的积极性和创造性的能力,正确地指导和指挥组织成员开展工作的能力,主要是怎样"待人"。首先,人际技能要求管理者了解别人的信念、思考方式、感情、个性以及每个人对自己、对工作、对集体的态度,并且认识到别人的信念、态度、观点与自己的不一样是很正常的,承认和接受不同的观点和信念,这样才能与别人更好地交换意见。其次,要求管理者能够敏锐地察觉别人的需要和动机,并判断组织成员的可能行为及其可能后果,以便采取一定的措施,使组织成员的个人目标与组织目标最大限度一致起来。再次,要求管理者掌握评价奖励员工的一些技术和方法,最大限度地调动员工的积极性和创造性。对于中低层管理职位,处理部门内部关系的能力至关重要,而随着管理职位的上升,处理跨部门关系的能力变得越来越重要。

(三)概念技能

概念技能是指对事物的洞察、分析、判断和抽象的能力,是管理者以整体视角看待企业的能力,即把企业视作一个整体的全局把握能力。它决定着公司的总体成功,在管理过程中起着统一和协调的重要功能。概念性技能是一种看待企业的全局思维方式。这种思维方式在人的早年已经形成,在实际工作中不那么容易得到提高。在这个意义上讲,概念性技能也许是一种天生的能力。

管理者应该看到组织的全貌和整体,了解组织与外部环境如何互动,了解组织内部各部分怎样相互作用,能预见组织在社区中所起的社会的、政治的和经济的作用,知道自己所管部门或科室在组织中的地位和作用。管理者应该能够快速、敏捷地从混乱而复杂的动态情况中辨别出各种因素的相互作用,抓住问题的起因和实质,预测问题发展下去会产生什么影响,需要采取什么措施解决问题,这种措施实施以后会出现什么后果。

管理者通过对内外部形势的分析判断,预见形势将朝什么方向发展,以便充分利用好形势发展组织事业,同时采取措施应对不利局势,使组织获利最多损失最少。出色的概念技能,可使管理者作出更佳的决策。

显然,各个层级的管理人员都需要在一定程度上掌握这三种技能。但是,这三种技能的重要性是相对的,随着管理层级的不同而发生变化,对于低层管理,技术技能和人际技能最重要。对于中层管理,管理成效在很大程度上取决于人际技能和概念性技能。而到了高层管理,概念技能就成为管理取得成功的首要技能。

这一管理技能框架对实践有着重大的指导意义,在经理人的挑选、培训和提拔等方面大有用武之地。首先,对管理岗位的候选人进行培训时,要确定该岗位最需要哪些技能,然后进行针对性的技能开发。其次,我们可以利用技能互补的人员来组成管理团队。最后,在选拔管理人员时,要根据他们是否拥有相应职责所必需的技能来决定,而不是根据性格特质的测试来定夺。

第二节 管理者的道德

> 故学至乎礼而止矣，夫是之谓道德之极。
> ——《荀子·劝学》
> 君之在国都也，若心之在身体也，道德定于上，则百姓化于下矣。
> ——《管子·君臣下》

一、道德的含义

道德，是人们日常生活中最熟悉的一个概念。在三千多年前的商朝时代，甲骨文中就有了“德”字。在中国古代最早的典籍中，“道”字很多。“道”原指道路，后引申为事物发展变化的规律或规则，“德”是人们对“道”认识的所得。把道德二字连用，开始于春秋战国时代的《管子》、《庄子》、《荀子》等书中。现在，道德被定义为一定社会、一定阶段向人们提出的处理人和人、个人和社会、个人与自然之间各种关系的一种特殊的行为规范。

（一）道德的分类

道德一般可分为社会公德、家庭美德和职业道德三类。其中职业道德，是同人们的职业活动紧密联系的符合职业特点所要求的道德准则、道德情操与道德品质的总和，是从事一定职业的人在职业劳动和工作过程中应遵守的与其职业活动相适应的行为规范。职业道德是从业人员在职业活动中应遵守或履行的行为标准和要求，以及应承担的道德责任和义务。

管理道德作为一种特殊的职业道德是从事管理工作的管理者的行为准则与规范的总和，是特殊的职业道德规范，是对管理者提出的道德要求。对管理者自身而言，可以说是管理者的立身之本、行为之基、发展之源；对企业而言，是对企业进行管理的价值导向，是企业健康持续发展所需的一种重要资源，是企业提高经济效益、提升综合竞争力的源泉。可以说管理道德是管理者与企业的精神财富。

（二）道德的社会功能

在人类生活的各个领域和各种关系中，道德具有广泛的社会功能，发挥着重要的作用。概括起来，主要表现在以下几个方面。

1. 调节功能

这是指道德所具有的通过评价等方式来指导和纠正人们的行为，以协调人们之间关系的能力。道德调节是整个社会调节系统的一部分，与政治的、经济的、法律的等其他调节手段相比较，道德调节的特征主要在于：道德作为人们的行动指南，它的调节是通过具体人的行为得以实现的，因而，其调节的重点在于对社会成员个人进行指导和鞭挞，使他们按照一定的道德要求实施自己的行为。在阶级社会里，道德调节与法律调节是相辅相成的。

2. 教育功能

这是指道德能够通过评价和激励等方式，造成社会舆论，树立道德榜样，塑造理想人格，从而使一定的道德原则和规范成为人们的内在道德要求和道德品质，形成和改善社会道德风尚。道德教育的意义在于唤起人们的自觉性，使人们树立正确的善恶观念，培养人们的道德感情、道德意识和道德行为。

3. 认识功能

这是指道德往往以观念、准则和理想的形式来反映一定社会中个人与他人、社会之间的利益关系，它有助于人们了解和认识个人在社会中的地位、人生的价值、生活的意义、对社会应负的责任以及道德理想的抉择等问题，从而引导人们选择善的行为和正确的生活道路，积极创造完善的社会关系和完美的自身人格。

二、影响管理者道德水平的因素

（一）管理道德的发展阶段

1. 前管理阶段

在这一阶段，管理道德观受个人利益支配，按怎样对自己有利制定决策，并按照什么行为方式会导致奖赏或惩罚来确定自己的利益。在这一阶段上，行为者认为凡是对自己有利的行为就是道德的；对自己不利的行为就是不道德的。“人不为己，天诛地灭”就是典型的个人利益至上道德观。有些大企业中的“穷庙富方丈”问题则是这类道德观在我国现阶段的突出表现。

2. 管理阶段

道德观受他人期望的影响，包括遵守法律，对重要人物的期望作出反应，并保持对人们的期望的一般感觉。这种道德观，有良性的也有恶性的。一些真正为企业整体利益着想的把企业发展的需要和本企业职工的期望作为行为依据，坚决提出或执行正确方案的道德观就是良性的。相反，盲目服从一把手的愿望，以个别人期望为是非标准的管理道德观就是恶性的。这样既危害企业，危害企业员工，也危害一把手和“完全服从者”本人。这一阶段的道德观适合于中层管理者。应该倡导的是，中层管理者要把企业和大多数职工的期望作为是非标准，不要没主见地盲目服从上司的期望，更不要“阳奉阴违”。

3. 原则阶段

原则是指个人的道德原则，它们可以与社会的准则一致，也可以不一致。这种管理道德观强调个性和个人英雄主义，认为人如果压抑自己，不充分施展和发展自我，违背自己内心的是非观，是不道德的。这种道德观在美国较盛行，原因之一是美国人崇尚冒险和个人英雄主义，认为这种道德观适合于其个人力量与个人素质较高的人。

以上管理道德观的三个阶段或三种管理道德观，并非分别为不同国家的专利，而是在不同国家所占地位不同而已。如美国的管理道德与其文化一样有主流与非主流之分，管理道德观的第三阶段是其当今主流，但前两阶段也并存。在我国，管理道德观的第二阶段是主流，但一、三阶段也并存。例如原“小霸王”老总段永平，因原集团公司不同意他搞股份制，而决然另创步步高公司，并且把原来公司骨干一同带走。“步步高”蒸蒸日上，“小霸王”日落西山。其道德观就属于管理道德观第三阶段。

（二）影响管理者道德水平的因素

1. 外部因素的影响

外部因素的影响主要包括早期教育因素、企业的管理体制及制度因素、企业文化因素、社会大环境因素等。

（1）早期教育因素的影响。个人早期受的教育、生活环境，尤其是在其幼、童年时期所处环境的熏陶、所受教育的程度对其今后的观念的形成起到至关重要的影响，通过这个时期感知、认知事物，其个人的道德观初步形成。“孔融让梨”就是早期教育对其道德影响的表现。

（2）企业的管理体制及制度因素的影响。企业的管理体制是否有利于企业发展，企业领导者是否为管理者创造一个工作、发展的平台，企业是否做到组织结构科学合理、规章制度是否健全完善、人才培训培养机制是否激励有效等，都对管理道德的形成起到较大影响。正如张瑞敏评价他在海尔充当的角色时，认为“第一是设计师，在企业发展中如何使组织结构适应企业发展；第二是牧师，不断地布道，使员工接受企业文化，把员工自身价值的体现和企业目标的实现结合起来”。

（3）企业文化因素的影响。一个企业有较强的、积极向上的企业文化就可以抵御外来风险，化解内部冲突。在走上市场经济之路以来，许多企业注重实施企业文化建设，形成具有企业自身特色的文化，如海尔文化，不仅使海尔的知名度进一步提升，而且使企业的凝聚力进一步增强，员工的亲和力进一步增强，从而形成了海尔人良好的职业道德和行为准则。

（4）社会大环境因素的影响。一定时期社会上大多数人的世界观和价值观也会从外部影响、甚至改变个人的管理道德观。尤其是在社会转型期，多种因素综合导致了一些人的道德观危机。如社会不同层次的管理道德问题、职业圈子中的管理道德问题、企业内部日常管理中面临的管理道德问题等。

2. 内在因素的影响

内在因素的影响主要包括管理者自身的意志、能力、信念因素，自身责任感因素等。

(1)个人意志、能力和信念因素的影响。个人意志坚强、个人能力较强、个人信念坚定的管理者对事物判断比较准确，无论身处顺境还是逆境，无论是外部诱惑如何，其大多数会在道德准则判断与道德行为之间保持较强的一致性，不会因一时之事、一念之差而作出不正确的选择；反之则会在道德准则判断与道德行为之间作出不正确的选择。

(2)个人责任感因素的影响。责任感是每个人对工作、企业、社会等所作出行为的负责态度，有较强责任感的人，是一个能自觉承担社会责任、积极履行职责和正确行使职权的管理者，敢于、勇于对自己行为负责，很少出现违背道德准则的情况；反之，缺乏责任感的人，对自己行为的后果不愿承担责任，甚至认为"事不关己"，推卸责任，则缺乏最基本的道德素质。

三、提高管理者道德水平的途径

美国调查显示：员工对管理者道德水准要求较高

这些年，美国大公司丑闻不断，整个美国社会都在质疑美国企业领导人的道德水准。2006年美国人搞了一次调查，希望能了解企业管理者的道德水平对员工的影响。这项调查的结果中，有82%的被调查者说，他们在选择公司的时候，会把这家公司是不是具有良好的道德准则放在第一位；有超过三分之一的人表示，他们辞职的主要原因是管理者或者同事道德素质低下，影响了自己的工作效率和主观能动性。这项调查结果提醒公司管理者：企业及其员工的道德素质也是影响公司利润的重要因素之一。

(一)抓好管理道德教育

(1)提高管理道德认识，包括管理者对其管理的地位、性质、作用、服务对象、服务手段等方面的认识。对管理道德价值的认识是培育管理者管理道德的前提，就是要认识管理道德的实质、内涵，充分认识到管理道德对个人、企业乃至社会的重要性。只有提高对管理道德的认识，才能在思想上重视、在行动上实施、在发展中提升。

(2)培养管理道德情感，就是管理者在处理自己和职业的关系及评价管理行为过程中形成的荣辱好恶等情绪和态度。主要包括对所从事管理工作的荣誉感、责任感，对服务对象的亲切感，热爱本职工作，敬业乐业等。管理道德情感一经形成，就会成为一种稳定而强大的力量，积极影响人们管理道德行为的形成和发展。

(3)锻炼管理道德意志，就是人们在履行管理义务的过程中所表现出来的自觉地克服一切困难和障碍，作出抉择的力量和精神。是否具有坚毅果敢的管理道德意志，是衡量每个管理者管理道德素质高低的重要标志。

(4)坚定管理道德信念，就是管理者对所从事管理工作应具备的道德观念、道德准则和道德理想发自内心的真诚信仰。管理者一旦牢固地确定了管理道德信念，就能自觉地坚定不移地履行自己的义务，并能据此来鉴别自己或他人的行为。培养和确立终生不渝的管理道德信念，是每个管理者管理道德修养的中心环节。

(二)提炼、规范管理道德准则

管理道德建设的过程，就是管理者管理道德素质形成和不断完善的过程。这需要管理者把管理道德认识、管理道德情感、管理道德意志和管理道德信念等与所从事的管理工作、企业的实际情况等结合起来，注重吸收西方道德观中合理的成分，广泛继承中华民族传统道德观的精华，提炼出体现管理特色的管理道德准则，使管理者了解、明确管理道德规范，认清管理道德的标准和行为准则，以利于管理者形成良好的管理道德。

通过提炼管理道德标准，实行管理道德的规范化管理，使管理者自觉地对照管理道德准则时刻检查自己、规范自己行为，将管理道德准则内化成管理道德认识，从而培养成良好的管理道德行为习惯,既有利于管理者自身建设与发展,又有利于企业管理水平提高与发展。

(三)树立典型,加强引导

在管理道德建设过程中,树立典型、发挥榜样示范的作用是重要的。典型引导是激励人们自觉规范道德行为的有效途径。

(1)注重发挥企业领导者管理道德的表率作用。企业领导者是企业的精英,是高层管理者,其模范、表率行为对其他管理者管理道德的形成具有更直接的效果。对企业领导者来说,管理价值、道德价值高于物质利益,企业领导人应把国家、员工赋予的职位当做为国家、企业作贡献、为员工服务的机会,“先天下之忧而忧,后天下之乐而乐”,勇于负责,不计得失,自强不息,以身作则,讲真话、办实事,“言必信、行必果”,树立领导者良好的管理道德。这对推动整个层面管理道德的形成起着举足轻重的作用。

(2)树立典型人物,做好舆论导向,发挥引导作用。像牛玉儒等现实生活中涌现出来的典型人物,他们的感人事迹、表现出来的道德品质是人们所景仰的,在这些典型人物身上也充分体现出了优秀的管理道德。因此,大力宣传典型,把道德规范人格化,有利于使管理者以典型人物为榜样,学习典型人物的人格,激发自身去追求典型人物所拥有的优秀的理想人格,并且以这种理想人格为标准而塑造自己,促进管理者管理道德水平的形成和提高。

(四)管理道德行为列入岗位考核内容

管理者是否具有管理道德,不是看其是否会背诵管理道德的多少规范条款,而要看他是否能理解管理道德,把管理道德要求与自己的工作相结合,落实到实际行动中、具体工作中,形成稳定的职业行为。管理道德规范化、制度化,就会成为管理者的习惯行为,就会在管理工作中发挥巨大作用,也必将在企业内形成良好的道德风尚,使企业步人良性的发展轨道。因此,企业应将管理道德建设纳入管理者岗位考核内容之一,加强检查、考核、奖惩,使每一个管理者不断地自我对照准则检查,不断地修正自己的行为方向,最终养成良好的管理道德。

管理者是管理道德的主体,管理道德是对管理者行为的规范和制约,一个合格的管理者也必然是一个有道德的管理者,做有道德的管理者,应该是每一个管理者的职业准则。在当今时代,管理者和企业应注重开展和加强管理道德培育,提高管理者的管理道德,使管理者有所为,有所不为,养成良好的管理道德行为,才能有效地提升企业管理水平,获取更大的效益,实现长效发展。

麦道公司的伦理守则

个人具有正直和符合伦理的品质或根本不具有。个人必须坚持这些品质或根本不坚持。作为公司成员,我们必须努力做到:

在所有交往中要诚实可信

要可靠地完成所交代的任务

说话和书写要真实和准确

在所有工作中要与人合作并作出自己的贡献

对待同事、顾客和其他人要公平和体贴

在所有活动中要遵守法律

承诺以较好的方式完成所有任务

节约使用公司资源

为公司服务并尽力提高我们生活的世界的生活质量。

正直和高伦理标准要求我们努力工作、具有勇气和作出艰难选择。有时,为了确定正确的行动路线,员工、高层管理人员和董事会之间进行磋商是必要的。有时正直和伦理可能要求我们放弃商业机会。但是,从长远看,做正确的事比做不正确不符合伦理的事对我们更有利。

管理者对伦理守则的态度(是支持还是反对)以及对违反者的处理办法对伦理守则的效果有重要影响。

劳拉·纳什(Nash,1981)作为决策规则的12个问题

1. 你准确地确定了问题吗?

2. 如果你站在对方的立场上,你将如何确定问题?

3. 这种情形原本是如何发生的?

4. 作为一个人和公司的一员,你忠于什么人和什么事?

5. 在决策时你的意图何在?

6. 这一意图与可能的结果有何差距?

7. 你的决定或行动可能伤害谁?

8. 你能在决策前与有关各方讨论这一问题吗?

9. 你有信心认为你的立场不仅现在看起来正确,即使长期也正确吗?

10. 你能问心无愧地把你的决定或行动透露给你的上司、你的首席执行官、董事,你的家庭以及整个社会吗?

11. 你的行动在被人理解的情况下有什么可能的后果?在不被人理解的情况下又如何?

12. 在什么情况下你将容忍反对意见?

第三节 管理者的社会责任

企业仅具有一种而且只有一种社会责任——在法律规章制度许可的范围内,利用它的资源从事旨在增加它的利润的活动。

——米尔顿·弗里德曼

【案例】

拜耳公司:企业社会责任管理系统

总部位于德国的拜耳公司是一家全球性跨国企业,具有140多年的历史,其核心业务为医药保健、营养以及高科技材料。在2004年《财富》杂志世界500强排行榜中,拜耳以323亿美元的营业收入排名第129位。

拜耳早在1882年就开始了与中国的贸易往来。1958年,拜耳在香港成立了拜耳中国有限公司,正式开始了在中国的业务。1993年与前化工部签订的全面合作协议带动了拜耳在华合资企业的建立。如今,拜耳在中国拥有12家企业,其中5家为独资公司。

今天,经济、生态和社会责任已成为拜耳公司实现可持续发展的三大支柱。如何确保三大支柱创造可持续的公司价值呢?

一、保障产品可持续性的生态检查系统

拜耳生态检查就是针对产品特性进行全面、有效的评估,所涉及的检查范围包括经济、健康、环境、生命周期、技术和公共价值。

二、贯彻“责任关怀”的HSE(健康、安全和环境)管理系统

为了达到“责任关怀”中富有挑战性的企业目标,拜耳开发了综合的HSE(健康、安全和环境)管理系统。拜耳根据几乎统一的标准对世界各地的工厂收集健康、环境、安全方面的相关数据,加以编辑、处理和应用。

三、履行社会责任的“六步”、“六法”

拜耳实施社会责任的六个步骤:第1步:管理层需要首先确定他们认可的企业社会责任的定义。第2步:确认公司应该向谁负责?谁是利益相关者?公司和谁有责任关系、关联关系或从属?第3步:确认公司应该负什么样的责任?公司行事的哲学是什么?公司希望参与什么样的议题?第4步:确定目标、任务和时间表。第5步:确定关键表现的衡量标准。第6步:进行衡量并按程序报告。

实现企业社会责任的六种方法：事件推广、事业关联营销、企业社会营销、爱心奉献、志愿者、履行社会责任的商业实践。

四、行胜于言——拜耳在中国推行社会责任

拜耳将社会责任活动与公司的核心业务、核心价值结合在一起。

拜耳将把公司的核心业务、所体现的核心价值或问题相结合，设计出活动方案和时间表，之后再进行有效的评估和报告。

1. 中文广播节目。开设“拜耳——健康生活”中文广播节目。就医药保健及生活质量话题开展的中文广播节目每周一次，每次一小时在北京、上海及其他主要城市播出。同时，为方便更多的听众了解节目内容，特别设立节目中文网站。

2. 清华——拜耳公共健康与媒体研究室。2004 年 11 月，拜耳中国和清华大学启动“拜耳－清华公共健康与艾滋病媒体研究室计划”，希望能在中国公共卫生系统中起到重要作用。

3. 农村小额信贷项目。作为美慈和中国扶贫基金会的合作伙伴向福建省的农民提供小额信贷项目。

4. 职业学校。2004 年 2 月，位于上海市金山镇的上海石化工业学校内的拜耳实训基地正式落成。德国双轨制教育体系被引入中国，推动了中国职业教育的发展。此外，拜耳中国公司正在从事一系列的教育和科研赞助项目，合作者包括中国科学院和上海的一些科技性大学，如华东理工大学、同济大学和交通大学。

5. 环境特使。拜耳集团是第一家同联合国环境规划署开展青年环保合作项目的私营公司。拜耳承诺在同联合国环境规划署合作的最初 3 年中将每年向青年环保项目提供 100 万欧元的赞助以及资金以外的其他支持。

6. 足球扶贫。2004 年 6 月，拜耳中国公司正式发起“携手将足球运动带给中国贫困地区儿童”活动。此次活动一共向位于云南、广西、贵州、江西、甘肃、宁夏和河北等 7 个省份的贫困地区的 161 所学校捐赠了 161 箱足球用品。

7. 支持特奥。拜耳正在与特奥会组织开展合作，为中国的智障人士提供帮助。拜耳目前资助了 3 所特奥学校：北京西城培智学校和崇文培智学校，还有上海的上海市陆家嘴聋哑辅读学校。这些学校在中国特奥事业中走在前列，并派运动员参加特奥会。

摘自：公司企业法律顾问网，2008－01－21，http://qiyeguwen.zhan.cn.yahoo.com/articles/080121/49044_102.html

一、企业社会责任

企业社会责任（Corporate Social Responsibility，C.SR），是指企业在其商业运作里对其利害关系人应负的责任。企业社会责任的概念是基于商业运作必须符合可持续发展的想法，企业除了考虑自身的财务和经营状况外，也要加入其对社会和自然环境所造成的影响的考量。利害关系人是指所有可以影响、或会被企业的决策和行动所影响的个体或群体，包括员工、顾客、供应商、社区团体、母公司或附属公司、合作伙伴、投资者和股东。

美国学者戴维斯就企业为什么以及如何承担这种责任提出了自己的看法，这种看法被称为“戴维斯模型”，其具体内容如下：

（1）企业的社会责任来源于它的社会权力。由于企业对诸如少数民族平等就业和环境保护等重大社会问题的解决有重大的影响力，因此社会就必然要求企业运用这种影响力来解决这些社会问题。

（2）企业应该是一个双向开放的系统，即开放地接受社会的信息，也要让社会公开地了解它的经营。为了保证整个社会的稳定和进步，企业和社会之间必须保持连续、诚实和公开的信息沟通。

(3)企业的每项活动、产品和服务,都必须在考虑经济效益的同时,考虑社会成本和效益。也就是说,企业的经营决策不能只建立在技术可行性和经济收益之上,而且要考虑决策对社会的长期和短期的影响。

(4)与每一活动、产品和服务相联系的社会成本应该最终转移到消费者身上。社会不能希望企业完全用自己的资金、人力去从事那些只对社会有利的事情。

(5)企业作为法人,应该和其他自然人一样参与解决一些超出自己正常范围的社会问题。因为整个社会条件的改善和进步,最终会给社会每一位成员(包括作为法人的企业)带来好处。

企业社会责任绝不仅仅是社会良知的呼唤和社会道德的要求,实际上,它是生产力发展的客观要求,是人们价值观念和消费观念改变的结果,更是外包形成的全球生产体系催生的必然结果。

二、企业社会责任的表现

企业是一个由人、财、物和知识等经营资源构成的,通过向社会提供商品和服务来实现企业功利目标的组织系统。企业的社会责任不但要保障员工的尊严和福利待遇,还要发挥企业在社会环境中的良好作用。总的来说,企业的社会责任可分为经济责任、文化责任、教育责任、环境责任等几方面。就经济责任来说,企业主要为社会创造财富,提供物质产品,改善人民的生活水平。松下幸之助曾说过:"企业不赚钱,是对社会的罪恶。我们取用社会的资金,社会的人才,却没有创造利润,那就是我们浪费了社会可贵的资源,这些资源如果用在他处,将会更有效果。"就文化责任和教育责任等方面来说,企业要为员工提供符合人权的劳动环境,教育职工在行为上符合社会公德,在生产方式上符合环保要求。企业社会责任的具体表现内容如表2.1所示。

表2.1 企业社会责任具体表现内容

企业社会责任的实施对象	企业社会责任的具体表现内容
股东	证券价格的上升;股息的分配(数量和时间)
职工或工会	相当的收入水平;工作的稳定性;良好的工作环境;提升的机会
政府	对政府号召和政策的支持;遵守法律和规定
供应者	保证付款的时间
债权人	对合同条款的遵守;保持值得信赖的程度
消费者/代理商	保证商品的价值(产品价格与质量、性能和服务的关系);产品或服务的方便程度
所处的社区	对环境保护的贡献;对社会发展的贡献(税收、捐献、直接参加);对解决社会问题的贡献
贸易和行业协会	参加活动的次数;对各种活动的支持(经济上的)
竞争者	公平的竞争;增长速度;在产品、技术和服务上的创新
特殊利益集团	提供平等的就业机会;对城市建设的支持;对残疾人、儿童和妇女组织的贡献

(一)伦理经营定义

伦理经营观念是企业经营哲学历史发展的逻辑结论,也是企业伦理学家们对市场经济条件下企业经营管理活动的伦理学总结。在我国,企业行为规范、坚持科学发展观和构建社会主义和谐社会、参与经济全球化进程、生态环境的恶化态势等因素决定了企业必须坚持伦理经营价值观。伦理经营既是一种守法经营,也是一种道德经营。经营法规、人性化管理、诚信交易、绿色营销、积极负责等,是伦理经营价值观体系的构成要素。

(二)伦理经营的意义

从宏观角度来看,商业伦理在经济体系中占有重要位置,道德的行为将使买卖双方能获得关于市场、产品和服务的准确信息,并自由选择自己满意的目标消费群、产品和服务,从而保证资源有效配置和市场体系有效地运行;不道德的行为限制了自由交换,会扭曲市场体系,导致资源配置效率低下。可见,合乎伦理的商业行为是市场体系有效运作的前提和基础。可以预见:在宏观经济运行中,除了市场调节和政府调节外,厉以宁教授提出的第三只手——道德调节将发挥越来越重要的作用。另外,从全球范围来看,也必须有一个能被普遍接受的道德标准,否则就不可能有稳定的国际经济关系,全球经济一体化也只能成为一纸空谈。

从微观角度来看,商业伦理对单个企业的发展也十分重要。道德的行为是企业建立和保持与相关群体的信任和良好关系的基础,这种互相信任和良好关系支持公平公正的商业交换,从而使购买者从创造信任的伦理性行为中获益,也使销售者赖以生存和发展的商业交换关系成为可能;不道德的行为则会破坏信任,导致企业消费群体流失及企业形象和经营成果下降。同时,符合伦理的行为能提高企业的生产效率。因此,在企业经营中,商业战略和战术固然重要,但商业伦理必须也得到足够的重视,它是企业成功的必要条件。国内外著名企业的经营实践已经证明:遵守商业伦理规范与获取较高经济效益不仅不相互矛盾,而且是相辅相成的。

(三)伦理经营的管理思路

1. 道德责任

伦理经营要求在从事企业活动时,不是出于趋利避害的目的才遵守企业伦理规范,而是把遵守伦理规范视为一种责任。把遵守伦理规范看成是责任并不排斥追求正当的经济效益,相反,企业应尽量去从事既符合企业伦理规范又能带来较高经济效益的行为,既履行道德责任又获得了经济利益。事实上,国内外优秀企业的经验表明,这两者是完全可以兼得的。

2. 自律行为

伦理经营具有自律的特征。伦理经营通过营造良好的道德环境,使企业成员认识到什么是应该做的,什么是不应该做的,并以这种认识来指导自己的行为。

3. 价值观念

伦理经营从企业对社会的贡献去寻求企业存在的理由,利润只是对社会的贡献的回报。这样的企业目的,这样的处理“人”“己”关系的方式,对企业经营的促进作用要大得多。

4. 相互关系

企业利益相关者是指受企业行为影响或可影响企业行为的任何个人、群体和组织,通常包括所有者、员工、顾客、供应者、竞争者、政府、社区、公众等。伦理经营主张企业要处理好与利益相关者的关系,实行关系管理、利益相关者管理。

5. 感情投资

严格地讲,没有感情上的一定投入,任何价值观及伦理规范也是树立不起来的。要管理,必须得先尊重对方,这里就要处理好管理与教育的关系,以人为本。

6. 团队学习

团队学习通过运用集体智慧将整个团队的人力、物力、财力集中于某一方面,创造出惊人业绩,同样可以减少不必要的管理与协调,调动基层人员的积极性,使各方的价值体系得以整合,从而使各方的伦理观念得到协调一致。

7. 社会整体

在伦理经营中,衡量企业决策、政策、行为的对与错、好与坏,既从个体企业角度看,又从社会整体角度看。

8. 体系配置

就是按照基本模式要求,并根据企业自身的特点进行科学配置,其中最重要的是把整体总和体系放在首位，而不是笼统地把某一个别子系统放在首位。同时，在此前提下，针对不同企业的特点，应将不同的伦理观进行分序、排队，形成自身所独有的既适应国情又能适应公司发展的管理伦理体系。

9. 超越法律

法律只规定什么是不应该的、禁止的，而没有指明什么是应该的、鼓励的。企业伦理不仅指出什么是不应该的，而且还指出什么是应该的、鼓励的。伦理经营认为，仅仅遵守字面上的法律是不够的，还要进行伦理思考。

10. 建立共同愿景

企业建立共同愿景的具体途径是：首先激励个人愿望；其次综合各种个人愿望，塑造出企业的整体图像——共同愿景；再者决策层以不凡的胸襟和谦恭的态度倾听实施过程中的不同意见，逐步修补共同愿景，实现真正的水乳交融。

【案例分析】

X 公司是国内小有名气的食品公司，到 2006 年底，公司正好成立十周年。公司目前发展顺利，市场份额和知名度都在稳步上升，公司上下都觉得，是好好庆祝一下的时候了。

很快，各种庆祝的点子被提出来了，但又迅速地被公司高层否决了。原因在于，传统的庆祝活动，如庆典、酒会，甚至文艺演出，领导们觉得没什么新意，他们希望花不太多的钱，通过一些庆祝活动，可以推动企业文化的整合和企业形象的提升，而不仅仅是开会、唱歌、吃饭和发奖金。

如果您作为 X 公司的市场总监，如何通过十周年庆典来展示贵企业的社会责任呢？

建议解决方案名称：感恩十年，爱心无价

合作伙伴：X 公司，咨询策划公司，某残疾人组织

时间：当天

地点：X 公司所在城市（某省省会）

1. 公司预先向媒体和社会发布信息，将举办“感恩十年，共同成长”的庆祝活动。

2. 咨询策划公司在 X 公司所在城市，选择合适的残疾人自发组织，经 X 公司认可确定为项目合作伙伴。该组织入选的重要原因之一是，他们正在鼓励当地的下肢残障人士学习手工编织各种工艺花篮，希望可以推向市场，自食其力。

3. X 公司先期向该组织定做 1 000 个由残障人士编织的工艺花篮，每个花篮上绣有公司标志，公司向该组织支付高于市场一成的价格。

4. X 公司将这些工艺品作为公司开业典礼的纪念品送给参加的来宾和媒体，同时介绍被邀请参加活动的编织者代表。

5. 每个花篮均附有编织者的姓名、照片和联系方式，公司鼓励来宾通过直接资助或者继续购买的方式支持残障人士开展自食其力的活动。

公司选派优秀的产品包装设计师，作为志愿者，定期到该组织帮助他们开发更多的手工艺品。

X 公司免费为该组织制作网页，介绍和销售残障人士制作的手工产品，同时公司网站开设专门网页同步更新。

案例点评：

1. 很多人都说，企业社会责任是跨国公司或者大企业的专利，国内的小公司玩不起，也没必要把钱扔到水里。其实，小公司有小公司的想法，自然也有自己的玩法。在本案中，X 公司最终接受解决方案的一个重要原因就是：反正庆典也要花钱买纪念品的，这样也多花不了多少钱，但效果就明显不同了。归根结底，花多少钱做企业的社会责任，做到多大规模，是每个企业自己的事，首先取决于经济实力，但更需要和产品、品牌、市场和公共关系紧密关联。

2. 助残是很多公司常见的公益活动，同样也需要让自己的助残项目显得与众不同。

"授人以渔"绝非独创,但如何在企业社会责任项目中用活用好,值得仔细推敲。

3. 通过纪念品,X公司让客户和媒体了解并记住了企业社会责任项目,不仅可以体现企业期望通过支持残障人士传递的"感恩十年"的心意,而且推动了利益共同体(Stakeholders)——这一企业社会责任重要组成部分的广泛参与。

摘自:企业社会责任咨询网,2007－3－22,http://www.csrsolution.com/chinese/ReadNews.asp?NewsID.=634&BigClassName=CSR动态&SmallClassName=CSR动态&SpecialID.=0

三、提高企业社会责任的途径

企业对社会影响力越大,社会对企业的反作用力也就越大,伴随影响力而来的是更大的责任。20世纪80年代,企业社会责任成为一个全球性的社会运动。按照企业社会责任原则的要求,作为一个商业组织,企业不能以利润作为自己的唯一目标,而应该承担相应的社会责任,赋予市场经济以人道色彩。管理者在为企业赚取利润的同时也不能忘记做一些对社会有益的事情。

人性化管理是企业发展的必由之路。企业不仅要为社会创造财富,提供物质产品,改善人民的生活水平,还要为员工提供良好的劳动环境,教育职工在行为上符合社会公德,在生产方式上符合环保要求。同时,要引导企业家去关心社会、关爱社会和支持社会。

承担社会责任并不需要特别的条件,企业在经营和决策过程中,除了要考虑企业本身的利益之外,还需要适当考虑与企业行为有密切关系的其他利益群体及社会的利益;除了要考虑其行为对自身是否有利之外,还应该考虑对他人是否有不利的影响,如是否会造成公害、环境污染、资源浪费或失业等。当企业在进行决策时,对这些问题进行考虑并采取适当的措施加以避免,它已经在承担最基础的社会责任了。

更好地承担社会责任,表现在企业通过自身的精神追求和文化内涵,创造积极向上的社会氛围,影响社会文化的演进,促进社会整体信用水平的提升,增加企业所创造财富的附加值,最终作为企业社会的一分子,通过使社会资源价值最大化,推动社会进步。

企业的社会责任体现了企业家和一般员工利益的一致性,体现了企业利益和社会总体利益的一致性。它使企业的管理者不断提高社会责任意识,使尊重知识、尊重劳动、尊重劳动者成为企业自觉行为。

在华跨国公司和民企的公益贡献

在2007年"世界500强企业在华贡献排行总榜"上榜的100家跨国公司中,73家在华有各种类型的捐赠行为。2006年,捐赠金额合计9.89亿元人民币,其中捐赠金额超过1 000万的公司有12家。捐赠金额列前三位公司分别是:诺华(中国)、阿斯利康、大众汽车。

跨国公司对华捐赠主要集中在三个领域:一是赈灾,二是教育,三是医疗慈善援助。

在综合考察企业商品质量、环保状况、员工社保、慈善捐赠等行为的社会责任榜上,诺华(中国)和阿斯利康同样位居前两名,宝洁公司名列第三。

在2007年"创富榜"上榜的100家民营企业中,有84家在2006年都作出了各类捐赠,捐赠金额合计为8.23亿元人民币。其中有24家企业的捐赠金额超过1 000万元人民币,捐赠金额超过4 000万元人民币的企业有4家,分别是世纪金源集团、苏宁电器集团、浙江吉利控股集团、天津荣程联合钢铁集团。

民营企业的捐赠也主要集中在健康、卫生、教育以及环保等领域。

在社会责任榜上,天津荣程联合钢铁集团、横店集团和深圳海王集团位列前三。

摘自:http://finance.sinA.com.cn

第三章　管理环境

◆**本章关键词**

1. 信息　2. 管理信息系统　3. 内部利益相关者　4. 外部利益相关者　5. 组织均衡　6. 管理环境　7. 全球化　8. 国际企业

第一节　信息时代的管理

一、信息概述

1. 信息

物质、能量和信息构成了客观世界。人们认识物质和能量很早，而信息作为客观世界的一种重要构成部分，直到20世纪50年代，随着信息科技的发展，才逐步被人们认识到其重要性。信息是一种特殊资源，它具有可扩充性、扩散性和共享性等特征。信息作为一种战略和经济资源，已经成为经济发展的引擎。

随着全球化步伐的加快，越来越多的企业走向国际市场。企业在国际化经营中，必然导致企业生产的分散化、规模化。作为一个巨系统，企业内部管理的附加层次增多，系统的输入、输出和内部往来的信息量是很多的。这些特点要求企业各部门之间应能够及时、准确地处理和传递相关信息，要求企业管理者及时掌握企业内部、外部的相关信息，以调整和控制企业的发展方向。而地域分散、组织庞大往往使管理者不能亲临各地进行监督和控制，获取第一手信息。这就要求企业必须利用现代化的网络通信技术，建立企业的信息系统，实现信息的畅通交流。

2. 经济信息的特点

(1)信息的时效性。经济信息的寿命很短，这主要是因为企业所处的环境由众多系统构成，系统处于迅速变动之中。一旦信息不能及时传递和加工，往往难以有效利用。比如国际股票交易价格变动时间以秒为单位，国际市场价格行情变动时间以天甚至小时为单位，机会往往稍纵即逝。而过时的信息没有丝毫的现实价值，只能作为历史数据进行处理。

(2)信息的更新性强。市场经济存在周期性波动，但该周期性过程并不是简单的重复，而是在新环境下的新的发展过程。虽然其与原过程存在时间上的连续性，但这并不意味着可以沿用以往的信息。这就要求企业要随着外部环境变动不断更新内部信息资源。

(3)信息的双向性。商品实体的运动表现为由生产者向消费者的单向流动，而作为无形资产的信息，存在信息的输入和信息的反馈，构成其流动的双向性，这就要求重视信息的反馈功能，以增强信息输入的有效性。

(4)信息的庞杂性。随着信息技术的发展，企业可以很方便地从各种渠道获取大量的科技信息、市场信息、政治信息等，但并不是所有的信息都是有用的。企业必须对庞杂的信息进行过滤、加工、整理，提高信息的有效性。

3. 组织的信息工作

针对信息的以上特征，很多企业型组织都建立了包括以下内容的信息搜集和处理系统：

(1)竞争对手信息。在经营活动中，必须了解对手的各种情况，包括其财务状况、商业信誉、公司背景资料以及内部生产、销售、新产品和新技术的开发等经营活动的最新动态。

(2)市场信息。通过市场调研，搜集有关消费者潜在需求、购买力结构和需求偏好变动等相关信息，进行有效的市场预测，同时了解同类或相关产品的市场价格，企业生产所需原料和能源的市场变动趋势，产品的市场供求结构和市场占有率，以便采取灵活的营销方式。

(3)科技信息。随着科技成果转化的周期不断缩短，企业要在竞争中生存和发展，必须了解生产技术和工艺流程的最新进展。同时，搜集政府有关科技的法律法规，了解新技术的应用状况和新产品在市场中的销售状况，及时掌握有关专利技术的现状，通晓各种技术标准及其变动情况，以不断调整企业的产品结构和技术开发方向，来适应不断变化的市场需求。

(4)金融信息。企业在经营过程中，可能涉及本币的兑换问题，以及在债市、股市中融资问题和因业务往来而产生的应收和应付款项。汇市、股市和债市的行情变动将直接影响到企业的经营业绩，因此企业要密切关注金融市场的变动状况，采取必要的应付措施，避免和降低企业的金融风险。

二、管理信息系统在组织中的应用

(一)管理信息系统的定义

美国的斯蒂芬·P·罗宾斯认为，管理信息系统是能够经常地为管理层提供所需信息的系统。目前所说的管理信息系统一般是计算机支持的应用系统。斯蒂芬认为，管理信息系统中的“系统”二字表明了一种顺序、安排和目的的意思。更进一步，管理信息系统特别强调提供给管理层的是信息，而不是单纯的数据。我们需要明确数据与信息的区别。数据(Date)是未经加工过的、未经分析的事实，如一堆数值、姓名或产量值。数据对管理着来说是没有太多用处的。只有经过分析和处理过的数据才变为信息(Information)。管理信息系统就是采集数据并将其转化为对管理者可用的信息。

(二)设计管理信息系统

1. 管理者所作的决策可以指导管理信息系统的设计

第一步是识别所有的管理决策所要用到的信息。这应该包括一个组织中的全部工作职能，从最低一级的监工到最高一级的首席执行官。这一阶段还应考虑每一项决策是否由适当的人所作出的？是否由适当级别的人作出的？是否由适当的部门作出的？如果不能弄清这些问题，必然会导致整个信息系统的设计错误。如果不适当的人作出决策这样的问题不能在复杂的信息系统实施之前改正过来的话，则这些人将会继续作出错误的决策，而且只会更快。

2. 信息需求分析

当决策问题被分离出来后，我们就应该知道作这些决策时究竟需要哪些确切的信息。在组织中，管理职能所需的信息也是不同的。比如一个市场部经理所需的信息与财务部经理所需要的信息肯定是不同的。因此，管理信息系统应该能适应不同职能的管理者的需要。

一位管理者所需要的信息还会根据他在组织中所处地位的不同而有所变化。最上层的管理者需要关于环境方面的数据和总结报告；而最基层的管理者则只需要关于操作问题的报告。一个设计完善的管理信息系统如果要满足管理者的不同要求就应该充分考虑到需求的多样性。

3. 决策集成

对每一位管理者的需求和职能范围进行识别后，对于那些在很大程度上需求相互重叠的信息必须予以确定。尽管一个组织中对信息需求的变化很大，但重复现象是不可避免的。比如，销售和生产部门的主管都需要关于某一产品质量水平的反馈信息。虽然一个人关心的是顾客是否满意，而另一个人关心的是产品生产过程中的质量波动，但通过识别出这种冗余的信息，管理层在设计时可以让系统只包含尽可能少的重复信息，并且将相似的决策问题由一个人来做。

4. 信息处理设计

在这一阶段，内部的技术专家和外部的顾问可以在一起共同开发一个搜集、存贮、传递和查询信息的实际系统。一个简明的系统流程图将被画出来，它包括数据的来源和类型、用户的位置、存贮的方式等。同时,对于软硬件的需要也可以确定。

在系统实施之前,必须进行仔细检查以保证系统所做的工作正是按照管理层的需要来做的。也就是说,对管理信息系统的最后检查就是看它是否有能力满足每一位高层管理者对信息的需求,或者满足大部分管理者的需求,或者管理者的大部分需求。

三、管理信息系统实施

(一)系统安装前的预调试

在信息系统安装之前找出缺陷,比系统安装之后和人们已经开始依赖它进行工作时要容易得多和便宜得多。如果不能进行完全的预调试,则管理当局可以考虑新系统与老系统并行使用。两个系统并行使用一段时间后,新系统中的毛病和漏洞可以暴露出来并给予修正,这样对组织的正常运转不会造成什么影响。

(二)用户准备与培训

不论一个系统设计得多完善,如果用户不知道它的全部功能或不会利用这些功能,则它也不可能充分发挥作用。因此,任何新系统的实施都应该包括用户培训的时间和经费。即使是最聪明和最有能力的管理者,要想充分利用新系统也需要经过一些培训。

(三)对抵触情绪做好准备

人们总是倾向于抵制那些看起来对他们有威胁的变革。大量研究表明,引入基于计算机的信息系统是一个非常大的威胁。有的人难以适应引入的任何技术,有的人害怕学不会新系统,更多的人害怕新系统的潜力会减小他们在组织中的权力和形象,改变人际间的关系,或降低他们工作的保障。

(四)用户参与

最有效的抵消人们抵制管理信息系统的方法之一就是让受其影响的人直接参与到系统的设计与实施过程中去。通过这种参与可以使系统用户在不得不使用它之前就熟悉它,增强他们的责任感,因为他们已经被卷入到了系统的创建过程,同时大大减少了他们的要求被忽视的可能性。

(五)安全性检查

随着分布式信息系统的实现,提出了一项非常关键的要求,那就是未经授权的个人不得接触机密的或特殊的信息。过去,当信息集中在一个单一的地方时,只有少数几个人能够看到一些重要的数据库,如关于生产计划、顾客记录、库存、信用状况和雇员档案等,但今天,种种数据库非常容易受到非授权者闯入的伤害。解决的办法是有足够多的安全措施包含在系统中。进入硬件安全地点应该受到控制,软件不用时应该锁起来。系统还应具有不可能被破译的进入口令,而且要求用户每次进入系统时都提供证明,实施严厉的电话线进入系统控制。

(六)建立定期评审制

管理者去年需要的信息与今天需要的并不一定完全相同。随着顾客、供货商、政府条令,以及其他环境因素的改变,管理者对信息的需求也会发生改变。系统实施可以看成是一个持续过程的开始。如果一个信息系统对管理者长期有效,则必须进行定期的评价审查和修改,以适应用户不断变化着的需求。

第二节　组织的利益相关者

一、利益相关者概述

(一)利益相关者的定义

利益相关者理论的形成得益于 Freeman 的开创性工作和后来一些学者的共同努力,利益相关者理论也逐渐成为企业理论中一个比较成熟的理论分支。利益相关者理论可以被归纳为描述性(Descriptive)、工具性(Instrumental)和规范性(Normative)三个层面。描述性层面主要集中在对谁(或什么)是企业的利益相关者的回答。一般认为,利益相关者是那些能够影响企业实现目标或被企业实现目标所影响的个人或群体,按照这个定义,股东、管理层、员工、消费者、供应商、债权人、政府、社区和环境等都可以称为是企业的利益相关者。工具性层面主要通过分析利益相关者管理和传统企业目标(如利润率、增长率)实现之间的关系,探索坚持利益相关者管理能否同样取得甚至好于传统企业绩效目标,从而证明利益相关者理论的现实合理性。除此之外,这个层面也探讨了利益相关者影响企业的策略以及企业实施利益相关者管理的策略等问题。规范性层面在于为利益相关者理论寻找"规范核心",即找到一个抽象范畴来论证其合理性。不同学者提出的"规范核心"是不同的,如"公平契约学说"、"整合的社会契约学说"。"利益相关者公平原则"等。这些理论上的探索进一步发展和完善了利益相关者理论,提升了该理论的合理性和解释力。本书在后面对各种利益相关者的阐述中力求兼具这三个层面。

(二)利益相关者理论的演变与发展

1. 利益相关者理论的演变

(1)利益相关者理论的"企业依存观"阶段(20世纪60~80年代)。从1963年斯坦研究所提出利益相关者定义,到1984年弗里曼的经典著作出版。在这个阶段,学者们主要强调把利益相关者理解为企业生存的必要条件,研究的重点问题是利益相关者是谁、利益相关者参与的基础和合理性问题。

(2)利益相关者理论的"实施战略管理"阶段(20世纪80~90年代)。把利益相关者方法应用于战略管理研究始于弗里曼。他在著作《战略管理:一个利益相关者方法》中首先提出了这个观点,此后的利益相关者研究基本上都是按照他的框架展开的,成为关于利益相关者研究的一个标准范式。强调利益相关者在企业战略分析、规划和实施中的作用,侧重于从相关利益主体对企业影响的角度定义利益相关者,强调在企业战略管理中的利益相关者参与作用。

(3)利益相关者理论的"参与所有权分配"阶段(20世纪90年代至今)。针对利益相关者定义过于宽泛和"刚性"的指责,近年来的研究是从更为全面、广阔的视角定义利益相关者,从公司治理和组织理论角度的来研究利益相关者问题的。Williamson运用交易费用分析框架说明应该优先考虑股东利益,因为其拥有"资产专用性"。他认为股东的"赌注"是唯一的而且与企业成败直接相关。Freeman and Evan认为恰恰相反,利益相关者也都投入了"赌注"或者说具有专用性的资产,而且股东还拥有更为流动性的市场,即股票市场以分散其风险,因而资产专用性本身并不能保证股东利益优于利益相关者利益。

2. 利益相关者理论的发展

(1)关于利益相关者的界定。Mitcheletall总结了27种关于利益相关者的不同定义。这些定义可归为三类:第一,最宽泛的定义,即凡是影响企业活动或被企业活动所影响的人或团体都是利益相关者。股东、债权人、雇员、供应商、消费者、政府部门、相关的社会组织和社会团体、周边的社会成员等,全都归入此范畴。第二,较宽泛的定义,即凡是与企业有直接关系的人或团体都是利益相关者。该定义排除了政府部门、社会组织及社会团体、社会成员等。第三,最狭窄的定义,只有在企业中投入了专用性资产的人或团体才是利益相关者。本书后面所介绍的利益相关者主要是从最广义定义的角度。

(2)关于利益相关者对企业的重要程度。对企业而言,利益相关者群体的重要性是一样的抑或是不同的?目前对该问题研究的结论不尽相同。Donaldson和Preston认为各相关利益者与公司的距离是"等长的",即各相关利益者的权重应是相同的。而Harvey和Shaffer认为实践中经理们并不把公司与相关利益者关系看得一样重要。Mitcheletall认为,应该按相关利益者的权力、合法性和紧迫性,对相关利益者的显著性进行划分。

(3)关于利益相关者的实证研究。利益相关者理论的实证检验方面,在衡量公司的利益相关者关系、企业社会绩效时,许多研究使用互不相同的评价方法。各种方法的衡量指标不同,得出的结果也可能不同,使现有实证研究的解释能力和比较研究受到限制。利益相关者管理与企业绩效的实证研究主要有:利益相关者参与治理与公司绩效相关性的统计检验,利益相关者对股利政策的影响;利益相关者治理对社会责任、社会环境的影响等。

3. 利益相关者理论在国外的实践

一般认为,德日模式更好地体现了利益相关者的共同治理;而英美模式近年来也开始朝着利益相关者共同治理的模式演进。

(1)德国。相对英美而言,德国的证券市场不发达,公司主要通过银行进行间接融资,形成了银行主导型的治理结构。德国公司股权相对集中,一般都存在大股东。据统计,在德国最大的100家公司中,有92家设有监事会。在其中75家(81%)中,银行在监事会中拥有席位,持有所有席位10%以上和股东选举席位的20%以上。德国公司治理的另一个特色就是职工参与决定制度。职工参与决定制度是第二次世界大战后在煤炭和钢铁工业中首先实行的,并在1951年的《关于煤炭和钢铁工业职工平等参与决定权的法律》中得到了确认。1976年德国公布了《参与决定法》。一般认为,德国公司的监事会最能体现职工的地位和利益。"监事会中的雇员代表很大程度上在雇员与企业之间起着一种传递信息的作用,通过促进工会以及工人委员会与企业雇主之间的沟通,雇员代表可以帮助双方减少决策过程中的策略性行为,从而降低决策的交易费用。"德国公司通过积极实施并推行职工代表参与决定制度,大大缓解了劳资矛盾,增强了职工对公司经营的监督,降低了公司被兼并收购的几率,保证了公司的持续稳定经营。

(2)日本。日本公司的股权结构与德国比较相似。在日本以银行持股和公司法人间交叉持股为主。据统计,日本私人持有的股份不足1/4 ,机构投资者持有的股份也仅为1/4弱,其余则为银行、公司法人所持有,银行和企业持有的股份占总量的50%以上。银行的地位显著,产生了所谓的"主银行体制"和银行对公司的相机治理机制。所谓相机治理,据青木的解释是"将企业的剩余索取权和企业生存的决定权等各种企业经营方面的权利随着企业财务状况而转移的治理形态。"即在正常情况下,银行不干预公司的经营管理;一旦出现经营亏损或财务问题,主银行就真正干预公司经营。银行对公司的监督分为三个阶段,①事前监督:投资项目的评价、信用分析;②事中监督:监督经营活动;③事后监督:财务状况的判断、随机采取矫正性、惩罚性措施。可见,日本银行虽然也是公司的大股东,但其参与公司治理具有一定的灵活性。对于职工参与公司治理,日本公司法上并没有正式的制度安排。日本公司通过广泛实行终身雇佣制和年功序列工资制建立起了公司与职工之间稳固的利益纽带和长期的信任合作关系。另外,日本公司还广泛推行了职工持股制度,让职工分享公司的剩余价值。

(3)美国。美国公司历来推崇"股东主权",股东是公司的"所有者",经营者必须为股东利益最大化服务。但是,上个世纪80年代,美国公司"恶意收购"的浪潮引起了美国许多州公司法的变革和传统观念的转向,利益相关者的概念被引入公司法中。一个企业在发展中,已经建立起一系列的人力资本、供销网络、债务关系等,这些安排如果任意被股东短期获利动机所打断,必将影响企业的生产率。恶意收购遭到了工人、经理人员和债权人的一致反对。在这一背景下,美国许多州从80年代末开始修改公司法,允许经理对比股东更广的利益相关者负责,从而给予了经理拒绝恶意收购的法律依据。1989年,特拉华州最高法院就"卓绝通讯公司诉时代公司案"作出判决:时代公司管理层可以拒绝卓绝公司的兼并要求,尽管后者的开价有利于时代公司的股东。这就是说管理层可以为了非股东方面的利益而不顾股东的选择。同年宾夕法尼亚州议会提出了新的公司法议案,其中最引人注目的条款就是赋予公司经理对利益相关者负责的权利。"虽然面对强大的反对力量,宾州的新公司法仍显示出生命力,目前全美已有29个州采用了类似宾州的新公司法。”美国关注职工利益的代表性做法就是推行职工持股计划ESOP(Employee Stock Ownership Plans)。1974年《职工退休收入保障法》是国会通过的第一个促进职工持股计划的法案。到目前,美国国会已颁布了近30部联邦法来支持和促进职工持股计划。据统计,截止到2001年,美国的职工持股计划已超过15 000例,约有1 000万职工参加,这些职工持有公司的股票,已经超过2 400亿美元。而且在部分公司里,职工通过ESOP向董事会选派代表,获得了实质的公司控制权。在对经营者的激励方面,美国广泛采用了股票期权计划。与传统的工资和奖金薪酬制度相比,股票期权计划可以对经营者提供长期激励形成良性循环,从而克服工资和奖金只能提供短期激励的不足。

二、组织外部的利益相关者

一家大型组织的“利益相关者地图”见图3.1,其中包括该组织内部的利益相关者和外部的利益相关者。

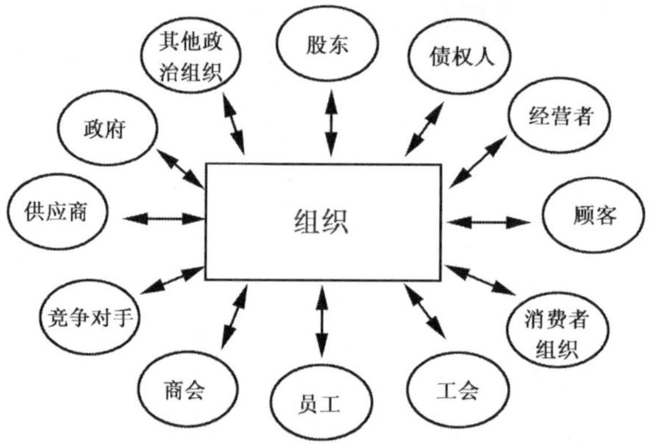

图3.1 利益相关者(Stakeholder groups)

组织主要的外部利益相关者包括顾客、供应商、财务上的利益相关者(例如股票持有者和债权人)、政府、竞争对手和社会上的利益集团(例如工会,商会,消费者协会等)。每一种利益相关者都会对组织产生直接的影响,分别介绍如下。

(一)顾客

顾客是指从组织购买产品或服务的个人或组织。包括产品或服务的最终使用者和中间经销商。如果想让顾客对组织保持忠诚,并持续地购买组织所提供的产品或服务,组织就必须让顾客感觉物有所值,确保商品能够及时到达顾客手中,还要尽可能提供售后服务。组织必须满足顾客的需要,以确保获得稳定的收入和盈利。如果组织不能适应顾客需求的变化,或者不能提供让顾客感觉物有所值的产品或服务,组织的商品或服务就将不再受欢迎,组织也将失去其得以生存发展的基础。

顾客的需求水平内容包括:顾客的当前需求量和潜在的需求量;顾客需求的类别及构成情况;顾客的购买习惯;顾客特征(包括顾客的地区分布、年龄结构、学历状况和职业分布等),以及顾客的购买力(包括顾客的购买力水平、购买力的变化趋势、影响购买力的因素及其变化等)。

同时,顾客的价格谈判能力也影响着组织的获利能力。影响顾客价格谈判能力的因素主要有:顾客是否大量购买;替代品的成熟程度;顾客的集中程度;顾客购买产品的标准化程度;顾客从本企业购买的产品在其成本中所占的比重;顾客转移成本的大小;顾客盈利能力;顾客产品对于企业产品的依赖程度;顾客掌握产品信息的多少;企业采取“后向一体化”(是指企业沿生产经营流程向现有生产经营活动的上一阶段扩展,如装配企业将其生产范围扩大到半成品、零部件的生产)的可能性,以及采取"前向一体化"(是指企业沿生产经营流程向现有生产经营活动的下一阶段扩展,如煤炭采掘公司建发电厂进行发电)的可能性。

至于顾客如何参与公司治理,有人提出建立顾客董事制度和顾客监事制度、我们认为,这一设想不太现实。任何人都可能是公司潜在的顾客,而且顾客人数众多,如何将其引入公司的内部机关之中很难操作。公司可以通过建立针对顾客的信息披露制度、改善售后服务方式和水平、疏通意见反馈渠道等方式来建立与顾客之间的长期信任关系。

顾客到底想买什么?

顾客眼中的价值是什么?

关于企业的宗旨和使命,还有最后一个问题,即"顾客眼中的价值是什么?"这应该是最重要的一个问题,但也常常被人忽视。其中一个原因便是:许多经理人自以为他们知道了答案。经理人总以为"价值"就是他们企业的"品质"。其实,这个答案错了。顾客购买的,不是一个产品,而是一种需要的满足。顾客购买的是"价值"。

举例来说,对于一个十几岁的少女而言,皮鞋的价值便是"时髦",所以皮鞋必须时髦。而价格,只是次要的考虑;至于鞋子是否经久耐穿,根本不是女孩眼中的价值所在。几年过后,当女孩为人母的时候,"时髦"逐渐变为一个考虑因素。她当然不肯买落伍的东西,但她同时开始重视耐用性、价格和舒适度了。同一双皮鞋,卖给少女可能非常畅销;但即使在比她仅年长几岁的姐姐眼中,价值却可能大不相同。一个企业在不同顾客眼中的价值是个复杂的问题,这只能由顾客自己来决定。管理者不该去猜测——而应该到顾客身上去系统地探求问题的答案。

摘自:彼得·德鲁克《管理:任务、责任与实践》(Management : Tasks, Responsibilities, Practice)

(二)供应商

供应商是指为企业的生产或服务提供原材料、劳动力、设备和信息等资源的个人或组织。所有的组织都需要来自其他组织那里的商品和服务,因此也就与外部的供应商建立了关系。外部供应商提供组织生产所需的各种投入,比如原材料、能源、信息,机器和零部件,反过来供应商希望以双方约定的交易条件,享受到满意的销售价格。如果组织未能及时足额地向供应商支付货款,则供应商未来对组织的供应将难以保证,这样组织的生存发展也就受到了威胁。

供应商对企业的另一个影响是其强大的讨价还价能力,这将影响到企业投入的成本和利润水平。影响供应商价格谈判能力的因素主要有:供应商对资源的垄断情况;资源利用者是否达成了联盟;供应商是否有合适的替代品;本企业是否是供应商的重要客户;供应品对本企业的重要性;转移成本的大小;供应商前向一体化的可能性,以及本企业后向一体化的可能性。

通常,供应商的讨价还价能力表示是在不失去客户的前提下,他们能抬高多少价格,或者说,在价格不变的情况下能降低资源质量的多少。过去生产商与供应商的关系充满激烈的竞争,因此生产商往往通过与较多的供应商联系来确保资源供应上的安全。现在,生产商越来越发现,只有与供应商精诚合作,才是节约资金、保证质量、加快产品上市和扩大生产量的关键所在。

关于供应商作为企业的利益相关者是否应该参与企业治理,我们认为,供应商不应该参与公司的内部治理。原因是:即使是公司长期的供应商,它们向公司投入了专用性资产,但要保护它们的利益,并不需要派代表进入董事会或者监事会,通过其他手段也可以实现。公司与供应商之间的长期信任合作关系可以通过非正式的安排建立,如双方定期的信息交流。如果供应商的代表进入公司机关内部,可能形成不利的信息偏见,即供应商得到公司更多的信息将降低公司与供应商谈判时的谈判能力。正如英国学者所说的,"对于英国的公司来说,如果它们的老供货商被合法地安排在董事会上,那么,当它们试图寻找最有可能合作的供货商时就无优势可言。”

(三)财务上的利益相关者

财务上的利益相关者向组织提供资金,目的是用资金支持组织的运转。他们的贡献包括以股票、贷款或抵押的形式提供股份或借贷资本。反过来,财务上的利益相关者希望对组织的各项事务进行某种程度的控制,此外,他们也希望获得利息、红利、或者是其所持股份升值。如果组织绩效表现不佳,则这些财务上的利益相关者可能减少资金投入,或者要求对组织进行重组,比如改组董事会等。

中国人民银行金融研究所的一项研究报告资料显示,在其所进行的41家国有大中型企业和29家国有小型企业的抽样调查中,平均资产负债率为71.1%,在总负债中,银行借款占74.4%。

股东作为公司中物质资本的“所有者”,是公司当然的利益相关者。利益相关者理论反对“股东至上”、公司只为股东利益最大化服务,但这并没有从根本上否定股东在公司中的地位和利益。从某种意义上说,利益相关者理论是对传统股东主权理论的一种修正,而不是根本的反对。在利益相关者理论的框架中,股东依然有其显著的地位。虽然股东和其他利益相关者在当前利益的分享上存在冲突,但重视其他利益相关者的利益有利于公司的长远发展,二者在长期利益的分享上根本目标是一致的。换言之,股东的利益也可以通过关注其他利益相关者的利益而得到发展。利益相关者参与公司治理对股东,特别是中小股东可以说是有利的。我国的上市公司绝大多数由国有企业改制而来,国有股一股独大,股权结构极不合理,加之相关制度及市场条件不完善、不成熟,一股独大下的内部人控制现象十分普遍。“股东至上”事实上成了“大股东至上”,股东大会成了“大股东会”,大股东和内部人侵害中小股东利益的情况比较严重。例如,大股东占用上市公司资金、掏空上市公司,业绩报表造假、虚报利润、关联交易混乱、信息披露不规范等都损害了中小股东的利益。职工、主债权人等利益相关者的参与,有助于监督大股东和内部人,对保护中小股东利益有积极意义。

(四)政府

政府提供组织在其中生存发展的社会经济和法律的基础。例如,政府可能对最低工资标准、员工工作条件以及健康医疗待遇、零售店的营业时间等加以规定。此外,政府负责提供公共基础设施,比如公共交通和通信设施。不管中央政府还是地方政府都可能通过提供补贴和免税区等方式对组织施加额外的影响。反过来,政府也从直接或间接的渠道获得税收收入。

各类组织在运转和经营过程中都不同程度地受到生态环境、社会稳定性等因素的影响,而政府对这些方面越来越需要发挥更多的作用。另外,政府作为企业或组织重要的利益相关者,其主要目的在于做基本的决策。

政府的新任务

新任务要求建立不同形式的政府

新任务要求政府拥有更多而不是更少的行政管理权力,它们还要求建立不同形式的政府。眼前最大的威胁是对人类生存环境的破坏。而仅次于这一生态危机的第二位要关注的是,采取跨国行动并建立跨国机构以阻止私人军队复活的需要,亦即压制恐怖主义的需要,而且这种需要正日益增长。

甚至连小小的集团都能有效地将大国扣为人质,因此恐怖主义的威胁极大。一颗核弹能轻易地放入任何大城市的锁柜或邮箱内,并通过遥控引爆;而内含炭疽孢子的细菌弹也是如此,它足以杀死数以千计的人并使大城市的供水系统遭到污染。我们未来的任务就是要建立必要的机构,而这些机构的发展也需要较长的时间。然而,让政府甘愿接受这些机构的指导并服务其决议实是件翻天覆地的事件。

摘自:彼得·德鲁克《后资本主义社会》(Post-Capital Society)

政府的目的

每个政府都是"图表"政府

政府不是一个好的管理者，出于需要，它必须要考虑程序性的问题，因而它也难免大而笨重。政府也要适度地注意到这样的事实：它所花的钱都是公众的钱，所以每笔钱都要有所交代。政府除了"官僚化"外，没有别的选择了。至于政府是"法制"的政府，还是"人治"的政府，显然是个值得讨论的问题。但每个政府按照定义来说，就是"图表"政府，这意味着较高的成本是不可避免的。

但是政府的目的就是要做基本的决策，而且还要有效率地作出决策。政府的目的是要集中社会的政治力量，它要强调论争点，它要陈述出主要的选择。换句话说，政府的目的是要治理。这一点，我们可以从其他的机构看出来，是和"做事"不相容的。任何要把"治理"和"做事"进行大规模合并的企图，都会造成决策能力的瘫痪。较小规模下的企业必须要直面现代政府所面临的问题："治理"和"做事"两不相容。企业管理明白这两件事情是必须分开的，而最高机构，也就是作决策的人，必须要和"做事"分开。否则决策人做不了决定，而做事的人也做不了多少事。这种现象，在企业管理中，称之为"分散化"。

摘自：彼得·德鲁克《不连续性时代》(Theage of Discontinuity)

（五）竞争对手

竞争对手是指与本组织争夺市场或资源的其他组织，通常也被称为竞争者。从争夺市场来看，竞争对手是那些与本企业生产相同或相似功能产品的企业；从争夺资源来看，竞争对手是那些与本企业使用相同资源的企业。来自竞争对手的威胁可能影响到组织活动的方方面面。竞争对手情况当中，最重要的是他们的数量、市场定位以及市场份额。竞争对手有以下三种类型。

1. 现有竞争对手

现有的企业，多家生产相同或相似的产品，必然会想方设法争夺市场和资源，从而形成竞争关系，这些正在直接争夺市场或资源的组织，相互间就是现有竞争对手。现有竞争对手之间的竞争是企业面临的一个主要威胁，组织必须认真加以研究。对现有竞争对手的研究可以从以下方面着手。

（1）竞争对手基本情况研究。主要研究现有的竞争对手有哪些，其地区分布、规模、资金实力、技术实力、经营特色、主要产品和市场占有情况等。根据竞争对手基本情况研究找出主要竞争对手。在进行基本情况研究时，主要分析竞争对手的销售增长额、市场占有率和产品获利能力3个指标。

（2）主要竞争对手研究。在找出主要竞争对手后，要详细分析主要竞争对手的竞争实力，特别是要分析其所以能对本企业构成威胁的主要原因，从而据此制定相应的竞争战略和竞争策略。企业没有必要也没有实力同时对付所有竞争者，企业日常主要工作就是应对主要的竞争对手。

（3）竞争对手的发展方向。竞争对手的市场发展与产品发展动向往往会对本企业构成很大的威胁，如果企业能及时掌握竞争对手的发展方向和预开辟市场情况，企业就可以捷足先登，抢得竞争中的主动地位。竞争对手间高度对立的结果往往是价格竞争，而价格的竞争则会导致企业获取资源能力和利润的下降。所以，现在大的有实力的生产商除了在价格方面参与竞争外，更多的是加强新产品的研究和开发，为顾客提供质量更好、性能更多的产品。此外，往往还与竞争对手结成战略联盟，来达到"双赢"。

2. 潜在竞争对手

现有竞争对手之间的竞争是组织面临的一个主要威胁，潜在竞争对手则是另一重要的威胁。潜在竞争对手是指在当前具体竞争环境中并不存在，但有能力进入本行业或本地区而成为自己竞争对手的企业。潜在竞争对手变成现有竞争对手后，通常我们称之为新进入者或入侵者。

影响潜在竞争对手进入某一行业或某一地区的因素主要有:第一,规模经济。规模经济是通过增加产品产量、降低生产单位产品或服务的成本来实现的。规模经营要求新产品必须迅速取得巨大销售量。规模经济的存在阻碍了潜在入侵者对行业的入侵。第二,产品差异。产品差异是指在产品质量、价格、设计、产品形象和客户服务等方面具有特色,使组织产品比其他组织产品更具有优势。产品差异迫使入侵者投入大量资金、时间和精力克服原有顾客的忠诚,从而增加了入侵者的投资成本和投资风险。第三,资本需求。资本需求是筹备生产设备、产品广告、研制开发项目和管理所需要的资金。从研发到推出新产品上市需要大量资金支持。第四,在位优势。在位优势指行业已在位的企业由于长期经营而积累起来的优势,如销售渠道、专利技术、政府优惠政策、经验曲线等。第五,政府政策。政府政策指由于原有企业长期对政府和社区的贡献,政府和社区往往对其给予优惠、鼓励政策,而对入侵者的入侵行为加以限制。

潜在竞争对手进入某一特定竞争环境,往往会加剧该环境竞争的激励程度。因此,管理者要积极识别并认真分析潜在竞争对手,监视其战略,必要时采取相应措施,或联合现有竞争对手进行反击。

3. 替代品生产者

在使用价值或功能方面能满足消费者相同需要的不同产品相互是替代品,生产这种产品的组织叫做替代品生产者。由于替代品的使用价值或功能与本产品一样能满足顾客的相同需要,因此替代品对企业的生存就构成了威胁,这种威胁主要来自于替代品相对价格的优势。当替代品价格下降或顾客改用替代产品的转换成本下降时,替代品带来的竞争压力将会增大。替代品的存在不仅为本产品的价格设置了上限,而且影响了企业的生存。对替代品生产者的研究主要包括两方面:第一,要判断哪些产品会成为替代产品;第二,要判断哪些替代品可能对本组织构成威胁。

(六)社会利益集团

社会利益集团(Societal Interest Group)包括工会、商会、消费者组织等。其作用是在谈判中维护自身利益。比如,绿色和平组织(一个环境保护组织)以及各类消费者联盟对组织或机构的决策起重要影响。在极端的情况下,法律诉讼或罢工都可能发生。近年来,社会利益集团在重要性上和在数量上都显著增加。为了应对社会利益集团的影响,组织与其进行有效的沟通以及允许其代表发言都是有效的办法。

社区也是组织的利益相关者。组织与社区相关的问题主要涉及环境保护、就业安置、基础设施建设、公益事业等方面。要让社区能够有机会将他们的利益诉求反映给组织,组织在决策时注意维护社区的利益。可以考虑在企业型组织的董事会中设立一个社会责任委员会,负责与社区代表进行交流与协调,维护组织与社区之间的良好关系。

需要强大的工会

工会想要再次成为一个有活力的、高效的、合法的机构,它必须进行彻底的变革。

在发达国家,劳工运动的真正力量来源于道义:它追求成为现代世俗社会的政治良心。

不论一个组织归谁所有,也不论该组织是一个企业、政府机关还是医院,其管理层必须有足够的权力。这种权力根植于企业的需要之中,并且建立在个人能力的基础之上。正如美国宪法的起草人所知道的那样,权力之间是需要相互制约来达到平衡的。现代化的社会是一个组织化的社会,每一个组织都需要工会这样强有力的机构;否则,就会出现不受控制、无法控制的政府官僚主义。但是,工会要想再次成为一个有活力的、高效的、合法的机构,它必须进行彻底的变革;否则,工会将会变得毫无用处。

摘自:彼得·德鲁克《管理前沿》(The Frontiers of Management)

三、组织内部的利益相关者

(一)员工

员工作为公司人力资产的所有者,在现代公司中的地位和作用越来越重要。他们作为公司重要的资源和人力资产的所有者,应具有以下权利:一是剩余索取权。公司员工在按劳动合同和其他规定得到工薪报酬的同时,有权以奖金或其他形式参与公司税后利润的分配。二是剩余控制权。公司决策对公司员工的切身利益有重大影响,因此,员工应享有一部分剩余控制权,一旦某些决策损害自身利益时便于及时采取措施。三是监督权。公司员工作为内部所有者(人力资产所有者),了解公司真实情况,掌握真实信息,能有效行使监督职能。四是管理权。从人力资产所有者的意义上说,员工是公司的主人,因此应享有一定的管理权,如提供合理化建议、自主管理、共同决策等。

重要员工投入企业的是与一些关键资源结合的人力资本要素。关键资源是指与人力资本不可分割的、对企业经营和发展有重要作用的资源,包括客户关系、专利技术、创造力等。重要员工所承担的风险,决定于其掌握的关键资源的"企业特殊性"。重要员工拥有的关键资源,除了能在本企业中使用外,还能在其他企业中使用,即转换成本比较低,员工承担的风险较低,如客户关系、创造力等;重要员工拥有的关键资源,只能在本企业中使用,或者可以在其他企业中使用,但需要耗费巨额的转换成本,员工承担的风险较高,如一些专利技术等。重要员工因拥有关键资源,对企业的经营和发展有重要意义,则其在企业契约内的谈判能力非常强,可通过退出威胁拥有企业部分控制权。对于其他利益相关者来说,这种关键资源的丧失或利用无效率会带来企业利益损失,影响其自身的利益,因此对重要员工的内部控制在于保证关键资源的保护和有效利用,并约束重要员工的机会主义行为以免损害其他利益相关者的利益。人力资本利用只能通过激励而不能通过压榨获得,关键资源和人力资本的不可分割性决定了重要员工的内部控制机制应该以激励机制为主。另外,重要员工具有的较强谈判能力也使得针对其监督约束机制较难建立和执行。

普通员工投入企业的是简单劳动的人力资本要素。简单劳动是一种重复、机械性的劳动,以操作为主。这种生产要素投入风险,一是表现为劳动者身体机能的损耗,二是其他学习机会的放弃。当一个员工选择了一个企业或一个岗位,在一定时间内他就失去了在其他企业和岗位学习的机会。当员工被企业辞退,仅熟悉现有企业岗位的员工无法将其前期投资形成的人力资本转换到其他企业和岗位中,导致风险的产生。如果员工的岗位知识有较强的"企业特种性",其承担的风险就更高。普通员工既没有法律上的权力支持,也不掌握关键资源,同时其投入资本相对简单且在市场上容易获得(不可替代性较弱),其退出威胁非常低。因此,在各利益相关者当中,普通员工拥有的企业权力最低。因为企业权力较小及报酬的固定性,普通员工会采取偷懒、怠工等机会主义行为来降低其承担的风险。在报酬固定的条件下,普通员工获得更多的闲暇会带来自身福利的增进,但这会降低企业整体利润,从而损害其他利益相关者的利益。劳动的可替代性、工作的简单重复性,业绩考核较为容易,决定了针对普通员工的内部控制应以日常业务工作为基础,主要采用监督机制约束其机会主义行为,保证日常工作的按时、高效完成。对于简单劳动,从成本效益原则出发,监督机制耗费的成本较低,控制效果也能够满足需求。从实践出发,要在企业中建立一套完整、有效、操作性强的内部控制体系,其制度的设计应该从项目、业务流程等方面出发。但分析结果表明,基于企业契约本质的讨论,内部控制的设计应该考虑企业不同利益相关者的风险特征和权力范围。将这一原则融入企业内部控制设计中,才能真正建立起符合企业本质的、合理有效的、保证企业利益最大化的内部控制体系。

我们主张公司应当推行员工参与制度,吸收员工参与公司治理。第一,完善员工董事制度。新《公司法》规定国有独资公司董事会成员中应当有公司员工代表;其他有限责任公司和股份有限公司可以有职工代表。我们认为应将职工董事作为一项一般性规定,适用于公司法上所有的公司，规定各类公司都应当有员工董事，并完善员工董事的职权职责，使其能真正发挥作用，参与公司决策的制定，维护职工利益。第二，完善监事会制度，确实发挥员工监事的作用。新《公司法》加强监事会的监督职权，赋予监事会公司业务状况调查权、人事监督权、代表公司权以及股东大会的特别召集权等。公司内部要完善相应的议事规则，保证员工监事独立地、有效地履行监督职权。第三，推行员工持股计划。员工持股计划有利于优化股权结构，有利于形成有效的激励机制，强化公司的内部监督机制。

（二）经营者

这里的经营者是指董事会和经理层（当然在实行双层委员会制的德国公司是指监事会和董事会）。经营者投入企业的是以管理行为为特征的人力资本要素。经营者在企业的经营管理中居于主导地位，能控制企业的决策与发展方向，对企业经营的不确定性发挥重要作用。经营者投入的管理劳动仍具有较大的风险性，表现在风险承担责任重、信誉风险损失大、知识折旧率高。因此，风险的可控性和风险较重构成了管理人力资本的风险特征。因为信息不对称存在，高层管理者实际掌握了企业的日常控制权。因此，高层管理者可以采用盈余管理、关联交易、在职消费等机会主义行为，在一定程度上降低其投资风险。这些手段会在一定程度上损害其他利益相关者的利益，如股东和债权人。因此，在谈及利益相关者理论时，人们很少刻意强调对经营者利益的保护。“经营者往往被看成权力的中心，所以就不能从技术上，而要从战略上详尽考察他们的作用。其中关注的焦点是经营者自主决策的权力有多大，以及是否滥用这种权力”。所以对经营者人们考虑更多的是如何设计有效的监督机制，这也是研究公司治理的学者重点研究的问题之一。至于对经营者激励机制的设计，美国公司广泛采用了股票期权。股票期权是一种长效激励机制。国内很多学者主张采纳，当然具体制度的设计尚待完善。

四、组织均衡

组织为了生存和发展，必须让其外部的和内部的利益相关者都满意。每一个利益相关者在组织的生存和发展中都有其特定的利益关系。每个利益相关者都将对组织作出某种贡献，与此相交换，组织应该对利益相关者进行适当的激励，并给予回报。

组织均衡是指这样一种状态，组织成功地对其利益相关者进行了回报，以便于利益相关者在组织的生存发展中维护其自身的利益。管理工作需要确保利益相关者对组织所作出的贡献和其从组织所获得的回报是均衡的，而且这种均衡将得以保持下去。

表 3.1 表示了组织主要的利益相关者作出的贡献以及其所获得的回报。

表 3.1　主要利益相关者的贡献和回报

主要利益相关者	贡献	回报
财务上的利益相关者：股东，主债权人	现金、股份	所有权、红利、利息
组织成员：经营者和员工	劳动、知识和专业经验	工资，声望，地位，社会关系，市场，自我实现
供应商	原材料、服务	市场价格和销售收入、信息、其他生产资源产品、服务
顾客	市场价格和销售收入	
工会	工作和工作环境、劳动满意和劳动条件	就业、产业民主、参与和控制
政府	社会、经济和法律框架，公共基础设施	税收：征税和退税

问题:利益相关者经常有多种多样、且时常矛盾的利益关系。然而,你能说出他们利益的一点共同之处吗?

提示:组织的生存。

第三节　全球化与管理环境

一、组织与环境的关系

图3.2表明了一个组织如何影响到其所处的环境和市场,以及组织反过来如何受到环境和市场发展变化的影响。

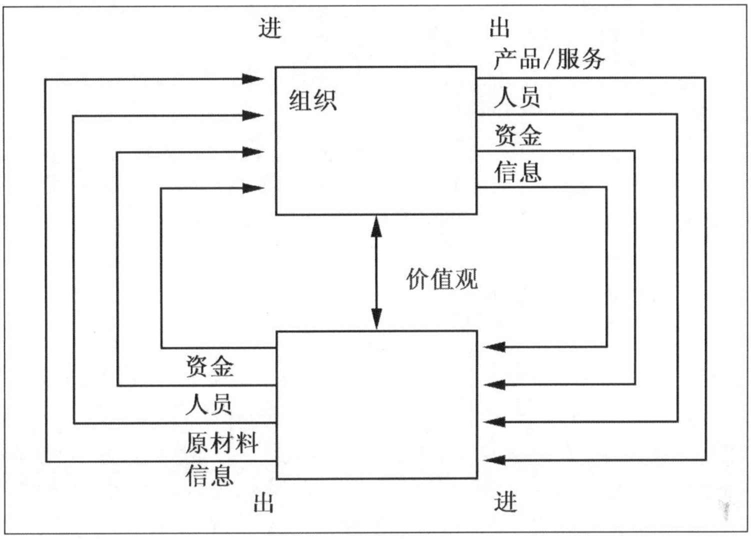

图3.2

(一)对资源、能量以及信息进行加工处理

组织把资源转化为具体的产品或服务。组织和管理需要设定一个科学的转换过程。那些要实施的活动需要一套基于谨慎选择的组织设计的合理方法。原材料在生产过程当中被用光,其他资源,比如劳动力、机器等,要折旧、消耗和磨损。人流和资源流与持续不断的信息流直接相关。通过人力资源与其他资源以及与内部外部信息的结合,转化过程最后提供了可以被拿到外部市场进行销售的产品和服务。

(二)提供一系列的产品和服务

通过生产一系列的产品和服务,组织为外部社会满足了一系列的需求。在产出方面,有退休的人员,有提前退休的人员,有辞职或被解雇的人员,以及报废的机器。进入组织的能量和原材料或者被完全使用,或者被局部使用,或者以烟尘或废弃物的形式结束。另外,通过广告和公共关系等途径,关于企业或企业产品和服务的信息也被释放出来。一些企业还有义务把它们的财务报告和经营成果向外界公布。例如,以面向外界的年度报告的形式向股票持有者、政府和银行公布信息。

鉴于产品和服务的持续提供,这一生产循环也得以不断持续。获得的收入和盈利也让组织不时地依据市场需求来影响环境条件,进行同种或其他原材料、劳动力和机器的交易。

二、管理环境的内容

(一)管理环境的内容

组织的管理环境包括一般环境和特殊环境。因为本章前面对利益相关者的介绍是侧重于特殊环境,所以这里将主要介绍一般环境。

组织的一般环境因素主要可以分为以下几种:①政治环境;②经济环境;③社会环境;④技术环境。依据每种环境因素的第一个字母,这些环境可以缩写为“PEST”。除此之外,也包括自然环境。

1.政治环境

国家政府和地方政府能对组织产生影响,不仅是通过制定实施法律、政策以及政府权威,对组织日常管理方面产生影响,而且也通过创造机会或威胁的方式,从战略的层面上对组织产生影响。具体来说,这些威胁或机会之所以能够产生,是因为政府能够:

(1)通过反垄断立法或限制贸易立法的方式来影响产业结构。

(2)通过地区发展计划或产业振兴计划等方式成为财政利益和贸易利益(如补贴和退税等)的主要供给者。

(3)通过国防合同、民用设施、教育、医疗等成为企业的大客户。

(4)通过竞争立法的方式,保护企业免于来自海外的竞争。

(5)通过私有化或国有化的方式,直接影响企业。

(6)实施工资和价格政策。

(7)在雇员和工作环境等方面进行立法。

企业的合法性

除非企业权力的组建是建立在一个能为人接受的合法性原则基础上,否则它将无法存在。

任何社会权利只要丧失了合法性,就不能持久维系。任何社会若不能将个体成员凝聚起来,也不能发挥功效。我们的社会若不能使工业体系的成员得到他们今天所缺乏的地位与职能,也将走向解体。大多数人不会造反,反而会陷入一种麻木不仁的状态。他们将会逃避自由的责任,这种丧失了社会意识的自由只能是一种威胁与负担。我们只有两个选择:要么建立一个有效的工业社会,要么就是眼睁睁地看着自由湮没于无政府与暴政之中。

摘自:彼德·德鲁克《工业人的未来》(The Future of Industrial Man)

政治环境虽然影响到所有的组织,但是其中有一些企业的生存几乎完全依赖于政府和政治环境,它们是国防合同商、教育设备供应商、医院供应商等,PX 们的未来甚至依赖于大选的结果。

必须看到,政府和政治因素对组织的影响经常是两面性的。比如高工资,作为一项新的政府政策的结果,却可能提高劳动力成本,这反过来会导致组织对自动化生产的需求增加,对劳动力的需求下降。

2.经济环境

经济环境是指组织运行所处国家或地区的经济系统情况。经济力量对于组织活动有重要影响,这是因为它们影响到了组织的各种交易过程。例如,劳动力和物质投入等资源的价格,需求的性质,以及经济主体的预期等,都受到经济环境的影响。具体来讲,组织必须对自己与关键性的经济变量之间的关系进行评估,例如:

(1)通货膨胀率,利率和汇率。

(2)失业率。

(3)可支配收入和国民生产总值。

(4)税收,包括基于利润的直接税和基于雇员和产品销售的间接税。

(5)经济周期的不同阶段以及经济增长速度。

(6)对经济的信心以及对经济的预期,其影响到企业投资决策和风险决策。

尽管组织的活动受到国内以及国际经济发展阶段以及政府政策的影响,但是组织所受到影响的类型或程度却是不一样的。例如,通货膨胀对于原材料成本的压力可能迫使一些组织转向廉价的进口;利息率和汇率政策可能迫使一些企业去建立海外工厂;失业水平可能影响到工资水平。

问题:为什么可支配收入是组织要进行评估的重要经济变量?

提示:经济社会中更高水平的可支配收入可能创造新的需求和新的市场,这些为组织提供了机会。

所有的组织都受到宏观经济变量变化的影响,但是具体某个企业对于宏观经济变量敏感程度需要通过实证研究的方式才能得到。出于计划工作的目的,组织需要知道经济系统将要发生什么。对一些组织来讲,这意味着要密切关注政府的新闻发布会,或者求助于专家库。对于另外一些组织,也许需要建立它们自己的经济模型,以便对经济环境对本组织以及所在行业的影响有一个更为准确系统的理解。

3. 社会环境

社会环境作为一个整体影响到组织管理。然而,社会环境中也有一些关键因素需要组织管理作出具体评价:

(1)人口状况。

(2)收入分配。

(3)教育水平。

(4)生活方式改变。

(5)对于工作和闲暇的态度。

(6)消费者主权主义。

(7)文化改变。

总体来说,社会环境因素变化的速度较为缓慢,但是变化却颇为显著。然而,社会环境变化的一些方面是快速的,如时尚与过时;其他一些方面可能需要一代人的时间,如妇女谋得一份高收入的工作。

问题:为什么人口因素对于组织来讲是一个重要的评估变量?

提示:人口因素对于劳动力的规模、养老金提供,以及所销售的产品和服务的类型都有重要的直接的影响。例如,一个"年轻化"的人口结构可能为婴儿用品制造商创造了机会,但是对于面向退休人群的供应商来讲,却可能意味着威胁。

4. 技术环境

科学技术发展日新月异,组织根本无法忽视所处的技术环境。关键的技术环境因素包括:

(1)所在产业或相关产业的技术发现和发明。

(2)技术转化(扩散)的速度。

(3)政府的技术研发支出。

(4)技术更新换代的速度。

许多行业技术进步的速度加快,已经导致产品的生命周期大大缩短,例如在电子工业、机器人和计算机等以技术为主导的产业。一些企业感觉自己与以上这些技术变革的关系有点不大,而相关行业的技术变化却可能对其产生重大影响。例如,包装工业材料技术的变化已经对罐头行业产生显著影响。另外,能源行业的技术变化——比如说从煤炭到石油，已经迫使许多制造企业对工厂进行重组。

技术的发展进步也潜在地提供了一种用资本来替代劳动力的机会，一些行业的技术系数也在不断变化。比如，计算机已经在金融部门、汽车制造部门以及电子产品生产部门得到广泛应用，从很大程度上替代了劳动力。

跨越信息革命

全新的服务性行业呼之欲出

信息革命的实际影响现在才日益显露。但是，这场革命的真正导火线并非"信息"本身，而是一个15年或20年前，无人预见或问津的事物——电子商务。因特网以惊人的速度发展，已成为货物、服务，甚至是管理层和专业工作作职位的一种重要的分销渠道，甚至是至关重要的分销渠道。在这一背景下，电子商务也就应运而生了。它正在深刻地改变着经济、市场和工业的结构，改变着产品和服务的流通，改变着消费者的市场划分、价值观念和消费行为，而且还改变着就业和劳动力市场。

全新的、前所未有的产业势必会如雨后春笋般涌现。全新的服务性行业也将呼之欲出。

摘自：彼得·德鲁克《未来社会的管理》(Managing in the Next Society)

问题：都有哪些部门受到了因特网的显著影响？

提示：因特网当前几乎在改变着所有的行业和部门。也许最大的冲击已经体现在零售、银行以及通信部门。例如，我们现在能够从因特网上交易到几乎所有的商品和服务，使用因特网进行银行交易，使用电子邮件进行沟通交流。

5. 自然环境

组织的一般环境因素除了前面的主要四项外，还包括自然环境。自然环境是指在一个国家或地区内能给组织提供生存和发展条件或制约因素的各种自然资源和资源因素。对于企业来说，不论是生产型企业或是销售型企业，抑或是服务型企业，自然环境对企业来说都是至关重要的因素。自然环境主要包括企业经营所处的地理位置、气候条件和资源状况等。

(1)地理位置不仅影响组织的资源优势，而且直接影响组织的经营成本。企业选址一般是在交通便利地、原材料产地或产品销售市场，这样运输便利，容易获取资源，从而降低组织的投入成本。

(2)气候条件也会影响组织活动，特别是对交通、旅游和农牧渔业影响尤其严重。良好的气候条件可以为这些行业提供机会，恶劣的气候条件则会对其产生破坏性的影响。气候条件的良好与恶劣是相对不同的行业或企业而言的，大风雪对交通业和旅游业会造成不利影响，但对服装业也许是一个好消息。在自然环境中，气候条件最不稳定，目前，已有不少交通、旅游、养殖企业与气象部门建立了合作关系。如果企业提前知道天气监测的结果，并根据气象信息安排活动，这对于企业的原材料采购、生产加工、物流和资金周转都是非常有利的，必然能最大限度地避免风险，减少损失，最终起到增强企业竞争力的效果。

(3)资源状况主要是指组织活动必需的自然资源状况，例如矿藏、水、林木等资源的数量和质量及容易获得的程度。自然资源是所有组织生存和发展的必要条件。资源，特别是稀缺资源的蕴藏和分布状况，通常影响着产业的布局，从而可能决定着在不同地区的不同产业经营的企业的命运。

(二)管理环境变化的趋势

对于管理者来说，仅仅知道外部环境已经发生了哪些变化还是远远不够的。管理者必须努力搞清楚这些变化是否将会持续。也就是说，他们必须清楚环境变化的未来趋势，以及这些变化的驱动力。

管理者必须搞清楚的组织环境变化的基本趋势，见图3.3。

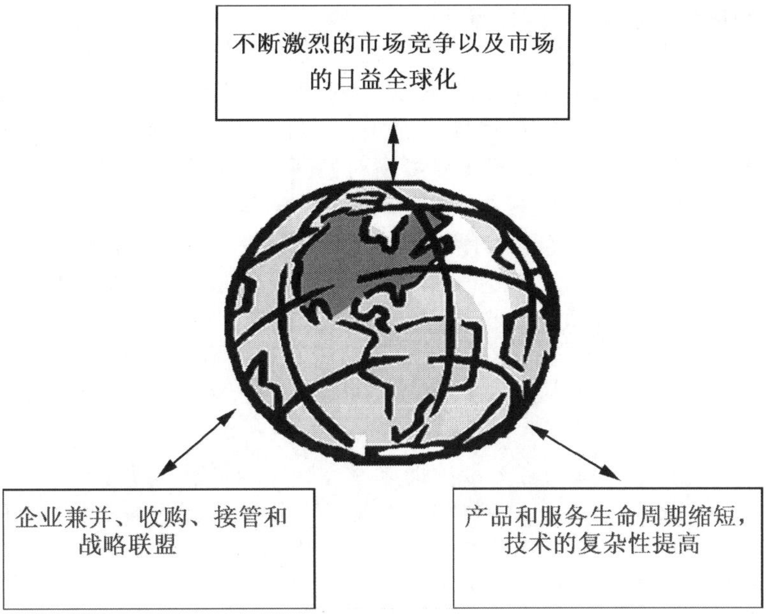

图 3.3 组织环境的全球化趋势

现在我们对这些未来趋势分别进行讨论。

1. 不断激烈的市场竞争以及市场的日益全球化

全球化是指随着科学技术和国际社会分工的发展以及社会化程度的提高，世界各国、各地区的经济活动越来越超出一国和一地区的范围而相互联系和密切结合的趋势。它包括生产全球化、贸易全球化、金融全球化、投资全球化等各个方面。一方面，市场变得竞争越来越激烈；另一方面，这种竞争也不仅体现在一国地域之内，这正是因为市场已经更加全球化。像欧盟、世界贸易组织这样的贸易联合体，通信技术进步，产品物流配送的改进，都意味着企业可以真正做到在全球性的市场上运作和竞争。这种贸易趋势强化了竞争，也降低了利润空间。如果国与国之间的进出口水平高，则竞争者之间的相互作用也将加强。消费方式的“出口”意味着国际上市场的顾客将改变消费习惯，这使得一个企业可以在世界范围内销售产品。

经济全球化之所以在近年步伐加快，主要有以下原因：第一，国际局势相对缓和，各国越来越关注经济贸易、经济安全、经济竞争，把发展经济作为国家战略的重点，积极参与国际竞争与合作。第二，新科技革命蓬勃发展，特别是交通、信息和通信技术的高度发达，使生产、贸易、投资、金融、消费越来越超越国家界限。第三，国际经济组织日益发展及完善，在协调各国经济、地区经济和全球经济发展，稳定国际金融秩序和国际金融市场等方面都发挥着越来越重要的作用。第四，各国政府在经济全球化进程中发挥越来越重要的作用。各国政府为了使本国在国际竞争与合作中占据有利地位，主动转变政府职能，调整经济发展战略，实行必要的体制改革，完善国内行政立法和经济立法，以更好地适应和利用经济全球化的发展进程。

同时需要指出，在世界舞台上进行竞争的企业未来仍然可能面临贸易壁垒，而且它们必须更专业地来应付这些壁垒。例如，文化差异和语言差异；税收和法律程序；银行系统；股票交易规则；汇率风险和外国的资本限制；社会的民主氛围以及有关规定；参与能力；环境方面的规定；激励性的补贴以及政府规定。

2. 产品和服务生命周期缩短，技术的复杂性提高

新技术在以史无前例的速度出现，技术更新换代的速度也是同样如此。因此，组织面临巨大的选择压力：继续发展当前的生产线，还是进行创新。同样，组织必须快速灵活地对

新技术和市场变化作出反应,以便在竞争中处于优势。

仅以交通技术为例。在1500～1840年,马车和航船的平均速度为每小时10英里。1850～1930年,蒸汽火车平均每小时65英里,蒸汽轮船平均每小时36公里。20世纪50年代,螺旋桨飞机每小时300～400英里。20年代60年代,大型喷气式客机每小时500～700英里。全球最大的飞机制造商波音公司表示,其名为"音速巡航者"的新型客机于2008年面市,这款客机的航行速度将超过1 000英里。交通运输技术的创新,使得商品货物从一个地方到另一个地方的时间减少,有效地"缩小"了地球,极大地便利了国际商务活动。技术的生命周期正变得越来越短,致使产品和服务生命周期也将越来越短。

3. 企业兼并、收购、接管和战略联盟

为了应对竞争威胁、降低交易成本、降低产品研发成本以及实现全球化经营,目前出现了越来越多的企业兼并、收购、接管和组建战略联盟的趋势。

收购者的贡献是什么?

成功的收购,要建立在收购者为被收购者所作出贡献的基础上。

只有收购公司充分考虑了它能够为所要收购的企业作出哪些贡献,而不是被收购公司能为收购公司作出哪些贡献,收购才会成功。不管双方预期的"协同作用"看起来是多么吸引人,都该如此考虑。收购公司的贡献可以是多种多样的,它可以是管理、技术或销售能力等资金以外的方面。当然,其中资金的贡献是绝不可少的,但仅仅有资金提供也是绝对不够的。

花旗银行与旅行者公司的合并就是一个非常成功的例子。因为旅行者作为收购公司,仔细考虑并计划了它能为花旗银行所作的贡献,哪些贡献可能对花旗银行产生重大的影响。花旗银行在世界各地成功构建了自己的事业,与此同时,也确立了跨国管理机制。但就它的产品和服务来说,花旗银行仍首先是个传统银行,它的贡献与管理能力大大超出了商业银行所能够提供与传播的产品和服务。旅行者就具备相当数量的这类产品与服务。它自认为自己的贡献,可以使花旗银行在世界领先的分销系统以及管理所能负担的销量显著增加,并只需负担很小甚至不需要负担额外的成本。

摘自:彼得·德鲁克《管理前沿》(The Frontiers of Management),《成功的收购》(The Successful Acquisition)

谋求发展的战略联盟

管理实践必须建立在新的假设之上,这种假设认为,管理的范围并非是法律界限,而是整个经济链。

世界各地的企业成长和扩张,不再是仅仅依靠兼并和收购,也不是依靠建立新的全资企业。它们不得不日益倚重新的方式,那就是和其他政治管辖权下的组织发展企业战略联盟、合伙制、合资企业以及其他形式的合作关系。它们不得不日益倚重新的结构,这种结构是一种"经济单位",而不是"法律单位",因此也不是"政治单位"。

从今以后,由于多重因素的制约,企业成长将会建立在各种合伙制的关系之上,而不是完全建立在所有权以及命令与控制的基础之上。另一个更为严峻的挑战在于:企业必须要在经济全球化和政治多元化的格局中开展经营。合伙制并不能给解决这一挑战提供完美的策略。但是,如果经济实体并非法律实体,而是一种合伙制、企业战略联盟或合资企业的话,则经济实体和法律实体之间的矛盾就会大为减少。因为这样的合作关系能将政治和法律表象从经济实体中剥离出去。

摘自:彼得·德鲁克《21世纪的管理挑战》(Management Challenges for the 21st Century)

问题:基于一个你所熟悉的组织,画出一张影响该组织发展的主要环境因素的图表。你能识别出这些主要环境因素的未来趋势吗?

三、全球化与国际企业

(一)当代世界的重要变化

纵观20世纪末的世界政治、经济格局,以下三点重要变化是有目共睹的。

(1)90年代初以来的世界政治发生了重要变化。冷战结束,两个对立的阵营不复存在,这是政治上的显著变化,它对人类社会最大的影响是扫除了经济全球化的政治障碍,尽管地区冲突、武装冲突不断发生,但和平与发展正在成为主流,综合国力的竞争取代过去的军备竞赛成为主要趋势。

(2)90年代以来的新技术革命的变化。新技术革命,特别是信息技术(搜集、加工、传输、利用)革命为经济全球化提供了技术条件,它也必然会给企业带来重大影响。其表现在:产业的技术创新速度加快;产业的产品生命周期缩短,无疑也会给企业带来困难,带来挑战。

(3)区域化和全球化的并行发展,逐步形成无国界竞争。无国界竞争最初产生了国际贸易、国际投资,后来发展到汇率(1973年汇率自由浮动后,外汇交易逐渐无国界),现在证券交易正在无国界化,这些都造成竞争的困难。

(二)全球化中的国际企业

国际企业作为国际垄断组织的主要组织形式,是经济全球化的主要载体和承担者。它的特点表现为:第一,在国外设立子公司,这些子公司的业务活动在整个公司中占有重要的地位;第二,从"全球战略"出发安排自己的经营活动;第三,在组织上实行高度集中的管理体制;第四,国际企业的利润水平大大高于非国际企业,原因在于技术先进,资本雄厚。

第二次世界大战后国际企业迅速发展,它们在国际生产、国际贸易、国际金融、国际投资等领域占有越来越多的份额,成为国际经济中的举足轻重的力量,一些原来本是竞争对手的国际企业正在以各种形式加强联合与合作,以期抢占更大的市场份额。例如,瑞典的沃尔沃汽车公司和法国的雷诺汽车公司互相持有对方股份,共同开发研制新产品。

当今,国际企业对世界经济全球化的进展产生了极大影响,它凭借其技术优势、规模经济、产品差异化等条件,绕过贸易壁垒,使生产要素在国际范围内流动,进行全球范围内的最佳资源配置和生产要素组合,已经成为经济全球化进程中最活跃、最具有影响力的主体力量。目前国际企业已经控制着全世界1/3的生产,70%的对外投资、2/3的世界贸易,70%以上的专利和其他技术转让。国际企业的生产经营活动直接导致国际分工的细化和专业化协作的加强,从而促进了生产的发展和经济全球化。国际企业的生产经营活动还产生了一些负面的影响。比如对相关国家金融市场的冲击,操纵国际市场价格造成市场垄断,加剧了不同国家和地区之间经济发展的不平衡,扭曲发展中国家的产业结构等。

思考题

1　什么是信息？经济信息有哪些特点？
2　什么是管理信息系统？组织应如何设计和实施管理信息系统？
3　何谓利益相关者？利益相关者理论经过了怎样的发展与完善？
4　利益相关者理论如何在国外得到了实践？
5　组织外部的利益相关者主要有哪些？扮演怎样的角色？
6　组织内部的利益相关者主要有哪些？扮演怎样的角色？
7　什么是组织均衡？
8　组织如何影响环境？又如何受到环境的影响？
9　请阐述一般性管理环境的主要内容。
10　管理环境的未来变化趋势如何？
11　国际企业对经济全球化的进展产生了怎样的影响？

12 什么是国际化经营？国际化经营经历了哪些发展阶段？

13 国际企业具有哪些特点？

14 组织中信息管理工作通常包括哪些环节？每个环节的内容与特征各是什么？

15 作为一个政府部门，是否也有供应商、服务对象和竞争对手？如有，请举例。

16 案例分析：用利益相关者理论分析强生公司“泰诺危机”案例。

【案例分析1】

泰诺危机

一、“泰诺危机”案例叙述

以生产保健品、药品及儿童产品闻名的强生公司是美国最大的医药公司之一。泰诺产品，为强生公司推出的扑热息痛药，在1982年9月以前美国国内同类药品的市场中，企业曾拥有过高达37%的市场份额，价值4.5亿美元。那时，公司的发展前景可谓一片大好。

然而，在1982年9月29日到10月1日期间，媒体突然报道：在芝加哥地区有7个人，由于吃了泰诺胶囊而死于非命。据传，这些胶囊均受到了剧毒氰化物的污染。

不久，报道中死亡及受伤人数上升到了250例，且均被怀疑与服用含氰化物的泰诺有关。由于泰诺与氰化物牵连到了一起，很快地，泰诺的销售额便直线下降了87%，强生公司的股价市值也下降了20%，缩水19亿美元之多。至此，强生公司开始陷入“泰诺污染”危机之中。

强生制药意识到问题的严重性，遂即采取了一系列具体而显著的沟通努力。强生公司在危机中作了2 500多次媒体咨询和125 000多份相关主题的简报，检验了大约800万瓶药品，但其中仅发现75粒含有氰化物，且它们全部来自芝加哥的同一组样本。另外，企业还销毁了2 200万瓶泰诺，其价值超过1亿美元，而处理此次危机事件的全部成本高达5亿美元。

后来，调查结果表明，这是一个捣乱者蓄意制造的恶劣事件，公司信誉得以恢复。泰诺止痛药不但依然是今天全世界最大的非处方止痛药，而且只花了很短的时间，泰诺止痛药又重新回到了市场，重新赢得了消费者信任。危机发生以后在很短的时间内，泰诺止痛药在市场的占有率从危机深处的7%迅速反弹到32%，尽管没有返回到危机前的37%，但泰诺止痛药仍是止痛药类的龙头老大，泰诺危机不但没有损害强生制药的声誉，反而让强生制药成为在危机管理方面的专家。

二、运用利益相关者理论框架进行分析

1. 确定强生公司的利益相关者

在强生公司的案例中，其利益相关者为：第一级利益相关者：员工、股东、顾客、供应商、竞争者、信用机构等；第二级利益相关者：地方社区、社会行动团体、媒体、外国政府、地方政府、一般公众等。

2. 明确强生公司利益相关者的利益

不管是在危机时还是平时，员工都希望获得稳定工作、公平的报酬和安全舒适的工作环境，拥有联合商讨和获得公开信息的权利；顾客希望公平交易和获得安全可靠的产品，拥有从企业竞争者手中购买商品和联合抵制不能令人满意的产品和政策的权利；地方社区希望企业雇佣所在地的居民、保护地区环境和促进地区发展，保障地方社区居民人身安全，拥有发放或限制经营许可和执照、游说政府规制企业的权利；媒体拥有获取真实可靠信息的权利等。

3. 明确强生公司的利益相关者在危机中提出的挑战和机会

（1）来自于员工：危机发生以后，员工可能对企业失去信心，提供给消费者的产品和服务的质量变差。当他们与顾客、同事和朋友交往时，会形成坏的口头传播。他们还有可能消极怠工，甚至跳槽。

（2）来自于顾客：危机来临，顾客对企业或其产品会产生负面感觉，尤其是性命攸关的大事,他们会更加敏感,更容易误解企业。

(3)来自于投资者:泰诺危机发生后,投资者必然会不满地谈论强生企业或卖掉其股票,进而导致企业市场价值螺旋下降,企业信誉资产则受到了威胁。

(4)来自于合作者:强生的供应商、分销商、零售商及其他合作伙伴可能会者撤消合约、终止关键的产品流、服务流或资源流,企业的信誉将受到威胁。

(5)来自于政府执法部门:为保护公民人身安全,政府执法者会通过发动调查和强制行动勒令强生撤回所有药品,进行伤害赔付,不仅会使企业遭受经济损害,而且威胁到企业的信誉资本。药品是风险高的、危及生命的产品,所以强生更易受到此类伤害。

(6)来自于地方社区:命案发生后,社区被调动起来,采取行动抵制泰诺产品,因为他们感觉到一个企业正在逐渐损坏社区的安全。

(7)来自于社会活动团体:泰诺事件发生后,社会活动团体通过新闻发布和联合抵制泰诺产品威胁企业的信誉资本,迫使企业改变现有政策或行为。

(8)来自于媒体:危机发生后,若强生保持与媒体良好有效的沟通,那么媒体对企业行为的正面报道能提高企业信誉;反之,其负面曝光更容易伤害强生的信誉。除此之外,危机的发生也给强生公司提供了机遇,那就是,强生公司以抗击侵害型的药物包装重新领先市场。强生很好地抓住并利用了这次机会,成功地再次向市场推出泰诺。

4.明确在危机中强生公司应承担的经济、法律、社会的责任

(1)危机发生后,强生应最大限度地保障股东、债权人、供应商的利益,以保持他们对企业的信任,支持与帮助,维护良好的企业信誉。

(2)保障员工的利益,及时向他们传达积极的危机信息,以鼓励士气,提高他们的积极性并激发他们与企业共存亡的信念,不要让他们对企业丧失信心,而是主动给予企业以支持和帮助。

(3)将消费者满意和保障消费者生命安全视作企业销售产品的最高目标,决不欺瞒消费者,及时向消费者传达信息以避免他们的过度恐慌,并予以必要的承诺。

(4)保障社区居民的生命安全不受伤害,不能破坏当地社区、居民的既有生活秩序。

(5)强生公司在危机时,应保持媒体的良好合作关系。发生命案后,强生产品对社会其他成员造成伤害,则决不能推诿,要真心实意地致以歉意,并尽力为相关者弥补损失。

5.确定强生公司面对挑战和机会应采取的策略或行动

具体地说,强生公司在以下方面的决策与行动做得比较得当。在解决危机时,他们更加关注各种利益相关者的利益:

(1)对消费者负责,不顾巨额损失回收药品。在现代社会里,企业必须有强烈的社会责任感,尤其对药品等关系消费者人身安全的产品,必须把保证使用安全放在首位,处理危机过程中更要以消费者的利益为第一选择,一旦产品安全受到威胁,必须马上采取果断,正确的措施而不能吝惜代价。

(2)尊重新闻媒体,主动提供信息。危机发生之后,社会公众了解事件脉络的主要渠道就是新闻媒体,而新闻媒体也都热衷于把各种危机事件当成自己的报道热点。通过媒体,企业可以真诚的态度迅速把事件的真相告诉公众,这也是危机公关最好的方法和最有效率的渠道,与新闻媒体通力合作,并且高度透明化的企业宣传活动,做到了一个企业所能做到的极限,从而重新树立起良好的企业形象。

(3)寻求政府部门的支持。由于强生公司与社会各界有着良好的关系,因而它得到了社会机构的支持,从“泰诺”中毒事件开始,强生公司就与美国国家食品与医药管理现局、联邦调查局等政府部门协同作战,这种合作为证明强生公司的清白提供了强大的人力、物力与政府权威的支持。

综观美国强生公司在事件发生后采取的危机处理措施,可以认为其成效还是比较显著

的，基本上收到了预期的效果，达到了预定的目标。

6. 立即付诸行动

强生在发生危机的时候，管理层迅速找到问题，了解问题，解决问题。在强生“泰诺危机”中，时间是金钱，更是生命，耽误时间就等于谋财害命。

讨论：从强生公司危机管理的成功案例中，我们可以得到哪些启示？

【案例分析2】

在险境中驰骋的“千里马”

同是医药公司，SARS时期面临的市场境遇却大不相同。许多关联产品供不应求，而非关联产品却门庭冷落。千里马公司这家武汉民营企业新经营的主打产品“胃痛安”——正是典型非关联产品，也面临着市场推广的难题。但他们面对SARS没有消极观望，而是主动出击，打了一场漂亮的狙击战。

一、基本做法

事件一：“您家消毒了吗？”——胃痛安免费居家专业消毒

活动目的：帮您专业消毒，抵御病毒入侵。

活动时间：2003年3月1日至5月30日。

活动内容：凡购买胃痛安不限量，免费送货上门，免费帮您家庭专业消毒一次。

媒体配合：作为产品的硬性广告，抓住了SARS时期最受关注的问题。每一期的硬性广告在版面安排上，都放在防治SARS的专栏上，“软硬兼施”，收到了“功夫在诗外”的效果。

事件二：百名儿童“五一”长跑，强健体质，爱心无限。

活动目的：确立榜样的力量，消除市民恐慌心理。

活动时间：2003年5月10日上午9时。

活动内容：在武汉市最大的绿化广场——洪山广场，来自五所小学的500名学生列成方阵，统一着“千里马，爱心无限”服装，在鲜艳的红旗下，庄严宣誓，然后在车队的引领下，沿武昌城市观光路向东湖一路进发。随行十多家媒体记者采访拍摄，车身、沿途路上，布满了千里马公司为这次活动设计的广告语，亲切而感人，极具视觉冲击力。

媒体配合：第二天，报纸、电视以新闻的形式进行了详细报道，对千里马公司领导进行了专访。画面处理上，一眼就可以看到千里马公司为这次活动设计的标语。报纸还开辟专栏，报道“五一”健康长跑的社会意义，扩大了企业事件行销的影响。

事件三：我们众志成城保平安。

活动目的：与媒体合作，向社会弱势群体捐赠。

活动时间：2003年4月15日至6月5日。

活动内容：千里马公司力邀湖北省有实力、重责任、怀爱心的企业，一道参与抗击SARS，为社会弱势群体献爱心的活动。在这次活动中，千里马公司带头向抗击SARS一线的医务人员捐赠印有公司宣传语的防护服1 000套，专项经费数十万元，并与媒体协商，将一部分广告发布费用捐赠给社会弱势群体。

媒体配合：与武汉主流报社合作，连续以每周三次的频率，每次半版的篇幅报道SARS疫情，呼唤爱心奉献，公益捐赠，回馈社会义举。与各大电视台推出“能吃了，抗体好，胃痛安，保平安”标版公益广告。这一设计一时间成了“三报两台”最热门的栏目，每天编导都要接上百个咨询电话，企业、个人都踊跃捐款捐物，更有高校学生要求义务与隔离区的病人电话谈心。

企业在SARS时期，运用社会效应策划一系列战术营销手段，完成了并非与SARS相关产品的销售任务，并强化了品牌认知度，提升了企业形象。

在这一非常时期，千里马药业各省办事处也联合当地主流媒体，积极开展公益性回馈。

将企业销售和盈利目标与纯公益性活动密切结合，在抗击SARS期间千里马药业公司累计向社会捐款捐物达200万元，平均每个分市场达20万元。胃痛安开展的“免费消毒活动”更得民心，2003年4月，更多市民买不到消毒液，这时胃痛安提出的免费专业消毒无异于雪中送炭。穿戴印有公司宣传口号的防护服的医护生，穿梭于武汉三镇的大街小巷，成为SARS时期武汉一道特别亮丽的风景线。

二、效果

在SARS对旅游业、航空业、零售业、餐饮业以及商务活动等造成不利影响的形势下，千里马公司通过事件营销，确定了以品牌建设为主攻方向，以增收为辅助的策略，取得了非常可喜的回报。

(1)销量超常增长。该公司新胃痛安仅在3～4月份就超出销售计划50%完成任务。全国市场上三个省份的独家经销权被买断，直接获利近百万元。不仅克服了SARS的消极影响，而且还成为某些地区的区域性“品牌产品”，保持着稳健快速增长的势头。

(2)资金超速周转。作为多元化经营的集团公司，该公司在事件营销的策划下，各产业外部投资流入继续增长，项目回报周期明显提速，企业资金链畅通，各项合同顺利进行，运行环境宽松。

(3)此次事件营销弘扬了正气，呼应了政府的舆论导向，尽了企业的社会责任。同时，在同行中树立了模范带头形象，在消费者心目中确立了公司不仅有实力而且很亲切的印象。

讨论：当市场环境的变化给企业发展造成不利影响时，千里马公司是如何设法将这种环境威胁转化为发展机遇的？我们可以从中得到哪些启示？

第四章　管理者必备的知识

◆本章关键词

1. 创新　2. 知识　3. 企业流程再造　4. 学习型组织　5. 组织结构　6. 人本管理　7. 跨文化管理　8. 标杆管理　9. 核心竞争力　10. 公司治理

第一节　现代世界管理发展趋势

企业管理是一个复杂的系统工程，要做一个成功的管理者，必须按照企业管理工程的要求，作出卓越的绩效，这是毫无疑义的。但是，你怎样具备应有的素质和能力？如何展现自身独有的领导才华？又如何去营造出色的经营成果，并赢得更多的忠诚追随者，这一切却要仰仗个人的强势，并依靠团队的力量，绝非一招一式、一朝一夕之功。要强化提升个人的管理素质和能力，就要理解管理的本质，把握管理发展中的新观点，预知管理的未来发展趋势。

> 决定经济向前发展的并不是财富500强，它们只决定媒体、报纸、电视的头条，真正在GDP中占百分比最大的还是那些名不见经传的创新的中小企业；真正推动社会进步的也不是少数几个明星式的CEO，而是更多默默工作着的人，这些人也同样是名不见经传的，甚至文化程度教育背景都不高。在这些人中，有经理人、企业家，还有创业者。
>
> ——彼得·德鲁克（Peter F. Drucker）

一、创新——成为管理的主题

21世纪是多变的世纪，变是永恒的真理。任何已有的和常规的管理模式最后都将被创新的管理模式所取代，管理创新是管理的主旋律。首先，创新渗透于整个管理过程之中，管理创新的内容包括战略创新、制度创新、组织创新、观念创新和市场创新等几个方面。其次，注重开发组织中每个人的创造力，组织要创造一个适合于每个人都可以创新的环境和机制，打造整个组织的创新能力。第三，因为竞争的激烈性，企业必须要有自己独特的个性，模仿别人是难以生存的，所以成功的企业必须具有别人难以模仿的能力个性，这是企业的核心竞争力。

二、知识——最重要的资源

在世界经济从农业经济到工业经济再到知识经济的历史发展过程中，社会发展已使知识成为最重要的资源。知识经济时代已经到来，企业如何具有独特的属于自己的知识已成为企业能否生存发展的重要标志。在企业管理中如何获得知识，如何使用知识，如何储存知识，如何使知识变为更多的知识，如何把知识直接地转化为生产力，这些都是知识经济中管理理论所要解决的问题。知识经济条件下人性有什么样的改变，应该采用什么样的管理方式最为合适，这是人们要思考的问题之一。

三、企业再造——一场管理革命

企业再造运动主要在两个方面和传统的管理模式不同：一是从传统的自上而下的管理模式变成信息过程的增值管理模式，即当一个信息输入企业以后，经过企业的加工然后再输出，信息所通过企业的任何一个环节，其管理环节对此信息加工的增值是多少，从工业的产品链到信息的价值链，形成一种企业价值的增值过程。二是企业再造不是在传统的管理模式基础上的渐进式改造，而是强调企业的运作模式从根本上彻底改造，才能创造新机。在企业内部，职工可以得到与自己有关的任何信息，这样大大减少了信息流动所带来的时间损失，不仅提高了效率，精简了人员，还使每个员工都对企业的全局有全面了解，从而使企业出现一个崭新的局面。

四、学习型组织出现——未来企业模式

技术和知识在急剧地增长，无论多么先进的东西都会随着时间的推移而逐渐被淘汰，因此一个企业要保持持续发展，就必须不断学习不断地更新知识。学习型企业是美国麻省理工学院的彼得·圣吉在《第五项修炼》一书中首先提出的。他不仅要求企业中的每个人都要终身不断学习，不断获取新知，不断超越自我，而且要求企业也要不断地学习和不断地超越。

五、快速反应——新的挑战

市场复杂多变，且变化的速度在日益加快，如何跟上时代的步伐、适应迅速变化的市场的需要是当今企业管理中的一大难题。企业只有快速反应，快速应变才能生存。企业快速反应能力的建立成为管理理论研究的新领域。管理效率的持续提高成为衡量组织效能的首要标准，敏锐的观察力是预测和预见未来的首要条件，抓住时机、果断决策，使企业始终和市场的变化同步，成为企业生存和发展的首要课题。企业不但要建立效率高、适应性强的生产体系，而且还要尽可能建立处于警戒状态的高效率、有战斗力的团队，以期能迅速及时处理因为环境变化而产生的新课题，使企业立于不败之地。

> 新经济时代，不是大鱼吃小鱼，而是快鱼吃慢鱼。
>
> ——美国思科公司总裁约翰·钱伯斯(John T. Chambers)

六、组织结构——权利的转移

传统的组织结构是金字塔形的，指挥链是从上到下，决策来自最上层，下面是执行层。在多变的时代，顾客的个性化日益突出。当上层的决策和用户的要求相矛盾时，传统的组织结构是执行上级的决策。而在知识经济时代正好相反，在金字塔最上层是用户和顾客，然后是第一线的基层工作人员，最后才是中层和最高领导者。这种倒金字塔不仅仅是把组织结构进行一下简单的颠倒，而且要求员工的知识、能力、技术等方面都必须得到持续发展，从而获得独立处理问题的才干。这样一种转变是整个管理观念的变化。上层从领导转变为支持服务，员工从执行转变为独立处理问题。

七、全球战略——企业决战的关键

随着信息时代的到来，人与人之间的距离在缩短，国与国之间甚至是洲际之间的边界变得越来越模糊。企业的竞争已经不仅在单一的区域内进行，而是以全球作为竞争的舞台。竞争的全球化对每个企业来说既受到挑战，同时也带来新的机遇。全球化为企业发挥特殊能力提供了新的空间，要求做好全球战略整合，建立起全球战略管理体系。

八、跨文化管理——交融与冲突

企业竞争的全球化必然带来管理活动的国际化。管理活动受人们的价值观、伦理道德、行为准则、社会习俗的全面影响。它与不同的文化相结合，就形成了不同的管理文化和管理风格。典型的美国式管理以“法”为主，而典型的日本式管理是以“理”为主，中国式的管理则是以“情”为主。值得注意的是美国通过对日本管理模式的反思，企业的经营理念在不断变化，开始重视社会效益和人力资源的开发及职工的稳定，而日本也在强化人力资源的竞争机制，摒弃论资排辈，开始强调能力至上的观念。中国应该如何建立既具有中国文化特色又吸纳人类一切先进文化成果的管理文化模式，是一个需要深思的问题。

第二节 学习型组织

20 世纪 80 年代以来,随着信息革命、知识经济时代进程的加快,企业面临着前所未有的竞争环境的变化,传统的组织模式和管理理念已越来越不适应现实环境,其突出表现就是许多在历史上曾名噪一时的大公司纷纷退出历史舞台。因此,研究企业组织如何适应新的知识经济环境、增强自身的竞争能力,延长组织寿命,成为世界企业界和理论界关注的焦点。在这样的大背景下,以美国麻省理工学院教授彼得·圣吉(Peter M. Senge)为代表的西方学者,吸收东西方管理文化的精髓,1990 年在美国发表代表作《第五项修炼——学习型组织的艺术与实务》,提出了以"五项修炼"为基础的学习型组织理念。并于 1992 年荣获世界企业学会(Word Business Academy)最高荣誉——开拓者奖。圣吉本人也于同年被美国《商业周刊》推崇为当代最杰出的管理大师之一。

> 企业要适应市场复杂多变的形势,只有加强学习能力,提高自身素质。未来真正出色的企业将是能使企业各阶层人员全心投入,并有能力不断学习的企业,也就是"学习型组织"企业。未来唯一持久的优势,是有能力比你的竞争对手学习得更快更好。
>
> ——彼得·圣吉(Peter M. Senge)

一、学习型组织的 8 个特征

圣吉的学习型组织理论认为,在新的经济背景下,企业要持续发展,必须增强企业的整体能力,提高整体素质。未来真正出色的企业将是能够设法使各阶层人员投入并有能力不断学习的组织——学习型组织。

所谓学习型组织,是指通过培养弥漫于整个组织的学习气氛、充分发挥员工的创造性思维能力而建立起来的一种有机的、高度柔性的、扁平的、符合人性的、能持续发展的组织。这种组织具有下面的几个特征:

(1)组织成员拥有一个共同的愿景。组织的共同愿景是员工个人的愿景而又高于个人的愿景。它是组织中所有员的工共同愿望,是他们共同的理想。它能使不同个性的人凝聚在一起,朝着组织共同的目标前进。

(2)组织由多个创造性个体组成。在学习型组织中,团体是最基本的学习单位,团体本身应理解为彼此需要他人配合的一群人。组织的所有目标都是直接或间接通过团体的努力实现的。

(3)善于不断学习。这是学习型组织的本质特征。善于不断学习,首先,强调终身学习,组织成员应该有终身学习的习惯,才能营造组织的学习氛围。其次,强调全员学习,企业组织的决策层、管理层、操作层都要全员学习,尤其是经营管理决策层,他们是决定企业发展方向和命运的重要决策层。第三,强调全过程学习,学习必须贯彻到组织系统运行的全过程中,企业的运行都包括准备、计划、推行几个阶段,而学习型企业不应该是先学习然后进行准备、计划、推行,不要把学习与工作分割开,应强调边学习边准备、边学习边计划、边学习边推行。第四,强调通过保持学习能力,及时铲除发展道路上的障碍,不断突破组织成长的极限,从而保持持续的发展态势。

(4)地方为主的扁平式结构。传统的企业组织通常是金字塔式的,学习型组织具有充分的自决权,并对产生的结果负责,从而形成扁平化组织结构。例如,美国通用电气公司目前的管理层次已由 9 层减少为 4 层。只有这样的体制,才能保证上下级的不断沟通,下层才能直接体会到上层的决策思想和智慧光辉,上层也能亲自了解到下层的有关动态,吸收第一线的营养。只有这样,企业内部才能形成互相学习、整体互动思考、协调合作的整体,才能产生巨大的、持久的创造力。

(5)自主管理。学习型组织认为自主管理是使组织成员能边工作边学习并使之紧密结合的方法。通过自主管理,可由组织成员自己发现工作中的问题,自己选择伙伴组成团队,自己选定改革进取的目标,自己进行现状调查,自己分析原因,自己制定对策,自己组织实施,自己检查效果,自己评定总结。团队成员在自主管理的过程中,能形成共同愿景,能以开放求实的心态互相切磋,不断学习新知识,不断进行创新,从而增加组织快速应变、创造未来的能力。

(6)组织的边界将被重新界定。学习型组织边界的界定,建立在组织要素与外部环境要素互动增大的基础上,超越了传统的根据职能或部门划分的法定边界。例如,把销售商的反馈信息作为市场营销决策的固定组成部分,而不像以前那样只是作为参考。

(7)员工家庭与事业的平衡。学习型组织努力使员工丰富的家庭生活与充实的工作生活相得益彰。学习型组织对员工承诺支持每位员工充分的自我发展,而员工也以承诺对组织的发展尽心尽力作为回报。这样,个人与组织的界限将变得模糊,工作与家庭之间的界限也将逐渐消失,冲突也必将大为减少,从而提高员工的家庭生活质量(满意的家庭关系、良好的子女教育和健全的天伦之乐),达到家庭与事业之间的平衡。

(8)领导者的新角色。在学习型组织中,领导者是设计师、仆人和教师。领导者的设计工作是一个对组织要素进行整合的过程,他不只是设计组织发展的基本理论;领导者的仆人角色表现在他对实现愿景的使命感,他自觉地接受愿景的召唤;领导者作为教师的重要任务是界定真实情况,协助人们对真实情况进行正确、深刻的把握,提高他们对组织系统的了解能力,促进每个人的学习。

二、打造学习型组织的5项修炼

要达到学习型组织需要有以下几个方面扎实的基础:

(1)系统思维,这是五项修炼的核心。企业在处理问题时要扩大思考的空间,通过电脑模拟把事件的前因后果都考虑到,建立系统的处理模式。

(2)自我超越,这是五项修炼的基础。在认清客观世界的基础上,创造出适合于自己的最理想的环境,不是用降低理想来适应环境,而是用提升自己来达到理想,这需要创意和耐力,需要不断地学习和不断地超越。

(3)改善心智模式,强调每个人都要以开放求真的态度,将自己的胸怀扩大,克服原有习惯所形成的障碍,不断地改善它,最后还要突破它,这样才能以一个全新的心智模式出现。

(4)建立共同愿景目标,这是需要在共同的理想、共同的文化、共同的使命的大方向下组织在一起达成的一个共同的未来的目标。

(5)团队学习。团队学习是组织中沟通与思考的对话工具,强调彼此不再本位,不自我防卫,不预设立场,在不敬畏的情况下共同学习。团队学习是适应环境骤变的最佳的方法,唯有大家一起学习、成长、超越和不断的进步,才能让组织避免失败,创造出不断成长的绩效来。

三、学习型组织的实质

学习型组织有不同凡响的作用和意义。它的真谛在于:一方面,学习是为了保证企业的生存,使企业组织具有不断改革的能力,提高企业组织的竞争力;另一方面,学习更是为了实现个人与工作的真正融合,使人们在工作中体现生命的意义。

尽管学习型组织颇具前景,但如果把它视为一副万灵药则是危险的。事实上,学习型组织的缔造不应是最终目的,重要的是通过迈向学习型组织的种种努力,引导出一种不断创新、不断进步的新观念,从而使组织日新月异,不断创造未来。

学习型组织的基本理念,不仅有助于企业的改革和发展,而且对其他组织的创新与发展也有启示：人们可以运用学习型组织的基本原理，去开发各自所置身的组织创造未来的潜能，反省当前存在于整个社会的种种学习障碍，思考如何使整个社会早日向学习型社会迈进。这才是学习型组织所产生的更深远的影响。

【案例】

白云电气——学习型组织增强企业活力

广州白云电气集团的代表曾高飞在谈到企业文化时，也表示了培训和学习在企业文化中的重要性。他表示，随着科学技术的迅猛发展和全球经济一体化步伐的加快，企业的生命周期正在迅速变化，各行业已经不可能长时间让一两家大企业一枝独秀了，面临着日益剧烈、不定变化的环境，企业要想生存，其学习的速度必须等于或大于其环境变化的速度，所以企业必须增强学习能力。曾高飞表示，他们在加强员工培训教育上的做法是，对生产一线员工，公司根据生产经营情况和未来发展作出详尽培训计划，推行技术工人等级考核制度，实行优胜劣汰。同时，各分公司合资公司班组长以上的管理人员都进行轮训。

第三节　流程再造

一、流程及其特点

流程是指完成一项任务、一件事或一项活动的全过程，这一全过程由一系列工作环节或步骤所组成，相互之间有先后顺序，有一定的指向。流程具有如下一些特性：

(1)逻辑性。流程中具体工作之间存在着一种内在的先后顺序关系，这种先后顺序的关系就是甲工作必须在乙工作之前完成，乙工作必须在丙工作之前完成，等。事实上，也正是这种先后的逻辑关系构成了流程本身。

(2)变动性。当组织目标、战略、组织机构、科学技术、人力资源等发生变动时，与完成任务相关的流程自然也要发生变化，否则新的组织目标与战略也就不可能实现。流程内部的工作环节、工作步骤变动也是经常的，当然变动的前提是并不违背工作流程的内在逻辑。

(3)可分解性。流程可以按照工作顺序、工作步骤分解成为若干个可由一个或一组人来做的工作或任务单元。流程的分解受到分解的设想或理念、技术条件、人员素质等因素的影响，相同产品或服务的流程在不同的组织中，其分解的结果往往不同，也由此决定了各个组织生产效率和管理水平的基本方面。

二、流程再造的定义

美国管理专家麦可·哈默和詹姆斯·钱比于1993年出版的著作《企业再造》令管理学界及企业界震动，引发企业改造研究与实践的热潮，成为当今企业管理创新的一个主要方面。进入20世纪80年代以后，企业生存与发展环境发生了巨大变动，顾客、变革和竞争(简称3C)的因素使美国企业面临的形势十分严峻。

(1)顾客(Customer)多样性：市场的主导权已转入顾客手中，使市场由卖方市场变为买方市场，顾客选择商品的余地大为扩展。

(2)变革(Change)——市场需求多变：科技进步日新月异，产品生命周期不断缩短，这些变化已成为不可阻挡的潮流，促使企业加快变革步伐。

(3)竞争(Competition)：以往那种仅凭借物美价廉的商品就能在竞争中稳操胜券的简单竞争方式已被多层面的竞争方式——T(按合同及时交货或新产品上市时间)、Q(质量)、C(成本)、S(售前咨询服务及售后维护、升值服务)所取代。

钱比与哈默博士认为，一个企业要想在剧烈变动的环境挑战中生存和发展，就要建立起能对外部环境变化作出灵活反应的管理机制和组织结构，必须对企业进行改造，实施业务流程重组(Business Process Reengineering，简称BPR)。业务流程重组就是对企业的业务流程进行根本性再思考和彻底性再设计，从而获得在成本、质量、服务和速度等方面业绩的戏剧性改善，使得企业能最大限度地适应以顾客、变革和竞争为特征的现代企业经营环境。在这个定义中，"根本性"、"彻底性"、"戏剧性"是应关注的三个核心内容。

根本性再思考业务流程重组所关注的是企业核心问题，如"我们为什么要做现在的工作?"、"我们为什么要用现在的方式完成这项工作?"、"为什么必须由我们而不是由别人来做这份工作?"等。通过对这些企业运营根本性的问题的仔细思考，企业可能会发现自己赖以生存或运营的商业假设是过时的，甚至是错误的。

彻底性再设计业务流程重组应对流程进行追根溯源，对既定存在的流程不是进行肤浅的改变或调整性修补完善，而是抛弃所有的陈规陋习并且不要考虑一切已规定好的结构与过程，创造发明全新的完成工作的方法，即是对企业进行业务处理流程进行重新构建，而不是改良、增强或调整。

戏剧性改善业务流程重组追求的不是一般意义上的业绩提升或略有改善、稍有好转等，而是要使企业业绩有显著的增长、极大的飞跃和产生戏剧性变化。这也是业务流程重组工作的特点和取得成功的标志。

三、流程再造的原则

(1)注重整体流程最优的系统思想。BPR 要求理顺和优化业务流程，以整体流程全局最优为目标，设计和优化流程中的各项活动，消除本位主义和利益分散主义，强调流程中每一个环节上的活动尽可能实现增值最大化，减少无效的或不增值的活动，最大限度地实现技术上的功能集成和管理上的职能集成，建立全新的过程型组织结构，使全部活动面向顾客需要、市场需求的满足而存在，实现企业经营在成本、质量、服务和速度等方面的显著改善。

(2)在真正产生信息的实际工作中处理信息。过去大部分企业都建立了这样一些部门，它们的工作仅仅是收集和处理其他部门产生的信息。这种安排反映了一种旧思想，即认为低层组织的员工没有能力处理自己产生的信息。而今伴随着 IT 的运用和员工素质的提高，信息处理工作完全可以由低层组织的员工承担，这将极大地提高流程效率，使得精简员工的目标成为可能。

(3)将分散的资源视为一体。集权和分权的矛盾是长期困扰企业的问题。集权的优势在于规模效益，而不足是缺乏灵活性；而分权能够满足更大范围的服务，但却随之带来冗员、官僚主义和丧失规模效益的后果。有了数据库、远程通信网络以及标准处理系统，人们不再为"鱼和熊掌不可兼得"而伤透脑筋，企业完全可以在保持灵活服务的同时，获得规模效益。

(4)将并行工作联系起来。有两种形式的并行，一种是各独立单位从事相同的工作；另一种是各独立单位从事不同的工作，而这些工作最终必须组合到一起。并行的好处在于将研究开发工作分割成一个个任务同时进行，配合各项信息技术，如网络通信、共享数据库和远程会议，协调并行的各独立部门的活动，而不是在最后才进行简单的组合，这样可以缩短产品开发周期，减少不必要的浪费。

(5)在工作中决策，实现自我控制。这就是要使决策点位于工作执行的地方，在业务流程中建立控制程序。在大多数企业中，执行者、监控者和决策者是严格分开的，这基于一种传统假设，即认为一线员工既没有时间也没有意愿去监控流程，同时也没有足够的知识去作出决策。而今，信息技术能够捕捉和处理信息，一线员工可以自行决策，在流程中建立控制，这就为压缩管理层次和实现扁平组织提供了技术支持。

【案例】

MBL 是全美第 18 大人寿保险公司。在重建前，从顾客填写保单开始，须经过信用评估、承保直到开具保单等一系列过程，包括 30 个步骤，跨越 5 个部门，须经 19 位员工之手，正常需用5-25天。有人推算,真正用于创造价值的时间只有17分钟,还不到0.05%,而99.95%的时间都在从事不创造价值的无用工作。这种僵化的处理程序将大部分时间都耗费在部门间的信息传递上,使本应简单的工作变得复杂。例如,一位顾客想将自己现有的保单进行现金结算,并同时购买一份新保单。在这种流程下,必须先由财务部计算出保单的现金价值,开具发票,然后再经承保部的一系列活动,最后客户才能拿到所需的保单。面对上述情形,MBL的总裁提出了将效率提高60%的目标。这一目标是不可能通过修补现有流程达到的,唯一方案就是实施BPR。MBL的新做法是扫清原有的工作界限和组织障碍,设立一个新职位——"专案经理"(C. ase manager),对从接收保单到签发保单的全部过程负有全部责任,同时也具有全部权力。由于有共享数据库、计算机网络以及专家系统的支持,专案经理对日常工作处理起来游刃有余。这种由专案经理处理整个流程的做法,不仅压缩了线形序列的工作,而且消除了中间管理层,取得了惊人成效。MBL在削减100个原有职位的同时,每天工作量却增加了1倍,处理1份保单只需要4小时。

(6)从信息来源地一次性获取信息。在信息难以传递的时代,人们往往会重复采集信息,但由于不同人、不同部门和组织对信息有各自的要求和格式,不可避免地造成企业业务延迟、输入错误和增加额外费用。在设计和优化企业业务流程时,可以利用IT手段实现信息的一次处理与共享使用机制,可以将采集的信息储存于在线数据库中,与所有需要的人实现共享,从而将串行工作流程改造为并行工作流程,协调分散与集中之间的矛盾。

(7)面向客户和供应商整合企业业务流程。当今时代的竞争不是单一企业与单一企业的竞争,而是一个企业的供应链(由供应商、企业制造车间、分销网络、客户等组成)与另两个企业供应链之间的竞争,这要求企业在实施BPR时不仅要考虑企业内部的业务处理流程,还要对客户、企业自身与供应商组成的整个供应链业务流程进行重新设计。

以上七项原则可概括为三个核心原则:坚持以流程为导向的原则;坚持以人为本的团队式管理的原则;坚持顾客导向的原则。在追求顾客满意度和员工追求自我价值实现的过程中带来降低成本的结果,从而达到效率和效益改善的目的。流程再造在注重结果的同时,更要注重过程的实现,并非以短期利润最大化为追求目标,而是追求企业持续发展的能力。IBM信贷公司通过BPR活动,为顾客融资服务周期缩短了90%,由7天缩短至4小时;福特公司通过BPR活动,把负责贷款支付的人员由500人减至125人,有关营业费降低了95%。

第四节 标杆管理

一、标杆管理的含义

企业标杆管理,20世纪70年代末由施乐公司首创,后经美国生产力与质量中心系统化和规范化。企业标杆管理是现代西方发达国家企业不断改进和获得竞争优势的最重要的管理方式之一。标杆管理的基本环节是以最强的竞争企业或那些行业中领先和最有名望的企业在产品、服务或流程方面的绩效及实践措施为基准,树立学习和追赶的目标。通过资料收集、比较分析、跟踪学习、重新设计并付诸实施等一系列规范化的程序,将本企业的实际状况与这些基准进行定量化评价和比较,分析这些基准企业达到优秀绩效水平的原因,并在此基础上选取改进本企业绩效的最佳策略,争取赶上和超过对手,成为强中之强。标杆管理方法有科学管理规律的深刻内涵,较好地体现了现代管理中追求竞争优势的本质特性,因此具有巨大的实效性和广泛的适用性。如今,标杆管理已经在库存管理、质量管理、市场营销、成本管理、人力资源管理、新产品开发、企业战略、研究所管理、教育部门管理等各个方面得到广泛的应用。据美国1997年的一项研究表明,1996年世界500强企业中有近90%的企业在日常管理活动中应用了标杆管理,其中包括 AT&T, Kodak, Ford, IBM, Xerox 等。

标杆管理之所以能引起各大企业的如此重视并风靡世界,其根本原因在于它能给企业带来巨大的实效。标杆管理为企业提供了两种可行、可信的奋斗目标以及追求不断改进的思路,是发现新目标以及寻求如何实现这一目标的一种手段和工具,具有合理性和可操作性。研究表明,标杆管理可以帮助企业节省30% ~40%的开支,为企业建立一种动态测量各部门投入和产出现状及目标的方法,达到持续改进薄弱环节的目的。企业要想知道其他企业为什么或者是怎么样做得比自己好,就必然要开展标杆管理活动。

二、标杆管理的类型

标杆管理可以分为以下四类:

(1)内部标杆管理。即以企业内部操作为基准的标杆管理。它是最简单且易操作的标杆管理方式之一。辨识内部绩效标杆的标准,即确立内部标杆管理的主要目标,可以做到企业内信息共享。辨识企业内部最佳职能或流程及其实践,然后推广到组织的其他部门,不失为企业绩效提高最便捷的方法之一。除非用做外部标杆管理的基准,单独执行内部标杆管理的企业往往持有内向视野,容易产生封闭思维。因此在实践中,内部标杆管理应该与外部标杆管理结合起来使用。

(2)竞争标杆管理。即以竞争对象为基准的标杆管理。竞争标杆管理的目标是与有着相同市场的企业在产品、服务和工作流程等方面的绩效与实践进行比较,直接面对竞争者。这类标杆管理的实施较困难,原因在于除了公共领域的信息容易接近外,其他关于竞争企业的信息不易获得。

(3)职能标杆管理。即以行业领先者或某些企业的优秀职能操作为基准进行的标杆管理。这类标杆管理的合作者常常能相互分享一些技术和市场信息,标杆的基准是外部企业(但非竞争者)及其职能或业务实践。由于没有直接的竞争者,因此合作者往往较愿意提供和分享技术与市场信息。不足之处是费用高,有时难以安排。

(4)流程标杆管理。即以最佳工作流程为基准进行的标杆管理。标杆管理是类似的工作流程,而不是某项业务与操作职能或实践。这类标杆管理可以跨不同类组织进行。虽然被认为有效,但也很难进行。它一般要求企业对整个工作流程和操作有很详细的了解。

每个企业应仔细评价自己的方方面面,开始标杆管理过程的有效方法就是首先明确是为财务需要还是为满足顾客的需要。任何类型的标杆管理,如果能正确地应用,都将使企业受益。

三、标杆管理的基本要求

标杆管理需要企业内部各方面的参与协作,管理者应该有充分的信心达到标杆目标。充分的计划、培训和部门之间的广泛交流是标杆管理有效执行的重要方面。另外,标杆管理是一门应用学科,通过书本和课堂难以掌握,必须要经过实践。下列几条是成功的标杆管理活动对现代企业的基本要求:

(1)高层管理人员的兴趣与支持。

(2)对企业运作和改进要求的充分了解。

(3)接受新观念改变陈旧思维方式的坦诚态度。

(4)愿意与合作者分享信息。

(5)致力于持续的标杆管理。

(6)有能力把企业运作与战略目标紧密结合起来。

(7)能将财务和非财务信息集成供管理层和员工使用的信息。

(8)有致力于与顾客要求相关的核心职能改善的能力。

(9)追求高附加值。

(10)避免讨论定价或竞争性敏感成本等方面的内容。

(11)不要向竞争者索要敏感数据。

(12)未经许可,不要分享所有者信息。

(13)选择一个无倾向的第三者在不公开企业名称的情况下来集成和提供竞争性数据。

(14)不要基于标杆数据向外界做贬低竞争者的商务活动。

标杆管理的实质是企业明确在产品、服务或流程方面的最高标准,然后作必要的改进来达到这些标准。标杆管理是组织和文化变革的种子。标杆管理的总体目标是帮助企业获得世界一流的竞争能力。标杆管理是市场经济发展的产物,是一种摆脱传统封闭式管理方法的有效工具。企业要生存,要获得竞争能力,就要全面实施标杆管理。

第五节 核心竞争力

一、核心竞争力的含义

核心竞争力是群体或团队中根深蒂固的、互相弥补的一系列技能和知识的组合,借助该能力,能够按世界一流水平实施一到多项核心流程。企业核心竞争力就是企业长期形成的,蕴涵于企业内质中的、企业独具的,支撑企业过去、现在和未来竞争优势,并使企业在竞争环境中能够长时间取得主动的核心能力。

核心竞争力,又称"核心(竞争)能力"、"核心竞争优势",指的是组织具备的应对变革与激烈的外部竞争,并且取胜于竞争对手的能力的集合。

核心竞争力是企业竞争力中那些最基本的能使整个企业保持长期稳定的竞争优势、获得稳定超额利润的竞争力,是将技能资产和运作机制有机融合的企业自身组织能力,是企业推行内部管理性战略和外部交易性战略的结果。现代企业的核心竞争力是一个以知识、创新为基本内核的企业某种关键资源或关键能力的组合,是能够使企业、行业和国家在一定时期内保持现实或潜在竞争优势的动态平衡系统。

核心竞争力的定义是:"在一个组织内部经过整合了的知识和技能,尤其是关于怎样协调多种生产技能和整合不同技术的知识和技能。"从与产品或服务的关系角度来看,核心竞争力实际上是隐含在公司核心产品或服务里面的知识和技能,或者知识和技能的集合体。

20 世纪 80 年代,人们评价某个高管有没有才能,主要看这个人能不能够重组公司、拨乱反正和精简层级。然而,进入 20 世纪 90 年代后,人们评价高管时,将看他们有没有能力识别、培育和利用公司的核心竞争力,为公司的成长找到新的途径。

在普拉哈拉德和哈默尔看来,核心竞争力首先应该有助于公司进入不同的市场,它应成为公司扩大经营的能力基础。其次,核心竞争力对创造公司最终产品和服务的顾客价值贡献巨大,它的贡献在于实现顾客最为关注的、核心的、根本的利益,而不仅仅是一些普通的、短期的好处。最后,公司的核心竞争力应该是难以被竞争对手所复制和模仿的。正如海尔集团总裁张瑞敏所说的那样:"创新(能力)是海尔真正的核心竞争力,因为它不易或无法被竞争对手所模仿。"

核心竞争力是一个企业(人才、国家或者参与竞争的个体)能够长期获得竞争优势的能力,是企业所特有的、能够经得起时间考验的、具有延展性,并且是竞争对手难以模仿的技术或能力。

二、核心竞争力的构成要素

企业在构建核心竞争力的时候,要从 8 个方面考虑,但是最后必须凝聚在一个点上。构建一个企业的核心竞争力可以从 8 个方面考虑:

（一）企业的规范化管理

企业的规范化管理也是基础竞争力的管理。前面讲过，很多企业都有“两低一高”的现象，基础管理差、管理的混乱使得企业的成本居高不下。

（二）资源竞争分析

通过资源竞争分析，明确企业有哪些有价值的资源可以用于构建核心竞争力，如果有，具体应该怎样运用。

（三）竞争对手分析

对竞争对手的分析能够让企业知道自己的优势和劣势，企业平时要留意收集竞争对手的信息和市场信息，及时掌握对手的动态。

（四）市场竞争分析

对市场的理解直接影响到企业的战略决策，如果对市场把握不准，就会给企业带来很大的危机。如20世纪50年代，王安电脑公司曾经红火一时，最后却倒闭了，其中一个主要原因就是当年的王安对市场的评估出现了战略性的错误。当时王安认为在未来的三五年内国际电脑市场会以小型机和中型机为基础，而不是家庭PC机，然而事实恰恰相反，家庭电脑成为电脑市场的主流。由于对市场的理解出现了错误，公司的战略也随之出现偏差，而竞争对手却把握住了时机，所以王安电脑公司被挤出了市场。

（五）无差异竞争

所谓的无差异竞争是指企业在其他方面都不重视，只强调一项，那就是价格，也就是打价格战。中国的很多企业都经常使用这种竞争方法，可是事实上，世界一些有实力、有基础的大企业都轻易不用这一方法。

（六）差异化竞争

差异化竞争与无差异竞争相反，是指企业不依靠价格战，而是另辟途径，出奇招取胜。如海尔（海尔集团）的成功主要是靠差异化竞争，在其他企业大打价格战的时候，海尔却强调服务。有一个老太太购买了海尔空调，送货的人利用送货的时机把空调给偷走了。本来空调已售出，按照中国的惯例，货物出门，概不负责，海尔不需承担责任，但是海尔主动赔偿老太太一部空调，专门派人送去，并由此引发了“无搬运运动”，即客户购买海尔的产品，海尔主动送货。海尔的电视、冰箱、空调等产品品质可能都算不上顶级，但是它的服务创新意识、差异化精神是最好的，客户购买海尔的产品正是看重这一点。

（七）标杆竞争

所谓标杆竞争就是找到自己有哪些地方不如竞争对手，在超越竞争对手的时候设立标杆，每次跳过一个标杆，再设新的标杆，这样督促自己不断进步。比如美国某公司当年不如它的主要竞争对手——日本的一家公司，于是该公司就派人去日本公司学习，回来后对此总结：该公司一共有147个地方做得不如对方，于是公司把这147个点分为若干部分，包括研发、生产、品控、销售等，在每个大模块中又设置标杆，一个标杆超越后，再设一个新的标杆。用这种方法该公司在两年之后就超越了它的竞争对手。

（八）人力资源的竞争

人力资源的竞争直接关系到企业的核心竞争力，尤其是在21世纪，人才最重要，企业必须重视人才、培养人才、留住人才。好利来公司在大规模的扩展过程中，曾经出现过管理混乱的现象。为此，好利来制定了一个明确的战略，那就是首先培养人才，主要培养两种人才：店长和做饼师傅。通过人力资源的竞争，好利来2004年在全国拥有了600家分店。一言以蔽之，核心竞争力是对手短期内无法模仿的，企业长久拥有的，使企业稳定发展的可持性竞争优势。

三、核心竞争力分析过程

核心竞争力是竞争力中一组最为核心和关键的因素，而竞争力又由资源和能力构成。

因此,对于企业核心竞争力的研究,越来越注重对公司资源和能力的分析。企业核心竞争力辨识可以首先从企业的资源和能力入手,从中发现企业的竞争力,然后再确定哪些竞争力能够构成核心竞争力。具体操作可分为三个步骤。

(1)资源和能力分析。建立企业核心竞争力分析指标体系,测度企业内外部资源和技术能力及支撑能力指标的表现。

(2)竞争力分析。比较该企业与同行业其他企业的表现,找出相对于其他企业的优势资源和能力,从中界定出该企业的竞争力组合。

(3)核心竞争力分析。对竞争力组合因素,逐一检验是否符合核心竞争力的特征,即是否符合企业的发展和竞争战略,与企业的目标和长远规划相一致?是否具有价值,能够提高企业经营管理效率,降低成本,对最终产品中的顾客利益有突出贡献?是否具有独特性,独具特色和个性,有助于企业进行差异化经营?是否难于模仿,难以被其他企业学习?是否不可替代,难以被竞争对手所替代?是否能提供进入市场的潜能,衍生出一系列的产品和服务满足市场需求,有利于扩大经营范围?

将不符合特征的因素予以剔除,最后得到的一组资源和能力就是企业的核心竞争力。另外,核心竞争力还需要在复杂多变的环境中得到保护和管理,提升企业的持续竞争优势。当然,通过以上程序也可以发现企业需要建立的核心竞争力,明确努力的方向。需要注意的是行业不同、企业背景不同、企业文化不同、外部环境不同,企业核心竞争力也会不同。零售企业的核心竞争力与制造企业就有所不同,即使是制造业,复杂产品系统企业的核心竞争力与大规模批量生产企业也不同

第六节 人本管理

人本管理思想是把员工作为企业最重要的资源,以员工的能力、特长、兴趣、心理状况等综合性情况来科学地安排最合适的工作,并在工作中充分地考虑到员工的成长和价值,使用科学的管理方法,通过全面的人力资源开发计划和企业文化建设,使员工能够在工作中充分地调动和发挥工作积极性、主动性和创造性,从而提高工作效率、增加工作业绩,为达成企业发展目标作出最大的贡献。人本管理思想产生于西方20世纪30年代,真正将其有效运用于企业管理,是在20世纪六七十年代。可以说人本管理思想是现代企业管理思想、管理理念的革命。从人性出发来分析、考察人类社会中任何有组织的活动,就会发现人类社会中有一种较为普遍的管理方式,这种管理方式以人性为中心,按人性的基本状况进行管理,这就是所谓的“人本管理”。

一、人本管理的基本要素

以人性为核心,人本管理有企业人、环境、文化及价值观四项基本要素。

(一)企业人

在企业经营管理活动中,人是管理活动的主体,也是管理活动的客体。在管理的主体和客体之间有着人、财、物、信息等管理活动和管理联系,正是这些活动才使企业管理的主体与客体发生着紧密依存、相互联系的管理关系。管理关系是人的关系,首要的管理是对人的管理。

1. 管理主体

作为管理主体,人必须要有管理能力,并拥有将管理知识、技能和能力付诸管理实践的权威和权力。管理能力包括管理主体对企业问题的观察、判断、分析、决策的特质力。不同层面的管理主体对上述能力的要求各有不同。此外,管理主体还必须具备从事管理活动的权威和权力。

2. 管理客体

管理客体是接受管理的人、财、物、信息，是管理主体施展管理活动的对象和不可缺少的因素。管理客体可分人与物两类。财与信息是以物质的衍生形态存在的，因此可以列人物一类。由于接受管理指令的第一对象是人，因此人是第一管理客体。人是整个管理活动中最能动、最活跃的因素，因此作为管理客体，人具有客观性、能动性的特征。作为管理客体，其客观性除了作为生物体而客观存在之外，其知识、技能、欲望、价值倾向、思维定势等因素，相对于管理主体而言，是一种客观存在物。同时，人作为管理客体，从来不是消极地领受管理主体的作用、影响和管理指令，而表现出主动或被动、或全部或部分地遵从管理主体的要求，甚至可以漠视或抵制管理主体的管理指令。再者，管理主体与管理客体作为生物体的同质性，决定了管理客体与管理主体的相关性。这种相关性能够有助于客体人理解、协助主体人的管理工作，也可能会抵制主体人的指令，尤其是当客体人有自己的主见、有非正式组织目标和设想中的管理主体时，更是如此。

3. 管理关系

由管理主体和客体的相关性，得出管理中的首要问题是对人的管理、对人的行为的管理。这是确立人本管理基本架构的必要前提，也是对人本管理中管理主体应当在管理诸要素的认识方面最基本、最核心的要求。从客观上分析，这种相关性在企业的生产过程中则形成一种生产关系，具有一定的客观性，反映生产方式和管理方式的管理关系，实质上是生产过程和管理过程中的人与人的关系。从主观上分析，管理关系是人主观活动的结果，管理主体主导着管理关系，于是管理主体对人的价值和效用判定及其领导方式，将极大地影响到管理主体和管理客体在管理中的效用发挥。

(二)管理环境

管理活动是在企业的物质环境与错综复杂的人际关系环境两者相复合的系统中进行的，这些综合起来就叫做管理的环境。

1. 环境的类型

根据划分原则的不同，人本管理的环境则可以划分为自然环境与社会环境、直接环境与间接环境、静态环境与动态环境等多种类型。无论怎样划分管理环境，基本上可以分为物质环境与人文环境两类。

2. 环境因素的作用

人对一定的工作环境会产生一定的心理状态，创造一个良好的工作环境是提高工作效率的必然前提。一个良好的管理环境则需要：①合理的照明。②巧用颜色。③要消除噪音。④风景化办公室。⑤要注意温度的影响。

3. 公众关系的影响与作用

人是企业的主体，企业内部有形形色色的人，将这些不同类型的人组织在一起，就是公共关系。通常，公众关系有如下影响：首先是对团结的影响，企业内部员工能否团结一致、精诚合作和健康的企业气氛是衡量一个企业素质高低的重要标志之一；其次，对工作效率的影响很大，工作成绩跟人数并不成正比关系，每个人仅凭个人的才能是无法保证实业的成功，因此组织内部人际关系的协调跟工作成绩的关系极为密切。

4. 改善企业内部的公共关系环境

为了以最小的能耗获取最大的工作效果，企业应着重培养员工的集体主义思想，必须不断改善企业内部的公共关系环境。具体途径是：努力提高员工的共同目标与利益的主导意识，创造条件增强集体的“向心力”，协调领导与员工的关系，帮助建立健全各项规章制度以保证企业的正常运行，同时还要借助健康的文体娱乐活动积极培养和弘扬先进的意识以增进全体员工的感情关系。

（三）文化背景

1. 现代企业文化的构成

现代企业文化主要由四个层次所构成。一是表层的物质文化，是现代企业文化的第一个层次，由企业员工创造的产品和各种物质设施等所构成的器物文化。二是浅层的行为文化，是企业员工在生产经营、学习娱乐、人际交往中的活动文化，这种文化特征是企业精神、企业目标的动态反映。三是中层的制度文化，是企业文化的第三个层次，主要是指现代企业生产经营活动中形成的企业精神、企业价值观等意识形态相适应的企业制度、规章、住址机构等。这种文化被称为一种强制性文化；④深层的精神文化，是现代企业文化的核心层，主要是指企业在生产经营中形成的独具本企业特征的意识形态和文化观念，它往往是企业多年经营中逐步形成的。

2. 企业文化的功能

一是导向功能。是指企业文化能够对企业整体和企业每个成员的价值取向及行为取向起引导作用，使之符合企业所确定的目标。二是约束功能。指企业文化对每个企业员工的思想.心理和行为具有约束和规范的作用。这不是硬约束而是一种软约束，它产生于企业中弥漫的企业文化氛围。三是凝聚功能。当一种价值观被企业员工共同认可之后，它就会成为一种黏合剂，从各个方面把成员团结起来。四是激励功能。企业文化具有使企业成员从内心产生一种高昂情绪和发奋进取精神的效应，使每个企业员工从内心深处自觉地产生为企业拼搏的献身精神。五是辐射功能。企业文化一旦形成较为固定的模式，它不仅会在企业内部发挥作用，对本企业员工产生影响，而且还会通过各种渠道对社会产生影响。

（四）价值观

价值观是人类在社会活动中产生的关于客观现实的主观意念，具有稳定性和持久性。现代企业的价值观是企业在追求经营成功的过程中所推崇的基本信念及奉行的行为准则。在企业发展过程中，企业价值观经历了三个阶段的演变：第一阶段是最大利润价值观；第二阶段是经营利润合理价值观，即在合理利润条件下企业的长远发展和企业员工自身价值的实现；第三阶段是企业与社会互利的价值观，即在确定的利润水平上把员工、企业、社会的利益统筹考虑，也就是把社会责任看做企业价值体系中不可缺少的部分。

(1)企业价值观形成的要素。①时代特征；②经济性，作为一个经济组织，企业的基本功能和生存基础就是有效地利用资源，尽量生产出社会需要的合格产品，这就要求企业价值观中必须有一定的成本效益观念；③社会责任感，作为社会的一个成员，企业必须对社会发展承担责任，要使自己的产品，保证绝大多数社会成员满意。

(2)价值观对人的影响。价值观对于企业人的影响有着多种多样的具体表现，例如个人主义行为、乐于助人的合作行为、试图超越他人的竞争行为等。

(3)价值观的作用。价值观的一致性、相容性，是企业人在管理活动中相互理解和协作的思想基础，也是企业人实施管理、领受管理、实现企业目标的前提和保障条件，因此应着眼于企业人的价值观倾向变化和行为方式的状态和变化的相关性，努力营造适合于本企业发展目标的价值观体系，使其充分发挥内化、整合、感召、凝聚、规范、激励等作用。

二、人本管理的理论模式

（一）确立人本管理理论模式的依据

(1)企业人是一个完整意义上的人，具有社会人的角色。人本管理应该始终坚持把企业人本身不断地全面发展和完善作为最高目标，为个人的发展和更好地完成其社会角色提供选择的自由。

(2)企业人的心理、动机、能力和行为都是可以塑造、影响和改变的，社会和企业的环境、文化及价值观的变化也同样可以影响企业人的心理和行为方式。

(3)作为管理主体和客体的人之间具有相关性,其目标是可协调的。

(二)人本管理的理论模式

人本管理的理论模式是:主客体目标协调—激励—权变领导—管理即培训—塑造环境—文化整合—生活质量法—完成社会角色体系。

(1)主客体目标协调。作为管理主客体的人具有其生物存在和社会、人际关系的相关性,只要企业人的目标趋于一致,即管理主客体目标协调,必然在确保各自利益不招致较大损害的前提下,开展非零和协作,使人本管理在实施管理和领受管理的双方之间达成共识,于是就开始了人本管理。

(2)激励。即企业人为实施管理、领受管理、完成人本管理目标,而制定的激发企业人工作动机、努力程度并保障管理实效的各项措施。

(3)权变领导。即企业管理者以影响管理的各种因素为依据,抓住以人为本的前提,采取有利于自己的领导。

(4)管理即培训。人本管理的过程,也就是培训员工,教会他们完成企业人的职能和义务,传授他们作为社会角色进行活动的专长、技能。更重要的是,通过管理培训,使员工把完成自己担当的企业人和社会角色任务,看做是自己的理想和追求。

(5)塑造环境。在企业和社会范围内塑造有助于人的主动性、积极性、创造性的充分发挥和人的自由全面发展的环境氛围,以建立企业人的劳动绩效与获得相称的生活资料、物质和精神奖励相联系的有效机制,使个人感觉到自己的劳动为企业和社会所承认。

(6)文化整合。指企业文化对企业人的心理、需要和个人行为方式的形成和发展,起着引导、规范、激励等制约和影响作用。人本管理正是要利用文化整合功能,培育和塑造企业人的文化特质,使其都受到有利于个人发展和企业目标实现的积极的文化熏陶。

(7)生活质量管理法。就是企业在确定目标时,在承认企业需要利润的前提下,充分考虑企业员工的利益要求并保障社会利益,从而将企业利益与社会利益一致起来。

(8)完成社会角色。是指企业人在担任企业角色的同时也要完成其所扮演的社会角色。企业实施人本管理,从根本的意义上说,是确立人在管理过程中的主导地位,以调动企业人的主动性、积极性和创造性,以此促进企业、社会和个人发展目标的实现。

三、人本管理的基本内容

(一)人的管理第一

企业管理,从管理对象上看,分为人、物及信息,于是企业管理就具有社会属性和自然属性两种特质。企业的赢利性目的是通过对人的管理,进而支配物质资源的配置来达到的。基于这种考虑,企业管理就必然是也应该是人本管理,以及对人本管理的演绎和具体化。

(二)以激励为主要方式

激励是指管理者针对下属的需要,采取外部诱因进行刺激,并使之内化为按照管理要求自觉行动的过程。

激励是一个领导行为的过程,它主要是激发人的动机,使人产生一种内在动力,朝着所期望的目标前进的活动过程。未满足的需要,才会引起动机,所以它是激励的起点。激励必须是领导者利用某种外部诱因,刺激人的未满足的需要,诱发人的"潜在的需要",一旦潜在的需要变成现实的需要,就会引起动机。人的需要,有精神的和物质的,因此外部诱因也应有物质的和精神的,我们应该用不同的诱因刺激人们相应的需要。激励的目的是激发起人们按照管理要求,按目标要求行事。

(三)建立和谐的人际关系

人们在一定的社会中生产、生活,就必然要同其他人结成一定的关系,不同的人际关系会引起不同的情感体验。

(1)人际关系在企业管理中的作用。人际关系,会影响到组织的凝聚力、工作效率、人的身心健康和个体行为。

(2)企业管理、和谐、目标的三个层次的含义。实行人本管理,就是为了建立没有矛盾和冲突的人际和谐,达成企业成员之间的目标一致性,以实现企业成员之间的目标相容性,形成目标期望的相容,从而建立和维持和谐关系。

(四)积极开发人力资源

人力资源开发是组织和个人发展的过程,其重点是提高人的能力,核心是开发人的潜能。所以说,人力资源开发是一个系统工程,它贯穿人力资源发展过程的始终。

企业从事生产经营活动,需要具备两个基本的条件:一是占有资金;二是拥有掌握专业技能从事管理和操作的人员。两者之间,人的因素更为重要。人力资源的核心问题,是开发人的智力,提高劳动者的素质。所以说,制定和实施人才战略,是企业实现发展战略的客观要求。

(五)培育和发挥团队精神

能否培育团队精神,把企业建成一个战斗力很强的集体,受许多因素的影响,需要有系统配套的措施。

(1)明确合理的经营目标。我们要有导向明确、科学合理的目标,把经营目标、战略、经营观念,融入每个员工头脑中,成为员工的共识。为此,我们必须把目标进行分解,使每一部门、每一个人都知道自己承担的责任和应作出的贡献,把每一部门、每一个人的工作与企业总目标紧密结合在一起。

(2)增强领导者自身的影响力。领导是组织的核心,一个富有魅力和威望的领导者,自然会把全体员工紧紧团结在自己的周围。

(3)建立系统科学的管理制度,以使管理工作和人的行为制度化、规范化、程序化,是生产经营活动协调、有序、高效运行的重要保证。

(4)良好的沟通和协调。沟通主要是通过信息和思想上的交流达到认识上的一致,协调是取得行动的一致。

(5)强化激励,形成利益共同体。即通过简明有效的物质激励体系,形成一种荣辱与共、休戚相关的企业命运共同体。

(6)引导全体员工参与管理。这样企业能够做到吸引每一个员工都能够直接参与各种管理活动,使全体员工不仅贡献劳动,而且还贡献智慧,直接为企业发展出谋划策。

第七节 公司治理

一、公司治理的含义

公司治理(Corporate Governance)又名公司管治、企业管治和企业管理,经济合作与发展组织(Organisation for Economic Cooperation and Development)在《公司治理结构原则》中给出了一个有代表性的定义:“公司治理结构是一种据以对工商公司进行管理和控制的体系。”公司治理结构明确规定了公司的各个参与者的责任和权利分布,诸如董事会、经理层、股东和其他利益相关者。

公司治理是指诸多利益相关者的关系,主要包括股东、董事会、经理层的关系,这些利益关系决定企业的发展方向和业绩。公司治理讨论的基本问题,就是如何使企业的管理者在利用资本供给者提供的资产发挥资产用途的同时,承担起对资本供给者的责任。利用公司治理的结构和机制,明确不同公司利益相关者的权力、责任和影响,建立委托代理人之间激励兼容的制度安排,是提高企业战略决策能力,为投资者创造价值管理大前提。公司治理如同企业战略一样,是中国企业经营管理者普遍忽略的两个重要方面。

二、公司治理模式

公司内部的权力分配是通过公司的基本章程来限定公司不同机构的权利并规范它们之间的关系的。各国现代企业的治理结构虽然都基本遵循决策、执行、监督三权分立的框架,但在具体设置和权力分配上却存在着差别。公司治理模式主要有三种:英美模式、日德模式、家族模式。

(一)英美模式

英美公司内部治理结构的基本特征:

1. 股东大会

从理论上讲,股东大会是公司的最高权力机构。但是,英美公司的股东非常分散,而且相当一部分股东是只有少量股份的股东,其实施治理权的成本很高,因此,不可能将股东大会作为公司的常设机构,或经常就公司发展的重大事宜召开股东代表大会,以便作出有关决策。在这种情况下,股东大会就将其决策权委托给一部分大股东或有权威的人来行使,这些人组成了董事会。股东大会与董事会之间的关系实际上是一种委托代理的关系。股东们将公司日常决策的权利委托给了由董事组成的董事会,而董事会则向股东承诺使公司健康经营并获得满意的利润。

2. 董事会

董事会是股东大会的常设机构,董事会的职权是由股东大会授予的。关于董事会人数、职权和作用,各国公司法均有较为明确的规定,英美也不例外。除公司法的有关规定以外,各个公司也都在公司章程中对有关董事会的事宜进行说明。公司性质的不同,董事会的构成也不同。在谈到公司治理问题时,常常要根据不同性质的公司进行分析。为了更好地完成其职权,董事会除了注意人员构成之外,还要注意董事会的内部管理。英美公司的董事会在内部管理上有两个鲜明的特点。

其一,在董事会内部设立不同的委员会,以便协助董事会更好地进行决策。一般而言,英美公司的董事会大都附设执行委员会、任免委员会、报酬委员会、审计委员会等一些委员会。这些委员会一般都是由董事长直接领导,有的实际上行使了董事会的大部分决策职能。这是因为有的公司董事太多,如果按正常程序进行决策,则很难应付千变万化的市场环境;也有可能因为决策者既是董事长同时也是最大股东,对公司事务有着巨大的影响力,所以不愿让太多的人分享他的决策权。在这种情况下,董事会是股东大会的常设机构,而执行委员会又成为董事会的常设机构。除这样一些具有明显管理决策职能的委员会外,有的公司还设有一些辅助性委员会,如审计委员会,主要是帮助董事会加强其对有关法律和公司内部审计的了解,使董事会中的非执行董事把注意力转向财务控制和存在的问题,从而使财务管理真正起到一种机制的作用,增进董事会对财务报告和选择性会计原则的了解;报酬委员会,主要是决定公司高级人才的报酬问题;董事长的直属委员会,由董事长随时召集讨论特殊问题并向董事会提交会议记录和建议的委员会,尽管它是直属于董事长的,但它始终是对整个董事会负责,而并不只是按董事长的意图行事。近年,美国的有些公司又成立了公司治理委员会,用以解决专门的公司治理问题。

其二,将公司的董事分成内部董事和外部董事。内部董事是指公司现在的职员,以及过去曾经是公司的职员,现在仍与公司保持着重要的商业联系的人员。外部董事包括三种人:一是与本公司有着紧密的业务和私人联系的外部人员;二是本公司聘请的外部人员;三是其他公司的经理人员。外部董事一般在公司董事会中占多数,但一般不在公司中任职;内部董事一般都在公司中担任重要职务,是公司经营管理的核心成员,美国大多数公司企业的内部董事人数为3人,很少有超过5人的。外部董事有的是私人投资者,它通过在股票市场上购买公司股票而成为公司大股东,但他们往往对于公司的具体业务并不了解,大部分外部董事作为其他公司的代表进入公司董事会,而这些公司又常常是法人持股者。自20世纪70年代以来,英美公司中的外部董事比例呈上升趋势。按理讲,外部董事比例的增加会加强董事会对经营者的监督与控制,但是,英美大公司中同时存在的一个普遍现象是公司首席执行官兼任董事会主席。这种双重身份实际上使董事会丧失了独立性,其结果是董事会难以发挥监督职能。

3. 首席执行官(CEO)

从理论上讲,董事会有权将部分经营管理权力转交给代理人代为执行。这个代理人就是公司政策执行机构的最高负责人。这个人一般被称为首席执行官,即CEO。在多数情况下,首席执行官是由董事长兼任的。即使不是由董事长兼任,担任此职的人也几乎必然是公司的执行董事并且是公司董事长的继承人。但是,由于公司的经营管理日益复杂化,经理职能也日益专业化,大多数公司又在首席执行官之下为其设一助手,负责公司的日常业务,这就是首席营业官,即COO(Chief Operation Officer)。在大多数公司,这一职务一般由公司总裁(President)兼任,而总裁是仅次于首席执行官的公司第二号行政负责人。也有的公司,由董事长同时兼任公司的首席执行官和总裁。此外常设一名首席营业官协助董事长兼首席执行官的工作。此外,公司还设有其他一些行政职务,如首席财务官等。在英美公司的行政序列中,以首席执行官的地位最高,其次为公司总裁,再次为首席营业官,接下来是首席财务官。在总裁以下,各公司还常常设有多名负责具体业务的副总裁,包括执行副总裁和资深副总裁。这些副总裁一般都负责公司的一个重要业务分部,或者是作为公司董事长和首席执行官的代表担任重要子公司的董事长兼首席执行官。由于首席执行官是作为公司董事会的代理人而产生,授予他何种权利、多大的权利以及在何种情况下授予,是由各公司董事会决定的。首席执行官的设立,体现了公司经营权的进一步集中。

4. 外部审计制度的导入

需要注意的是,英美公司中没有监事会,而是由公司聘请专门的审计事务所负责有关公司财务状况的年度审计报告。公司董事会内部虽然也设立审计委员会,但它只是起协助董事会或总公司监督子公司财务状况和投资状况等的作用。由于英美等国是股票市场非常发达的国家,股票交易又在很大程度上依赖于公司财务状况的真实披露,而公司自设的审计机构难免在信息发布的及时性和真实性方面有所偏差,所以,英美等国很早便出现了由独立会计师承办的审计事务所,由有关企业聘请他们对公司经营状况进行独立审计并发布审计报告,以示公正。英美等国公司每年的财务报告书都附有审计事务所主管审计师签发的审计报告。政府的审计机构也在每年定期或不定期地对公司经营状况进行审计并对审计事务所的任职资格进行审查。这种独立审计制度既杜绝了公司的偷税漏税行为,又在很大程度上保证了公司财务状况信息的真实披露,有助于公司的守法经营。

(二)德日模式

德日治理模式被称为是银行控制主导型,其本质特征:

1. 商业银行是公司的主要股东

目前德日两国的银行处于公司治理的核心地位。在经济发展过程中,银行深深涉足其关联公司的经营事务中,形成了颇具特色的主银行体系。所谓主银行是指某企业接受贷款中居第一位的银行称之为该企业的主银行,而由主银行提供的贷款叫做系列贷款,包括长期贷款和短期贷款。

日本的主银行制是一个多面体,主要包括三个基本层面:一是银企关系层面,即企业与主银行之间在融资、持股、信息交流和管理等方面结成的关系;二是银银关系层面,即指银行之间基于企业的联系而形成的关系;三是政银关系,即指政府管制当局与银行业之间的关系。这三层关系相互交错、相互制约,共同构成一个有机的整体,或称为以银行为中心的、通过企业的相互持股而结成的网络。在德国,政府很早就认识到通过银行的作用来促进经济的增长。开始银行仅仅是公司的债权人,只从事向企业提供贷款业务,但当银行所贷款的公司拖欠银行贷款时,银行就变成了该公司的大股东,银行可以自己持有一家公司多少股份,在德国没有法律的限制,但其金额不得超过银行资本的15%。一般情况下,德国银行持有的股份在一家公司股份总额的10%以下。

另外,德国银行还进行间接持股,即兼作个人股东所持股票的保管人。德国大部分个人股东平时都把其股票交给自己所信任的银行保管,股东可把他们的投票权转让给银行来行使,这种转让只需在储存协议书上签署授权书就可以了,股东和银行的利益分配一般被事先固定下来。这样,银行得到了大量的委托投票权,能够代表储户行使股票投票权。到1988年,在德国银行储存的股票达4115亿马克,约为当时国内股票市场总值的40%,加上银行自有的股票(约为9%),银行直接、间接管理的股票就占德国上市股票的50%左右。

商业银行虽然是德日公司的最大股东,呈现公司股权相对集中的特征,但是二者仍然存在一些区别。在日本的企业集团中,银行作为集团的核心,通常拥有集团内企业较大的股份,并且控制了这些企业外部融资的主要渠道。德国公司则更依赖于大股东的直接控制,由于大公司的股权十分集中,使得大股东有足够的动力去监控经理阶层。另外,由于德国公司更多地依赖于内部资金融通,所以德国银行不像日本银行那样能够通过控制外部资金来源对企业施加有效的影响。

2. 法人持股或法人相互持股

法人持股,特别是法人相互持股是德日公司股权结构的基本特征,这一特征尤其在日本公司中更为突出。二战后,股权所有主体多元化和股东数量迅速增长是日本企业股权结构分散化的重要表现。但在多元化的股权结构中,股权并没有向个人集中而是向法人集中,由此形成了日本企业股权法人化现象,构成了法人持股的一大特征。

据统计,日本1949年~1984年,个人股东的持股率从69.1%下降为26.3%,而法人股东的持股率则从15.5%上升为67%,到1989年,日本个人股东的持股率下降为22.6%,法人股东持股率则进一步上升为72%。正由于日本公司法人持股率占绝对比重,有人甚至将日本这种特征称为"法人资本主义"。

由于德日在法律上对法人相互持股没有限制,因此德日公司法人相互持股非常普遍。法人相互持股有两种形态,一种是垂直持股,如丰田、住友公司,它们通过建立母子公司的关系,达到密切生产、技术、流通和服务等方面相互协作的目的。另一种是环状持股,如三菱公司、第一劝银集团等,其目的是相互之间建立起稳定的资产和经营关系。

总之,公司相互持股加强了关联企业之间的联系,使企业之间相互依存、相互渗透、相互制约,在一定程度上结成了"命运共同体"。

3. 严密的股东监控机制

德日公司的股东监控机制是一种"主动性"或"积极性"的模式,即公司股东主要通过一个能信赖的中介组织或股东当中有行使股东权利的人或组织,通常是一家银行来代替他们控制与监督公司经理的行为,从而达到参与公司控制与监督的目的,如果股东们对公司经理不满意,不像英美两国公司那样只是"用脚投票",而是直接"用手发言"。但是德日公司的监控机制的特征有所不同。

(1)德国公司监控机制的特征。德国公司的业务执行职能和监督职能相互分离,并成立了与之相对应的两种管理机构,即执行董事会和监督董事会,亦称双层董事会。依照法律,在股份公司中必须设立双层董事会。监督董事会是公司股东、职工利益的代表机构和监督机构。德国公司法规定,监督董事会的主要权责,一是任命和解聘执行董事,监督执行董事是否按公司章程经营;二是对诸如超量贷款而引起公司资本增减等公司的重要经营事项作出决策；三是审核公司的账簿，核对公司资产，并在必要时召集股东大会。德国公司监事会的成员一般要求有比较突出的专业特长和丰富的管理经验，监事会主席由监事会成员选举，须经2/3以上成员投赞成票而确定，监事会主席在表决时有两票决定权。由此来看，德国公司的监事会是一个实实在在的股东行使控制与监督权力的机构，因为它拥有对公司经理和其他高级管理人的聘任权与解雇权。这样无论从组织机构形式上，还是从授予的权力上，都保证了股东确实能发挥其应有的控制与监督职能。由于银行本身持有大量的投票权和股票代理权，因而在公司监事会的选举中必然占有主动的地位，德国在1976～1977年度的一份报告中表明，在德国最大的85个公司监事会中，银行在75个监督董事会中占有席位，并在35个公司监事会中担任主席。

如果公司经理和高层管理人员管理不善，银行在监事会的代表就会同其他代表一起要求改组执行董事会，更换主要经理人员。由此可见，德国在监事会成员的选举、监事会职能的确定上都为股东行使控制与监督权提供了可能性，而银行直接持有公司股票，则使股东有效行使权力成为现实。

德国监控机制有别于其他国家的重要特征是职工参与决定制度。德国在历史上曾是空想社会主义和工人运动极为活跃的国家，早在200年前早期社会主义者就提出职工民主管理的有关理论。1848年，在法兰克福国民议事会讨论《营业法》时就提议在企业建立工人委员会作为参与决定的机构。1891年重新修订的《营业法》首次在法律上承认工人委员会。德国魏玛共和国时期制定的著名的魏玛宪法也有关于工人和职员要平等与企业家共同决定工资和劳动条件，工人和职员在企业应拥有法定代表并通过他们来保护自身的社会经济利益等规定。尤其在二战以后，随着资本所有权和经营权的分离，德国职工参与意识进一步兴起，德国颁布了一系列关于参与决定的法规。目前，在德国实行职工参与制的企业共有雇员1 860万，占雇员总数的85%。在德国的职工参与中，可以分为三种形式。其一是拥有职工2 000名以上的股份有限公司、合资合作公司、有限责任公司的参与方式的法律依据是1976年通过的《参与决定法》。它涉及的主要是监事会的人选。监事会的人数视企业规模而定，在2 000名以上到1万名职工以上的企业有监事会成员20名。职工进入监事会的代表中，职工和高级职员是按比例选举的，但每一群体至少有1名代表。其二是拥有1 000名以上职工的股份有限公司、有限责任公司等企业的参与决定涉及董事会和监事会。董事会中要求有一名劳工经理参加。监事会的人数定为11人，席位分配的过程是，劳资双方分别提出4名代表和1名“其他成员”，再加1名双方都能接受的“中立的”第三方。其中的“其他人员”规定为不允许与劳资双方有任何依赖关系，也不能来自那些与本企业有利害关系的企业。其三是雇工500名以上的股份公司、合资合作公司等规定雇员代表在监事会中占1/3，在监事会席位总数多于1个席位时，至少要有1名工人代表和1名职工代表。职工代表由工人委员会提出候选人名单，再由职工直接选举。

这样，职工通过选派职工代表进入监事会参与公司重大经营决策，即所谓“监事会参与决定”，使得企业决策比较公开，这有利于对公司经营的监督，同时还有利于公司的稳定和持续发展。因为职工在监事会中占有一定的席位，在一定程度上减少了公司被兼并接管的可能性。这也是德国公司很少受到外国投资者接管威胁的主要原因之一，从而保护了经理人员作出长期投资的积极性。

(2)日本公司监控机制的特征。日本银行的双重身份，决定了其必然在固定行使监控权力中，发挥领导的作用。日本银行及其法人股东通过积极获取经营管理权对公司主管实行严密的监督。一方面，银行作为公司的主要股东，在盈利情况良好的条件下，银行只是作为“平静的商业伙伴”而存在。另一方面，如果公司盈利开始下降，主银行由于所处的特殊地位，能够很早就通过营业往来账户、短期信贷、与公司最高管理层商业伙伴的长期个人交往等途径获取信息，及时发现问题。如果情况继续恶化，主银行就可以通过召开股东大会或董事会来更换公司的最高领导层。日本的董事会与美国很相似,基本上是实行业务执行机构与决策机构合二为一。但是日本董事会的股东代表特别少,从总体上看具有股东身份的仅占9.4%(主要股东为5.7%,股东代表为3.7%),而在上市公司特别是大公司中,具有股东身份的仅占3.9%,其余大部分都是内部高、中层的经理管理人员等,从董事会成员构成可以看出,董事会不是股东真正行使监控权力的机构。另外,从表面上看,日本公司董事会也没有银行的代表,实际上并非如此,在日本公司董事会中,有一名以上的董事常常是公司主银行的前任主管,这是日本商业银行的通行做法。这位前任主管实际上就是为主银行收集信息,并对公司主管实行严密监控,当对公司主管经理的经营业绩不满意时,就可以利用股东大会罢免这些经理人员。日本公司还通过定期举行的"经理俱乐部"会议对公司主管施加影响。尽管"经理俱乐部"会议是非正式的公司治理结构,但它实际上是银行和其他主要法人股东真正行使权力的场所。在"经理俱乐部"会议上,包括银行和法人股东在内的负责人与公司经理一道讨论公司的投资项目、经理的人选以及重大的公司政策等。

(三)家族模式

由于国情和企业所处的成长与发展环境的差异,使得韩国和东南亚的家族治理模式既有相同之处也有不同之处。在韩国和东南亚家族治理模式的特征中,有些特征无论是在形式上还是在内容上都是相同的,但也有些特征只是在形式上是相同的,但在内容上却是不相同的。

韩国与东南亚家族治理模式的共性:

1. 企业所有权或股权主要由家族成员控制

在韩国和东南亚的家族企业中,家族成员控制企业的所有权或股权表现为五种情况。第一种情况是,企业的初始所有权由单一创业者拥有,当创业者退休后,企业的所有权传递给子女,由其子女共同拥有。第二种情况是,企业的初始所有权由参与创业的兄弟姐妹或堂兄弟姐妹共同拥有,待企业由创业者的第二代经营时,企业的所有权则由创业者的兄弟姐妹的子女或堂兄弟姐妹的子女共同拥有。第三种情况是,企业的所有权由合资创业的具有血缘、姻缘和亲缘的家族成员共同控制,然后顺延传递给创业者第二代或第三代的家族成员,并由他们共同控制。第四种情况是,家族创业者或家族企业与家族外其他创业者或企业共同合资创办企业时,由家族创业者或家族企业控股,待企业股权传递给家族第二代或第三代后,形成由家族成员联合共同控股的局面。第五种情况是,一些原来处于封闭状态的家族企业,迫于企业公开化或社会化的压力,把企业的部分股权转让给家族外的其他人或企业,或把企业进行改造公开上市,从而形成家族企业产权多元化的格局,但这些股权已经多元化的家族企业的所有权仍然主要由家族成员控制着。上述五种情况中的每一种情况,在韩国和东南亚的家族企业中都大量存在着,而且上述五种情况包括了韩国和东南亚家族企业所有权或股权由家族成员控制的基本概况。

2. 企业主要经营管理权掌握在家族成员手中

在韩国和东南亚的家族企业,家族成员控制企业经营管理权主要分两种情况。一种情况是企业经营管理权主要由有血缘关系的家族成员控制;另一种情况是企业经营管理权主要由有血缘关系的家庭成员和有亲缘、姻缘关系的家族成员共同控制。

3. 企业决策家长化

由于受儒家伦理道德准则的影响,在韩国和东南亚家族企业中,企业的决策被纳入家族内部序列,企业的重大决策如创办新企业、开拓新业务、人事任免、决定企业的接班人等都由家族中的同时是企业创办人的家长一人作出,家族中其他成员作出的决策也须得到家长的首肯,即使这些家长已经退出企业经营的第一线,但由家族第二代成员作出的重大决策,也必须征询家长的意见或征得家长的同意。当家族企业的领导权传递给第二代或第三代后,前一代家长的决策权威也同时赋予第二代或第三代接班人,由他们作出的决策,前一辈的同一辈的其他家族成员一般也必须服从或遵从。但与前一辈的家族家长相比,第二代或第三代家族家长的绝对决策权威已有所降低,这也是家族企业在第二代或第三代出现矛盾或冲突的根源所在。

4. 经营者激励约束双重化

在韩国和东南亚的家族企业中,经营者受到了来自家族利益和亲情的双重激励和约束。对于家族第一代创业者而言,他们的经营行为往往是为了光宗耀祖或使自己的家庭更好地生活,以及为自己的子孙后代留下一份产业。对于家族企业第二代经营者来说,发扬光大父辈留下的事业、保值增值作为企业股东的家族成员资产的责任、维持家族成员亲情的需要,是对他们的经营行为进行激励和约束的主要机制。因此,与非家族企业经营者相比,家族企业的经营者的道德风险、利己的个人主义倾向发生的可能性较低,用规范的制度对经营者进行监督和约束已经成为不必要。但这种建立在家族利益和亲情基础上的激励约束机制,使家族企业经营者所承受的压力更大,并为家族企业的解体留下了隐患。

5. 企业员工管理家庭化

韩国和东南亚的家族企业不仅把儒家关于“和谐”和“泛爱众”的思想用于家族成员的团结上,而且还推广应用于对员工的管理上,在企业中创造和培育一种家庭式的氛围,使员工产生一种归属感和成就感。例如,马来西亚的金狮集团,在经济不景气时不辞退员工,如果员工表现不佳,公司不会马上开除,而是采取与员工谈心等形式来分析问题和解决问题,这种家庭式的管理氛围在公司中产生了巨大的力量。印度尼西亚林绍良主持的中亚财团,对工龄在 25 年以上的超龄员工实行全薪退休制,使员工增加了对公司的忠诚感。再如,韩国的家族企业都为员工提供各种福利设施如宿舍、食堂、通勤班车、职工医院、浴池、托儿所、员工进修条件等。韩国和东南亚家族企业对员工的家庭式管理,不仅增强了员工对企业的忠诚感,提高了企业经营管理者和员工之间的亲和力和凝聚力,而且还减少和削弱了员工和企业间的摩擦和矛盾,保证了企业的顺利发展。

6. 来自银行的外部监督较弱

在东南亚,许多家族企业都涉足银行业。其中,一些家族企业的最初创业就始于银行经营,然后把企业的事业领域再拓展到其他产业;也有一些家族企业虽然初始创业起步于非银行领域的其他产业,但当企业发展到一定程度后再逐步把企业的事业领域拓展到银行业。作为家族系列企业之一的银行与家族其他系列企业一样,都是实现家族利益的工具,因此,银行必须服从于家族的整体利益,为家族的其他系列企业服务。所以,属于家族的银行对同属于家族的系列企业基本上是软约束。许多没有涉足银行业的家族企业一般都采取由下属的系列企业之间相互担保的形式向银行融资,这种情况也使银行对家族企业的监督力度受到了削弱。在韩国,银行作为政府干预经济活动的一个重要手段,是由政府控制的。一个企业的生产经营活动只有符合政府的宏观经济政策和产业政策要求,才会获得银行的大量优惠贷款,否则就很难得到银行的贷款。所以,韩国的家族企业为了生存和发展,都纷纷围绕政府的宏观经济政策和产业政策从事创办企业和从事经营活动。这种情况使得韩国的家族企业得到了没有来自银行约束的源源不断的贷款。除筹资功能外,银行在韩国只是一个发放贷款的工具,而对贷款流向哪些企业,获得贷款企业的金融体质是否健康则很少关心,使得韩国家族企业受到来自银行的监督和约束力度较小。

7. 政府对企业的发展有较大的制约

韩国和东南亚的家族企业在发展过程中都受到了政府的制约。在东南亚国家,家族企业一般存在于华人中间,而华人又是这些国家的少数民族(新加坡除外),且掌握着国家的经济命脉;华人经济与当地土著经济之间存在着较大的差距。因此,华人家族企业经常受到政府设置的种种障碍的限制。为了企业的发展,华人家族企业被迫采取与政府及政府的公营企业合作,与政府公营企业合资以及在企业中安置政府退休官员和政府官员亲属任职等形式,来搞好与政府的关系。而在韩国,政府对家族企业的制约主要表现在政府对企业发展的引导和支持上。凡家族企业的经营活动符合国家宏观经济政策和产业政策要求的,政府会在金融、财政、税收等方面给予各种优惠政策进行引导和扶持,反之,政府会在金融、财政、税收等方面给予限制。因此,在韩国和东南亚,家族企业的发展都受到了政府的制约,但在东南亚,政府对家族企业采取的主要措施是限制,在韩国,政府对家族企业采取的主要措施则是引导和扶持。

三、公司治理的原则

公司治理的原则包含着若干要素:诚实、信任、正直、开放、表现导向、责任感及可靠性、互相尊重及对组织有承诺。

最重要的是董事与管理阶层如何建立治理的典范,为其他公司参与者可以依据的价值,并且能够有效地定期评估它的有效程度。特别是,高级行政人员须表现得诚实、有道德的,尤其是在面对利益冲突及透露财务报表的时候。

常见的公司治理的原则包括:

(1)权利和股东的公平对待:组织应该尊重股东的权利及透过有效沟通来帮助股东行使权利,让股东更明白内容,鼓励他们参与日常会议。

(2)其他利益相关者的利益:组织应该意识到他们对所有合法的利益相关者有法定和其他义务。

(3)董事会的角色和责任:董事会需要一系列的技术,才能应付各式各样的商业上的问题,有能力去检视及挑战管理层的表现,对工作有合适程度的承担。然而,主席及首席执行官不能由同一人所担任,有机制地避免利益冲突。另外,“执行董事”与“独立非执行董事”的人数要有适当的比例,建立独立的监察作用。

(4)正直及道德行为:公司需要为董事及行政人员建立道德操守,来鼓励在作出决定时要有道德及责任感。

(5)透露及透明:公司应该澄清并让公众了解董事会的角色和责任。

思考题

1 现代企业发生了哪些变化?现代管理的发展趋势如何?

2 什么是学习型组织?如何打造学习型组织?

3 调查一家企业,运用流程再造理论分析其是否有再造之必要?

4 学习型组织理论对你个人有何启发?

5 标杆管理的意义何在?联系个人实际,按照标杆管理的要求制订改进和完善计划。

6 企业的核心能力与企业的核心竞争力一样吗?为什么?

7 企业核心能力是否表现为一种核心技术专长?你是如何看待的?

8 试论述公司治理模式包括哪些类型?各类型治理模式有何特征?

9 什么是公司治理原则?常见的有哪些类型?你认为公司治理原则的作用主要体现在哪些方面?

10 何为人本管理?人本管理有哪些基本要素?

11 何为流程再造?流程再造有哪些原则?

第二篇　计划

第五章　计划的基础

◆**本章关键词**

1. 计划　2. 计划工作　3. 正式计划　4. 长期计划　5. 短期计划　6. 计划指标
7. 木桶原理　8. 允诺原理

第一节　计划原理

计划是管理活动的起点和首要职能。为了使组织活动更加有效，首先应明确组织追求的目标，明确实现目标的途径，这些就是计划这一管理职能所要达到的目的。通过计划活动，那些也许不能实现的目标变得有可能。人们常说，凡事“预则立，不预则废”，讲的就是计划的重要性。

组织中的管理者，无论职位高低、位置大小，或多或少都要进行计划活动。计划活动既是各级管理人员的一个共同的工作职责，也是管理活动的首要职能。不管哪个层次的管理，首先都是从计划工作开始的。

一、计划的含义

计划是关于组织未来的蓝图，是对组织在未来一段时间内的目标和实现目标途径的策划与安排。计划含义包括目标和实现目标，它既关系到结果（做什么），也关系到手段（怎么做）。

一般可以在三种意义上界定计划一词：

（1）名词性定义：计划是指用文字和指标等形式所表述的组织以及组织内不同部门和不同成员关于行动方向、内容和方式安排的管理文件。

（2）动词性定义：计划是确定未来目标及实现目标预先进行的行动安排。

（3）计划工作：是对决策所确定任务和目标提供一种合理的实现方法。

按照动词性定义，计划代表着一类特定的行为，即指对各种组织目标的分析、制定和调整，以及对组织实现这些目标的各种可行方案的设计这一系列相关联的活动或行动；按照名词性定义，计划是指上述计划行动的成果，这些成果包括各种明确的书面化的使命和目标说明以及战略、政策、预算书等。管理活动中的计划工作，是把计划作为一种特定的管理行为，其内容包括规定组织在未来一段时间内要实现的目标以及实现这些目标的途径。

有关计划的含义还可以从多种关于计划的定义中得到理解。阿考夫（Ackoff）把计划定义为“对所追求的目标及实现该目标的有效途径进行设计”。这个定义阐明了计划的重要性，即执行行动方案的有效性。摩尔（Moors）认为计划是控制的基础，“是为我们所做的事情制定规则，避免迷惑与匆忙行事，充分利用资源并减少浪费”。

总结起来，计划可以定义为：预先制定的行动方案及其具体安排。其基本要素有：目标、行动、实行计划的组织或个人。

二、计划的目的

计划可以通过设立目标和一系列的协调活动来实现资源整合的目的。

首先,即计划指明了方向,减少了环境变化带来的冲击。计划可以降低浪费和重叠,以及设立了控制的标准。尽管计划不能消除变化,但管理者可以通过预测变化、考虑这些变化的冲击和变化,制定适当的措施来应对。

其次,计划建立了协调。当员工认识到何为达到目标作出贡献时,他们会自觉地协调他们的活动措施以实现目标。没有统一的目标,部门和个人也许会工作在相互冲突的目标下,会降低组织在实现目标过程中的效率。

第三,计划可以降低不确定性。计划使管理者具有前瞻性以降低不确定性,它给出了管理者和下属努力的方向,并阐明管理者所采取的行动的结果。当管理按计划进行时,时间和资源的浪费以及冗余会被减小到最低的程度。当手段和结果通过计划规定得很清晰时,无效的活动或者低效率的活动就会被减至最小的程度。

最后,计划设定了目标和标准,它们可以用于控制。如果不能确认试图实现什么,那如何判断是否实现了?在计划工作中,人们确定目标和计划,并通过控制,将实际的绩效与目标进行比较,发现存在的差异,以及采取必要的纠正活动,没有计划是不可能进行控制的。

三、计划工作原理

(一)允诺原理

任何一项计划都是对完成各项任务所作出的允诺,因而,允诺越大,实现允诺的时间就越长,实现允诺的可能性就越小。这一原理涉及计划期限的问题。一般来说,经济上的考虑影响到计划期限的选择。由于计划工作和它所依据的预测工作是很费钱的,所以,如果在经济上不划算的话,就不应把计划期限定得太长。

如何确定合理的计划期限呢?这一问题体现在允诺原理上,即合理计划工作要确定一个未来的时期,这个时期的长短取决于实现决策中所允诺的任务所必需的时间。例如,由于出现了原材料大幅涨价,某企业为了保证实现年度生产经营计划的利润目标,需要制定一个增加销售收入的计划,则这个计划的期限至少需要多长时间呢?这个计划至少要在一年中的什么时间以前制定并实施才能确保实现呢?根据允诺原理,该计划期限主要取决于从增加订货到最后实现销售收入的最短周期。对于该企业来说,从接收订单、签订合同到完成工程图设计,一般要两个月的时间。进行生产准备、投产、到出产品的生产周期一般也需要两个月。商品通过铁路发运,整个发运过程的延续时间均为半个月左右,结算周期一般为一个月以上,而且有逐渐延长的趋势。因此,计划期限应定为半年,也就是说,计划工作的开始时间至少要在六月底以前。

按照允诺原理,计划必须有期限要求。事实上,对于大多数情况来说,完成期限往往是对计划的最严厉的要求。此外,必须合理地确定计划期限,并且不应随意缩短计划期限。再有,每项计划的允诺不能太多,因为允诺越多,则计划时间越长。如果主管人员实现允诺所需的时间长度比他可能正确预见的未来期限还要长,如果他不能获得足够的资源,使计划具有足够的灵活性,则他就应当断然地减少允诺,或是将他所允诺的期限缩短。例如,他所允诺的如果是一项投资的话,他就应当采取加速折旧提存等措施使投资的回收期限缩短,以减少风险。

(二)限定因素原理

所谓限定因素是指妨碍组织目标实现的因素,即在其他因素不变的情况下,仅仅改变这些因素,就可以影响组织目标的实现程度。限定因素原理可以表述为:主管人员越是能够了解对达到目标起主要限制作用的因素,就越能有针对性地、有效地拟定行动方案。限定因素原理又可称做“木桶原理”。这是指木桶能盛多少水取决于桶壁上最短的那块板条。

限定因素原理表明，主管人员在制订计划时，必须全力找出影响计划目标实现的主要限定因素或战略因素，有针对性地采取得力的措施。

毛泽东在《矛盾论》中阐明了相同的道理："任何过程如果有多数矛盾存在的话，其中必定有一种最主要的、起领导的、决定的作用，其他的则处于次要的和服从的地位。因此，研究任何过程，如果是存在着两个以上矛盾的复杂过程的话，就要用全力找出它的主要矛盾。抓住了这个主要矛盾，一切问题就迎刃而解了。"

（三）灵活性原理

灵活性原理可以表述为：计划中体现的灵活性越大，由于未来意外事件引起损失的危险性就越小。计划必须具有灵活性，即当出现意外情况时，有能力改变方向而不必花太大的代价。应当指出的是，灵活性原理就是制订计划时要留有余地，至于执行计划，则一般不应有灵活性。例如，执行一个生产作业计划必须严格准确，否则就会发生组装车间停工待料或在制品大量积压的现象。对主管人员来说，灵活性原理是计划工作中最重要的原理，在承担的任务重，而目标计划期限长的情况下，灵活性便显出它的作用。

为了确保计划本身具有灵活性，在制订计划时应量力而行，不留缺口，但要留有余地。本身具有灵活性的计划又称为弹性计划，即能适应变化的计划。灵活性是有一定限度的，其限制条件一般包括：

（1）不能总是以推迟决策的时间来确保计划的灵活性。因为未来的不肯定性是很难预料的，如果我们一味等待收集更多的信息，尽量地将未来可能发生的问题考虑周全，当断不断，就会坐失良机，招致损失。

（2）使计划具有灵活性是要付出代价的，甚至由此而得到的好处可能补偿不了它的费用支出，这就不符合计划的效率性。

（3）有些情况往往根本无法使计划具有灵活性。即存在这种情况，某个派生计划的灵活性，可能导致全盘计划的改动甚至有落空的危险。例如，企业销售计划在执行过程中遇到困难，可能实现不了既定的目标。如果允许其灵活处置，则可能危及全年的利润计划，从而影响到新产品开发计划、技术改造计划、供应计划、工资增长计划、财务收支计划等许多方面。因此，该企业的主管人员经过反复权衡，不得不动员一切力量来确保销售计划的完成。

4. 改变航道原理

计划制订出来后，在实施过程中要作必要的修订和调整。因为未来环境随时都有可能发生变化，制订出来的计划就不能一成不变。尽管我们在制定计划时预见了未来可能发生的情况，并制定出相应的应变措施，但是一来不可能面面俱到，二来情况是在不断变化，三是计划往往感不上变化，总有一些问题是不可能预见到的，所以要定期检查计划。

如果计划实施的基础条件发生变化，就要调整或重新制订计划。就像航海家一样，必须经常核对航线，一旦遇到障碍就可绕道而行。故改变航道原理可以表述为：计划的总目标不变，但实现目标的进程——航道可以因情况的变化随时改变，这个原理与灵活性原理不同，灵活性原理是使计划本身具有适应性，而改变航道原理是使计划执行过程具有应变能力。为此，管理者就必须经常地检查计划，重新调整、修正计划，以此达到预期的目标。

四、计划的性质

熟悉计划的性质和意义，有助于人们理解计划的概念。计划的性质主要包括首位性、普遍性、秩序性、效率性和效益性。

（一）计划的首位性

计划、组织、领导和控制等管理活动，是为了实现组织的目标，因此，把计划工作放在所有其他管理理论的实施之前，是合乎逻辑的。虽然在实践中，所有的职能交织成一个行动的网络，但是计划工作具有它的特殊地位，因为它涉及制定整个集体努力去完成的必要目标。此外,管理人员必须制订计划,以确定按照怎样的方针去指导下属,以及采用怎样的控制。因此,如果要使所有其他管理职能发挥效用,必须安排好计划。

计划工作具有首位性的原因,还在于计划工作影响和贯穿于组织工作人员配备、指导和领导工作和控制工作中。图5.1概略地描述了这种关系。

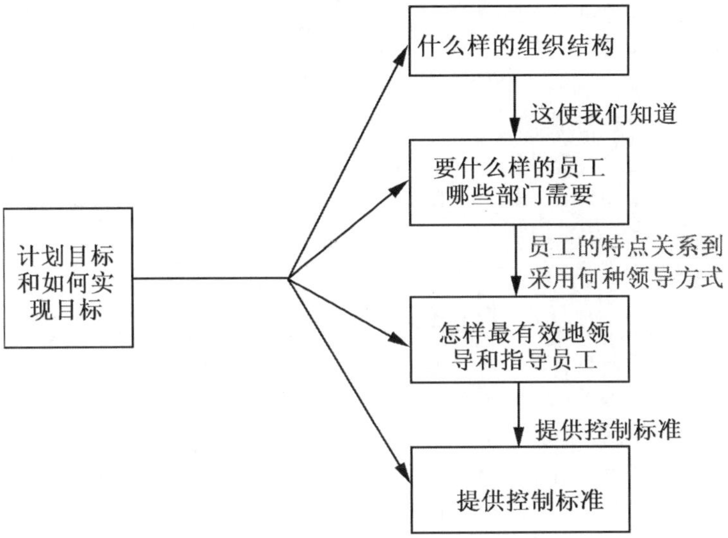

图5.1 计划领先于其他管理职能

(二)计划的普遍性

组织中的高层管理人员到基层管理人员都需要订计划,执行计划。虽然计划工作的特点和广度由于管理人员所处的部门、层级的不同而有所不同,但是计划工作是全体管理人员的一项职能。虽然计划工作的特点和广度,会由于每位主管人员的权力,以及由上级提出来的计划和政策性质不同将表现各异,但是计划工作是全体主管人员的一项职能。因此,如果不给予主管人员一定程度的自主权和制订计划的责任,他们就不是名副其实的真正主管人员了。如果大家都承认计划工作的普遍性,就能更加容易理解,为什么有些人要把制定政策和行政管理区别开来,或者把主管人员和行政负责人区别开来。一位主管人员,由于他或她在本组织内的权力或地位不同,和另一位主管人员比,可能做更多的计划工作,或者做更重要的计划工作。即使是一位班组长,按照相当严格的规定和手续,在有限的范围内也要做计划工作。人们在研究工作中发现令人感到满意的情况是,通常基层监管人员在工作中取得成绩的一个主要因素,就是他们有从事计划工作的能力。

(三)计划的秩序性

计划工作的普遍性中蕴含着一定的秩序。这种秩序随着不同组织的性质不同而有所不同。最主要的秩序表现为计划工作的纵向层次性和横向协作性。在高级管理人员计划组织的总方向时,各级管理人员必须随后据此拟定各自的计划,从而保证实现组织的总目标。

(四)计划的效率性

哈罗德·孔茨认为,衡量一个计划的效率就是看这个计划对人们的目的和目标的贡献。这里讲的贡献,是指扣除在制订和实施这个计划时所需要的费用和其他因素后,能得到的利润总额而言。计划可能提高所要达到的目标,但没有必要提高付出的代价。如果计划按照合理的代价实现目标,这样的计划是有效率的。在衡量代价时,不仅用时间、金钱来衡量,而且还要用衡量个人和集体的满意程度。

计划工作的任务,不仅是要确保实现目标,而且是要在众多方案中选择最优的资源配置方案,以求得合理利用资源和提高效率。用通俗的语言来表达就是既要“做正确的事”,

又要“正确地做事”。显然,计划工作的任务同经济学所追求的目标是一致的。计划工作的效率,是以现企业的总目标和一定时期的目标所得到的利益,扣除为制定和执行计划需要的费用和其他预计不到的损失之后的总额来测定的。效率这个概念的一般含义是指投入和产出之间的比率,只有能够实现收入大于支出,并且顾及到国家、集体和个三者利益的计划,才是一个完美的计划,才能真正体现出计划的效率。

(五)计划的效益性

计划的效益是实现计划目标所带来的利益,它是以扣除执行计划所支出的费用以及各种非预期的代价之后的总额来衡量的。这个概念中既包括人们通常所理解的用资金、工时或产品单位等表示的投入产出关系,也包括了诸如个人或群体的满意度、组织的士气等评价标准。如果一个计划的实施使企业提高了产量,但却造成了员工的恐惧、组织士气的降低,则这一计划的效益就不会很高。

五、计划的作用

计划的重要性表现在其结果对组织的工作可以起积极作用,也可以起消极作用,甚至使组织陷入严重的困境。具体来讲,计划的作用体现在以下几个方面。

(一)弥补不肯定性和变化的问题

计划是面向未来的,而未来在空间和时间上都具有不肯定性和变动性。计划工作的意义首先就在于它能够在尽可能大的程度上将未来的不肯定性和变化转化为肯定和不变化。组织可以通过周密细致的预测,在尽可能充分地把握未来的各种可能性和变化趋势的基础上制定相应的补救措施,并在需要的时候对计划作必要的修正,最大限度地提高计划的科学性。即使未来的一切情况都是完全肯定的,通常也有必要做计划工作。首先需要选择实现目标的最优方案,其次需要从空间和时间上对计划的实施作出周密的安排。

(二)有利于管理者将注意力集中于目标

一项计划有可能把组织引向光明的未来,但也可能使组织陷入深重的灾难,因此组织主管人员的首要职责是保证计划,特别是目标本身的正确。考虑周密的整体计划使组织各部门的工作能统一协调、井井有条地开展,使主管人员能超脱于日常事务,集中精力关注未来的不肯定性和变化的把握,随机应变地制定相应的对策,实现组织与环境的动态协调。

(三)有利于提高组织的工作效率

一项好的计划可通过以共同的目标、明确的方向来替代不协调和分散的活动,用均匀的工作流程替代不均匀的工作流程,以及用深思熟虑的决策替代仓促草率的判断,从而使组织的各项资源被充分地利用,产生巨大的协同效应,极大地提高组织的工作效率。

(四)有利于有效地进行控制

主管人员如果没有既定的目标和规划作为衡量的尺度,他就无法检查其下属的任务完成情况。如果没有计划作为标准,就无法开展控制工作,或虽然有计划。但是,一项不切实际的计划,如果以这样的计划为依据来进行控制,即使有可能使计划得以实现,但却不可能有效地实现组织与环境的动态平衡。

第二节　计划的类别

一些管理者由于没有认识到明确计划种类的意义,因而在制订计划时感到棘手。根据计划使用频度和时间长短等因素,计划可以分为许多种类。

一、正式计划与非正式计划

计划既可以是正式的.也可以是非正式的。在非正式的计划中,从来不把事情写下来,也很少或者几乎不与组织的其他成员讨论目标,这种类型的计划工作通常是在一些小企业中才这样做。在这些小企业中，只是担当所有者兼管理者的人才对企业的远景以及如何实现远景有所了解。非正式的计划通常缺乏连续性，虽然它在小企业中很普遍。

我们使用计划这个概念时，通常指正式的计划。在正式计划中，覆盖一个年度甚至几个年度的正式目标以书面的形式表达出来，并且为组织的成员所共享。实现目标的具体行动计划也包含在正式计划中。就是说.管理者明确规定了通过什么途径使组织和组织的各种单位实现他们希望达到的目的。

在非正式计划中，一般不表述为书面文件，但这并不意味着当事人就一定没有制定出行动目标和方案。没有正式计划并不简单等同于无计划。许多小企业中就存在大量的非正式计划，只是确定和了解这种计划的人可能不多，但至少企业中会有那么一个所有者兼管理者的人或几个人认真地思考过企业想要达到什么目标，以及怎样实现目标。非正式计划不容易在组织中进行交流和扩散，计划的内容也往往比较粗略且缺乏连续性。所以，在规模比较大、管理工作较规范的组织中，就经常需要编制正式的计划。

与非正式计划仅仅限于决策阶段对组织的目标和实现目标的途径作总括性的策划不同，正式计划的制订则是一个包括了环境分析、目标确定、方案选择以及计划文件编制这一系列工作步骤的完整的过程。该过程的结果往往会形成组织的一套计划书。计划书要详细、明确并明文地规定组织的目标是什么，实现这些目标需要怎样的全局战略，并提出一个全面的分阶段的计划体系，以综合和协调不同时期和不同部门的活动。正式计划的制订过程也是以决策为核心内容的。换句话说，任何计划的制订都离不开决策，决策是计划的先期工作，计划则是决策的逻辑延续。但是，正式计划制订工作的范围和内容远比决策所包含的广泛、深入而且具体。组织通过正式而精细地制订计划，会促使所形成的决策落实到实处，使之既具体可操作，同时又相互支持、彼此协调。

二、指向性计划与具体性计划

这是从计划内容的详尽程度来划分的。直观地看，似乎具体性计划比指向性计划更可取。具体性计划规定有明确的目标和实现目标的方案，不存在模棱两可之处。例如，一位经理想使其企业的销售额在未来的 12 个月中增长 20%。为此，他制定出特定的工作程序、预算分配方案以及与实现该销售目标有关的各项活动的日程进度表，这就是制订了具体性计划。

然而，具体性计划也是有局限的，因为它要求的明确性和可预见性条件在现实中并不一定都能够满足。当组织面临环境的不确定性很高，由此要求保持适当的灵活性以防范意料外的变化时，制订出对行动提供较宽松指导的指向性计划就显得更有效。与具体性计划不同，指向性计划只规定一些一般性的方向。它指出行动的重点但并不限定在具体的目标上，也不规定特定的行动方案。例如，一个旨在增加利润的具体性计划，可能要明确规定在未来的 6 个月中，成本要降低 4%，销售额要增加 6%；而指向性计划也许只提出未来 6 个月中计划使利润增加 5% ~10%。显然，指向性计划具有内在灵活性的优点，但须将这一优点与其丧失计划明确性的缺憾进行权衡比较。

在指向性计划的制订中，最主要的是规定组织发展的方向。可以说，指向性计划最具代表性的就是对组织使命的阐述和传达。组织使命是指一个组织存在于社会（或某一更小的环境）中的理由。这种理由是客观存在的，但不一定是显性的。事实上，组织使命是需要组织高层决策者努力挖掘才能正确识别的。决策者们通常需要深入思考诸如“我们的企业是什么？应该是什么？”“我们的顾客是什么？”等问题，才能逐步理清企业使命所在。特别要注意利润等并不是管理学意义上的企业使命，它只是一种结果。

在不同的情景之下，企业所编制的计划在内容详尽程度上应该是各不相同的。同时，并不是在任何时候编制了具体性计划，都会对企业未来的发展产生帮助。计划不当也可能给企业带来严重的危害。

三、短期计划与长期计划

长期通常指5年以上,短期一般指1年以内,中期则介于两者之间。可采用长期、中期和短期来描述计划。长期计划描述了组织在较长时期(通常为5年以上)的发展方向和方针,规定了组织的各个部门在较长时期内从事某种活动应达到的目标和要求,绘制了组织长期发展的蓝图。短期计划具体地规定了组织的各个部门在目前到未来的各个较短的时期阶段,特别是最近的时段中,应该从事何种活动,从事该种活动应达到何种要求,因而为各组织成员在近期内的行动提供了依据。

长期计划的制订是企业提高战略管理水平的一种手段。建立起正常的长期计划制度后,企业可以根据长远发展的需要收集战略信息,发现将来的机会和威胁,以便在现在就为今后的长远项目做好准备。长期计划制度的作用表现在两个方面:一是有利于发现正确的战略问题,改进企业的战略决策,使其从直觉型转变为分析型;二是综合各项经营决策,使企业的资源分配更加合理。

随着企业经营环境的日益不确定,长期计划已经倾向于从强调量化指标变为更加集中于核心战略问题。无数成功企业的实践表明,长期计划应该更侧重于目标本身的内容,而不一定非要量化为由若干类别的具体指标构成的数字化计划。企业所面临战略问题的提出是战略决策过程的一个更重要的环节,预算的编制只是将已成型的计划方案进一步落实到资源分配方面的次要的环节。从计划制订和执行的整个过程来讲,长期计划要经过编制预算和项目计划来实施,但这并不等于说,制订长期计划就是要编制各种类别的预算。

四、战略性计划与战术性计划

按照计划涉及时间长短及综合性的不同,可以分为战略性计划与战术性计划。战略性计划是指应用于整体组织的、为组织未来较长时期设立总体目标和寻求组织在环境中的地位的计划。战术性计划是指规定总体目标如例得到实现的细节的计划,其任务是确定组织的具体部门在未来各个较短时期内的行动方案。战略性计划具有全局性、长期性特点。全局性是指战略性计划是基于组织整体而制订的,强调组织整体的协调;长期性是指战略性计划涉及未来较长时期。战略性计划是战术性计划的依据,战术性计划是在战略性计划指导下制订的,是战略性计划的落实。从影响上看,战略性计划的实施是组织活动能力的形成与创造过程,战术性计划的实施则是对已经形成的能力的应用。

五、业务计划、财务计划和人事计划

业务计划是组织的主要计划。我们通常用人、财、物、供、产、销六个字来描述一个企业所需的要素和企业的主要活动。企业业务计划包括产品开发、物资采购、仓储后勤、生产作业以及销售促进等内容。财务计划研究如何从资本的提供和利用上促进业务活动的有效进行,为了满足业务规模发展、资本增大的需要,如何建立新的融资渠道或选择不同的融资方式,而短期财务计划则研究如何保证资本的供应或如何监督这些资本的利用效率。人事计划分析如何为业务规模的维持或扩大提供人力资源的保证。长期人事计划要研究为保证组织的发展如何提高成员的素质、准备必要的干部力量,短期人事计划则要研究如何将具备不同素质特点的组织成员安排在不同的岗位上,使他们的能力和积极性得到充分的发挥。

六、程序性计划与非程序性计划

组织活动分为两类:一类是例行活动,指一些重复出现的工作,如订货、材料的出入库等。有关这类活动的决策是经常反复的,而且具有一定的结构,因此可以建立一定的决策程序。每当出现这类工作或问题时,就利用既定的程序来解决,而不需要重新研究。基于这类活动的计划叫程序化计划。组织的另一类活动是非例行活动，不重复出现，比如新产品的开发、生产规模的扩大、品种结构的调整、工资制度的改变等，基于这类活动的计划叫非程序性计划。

第三节　计划的表现形式

哈罗德·孔茨和海因·韦里克从抽象到具体，把计划划分为一种层次体系：宗旨、目标、战略、政策、规则、程序、规划和预算，见图5.2。这便于人们从不同层次理解计划的表现形式。

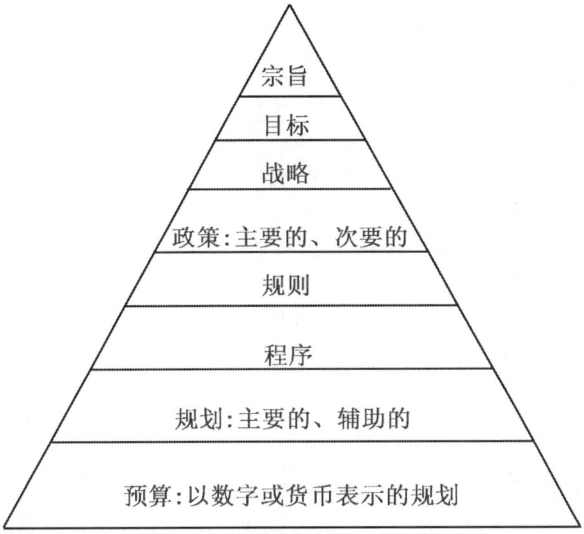

图5.2

一、宗旨(Purpose)

组织宗旨确定了组织生存的目的和使命，这种目的和使命反映社会对组织的基本要求。它指明组织在社会上应起的作用，所处的地位。宗旨决定组织的性质，也是此组织区别于彼组织的标志。对于一个企业来说，为了制定其在一定时期应达到的目标就必须首先明确它的宗旨。对于旨在为社会提供有经济价值的产品或服务而开展经营活动的企业来说，有关宗旨的决策包括两方面内容。

(一)经营理念

经营理念亦称经营哲学，它为企业将要经营其业务的方式规定出价值观、信念和指导原则。比如，企业在经营过程中是否应该利润至上，还是要兼顾社会责任。企业经营哲学的确定，一方面取决于企业创办者的意图，另一方面也与整个社会的商业伦理有关。

(二)使命

使命即规定企业究竟从事的是什么样的事业，经营业务的边界范围是多大？确定企业的使命或经营范围，并不是简单地说明这家企业是干什么的，而是应当明确而仔细地规定这一企业应该干什么和不应该干什么。应该干什么和不应该干什么，都要在使命说明书中得到明确阐述。任何一个企业，无论是拥有的资源还是利用资源的能力，都或多或少是有限度的。因此，企业的使命或经营范围需要综合考虑各产业领域的潜力与前景、这些领域经营成功所需要的条件，以及企业自身拥有的资源和能力状况等来确定。

二、目标(Objectives or Goals)

组织的目的或使命往往比较抽象,需要进一步具体为组织一定时期的目标和各部门的目标。组织的使命支配着组织各个时期的目标和各部门的目标,组织各个时期的目标和各部门的目标是围绕组织存在的使命所制定的,并为完成组织使命而努力。

(一)远景目标

远景目标指明企业的经营方向,是企业活动要实现或达到的目的地。远景目标应该描述一个企业及其经营活动的主要方面在未来一段较长时间(通常为5年或更长时间)内所要达到的状态。好的远景目标至少能经受住两种检验:一是适用性检验,二是可行性检验。适用性是指所提出的目标能满足企业的主要支持者包括顾客、股东、员工及其他利益相关者的需要。可行性则指所提出的目标是该企业有能力实现的,或者说在合理的战略方案下能够实现的。为此,企业需要在提出远景目标时就制订出实现该目标的战略。

战略是指企业为实现其宗旨和目标而确定的组织行动方向和资源配置纲要。合理的战略应能够使组织获得最有利的竞争优势,并使这种竞争优势能够长期地保持下去。因此,战略方案的制定通常需要包括如下内容:企业拟进入或发展、撤出或减退及维持现状的产品、市场领域各有哪些;存在于这些经营领域间的协同作用主要在哪里,比如是在经营方面还是在市场方面,以及企业的核心竞争力是什么;各经营领域具有什么样的竞争优势并采取什么样的策略来竞争;为建立和保持竞争地位,企业应该如何妥善配置有限的资源,使其发挥出最大的效力等。总之,战略决策是对所有可能影响到组织总体和长期发展方向的有关事项的决策。它需要用一系列有益于决策者进行综合分析和归纳提炼的方法来制定。

(二)具体目标

一定时期的目标或各项具体目标是在宗旨指导下提出的,它具体规定了组织及其各个部门的经营管理活动在一定时期达到的具体成果。目标不仅是计划工作的终点,而且也是组织工作、人员配备、指导与领导工作和控制活动所要达到的结果。具体目标是对组织目标地更精确的甚至量化地描述,具体目标需要根据组织的总目标和战略方案来制定。

三、战略(Strategy)

战略一词来自军事用语,原意是指为实现战争目标对战术的运用,具有对抗的含义。它总是针对竞争对手的优势和劣势以及正在和可能采取的行动而制定的。对于一个企业来说,制定战略的根本目的,是使公司尽可能有效地比竞争对手占有持久的优势。不仅企业需要战略,一个城市也有城市的发展战略,一个国家要有国家的发展战略。除了长期竞争需要战略以外,那些涉及长远发展、全局部署的管理活动也需要制定战略。

制定战略目的是通过一系列的主要目标和政策去决定和传达一个组织期望自己成为什么样的组织。战略并不打算确切地概述组织怎样去完成它的目标,这是无数主要的和次要的支持性计划的任务。战略是为实现组织或企业长远目标所选择发展方向、所确定的行动方针,以及资源分配方针和资源分配方案的一个纲。战略是指导全局和长远发展的方针,它不是要具体地说明企业如何实目标。因为从实现长远目标的要求来看,选择方向,确定资源分配的优先次序,要比其余各种管理工作更加重要。

四、政策(Policy)

政策是组织在决策时或处理问题时用来指导沟通思想与行动方针的明文规定。作为明文规定的政策,通常不列入计划之中,往往单独发布。政策有助于将一些问题事先确定下来避免重复分析,并给其他派生的计划以一个全局性的概貌,从而使主管人能够控制住全局。制定政策还有助于主管人员把职权授予下级。

政策的种类很多。例如企业销售部门鼓励顾客用现金支付货款的优惠政策;劳动工资部门对超额完成任务者给予奖励的政策;企业承包中的资金总额与实现利税挂钩政策;国家对经济特区实行的吸引外资和进出口方的特殊政策等。

既然政策是决策时考虑问题的指南,所以它必须有斟酌决定的自由。政策要规定范围和界限,但其目的不是要约束下级使之不敢擅自决策,而是激励下级在规定的范围内自由处置问题,主动承担责任,是要将一定范围内决策权授予下级,这是政策与规则的主要区别。政策支持了分权,同时也支持上级主管对该项分权的控制。政策允许对某些事情有酌情处理的自由,一方面切不可把政策当做规则,另一方面又必须把这种自由限制在一定的范围内。自由处理的权限大小一方面取决于政策自身,另一方面取决于主管人员的管理艺术。

组织为了促使目标的实现,就要使其政策保持连续性和完整性,但保持政策的连续性,却因种种原因而很难做到。

(1)政策的表述往往不容易做到十分规范和精确,这难免使人们发生误解。

(2)正是组织所实施的逐级授权的政策,造成了权力的分散,从而导致人们广泛地参与政策的制定和对政策的解释,这就肯定会出现曲解和歪曲政策的现象。

(3)情况在不断变化,而政策的制定大多只是针对当时、当地当事的特殊情况,当情况发生变化时,就不得不修改政策以适应变化了的情况。这很容易带来政策不稳定和不连贯的问题。可见,制定政策和保持政策的连续性是一种比较困难的计划工作。

五、程序(Procedure)

程序是制订处理未来活动的一种必需方法的计划。它详细列出必须完成某类活动的切实方式,并按时间顺序对必要的活动进行排列。它与战略不同,是行动的指南;它与政策不同,它没有赋予行动者自由处理的权力。在实践工作中,程序往往表现为组织的政策。

程序规定了如何处理那些重复发生的例行问题的标准方法。程序是指导如何采取行动,而不是指导如何去思考问题。程序的实质是对所要进行的活动规定时间顺序,因此,它也是一种工作步骤。制定程序的目的是减轻主管人员决策的负担,明确各工作岗位的职责,提高管理活动的效率和质量。此外,程序通常还是一种过优化的计划,它是对大量日常工作过程及工作方法的提炼和规范化。

程序是多种多样的,几乎组织中所有重复发生的管理活都应当有程序。例如,在组织的上层主管部门应当有重大决策程序、预算审查程序、会议程序等;在组织的中层职能管理部门,应当有各自的业务管理程序;组织中有些工作是跨部门的,如新产品的开发研制工作,则应当有相应的跨部门管理程序。一般来说,越是基层,所规定的程序也就越细,数量越多。例如,制造企业的工艺路线就是一种程序,它明确规定某个零件的加工顺序、使用的设备、加工的方法等,它对于保证零件的质量起着关键的作用。

六、规则(Rule)

规则也是一种计划,只不过是一种最简单的计划。它是对在具体场合和具体情况下,允许或不允许采取某种特定行动的规定。规则常常与政策和程序相混淆,所以要特别注意区分。规则与政策的区别在规则在应用中不具有自由处置权,规则与程序的区别在于规则不规定时间序,可以把程序看成是一系列规则的总和。规则和程序就其实质而言,是在抑制思考。所以,有些组织只是在不希望它的员工运用自由处理权的情况下才加以采用。

规则没有酌情处理的余地。它详细、明确地阐明必需行动或无需行动,其本质是一种管理决策。规则通常是最简单形式的计划。

规则不同于程序。首先,规则指导行动但不说明时间顺序。其次,可以把程序看做是一系列的规则,但是一条规则可能是也可能不是程序的组成部分。例如“禁止吸烟”是一条规则,但和程序没有任何联系;而一个规定为顾客服务的程序可能表现为一些规则,如在接到顾客需要服务的信息后30分钟内必须给予答复。

规则也不同于政策。政策的目的是指导行动,并给执行人员留有酌情处理的余地;而规则虽然也起指导行动的作用,但是在运用规则时,执行人员没有自行处理之权。

七、规划(Program)

规划是为了实施既定方针所必需的目标、政策、程序、规则、任务分配、执行步骤、使用的资源等而制定的综合性计划。

规划有大有小,大的有如国家的科学技术发展规划,小的像企业中质量管小组的活动规划等;规划有长远的和近期的,如国民经济发展的五年规划,企业的职工培训规划等。大的规划往往派生有许多小的规划,而每个小的派生规划都会给大的规划带来影响,它们相互依赖,互相影响。由于计划工作的质量总是取决于它薄弱环节,所以,小规划不当或不周的后果会影响整个规划。甚至一个表面看来不重要的程序或规则,如果考虑不当,也会使一个重要的规划遭受失败。

八、预算(Budget)

预算作为一种计划,是以数字形式表示预期结果一种报告书。它也可称之为“数字化”的计划。例如,企业中的财务收支预算也可称之为“利润计划”或“财务收支计划”。预算可以帮助组织或企业上层和各级管理部门的主管人员,从资金和现金收支的角度,全面细致了解企业经营管理活动的规模、重点和预期成果。例如,某企业的财务预算包括利税计划、流动资金计划、财务收支计划、财务收支明细计划表和成本计划等。其中,财务收支明细计划表详细地规划出企业各管理部门的主要支项目的金额数量。又例如,某企业财务收支明细计划中科技开发费一项就具体规划出新产品的研制、老产品的完善化、科研和新工艺开发、日常费、描图费和其他项目的预算金额。它事实上规定了新产品试制计划、新品试验计划、产品完善化工作计划、采用国际标准计划、新工艺计划、科研工作的计划等派生计划的规模,同时也是这些派生计划的综合反映。

思考题

1 简述计划的含义。
2 计划管理的目的是什么?
3 计划的性质主要有哪些?
4 计划工作有哪些基本原理?
5 举例阐述限定性的原理。
6 描述计划的作用。
7 试述计划的种类。
8 指向性计划与具体性计划有哪些不同?
9 计划的具体表现形式有哪些?
10 政策的连续性为什么难以保持?

【案例分析】

宏远实业发展有限公司

进入 12 月份以后,宏远实业发展有限公司(以下简称宏远公司)的总经理顾军一直在想着两件事:一是年终已到,应抽个时间开个会议,好好总结一下一年来的工作。

宏远公司是一家民营企业,是改革开放的春风为宏远公司的建立和发展创造了条件。因此,顾总常对职工讲,公司之所以有今天,一靠他们三兄弟拼命苦干,但更主要的是靠改革开放带来的机遇。15 年前,顾氏三兄弟只身来到了省里的工业重镇 A 市,当时他们口袋里只有父母给的全家的积蓄 800 元人民币。在一年时间里他们收过破烂,贩过水果,打过短工,但他们感到这都不是他们要干的。老大顾军经过观察和向人请教,发现 A 市的建筑业发展很快,所以建筑公司任务不少,但当时由于种种原因,建筑材料却常常短缺,因而建筑公司也失去了很多工程。顾军得知,建筑材料中水泥、黄沙都很缺。他想到,在老家镇边上,他表舅开了家小水泥厂,生产出的水泥在当地还销不完,因而不得不减少生产。他与老二、老三一商量决定做水泥生意。他们在A市找需要水泥的建筑队,讲好价,然后到老家租船借车把水泥运出来,去掉成本每袋水泥能净得几块钱。利虽然不厚,但积少成多,一年下来他们挣了几万元。顾军在贩运水泥中,看到改革开放后,A市角角落落都在大兴土木,建筑队的活忙得干不过来,他想家乡也有木工、泥瓦匠,何不把他们组织起来,建个工程队,到城里来闯天下呢?三兄弟一商量说干就干,没几个月一个工程队开进了城,当然水泥照样贩,这也算是两条腿走路了。

一晃15年过去了,当初贩运水泥起家的顾氏三兄弟,今天已是拥有几千万资产的宏远公司的老板了。公司现有一家贸易分公司、建筑装饰公司和一家房地产公司,有员工近300人。老大顾军当公司总经理,老二、老三做副总经理,并分兼下属公司的经理。顾军老婆的叔叔任财务主管,他们表舅的大儿子任公司销售主管。总之,公司的主要职位都是家族里面的人担任,顾军具有绝对权威。

公司总经理顾军是顾氏兄弟中的老大,当初到A市时只有24岁,他为人真诚、好交朋友、又能吃苦耐劳,因此深得两位弟弟的敬重,只要他讲如何做,他们都会去拼命干。正是在他的带领下,现在在A市顾氏三兄弟的宏远公司已是大名鼎鼎了,特别是去年,顾军代表宏远公司一下子拿出50万元捐给省里的贫困县建希望小学后,民营企业家顾军的名声更是非同凡响了。但顾军心里明白,公司这几年日子也不太好过,特别是今年。建筑公司任务还可以,但由于成本上升创利已不能与前几年同日而语了,只能是维持,略有盈余。况且建筑市场竞争日益加剧,公司的前景难以预料,贸易公司能勉强维持已是大吉了。今年公司做了两笔大生意,挣了点钱,其余的生意均没成功,况且仓库里还积压了不少货无法出手,贸易公司日子不好过。房地产公司更是一年不如一年,当初刚开办房地产公司时,由于时机抓准了,两个楼盘着实赚了一大笔,这为公司的发展立了大功。可是好景不长,房地产市场疲软,生意越来越难做。好在顾总当机立断,微利或持平把积压的房屋作为动迁房基本脱手了,要不后果真不堪设想,就是这样,现在还留着的几十套房子把公司压得喘不过气来。

面对这些困难,顾总一直在想如何摆脱现在这种状况,如何发展,发展的机会也不是没有。上个月在淮海大学听讲座时,顾军认识了A市的一家国有大公司的老总,交谈中顾总得知,这家公司正在寻找在非洲销售他们公司当家产品小型柴油机的代理商,据说这种产品在非洲很有市场。这家公司的老总很想与宏远公司合作,利用民营企业的优势,去抢占非洲市场。顾军深感这是个机会,但该如何把握呢?10月1日顾总与市建委的一位处长在一起吃饭,这位老乡告诉他,市里规划从明年开始江海路拓宽工程,江海路在A市就像上海的南京路,两边均是商店。借着这一机会,好多大商店都想扩建商厦,但苦于资金不够。这位老乡问顾军,有没有兴趣进军江海路。如想的话,他可牵线搭桥。宏远公司的贸易公司早想进驻江海路了,但苦于没机会,现在机会来了,机会很诱人,但投入也不会少,该怎么办?随着改革开放的深入,住房分配制度将有一个根本的变化,随着福利分房的结束,顾军想到房地产市场一定会逐步转暖。宏远公司的房地产公司已有一段时间没正常运作了,现在是不是该动了?

总之,摆在宏远公司老板顾军面前的困难很多,但机会也不少,新的一年到底该干什么?怎么干?以后的5年、10年又该如何干?这些问题一直盘旋在顾总的脑海中。

讨论:

1. 你如何评价宏远公司?如何评价顾总?
2. 宏远公司是否应制订短、中、长期计划?为什么?
3. 如果你是顾总,你该如何编制公司发展计划?

第六章　计划管理过程及技术方法

◆**本章关键词**

1. 计划　2. 滚动计划法　2. 投入产出法　3. 甘特图　4. 负荷图　5. PERT 网络分析
6. 线性规划　7. PDCA 计划循环法　8. 目标管理

第一节　计划的制订

当今的管理者面临着日益变化和复杂的组织环境,科学技术水平提升迅速,社会文化多元化倾向更加显著,全球经济一体化步伐也在加快。上述这些因素都给管理者进行计划工作提出了更严峻的挑战,要求他们不断研究和探索新的计划工作的技术和方法,将之运用于计划管理过程,提高组织的计划管理水平。

计划是一个由若干相互衔接的步骤所组成的连续的逻辑过程。计划活动不是一次性的,是无限的过程。随着条件的改变、目标的更新以及新方法的出现,计划过程一直在进行。因为组织所处环境续变化,需要对计划实施更新和修改。管理活动是个发展变化的过程,计划也应该是一种连续不断的循环。

计划的制订过程通常包括以下内容。

一、估量机会

严格意义上讲,估量机会不是计划工作的组成部分,因为机会的估量早在计划工作实际开始之前就开始了。了解外部环境和组织内部的机会是计划工作的真正起点,因为组织只有对可能的机会了解清楚,把握自身的优势和不足,明白需要解决什么问题,以及为什么要解决这些问题,制定切合实际的目标,计划才能针对面临的机会及环境变化作出切合实际的分析和判断。

在估量机会过程中,组织必须实事求是地评估自己的优势和劣势。如果计划建立在错误的评估之下,那么将使计划的编制误入歧途。一家著名的铁路公司由于错误地估计了自己的弱点和内部问题,结果在运输中产生了延误,顾客对企业失去了信任,把自己的选择转向其他铁路公司,或采用了其他的运输方式,最终这个铁路公司破产了。

当一个企业分析自身劣势的时候,同时也必须看到自己的优势,根据其优势制定适宜的战略。对自己拥有的资源如人力资源、技术资源、设备原材料等进行评估,是制订计划的一个很好起点。

二、确定目标

计划的第一步是为整个组织及其所属的下级单位确定计划目标,包括长期目标和短期目标。同标设定预期结果,指明要达到的终点和主要重点所在之处以及依据的战略、政策、程序、规则、预算和规划未完预期的任务。

目标是计划的组成部分。计划包括确定所要达到的结果,有了目标就可确定更具体、更适合操作的任务。如前面所述,目标是未来某个时期的预期结果。目标为组织整体、各部门和各成员指明了方向,描绘了组织未来的状况,并且作为标准可用来衡量实际的绩效。目标提供了所有管理决策和行动的方向,以及对实施结果的度量标准。每一个组织成员都应该使其所在部门的工作朝向实现目标的方向。目标的设立可以通过传统的目标设立过程进行,也可以采用目标管理方法。

传统的目标的设立过程是先设立组织的最高层目标,然后将其分解为每一个组织层次的子目标,这种方法是建立在假定最高层管理者清楚什么是最佳的目标和方式的前提下。问题是如果最高层管理者规定的组织目标过于宽泛,如获得足够的利润,或者是提高市场领导地位等。这种模糊的目标在向下分解时,必须要规定得更加具体。在每一个层次上,管理者都要规定具体的计划目标。而此时由于组织目标规定得很模糊,而每一个层次上的管理者在制定具体目标时,是根据他们自己对组织目标的理解甚至是偏见来规定具体目标的,结果可能导致目标失去清晰性和一致性。

组织目标的分解可以按空间和时间两个方面进行,即将决策确定的组织总体目标分解落实到各个部门、各个活动环节乃至个人,同时也将长期目标分解为各个阶段的分目标。通过目标的层层分解、落实,就可以确定组织的各部分在未来各个时期具体的任务以及完成这些任务应达到的具体要求。

制定明确的分部门及分阶段的目标有以下几个方面的作用:

(1)促使组织通过目标的分解而把活动分配到各个责任点,以保障组织内部各方面行动和目标的一致性。

(2)为动员组织的各种资源和分配资源提供依据。

(3)在组织中形成一种共通的思想状态、组织氛围、工作秩序。

(4)为那些能与组织目标保持一致或基本一致的人指明工作努力方向。为那些尚不能与组织目标保持一致的人提供认识目标差异和采取可能行动调整个人目标的机会与动力。

(5)在组织中形成一种能够对各方面活动的成本、时间和成效等加以确定和控制的详细指标体系。

三、明确前提条件

制订计划的第二步是确定计划的前提条件,并加以宣传。前提条件是关于计划的环境的假设条件,是关于由所处的此岸到达将去的彼岸的过程中所有可能的假设情况。对前提条件认识越清楚、越深刻,计划工作越有效。

预测并有效地确定计划前提条件有重要意义,预期环境是靠预测得来的。预测首先要认清组织所处环境,即认清现在。认清现在不仅需要有开放的精神,将组织、部门置于更大的系统中,而且要有动态的观点,考察环境、竞争对手与组织自身随时间的变化而变化的动态反应。对外部环境、竞争对手和组织自身的实力进行比较研究,不仅要研究环境给组织带来的机会与威胁,与竞争对手相比的组织自身的实力与不足,还要研究环境、对手及其自身随时间变化的变化。

预测还要研究过去,这不仅是从过去发生的事件中得到启示和借鉴,更重要的是探讨过去通向现在的一些规律。从过去发生的事件中探求事物发展的一般规律有两种基本方法:一为演绎法,一为归纳法。演绎法是将某一大前提应用到个别情况,并从中引出结论。归纳法是从个别情况发现结论,并推论出具有普遍原则意义的大前提。

关于计划前提条件的类型和性质,可以从不同角度进行分析:

(1)外部和内部的前提条件。企业外部的前提条件,既可以指组织所面临的一般环境,也指具体环境条件,尤其是产品市场条件和要素市场条件。企业内部的前提条件包括投在厂房和设备方面的资金、企业经营的方针和策略、已经拟定的主要规划、已经作出的和批准了的销售预测,相对稳定的企业的组织机构等。

(2)定量和定性的前提条件。定量条件是指可用数字表示的对计划工作具有影响的因素,定性条件则是指那些难以用数字来表示的因素。在实际中,许多人往往比较重视定量因素的作用,而忽视定性因素,但就其对计划实施的影响而言,许多定性因素可能起着比定量因素更为重要的作用。例如,产品声誉好坏对销售和利润就有着实质性的影响;社会稳定能够为企业创造良好的生产环境;国家的税收政策对企业的生产经营有激励或限制作用;企业的人事政策会对员工情绪产生重要影响等。这些都是计划制订中不容忽视的重要定性条件。

(3)可控和不可控的前提条件。计划前提条件中,有些因素是企业无法控制的,如人口增长、未来价格水平、税收和财政政策等;有些因素是企业可以在一定程度上加以控制的,如企业的市场占有率水平、企业员工思想的稳定性等;另有一些因素则是企业可以完全控制的,这些因素实际上是由企业管理部门决定的,如企业的市场开拓政策、对风险产品的研究开发工作的投资、产品投放市场的时机与方式等。对于可控的前提条件,企业应当在将来的计划中制定出具体的影响、控制和改变的措施和策略,而对于不可控的前提条件,则需要在计划中规定适应或应变的办法。

四、拟定备选方案

计划工作的第三步是寻找和检验备选行动方案,尤其是那些不是一下就能识别的方案。普遍的问题不是寻找备选方案.而是减少供选择的方案的数量。正确的行动方案必须建立在对内部和外部条件估量的基础上。为了选择行动方案,必须制定各种可供选择的方案。决策正是从工作计划的这一阶段开始的。

对于多种可供选择的方案,管理者经过比较分析,确定最优或最满意方案。任何计划方案都必须在比较中产生,这是计划工作也是以决策为中心的主要表现。缺少了方案的比较和选择这一关键环节,计划工作中就不具有决策的内涵。

管理者最终选定的方案,一方面必须符合计划目标的要求,另一方面又要与所涉及的那一套计划前提条件相一致。这是计划方选择的基本原则。另外,为了使计划能适应现实情况的变化,具有较强的应变能力,可以考虑针对可能出现的几种不同情况,也就是计划中所测定的几套不同的计划前提条件,分别拟定不同的计划方案作为备用。当然,对于每套备用计划,必须明确规定其各自选用的前提条件都是什么。

五、拟定和选择可行的行动计划

在计划拟定阶段,要充分利用组织内部与外部的专家,产生尽可能多的行动计划。创新过程一般包括浸润(对问题由表及里地全面了解)、审思(仔细考虑问题)、潜化(放松和停止有意识的研究,让下意识起作用)、突现(突现绝妙的、也许有点古怪的答案)、调节(澄清、组织和再修正答案)。

评价行动计划需要考虑的因素有:

(1)考察每一个计划的制约因素和隐患。

(2)用总体的效益观点来衡量计划。

(3)既考虑到每一计划有形的可以用数量表示出来的因素,又考虑到无形的不能用数量表示出来的因素。

(4)动态地考察计划的效果,不仅要考虑计划执行所带来的利益,还要考虑计划执行所带来的损失,特别注意那些潜在的、间接的损失。

六、制订主要计划

制订主要计划就是将所选择的计划用文字形式正式表达出来,作为管理文件。计划要清楚地确定和描述如下内容:即 What(做什么)、Why(为什么做)、Who(谁去做)、Where(何地做)、When(何时做)、How(怎样做)。

七、制订派生计划

基本计划还需要派生计划的支持。比如,一家公司年初制订了“当年销售额比上年增长 15%”的销售计划,与这一计划相关联的有许多计划,如生产计划、促销计划等。再如当一家公司决定开拓一项新的业务时,这个决策是要制定很多派生计划的信号,比如雇佣和培训各种人员的计划、筹集资金计划、广告计划等。

八、制定预算,用预算使计划数字化

把计划转变成预算,使计划数字化。编制预算,一方面是为了计划的指标体系更加明确,另一方面是使企业更易于对计划执行进行控制。定性的计划往往在可比性、可控性和进行奖惩方面比较困难,而定量的计划则具有较硬的约束。

九、编制具体行动计划并下达执行

在综合平衡的基础上,组织就可以为各个部门,如生产、销售、人事、财务、供应等编制各种时段的行动计划,如长期计划、年度计划、季度计划和月度计划等并加以实施。由各部门以至各个人负责执行的行动计划,应该是围绕总体行动方案而制订的派生计划。这种派生计划的特点决定了各种执行计划必须支持和保证总体计划方案的顺利实施。

第二节　计划工作的方法

一、滚动计划法

(一)滚动计划法的含义

滚动计划(也称滑动计划)是一种动态编制计划的方法。它不是等一项计划全部执行完了之后再重新编制下一时期的计划,而是在每次编制或调整计划时,均将计划按时间顺序向前推进一个计划期,即向前滚动一次。

滚动式计划方法是一种编制具有灵活性的、能够适应环境变化的长期计划方法。其编制方法是在已编制出的计划的基础上,每经过一段固定的时期便根据变化了的环境条件和计划的实际执行情况,从确保实现计划目标出发对原计划进行调整。每次调整时,保持原计划期限不变,而将计划期限顺序向前推进一个滚动期。图 6.1 是一个滚动计划编制过程的示意图。

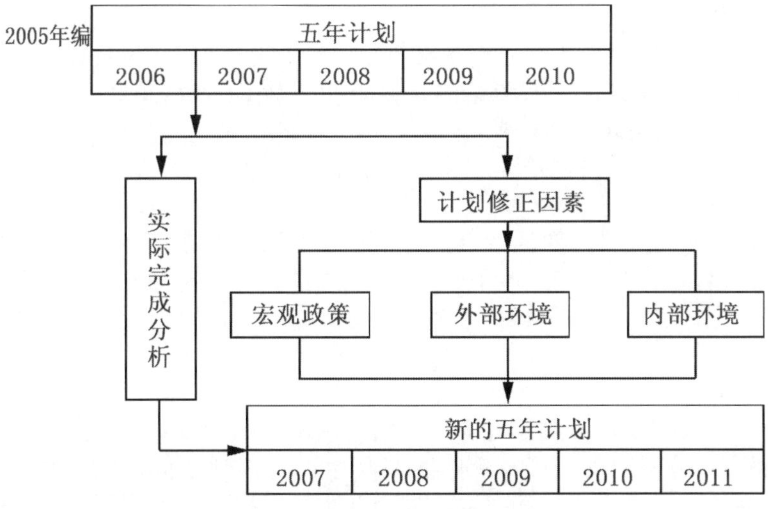

图 6.1　滚动式计划编制过程

由于长期计划的周期较长,很难准确地预测到各种影响因素的变化,因而很难确保长期计划的成功实施。而采用滚动式计划方法,就可以根据环境条件变化和实际完成情况,

定期地对计划进行修订，使组织始终有一个较为切合实际的长期计划作指导，并使长期计划能够始终与短期计划紧密衔接在一起。

（二）滚动计划的制订

滚动计划法是一种把近期计划和长期计划结合起来的一种编制计划的方法。它根据一定时期计划的执行情况，考虑企业内外环境条件的变化，调整和修订出来的计划，并将计划期相应顺延一个时期。

在计划编制过程中，尤其是编制长期计划时，为了能准确地预测影响计划执行的各种因素，可以采取近细远粗的办法，近期计划订得较细、较具体，远期计划订得较粗。在一个计划期结束时，根据上期计划执行的结果和产生条件，市场需求的变化，对原订计划进行必要的调整和修订，并将计划期顺序向前推进一期，如此不断滚动、不断延伸。

如图 6.1 所示，某企业在 2005 年底制定了 2006 ~ 2010 年的五年计划，如采用滚动计划法，到 2006 年底，根据当年计划完成的实际情况和客观条件的变化，对原订的五年计划进行必要的调整，在此基础上再编制 2007 ~ 2011 年的五年计划，然后依此类推。

滚动式计划法能够根据变化了的组织环境及时调整和修正组织计划，体现了计划的动态适应性，使中长期计划与年度计划紧紧地衔接起来，既可用于编制长期计划，也可用于编制年度、季度生产计划和月度生产作业计划。不同计划的滚动期不一样，一般长期计划按年滚动；年度计划按季滚动；月度计划按旬滚动等。

（三）滚动计划法的优点

滚动计划法适用于任何类型的计划，虽然使得计划编制工作的任务量加大，但由于计算机的广泛应用，表现出十分明显的优点。其优点主要有：

（1）使计划更加符合实际。因为人们无法对将来的变化作出准确估计，所以计划往往不够准确，计划期越长，不准确性越大。而滚动计划法相当于缩短了计划期，从而提高了准确性和计划的质量。

（2）使短期计划、中期计划和长期计划相互衔接。可以根据环境的变化及时进行调节，使各期计划基本一致。

（3）大大增加了计划的弹性，提高了组织在剧烈变化环境中的应变能力。

二、投入产出法

投入产出法，又称为投入产出分析、部门联系平衡法。它采用独特的棋盘式平衡表形式和线性方程组模型，充分体现系统论的整体思想，揭示了经济系统复杂的技术经济联系和相互依存关系。由诺贝尔经济学奖获得者、美国经济学家里昂惕夫所创建。作为一种科学的经济数学方法，它从国民经济是一个有机整体的观点出发，综合研究各个具体部门之间的数量关系。

整体性是投入产出法最重要的特点。既有综合指标又有按产品部门的分解指标，二者有机结合。因此，利用它可以较好地了解国民经济的全局和局部的关系，做到在国民经济综合平衡的基础上，确定每个具体部门产品的生产和分配，从而成为计划和预测的一种重要工具。

（一）投入产出模型

投入产出模型又称投入产出分析或部门间平衡经济数学模型，是系统工程的重要建模方法，是一种研究和分析国民经济各部门间产品生产与消耗之间的数量依存关系的方法。国民经济各个生产部门都需要从其他生产部门购入产品和支付服务性费用，同时也为其他部门生产产品和提供服务。为了研究这种投入和产出的数量依存关系，可以将各种经济活动情况表示在一张专门设计的投入产出表中，从而为研究一个国家或地区的整个经济活动提供一个简明而又系统的结构模型。

投入产出法中所谓的投入是指产品生产过程所消耗的原材料、燃料、动力、固定资产和劳动力；所谓产出是指产品生产出来后所分配的去向，即使用方向和数量，又叫流量，例如用于生产消费、生活消费或积累的数量。投入产出法应用于企业管理的主要内容是编制棋盘式的投入产出表和建立相应的线性代数方程体系，构成一个模拟现实的企业经济结构和产品再生产过程的经济数学模型，借以综合分析企业内部错综复杂的技术经济联系和重要比例关系。

（二）投入产出分析程序

1. 编制报告期投入产出表

投入产出表是反映各种产品生产投入来源和去向的一种棋盘式表格。企业根据研究问题的需要，可确定编制实物型、价值型或其他类型的投入产出表，然后根据报告期企业已完成的生产制造过程的实际，对部门（或产品）之间相互投入产出的数据进行整理，去伪存真，去粗取精，排除非系统性的偶然因素的影响，力求采用真实体现产品之间技术经济联系的数据，编制企业报告期投入产出表。

投入产出表从生产消耗和分配使用两个方面同时反映产品在部门之间的运动过程，同时反映产品的价值形成过程和使用价值的运动过程。投入产出表采取棋盘式，纵横互相交叉，从而使它能从生产消耗和分配使用两个方面来反映产品在部门之间的运动过程，也就是同时反映产品的价值形成过程和使用价值运动过程。

2. 编制计划期投入产出表

投入产出表编制的步骤：

（1）由报告期投入产出表可以计算直接消耗系数矩阵。

（2）由直接消耗系数矩阵可以求得里昂惕夫逆矩阵和完全消耗系数矩阵。

（3）再根据已确定的计划期各部门的最终产品数量，可求得各部门的计划期总产品数量。

（4）由计划期总产品和各类消耗比例系数分别求得各部门之间相互投入产出的流量矩阵，以及外购产品量、折旧、工资和利税等。

（5）根据以上计算所得，最后编制出新的计划期投入产出表。在此基础上可进行所需要的各类投入产出应用分析。

在投入产出应用软件的帮助下，可以用计算机编制投入产出表。

（三）投入产出法在企业计划中的应用

1. 经营决策管理

企业的各种资源是有限的，如何以有限的资源获取更大的经济利益？生产什么？生产多少？这是企业经营决策常常遇到的问题。对各类经济参数和产品订单的变化，投入产出法可以预测和分析企业各部门的产品生产量、外购产品量、资金需求量、人工费用、产品成本、总产值、提供的利润和税金，还可以分析企业的薄弱环节与瓶颈所在等。及时掌握这些信息无疑有助于企业的经营决策。另外，还可以构建投入产出与线性规划相结合的投入产出优化模型，对比不同方案进行优化决策。

2. 生产计划管理

投入产出模型能够比较客观、真实地反映企业各部门、各产品的技术经济联系和数量比例关系，这就为企业在生产计划管理中制定产品生产的期量标准、编制生产作业计划、实现均衡协调生产等提供很大的便利条件。

三、PDCA 计划循环法

PDCA 计划循环法是美国管理专家戴明首先提出来的，故又称为“戴明循环管理法”，它在 20 世纪 50 年代初传入日本，70 年代后期传入我国。PDCA 计划循环法开始运用于全面质量管理，后推广运用到企业管理的许多方面，它适用于各行各业的计划管理和质量管理。

PDCA 是英文 Plan（计划）、Do（执行）、Check（检查）、Action（总结处理）4 个词的第一字母的缩写。它的基本原理就是做任何一项工作首先有个设想,根据设想提出一个计划,然后按照计划规定去执行、检查和总结,最后通过工作循环一步一步地提高水平,把管理工作做好。

(一)PDCA 计划循环法的基本内容

PDCA 计划循环法一般可分为 4 个阶段和 8 个步骤的循环系统。

1. PDCA4 个阶段的工作循环

第一阶段是制订计划(P),包括确定方针、目标和活动计划内容。

第二阶段是执行(D),主要是组织力量去执行计划,保证计划的实施。

第三阶段是检查(C),主要内容是在计划执行过程之中或执行之后检查执行情况,看是否符合计划的预期结果。

第四阶段是总结处理(A),主要是根据检查结果采取相应的措施,巩固成绩,把成功的经验尽可能纳入标准,进行标准化,遗留问题则转入下一个 PDCA 循环去解决。

2. PDCA 的 8 个工作步骤

(1)提出工作设想,收集有关资料,进行调查和预算,确定方针和目标。

(2)按规定的方针目标,进行试算平衡,提出各种决策方案,从中选择一项最理想的方案。

(3)按照决策方案,编制具体的活动计划下达执行。

以上三个工作步骤是第一阶段计划(P)的具体化。

(4)根据规定的计划任务落实到各部门和各有关人员,并按照规定的数量、质量和时间等标准要求,认真贯彻执行。这是第二阶段执行(D)的具体化。

(5)检查计划的执行情况,评价工作成绩。在检查中必须建立和健全原始记录和统计资料,以及有关的信息情报资料。

(6)对已发现的问题进行科学分析从而找出问题产生的原因。

(7)对发生的问题应提出解决办法,好的经验要总结推广,错误教训要防止再发生。

(8)对尚未解决的问题应转入下一轮 PDCA 工作循环予以解决。

(二)PDCA 循环法的基本特点

1. 大循环中套小循环,环环相扣,相互促进

一个企业或组织是一个 PDCA 大循环系统,内部的各部门或处室是一个中循环,基层小组或个人是一个小循环。这样,逐级分层,环环相扣,把整个计划工作有机地联系起来,相互紧密配合,协调地共同发展。

2. 每一个循环系统包括的 4 个阶段都要周而复始地运动,中途不得中断

每一件计划指标都要有保证措施,一次循环解决不了的问题必须转入下一轮循环。这样才能保证计划管理的系统性、全面性和完整性。

3. PDCA 循环是螺旋式上升和发展的

每循环一次都要有所前进和有所提高,不能停留在原有水平上。通过每一次总结纠正都要巩固成绩,克服缺点。通过每一次循环都要有所创新,从而保证计划管理水平不断地得到提高。

在具体运用 PDCA 循环法的过程中,可以采用有关的数理统计方法,一般比较常用的有主次因素排列图、因果分析图、分层图、控制图、相关图及有关的统计报表等。

第三节 计划的工具与技术

一、进度计划工具

管理者会定期地详细计划应该进行哪些活动,这些活动的先后次序,谁来从事这些活动,以及何时完成这些活动。我们把管理者所做的这些工作称为制订进度计划(Scheduling)。以下是常见的几种进度计划工具与技术。

(一)甘特图

甘特图(Gantt Chart)是在本世纪初由亨利·甘特开发的。它内在的思想很简单,基本上是一种线条图,横轴表示时间,纵轴表示要安排的活动,线条表示在整个期间上计划的和实际的活动完成情况。甘特图直观地表明任务在何时进行,以及实际进展与计划要求的对比。它虽然简单,却是一种重要的计划工具,使管理者很容易搞清楚一项任务或项目还剩下哪些工作要做,并且能够评估工作是提前了还是拖后了,或是正按计划进行着。

(二)负荷图

负荷图(Load chart)是一种修改了的甘特图,它不是在纵轴上列出活动,而是列出或者整个部门或者某些特定的资源。负荷图可以是管理者计划和控制生产能力的利用,换言之,它是工作中心的能力计划。

只要活动或项目的数量较少且相互独立,则甘特图和负荷图是很有效的工具。但是,如果管理者要计划大型项目时采用何种工具呢?这样的大型项目很多,如企业的重组和新产品开发等,他们要求协调成百上千的活动,其中一些活动必须同时进行,而另一些活动必须待前期的活动完成后才能开始。正如要盖一栋房子,显然地基没打好是不能开始砌墙的。

(三)计划评审技术

计划评审技术(Program Evaluation and Review Technigue ,通常称为 PERT 或 PERT 网络分析技术),最初是在 20 世纪 50 年代开发北极星潜艇系统中,为协调 3 000 多个承包商和研究机构而开发的。这个项目具有难以想象的复杂性,要协调几万种活动。由于 PERT 的应用,使北极星潜艇项目提前 2 年完成。

PERT 网络是一种类似流程图的箭线图,它描绘出项目包含的各种活动的先后次序,表明每项活动的时间或者相关的成本。对于 PERT 网络,项目管理者必须考虑要做哪些工作,确定时间的依赖关系,辨认出潜在的可能出现问题的环境,借助 PERT 还可以方便地比较不同行动方案在进度和成本方面的效果。因此,PERT 可以使管理者监控项目的进程,识别可能的瓶颈环节,以及必要时调整资源,确保项目按计划进行。

为了掌握怎样构造 PERT 网络,须明确三个概念:事件、活动和关键路线。以下是这三个概念的定义,以及 PERT 过程的步骤。

事件(Events)表示主要活动结束的那一点;活动(Activities)表示从一个事件到另一个事件之间的过程,它要花费时间和资源;关键线路(Critical Path)是 PERT 网络中花费时间最长的事件和活动的次序。

开发一个 PERT 网络要求管理者确定完成项目所需的所有关键活动,按照活动之间的依赖关系排列它们之间的先后次序,以及估计完成每项活动的时间。这些工作可以归纳为如下步骤:

(1)确定完成项目必须进行的每一项有意义的活动,完成每项活动都产生事件或结果。

(2)确定活动完成的先后次序。

(3)绘制活动流程从起点到终点的图形,明确表示出每项活动及与其他活动的关系,用圆圈表示事件,用箭头表示活动,结果得到一幅箭线流程图,称之为 PERT 网络(PERT Network)。

(4)估计和计算每项活动的完成时间。我们以乐观时间表示在理想条件下完成活动所需的时间,以最可能时间表示正常情况下活动的持续时间,以悲观时间表示在最差的条件下完成活动所需的时间。

期望的活动时间的计算公式为

$$\text{期望的活动时间} = \frac{\text{乐观时间} + 4 \times \text{最可能时间} + \text{悲观时间}}{6}$$

(5)借助包含活动时间估计的网络图,管理者能够制订出包括每项活动开始和结束日期的全部项目的日程计划。沿关键线路的任何延迟需要引起特别注意，因为它将延迟整个项目。就是说，在关键线路上没有松弛时间，沿关键线路的任何延迟都直接延迟整个项目的完成期限。

二、线性规划法

线性规划法就是在线性等式或不等式的约束条件下，求解线性目标函数的最大值或最小值的方法。其中目标函数是决策者要求达到目标的数学表达式，用一个极大或极小值表示。约束条件是指实现目标的能力资源和内部条件的限制因素，用一组等式或不等式来表示。

线性规划是决策系统的静态最优化数学规划方法之一。它作为经营管理决策中的数学手段，在现代决策中的应用是非常广泛的，它可以用来解决科学研究、工程设计、生产安排、军事指挥等各方面提出的大量问题。线性规划方法所解决的问题是，如何在有限的资源条件下，对实现目标的多种可行方案进行选择，以使某项既定的目标达到最优。不过，这种计划方法要求有关变量间必须具有线性的关系，否则，在非线性关系的情况下，就需要借助非线性规划来解决相应问题。

运用线性函数规划法建立数学模型的步骤是：

(1)确定影响目标的变量。

(2)列出目标函数方程。

(3)找出实现目标的约束条件。

(4)找出使目标函数达到最优的可行解，即该线性规划的最优解。

例如，假设A公司在三个地点P1，P2，P3组织某型号的家用空调机供应M1，M2，M3三地市场，从各产地到各市场之间的运输可采用不同的路线，如空运、水运、铁路、公路等，每种路线运输的费用不同。如果产地P的产量和市场所在地M的需求量已知，则线性规划问题就是在尽可能保证产销平衡的前提(又称约束条件)下，求得一组调运方案，以使总运输费达到最小，也就是说使成本目标最优化。

第四节 目标管理

一、目标

(一)目标的含义

目标是一个组织在未来一段时期内所要达到的目的。要组织人们从事共同劳动，就必须把每个人的行动统一于共同的目标，以保证共同劳动有计划、有成效地进行，这个共同目标就是组织目标。组织目标既是一切管理活动的出发点，又是一切管理活动所指向的终点；既是管理活动的依据，又是管理效率和效果的标准。

(二)组织目标的性质

巴纳德认为在社会生活中有各种各样的组织，其性质不同，其目标也各异。但是，从一般意义上讲，组织目标也有以下共同的性质：

1. 组织目标的综合性

组织目标是组织内外多方面活动内在规律要求的集中反映。它既要体现组织的外部要求，又要反映组织的内部潜力；既要遵循经济规律，也要遵循自然规律、社会规律和技术规律。组织目标必须综合反映对组织有决定性影响的各种因素的要求。所以，组织的目标不能仅仅满足本身的需要，还要顾及更大系统的利益。

2. 组织目标的总体性

组织的总体目标是组织中各部门、各个成员总的努力方向。所以，组织的各部门、各成员在制定自己的目标时，必须以组织的总目标为依据，并且相互保持一致，这样才能促进组织目标的落实。

3. 组织目标的清晰性

因为目标是整个组织及其成员的共同努力方向。所以,组织目标必须为实现目标而进行充分的心理准备,这样才能激发其工作积极性,提高工作效率。否则,各部门和各成员就无所适从。组织在制定目标时,应清晰具体地说明:组织要求完成的任务是什么,同时要有对时间、数量、质量等的具体要求。

4. 组织目标的可分性

组织目标要可以分解为各方面的具体目标。具体目标是综合目标的组成部分;综合目标是具体目标的总汇。因此,组织目标应尽量避免抽象化,应在一般说明的基础上,尽量用具体数字定量表达。

5. 组织目标的层次性

组织目标是有层次的,在总目标之下分解为子目标。直至岗位目标,这些目标一般是由上而下设立的。组织的总目标正是在各岗位目标、子目标完成的前提下,才能得以最后达成。

6. 组织目标的参与性

从组织管理民主化的角度来看,组织目标的确定必须有组织全体成员的参与。成员参与目标设置,能增强他们对目标的理解和接受,加强责任心,目标才有可能实现,这不仅体现在目标合理可行,而且体现在成员的心理欲望可以得到满足,目标会得到大家的认可。成员认可并接受目标所规定的任务的程度越大,积极性就越高;相反,目标就难以实现。在后面介绍的目标管理中,将充分体现组织目标的这种参与性。

二、目标管理思想

(一)目标管理的含义

所谓目标管理是指组织的最高领导层根据组织面临的形势和社会需要,制定出一定时期内组织经营活动所需要达到的总目标,然后层层落实,要求下属各部门主管人员以及每个员工根据上级制定的目标和保证措施,共同制定并形成一个目标体系,并把目标完成的情况作为各部门或个人考核的依据。简言之,目标管理是让组织的主管人员和员工亲自参加目标的制定,在工作中实行“自我控制”,并努力完成工作目标的一种管理制度或方法。

目标管理的重点对象是企业管理层以上的人员,这些人是目标管理的主角。目标管理的方法也特别适合对各级管理人员的管理,因为在企业中职层越高,个人目标直接和组织目标相结合的程度越高;职层越低,个人目标直接与组织目标相结合的程度越低。它的工作成果只是间接地与提高企业业绩有关。目标管理在产生初期主要用于对各级管理人员的管理,因而也被称为“管理中的管理”。由于目标管理的产生迎合了当时企业为了在激烈竞争中求得生存和发展、急需强化企业素质、实行有效管理的要求,在企业界产生了很大的反响,并取得了较好的效果,继而逐步推广到企业的所有人员和各项工作上,在企业内产生了深远的影响,在美国企业界被称为是一种“起死回生”的手段而迅速广泛流传,不仅工业、金融、公用事业的大、中、小企业,而且大部分的政府机关、医院等都先后采用。20 世纪 50 年代末,日本和西欧各国相继引进了目标管理,并根据本国特点与其他管理方法综合加以运用,进一步丰富了目标管理的内容。现在,目标管理已成为世界上流行的一种企业管理体制。

(二)目标管理的特点

1. 目标管理是参与管理的一种形式

目标的实现者同时也是目标的制定者,即由上级与下级在一起共同确定目标。首先确定出总目标,然后对总目标进行分解,逐级展开,通过上下协商,制定出企业各部门、各车间直至每个员工的目标;用总目标指导分目标,用分目标保证总目标,形成一个“目标 - 手段”链。

2. 强调自我控制

德鲁克是大力倡导目标管理的管理大师，他认为员工是愿意负责的，愿意在工作中发挥自己的聪明才智和创造性。如果控制的对象是一个社会组织中的人，则应控制的必须是行为的动机，而不应是行为本身，也就是说必须以对动机的控制达到对行为的控制。目标管理的主旨在于用自我控制的管理代替压制性的管理，它使管理人员能够控制他们自己的绩效。这种自我控制可以成为更强烈的动力，推动他们尽自己最大的力量把工作做好，而不仅仅是过得去就行了。

3. 促使权力下放

集权和分权的矛盾是组织的基本矛盾之一，唯恐失去控制是阻碍大胆授权的主要原因之一。推行目标管理有助于协调这一对矛盾，促使权力适度下放，有助于在保持有效控制的前提下，使局面更有生气。

4、注重成果第一的方针

采用传统的管理方法来评价员工的表现，往往容易根据主观印象、对某些问题的态度等定性因素来评价。实行目标管理后，由于有了一套完整的目标考核体系，从而能够按员工的实际贡献大小如实地评价一个人。

三、目标管理的基本理论

德鲁克认为，企业的目的和任务必须转化为目标，企业管理人员必须通过目标对下级进行领导并以此来保证企业总目标，如果没有方向一致的分目标来指导每个人的工作，则企业的规模越大，人员越多时，发生目标冲突和浪费的可能性就越大。只有每个管理人员和工人都完成了自己的分目标，整个企业的总目标才有完成的希望。企业管理人员对下级进行考核和奖励也是依据这些分目标。他还主张：在目标实施阶段，应充分信任下级人员，实行权力下放和民主协商，使下级人员进行自我控制，独立自主地完成各自的任务。成果评价和奖励也必须严格按照每个管理人员和工人的目标任务完成情况和实际成果大小来进行，以激励其工作热情，发挥其主动性和创造性。德鲁克的上述主张奠定了目标管理的基本理论基础。

1. 动机激发理论

人的行为是由人的动机推进的。也就是说，动机产生于人的需要又支配着人的行动。只有了解人的需要和动机的规律性，才能预测人的行为，进而引导人的行为，调动人们的积极性。一般来说，当人产生某种需要而未得到满足时，会产生某种不安和紧张的心理状态，在遇到能够满足需要的目标时，这种紧张的心理状态转化为动机，推动人们去从事某种活动，向目标前进。当达到目标时，需要得到满足，这时又会产生新的需要，使人不断地向新的目标前进。目标管理就是遵循这一原理，根据人们的需要设置目标，使组织目标和个人需要尽可能相结合，以激发动机，引导人们的行为，去完成整体的组织目标。

2. 人性假设理论

传统管理把人假设为“经济人”，认为金钱是刺激其积极性的唯一动力。目标管理则把人视为“社会人”，认为人不只是为面包而生存，影响人的生产积极性的因素，除物质条件外，还有社会、心理因素，工作效率主要取决于员工的士气，而士气又取决于家庭和社会生活，以及企业中人与人之间的关系。从“社会人”的假设出发，目标管理要求管理人员对下级采取信任型的管理措施：管理人员不应只注意完成生产任务，而应把注意的重点放在关心人、了解人的需要上；管理人员不能只注意计划、组织、指挥和控制等工作，而更应重视员工之间的关系，培养和形成员工的归属感和整体感；在实行奖励时，提倡集体的奖励制度重于个人奖励制度，并正面引导，通过竞赛去达到目标，争取集体荣誉；管理人员应充分信任下属员工，经常倾听他们的意见，实行“参与管理”，在不同程度上让员工参与工作目标和实现方法的研究和讨论,以提高他们对总目标的知情度,加强责任感,以便实行"自我控制"和"自主管理"。管理人员的任务在于发挥他们的工作潜力,并把存在于他们中的智慧和创造力挖掘出来。

3. 授权理论

在目标管理中,动机激发固然是促使人们努力达标的首要措施,但如果目标确定后,上级不能根据目标需要,授予下级部门或个人以相应的权力,则仍然不能达到"自我控制"、"自主管理"的目的。因此,授权是提高目标管理效果的关键。授权必须根据目标的需要,无目的的授权会因权力分散而以无效告终。授权以后,领导应充分相信被授权部门和个人,放手让他们工作,不应多加干涉,但仍需进行检查帮助,加强总体协调和过程管理。下级人员在接受权力以后要根据目标需要,充分合理地使用上级赋予的权力,正确及时地处理目标管理中出现的问题,重大问题应及时主动地向上级报告。

四、目标管理的过程

(一)目标管理的基本思路

1. 制定一套完整的目标体系

实行目标管理,首先要建立一套完整的目标体系。这项工作总是从企业的最高主管部门开始的,然后由上而下地逐级确定目标。上下级的目标之间通常是一种"目的-手段"的关系;某一级的目标,需要用一定的手段来实现,这些手段就成为下一级的次目标,按级顺推下去,直到作业层的作业目标,从而构成一种锁链式的目标体系。

制定目标的工作如同所有其他计划工作一样,非常需要事先拟定和宣传前提条件。这是一些指导方针,如果指导方针不明确,就不可能希望下级主管部门会制定出合理的目标来。此外,制定目标应当采取协商的方式,应当鼓励下级主管部门根据基本方针拟定自己的目标,然后由上级批准。

目标体系应与组织结构相吻合,从而使每个部门都有明确的目标,每个目标都有人明确负责。然而,组织结构往往不是按组织在一定时期的目标而建立的,因此,在按逻辑展开目标和按组织结构展开目标之间,时常会存在差异。其表现是,有时从逻辑上看,一个重要的分目标却找不到对此负全面责任的管理部门,而组织中的有些部门却很难为其确定重要的目标。这种情况的反复出现,可能最终导致对组织结构的调整。从这个意义上说,目标管理还有助于搞清组织机构的作用。

2. 组织实施

目标既定,主管人员就应放手把权力交给下级成员,而自己去抓重点的综合性管理。达到目标主要靠执行者的自我控制。如果在明确了目标之后,作为上级主管人员还像从前那样事必躬亲,便违背了目标管理的主旨,不能获得目标管理的预期效果。当然,这并不是说,上级在确定目标后就可以撒手不管。上级的管理应主要表现在指导、协助、提出问题,提供情报以及创造良好的工作环境方面。

3. 检查和评价

对各级目标的完成情况,要事先规定出期限,定期进行检查。检查的方法灵活多样,可采用自检、互检和责成专门部门进行检查。检查的依据就是事先确定的目标。对于最终结果,应当根据目标进行评价,并根据评价结果进行奖惩。经过评价和反馈,使得目标管理进入下一轮循环过程。

(二)目标管理的具体步骤

1. 目标的制定与展开

(1)基本步骤。主管人员必须自行了解,当与下属商谈目标的设定过程中,自己应以何种步骤来进行。通常步骤为:①确定上级已设定的大目标及本单位所承诺的目标。②将本单位的目标与所属单位的职能性质建立联系。③将所属单位的承诺目标转换为较具体的工作项目。④为各工作项目设定完成时间及测定的标准(指标)。

(2)准备会议程序。①主管应向下属说明本单位总目标范围与方向。②事先个别地与下属研究各个工作范围,一般环境与条件及如何达到目标的途径与手段,并指出该人员担任的角色。③交换意见,听取该员工对于上述目标的意见和看法,讨论该员工最适合的工作项目。④征询该员工能否胜任。以了解该员工的负责能力。

(3)准备资料。①依照企业组织系统,将所有接受直接指挥的人员,就其姓名、职位、职责说明、目标内容、评语等项目搜集简要资料。②发给目标卡,此卡在设定目标会谈时,由主管和部属当面填写。③发出通知,约定会议。

(4)会谈的种类。①直接会谈。这是主管与下属面对面的直接研讨目标的最好方式。此时,主管与下属的气氛要尽量和谐融洽、轻松愉快。主管应多听少讲,尽量使工作人员发表他的意见,即使这意见是浅薄的、幼稚的,也要在不损害对方自尊心的原则下,予以启发,加以引导。②间接会谈。这种会谈方式适用于大型企业机构。因其分支部门遍布各地,企业总主管不便与各分支部分主管直接会谈时,则可事先颁布"总目标"及有关资料,使各级单位全体人员充分了解。最重要的,如提供上期及本期的各项业务量成长和绩效对比,把握诱导、激励的要领,使各级单位全体人员,充分了解,进而主动争取荣誉,这样就可订立具有挑战性的单位目标。③集体会谈。性质较为广泛的工作项目,必须由几个单位主管共同努力才能完成,或某一单位的目标,需要其他有关几个单位提供必要的支援与协助,才能在一定期限内完成的,可由上级主管采取集体会谈方式,邀集有关主管共同协商、分别承诺、互相支持,以达成共同的目标。

(5)会谈技巧。①气氛要轻松,态度要认真。②表现会谈目的。③保持平等立场,让对方下属多想多说,如果对方不善辞令,或有自卑感,仍须诱导鼓励其发言。④把握要点,发掘问题。⑤该称赞或指点之处,要明白指出。⑥意见出现分歧时,不要争论,以冷静的态度,共同寻找正确结论,切勿坚持成见或意气用事。⑦会谈要点要记录下来,互相承认。⑧会谈时间不要太长。⑨地点环境要宁静舒适,不受干扰,不受拘束。⑩杂务事应事先安排妥当,避免中途打扰、接见访客或接听电话,专心于目标会谈。⑪利用会谈机会,提供情报资料,使下属扩大眼界。⑫培养下属担当责任或尝试失败的勇气。同时,主管也要表示对达到目标的决心及协助下属克服困难的勇气。

(6)会谈工作。①确定概念。除非工作人员会谈前已接受了一些目标管理的训练,而且也考虑过他的工作目标,否则主管开始时应先谈有关这项计划的概念,因为这是工作人员第一次谈到它的工作目标。②检讨交换。与工作人员检讨本企业目标,询问有关其对应推行的各项工作的感情,并说明这些目标的内容。③决定权责。使工作人员了解本身业务与总目标所发生的密切关系,并决定其自身的职责。④奠定基础。如果工作人员对目标的设定与关系感到陌生,切勿马虎,一定要再广泛地讨论,这种时间的花费是最有价值的。⑤深入讨论。工作人员的主要目标,固然应由主管决定,但应尽量避免以生硬、严肃的口吻与部属谈论,会谈中主管应尽可能少用管理术语,在任何情况之下,都应该让下属用他自己的语句,去决定其自己职位的主要职责。同时,必须使主管和所属工作人员的会谈意见趋于一致。⑥草拟目标。经过以上会谈的步骤,主管和工作人员用一种普通使用的纸张或表格写下来,开始草拟各项工作目标。⑦决定目标。讨论过所有工作的范围,决定了所有工作目标的成效标准以后,接下来主管和工作人员所要做的事,就是决定各项工作目标的重要性比率,并按顺序排列起来。

组织的总目标制定以后,就要把它分解落实到下属各部门、各单位直至员工个人,即目标展开。目标展开的方法是自上而下层层展开,自下而上层层保证,从而构成企业目标连锁体系,见图6.2。

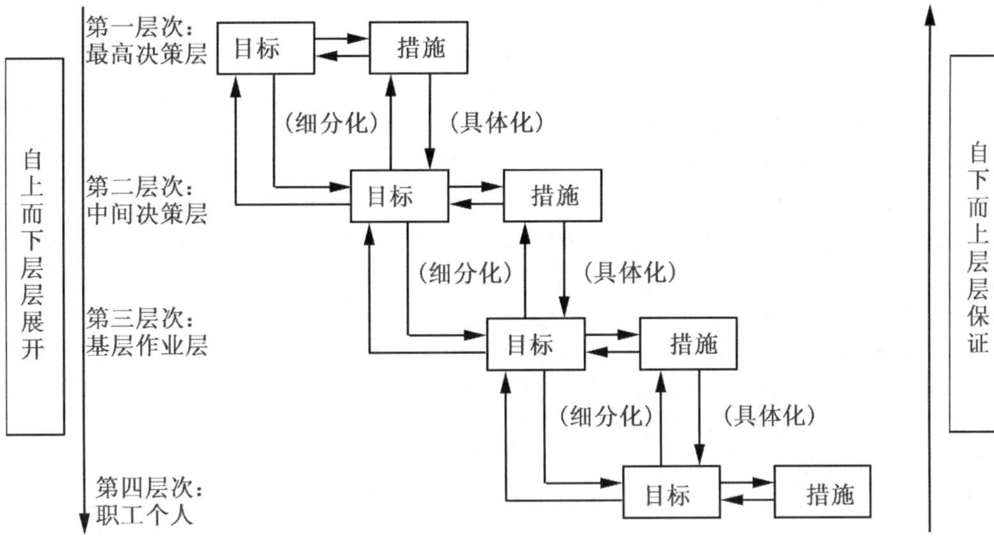

图 6.2 组织目标开展图

2. 目标的实施

组织目标一经制定和展开,企业从上到下都要仅仅围绕确立的目标、赋予的责任、授予的权力,结合各自的特点,运用固有的技术和专业知识,为实现目标寻找最有效的途径。为保障目标的顺利实现,在实施阶段要着重抓好以下两方面的工作。

(1)权力下放和自我控制。目标管理强调重视成果的思想和权限与目标一致的原则。在目标制定过程中,上级必须明确提出达到目标所必须的方针;而在目标实施过程中,上级关心的应是下级是否根据方针达到目标,取得最终成果,至于下级采用何种方法和手段,通过怎样的途径来达到目标,则可由下级自主选择决定。因此,在实施过程中,上下级之间需达成谅解,允许个人按照自己的意志自由地作出判断和采取行动。在权力下放的同时,也要强调下级的执行责任和报告义务。下级在实施过程中,一面要对照自己的目标检查行动,一面要依靠自己的判断来充分行使下放给自己的权限,努力达到目标,就是自我控制。实行权限下放为下级在自我管理下独立进行工作创造了条件。有了目标和权限,下级就会产生强烈的责任感,就能发挥自己的判断能力、决断能力和创造能力,就能针对自己的不足之处主动积极地进行自我提高,进而力争达到自己的目标。

(2)实施过程的检查和控制。目标的实施如果没有检查,就会变成放任自流。检查可以促进各部门和个人认真地实现目标。目标实施过程的检查一般实行下级自查报告和上级巡视指导相结合。要使下属明确报告工作的内容,定期自查并向上级报告。报告内容包括目标实施进展状况、自己所作的主要工作、遇到的问题、希望得到的帮助等。自查报告要制度化。在对实施过程进行检查的基础上,将目标实施的各项进展状况、存在的问题等用一定的图表和文字反映出来,对目标值和实际值进行比较分析,实行目标实施的动态控制。通过检查,对需要调整目标的,要按照规定的程序进行调整。

3. 目标成果的评价

目标管理过程的最后阶段,要进行目标成果评价,以确认成果和考核业绩,并与个人的利益和待遇结合起来。目标成果的评价一般实行自我评价与上级评价相结合,共同协商确认成果。自我管理重视自我评价,并将它作为自我控制的一种手段。每个人通过自我评价,对完成某项任务感到满意,就会激起实现目标的热情;若对完成情况感到不满意,也更能激起自我提高的愿望。对目标成果的评价,也是上级发挥领导能力的最好时机。上级可利用进行成果评价的有利时机,与下级进行意见交流,针对每个人的情况进行具体细致的指导和帮助。

目标成果的具体评价一般采用综合评价法，即对每一项目标按目标的达到程度、目标的复杂程度和在达到目标过程中努力程度三个要素来评定，确定各要素的等级分，再加上修正值，得出单项目标的分值数，结合考虑各单位目标在全部目标中的权数，便得出综合考虑的目标成果值，根据目标成果值确定成果的等级。

综合评价法的具体步骤如下：

(1)评定达到程度。一般采用实际成绩值与目标值之比，根据达到率定为A、B、C三个等级。通常A级为100%～110%，B级为90%～100%，C级为80%～90%。对于目标无法量化的，则可按事先规定的成果评定要点，确定A、B、C三个等级。

(2)评定复杂困难程度。个人的实际能力和条件不同，因而确定的目标复杂程度亦各不相同。如果评定时仅着眼于"达到程度"，就无法衡量每个人的成绩大小，因此只有把目标的复杂困难程度考虑在内，才能对每个人的成绩作出比较。"复杂困难程度"通过协调确认，也分为A、B、C三个等级。

(3)评定努力程度。对于达标程度中属于个人职责应当克服的不利条件，经过本人的努力，情况有了多大改变？对努力程度进行评价，可辨明是经过努力没有获得成果，还是没有努力而没有获得成果。根据对达标过程的种种条件分析，将"努力程度"按A、B、C三个等级评定。

(4)规定三个评价要素在目标项内的比重，作出单项目标的初步评定值。三个要素的比重一般可定位"达到程度"50%，"复杂困难程度"30%，"努力程度"20%。由于部门的不同，所处管理层次的不同，三要素的比重可以适当调整。

(5)对达标过程中出现的非本人责任和努力所能排除的不利条件，酌情采用一定的修正值进行修正，得出各单项目标评定值。

(6)将各单项目标评定值分别乘以其在全部目标中的权数，得出单项目标的比重值。然后加总，便得到该个人的目标成果综合评定值，然后按A、B、C三等评定目标成果的等级。

各部门的目标成果也可用同样的方法进行评价。

4. 目标的达成与考核

在企业成员素质很高时，只有分目标的存在而无考核办法的实行，企业的业绩比完全无目标及无考核时要好，主要原因是分目标的本身就是自动自发的成员们"自我控制"、"自我评价"的一种良好工具。不过，若企业成员素质不高时，如果只有分目标的存在，而无考核的执行，则企业绩效不可能良好。所以为了确保成效，在实行"目标管理"时，总要同时实行"考核"办法。事实上，为了方便起见，通用的"目标管理"一词常把"目标设定"、"参与会谈"，以及"考核"等要素包括在内。

(1)考核次数。考核的目的若是仅为"了解"各下属的工作能力与实际表现时，则在每一目标预定的完成期限内，其次数越多越好。若具有"鼓励"员工的目的，其次数也是越多越好。不过考虑到考核费用以及考核对员工造成的暂时不安和效率损失，最高主管者常常希望考核的次数越少越好。所以实际上到底应采用几次考核，需视每次考核的费用及奖惩作用的大小而定。

(2)考核后的反馈。依据心理学的说法，人们对"即时性的奖惩回送作用"最为敏感，所以，考核必须与适当的奖惩行动配合。

(3)主要考核人员。除了个人的工作目标有具体数据性标准外，考核人员的地位、距离，影响计划与分目标的执行效果甚大，所以国外公司的考核制度常明确规定由实际领导40小时(一星期的工作小时)以上的人员来考核被领导者，然后再加上一级的主管来校正全盘水准，以配合加薪的预算范围。把考核权交给各级主管之后，许多公司还采取两种补充方法。一是由公司高级主管组成"考核委员会"，对各级主管评定后的结果做全面性的比较及比例性的调整。二是由公司最高主管及人事主管在考核活动之前,依照各部门单位的人数、工作负荷、对公司的贡献和全公司的加薪预算额,对各单位主管设定他可支配的预算,但不干预该单位内人员被考核分数的高低水准。

(4)考核的主要标准。考核标准中一般包括:①工作表现(即目标达成的程度)。②性格。③领导能力。④判断能力。⑤与人相处及交涉能力。在这些标准中,一般来说工作表现一项所占的权重最大,另外,不同类型的组织及同一组织内不同的部门和工作岗位,需要设定的权重结构也是各不相同的。

五、目标管理评价

(一)目标管理的优点

1. 改善管理

目标管理的优点可以概括为:可以极大地提高管理水平。没有计划不可能建立目标,目标的建立离不开计划工作,而唯有以结果为导向的计划工作才是有意义的。目标管理迫使管理人员不仅要计划活动和工作,而且需要考虑计划工作的结果,为了确保目标的实现,它要求管理人员考虑取得成果的方式方法及其所需的组织、人员、资源及帮助。明确的目标不仅为控制提供了标准,而且也提供了最好的诱因。

2. 发掘组织功效

目标管理的另一个主要优点是迫使管理者分清组织的作用及结构,尽可能根据关键性的成果来设置职位。凡是成功推行目标管理的企业,常常会发现他们组织的缺陷。它还提醒管理人员为了取得成果,必须按预期的成果进行授权,而分权管理则更离不开目标管理。

3. 有利于员工发展

目标管理的第三个优点是鼓励员工对其目标承担义务,为管理人员和职工的自身发展提供了良好的机会。人力资源部门的目标作为整个组织的一部分,通过目标管理的实施,可以发现人事工作的薄弱环节,需要补充的人员,以及应培训和开发的人才。目标为人们提供了努力的方向,对工作的先后主次提供了现实性的指示。目标的完成与否是工作好坏的最有力的证明,而对特定年度绩效的回顾,又为雇员的晋级、加薪和奖励提供了可靠的依据。

4. 开展有效的控制

控制包括衡量结果,为了确保目标的达成,采取行动对计划的偏离进行纠正。目标管理不仅提高了计划工作的有效性,而且有利于形成有效地控制。在管理控制系统和控制过程中,控制的一个主要问题就是要明确监控什么。

(二)目标管理的缺点

1. 目标管理的哲学假设不一定存在

目标管理对于人类的动机做了过分乐观的假设,认为多数人都具有发挥潜力、承担责任、自我管理和富有成就感的需要,都有事业心和进取心,而且只要有工作机会,就会努力工作来满足这些需要。但是现实生活并不完全是这样。因此在实行目标管理时,往往缺乏信任的氛围,难以达成共识的目标,组织成员没有承诺、自觉、自治和愉快的感觉。

2. 对目标管理的原则阐述不够

目标管理可能看起来简单,但实施起来并不简单。管理人员必须很好地领会和了解目标管理的原理和实质,并以此向下属解释目标管理是什么,怎样能起作用,为什么要实行目标管理,参与目标管理的人能得到哪些好处等。如果管理人员不能对目标的原理清楚地加以阐述,目标管理就很难成功。

3. 目标管理设置的困难

真正可以考核的目标是很难确定的,许多岗位的工作难以制定量化的目标。其原因可能是下级不了解组织整体目标,不了解整体目标和他人的关系;可能是组织本身的目标含混不清,使管理者无法配合制定;可能是领导心中无数,提不出要求和意见,没有有效地指引、协调和支持;也可能是事情复杂,可变因素太多,一直无法确定。

4. 目标商定耗费时间长

目标的制定是上下级之间的双向沟通,而且要达成共识,往往需要花费较多的时间,如果建议与协商以书面的形式表示,就更为费时。

5. 强调短期目标

大多数目标管理规划中所设置的目标是短期目标,很少超过一年,有的仅为一季度或更短。过分强调短期目标往往以影响长期目标为代价,这是很危险的。

6. 存在目标呆滞的风险

管理人员改变计划犹豫不决。如果目标变更过于频繁,难以说明它是认真思考和周密计划的结果。但如果制定目标的前提发生了变化,企业发展战略发生了变化,管理人员仍坚持过时的目标,这种做法显然是错误的和存在风险的。

思考题

1. 滚动计划法的基本思想是什么?
2. 何谓投入-产出法?它在企业计划中有哪些应用?
3. 什么是甘特图?
4. 什么是负荷图?
5. 请阐述 PERT 网络分析的基本原理。
6. 什么是线性规划法?
7. 请你阐述 PDCA 计划循环法的基本内容和基本步骤。
8. 目标的含义是什么?组织目标的性质如何?
9. 何谓目标管理,它有哪些特点?
10. 目标管理的基本理论有哪些?
11. 请阐述目标管理的基本思路和具体步骤。
12. 我们应如何对目标管理进行正确评价?

【案例分析】

某机床厂目标管理应用

某机床厂从 1981 年开始推行目标管理。为了充分发挥各职能部门的作用,充分调动一千多名职能部门人员的积极性,该厂首先对厂部和科室实施了目标管理。经过一段时间的试点后,逐步推广到全厂各车间、工段和班组。多年的实践表明,目标管理改善了企业经营管理,挖掘了企业内部潜力,增强了企业的应变能力,提高了企业素质,取得了较好的经济效益。

按照目标管理的原则,该厂把目标管理分为三个阶段进行。

第一阶段:目标制订阶段

1. 总目标的制订

该厂通过对国内外市场机床需求的调查,结合长远规划的要求,并根据企业的具体生产能力,提出了 20××年"三提高"、"三突破"的总方针。所谓"三提高",就是提高经济效益、提高管理水平和提高竞争能力;"三突破"是指在新产品数目、创汇和增收节支方面要有较大的突破。在此基础上,该厂把总方针具体化、数量化,初步制订出总目标方案,并发动全厂员工反复讨论、不断补充,送职工代表大会研究通过,正式制定出全厂 20××年的总目标。

2. 部门目标的制订

企业总目标由厂长向全厂宣布后,全厂就对总目标进行层层分解,层层落实。各部门的分目标由各部门和厂企业管理委员会共同商定,先确定项目,再制定各项目的指标标准。其制定依据是厂总目标和有关部门负责拟定、经厂部批准下达的各项计划任务,原则是各部门的工作目标值只能高于总目标中的定量目标值。同时,为了集中精力抓好目标的完成,目标的数量不可太多。为此,各部门的目标分为必考目标和参考目标两种。必考目标包括厂部明确下达目标和部门主要的经济技术指标;参考目标包括部门的日常工作目标或主要协作项目。其中必考目标一般控制在2~4项,参考目标项目可以多一些。目标完成标准由各部门以目标卡片的形式填报厂部,通过协调和讨论最后由厂部批准。

3. 目标的进一步分解和落实

部门的目标确定了以后,接下来的工作就是目标的进一步分解和层层落实到每个人。

(1)部门内部小组(个人)目标管理,其形式和要求与部门目标制定相类似,拟定目标也采用目标卡片,由部门自行负责实施和考核。要求各个小组(个人)努力完成各自目标值,保证部门目标的如期完成。

(2)该厂部门目标的分解是采用流程图方式进行的。具体方法是:先把部门目标分解落实到职能组,任务级再分解落实到工段,工段再下达给个人。通过层层分解,全厂的总目标就落实到了每一个人身上。

第二阶段:目标实施阶段

该厂在目标实施过程中,主要抓了以下三项工作。

1. 自我检查、自我控制和自我管理

目标卡片经主管副厂长批准后,一份存企业管理委员会,一份由制定单位自存。由于每一个部门、每一个人都有了具体的、定量的明确目标,所以在目标实施过程中,人们会自觉地、努力地实现这些目标,并对照目标进行自我检查、自我控制和自我管理。这种“自我管理”,能充分调动各部门及每一个人的主观能动性和工作热情,充分挖掘自己的潜力,因此,完全改变了过去那种上级只管下达任务、下级只管汇报完成情况,并由上级不断检查、监督的传统管理办法。

2. 加强经济考核

虽然该厂目标管理的循环周期为一年,但为了进一步落实经济责任制,及时纠正目标实施过程中与原目标之间的偏差,该厂打破了目标管理的一个循环周期只能考核一次、评定一次的束缚,坚持每一季度考核一次和年终总评定。这种加强经济考核的做法,进一步调动了广大职工的积极性,有力地促进了经济责任制的落实。

3. 重视信息反馈工作

为了随时了解目标实施过程中的动态情况,以便采取措施、及时协调,使目标能顺利实现,该厂十分重视目标实施过程中的信息反馈工作,并采用了两种信息反馈方法:

(1)建立“工作质量联系单”来及时反映工作质量和服务协作方面的情况。尤其当两个部门发生工作纠纷时,厂管理部门就能从“工作质量联系单”中及时了解情况,经过深入调查,尽快加以解决,这样就大大提高了工作效率,减少了部门之间的不协调现象。

(2)通过“修正目标方案”来调整目标。内容包括目标项目、原定目标、修正目标以及修正原因等,并规定在工作条件发生重大变化需修改目标时,责任部门必须填写“修正目标方案”提交企业管理委员会,由该委员会提出意见交主管副厂长批准后方能修正目标。

该厂在实施过程中由于狠抓了以上三项工作,因此,不仅大大加强了对目标实施动态的了解,更重要的是加强了各部门的责任心和主动性,从而使全厂各部门从过去等待问题找上门的被动局面,转变为积极寻找和解决问题的主动局面。

第三阶段:目标成果评定阶段

目标管理实际上就是根据成果来进行管理的,故成果评定阶段显得十分重要。该厂采用了“自我评价”和上级主观部门评价相结合的做法,即在下一个季度第一个月的10日之前，每一部门必须把一份季度工作目标完成情况表报送企业管理委员会（在这份报表上，要求每一部门自己对上一阶段的工作做一恰如其分的评价）。企业管理委员会核实后，也给予恰当的评分。如必考目标为30分，一般目标为15分。每一项目标超过指标3%加1分，以后每增加3%再加1分。一般目标有一项未完成而不影响其他部门目标完成的，扣一般项目中的3分，影响其他部门目标完成的则扣分增加到5分。加1分相当于增加该部门基本奖金的1%，减1分则扣该部门奖金的1%。如果有一项必考目标未完成则扣至少10%的奖金。

该厂在目标成果评定工作中深深体会到：目标管理的基础是经济责任制，目标管理只有同明确的责任划分结合起来，才能深入持久，才能具有生命力，达到最终的成功。

讨论：

1. 你认为实行目标管理时培养完整严肃的管理环境和制定自我管理的组织机制哪个更重要？

2. 在这个实行目标管理的案例中，你认为现今环境下还应该做哪些修正？

第七章　战略性计划

◆本章关键词

1. 战略　2. 使命　3. 战略性计划　4. 战术性计划　5. 事业部战略　6. 社会经济结构　7. 行业　8. 转移成本　9. 战略群　10. 产品定位分析　11. 盈亏平衡分析法　12. SWOT 分析法　13. 网络图

第一节　基本概念的界定

一、战略

战略一词原为军事术语，其原意为"将军指挥军队的艺术"。彼得·德鲁克在其《管理的实践》中指出，战略是管理者找出企业所拥有的资源并在此基础上决定企业应当做什么。

哈佛大学教授迈克·波特（Michael Porter）在《竞争战略》一书中将战略定义为：公司为之奋斗的一些终点（目标）与公司为达到它们而寻求的方法（政策）的结合物。波特的定义表达了 20 世纪 70 年代人们对企业战略的普遍认识。加拿大麦吉尔大学的教授明茨博格认为，战略是一系列或整套的决策或行动方案。他的战略概念更强调组织对环境的适应性，突出了战略另一方面的属性——应变性、竞争性和风险性。

综上所述，战略的定义可表述为：根据变化着的组织外部环境和内部的资源条件，为实现组织目标，求得组织生存和长期发展而进行的总体性谋划。

（一）使命

使命也称宗旨或目的，是一个组织或机构的基本定位或存在的理由。它回答"我是谁"的问题，决定了一个组织做什么，是组织中人们的决策和行动的共同依据。对于企业来讲，企业的使命是企业存在的理由。由此人们会认为企业存在的理由就是赚钱。针对这一说法，惠普公司的创始人之一戴维·帕卡德（David Packard）指出：一个组织的使命应当有一个正式的陈述，这通常称为"使命的陈述"（mission statement）。有关使命陈述的例子见表 7.1。

表 7.1　使命陈述实例

企业名称	使命陈述
惠普	为人类的幸福和发展作出贡献
耐克	体验竞争、获胜和击败对手的感觉
迪斯尼	让人们快乐
索尼	让人们快乐
中国移动	创移动通信世界，做信息社会桥梁
沃尔玛	给普通百姓提供机会，使他们能与富人一样买到同样的东西
麦肯锡	帮助杰出的公司和政府更为成功

（二）愿景

愿景是组织关于"我要到哪里去"这一问题的思考，是组织未来期望达到的目标。愿景是需要花五年以上甚至更长时间来实现的目标，常常还被表述为"宏伟、惊险而大胆的目标"（即 BHAG：为 Big，Hairy，Audacious，Goal 四个词的首字母缩写）。

愿景的制定应当有高度的想象力，具有相当的远见卓识，并能够给人以鼓舞，明确努力奋斗的方向。愿景的表述应当生动形象，它描述了组织向何处去的清晰图景。见表7.2。

表7.2 知名企业愿景表述

企业名称	愿景表述
波音	在民用飞机领域中成为举足轻重的角色，把世界带入喷气式时代(1950年)
索尼	成为全球最知名的企业，改变日本产品在世界上的劣质形象
福特	使汽车大众化(20世纪初)

二、战略计划

根据计划对企业经营影响范围和影响程度的不同，可将计划区分为战略计划和战术计划。

(一)战略计划的含义

战略计划是关于企业活动总体目标和战略方案的计划。对于在多元产业领域开展多元化经营的企业来说，其负责各领域业务的经营单位都需要制定相应的战略计划。企业整体层次的战略通常称为总体战略或发展战略，而事业部层次的战略则称为经营战略或竞争战略。企业的发展战略和各项事业的经营战略，在现实中时常并不诉诸文字，因为许多管理者认为，他们决策所确定的战略一旦诉诸文字而变成明文规定的战略计划后，要进行修改就不那样容易了；而经营环境恰恰是动态变化的，没有一成不变的战略，需要适应环境条件变化而不断调整和修正战略。因此，这些人坚持认为战略是不应该被编制成计划的，否则就会扼杀经营的灵活性。其实，计划工作本身并不一定导致灵活性的降低。计划并不是为了消除变化，而是基于对未来所可能发生变化的预见来对组织活动作出安排。管理者制订计划的目的和制订计划的正确方式，应该是预测变化并制定最有效的应变措施。

(二)战略计划的主要特点

战略计划的特点主要包括以下几个方面：

(1)所包含的时间跨度长，涉及范围宽广。

(2)内容抽象、概括，不要求直接的可操作性。

(3)由于不具有既定的目标框架作为计划的着眼点和依据，因而设立目标本身成为计划工作的一项主要任务。

(4)计划方案往往是一次性的，很少能在将来得到再次或重复的使用。

战略计划的前提条件多是不确定的，计划执行结果也往往带有高度的不确定性，因此，战略计划的制订者必须有较高的风险意识，能在不断变化的环境中选定企业未来的经营方向和行动目标。

(三)战略计划的主要表现形式

对于一个企业，战略计划是企业最高管理者指导和控制企业一切行为的最高行动纲领。按照它发挥职能的范围和层次，可以表现为以下几种形式：公司战略、事业部战略、职能战略、经营运作战略。

1.公司战略

如果一个组织拥有一种以上的事业，则它将需要制定公司层的总体战略，以作为指导公司中长期整体发展的主要依据。公司战略关注的对象是一个由一些相对独立的业务或事业单位(Strategic Business Units，简称SBU)组合而成的多元企业整体，即整个企业的经营。公司层战略寻求回答这样的问题：我们应当拥有怎样的公司层事业结构及主业结构？每一种主业在公司发展中的地位如何？事业或主业结构调整的依据是什么？

公司战略是由企业的最高管理层制定的。一般来说，企业的高级执行经理主要负责制定企业战略，负责从下面各层管理者所提出的各种行动方案中作出选择。一些关键的业务单元的领导有时也具有影响力，尤其是当所作的战略决策影响到他所领导的业务单元时；重要的战略决策通常由企业的董事会来评审，决策的实施也需要得到他们的批准。

2. 事业部战略

事业部战略也称竞争战略，是在总体性的企业战略指导下，经营管理某一个特定的战略经营单位的战略计划，是企业战略下的子战略。它主要研究和解决这样的问题：在组织的每一项事业领域里应当如何进行竞争？事业层战略规定从事某一事业的经营单位提供的产品或服务类型以及目标市场在哪里等。

在实行事业部制的大中型企业里，事业部战略通常是由事业部在企业战略指导下制定的，因为企业的最高管理层将事业部视为企业内部具有调控自主权的战略经营单位。在企业总体目标和总体战略的范围内，竞争战略要协调公司各部门有效地控制资源的分配和利用，同时协调各职能层次的战略，形成一个整体。对于一个从事单项经营的小型企业来说，或没有实行事业部制的中型企业来说，它的企业战略和事业部战略往往是合二为一的。

3. 职能战略

职能战略指的是管理者为特定的职能活动、业务流程或业务领域内的重要部门所制定的谋略规划。职能战略要解决这样的问题：我们以何种策略来支撑事业层战略？职能战略是为贯彻、实施和支持公司战略与事业部战略而在特定的职能管理领域制定的战略，企业所从事的每一项重要的业务活动和组织单元都需要有职能战略。职能战略的重点是提高企业资源的利用效率，使企业资源的利用效率最大化。

在特定的企业战略指导下，各层次的职能部门根据其职能战略采取行动，集中它们的力量，支持和改进企业战略的实施，保证企业战略目标的实现。职能部门如研究与开发、制造、市场营销、人力资源和财务部门等的工作目标和行动策略，应当与事业层战略保持一致。与企业战略及事业部战略相比较，职能战略更为详细、具体和具有可操作性。

4. 经营运作战略

经营运作战略是管理者为管理关键的经营运作单位如企业的生产工厂、销售地区、分销中心等，完成具有战略重要性的日常经营运作任务如原料采购、存货控制等制定的战略。它所关注的是一些范围更小的战略行动和经营策略，所涉及的问题是如何处理经营运作中存在的任何与战略相关的问题；针对其所在地区特定的形势和销售目标制定销售战略以及寻求能够使广告受众最大化并且使广告方面的投入产生最大收益的战略等。

三、战术计划

（一）战术计划的含义

战术计划是有关组织活动具体如何运作的计划，主要用来规定企业经营目标如何实现的具体实施方案和细节。对企业来说，是指各项业务活动开展的作业计划。如果说战略计划侧重于确定企业要做什么事（What），“为什么”（Why）要做这事；则战术计划是规定需由“何人”（Who）在“何时”（When）、“何地”（Where），通过“何种办法”（How）以及使用“多少资源”（How much）来做这事。简单地说，战略计划的目的是确保企业“做正确的事”，而战术计划则旨在追求“正确地做事”。

战术计划的主要特点是计划所涉及的时间跨度比较短，覆盖的范围也较窄；计划的内容具体、明确，并具有可操作性；计划的任务主要规定的是：如何在已知条件下实现根据企业总体目标分解而提出的具体行动目标，这样计划的依据比较明确；战术计划的风险程度也远比战略计划低。

（二）战术计划的表现形式

1. 政策

政策是对组织成员作出决策或处理问题所应遵循的行动方针的一般规定。政策不要求采用行动，而是用来指导决策和行动。政策本身也是一种计划。作为一种计划形式，政策是供组织的各级管理人员在决策或处理问题时指导其行动方针的一种说明。在现实生活中，不是所有政策都是以书面方式陈述的，许多政策只从主管人员的活动中反映出来。

2. 程序

程序是处理未来活动的一种必须的标准操作方法。程序也是一种计划，它规定了一个具体问题应该按照怎样的步骤和顺序来进行处理。程序对各项必要开展的活动按时间顺序进行排列，实际上就是用来指导行动的一系列工作步骤。由于程序通常是一种经过事先设计论证和事实检验修正的、优化了的工作安排说明，所以，程序的制定和使用对组织中大量的日常工作起到了规范化的作用。

3. 规则

如果说程序对一系列相互关联的活动确定出各项工作开展的先后次序，则规则就是执行程序中所规定的每一步骤工作时应当遵循的原则和规章。规则是在具体场合和具体情况下，允许和不允许采用某种特定行动的规定。政策、程序和规则，都属于常用计划，也就是可以在多次行动中得到重复使用的计划。

4. 规划

规划有时亦称为规划方案或工作计划。它是针对某一特定行动而制订的综合性计划，指明了组织如何运用一定的资源通过一定的工作活动来实现特定的目标。工作计划必须明确行动的具体步骤，各步骤的任务和执行的方法，完成这些任务的先后顺序、时间进度和资源安排等。规划通常包括了目标、政策、程序、规则、任务分配、要采用的步骤、要使用的资源以及为贯彻既定行动方针所需的其他因素，是一种综合性的工作计划。

5. 预算

预算作为一种计划，是用数字表示预期结果的报告书。预算是一种特殊的计划形式，是一种数字化的计划。预算可以用财务术语来表示，或者用人数、工时、产品单位、机器小时或任何其他数字计量术语来表达。规划、项目和预算都是单一用途的计划，只能用来指导组织未来的某一项行动的具体计划。

第二节　战略环境分析

企业组织是一个开放的经济系统，对其进行的经营管理活动自然受客观环境的控制和影响。对战略环境分析的目的在于找出企业发展的机会和威胁，并以此作为制定战略的出发点和依据。因此，战略计划的制订应以科学、系统的调查研究为前提，以战略环境分析为基础。

对于企业而言，战略环境主要包括宏观环境和行业环境两大方面。

首先，宏观环境中的许多因素是企业所无法左右的，但管理者仍然需要关注这些因素。战略计划的制订不仅依靠管理者的个人的创造性思维，还依赖于他们对企业外部环境和内部资源与能力的深入分析和准确判断。通过外部环境分析，可以明确企业面临的机会和威胁，了解行业环境变化情况、企业所拥有的竞争能力、资源、内部优势和劣势以及市场地位等信息。

一般情况下，宏观环境所包含的各项因素中，对企业战略影响最大的因素主要是企业所在的行业竞争环境。企业宏观环境见图 7.1。

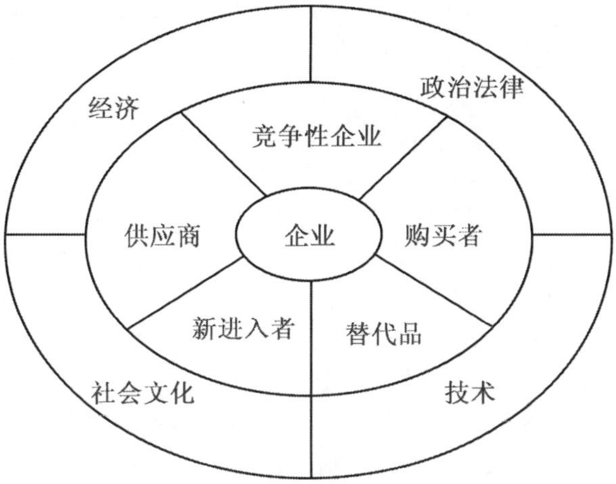

图 7.1 企业宏观环境

一、外部环境分析

(一)政治环境

政治是一种十分重要的社会现象,政治因素及其运行状况是企业宏观环境中的重要组成部分。政治环境是指那些制约和影响企业的政治要素,包括一个国家或地区的政治制度、政治局势、政党、政治性团体、方针政策、政府制定的一些法律和法规等,这些因素直接制约、影响着企业的经营行为。政府政策对企业行为的影响包括:通过制定宏观经济政策和产业政策,对企业行为起到影响和限制;政府作为森林、矿山、土地等资源的供给者和管理者,其政策对企业战略选择产生影响;政府以顾客身份作为城市建设、军事、航天等事业的订货方,对这些领域内企业生产经营的影响。

政治环境中还包括一些法律、法规的制定和执行,它们也直接影响着某些商品的生产和销售,对企业的影响具有刚性约束的特征。这些法律法规主要包括:税法、企业法、专利法、环保法、反垄断法、行业性法规等。

(二)经济环境

经济环境是指构成企业生存和发展的社会经济状况及国家经济政策的多维动态系统。与其他环境力量相比,经济环境对企业的经营活动的影响更直接、更具体。对经济环境的了解首先要考察一个国家或地区经济发展速度、水平是处于何种状态;宏观经济以怎样一种周期规律变化发展,以及经济运行的平稳性和周期性波动等。经济环境的变化不仅影响整个国家的经济发展和生产消费走势,而且在很大程度上决定了企业的投资行为。

经济环境主要包括宏观环境、中观环境和微观环境。

(1)宏观经济环境。主要指一个国家的人口数量及其增长趋势,国民收入、国民生产总值及其变化情况以及通过这些指标反映的国民经济发展水平和发展速度。

(2)中观经济环境。主要指行业环境,包括行业特性、行业经济规模、行业政策、行业竞争形式、行业生命周期、行业资源供应、行业竞争结构、行业发展趋势等。研究行业环境有利于企业深入了解行业的市场规模、经营特点、竞争形势、发展方向等经营环境状况与动态,为企业战略制定提供指导和依据。

(3)微观经济环境。主要指企业所在地区或所服务地区的消费者的收入水平、消费偏好、储蓄情况、就业程度等。

2. 经济环境的组成要素主要有:

(1)社会经济结构。社会经济结构是指国民经济中不同的经济成分、不同的产业部门及社会再生产组成国民经济整体时相互的适应性、数量比例以及排列关联的状况。社会经济结构主要包括五个方面的内容：产业结构、分配结构、交换结构、消费结构和技术结构，其中最重要的就是产业结构。如果社会经济结构出现问题，就会导致产业内的企业不能正常地进行生产经营活动，甚至导致经济危机。因此，企业制定战略时必须关注社会经济结构的变化，适应经济环境的变化。

(2)经济发展水平。经济发展水平是一个国家经济发展规模、速度和所达到的水准。反映经济发展水平的指标有：国民生产总值、人均国民收入、经济发展速度、经济增长速度等。管理者应通过观察宏观经济发展水平发展变化的趋势对企业经营环境的影响，及时妥善地调整企业的战略方向，使战略能够正确地指导企业的生产经营活动。

(3)经济体制。经济体制规定了国家与企业、企业与企业、企业与经济部门之间的关系，并通过相应的管理手段和方法对社会经济活动的范围、内容和方式起影响和调控作用，是国家组织经济活动的基本形式。经济体制对企业的生存与发展提出了系统的基本规则和条件，因而企业战略应与国家经济体制协调一致。

(4)经济政策。经济政策是国家或政府为了达到充分就业、价格水平稳定、经济快速增长、国际收支平衡等宏观经济政策的目标，为增进经济福利而制定的解决经济问题的指导原则和措施。主要有国家经济发展战略、产业政策、国民收入分配政策、价格政策、物资流通政策、金融货币政策、劳动工资政策、对外贸易政策等，它规定了企业经营活动的原则、范围和方向。经济政策对战略制定的影响很大。如果政府某一时期采取紧缩银根的政策，那么企业实施增长战略所需的资金就会非常紧张；反之，在经济繁荣时期，企业就容易得到发展的机会。

(三)社会文化环境

社会文化环境包括一个国家或地区的居民教育程度和文化水平、宗教信仰、风俗习惯、审美观点、价值观念等。社会文化是人们的价值观、思想、态度、社会行为等的综合体。文化因素影响人们的购买决策和企业的经营行为，不同的国家有着不同的主导文化传统，也有着不同的亚文化群、不同的社会习俗和道德观念会影响人们的消费方式和购买偏好，进而影响企业的经营方式。因此，企业制定战略之前必须了解社会行为准则、社会习俗、社会道德观念等文化因素的变化对企业的影响。

社会文化环境因素主要包括以下几个方面：

(1)人口因素。人口对大多数产品的消费市场有重要影响，总人口、人口的地理分布和密度、家庭数量、寿龄构成以及人口增长率等，都对以消费者为服务对象企业的生产和销售都有显著的影响。一个国家的总人口数量往往决定了其许多产业的市场潜力，如食品、服装、交通工具等产业。另外，人口的地理分布和年龄分布上的特征也将会影响到相应的细分市场的特征。

(2)社会组织结构因素。社会组织结构表现为两方面：一是家庭结构；二是企业组织结构。家庭结构表现为家庭人口结构的构成、家庭成员人际关系等；企业的组织结构表现为企业的组成方式，如直线制、职能制、事业部制、矩阵制、多维制等。社会组织结构决定一个社会的生活方式，而企业的组织结构则从某种意义上影响了经济的发展水平。由于企业的规模不断扩大，企业内部、企业之间的关系影响着市场竞争方式，企业逐渐成为社会经济生活的核心。

(3)居民的受教育程度因素。教育发展水平直接反映了一个国家的文化水平。随着人们受教育水平的提高和对生活质量的更高要求，出现了各种自发的利益团体，如消费者协会、环境保护组织等。公众的价值观念随着时代的变迁而变化，它表现了人们对于婚姻、生活方式、工作、道德、性别角色、公正、教育等方面的看法。一些利益团体对企业行为的影响力逐渐加大，甚至对企业的经营活动产生较大的限制作用。

（四）技术环境

技术环境是指一个国家和地区的技术水平、技术政策、新产品设计研发能力以及发展动向等，它影响着企业所在产业的技术发展动态和竞争者技术开发、新产品研发动向等。技术可以从本质上改变企业的竞争方式、企业的目标市场，决定着产品的性能和特点。

技术环境的主要因素包括：当前社会技术总水平及变化趋势——由于新技术的产生形成的新产品和新服务；技术的突破对企业经营环境的影响——技术与政治、经济、社会环境之间相互作用的表现等。科学技术是最具活力的生产要素，它可以创造新的产品、新的顾客、新的市场，改变企业的竞争地位和赢利能力，降低成本和缩短生产周期，它是战略计划制订前需要研究的一个重要内容。

二、行业环境分析

行业一般是指按生产同类产品或具有相同工艺过程，或提供同类劳动服务划分的经济活动类别，如饮食行业、服装行业、机械行业等。行业是由一些企业构成的群体，其产品有相同或类似的属性。行业是影响企业生产经营活动最直接的外部因素，是企业赖以生存和发展的空间。行业环境分析的主要内容是分析本行业中的企业竞争结构及与其他行业的关系，进行行业环境分析的目的就在于了解企业所在行业的总体状况，寻找所在行业中存在的威胁和机会，把握竞争态势，确定企业在行业中的地位。

（一）行业能力分析

行业能力是指行业中每个竞争者所具有的能力的总和。行业能力分析主要是行业结构和行业技术状况的分析。

行业结构也称市场结构，是指在特定市场中企业间在数量、份额、规模方面的关系，以及由此决定的竞争形式。行业结构的划分依据是交易者数目、交易的商品的质量是否相同、交易者所得到的信息是否完全、进入市场有无障碍等。

行业结构主要影响因素有市场集中度、产品差别和进入壁垒，其中市场集中度包括市场绝对集中度和市场相对集中度。市场绝对集中度用市场内大企业的生产、销售，员工、资金等的投入与产出指标的累计数占整个市场相应指标的总数的比例表示；市场相对集中度反映企业规模分布的集中度。行业内产品是可以相互替代的，但行业内产品在绝大多数情况下是有差异的，这种产品差异性是企业争夺市场份额的重要手段。

（二）行业竞争性分析

在一个行业内，企业与企业之间的力量对比构成了竞争环境。行业的竞争激烈程度取决于行业内的经济结构，行业的经济结构状况又对竞争战略的制定和实施起制约作用。所以，要根据行业内影响企业竞争的经济力量及其发展变化来确定企业的竞争战略，进行行业竞争分析是制定战略的基础。

哈佛商学院的迈克尔·波特教授的证明：一个行业中的竞争状态是五种竞争力量综合作用的结果。五种竞争力量决定了行业竞争的强度和获利能力，但它们的作用是各不相同的。例如，一个企业在某行业中处于有利的市场地位，潜在的加入者对它不能构成威胁。但如果它遇到了高质量、低成本的代用品的竞争时，它只能获得低的收益。即使没有代用品和大批的加入者，现有竞争者之间的激烈抗衡也会限制其潜在收益。因此，在战略制定的过程中，应仔细分析每个竞争力量的来源，弄清企业生存的优势和劣势，寻求企业在本行业中的有利地位，了解那些战略发生变化时会产生巨额开支的领域，以及对机会或威胁可能具有重大意义的行业动向方面的问题。

（三）五种竞争力量的内容

1. 入侵者

潜在竞争者进入行业，变成显在的竞争者，由于它的新的业务能力和充裕的资源，将导致行业竞争更加激烈,其结果是产品价格可能被压低或从业者的经营成本上升,从而导致行业利润率下降。某一行业被入侵的威胁大小取决于行业进入障碍、行业产品价格水平、行业对入侵者的报复能力以及入侵者对报复的估计。

影响行业进入障碍的因素有:

(1)规模经济。规模经济性表现为在一定时期内产品的单位成本随总产量的增加而降低。这表明企业的生产量只有达到一定规模,才能收回经营过程中的各种耗费。这里有一个假设前提:生产出来的产品都能够销售出去。规模经济的存在阻碍了对行业的入侵,因为它迫使进入者或者一开始就以大规模的生产量并承担遭受原有企业强烈抵制的风险,或者以小规模生产而接受产品成本方面的劣势。显然,这两者都不是进入者所期望的。

(2)产品差别化。产品差别是由于顾客对企业产品的质量或品牌信誉的忠诚程度不同而形成的产品之间的差别。产品差别化指企业在其提供给顾客的产品的时候,通过各种方法造成足以引发顾客偏好的特殊性,使顾客能够把它同其他企业提供的同类产品有效地区别开来,从而达到企业在市场竞争中占据有利地位的目的。差别化迫使入侵者耗费大量资金克服原有的顾客忠诚,这种努力通常带来初始阶段的亏损,并且常常要延续一个时期。

转移成本(Switching Costs)。是指买方从向某一供应商购买产品转移到向另一个供应商购买产品时所遇到的一次性成本。这种成本包括雇员重新培训成本、新的辅助设备成本、检查考核新资源所需的时间及成本、由于技术依赖而需要帮助的成本、建立新关系的心理投入等。

(3)在位优势。在位优势指行业已在位的厂商由于一段时间经营而积累起来的优势,包括掌握销售渠道的优势、专有的产品技术、最佳原料来源控制、政府补贴、学习或经验曲线等。

(4)政府政策。政策概念范围比较广,产业发展规划、区域发展规划都属于政策范围,通常说的经济政策主要是财政政策和货币政策。财政政策主要与国家财政收入和支出有关,比如税收、财政补贴政策等。货币政策主要由中央银行负责,包括利率、货币供应量控制等。根据稳定经济性的需要,政府通过财政支出与税收政策来调节总需求。

2. 替代品生产商

产品的使用价值或功能相同,能够满足的消费者的需要相同,在使用过程中就可以相互替代,生产这些产品的企业间就可能形成竞争。替代品限定了行业内的厂商可能的最高限价,从而限制了一个行业的潜在收益。一旦替代品生产形成强大的经济规模,从而定价能力增强。

分析替代品生产商的主要内容:

(1)判断哪些产品是替代品。

(2)判断哪些替代品可能对本企业经营构成威胁。

从分析的复杂性来看,上述两项工作,前项工作较易进行,后项较为复杂。在判断威胁最大的替代品时,应特别重视以下两类替代品研究:

(1)容易导致价格改善的替代品。

(2)现行盈利率很高的替代品。

3. 买方的讨价还价能力研究

买方的讨价还价能力影响因素主要有:

(1)买方是否大批量或集中购买。

(2)买方在其购买额中的份额大小。

(3)产品或服务是否具有价格合理的替代品。

(4)买方面临的购买转移成本大小。

(5)本企业的产品、服务是否是买方在生产经营过程中的一项重要投入。

(6)买方是否采取“后向一体化战略”。

(7)买方行业获利状况。如果利润微薄,买方具有较强的谈价能力;反之则反。

(8)买方对产品是否具有充分信息。

4. 现有竞争对手

竞争对手分析包括竞争对手基本情况分析和竞争对手的发展动向分析。竞争对手的发展动向分析包括市场发展或转移动向和产品发展动向。要收集有关资料,密切注视竞争对手的发展动向,分析竞争对手可能开辟哪些新产品、新市场,使企业在竞争中争取主动地位。

为了在众多的同种产品的生产厂家中找出主要竞争对手,必须对它的竞争实力及其变化情况进行分析和判断。反映企业竞争实力的指标主要有销售增长率、市场占有率和产品的获得能力。竞争对手基本情况研究主要研究竞争对手的数量有多少,分布在什么地方,它们有哪些活动,各自的规模、资金、技术力量如何,其中哪些对自己的威胁特别大。竞争对手基本情况研究的目的是要找到主要竞争对手。主要竞争对手研究主要比较不同企业的竞争实力,找出主要竞争对手后,还要研究其所以能对本企业构成威胁的主要原因,是技术力量雄厚、资金多、规模大,还是其他原因。研究主要竞争对手的目的是找出主要竞争对手的竞争实力的决定因素,以帮助企业制定相应的竞争策略。

5. 供应商的讨价还价能力

企业生产所需的许多生产要素是从外部获得的,提供这些生产要素的经济组织也制约着企业的经营。影响供应商的讨价还价能力的因素主要有:

(1)要素供应方的行业的集中化程度。

(2)要素替代品行业的发展状况。

(3)本行业是否是供方集团的主要客户。

(4)要素是否是该企业的主要投入资源。

(5)要素是否存在差别化或转移成本是否低。

(6)要素供应者是否采取"前向一体化"。

三、行业内的战略群分析

战略群指某一行业内在某些战略特征方面相同或相似的企业集合。行业内战略群分析是按照行业内各企业战略地位的不同,把企业划分成不同的战略集团,分析各集团间的相互关系和集团内的企业关系,从而进一步认识行业内竞争状况,为企业的战略选择提供依据。在一个特定的行业内,企业的战略选择可以由以下方面表现出来:专业化程度;品牌;促销方式;分销渠道选择;产品质量;技术领先程度;纵向一体化;成本结构;销售服务;价格政策;财务杠杆;与母公司关系;与母国及东道国政府的关系。

决定战略群间的竞争程度的因素:

(1)战略群间的市场相互依赖程度或者目标顾客的相互重叠程度。

(2)战略群所建立的产品差异性。

(3)行业内战略群的数目及其相对规模。

(4)各战略群间的差异度、离散度。

四、价值链分析

分析企业与竞争对手之间的竞争能力对比,可采用波特的价值链分析方法。根据这一方法,企业的生产经营活动可分为基本活动和辅助活动两大类。

(一)基本活动

企业的基本活动主要由五个部分构成:

(1)内部后勤(Inbound Logistics),是与接收、存储和分配相关联的各种活动。

(2)生产作业(Operations),是与将投入转化为最终产品相关的各种活动。

(3)外部后勤(Outbound Logistics),是与集中、存储和将产品发送给买方有关的各种活动。

(4)市场营销和销售(Marketing and Sales),是与传递信息、引导和巩固购买行为有关的各种活动。

(5)服务(Service),是与提供服务以增加或保持产品价值有关的各种活动。

(二)辅助活动

企业的辅助活动主要包括:

(1)企业基础设施(Firm Infrastructure),包括总体管理、计划、财务、会计、法律、信息系统等价值活动。

(2)人力资源管理(Human Resource Management),包括组织各级员工的招聘、培训、开发和激励等价值活动。

(3)技术开发(Technology Development),包括基础研究、产品设计、媒介研究、工艺与装备设计等价值活动。

(4)采购(Procurement),包括原材料采购以及诸如机器、设备、建筑设施等直接用于生产过程的投入品采购等价值活动。

五、目标市场分析

企业的产品和服务是为顾客服务的,但是企业不能在产品和服务创造出来后才考虑顾客的需求,而应在战略制定阶段就分析企业所服务的顾客及其需求。企业的顾客研究的主要内容包括总体市场分析、市场细分、目标市场确定和产品定位。

(一)总体市场分析

总体市场分析通常用市场容量和市场交易便利程度两个方面的指标来描述其基本特征。

1. 市场容量

市场容量决定企业发展的可能边界,市场容量必须要界定地域和需求性质。根据所界定的地域和需求性质,分析市场总需求、总需求中有支付能力的需求、暂时没有支付能力的潜在需求等指标。这类分析需要仔细研究宏观经济环境的大量信息,如区域的国民经济发展状况、居民收入水平、居民储蓄和消费偏好、人口数量等。

2. 市场交易的便利程度

市场交易便利程度或市场交易成本反映了市场交易的可实现程度。它主要取决于市场基础建设、法规建设、产权制度和市场制度建设状况等因素。这些基本条件状况良好,将大大方便及刺激市场交易,从而扩大市场销售的深度与广度。对这些因素的考察,同样需要分析宏观环境和行业的大量信息。

(二)市场细分分析

市场细分是将一个总体市场划分为若干个具有不同特点的顾客群,每个顾客群需要相应的产品或市场组合。对于一个总体市场来说,可能存在两种极端情况:一种是市场中所有顾客都具有完全相同偏好,称之为同质市场或无市场细分;另一种是市场中每位顾客均具有不同的偏好,并且企业对顾客的偏好具有完全信息,企业能够根据每位顾客需要提供别具一格的产品和服务,称之为用户化市场(Customize Market)或完全市场细分。

1. 市场细分阶段划分

市场细分一般包括以下三个阶段:

(1)调查阶段。调查者可以先对一些顾客进行。

(2)分析阶段。运用统计学的分析方法对取得的资料进行分析。

(3)细分结果描述阶段。对聚类的群体进行命名并描述其特征。

事实上,由于市场不断变化,市场细分工作需要定期地、重复地进行。

2. 市场细分变量

(1)消费品市场细分变量。①地理因素(Geographic)。主要包括地区、区域大小、城市规模、人口密度、气候等。②人口统计因素(Demographic)。主要包括年龄、性别、家庭规模、家庭生命周期、收入、职业、教育水平、宗教信仰、种族、国籍等。③心理特征因素(Psycho graphic)。主要包括人口的社会分层、生活方式、个性特征等。④行为因素(Behavioral)。是与顾客的知识、态度、使用以及顾客对产品的反映有关的因素。

(2)工业品市场细分变量。①地理因素。主要包括产业、企业规模、地理位置等。②生产运作变量(Operating Variables)。如顾客的能力、技术水平等。③采购方式因素(Purchasing Approaches)。如买方企业集权程度、内部权力结构、采购政策、公共形象与公共关系、采购标准等。④状态因素(Situational Factors)。如交货和服务、对产品的态度。

(三)目标市场确定

良好的细分市场应具有如下特征:

(1)可测量性(Measurability)。即市场规模、容量和购买力可以测量。

(2)丰富性(Substantiality)。即市场规模足够大且有利可图,企业可投入该市场。

(3)可接近性(Accessibility)。即市场可以有效地接近且能为顾客服务。

(4)可实现性(Action Ability)。即企业有能力满足该市场的需求。

如果细分市场对企业具有吸引力,但市场容量过大,企业过小,从而无法满足该市场需求,则应对该市场进一步细分。

(四)产品定位分析

产品定位分析是企业为了确定满足目标市场,确定产品或服务的功能、质量、价格、包装、销售渠道、服务方式等战略进行的分析。其具体内容包括:

1. 广告定位分析

广告定位是指企业通过发布广告的活动,使企业或品牌在消费者心目中确定位置的一种方法。广告定位分析是企业确定广告策略以及企业战略的基础。一般来说,企业可选择的广告定位策略有:

(1)抢先定位策略。是指企业在进行广告定位时,使自己的产品品牌第一个进入消费者的心中,抢占市场第一的位置。

(2)领导定位策略。数据表明,居于领导地位的产品品牌的长期市场占有率,一般来说比其他品牌高出两倍,而且这种关系不会轻易改变。

(3)依附定位策略。企业推出了新产品,它却尽量告诉顾客这个产品不是什么完全新的产品,而是同老产品有联系的新产品。第一种依附定位策略是紧挨着市场中已存在的产品建立自己的位置。第二种依附定位策略是小心缓慢地爬上别人占有的阶梯。

(4)空隙定位策略。空隙定位策略一般是追随者所采用的策略。空隙可以是规模、价格、性别、年龄、时间方面的空隙。

(5)重新定位策略。在激烈的竞争条件下,由于市场上每类产品都有数以百计的品种,企业将在顾客的心里再也找不到一个空隙。一个企业如果想利用广告使自己的产品进入顾客的心里,必须重新定位,为自己的产品创造个空隙。

2. 消费者定位分析

分析产品的目标消费者,即分析产品的目标市场。企业可按消费者的特点将拟进入的市场细分成若干部分,再根据自身产品的特点,选定其中的某部分或某几部分的消费者群体作为营销目标,此即为企业的目标市场。

消费者定位分析实质上就是企业的目标市场选择。通常目标市场的选择应考虑以下因素:

(1)有一定的规模和发展潜力。企业进入某一市场是期望能获得满意的利润,如果市场规模狭小或者趋于萎缩,企业进入后难以获得发展,此时,应慎重考虑,不能轻易进入这个市场。当然,企业也不宜以市场吸引力作为唯一决定因素,而应将规模最大、吸引力最大的市场作为目标市场。

(2)符合企业经营目标和能力条件。某些细分市场虽然有较大吸引力,但不能推动企业实现发展目标,甚至分散了企业的精力,使之无法完成其主要目标,这样的市场应考虑放弃。另一方面,还应考虑企业的资源条件和经营能力是否适合在某一细分市场经营。只有选择那些企业有条件进入、能充分发挥其资源优势的市场作为目标市场,企业经营才会顺利发展。

(3)细分市场结构的吸引力。细分市场虽然具备理想的规模和发展特征,从赢利的角度来看,它未必有吸引力。按照波特的五种竞争力量的理论,一个细分市场出现下列情况时,会降低甚至失去吸引力:

如果某个细分市场存在众多强大的竞争者或竞争意识强烈的竞争者,那么该细分市场就会失去吸引力;如果某个细分市场吸引增加新的生产能力和资源并争夺市场份额的新的竞争者,该细分市场没有吸引力;如果某个细分市场存在着替代产品或者有潜在替代产品,该细分市场失去吸引力;如果某个细分市场中购买者的讨价还价能力很强或逐渐加强,该细分市场没有个更强的吸引力;如果企业的供应商、银行等能够提价或者降低产品和服务的质量,或减少供应数量,那么该企业所在的细分市场没有吸引力。

第三节　战略计划制定

一、建立战略计划系统

(一)战略计划系统要达到的目标

企业战略计划系统所要考虑的主要问题是企业如何达成既定的战略目标。企业战略计划系统所要达成的目标主要有:调整与选定企业未来的经营领域;加快增长与提高企业的盈利能力;对企业成长的机会与威胁进行全面分析,协助企业战略管理人员根据企业的优势与弱势更好地挖掘企业潜力;有效地将资源集中于关键活动上;进行机会与威胁分析,使企业更清晰地认识自己的优势与劣势;建立与完善符合需要的、切实际的、可以达到的目标。

(二)企业战略计划系统的内容

1. 对企业总体战略的说明

说明什么是企业的总体经营战略? 为什么作这些选择? 实现此战略将会给企业带来什么样的重大发展机遇? 这些说明还包括企业总体战略目标和实现总体战略的方针政策等内容。另外,被说明的战略目标可以通过定性方法和定量方法加以描述

2. 企业分阶段目标

分阶段目标是企业向其总目标发展时,要达到的有时间限制的程度与水平的目标。通常情况下,需要对分目标加以尽可能具体的与定量性的阐述,目的是保证总目标的实现。企业的分阶段目标常与具体的行动计划和项目配合使用,而这些行动计划与项目均为实现总目标的具体工具。

3. 企业的行动计划和项目

行动计划是决定行动步骤的过程或技术,原义是人工智能中问题求解的重要组成部分,有时也称规划。企业的行动计划是企业为实施其战略而进行的一系列资源重组活动的汇总,企业的各种行动计划往往通过具体的项目来实施。

4. 企业的资源配置

战略计划的实施需要设备、资金、人力资源及其他重要资源。因此,对各种行动计划的资源配置的优先程度应在战略计划系统中得到明确规定。战略计划系统应指明在实施战略中需要的各种资源。所有必要的资源,在可能的情况下应尽量折算为货币价值,并以预

算和财务计划的方式表达。预算及财务计划对理解战略计划系统来说具有重要意义。但需要指出的是，对财务上的过分考虑势必会影响到战略计划系统的真正意义，以致影响企业战略计划的效能，同样会使企业的活动因单纯追求财务指标而偏离战略发展的轨道。

5. 企业组织结构的战略调整及战略子系统的接口协调

为了实现企业的战略目标，必须以相应的组织结构来适应企业战略发展的需求。由于企业战略需适应动态发展的环境，因此，组织结构必须要具备相当的动态弹性。另外，企业战略计划系统往往包括若干子系统，如何协调、控制这些子系统，计划系统与这些子系统接口处的管理控制应当明确。

6. 制定应变计划

有效的战略计划系统要求企业必须具备较强的适应环境的能力。要获取这种能力，就要有相应的应变计划作为保障。要科学预测在一定时间内可能发生突如其来的变化对战略实施的影响，并制定出相应的对策。

二、确定企业战略计划体系

(一)战略项目计划

企业战略提出了基本的构想和方针，但要将其付诸实施，还需要进一步制定具体的行动计划。实施战略可能有多种不同的途径，应选择最有效而且较容易实现的途径来制订行动计划。因此，战略项目计划编制的过程就是战略制定的过程。

1. 建立专门的组织

战略项目计划应由专门建立的项目小组来负责编制。该小组根据既定企业战略的构想和目标，从多个方面进行周密的调查和分析，制定出若干个具体的行动方案。行动方案在提交企业高层管理者决策之后，就可编制项目计划。项目小组成员的素质直接关系到计划的质量，小组的负责人更发挥着关键作用。为此，要特别重视小组成员的选择和对小组的组织领导。

2. 明确项目计划的内容

战略项目计划一般应包括以下几项内容：

(1)制订项目的目标和方针。在计划中，首先要阐明项目的指导思想、总体构想和目标，据此制定战略计划期间各阶段的具体目标和选择各项行动应采取的基本方针。

(2)对项目的内容和进度进行安排。实现项目目标要采取一系列的行动，如调查研究、技术引进、新产品开发、市场开拓、工厂建设、设备安装和人员培训等。在计划中要明确这些行动的具体方法、手段和步骤，并根据各个行动之间的相互关系，提出具体的行动要求和进度安排。

(3)投入资源。实施项目需要一定数量的人员、设备、物资等，新产品开发、购买专利、人员聘用和培训也需要资金保证。因此，要对需要投入的资源作出费用预算，确定投资的金额以及筹措资金的途径和方式。

(4)项目的实施。无论是具体实施的部门还是辅助部门，都要明确任务、指标、责任和工程进度，同时还要制定实施情况的报告方法和考核标准，以便及时检查进度和发现实施过程中的问题。

(二)期间综合经营计划

各个战略项目计划的实施期间长短不同，涉及企业内的许多部门，而且对项目计划的评价也是从不同角度进行的。所以需要按一定的期间将各个战略项目计划汇总，编制期间综合经营计划，以便对各个战略项目计划进行平衡和调整，合理地分配企业的资源。

期间综合经营计划一般按以下内容编制：

(1)制订销售目标计划。首先进行市场研究，确定企业在目标市场中的预期市场占有率目标、销售额目标和利润目标。由于企业需要为实现战略项目进行资金投入,会对利润水平产生影响,因而需要将利润目标与资金计划及其他投资计划进行平衡。

(2)制订资源分配计划。销售计划制订之后,现有的能力与实现计划所需的能力之间的差距将会呈现出来,为了解决这一问题,需要以前述的各个战略项目计划为基础,对现有的能力结构进行评估和调整。

(3)制订资金计划。为了实现上述能力结构调整的要求,必须以一定的资金来保证,为此需要进一步制订如何综合筹措、调整和分配资金的资金计划。

制订资金计划的作用:一是预测企业的收益以保证实现利润目标;二是保持各年度的资金与利润的平衡及各部门之间的资金平衡。

(三)意外事件应变计划

战略项目计划与期间综合经营计划是在某种特定的条件下制订的战略实施计划。这些条件包括行业成长率、销售增长率、竞争对手动向等。战略项目计划与期间综合经营计划又称为基本计划,是从最有把握和最大可能的预测出发而编制的计划。与此相对,为适应不测事件的发生而制定的预备性计划是应变计划。在应变计划中,对未来出现几率较高而且影响较大的意外事件预先做好估计,并在事前确定意外事件万一发生时企业应采取的具体措施。

编制应变计划要注意的问题:

(1)制订能够立即采取有效行动的计划。当不利事件发生时,企业可以通过实施应变计划,迅速地对战略实施过程进行调整,减少对企业造成的损失。

(2)明确先行指标及其监视者。先行指标是能够预示不利事件发生的某些环境因素,该因素的出现或变化意味着不利事态即将出现。例如,竞争对手投产与本企业竞争的新产品时,将会在市场上订购某些原材料和零部件。如果监视者能及时发现这一先行指标,企业就能尽快地从基本计划向应变计划转换,从而赢得时间和减少损失。

第四节 战略计划工作的方法与工具

一、盈亏平衡分析法

盈亏平衡分析法是企业制定战略目标常用的有效方法,它是根据产品的销售量、成本和利润三者之间的关系,分析各种方案对企业盈亏的影响,从中选择出最佳的战略目标。

盈亏平衡分析法的原理是将总成本划分为固定成本和变动成本,固定成本是指不随产量变化而变化的成本,如设备购置费、固定资产折旧费、管理人员的工资等。变动成本是随着产量的变化而变化的成本,如材料费等。当企业的销售收入与总成本相等,盈亏平衡实现。

设固定成本为 F,变动成本为 V,总成本为 TC,单位产品变动成本为 CV,销售量为 X,销售收入为 R,单位产品价格为 P,利润为 E,则

$$R = P \times X$$

$$TC = F + V = F + CV \times X$$

$$E = R—TC = P \times X - (F + CV \times X)$$

当利润为零,即 $E = 0$ 时,$P \times X - (F + CV \times X) = 0$,$X = F/(P - CV)$

设此时 X 为 X_0,即盈亏平衡时的销售量为 $X_0 = F/(P - CV)$

确定企业的战略计划目标时,可运用盈亏平衡分析法进行如下分析和判断:

当企业的销售量大于 X_0 时,企业赢利;当企业的销售量小于 X_0 时,企业亏损。公式中 $(P - CV)$ 表示单位产品得到的销售收入在扣除变动成本后的剩余,叫做边际贡献。如果边际贡献大于零,则表示企业生产这种产品除可收回变动费用外,还有一部分收入可用以补

偿已经支付的固定费用。因此,产品单价即使低于成本,但只要大于变动成本,企业生产该产品还是有意义的。

【例】某企业想建一条生产线,生产一种新产品,年需固定成本 10 万元,单位产品变动成本 40 元,产品单价估计 80 元。该产品市场需求量很大,如果该生产线设计成年产 2 000 台,问该方案是否可行? 为什么?

解:首先计算盈亏平衡点产量

$$X_0 = F/(P - CV) = 100\ 000/(80 - 40) = 2\ 500(\text{台})$$

企业生产该产品 2 500 台时盈亏平衡;而设计的生产线设计能力仅为 2 000 台,小于盈亏平衡时的产量,显然按此方案设计生产线,即使达到了设计能力 2 000 台,企业也要亏损。因此,此方案不可取。达到设计能力 2 000 台时,企业的亏损额为

$$E = 80 \times 2\ 000 - (100\ 000 + 40 \times 2\ 000) = 20\ 000(\text{元})$$

二、回归分析法

回归分析法是利用数理统计原理,对大量的统计数据进行数学处理,并确定因变量与某些自变量之间的相关关系,建立一个回归方程以预测今后因变量的变化情况的分析方法。在战略计划制订过程中,用回归分析法来预测战略目标,有一定的科学性和实践意义。

在回归分析中,当研究的因果关系只涉及因变量和一个自变量时,叫做一元回归分析;当研究的因果关系涉及因变量和两个或两个以上自变量时,叫做多元回归分析。此外,还可依据描述自变量与因变量之间因果关系的函数表达式是线性的还是非线性的,分为线性回归分析和非线性回归分析。

三、SWOT 分析法

SWOT 分析是一种综合企业内部、外部环境和条件的各种因素,进行系统评价以选择满意战略计划方案的方法。其中,“SWOT”中字母分别表示企业内部优势(Strengths)和企业内部劣势(Weakness),企业外部环境的机会(Opportunity)和企业外部环境的威胁(Threatsen)。SWOT 分析的各因素见表 7.3。

表 7.3 SWOT 分析因素

S:Strength 企业优势	W:Weakness 企业劣势
O:Opportunity 环境机会	T:Threaten 环境威胁

SWOT 分析法是战略设计学派的主要分析模型。这一学派认为战略是领导者有意识但非正式的构想过程,是对企业实力和机会的匹配。SWOT 分析模型研究了企业面临的机会和威胁、企业本身的优势和劣势,反映了企业内外关系对战略制定的重要影响。

四、模拟法

模拟法是模拟某一客观现象建立一个抽象的模型,并对模型进行分析试验,以观察并掌握客观现象的运动、变化的规律,从而找出解决问题的方案。通过给各种模型输入不同的数据,再观察这些模拟的运转和可能产生的结果,从而制定合适的战略计划目标。通常情况下,复杂的建模往往需要各类专家顾问的帮助,以及计算机等科学技术的支持。

用计算机来进行模拟的基本步骤:

(1)建立模型。这种模型往往不是简单的数学公式,而是用来描绘事件运行的逻辑步骤。

(2)把这些逻辑模型输入计算机,编成计算机模拟程序。这样既便于操作,又能大大提高效率。

(3)进行设计和实验。在模拟客观现实问题的各方案中选出较优的战略计划方案和目标。

一个战略模拟可包括所有相关的环境因素以及内部成本结构、资源分配等因素对企业经营业绩的影响。

五、行业吸引力－竞争能力分析

行业吸引力－竞争能力分析法是根据行业吸引力和经营单位的竞争能力,用矩阵来确定各经营单位在总体经营组合中的位置,据此制定出不同的战略。其分析过程见图7.2。

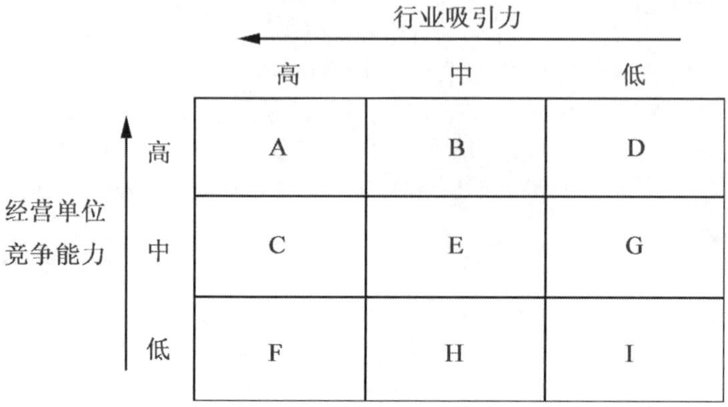

图7.2　行业吸引力－竞争能力矩阵

经营单位所处行业的吸引力按强度分成高、中、低三等,所评价的因素包括:行业规模、市场增长速度、产品价格的稳定性、市场的分散程度、行业内的竞争结构、行业利润、行业技术环境等。

经营单位所具备的竞争能力按大小也分为高、中、低三等。所评价的因素包括:生产规模增长情况、市场占有率、盈利性、技术地位、产品线宽度、产品质量及可靠性等。

行业吸引力的三个等级与经营单位竞争能力的三个等级构成一个具有9象限的矩阵,公司中的每一经营单位都可放置于矩阵中的每一位置。

总体来说,公司内的所有经营单位可归结为三类,而对不同类型的经营单位应采取不同的战略:

(1)发展类。这类包括处于A,B,C位置的经营单位。对于这一类经营单位,企业要采取发展战略,即要多投资以促进其快速发展。因为这类行业很有前途,经营单位又具有较强的竞争地位,因此应该多投资,以巩固经营单位在行业中的地位。

(2)选择性投资类。这类包括处于D,E,F位置的经营单位。对这类经营单位,企业的投资要有选择性,应尽量选择其中条件较好的单位进行投资,对余者采取收获或放弃战略。

(3)收获或放弃类。这类包括处于G,H,I位置的经营单位。这类经营单位的行业吸引力和经营单位实力都较低,应采取放弃战略。对一些目前还有利润的经营单位,可采取逐步回收资金的收获战略,而对不盈利又占用资金的经营单位则采取放弃战略。

六、战略地位与行动评价(SPACE矩阵)

战略行动评价矩阵(Strategic Position and Action Evaluation Matrix)简称SPACE矩阵。它采用两个内部的维度:财务优势(FS)与竞争优势(CA);两个外部的维度:环境稳定性(ES)与产业优势(IS)来进行战略匹配分析。其中财务优势(FS)与环境稳定性(ES)构成纵坐标,竞争优势(CA)与产业优势(IS)构成横坐标,这样将企业的战略地位分为进取、保守、防御和竞争四个象限,见图7.3。

(一)SPACE四个因素的分析指标

(1)财务优势(FS)。通常采用投资收益、杠杆比率、偿债能力、流动资金、现金流动、退出市场的便利性、业务风险等指标来衡量。

(2)环境稳定性(ES)。可采用技术变化、通货膨胀率、需求变化、竞争产品的价格范围、市场进入壁垒、竞争压力、价格需求弹性等指标来评价。

(3)竞争优势(CA)。可采用市场份额、产品质量、产品生命周期、用户忠诚度、竞争能力利用率、专有技术知识、对供应商和经销商的控制等指标来评价。

(4)产业优势(IS)。可采用产业的增长潜力、盈利潜力、业绩稳定性、专有技术知识、资源利用、资本密集性、进入市场的便利性、生产效率和生产能力利用率等指标来进行评价。

在SPACE分析中,FS,ES,CA,IS都是复合指标。对它们进行评价时,需要对其内部的各个分指标进行加权,同时对每一个分指标进行评分。FS评分范围为1~5分,分值越高,表示企业越具有财务优势。ES评分范围为-1~-5分,其中,-1分表示环境非常稳定,-5分表示环境极不稳定。IS评分范围为1~5分,分值越高表示产业越具价值和吸引力。CA评分范围为-1~-5分,-1分为极具竞争优势,-5分表示企业劣势非常明显。

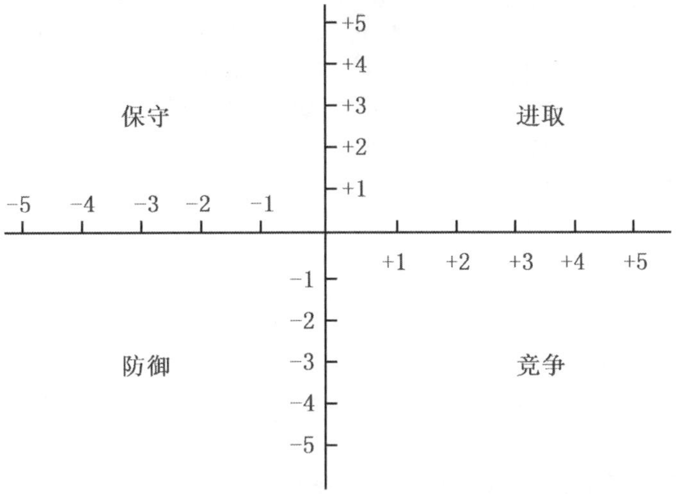

图7.3 战略地位与行动评价矩阵

(二)SPACE矩阵的建立步骤

(1)分别选择构成财务优势(FS)、竞争优势(CA)、环境稳定性(ES)和产业优势(IS)的一组变量,确定组内变量的权重。

(2)对各个变量进行评分。

(3)计算四个变量的加权评分,作为四个维度的分值。

(4)将FS、ES、CA,IS的分值标在相应维度的坐标轴上。

(5)将X轴上的两个分数相加,计算出其平均值,并以此值作为企业战略地位的横坐标,将Y轴上的两个分数相加,计算出其平均值,作为企业战略地位的纵坐标。

(6)依据企业战略地位的横坐标与纵坐标,定位出企业的战略地位,并作记号×,从原点引一条线段到×。

战略地位分为进取、保守、防御和竞争四类区域,不同区域代表着企业应考虑的战略行动,具体表现为:

进取象限。宜采取市场渗透、市场开发、产品开发、一体化战略、多元化战略或组合化战略。

保守象限。宜采取市场渗透、市场开发、产品开发、聚集化战略。

防御象限。宜采取紧缩、剥离、清算和集中多元化战略。

竞争象限。宜采取后向一体化战略、前向一体化战略、横向一体化战略、市场渗透战略以及合资战略。

七、网络计划技术

网络计划技术是20世纪50年代后期在美国产生和发展起来的。这种技术包括各种以网络为基础制订计划的方法,如关键路径法、计划评审技术、组合网络法等。1956年美国的一些工程师和数学家组成了一个专门小组首先开始这方面的研究,1958年美国海军武器计划处采用了计划评审技术,使北极星导弹工程的工期由原计划的10年缩短为8年。1961年美国国防部和国家航空署规定:凡承制军用品必须用计划评审技术制订计划上报,网络计划技术开始在组织管理活动中被广泛地应用。

(一)网络计划技术的原理

把一项工作或项目分成各种作业,然后根据作业顺序进行排列,通过网络图对整个工作或项目进行统筹规划和控制,以便用最少的人力、物力、财力资源,用最高的速度完成工作。

网络图(Network planning)是一种图解模型,形状如同网络,故称为网络图。网络图是由作业、事件和路线三个因素组成的。网络图是网络计划技术的基础,任何一项任务都可分解成许多步骤的工作,根据这些工作在时间上的衔接关系,用箭线表示它们的先后顺序,画出一个由各项工作相互联系、并注明所需时间的箭线图,这个箭线图就称做网络图。图7.4便是一个简单的网络图形。

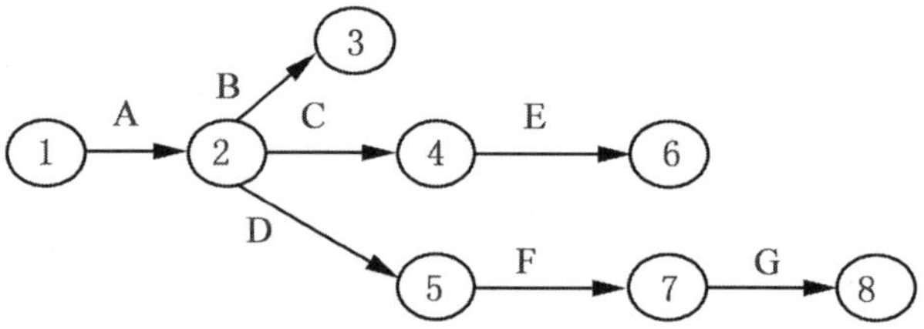

图7.4 网络图

分析图7.4可以发,网络图由以下部分构成。

1.作业(Activity)

作业是指一项工作或一道工序,需要消耗人力、物力和时间的具体活动过程。在网络图中作业用箭线表示。作业的名称标注在箭线的上面,该作业的持续时间(或工时)标注在箭线的下面。有些作业或工序不消耗资源也不占用时间,称为虚作业,用虚箭线表示。在网络图中设立虚作业主要是表明一项事件与另一项事件之间的相互依存、相互依赖的关系,是属于逻辑性的联系。

2.事件(Event)

事件是指某项作业的开始或结束,它不消耗任何资源和时间,在网络图中用“○”表示,“○”是两条或两条以上箭线的交结点,又称为结点。网络图中第一个事件(即○)称网络的起始事件,表示一项计划或工程的开始;网络图中最后一个事件称网络的终点事件,表示一项计划或工程的完成;介于始点与终点之间的事件叫做中间事件,它既表示前一项作业的完成,又表示后一项作业的开始。为了便于识别、检查和计算,在网络图中往往对事件编号,编号应标在“○”内,由小到大,可连续或间断数字编号。每一项事件都有固定编号,号码不能重复,箭尾的号码小于箭头号码。

3.路线(Path)

路线是指自网络始点开始,顺着箭线的方向,经过一系列连续不断的作业和事件直至网络终点的通道。一条路线上各项作业的时间之和是该路线的总长度(即路长)。在一个网络图中有很多条路线,其中总长度最长的路线称为“关键路线”(Critical path),关键路线上的各事件为关键事件。有时一个网络图中的关键路线不止一条,即若干条路线长度相等。除关键路线外,其他的路线统称为非关键路线。关键路线并不是一成不变的,在一定的条件下,关键路线与非关键路线可以相互转化。

(二)网络计划技术的评价

首先,该技术能清晰地表明整个工程的各个项目的时间顺序和相互关系,并指出了完成任务的关键环节和路线。因此,管理者在制订计划时可以统筹安排,既全面考虑,又不失重点。因此,在项目实施过程中,管理者可以进行重点管理。

其次,可对工程的时间进度与资源利用实施优化管理。在计划实施过程中,管理者可调动非关键路线上的人力、物力和财力从事关键作业,进行综合平衡,这样既可节省资源又能加快工程进度。

第三,可事先评价达到目标的可能性。该技术指出了计划实施过程中可能发生的困难点,以及这些困难点对整个任务产生的影响,准备好应急措施,从而减少完不成任务的风险。

第四,便于组织与控制。管理者可以将工程,特别是复杂的大项目,分成许多支持系统来分别组织实施与控制,这种既化整为零又聚零为整的管理方法,可以实现局部和整体的协调一致。

第五,易于操作且应用范围广泛。适用于各行各业的企业的计划管理以及各种任务的完成。

思考题

1. 简述战略的含义
2. 什么是使命和愿景?它们回答了哪些问题?
3. 什么是战略计划和战术计划?二者各有哪些特点?
4. 比较战略计划与战术计划表现形式的不同。
5. 制订战略计划要考虑的外部环境要素主要有哪些?
6. 什么是行业环境分析、行业能力分析、行业结构分析?它们之间的关系如何?
7. 举例说明影响企业战略行为的五种竞争力量。
8. 按照价值链分析方法,企业的经营活动可分为哪两大部分?分别包括哪些内容?
9. 试述SWOT分析的主要内容。
10. 战略计划系统所要达成的目标主要有哪些?
11. 企业战略计划体系包括哪些内容?
12. 盈亏平衡分析法的原理是什么?
13. 阐述战略行动评价矩阵的原理与应用方法。
14. 编制应变计划要注意哪些问题?
15. 描述网络图的组成因素。

【案例分析】

航空公司的竞争

占据了82%市场份额,这就是加拿大航空公司(Air Canada)的市场地位。自从2000年兼并了加国航空公司(Canadian Airline)之后,加拿大航空公司成为该国仅有的航空公司。消费者面对的是一个没有竞争者的市场,这在西方国家是十分罕见的。甚至连德国汉莎航空公司也只占有德国航空市场的60%,消费者还要抱怨航班座位被过度地预订,办理登机时经常要排长队,往呼叫中心打电话经常要等上半个多小时,飞往相邻省份的票价甚至比飞往欧洲还贵等。

于是,加拿大政府开始鼓励低价航空公司的发展以引入市场竞争。该国议会于2005年通过了新的法律,明确了“滥用支配地位”的含义,并授权竞争管理局惩罚那些参与价格欺诈的公司。这些立法活动是在加拿大航空公司的竞争对手西部航空公司开始进军东部市场的推动下进行的。西部航空公司是一家低价航空公司,它寻求在动荡的航空市场中均衡的客源。

在过去10年中,在加拿大先后有6家低价航空公司创办,但只有西部航空公司仍在运营。这家公司总部设在埃尔伯塔省卡尔加里市,服务于加拿大西部的13个省,占有加拿大航空市场5%的份额。但是,西部航空公司总裁斯蒂芬·C·史密斯作出了一项战略决策,要使该公司成为一家全国范围的公司。

西部航空公司成立于1996年,在经营上模仿美国西南航空公司的战略模式。西南航空公司凭借其低票价和短程运输的战略模式取得了显著的成功。西部航空公司的票价平均比加拿大航空公司低40%,只提供单一等级的舱位,在航班上不供餐,在机场不设公务舱旅客休息室,公司集中经营那些不超过400英里的航线,旅客乘机无须机票,只凭一个确认号即可。为了削减成本,西部航空公司鼓励通过互联网销售机票,此项业务很快占到该公司售出机票的11%。

只要有可能,西部航空公司的飞机只降落在小型机场上,这可以大大节约机场使用费。上述做法均与美国西南航空公司战略相同,唯一的差别是美国西南航空公司的旅客是对号入座的。

如许多这类战略所表明的,西部航空公司总裁史密斯坚持使公司的运营成本保持在低水平上。此外,西部航空公司只采用一种机型——波音737,它大大降低了成本。公司还采用了几项激励计划,其中一项主要的激励计划是面向所有雇员的利润分享计划。任何雇员只要加入公司时间在3个月以上,就可以参与该项计划。70%的公司雇员参与了股票购买计划,股票分红额相当于雇员工资的20%。

史密斯总裁的经营模式见到了成效,在其后的4年中,西部航空公司实现了连续、稳定的增长。为了适应在全国市场的扩张,公司订购了20架波音737飞机,还租赁了10架飞机。与此同时,它的竞争对手加拿大航空公司也在2000年启动了低价航班业务,专门服务于西部航空公司占据的加拿大西部市场。

讨论:

1. 西部航空公司具有哪些竞争优势?加拿大航空公司的竞争优势是什么?说出你的理由。

2. 为使该公司成为一家全国范围的公司,其管理者采取了怎样的战略模式?效果怎样?

第八章　预测

◆**本章关键词**

1. 预测　2. 经济预测　3. 技术预测　4. 需求预测　5. 定性预测　6. 定量预测　7. 德尔菲法　8. 主观概率法　9. 时间序列预测法　10. 加权移动平均法　11. 指数平滑法

第一节　预测的含义

对于一个组织来说，无论是制订计划，还是作出决策，都必须对未来的状况作出估计，并以这种估计作为计划和决策的依据。如果缺乏必要的预测，将会给组织带来严重的后果。

计划是对未来行动的部署，而预测是对未来事件的陈述。预测要说明的问题是将来会怎样，即在一定的条件下，如果不采取措施和行动，可能会发生什么样的变化。计划解决的是将来会怎样的问题，即应当采取什么措施和行动来改变现存的条件，并对未来作出安排和部署以达到预期的目的。

一、预测的概念

（一）预测的含义

预测是根据历史的和当前的有关资料，运用相关科学方法和手段，探索未来发展趋势，并定性或定量地对未来作出估计和判断。

预测的实质是分析和判断，是利用已知推测未知。预测的分析判断包括两方面的工作：一是搜集与预测有关的各种资料，搜集的资料越多，分析的越充分，判断的结果就越准确；二是选用适当的分析方法。方法越适当，推测未来的手段越高超，预测结果就越准确。因此，预测结果会受到预测条件、分析方法等方面的影响，要得到正确的预测结果，预测者要持科学、客观的态度，多方位分析和认真研究才能如愿。

没有一种预测方法是绝对有效的，对一个企业在一种环境下是最好的预测方法，对另一企业或甚至本企业内另一部门却可能完全不适用。无论使用何种方法进行预测，预测的作用也是有限的，并不是完美无缺。

（二）预测的意义

在全球经济环境复杂多变的背景下，管理者要对企业的未来发展方向、目标、经营活动以及对这些问题产生重大影响的各种因素有一个正确的分析和预测，从而为总体规划的制订和一些重大决策提供可靠依据。

在任何组织中，计划的中心问题是了解组织内部和外部环境两个方面可能发生的事情。在政府部门中一个不能正确进行预先准备的管理人员很有可能错误地分配资源，引起公众议论的谴责，他本人也可能会受到撤职处分。在企业中无效预测导致的后果可能是选择了错误的战略，导致商品储备积压、利润减少，甚至会使该公司陷入财务困境。企业为了保证其生产经营过程的正常进行，需要编制关于生产、销售、资金、物资、新产品开发、市场选择等计划，而为保证计划的准确性和合理性，需要在编制它们之前对其进行科学的预测。

对于管理层来说，不重视企业的经济预测工作，就是不重视企业管理。没有从企业战略的高度分析、评价企业面临的各类问题，会造成经营管理的盲目性，也是企业经济效益低下的重要原因。这些行为表现为战略规划缺乏科学性，项目选择盲目性等。

预测的意义可以概括为以下几个方面：

(1)预测既是计划工作的前提条件又是计划工作的结果。
(2)预测是使管理具有预见性的一种手段。
(3)预测有助于促进各级管理人员为将来做好准备。
(4)预测有助于发现问题,并集中力量加以解决。
(5)预测决定了组织目标的实现。

二、预测的特点

(一)预测的科学性

预测是依据调查和统计资料,通过合乎逻辑的程序和方法,得到未来事件可能出现的趋势和结果的信息。这些信息能够反映出事物发展过程中诸因素之间的相互联系和相互制约的关系,能够把握住未来事物发展的方向,反映未来事物发展的规律性,具有一定的科学性。

(二)预测的近似性

预测是在事件发生之前,对未来所做的估算和推测。未来事物的发展,都不是对过去和现在简单的重复,而是受多方面因素和环境的影响与制约。而预测者采用的方法不可能对各方面的因素考虑十分周到。因此不一定能对未来作出准确的判断,所预测的结果与未来事件发生的实际结果总存在一定的偏差,这就是预测的近似性。

(三)预测的局限性

预测的结果受着各种因素的制约和影响。由于未来是千变万化的,由于主观能力和所掌握的信息的有限性,加之其对未来事件的认识缺乏经验,受到知识水平的限制,主观环境、心理及个性均有一定的局限性。因此,预测者要用有限的知识来预测科学技术飞跃发展的未来是很困难的,从而导致预测的结果不能表达事物未来发展变化的全貌,这就是预测的局限性。

三、预测在管理中的作用

组织活动可以划分为若干过程,每一过程都有自身的特点,但有一点是相同的,就是其活动的各个阶段都离不开预测和决策。没有科学的预测,就没有可靠的决策。对某一个具体企业而言,通过预测可在其经营的特定阶段,了解其引发的经营中遇到的各种问题,制定出正确的战略决策。

企业的战略目标确定后,就要对如何实现目标作出方案的选择。即要具体确定有关的财务计划、生产计划、人力资源计划。企业在生产前要制订各种计划,首先要进行科学的预测。因此,预测是计划的依据。企业在预测中应注意以下问题。

(一)预测项目的选择。

企业预测会涉及很多方面的工作,在预测前要对预测的项目进行分类和筛选,确定哪些是需要预测的,哪些是不需要的。预测项目过多会使预测系统承受过重的负荷,导致过多时间和资源的耗费。

(二)预测人员的选择。

在预测项目涉及范围较广时,需要有各种类型的人员参加。每一个预测人员能够提供相关的信息,并且依靠他们的经验和分析判断能力对未来事物的发展作出预测。企业的决策者不宜参加预测,他们对预测项目的意见和建议可以作为信息源。他们在长期的生产经营管理过程中,对企业所作出的业绩可能产生自信和乐观的态度,而在预测过程中预测人员可能提出与企业决策者不相同的意见,对预测过程产生影响。

(三)专家的选择

决定预测质量的关键是专家的挑选,这是预测组织者的主要工作。专家一般是指在专业领域从事工作多年的专业技术人员或有实践经验的人员,专家的选择要根据预测的任务和内容来确定。如果预测涉及保密问题,就应以本部门的专家为主,适当考虑聘请外部门的专家。同时,还可以聘请边缘学科和其他专业的专家,以便开阔思路、提高预测质量。

(四)预测方法的选择

一般来说,长期预测如新产品市场预测、原材料的长期采购计划可采用定性分析和定量分析相结合的方法;短期预测如下个月能销售多少库存产品、每种产品下个月计划生产多少、下个月每种原材料应订购多少、下周有多少工人正常工作、有多少人需要加班等可主要采用定量分析的方法。

(五)追踪预测过程

在实际预测中会遇到很多问题。预测者要掌握预测模型并根据需要和可能进行的一些调整,以便使预测过程得到控制、提高预测的精准度。然而不论如何控制,这种主观性变动都会降低预测结果的准确性。

(六)预测结果的评价

通过预测所得出对项目或者任务的评价,可能会接近项目或任务未来发展趋势,但也可能不会。如果出现预测结果与预测目的相违背情况,作为预测人员不应用经验或判断的方法对预测结果进行修正,否则会得出与实际不相符合的结论。

第二节 预测的种类

一、经济预测

经济预测(economic forecasts)是与未来有关的旨在减少不确定性对经济活动影响的一种经济分析。经济预测不是靠经验、凭直觉的预言或猜测,而是以科学的理论和方法、可靠的资料、精密的计算以及对客观规律性的认识所作出的分析和判断。

经济预测作为预测的一个分支,是以准确的调查统计资料和经济信息为依据的,预测要从经济现象的历史、现状和规律性出发,运用科学的方法,对经济活动的各个方面情况的调查研究,获得大量的资料、数据和信息。通过对这些资料、数据、信息的整理、分析和研究,不仅可以对经济活动的现状作出恰当的定性、定量结论,深化对经济活动内在规律的认识,而且还能够结合经济现象的历史状况,运用科学的方法,对经济现象未来的发展前景进行测定。

预测是管理者进行决策,编制计划及进行科学管理的重要依据,是计划工作的基础,经济预测的科学基础包括理论、资料、方法、计算等因素,依赖于对客观经济规律的认识和掌握。经济预测又是艺术,它依赖于预测者提出假设、选择方法、利用资料的技巧,和运用其本身的专业知识、经验对获得的情报进行判断的能力。

二、技术预测

技术预测(Technological Forecasts)这一概念是由美国的林茨(R. Lenz)在1959年提出的,他在一篇关于技术进步的论文中首次提出了技术预测的概念。其含义主要包括两个层面:对未来科学和技术进行系统研究;预测的时间跨度为5~30年甚至更长。

技术进步的步伐不断加快,从技术发明到投入大规模商品化应用的时间不断缩短,技术进步对企业的生存与发展的决定作用不断加大,人们从技术进步中获取的经济效益和社会效益越来越显著等。所有这些趋势都使得技术预测日益引起人们的重视。技术预测对计划工作的影响作用也日益增强,从而使它成为企业计划工作重要的基础性工作。

技术预测的作用主要包括:

(1)为政府职能部门在制定国家科技政策和发展战略,选择优先发展领域,确定研发资金投入等方面提供依据。

(2)为产业技术升级和企业制定发展战略提供技术信息。

(3)指导本国的研究开发活动,广泛吸引社会各方面的人力和资金,加大对有潜在前途技术项目的研发力度。

(4)大力促进社会各方面的合作与交流,加强政府、研究机构、企业和高校之间的沟通能力,从而形成充满活力的技术创新网络。

三、需求预测

需求预测(Demand Forecasts)为企业提供了其产品在未来一段时间内里的需求期望水平,同时也为企业的计划和控制决策提供了依据。企业生产的目的是向社会提供产品或服务,其决策很大程度上受需求预测的影响。需求预测与企业生产经营活动关系最紧密。

对于企业来说,需求预测中最重要的部分是市场需求预测,它可以作为企业销售计划的基础。销售计划的中心任务之一就是销售预测,销售预测是指对未来特定时间内,全部产品或特定产品的销售数量与销售金额的估计。销售预测是在充分考虑未来各种影响因素的基础上,结合本企业的销售实绩,通过一定的分析方法提出切实可行的销售目标。

一般来讲,在进行销售预测时需要考虑外界因素和内部因素两大类。

(一)外界因素

影响销售预测的外界因素主要包括需求动向、经济变动、同业竞争动向以及政府、消费者团体的动向。

(1)需求动向。需求是外界因素之中最重要的一项,如流行趋势、爱好变化、生活形态变化、人口流动等,均可成为产品(或服务)需求的质与量方面的影响因素。因此,必须加以分析与预测。企业应尽量收集有关对象的市场资料、市场调查机构资料、购买动机调查等统计资料,以掌握市场的需求动向。

(2)经济发展变动情况。经济发展变动因素是影响商品销售的重要因素,为了提高销售预测的准确性,应特别关注商品市场中的供应和需求情况。随着科技、信息快速发展,带来了对经济发展的更多影响,导致企业销售收入波动。因此,为了正确预测,管理者需特别注意资源问题的未来发展、政府及财经界对经济政策的见解以及基础工业、加工业生产、经济增长率等指标变动情况。

(3)同业竞争动向。销售额的高低深受同业竞争者的影响。古人云"知己知彼,百战不殆"。为了生存,必须掌握对手在市场的所有活动。例如,竞争对手的目标市场在哪里,产品价格高低、促销与服务措施等。

(4)政府政策动向。考虑政府的各种经济政策、方案措施以及消费者团体所提出的各种要求等。

(二)内部因素

影响销售预测的内部因素主要包括企业的营销策略、销售政策、销售人员情况以及企业生产状况等。

(1)营销策略。市场定位、产品政策、价格政策、渠道政策、广告及促销政策变更对销售额所产生的影响。

(2)销售政策。销售政策如管理内容、交易条件或付款条件、销售方法等对销售所产生的影响。

(3)销售人员情况。销售活动是一种以人为核心的活动,所以人为因素对于销售额的实现具有相当深远的影响力,这是管理者不能忽略的。

(4)企业的生产状况。包括材料储备是否充足,能否保证销售需要等。通过销售预测,可以调动企业销售人员的积极性,合理安排生产及避免产品积压。

按照预测包含的时间跨度分类,预测包括短期预测、中期预测和长期预测。

短期预测。短期预测时间跨度最多为 1 年,而通常少于 3 个月。包括原材料、短期工作安排、近期所需员工数量的预计。

中期预测。中期预测的时间跨度通常是从 3 个月到 3 年。它用于销售计划、生产计划和预算、现金预算和分析不同作业方案。

长期预测。长期预测的时间跨度通常为 3 年及 3 年以上。它用于规划新产品、资本支出、生产设备安装或添置,及研究与发展。

中期预测和长期预测与短期预测的区别主要体现在:第一,中长期预测要处理更多的综合性问题并主要为产品、企业的管理决策提供支持。第二,短期预测采用的方法通常与长期预测采用的方法不同,如移动平均法、指数平滑法和趋势外推法等为短期预测所常用的方法。第三,短期预测往往比长期预测更精确些。影响需求的因素每天都在发生变化,因此当时间跨度延长时,预测精确度往往随之下降。

第三节　预测的过程和方法

一、预测的过程

预测过程主要包括明确预测目标、制订预测计划、收集预测资料、选择预测方法、作出预测、检验和修正预测结果。

(一)确定预测目标

明确预测目标就是确定预测的任务,阐明要对什么问题、达到什么样的目标进行预测,即根据历史资料以及现实所需要解决的具体问题,提出预测的目标。预测目标是根据预测问题的性质和特性,提出预测的目标与要求。

(二)制订预测计划

预测计划是预测目标和要求的具体化。首先要确定预测的对象、范围、期限、基本假设以及需要收集的资料,选择预测方法以及安排预测工作。选择预测对象就是确定需要对什么对象进行预测。例如,需求预测中通常需要对企业产品的市场需求进行预测,为企业制订生产作业计划提供依据。其次,制订预测计划还要确定预测的时间跨度是短期、中期,还是长期。

(三)收集预测资料

明确了预测的目标、任务后,就可以围绕预测计划收集有关的资料。为了保证预测的准确性,管理者不仅要了解与预测问题相关的过去信息,还要了解其现在的状态;不仅要掌握有关的国内信息,还要了解国际信息;不仅要收集组织内部信息,也要收集外部信息。为了确保收集资料的全面、完整和准确,有必要在组织中建立数据收集、处理系统,充分利用现代科学技术加工、处理预测资料信息。

(四)选择预测方法

选择预测方法时应考虑以下因素:预测对象的特点;预测方法的实用性;预测过程是否清晰、简单、明了、方便易行;预测费用多少,能否保证预测任务按时完成。

(五)建立预测模型计算预测数据

这一步要根据所要预测的对象的特点和预测的性质选择一种合适的预测模型来进行下一步的预测,并且确定选择的预测模型对于我们要进行的预测是否有效。

(六)作出预测

根据已收集的相关的数据资料和确定的预测模型对需要预测的对象作出合理的预测。预测要考虑现实的要求和条件,对企业未来面临的经营环境和发展趋势作出科学估计,根据管理决策的目标和满意原则得出预测结论。

(七)检验和修正预测结果

预测成果检验方法主要包括:相互检验,即使用不同的预测方法对同一预测对象进行预测;对比检验,即用本人的预测结果与他人的预测结果进行对比进行检验;专家预测,即通过咨询专家对预测结果进行评审来检验结果。

(八)将预测结果付诸实际应用

按照前面预测过程,对所需要预测的对象作出预测。管理者需要将得到的预测结果应用到管理实践中,从而达到预测的目标。如在生产预测中,预测未来市场对本企业产品的需求量之后,就需要根据预测来确定本企业的生产计划和过程。

预测的基本过程见图 8.1:

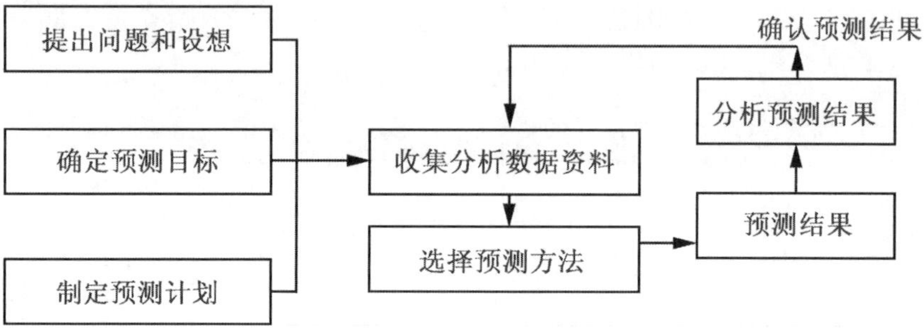

图 8.1　预测的基本过程模型图

二、预测的方法

(一)定性预测方法

定性预测的预测者是熟悉业务知识、具有丰富经验和综合分析能力的人员与专家,他们根据已掌握的历史资料和直观材料,运用个人的经验和分析判断能力,对预测对象的未来发展作出性质和程度上的判断,然后,再通过一定形式综合分析,得出预测的结论。

由于定性预测主要依靠预测者的主观判断来进行预测,所以预测者的经验、业务水平、分析能力、对规律的判断能力等都对预测结果有着至关重要的影响作用。所以应尽可能利用专家的独到见解,依据经济规律、自然规律进行预测,以保证预测结论的准确性。

常见的定性预测方法包括主观概率法、领先指标法、经理评判意见法、推销人员估计法、情景预测法等。

1. 主观概率法

主观概率法是市场趋势分析者对市场趋势分析事件发生的概率(即可能性大小)作出主观估计,或者说对事件变化动态的一种心理评价,然后计算它的平均值,以此作为市场趋势分析事件的结论的一种定性市场趋势分析方法。通常情况下,主观概率法一般和其他经验判断法结合运用。

主观概率根据市场趋势分析者的主观判断而确定事件的可能性的大小,反映个人对某件事的信念程度。所以主观概率是对经验结果所做主观判断的度量,即可能性大小的确定,也是个人信念的度量。

在社会和自然界中,某一类事件在相同的条件下可能发生也可能不发生,这类事件称为随机事件。不同的随机事件发生的可能性大小是不同的,在这种情况下,就产生了概率。概率就是用来表示随机事件发生可能性大小的一个量。例如,市场上某种新商品的销售状态就是不确定的随机事件,有畅销、平销或滞销三种可能性,而出现畅销、平销或滞销的可能性,用系数或百分数表示,就是一种概率。概率分为主观概率和客观概率两种。

主观概率是一种心理评价,判断中具有明显的主观性。对同一事件,不同人对其发生的概率判断是不同的。主观概率的测定因人而异,受人的心理影响较大,谁的判断更接近实际,主要取决于市场趋势分析者的经验,知识水平和对市场趋势分析对象的把握程度。

主观概率必须符合概率论的基本定理:第一,所确定的概率必须大于或等于0,而小于或等于1。第二,经验判断所需全部事件中各个事件概率之和必须等于1。

尽管主观概率法是凭主观经验估测的结果,但在市场趋势分析中它仍有一定的实用价值,它为市场趋势分析者提出明确的市场趋势分析目标,提供尽量详细的背景材料,使用简明易懂的概念和方法,以帮助市场趋势分析者判断和表达概率。同时,假定市场趋势分析期内市场供需情况比较正常,营销环境不出现重大变化,长期从事市场营销活动的人员和有关专家的经验和直觉往往还是比较可靠的。

应当指出的是,这种市场趋势分析方法虽然简便易行,但应防止预测过程中轻率地拍脑袋作出估计,要注意预测的严肃性、科学性,提倡预测者群体的综合思维和判断。

2. 领先指标法

领先指标法就是利用经济指标之间的时间差异,将各种经济时间序列分为三种类型,即领先指标型、同步指标型、滞后指标型。根据这种分类,可以通过领先指标预测同步指标或滞后指标。运用领先指标法不但可以预测经济发展趋势,而且可以预测转折点。领先指标法既可用于微观经济预测,也可用于宏观经济预测。

社会各种经济现象之间的内在联系是十分紧密的,表现在经济指标上,则反映为时间序列上的先后关系。例如,原材料价格的变动先于制成品价格的变动;教育事业的发展先于科学技术的发展;科学技术的发展又先于生产建设的发展等。领先指标法很好地反映了这种社会经济现象,利用经济指标之间的时间差异,可以客观、准确地预测发展的变化趋势。

3. 经理评判意见法

经理评判意见法是由企业的负责人把与市场有关或者熟悉市场情况的各种负责人员和中层管理部门的负责人召集起来,让他们对未来的市场发展形势或某一种大市场问题发表意见,作出判断;然后将这些意见汇总起来,进行分析研究和综合处理;最后得出市场预测结果。

经理评判意见法的优点是迅速、及时和经济,不需要复杂的计算,可以尽量降低预测费用,并及时得出预测结果。这种方法集中了各个方面熟悉市场情况的有经验的中高级管理人员的意见,可以发挥集体的智慧,预测结果也比较可靠。使用这种方法不需要大量的统计资料,更适合于对那些不可控因素较多的产品进行销售预测。

经理评判意见法的缺点是预测结果容易受主观因素影响,对市场变化、顾客的愿望等问题了解不细致和准确,因此预测结果可能不够理想。

4. 推销人员估计法

推销人员估计法就是依据企业推销人员丰富的实践经验以及他们对市场动态和顾客心理的把握,对未来市场需求作出估计。这些推销人员对市场情况很熟悉,对购买者意向很了解,所以他们比其他人有更丰富的推销知识和更敏锐的洞察力;可获得较详细的销售量估计,同时也可以节省预测时间和预测费用。但是也应当看到,推销人员的判断可能会过于乐观或过于悲观;不能正确地认识他们所面临的机会和威胁;可能会有意压低预测数字或者根本对预测不感兴趣。

5. 情景预测法

情景预测法又称脚本法,是一种新的预测法。由于它不受任何条件限制,应用起来灵活,能充分调动预测人员的想象力。由于这种方法可使预测者考虑问题较全面,因而在制定经济政策、公司战略等方面有很好的应用。但需要注意在使用过程中一定要具体问题具体分析,同一个预测主题,因为它所处环境不同,最终的情景可能会有很大的差异。

(二)定量预测方法

定量预测是使用历史数据或因素变量来预测需求的数学模型,是根据已掌握的比较完备的历史统计数据,运用一定的数学方法进行科学的加工整理,借以揭示有关变量之间的规律性联系,用于推测未来发展变化情况的一类预测方法。

定量预测方法基本可分为两大类:一大类是时间序列预测法,是以一个指标本身的历史数据的变化趋势,去寻找市场的演变规律,作为预测的依据,即把未来作为过去历史的延伸。时序预测法包括平均平滑法、趋势外推法、季节变动预测法和马尔可夫时序预测法。另一大类是因果联系预测法,包括一元回归分析法、多元回归分析法和投入产出预测法。回归预测法是因果分析法中很重要的一种,它从一个指标与其他指标的历史和现实变化的相互关系中,探索它们之间的规律性联系,作为得出预测结果的依据。

1. 时间序列预测法

时间序列,也叫时间数列、历史复数或动态数列。它是将某种统计指标的数值,按时间先后顺序排列所形成的序列。时间序列预测法是建立在这样的基础上——与过去需求相关的历史数据可用于预测未来的需求。其中,这些历史数据可能包含诸如趋势、季节、周期等因素。时间序列预测法是通过编制和分析时间序列,根据时间序列所反映出来的发展过程、方向和趋势,进行类推或延伸,借以预测下一时段内可能达到的水平。其内容包括:收集与整理某种社会现象的历史资料;对这些资料进行检查鉴别,排成数列;分析时间序列,从中寻找该社会现象随时间变化而变化的规律。

时间序列预测法的基本步骤如下:

第一,收集历史资料加以整理,编成时间序列并绘成统计图。时间序列分析通常是把各种可能发生作用的因素进行分类。传统的分类方法是按各种因素的特点或影响效果分为四大类:长期趋势;季节变动因素;循环变动因素;不规则变动因素。

第二,分析时间序列。时间序列中的每一时期的数值都是由许许多多不同的因素同时发生作用后的综合结果。

第三,求时间序列的长期趋势(T)、季节变动(S)和不规则变动(I)的值,并选定近似的数学模式来代表它们。对于数学模式中的诸未知参数,使用合适的技术方法求出其值。

最后,利用时间序列资料求出长期趋势、季节变动和不规则变动的数学模型后,就可以利用它来预测未来的长期趋势值 T 和季节变动值 S,在可能的情况下预测不规则变动值 I。然后用以下模式计算出未来的时间序列的预测值 Y,即

$$加法模式:T+S+I=Y$$

$$乘法模式:T\times S\times I=Y$$

如果不规则变动的预测值难以求得,就只求长期趋势和季节变动的预测值,以两者相乘之积或相加之和为时间序列的预测值。如果经济现象本身没有季节变动或不需预测分季分月的资料,则长期趋势的预测值就是时间序列的预测值,即 $T=Y$。但要注意这个预测值只反映现象未来的发展趋势,即使很准确的趋势线在按时间顺序的观察方面所起的作用,本质上也只是一个平均数的作用,实际值将围绕着它上下波动。

时间序列预测法可用于短期预测、中期预测和长期预测。根据对资料分析方法的不同,时间序列预测法又可分为:简单时序平均数法、加权时序平均数法、移动平均法、加权移动平均法、趋势预测法、指数平滑法、季节性趋势预测法、市场寿命周期预测法等。

(1)简单时序平均数法。也称算术平均法,即把若干历史时期的统计数值作为观察值,求出算术平均数作为下期预测值。这种方法基于下列假设:“过去这样,今后也将这样”,把近期和远期数据等同化和平均化,因此只能适用于事物变化不大的趋势预测。如果事物呈现某种上升或下降的趋势,就不宜采用此法。

(2)加权时序平均数法。是把各个时期的历史数据按近期和远期影响程度进行加权,

求出平均值，作为下期预测值。

(3)简单移动平均法。是把相继移动计算若干时期的算术平均数作为下期预测值。

(4)加权移动平均法。即将简单移动平均数进行加权计算。在确定权数时，近期观察值的权数应该大些，远期观察值的权数应该小些。

(5)指数平滑法。即根据历史资料的上期实际数和预测值，用指数加权的办法进行预测。此法实质是由内加权移动平均法演变而来的一种方法，优点是只要有上期实际数和上期预测值，就可计算下期的预测值，这样可以节省很多数据和处理数据的时间，减少数据的存储量，方法简便，是国外广泛使用的一种短期预测方法。

(6)季节趋势预测法。根据经济事物每年重复出现的周期性季节变动指数，预测其季节性变动趋势。常用的季节趋势预测方法有季(月)别平均法、移动平均法。

①季(月)别平均法。即把各年度的数值分季(或月)加以平均，除以各年季(或月)的总平均数，得出各季(月)指数。这种方法可以用来分析生产、销售、原材料储备、预计资金周转需要量等方面的经济事物的季节性变动。

②移动平均法。即应用移动平均数计算比例求典型季节指数。

(7)市场寿命周期预测法。是对产品市场寿命周期的分析研究。例如，对处于成长期的产品预测其销售量。最常用的一种方法就是根据统计资料，按时间序列画成曲线图，再将曲线外延，即得到未来销售发展趋势。最简单的外延方法是直线外延法，适用于对耐用消费品的预测。这种方法简单、直观、易于掌握。

2. 因果联系预测法

因果联系是根据假定需求与某些内在因素或周围环境的外部因素有关的原理来进行预测。常见的因果联系预测法主要有：回归分析法、经济模型、投入产出模型等。

(1)回归分析法。回归分析是在分析市场现象自变量和因变量之间相关关系的基础上，建立变量之间的回归方程，将回归方程作为预测模型，根据自变量在预测期的数量变化来预测因变量关系，大多表现为相关关系。

当管理者在对市场现象未来发展状况和水平进行预测时，如果能找出影响市场预测对象的主要因素，并且能够取得其数量资料，就可以采用回归分析预测法进行预测。这是一种常用的、具体的、实用价值很高的市场预测方法。

回归分析预测法有多种类型。依据相关关系中自变量的个数不同分类，可分为一元回归分析预测法和多元回归分析预测法。在一元回归分析预测法中，自变量只有一个，而在多元回归分析预测法中，自变量有两个以上。依据自变量和因变量之间的相关关系不同，可分为线性回归预测和非线性回归预测。

进行回归分析预测时：首先根据预测目标，确定自变量和因变量。如预测具体目标是下一年度的销售量，那么销售量 Y 就是因变量。通过市场调查和查阅资料，寻找与预测目标的相关影响因素，即自变量，并从中选出主要的影响因素。其次，依据自变量和因变量的历史统计资料进行计算，在此基础上建立回归分析方程，即回归分析预测模型。再次，进行相关分析。回归分析是对具有因果关系的影响因素(自变量)和预测对象(因变量)所进行的数理统计分析处理。只有当变量与因变量确实存在某种关系时，建立的回归方程才有意义。因此，作为自变量的因素与作为因变量的预测对象是否有关、相关程度如何，以及判断这种相关程度的把握性多大，就成为进行回归分析必须要解决的问题。进行相关分析时，一般要求出相关关系，以相关系数的大小来判断自变量和因变量的相关的程度。然后，检验回归预测模型，计算预测误差。回归方程只有通过了各种检验，且预测误差较小，才能作为预测模型进行预测。最后，利用回归预测模型计算预测值，并对预测值进行综合分析，确定最后的预测值。

(2)经济模型预测法。经济活动中数量关系的简化的数学表达，简称经济模型。建立和应用经济模型前要有理论和资料的准备。经济数学模型的质量首先取决于对经济问题的理论研究状况。理论假设能否成立、是否正确,关系到模型的成败。合理的理论假设是模型赖以建立的前提。资料是否充分、可靠和准确,也直接影响经济数学模型的质量与功能。

一般情况下预测模型要采取一定的数学模型来反映经济数量关系。数学模型主要由方程式、变量和参数三个基本要素组成。简化了预测过程是用模型来反映现实的特点,这是一种科学的抽象。否则,模型就建立不起来。预测模型不会降低模型的真实性,反而会提高模型的科学性和实用性。但简化是有限度的,这取决于研究对象所允许的误差范围和数学方法所需要的前提条件。预测模型不能过于简化,以致不能把握经济活动现实;另一方面,预测模型也不能过分复杂,以致难于加工处理和管理操作。一个模型抽象或现实到什么程度,取决于预测分析的需要、分析人员的能力以及取得资料的可能性。还有就是以适用的软件(计算程序)在计算机上进行各种模拟试验、比较和选择不同的方案,也是行之有效的预测方法。

在分析和应用模型时,需把通过模型计算所得出的结论与模型外获得的信息相结合,作出必要的判断。评价模型优劣的标准应该是吻合度(它同被反映的经济活动数量关系的符合程度)与实用度(进行理论分析、经济预测、政策评价等应用效果)的统一,两者不可偏废。随着客观经济情况的变化,模型需要不断修改和更新。经济数学模型是系统方法的具体运用,它的着眼点并不在于反映单个的经济量,而在于说明各个经济量的关系及其共同作用。一个模型就是一个系统。复杂的国民经济往往不是少数几个模型所能反映的,所以需要建立比较完整的模型体系。

经济数学模型是研究分析经济数量关系的重要工具,是经济理论和经济现实的中间环节。它在经济理论的指导下对经济现实进行简化,但在主要的本质方面又近似地反映了经济现实,所以是经济现实的抽象。它能起到明确思路、加工信息、验证理论、计算求解、分析和解决经济问题的作用。对那些量大面广、相互联系、错综复杂的经济数量关系进行分析研究,离不开经济数学模型的帮助。

经济数学模型也有它的局限性,这种局限性既表现在它的建立要受人们对客观经济现实认识能力和仿真手段的限制,还表现在它的应用是有条件的,不能脱离应用者的学识、经验和判断能力。模型所说明的问题一旦触犯了人们的利益,模型本身就会遭到强烈的反对。在各社会集团的经济利益相互冲突的情况下,客观的经济发展过程绝不会完全按照经济数学模型所反映的途径发展。

思考题

1 什么是预测？在经济活动中的意义是什么？
2 描述预测的特点。
3 按业务的不同,预测可分为哪些类型？
4 进行销售预测时,要考虑哪些因素？
5 中期预测、长期预测与短期预测的区别是什么？
6 试述预测的过程。
7 定性预测的方法主要有哪些？
8 如何应用主观概率进行预测？
9 什么是定量预测？主要分为哪几类？
10 什么是时间序列预测法？描述其预测的基本步骤。
11 时间序列预测法有哪些分类？
12 经济模型预测法是如何进行预测的？

13 什么是因果联系？常见的因果联系预测法主要有哪几种？
14 简述回归分析预测的过程与方法。
15 经济数学模型预测的局限性是什么？

【案例分析】

宏大金属镀膜厂

宏大金属镀膜厂是一家校办科技企业，专门为汽车、摩托车生产厂提供各种缸套表面化学镀镍的加工业务。在国内的同行业中，该厂的化学镀镍工艺一直处于技术领先水平，其产值连年攀升，企业规模迅速扩大。面对这样良好的经营局面，该厂的许厂长没有盲目乐观。他发现随着业务量的大幅增长，生产中出现了某些亟待解决的问题。

化学镀镍是指在工件表面利用化学方法镀上一层镍保护膜，以提高其表面硬度，增强耐磨性。其主要工艺流程为清洗和化学镀。所谓清洗，是在化学镀之前，将工作表面的各种杂质、污物等处理干净。这道工序的质量，不仅影响化学镀的效果，并最终影响到镀件的质量。

目前该厂的清洗工艺一直采用手工操作。这种清洗方法在产量较少的情况下，还能保证镀件的质量。但随着生产任务的增大，其弊端就逐渐显露出来。前一段时间，企业的镀件的废品率急剧上升，一度高达5%，这远高于常年的平均水平。

经过调查分析，管理人员发现，高废品率造成了两个后果：

第一，增大了生产成本。企业财务部门提供的财务报表显示，按照该厂上年承接的加工量5万件计算，其化学镀镍生产成本中的固定成本10万元/年，与往年基本相同；而变动成本却大为增加，从往年的15元/件猛增为20元/件。

第二，废品率高对企业的声誉有很大影响。企业的销售、技术人员已经分别听到过一些用户对产品质量的不满。

针对上述问题，企业领导者提出“用设备清洗代替手工清洗”的动议，以解决生产中出现的这些问题。为慎重起见，许厂长派人向有关生产清洗设备的厂家进行咨询，并就用成本等问题进行了计算，随后召集厂务会议进行分析。

首先，许厂长向各位管理者通报了有关设备的运行情况。目前，可供企业选择的设备有全自动清洗和半自动清洗两种类型，它们均能保证清洗质量，并能使变动成本大幅度下降。若采用半自动清洗设备，单件变动成本可下降为10元/件；而采用全自动清洗设备，则单件变动成本可降为5元/件。但是，两种清洗设备的采购费用都很高。如果采用半自动清洗设备，每年的固定成本将达到40万元；而采用全自动清洗设备，则年固定成本将高达100万元。

然而，对于这样的选择，企业业务科的王科长坚决主张用全自动清洗设备代替手工操作。他认为在未来的若干年内，我国的汽车、摩托车行业的将持续发展，同类企业所从事业务的前景不错。本企业要占领这个潜在的市场，必须提前做好准备，所以希望尽快早采用全自动清洗设备，

技术科朱科长提出了自己的观点：虽然应该用设备清洗代替手工清洗，可保证产品质量，但是市场环境变化多端，这项采购计划几乎用掉企业数年的积累，所以应审慎从事。他还分析，企业目前的经营形势之所好主要是其拥有独特的化学镀镍技术。在异常激烈的市场竞争和科学技术飞速发展的情况下，一旦化学镀镍技术失去领先地位，再好的镀前清洗设备也没有用。所以，企业应把有限的资金主要用于新技术的研制开发上，只有这样才能在市场竞争中立于不败之地。

生产科李科长的看法是，同意以设备代替手工清洗，但应采半自动清洗设备，主要是因为其通用性较好，万一缸套市场出现不利局面，企业还可以顺利转产用于其他清洗作业，这样可以尽可能降低经营风险。

练习:

根据上述资料,完成下列问题:

(1)随着宏大金属镀膜厂生产任务增大,镀件废品率上升为5%,这远高于往年水平,其主要原因是: ( )

A. 清洗工艺做得不够好,说明整个工艺流程先控制存在问题

B. 清洗工艺做得不够好,说明化学镀镍的过程控制有问题

C. 毛病出在不应该采用手工操作,是技术问题,而不是控制问题

D. 镀件废品率高达5%,说明事前、事中、事后控制都有问题

(2)宏大金属镀膜厂作为汽车、摩托车生产企业的供应商,在什么样的外部环境下,可能面临不利形势? ( )

A. 汽车、摩托车厂实行前向一体化策略

B. 汽车、摩托车厂实行后向一体化策略

C. 宏大金属镀膜厂推行前向一体化策略

D. 宏大金属镀膜厂推行后向一体化策略

(3)如果该厂承接的加工量保持在5万件,从经济上考虑哪种生产方案最为有利?

( )

A. 清洗工艺手工操作

B. 清洗工艺半自动人操作

C. 清洗工艺自动化操作

D. 无法确定

(4)如果按照该厂的预测,按每年签订15万件的加工订单来分析,则在经济方面可以考虑采用上面资料中哪位管理者的意见? ( )

A. 王科长

B. 李科长

C. 王、李意见均不可采纳,仍应采用手工清洗工艺

D. 经过观察,再作定夺

第九章　决策

◆**本章关键词**

1. 决策　2. 战略决策　3. 战术决策　4. 确定性决策　5. 风险性决策
6. 不确定性决策　7. 程序化决策　8. 非程序化决策　9. 定性决策方法
10. 名义小组法　11. 量本利分析法　12. 损益期望值　13. 决策树法

第一节　决策概述

管理者不论在何种组织或组织的哪个领域中，都需要制定决策，他们要在两个或者更多的方案中作出选择。例如，最高层管理者制定关于整个组织目标的决策——战略决策；中层和基层管理者制定组织内各部门的决策——生产进度决策、库存决策、新产品开发决策等。对于管理者来说，决策是最重要、最需要花费精力和冒风险的事情，是对管理者的经验、学识、判断力等各方面综合素质的考验。国外的一项调查问卷显示："每天花时间最多的是什么事情？每周处理的最重要的事情是什么？在履行职责时感到最困难的是什么？"大多数管理人员的回答都是决策。

一、决策的定义

人类的实践活动是在理性思维的支配下，为达到一定的目的而进行的。只要是为了一定的目的的行动，就有行动方案的选择问题。因此，从某种意义上说，自从有了人类活动，就有了决策行为。

通常，决策被描述为在不同的方案中作出选择。但是这种观点显然有些简单化了，因为决策的制定是一个复杂的过程。即使是像去哪儿吃饭这样简单的决策，你除了要在吃中餐还是西餐之间作出选择外，还要作出诸如去哪吃等一些其他选择。

有了上述的认识，可以基本概括出决策的定义：一般情况下，人们认为决策有狭义和广义之分。狭义的决策是指行动方案的确定或决定，即通常所说的"拍板"；广义的决策是组织或个人为了实现某种目标，运用科学的理论和方法，在两个或两个以上的备选方案中，选择一个最佳的或满意的方案并付诸实施的过程。这里狭义的决策定义主要强调是在几种方案中的选择，广义的定义则包含了作出决策的过程中必须进行的一切活动。

赫伯特·西蒙(Herbert Simon)对决策过程的定义是："决策就是找出要求制定决策的条件；寻找、拟定和分析可能的行动方案；选择特定的行动方案。"这个定义阐述了决策的过程，即收集信息，拟定可供选择的方案和选择特定的行动方案。

邓肯(Dun Can)对决策的定义是："理性的人对需要采取行动的局面以恰当的反应。"这个定义将合理性引入到决策过程中。人类拥有理性，对环境恰当地作出反应，这样做体现了他们的聪明才智。

总之，作为管理学的一个重要术语，决策的含义应该说还未形成完全统一的看法，但归纳起来基本可做如下理解：

(1)决策是一个包括提出问题、确立目标、设计和选择方案的过程。

(2)决策是从几种备选的行动方案中作出最终抉择，是决策者的拍板定案。

(3)决策是对不确定条件下发生的偶发事件所做的处理决定。这类事件既无先例，又没有可遵循的规律，作出选择要冒一定的风险。也就是说，只有冒一定的风险的选择才是决策。

以上对决策的解释从不同的角度阐述了决策的本质。

二、决策的构成要素

决策主要有以下构成要素:决策目标、决策者、行动方案、自然状态、条件结果值等。

(一)决策目标

决策目标是管理者希望通过决策活动所取得的成果或所要达到的预期状态,是一项决策所期望实现的成果和价值。其表现形式既可能是单个目标,也可能是多个目标。发现问题或机会之后,是否要采取行动及采取何种行动,就取决于决策目标的确定。决策目标既是评价和选择决策方案时的依据,又是衡量决策行动是否取得预期结果的尺度。

(二)决策者

通常,决策者是表现为组织或个人的决策主体。作为组织的决策者指决策机构、享有决策权力的人组成的群体等;作为个人的决策者是指根据法律或规章制度的规定在组织中拥有决策权力的直接决策者。决策者是决策系统主观能力的体现者,其行为受社会、政治、经济和心理等因素的影响。

(三)自然状态

自然状态是决策环境客观存在的各种状态,它是不依决策者的主观意志为转移的条件,是决策者无法改变、只能参考的参数。

(四)行动方案

行动方案是实现决策目标所采取的具体措施和手段,其个数可以是有限多个,也可以是无限多个,甚至是连续变量形式。

(五)条件结果值

条件结果值是决策者采取某种行动方案时,在不同的自然状态下所出现的结果,其形式可以是收益值,也可以是损失值。

(六)决策准则

决策准则是为了实现决策目标而选择行动方案时所依据的价值标准和行为准则,往往依赖于决策者的价值取向和偏好态度。

三、决策的原则

决策原则是指在决策过程中必须遵循的行为准则。它是科学决策的反映,也是决策实践的概括总结。在决策过程中所要遵循的具体原则是多种多样的,通常主要有以下几个原则。

(一)科学性原则

科学性原则是衡量一切事物的最高原则。科学性原则主张人们的一切活动都应从事物的本质和客观规律出发,尊重客观性、反对主观性;尊重必然性,反对偶然性;尊重本质性,反对表面性。科学性原则是决策必须遵循的首要原则。

(二)信息原则

信息是决策的依据,而信息的准确、全面、系统、可靠和及时是科学决策的基础条件。信息不准,决策结果很难保证。信息原则要求在决策时,管理者首先必须收集大量的信息,保证信息的全面完整性,在这个基础上对信息进行归纳、选择,才能提炼出对决策有效的信息;其次必须提高信息质量,保证信息的准确性;最后必须防止信息传递工程的迂回、阻塞,保证信息的时效性。

(三)满意原则

满意原则是现代决策理论学派代表人西蒙提出并为管理学界普遍认可的一项重要的决策准则。它是指在决策前预先拟定一套另人满意的标准,只要备选的替代目标及其实现方案达到或超过了这些标准,就可以选用。

满意原则是对传统的最优化原则的扬弃。西蒙认为，当代组织处于不断变动、不确定的外界环境影响之下，人作为"管理人"而非"理性人"，收集到的信息和主观的预见不一定全面；多种可替代的技术经济路径，备选方案不一定囊括；用以评价替代方案的感觉、经验也不一定充分可靠，故而绝对化的最优决策是无法实现的，绝大多数实际上是决策者是在寻找和选择令人满意的方案。

（四）可行性原则

为了使决策付诸实施，决策必须切实可行。可行性原则要求决策者在决策时，不仅要考虑到需要，还要考虑到可能；不仅要估计到有利因素和成功的机会，更要预测到不利条件和失败的风险；不仅要静态地计算需要与可能之间的差距，还要对各种影响因素的发展变化进行定量和定性的动态分析。

（五）反馈原则

反馈原则就是建立反馈系统，用实践来检验决策和修正决策。由于事物的发展和客观环境的不断变化，决策者受知识、经验、能力的限制，致使决策在实施中可能会偏离预定目标，这就需要根据反馈情况采取措施，对原方案或目标加以相应的调整和修正，使决策结果趋于合理。

关于决策的道德思考

假设你是公司负责人力资源管理的一名工作人员，你负责的领域需要雇佣一名新雇员，而你的同学小周刚毕业需要一份工作。而你认为他在资格上不太合适这一职位，如果你仔细寻找的话，会找到更适合的人选。

讨论——

（1）什么因素会影响你的这项雇佣决策？

（2）你该怎么对你的朋友讲？

四、决策的类型

管理者在履行职责时会遇到各种类型的问题，采用何种类型的决策取决于他所面临问题的性质。从不同的角度，按照不同的标准，可以把决策分为不同的类型。对决策的分类，主要是为了通过分类认识不同类型决策的特征，掌握不同类型决策的规律，并在实际中对不同类型的决策采取不同的决策方式和方法。

（一）按照决策的重要程度可分为战略决策、战术决策和业务决策

战略决策是一个组织为了适应不断变化的外部环境而作出的具有全局性、长远性、战略性的重大问题的决策，一般多由组织高层次管理者作出。战略决策的内容通常包括组织目标和方针的确定，组织机构的调整、企业产品的更新换代、技术改造等、这些决策牵涉组织的方方面面，具有长期性和方向性。

战略决策关系到企业生存和发展。正确可以使企业沿着正确的方向发展，提高竞争力和适应环境的能力，取得良好的经济效益。反之决策失误，就会给企业带来巨大损失，甚至导致企业破产。管理者在制定战略决策的过程中，通常主要会受到战略背景、战略内容、战略过程三个因素的影响。战略背景是指战略执行和发展的环境；战略内容是指战略决策包括的主要活动；战略过程是指当战略面对富于变化的环境时，各项活动之间是如何联系的；战略背景、战略内容和战略过程三个要素共同决定了一个战略决策。

战术决策又称管理决策，是在组织内贯彻的决策，属于战略决策执行过程中的具体决策。战术决策旨在实现组织中各环节的高度协调和资源的合理使用，如企业生产计划和销售计划的制订、设备的更新、新产品的定价以及资金的筹措等都属于战术决策的范畴。战术决策是在战略决策的指导下，对组织的人力、资金、物资等资源进行合理配置，以及经营组织机构加以改变的一种决策。战术决策的制定必须纳入战略决策的轨道，为组织战略目

标服务。

业务决策是指在一定的组织运行机制的基础上，为了提高工作效率而处理日常业务的决策。业务决策又称作业决策或执行决策，涉及的范围较固定，只对组织产生局部的影响，具有短期性与常规性等特点。属于业务决策范畴的主要有：工作任务的日常分配和检查、工作日程（生产进度）的安排和监督、岗位责任制的制定和执行、库存的控制以及材料的采购等。

业务决策中包含很多细节，处理不当会对组织的战术决策与战略决策造成严重的影响，管理者必须给予足够的重视，及时、妥善地加以处理。

（二）按照决策信息的完备程度和环境因素的可控程度可以分为确定型决策、风险型决策和不确定性决策

确定性决策是指在确定可控的条件下，只存在一种自然状态时的决策。在确定性决策中，决策者确切地知道自然状态的发生，每个备选方案只有一个确定的结果，最终选择哪个方案取决于对各个方案结果的直接比较。

风险型决策也称随机决策，在这类决策中，自然状态不止一种，决策者不知道哪种自然状态会发生，但能知道有多少种自然状态以及每种自然状态发生的概率。对于这类决策，决策者对决策对象的自然状态和客观条件有一定了解，也有比较明确的决策目标，但是实现决策目标必须冒一定风险。

不确定性决策是指在可供选择的方案中存在两种或两种以上的自然状态，或者决策者根本不知道有多少种自然状态，并且这些自然状态所发生的概率无法预先估计出来的决策。

不确定性决策与风险型决策统称为非确定性决策，它们之间的区别在于各种自然状态发生的概率是否可知，不确定性决策的各种自然状态的概率一无所知，而风险性决策下各种自然状态的概率是已知的或可以估计出来的。

（三）按照决策问题出现的复杂程度可以分为程序化决策和非程序化决策

程序化决策又称为常规决策或例行性决策，是指在日常管理工作中以相同或基本相同的形式重复出现的决策。如企业中任务的日常安排、常用物资的订货与采购、会计与统计报表的定期编制与分析等。由于这类问题经常出现，其特点和规律易于掌握，因而可以将这类问题的决策程序固定下来，制定成规章或标准加以解决。

非程序化决策又称为非常规决策或例外决策，是指在管理过程中受大量随机因素的影响，很少重复出现、常常无先例可循的决策。如企业经营方向和目标决策、新产品开发决策、新市场开拓决策等。对于这类决策，决策者往往没有固定的模式、规则和处理经验可循，完全靠决策者的洞察力、判断力、知识和信念来解决。

程序化决策与非程序化决策具有对立、统一的关系，构成一个连续的统一体。在统一体的一端为程序化的决策，而另一端为非程序化的决策，在这个统一体中间，可以找到不同的各种决策。与组织层次相对应，越是组织的上层主管人员，所作出的决策越倾向于非程序化决策；越是组织下层的管理人员，所作出的决策越倾向于程序化决策。二者关系见图9.1。

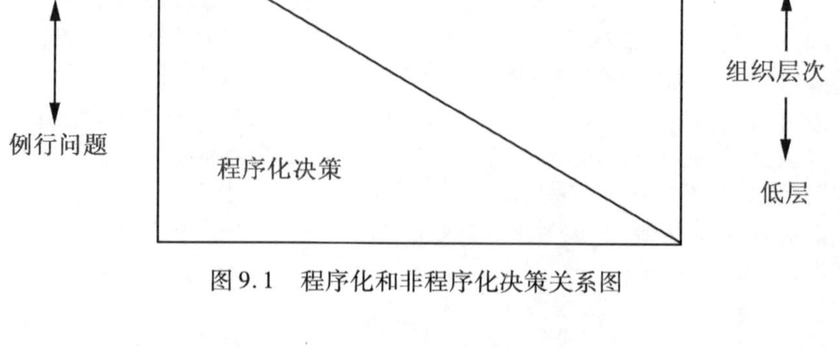

图9.1　程序化和非程序化决策关系图

现实生活中,很少有哪个决策是绝对程序化或非程序化的,恰当的方式是将它们看成是主要程序化的。从组织效率考虑,只要可能,管理决策应尽量程序化。因为斟酌决定往往代价很高。管理者制定的非程序化的决策越多,对他们的判断能力的要求就越高。有些组织为了降低成本,雇佣低技能和缺乏经验的管理者,又不注意开发程序化的决策指南,其结果往往是代价高昂。

(四)按照决策的层次可分为高层决策、中层决策和基层决策

高层决策是指组织上层领导所做的方向目标之类的重大决策,大多数属于非确定型的或风险型决策;中层决策一般是由组织中层管理人员所作出的业务型决策;基层决策是由基层管理人员所作出的执行型决策。

上述三种决策具有交叉效应,但决策的层次不同,具有不同的职能、作用和比重,其中复杂程度、定量化程度都有一定的区别。三者的区别见9.1。

表9.1　高层决策、中层决策和基层决策的比较

决策种类	高层决策	中层决策	基层决策
性质差别	非定型化多 定型化少	定型化多 非定型化少	基本定型化
层次差别	战略性多	业务性多	执行性多
决策的复杂程度	复杂	比较复杂	比较简单
决策的定量化程度	大部分无定量化 具有风险性	大部分定量化 小部分无定量化	全部定量化
肯定程度	不完全肯定	肯定	很肯定

(五)按照决策对于所要解决的问题产生何种作用可分为突破型决策、追踪型决策

突破型决策是指促进事物发生方向性或性质变化的决策。这类决策较多依赖于经营者的经验和创造性思维,很少依赖数量分析。例如,当企业遇到经营困难、按常规方法不能解决时,为了打开局面,开拓市场,而需要作出具有创造性的决策就是突破型决策。

随着初始决策的实施,组织环境发生变化,这种情况下所进行的决策就是追踪决策。因此,追踪决策是非零起点决策。追踪决策是企业决策者在初始决策的基础上对已从事的活动的方向、目标、方针及方案的重新调整。其特点是回溯分析、非零起点、双重优化和心理效应。

第二节　决策基本理论

一、古典决策理论

古典决策理论又称规范决策理论,是基于"经济人"假设提出来的,主要盛行于1950年以前。古典决策理论认为,应该从经济的角度来看待决策问题,即决策的目的在于为组织获取最大的经济利益。

古典决策理论的基础为:一是组织要实现的目标是明确的、组织一致同意的。问题可以识别并精确地陈述。二是决策者可以收集完全信息,从而使决策状态成为确定性的。所有可行性方案和可能的结果都是可以量化和评估的。三是方案评估标准是明确的或可以确定的。决策者选择能够使组织利益最大化的方案。四是决策者是理性的。他合乎逻辑地评估标准和偏好(权重),评估每一方案,并作出使组织利益最大化的决策。

古典决策理论假设为:作为决策者的管理者是完全理性的,决策环境条件的稳定与否是可以被改变的,决策者在充分了解有关信息情报的情况下,是完全可以作出完成组织目

标的最佳决策的。

古典决策理论的主要内容:一是决策者必须全面掌握有关决策环境的信息。二是决策者要充分了解有关备选方案的情况。三是决策者应建立一个合理的自上而下的执行命令的组织体系。四是决策者进行决策的目的始终都在于使本组织获得最大的经济利益。

古典决策理论借助古典模型描述了决策者应该怎样作出决策,但不能告诉我们管理者实际上是如何制定决策的。古典模型的价值在于它促使管理者在制定决策时具有理性。例如,过去许多高级管理人员仅仅依靠个人的知觉和偏好来制定决策。古典模型代表一种理想的决策模型。在程序化决策、确定性决策与风险性决策中,古典模型具有很强的应用价值。但是由于古典决策理论忽视了非经济因素在决策中的作用,因而这种理论不一定能指导实际的决策活动,从而逐渐被更为全面的行为决策理论代替。

二、行为决策理论

行为决策理论的起步始于阿莱斯悖论和爱德华兹悖论的提出,是针对理性决策理论难以解决的问题发展起来的。其发展历程可以分为三个阶段:

第一阶段——行为决策理论的萌芽阶段。时间大致为 20 世纪 50 年代至 70 年代中期。这个阶段的理论研究主要还是集中在探索理性决策理论的不足和弊端上,多数的研究往往处在规范性研究的先行阶段,没有划分出独立的研究领域。行为决策理论在这个阶段主要的研究方法是心理学实验方法,以解释许多理性决策理论无法解释的经济现象。由于受到研究方法的限制,行为决策理论在这个阶段对决策行为的研究显得比较单薄,加上理性决策理论仍处于发展的高潮期,行为决策理论在学术界并没有得到重视。

第二个阶段——行为决策理论研究发展阶段。时间从 20 世纪 70 年代中期开始,持续到 80 年代中后期。在这个阶段,行为决策已经成为一门独立的研究学科。其应用开始在经济、金融和管理等领域扩大。在这段时期,行为决策理论的研究对象扩大到决策过程的所有环节,即情报阶段、设计阶段(包含判断)、抉择阶段和实施阶段,对决策行为中人们是如何具体的完成这一阶段进行了深入的探索,并取得丰富的研究成果。

例如,在这个阶段行为决策理论已经开始建立基于人们实际决策行为的描述性决策模型。Kahneman 和 Tversky 于 1979 年提出的“前景理论”(Prospect Theory),其提出的描述性决策框架就是具有代表性的模型。经过大量实验研究,他们总结发现了许多偏离传统最优行为的决策偏差。如不确定性效应(Certainty Effect)、反射效应(Reflection effect)、锚定效应(anchoring effect)、后悔理论、过分自信等现象,并在总结实验成果的基础上提出了充分展示人类决策行为复杂性和不确定性的前景理论。Kahneman 也由于在该领域杰出的贡献而获得 2002 年诺贝尔经济学奖的殊荣。

行为决策理论研究在这个阶段的主要研究方法涵盖了观察法、调查法和实验法,而且随着实验经济学的逐渐成熟,行为决策研究的方法出现了逐渐向经济学实验方法靠拢的趋势。多种实证研究方法的应用,尤其是经济学实验方法的逐渐成熟和应用,使得人们实际决策行为的规律得到了一个比较全面的认识,为行为决策论后来的蓬勃发展尤其在经济、金融、管理等领域的广泛应用奠定了扎实的基础。

第三个阶段——行为决策理论成熟阶段。从 20 世纪 80 年代中后期开始至今。行为决策理论研究在这个阶段的研究的主流不再是对传统理论的挑战,而是概括行为特征,提炼行为变量,然后将其运用到理性决策的分析框架之中。

在这一阶段,行为决策理论的主流研究范式为:第一,识别具体领域的传统决策模型及其假设。第二,揭示理论和实际不一致现象,而这种不一致现象是由于人的认知能力、心理因素所导致的。第三,归纳行为特征,增加行为变量或用考虑行为因素后的变量替代原模型中的变量,得到新的决策模型。第四,对新模型进行实证检验,寻找该模型的新推论,并论证其对谬与否。

行为决策理论的主要特点：

(1)出发点是决策者的决策行为。

(2)研究集中在决策者的认知和主观心理过程，关注决策行为背后的心理解释，而不是对决策正误的评价。

(3)从认知心理学的角度，研究决策者在判断和选择中信息的处理机制及其所受的内外部环境的影响，进而提炼出理性决策理论所没有考虑到的行为变量，修正和完善理性决策模型。

行为决策理论的主要内容：

(1)人的理性介于完全理性和非理性之间。即人是有限理性的，这是因为在高度不确定和极其复杂的现实决策环境中，人的知识、想象力和计算力是有限的。

(2)决策者在识别和发现问题中容易受知觉上的偏差的影响，而在对未来的状况作出判断时，直觉的运用往往多于逻辑分析方法的运用。所谓知觉上的偏差，是指由于人的认知能力的有限性，决策者仅把问题的部分信息当作认知对象。

(3)由于受决策时间和可利用资源的限制，决策者即使充分了解和掌握有关决策环境的信息情报，也只能做到尽量了解各种备选方案的情况，而不可能做到全部了解，决策者选择的理性是相对的。

(4)在风险型决策中，与经济利益的考虑相比，决策者对待风险的态度起着更为重要的作用。决策者往往厌恶风险，倾向于接受风险较小的方案，尽管风险较大的方案可能带来较为可观的收益。

(5)决策者在决策中往往只求满意的结果，而不愿费力寻求最佳方案。导致这一现象的原因有：①决策者不注意发挥自己和别人继续进行研究的积极性. 只满足于在现有的可行方案中进行选择。②决策者本身缺乏有关能力，在有些情况下，决策者出于个人某些因素的考虑而作出自己的选择。③评估所有的方案并选择其中的最佳方案，需要花费大量的时间和金钱，这可能得不偿失。

行为决策理论抨击了把决策视为定量方法和固定步骤的片面性. 主张把决策视为一种文化现象。例如，威廉·大内在其对美日两国企业在决策方面的差异所进行的比较研究中发现，东西方文化的差异是导致这种决策差异的一种不容忽视的原因，从而开创了决策的跨文化比较研究。

三、客观决策理论

客观理性决策论又称完全理性决策论。代表人物有英国经济学家边沁、美国科学管理学家泰勒等。他们认为人是坚持寻求最大价值的经济人。经济人具有最大限度的理性，能为实现组织和个人目标而作出最优的选择。其在决策上的表现是：决策前能全盘考虑一切行动，以及这些行动所产生的影响；决策者根据自身的价值标准，选择最大价值的行动为对策。这种理论只是假设人在客观理性下决策，而不是在实际决策中的状态。

客观理性决策是指决策者完全运用真正可靠的对于客观现实的知识所作出的理性决策。方法理性决策是决策者只根据决策任务本身所包含的信息所作出的理性决策。因为这些信息中除了真实的信息之外，可能还含有不确定的、模棱两可的甚至错误的信息，所以作出的理性决策有可能是破坏性的。客观理性决策则是决策者把决策任务内部表征与客观现实知识比较和权衡后所作出的理性决策。所以，内部表征的思想为理性决策行为的研究提供了新的视角。它主张把理性决策看成是一种信息加工过程，并且可以操作性地定义和判断一种决策行为是否是理性的，因为只要考察决策者对决策任务的表征与决策任务结构之间的关系就行了。这就可以使研究者更现实地对决策行为作出评价。

到80年代,赫伯特·西蒙进一步对“有限理性”进行了研究,发表了关于有限理性的论文。他列举了几种对客观理性决策构成挑战的情况:

一是风险与不确定性的情况。客观理性决策只能适用于具有确定性和无风险的行动,但是,绝大多数的行动和政策选择都是具有高度风险和不确定性的。

二是高度复杂性的情况。客观理性的决策所使用的完备性的计算往往只适用于解决包含因素比较少的公共政策问题,但是,实际需要解决的公共政策问题却是异常复杂的,它超出了一般的计算能力。

三是客观理性的决策往往只适用于少量决策者的政策决定。当存在多个有利益矛盾的决策主体时,就会产生相互竞争与博弈的情况。

第三节 决策过程

决策是一个发现问题、分析问题和解决问题的系统分析过程。有效的决策需要科学的程序,决策程序大致可以分为发现问题、确定目标、搜集资料、拟定可行方案、评估与选择方案、实施方案、反馈及追踪检查等7个过程。当然,这种划分是相对的,既可简化步骤,也可以在这一基础上具体细分,但其逻辑顺序和科学要求基本是一致的。

一、发现问题

发现问题是决策过程的起点。所谓问题是指期望目标与实际情况之间的差距,或者说是认识主体与认识客体之间的矛盾。面对纷繁复杂的问题,管理者要经过一系列的思维活动,将问题进行归纳、筛选和提炼,抓住有价值的问题,把握其关键和实质。

发现问题过程主要包括两个方面的内容:

(1)要弄清问题的性质、范围、程度以及它的价值和影响。研究问题不能停留在表面现象的了解和笼统的感觉基础上,要分析问题的各种表现、同未来需要的不适用状况;区分问题的不同类型,是全局性的还是局部性的,是战略性的还是战术性的,长远性的还是暂时的;要弄清楚问题之间的相关性、层次性,认识其状况趋势和特点。没有对问题本质的、整体的认识,没有把握客观事物的运动规律,就没有决策的正确方向和前提。为能抓住问题,管理者必须深入进行调查研究,搞清事实,明确问题。

(2)要找出问题产生的主观原因和客观原因、主要原因和次要原因、直接原因和间接原因等,并对问题产生的原因做纵向和横向分析。纵向分析是指从问题的表面开始,层层深入分析,究其根底;横向分析是指将同一层次的原因及其相互关系分析清楚,从而找出主要原因。

二、确定目标

确定决策目标是决策中的重要环节,明智的决策者都有这样的体会“目标一旦定好,决策问题已经解决一半”。决策是为了解决问题,在所要解决的问题明确之后,还要进一步指出该问题应当解决到什么程度,这就是决策目标的确定。

在确定目标过程中,首先必须把要解决问题的性质、结构、原因分析清楚,目标必须具体、明确、可量化,而且有具体的衡量实现程度的标准。目标应具备三个特点,即目标值可计量,实施目标有明确的责任和达到目标有时间计划。

确立目标应注意五大方面的问题。

(一)要有层次结构,建立目标体系

决策目标是由总目标、子目标、二级子目标,从总目标到分目标、由上到下组成一个有层次的目标体系,决策目标是一个动态的复杂系统。决策目标之间只有相互衔接协调,才能使目标体系的整体功能得到有效发挥。

（二）目标应是可计量的、有规定的完成时间和明确的责任

对企业来讲，要实现生产成本和质量等决策目标的控制要求，生产高质量的产品，离不开准确的计量。决策目标应是可计量的，通过一些指标体系反映出来，并且规定其达到目标的时间和责任。

（三）要规定目标的约束条件

例如，把产值、利润增长一倍作为目标，同时要规定在产品的品种、结构、质量、规格符合一定的前提的条件下来完成。执行的结果如不符合这些条件，那么即使产值、利润计划已经完成，也不算达到了目标。约束条件主要有资源条件、质量、时间要求及法律、制度、政策等限制性规定。

（四）建立衡量标准

建立衡量决策的近期、中期、远期效果的三级价值标准，建立科学价值、经济价值及社会价值标准，并进行综合权衡，以构成价值系统，以此作为评价标准。

（五）目标的确定要经过科学系统的论证

决策目标往往不止一个，而是多目标决策。利润、成本、质量、市场销量等都可能是决策所要求的目标，这些目标相互制约，有时候相互矛盾。所以，妥善处理多目标的问题，是决策者常常遇到的一个难题。

科学的处理方法有：根据条件逐次筛选，尽量减少目标数量，能够归并的目标尽可能集合为一个目标；把目标按照重要程度依次排序，重要目标先行安排决策；进行目标的协调，即以总目标为基准进行协调。在协调中往往采用折中的原则，降低甚至放弃那些根本达不到的目标或相似的目标，从而实现全局性目标。

确定目标的流程，见图9.2。

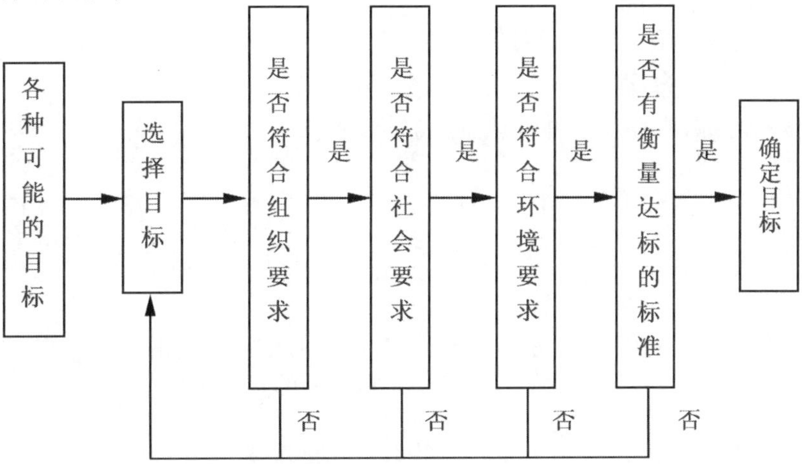

图9.2　确定目标流程

一项决策存在多个目标，各个目标间也可能会存在冲突。为了解决多目标决策的困难，可根据目标的相对重要性排出先后次序，然后通过加权求和的方式将其综合为一个目标；或者将一些次要目标看做决策的限制条件，通过使某个主要目标达到最大（或最小）来选择方案。

三、搜集资料

搜集与决策有关的经济、技术、社会等各方面的情报资料，是进行科学决策的重要依据。情报信息量的大小、正确与否，直接影响到决策的质量。要想在决策上不失误，必须有丰富可靠的情报来源、迅速的情报传递、准确地情报研究，这是决策科学化的重要物质技术基础。没有一定数量的数据，就不可能为决策作出定性分析。因而，要尽可能多的占有数据和资料。

决策资料主要来源于两大方面,一是统计调查资料;二是预测资料。

一般情况下,搜集决策资料要达到以下要求:

(1)资料必须具有完整性,凡是目标要求有关的直接或间接资料,都要尽可能搜集齐全。

(2)资料情报必须具有可靠性,要有依据,要满足决策对资料的时间、地点、对象的连续性要求,数字处理要尽可能做到准确无误。

(3)对资料要做系统分析,着重从事实的全部总和、从事实的联系去掌握事实,从事物的发展中全面估计各种对比关系,以保证掌握情报的科学性。

(4)对一些不确切的问题或疑难问题,要召集专家及有关人员进行论证分析,通过定性、定量分析得出客观结论。

四、拟定可行方案

可行方案是指能保证实现决策目标的操作方案。决策者在确定目标后,应寻求所有可能用来消除此问题的对策及有关的限制因素,在搜集资料和运用管理经验的基础上,敢于创新和发挥集体智慧,拟定出多个可行方案。提出的可行方案应尽可能详尽,方案的数量越多,质量越好,选择方案的质量就越高。

寻找方案的主要方法有两类,一是从过去的经验中找对策;二是从未来创造中找对策。在制订方案时,要求做到:

(1)整体的详尽性。所制订的方案应当包括更多的方案,既体现方案的广泛性;同时方案之间又具有原则区别,便于均衡比较。

(2)每一种方案以确切的定量数据反映其成果。

(3)要具体说明方案的优点、缺点以及实践条件。

(4)各方案的表达方式尽量保证条理性和直观性。

五、评估与选优方案

在方案选择之前,先要对各种备选方案进行评估。要尽可能采用现代科学的评估方法和决策技术,如可行性分析、决策树、矩阵决策等技术,对预选方案进行综合评价。这项工作可由智囊机构的高级研究人员、政策研究人员及社会上聘请的专家小组来承担。其主要内容是通过定性、定量分析,评估各预选的近期、中期、远期效能价值,分析方案实施的后果及其影响。在科学评估的基础上,权衡各个方案的利弊得失,并将各个方案按优先顺序排列,提出取舍意见,交决策机构选择。

选择最优化方案是决策的关键一环,也是管理者的至关重要的职能。做好方案选择要满足两个条件:一是有合理的选择标准;二是要有科学的选择方法。

(一)选择方案的标准

什么样的方案是最佳方案?其标准是什么?这就需要建立价值标准。如果一个方案执行起来会出现几种不同的可能结果,这时按照什么标准去选择优化方案?

管理学界普遍认为选择优化方案的标准主要有以下四种:

(1)泰勒的"最优"标准。在19世纪50年代以前,决策处于弗雷德里克·泰勒的科学管理时代。基于"经济人"的假设,从经济的角度来看待决策问题,决策的目的在于为组织获取最大的经济利益,决策者是完全理性的,从而形成了决策的"最优"标准。该理论认为决策者是完全理性的,决策者能够作出"最优"选择,追求效用最大。

"最优"标准下理性决策必须具备的条件:①决策者能够得到所需要的全部详细的决策信息。②决策者能够理解所有人的社会价值取向。③决策者能够找到所有的决策方案。④决策者能够准确地预测各种备选方案可能产生的后果。⑤决策者能够正确地选择有效的决策方案。⑥决策者进行决策的目的始终都是使本组织获取最大的经济利益。

"最优"标准下的理性决策模式的基本内容:①决策者面临的是一个既定的问题,这个问题同其他问题相区别,或至少同其他问题比较而言是重要的。②引导决策者作出决定的各种目的、价值或各种目标是明确的,并且可以按它们的重要性依次排序。③决策者将所有可能的解决问题的方案全部一一列举出来,以供选择。④决策者运用一系列的科学方法对每一个决策方案进行评估,并预测出执行该方案后可能产生的后果。⑤决策者将每个备选方案进行一一对比,并按优劣排除先后顺序。⑥决策者正确地选择最大限度地实现预定目的、价值或目标的那个方案。

(2)西蒙的"满意"标准。1978 年诺贝尔经济学奖获得者,郝伯特·西蒙提出了有限理性决策模式,对经济组织内的决策程序进行了开创性的研究。西蒙的"满意"标准模型又称有限理性模型、西蒙最满意模型。基于"有限理性"的假设,西蒙提出了决策的满意原则,以代替最佳决策,这是一个比较现实的决策模型。

西蒙的"满意"标准的主要内容:①人的理性是完全理性和完全非理性之间的一种有限理性。②决策者在识别和发现问题中,容易把问题的部分信息当做认知对象,而在对未来的情况作出判断时,直觉的运用往往多于逻辑分析方法的运用。③由于受决策时间和可利用资源的限制,决策者即使充分了解和掌握有关决策环境的信息,也只能做到尽量了解各种备选方案,而不能做到全部了解,决策者选择的理性是相对的。④在风险型决策中,与经济利益的考虑相比,决策者对待风险的态度对决策起着更为重要的作用。一般而言,决策者往往厌恶风险,倾向于接受风险比较小的方案。⑤决策者在决策中往往只求满意的结果,而不愿费力寻求最佳方案,主要因为决策者的个人能力有限,往往满足于已知的备选方案而缺乏继续研究的积极性以及寻求最佳方案的时间,且经济成本太大。

(3)孔茨的"合理性"标准。美国著名管理学家哈罗德·孔茨教授提出了决策的"合理性"标准。他指出,在管理工作中有效地制定决策一定要合理,以合理的方式做事或选择的决策者力图实现只有通过行动才能达到的某种目标。要通过分析组织自身的条件与复杂多变的环境之间的关系,决策者必须清楚地了解被选的方案,在现有的环境和限制条件下能够达到目标。决策者还必须根据既定目标,具备分析和评估备选方案的信息和能力。最后,决策者必须有通过选出最有效地满足实现目标的方案,实现最佳解决问题的愿望。

(4)效率标准。效率是指单位时间内所取得的效果的数量,它反映了劳动时间的利用状况,与效益有一定的联系,而效益是有效产出与投入之间的一种比例关系。效益是组织管理的根本目的,而效率是实现效益的有效途径。企业生存与发展必要条件就是能够利用有限的资源生产出更多的产品或服务,而在竞争激烈的环境中时间作为一种特殊的资源也是稀缺的,因而效率是体现一个组织竞争能力的重要指标之一。在当今世界,消费者的需求特征发生了根本性变化,基于时间竞争的消费者个性化需求是未来变化趋势之一,因而企业必须在短时间里高效率地向社会提供优质产品或服务才能获得更多的利润,才能取得竞争优势。组织决策必须追求高效率,这是组织管理对决策的基本要求。

(二)选择方案的方法

选择方案的方法比较多,归纳起来,有经验判断法、数学方法以及实验法等。

(1)经验判断法。即运用经验判断方法选择方案,包括淘汰法、排队法、归纳法。经验判断法是一种最古老的决策方法,20 世纪 40 年代以前的管理决策基本上都是依靠经验判断。虽然数学方法、物理模型以及网络模型等定量分析方法被引进决策中,但经验判断的方法仍然是不可缺少和忽视的。尤其是一些涉及社会、心理因素等复杂问题和非计量性多的决策,需要管理者的经验判断。

(2)数学方法。即运用数学方法选择方案,在 20 世纪 50 年代以后迅速发展起来。由于在控制变量属于连续型的情况下,经验判断法很难直接找到最优或最满意方案,要借助于数学方法进行分析,找出决策方案。应当指出的是,目前尚有许多复杂的决策,单纯用数学方法也解决不了,要综合运用选择方案的多种方法加以解决。

(3)试验法。对于涉及社会问题的决策,虽然不可能创造出像实验室那样人为的典型条件，但对重大问题决策，尤其是新的情况、新问题及无形因素起重大作用不便采用数学方法分析时，先选择少数几个典型单位进行试点，然后总结经验作为最后决策的依据，也是一种有效的方法。

六、贯彻实施

决策方案经过可靠性验证后，可以进入普遍实施阶段。在这一步骤上要做好以下工作：

(1)管理者把决策的目标、价值标准以及整个方案向下属交底，动员全体人员为实现既定的目标而共同努力。

(2)管理者围绕目标和实施目标的优化方案，制定具体的实施方案，明确各部门的职责、分工和任务，制定出时间和进度安排。对于决策方案，要有具体的落实措施，使总目标层层分解，并具有保证完成的基础。

(3)管理者制定各级各部门及执行人员的责任制度，做到确立规范、严明纪律、赏罚分明。

七、反馈及追踪检查

即使是一个优化方案，在执行过程中，由于客观环境的变化和主观因素的影响，发生与目标偏离的情况也是常有的。因此，必须做好决策方案实施的反馈和追踪检查工作。这个阶段的任务是要准确、及时地把方案实施过程中出现的问题、执行情况的信息，输送到决策机构，以进行追踪检查。

第四节　决策方法

决策方法的种类基本上可分为两类，即定性决策方法和定量决策方法。在具体使用中，两者不能截然分开。管理者可以按照决策进行的实际过程，根据决策面临的实际状态或结果的可靠性将定性方法和定量方法结合起来运用。

一、定性决策方法

定性决策方法，也称主观决策法或非计量决策法，它是一类在经营决策中可以充分发挥人的经验和智慧的方法。其核心是利用人们的知识、经验和能力，根据已知情况和现有材料，提出决策目标、方案、参数，并作出相应的评价和选择。这种方法的优点是集中了各方面专家的智慧，依据的信息比较全、较新，而且方便、灵活、省时、省力。这种方法的局限性主要有主观因素影响大，有时决策者还会受传统观念影响而导致决策方案选择的保守性。

该类决策法常适用于受社会影响因素大、所含因素复杂的战略决策。该类方法的具体类别主要有：德尔菲法、名义小组法等。

(一)德尔菲法

1946 年，兰德公司首次用德尔菲法(Delphi Method)来进行决策，后来该方法被迅速广泛采用。德尔菲法依据系统的程序，采用匿名发表意见的方式，即专家之间不得互相讨论，不发生横向联系。德尔菲法的具体实施步骤如下：

(1)组成专家小组。按照决策问题所需要的知识范围，确定专家。专家人数的多少，可根据研究问题的大小和涉及面的宽窄而定，一般不超过 20 人。

(2)向所有专家提出所要研究的问题及有关要求，并附上有关这个问题的所有背景材料，同时请专家提出还需要什么材料。然后，由专家做书面答复。

(3)各个专家根据他们所收到的材料，提出自己的意见，并说明自己是怎样利用这些材料并提出分析意见的。

(4)将各位专家第一次判断意见汇总，列成图表，进行对比，再分发给各位专家，让专家比较自己同他人的不同意见，修改自己的意见和判断。也可以把各位专家的意见加以整理，或请身份更高的其他专家加以评论，然后把这些意见再分送给各位专家，以便他们参考后修改自己的意见。

(5)将所有专家的修改意见收集起来进行汇总,再次分发给各位专家,以便做第二次修改,这样逐次反复多次。逐轮收集意见并为专家反馈信息是德尔菲法的主要环节,一般收集意见和信息反馈要经过3~4轮。通常,决策机构在向专家进行反馈的时候,只给出各种意见,但并不说出发表各种意见的专家的具体姓名。这一过程重复进行,直到每一个专家不再改变自己的意见为止。

(6)对专家的意见进行综合处理。决策机构通过对专家的意见进行对比分析,综合处理,并在此基础上得出决策结论。

德尔菲法作为一种主观、定性的方法,不仅可以用于决策领域,而且可以广泛应用于各种评价指标体系的建立和具体指标的确定过程。例如,决策者在考虑一项投资项目时,需要对该项目的市场吸引力作出评价。可以列出同市场吸引力有关的若干因素,包括整体市场规模、年市场增长率、历史毛利率、竞争强度、对技术要求、对能源的要求、对环境的影响等。市场吸引力的这一综合指标就等于上述因素加权求和。每一个因素在构成市场吸引力时的重要性即权重和该因素的得分,需要由管理人员的主观判断来确定。这时,同样可以采用德尔菲法。

采用德尔菲法进行决策时要注意的问题:

(1)由于专家组成成员之间存在身份和地位上的差别以及其他社会原因,有可能使其中一些人因不愿批评或否定其他人的观点而放弃自己的合理主张。要防止这类问题的出现,必须避免专家们面对面的集体讨论,而是由专家单独提出意见。

(2)对专家的挑选应基于其对企业内外部情况的了解程度。专家可以是第一线的管理人员,也可以是企业高层管理人员和外请专家。例如,在估计未来企业对劳动力需求时,企业可以挑选人事、计划、市场、生产及销售部门的经理作为专家。

(二)名义小组法

名义小组法是指在决策过程中对群体成员的讨论或人际沟通加以限制,但群体成员是独立思考的。像召开传统会议一样,群体成员都出席会议,但群体成员首先进行个体决策。在群体决策中,如对问题的性质不完全了解且意见分歧严重,则可以采用名义小组法。

名义小组法的实施步骤:

(1)小组成员集合成一个群体,但在进行任何讨论之前,每个成员独立地写下他对问题的看法。

(2)经过一段沉默后,每个成员将自己的想法提交给群体。然后一个接一个地向大家说明自己的想法,直到每个人的想法都表达完并记录下来为止(通常记在一张活动挂图或黑板上)。所有的想法都记录下来之前不进行讨论。

(3)群体开始讨论,以便把每个想法搞清楚,并作出评价。

(4)每一个群体成员独立地把各种想法排出次序,最后的决策是综合排序最高的想法。

在这种决策方法中,小组的成员互不通气,也不在一起讨论、协商,因而小组只是名义上的。这种名义小组可以有效地激发个人的创造力和想象力。运用名义小组法进行决策的好处在于所有小组成员参与决策,它们的机会均等,讨论问题不受任何成员的影响和限制,同时决策的时间也得到了严密的控制。这一方法的缺点在于决策程序僵硬呆板,小组成员感受不到凝聚力,写出的意见没有机会从别人那里获得灵感,得到启发。

二、定量决策法

定量决策法也称为计量决策或硬技术方法,是运用数学计算的方法。它主要是把与决策相关的变量与变量之间,变量与目标之间的关系用数学函数表示出来,建立数学模型,然后根据决策条件得出决策答案。这种方法的优点是决策方案的优劣界限比较清楚,易于进行对比分析、评价与选择,大大增加了决策的可靠性,从而提高了决策的质量。不足之处是由于对某些影响因素如政治的、社会的以及人们心理上的影响因素很难用具体的数字表示,而使得这种决策方法的效果受到某些影响。该类方法的具体类别主要有:确定型决策方法、风险型决策方法和非确定型决策方法。

(一)确定型决策方法

1. 线性规划法

线性规划法主要用于解决有限资源的最佳配置,即如何利用有限的资源作出最佳方式的调配和最有利的使用,以便最充分地发挥资源的效能去获得最佳经济效益。通常是在一些线性等式或不等式的约束条件下,寻求线性目标函数的最优值。对于一般的线性规划问题,常采用单纯型法求解;但对于只有两个或多个决策变量的线性规划,可以使用图解法求解。

运用线性规划建模的步骤:第一,确定影响目标函数大小的决策变量,列出目标函数方程。第二,找出目标函数的约束条件。第三,确定目标函数解的情况,有解还是无解;如果有解时,有多少解。第四,判断目标函数的最优值的情况,如果存在最优值,确定其大小。

【例 9.1】 某银行有 5 000 万美元的资金来源,这些资金可以用作贷款和短期证券投资,贷款收益率为 12%,短期证券收益率为 8%,存款成本忽略不计。假设银行管理短期资产的流动性标准为不低于投资资产的 25%,即短期证券与总贷款的比例至少为 25%。用线性规划法,求银行的最佳资产组合。

解:首先确定目标函数和变量

设 x_1 为贷款,x_2 为短期证券投资,目标函数为

$$\text{Max}Y = 0.12x_1 + 0.08x_2$$

$$x_1 + x_2 \leqslant 5000 \quad \text{总资产约束}$$

$$x_2 \geqslant 0.25x_1 \quad \text{流动性约束}$$

$$x_1 \geqslant 0, x_2 \geqslant 0 \quad \text{非负约束条件}$$

图 9.3 直观地表示了运用图解法求解线性规划的过程。

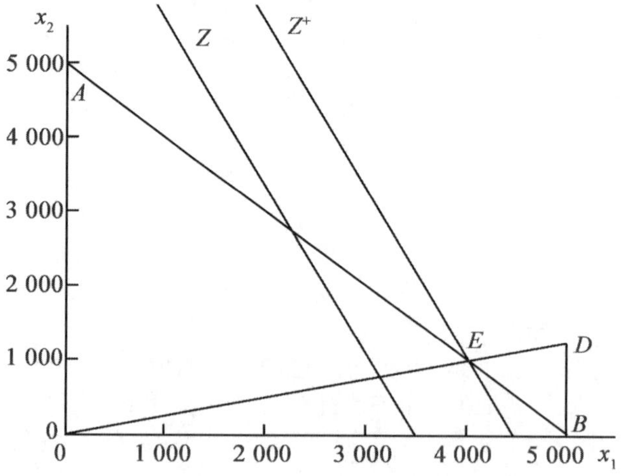

图 9.3 线性规划图解法

目标函数表示了各种赢利性资产对银行总赢利的贡献。图中,目标函数表示为一条常数利润线,给定 Z 函数上的每一点都表示产生同样的贷款和短期证券的不同组合点。

第一个约束条件 $x_1 + x_2 \leqslant 5\,000$ 表明银行的贷款与短期证券的组合受资金来源总量的限制,可行的资产选择在 AB 线及其下。

第二个约束条件 $x_2 \geqslant 0.25x_1$ 表明短期证券必须等于大于贷款的 25%,以符合流动性的要求,因此可行的资产组合应在 OD 线上。

第三个约束条件 $x_1 \geqslant 0, x_2 \geqslant 0$ 表明贷款和短期证券不可能为负。三角形 AOE 区域表

示满足三个约束条件的所有组合点。

为了确定最佳资产组合，通过反复验证，利润函数 Z 在右上方移动代表更高的总利润水平。只有在 E 点，所选择的贷款和短期证券组合同时满足三个约束条件，才是银行利润最大化，这个点为最佳资产组合点。在这一点上，银行资金管理者在短期证券上投资 1 000 万，贷款 4 000 万，目标函数总收益为 560 万。

2. 量本利分析法

量本利分析法，又称保本分析法或盈亏分析法，是以分析生产量或销售量、成本与利润三者的关系以及盈亏变化规律为决策依据的定量方法。量本利分析法在企业经营管理中具有广泛的用途。

量本利分析法的基本原理是企业在进行生产经营活动过程中，在赢利与亏损之间的临界点的利润为零时，其所对应的生产量或销售量就是保本产量或保本销售量。保本产量或保本销售量是企业面对外界市场环境变化可以控制的决策的基础量，因此，保本产量或保本销售量的计算成为量本利分析法的核心，见图 9.4。

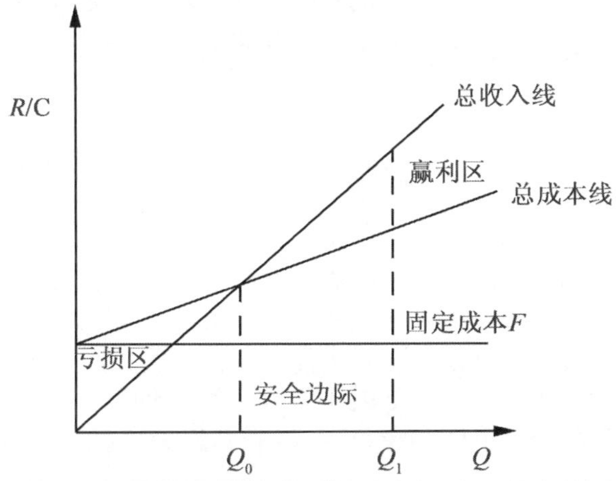

图 9.4　量本利分析

具体而言，企业的利润来源于收入与总成本两者之间的对比，而总收入可以通过单位产品的价格与销售量得到体现，总成本表现为固定成本与变动成本之和，变动成本可以通过单位产品的成本与产量得到体现。在假设市场供不应求的前提下，市场营销的风险降低为零，企业不必担心产品的销售问题，因而销售风险就转化为企业内部生产商品的产量风险。

假设 p 代表产品价格，Q 代表产量或销售量，Q_1 代表方案的产量，Q_0 代表保本产量，F 代表总固定成本，v 代表变动成本，n 代表总利润，则

$$n = pQ - (F + vQ)$$

在目标利润为时，产量为

$$Q = (n + F)/(p - v)$$

当目标利润为为零时，保本产量为

$$Q_0 = F/(p - v)$$

$$\text{安全边际} = \text{方案的产量} - \text{保本产量} = Q_1 - Q_0$$

$$\text{安全边际率} = \text{安全边际}/\text{方案的产量} = (Q_1 - Q_0)/Q_1$$

【例 9.2】　某企业拟开发一种新产品，新产品的开发费用 60 000 元，单位生产成本为 1.8元，预计市场销售价格为 3 元，产品的市场需求量为 80 000 件，企业是否该开发此产品？

解：由量本利分析法可知，保本产量为

$$Q_0 = F/(p - v) = 60\,000/(3 - 1.8) = 50\,000$$

因为 $Q_0 = 50\,000 < Q_1 = 80\,000$，所以企业应该开发此产品。

若此产品的开发费用为 120 000 元，保本产量为 100 000 件，大于市场需求量，企业则不应该开发此产品。

（二）风险型决策方法

风险型决策问题具有以下基本特点：第一，每个被选方案都受到不能肯定的外部环境状态的影响；第二，每个方案可能遇到的自然状态可以估计出来；第三，各种自然状态出现的概率可以估计出来。

解决风险型决策问题的方法有损益期望值准则和决策树法。

1. 损益期望值准则

所谓损益期望值就是某方案实施后在各种自然状态下可能得到的损益值的“期望”。这里的“期望”是概率论中的一个数学概念，表示若干随机数值的概率平均值。损益期望值的计算方法是将每一个被选方案在不同状态下的损益值与对应的状态概率相乘之后相加。计算出损益期望值后，选择收益值最大或损失值最小的方案作为最优方案。具体公式为

$$E(a_i) = \sum_{j=1}^{n} b_{ij} = P_j \quad j = 1,2,3...m$$

式中：$E(a_i)$ 为第 i 个方案的损益期望值；b_{ij} 为第 i 个方案在第 j 中状态下的损益值；p_j 为第 j 种状态的概率

2. 决策树法

决策树法的基本原理是以损益期望值为依据，通过计算损益期望值作出决策。所不同的是决策树法是一种图解法，能够直接反映决策的过程，对分析较复杂的决策问题更有效。

决策树的构成有四个要素：决策点、方案分枝、状态点和概率分枝。分析决策问题时首先画出决策点，决策点一般用方框表示，决策点下引出方案分支，有几个方案引几条方案分支。方案分枝下是状态点，状态点一般用圆圈表示，状态点下引出概率分枝，有几种状态就引几条概率分支。在每条概率分枝上注明该种自然状态以及自然状态出现的概率，同时在概率分枝的末端标注方案在自然状态下的损益值。决策问题一般有多种方案和多种自然状态，所以有多条支线，在画决策树时一般由左向右，由简向繁，根据问题的层次展开构成一个树形图。见图 9.5。

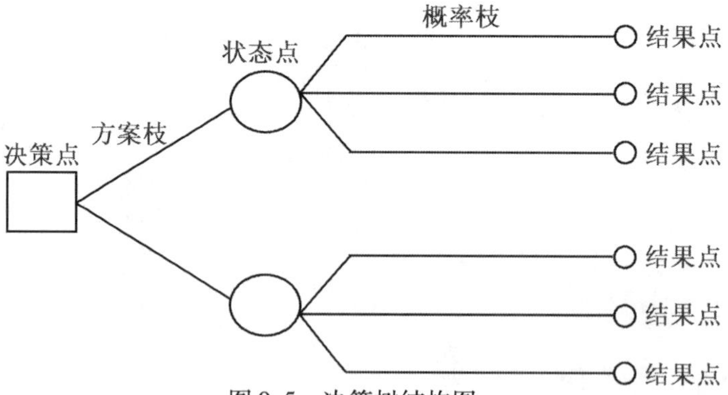

图 9.5　决策树结构图

应用决策树法进行决策的程序：首先根据决策问题画出决策树，然后根据决策树最右端的结果和概率枝上的概率，从右至左逐步计算出同一方案在不同状态下的期望值，最后根据不同方案的期望损益值的大小进行选择，从而得到最优方案。

某方案期望损益值 = $\sum$ 某种自然状态的概率 × 该自然状态下的损益值

【例 9.3】 某企业开发一种新产品，拟定两个生产方案，新建需投资 300 万元，改建需投资 120 万元，方案的使用周期均为 10 年，方案的自然状态概率和年收益见表 9.2，问如何决策？

表 9.2 各方案损益值

自然状态 \ 年收益 \ 方案	新建	改建	概率
畅销	100	30	0.7
滞销	-20	10	0.3

解:第一步:画出决策树

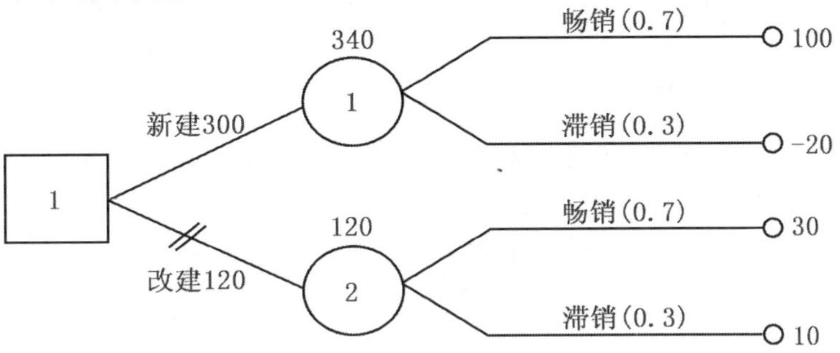

第二步:计算各状态点期望值为

$$E1=(100\times10\times0.7)+(-20\times10\times0.3)-300=340$$

$$E2=(30\times10\times0.7)+(10\times10\times0.3)-120=120$$

第三步:比较各状态点的期望值可知:$E1>E2$,新建方案较好。

(三)非确定型决策方法

非确定型决策问题的特点与风险型决策问题的特点基本相同,只是无法估计出各种状态出现的概率,只能根据各方案在不同状态下可能获得的损益值,用分析估计的方法决策。

1. 乐观准则

乐观准则是指决策者对客观事实抱乐观态度,总把客观事实想得很顺利,在顺利的情况下寻找一个最好的方案。其决策的方法是在给出的决策损益值表中,先从各方案在不同状态下的损益值中选大的,再从这些大的损益值中选最大的,这个损益值所对应的方案就是决策方案。

2. 悲观准则

悲观准则是指决策者对客观事实持悲观态度,总把客观事实想得很不顺利,在不顺利的情况下,寻找一个最好的方案。这是一种很保险的决策方法,对于那些风险较大的问题,可以采用这种方法。其决策的方法是在给出的决策损益值表中,先从各方案在不同状态下的损益值中选小的,再从这些小的损益值中选最大的,这个损益值所对应的方案就是决策方案。

3. 后悔值准则

采用后悔值准则决策方法首先要明确什么是后悔值。所谓后悔值就是在给定的自然状态下,一个方案可能取得的收益值(或损失值)与该状态下的最大收益值(或损失值)的差距。采用后悔值准则决策,首先根据决策损益值表计算出方案的后悔值并列表表示,然后在给出的后悔值表中,先从各方案在不同状态下的后悔值中选大的,再从这些大的后悔值中选最小的,这个后悔值所对应的方案就是决策方案。

4. 机会均等准则

机会均等准则决策的思路是:认为各种状态出现的机会是均等的,如有 n 种状态,则每种状态发生的概率都是 $1/n$。这种方法实际上是将非确定型决策问题转化为风险型决策问题,再用损益期望值准则或决策树法进行决策。

【例 9.5】 某企业准备生产一种新产品,有三种方案:新建,扩建,改建。这三种方案在不同的自然状态下的收益如表 9.4 所示。试分别用乐观准则法、悲观准则法和后悔值法进行决策。

表 9.4 各方案损益值 单位:万元

自然状态 / 年收益 / 方案	畅销	一般	滞销
新建	110	50	-5
扩建	60	35	10
改建	40	25	20

解:

(1)乐观准则法:三个方案在不同自然状态下最大收益分别为 110,60,40 ,其中新建的收益值最大,应选新建方案。

(2)悲观准则法:三个方案在不同自然状态下最小收益分别为 -5,10,20,其中改建的收益值最大,应选改建方案。

(3)后悔值法:见表 9.5。

表 9.5 后悔值计算表 单位:万元

自然状态 / 后悔值 / 方案	畅销	一般	滞销	最大后悔值
新建	110 - 110 = 0	50 - 50 = 0	20 - (-5) = 25	25
扩建	110 - 60 = 50	50 - 35 = 15	20 - 10 = 10	50
改建	110 - 40 = 70	50 - 25 = 15	20 - 20 = 0	70

三个方案在不同自然状态下最大后悔值分别为 25,50,70 ,其中新建的后悔值最小,应选新建方案。

思考题

1 阐述决策的定义。

2 决策有哪些构成要素?

3 决策应遵循哪些原则。

4 定量决策有哪些分类方法?

5 战略决策和战术决策的内容和解决的问题有什么不同?

6 确定型决策和不确定性决策是根据什么划分的?

7 简述决策的程序。

8 解决风险型决策问题的方法有哪些?

9 解决非确定型决策问题的方法有哪些?

10 古典决策理论主要包括哪些内容?

11 行为决策理论发展经历了几个阶段?

12 阐述行为决策理论的主要内容和特点。

13 描述名义小组法的实施步骤。

14 某企业生产某产品的固定成本为 50 万元,单位售价 80 元,单位可变成本 40 元,若企业目标利润为 30 万元,企业应完成多少经销量? 又问若本年预计销量为 50 000 件,其利润额或亏损额是多少?

15 某企业准备今后 5 年生产某种产品,需要确定产品批量。根据预测估计,这种产品的市场状况的概率:畅销为0.3,一般为0.5,滞销为0.2。企业提出大、中、小三种产品生产批量的生产方案,估计销路和损益值情况如表9.6所示。问怎样决策才能取得最大经济效益?

表9.6 各方案损益值 单位:万元

自然状态 / 年收益 / 方案	畅销	一般	滞销
大批量	30	25	12
中批量	25	20	14
小批量	18	16	15

16 某企业有三种新产品待选,估计销路和损益情况如9.7表所示。请分别用乐观准则、悲观准则、后悔值准则选择最优的产品方案。

表9.7 各方案损益值 单位:万元

自然状态 / 年收益 / 方案	畅销	一般	滞销
销路好	40	90	30
销路一般	20	40	20
销路差	-10	-50	-4

【案例分析】

阿迪达斯公司与耐克公司

如果你是一名认真的长跑者,那么在20世纪60年代或70年代初,你只有一种合适的鞋可供选择:阿迪达斯(adidas)。阿迪达斯是德国的一家公司,是为竞技运动员生产轻型跑鞋的先驱。在1976年的蒙特利尔奥运会上,田径赛中有82%的获奖者穿的是阿迪达斯牌运动鞋。阿迪达斯的优势在于试验,它使用新的材料和技术来生产更结实和更轻便的鞋。它采用袋鼠皮绷紧鞋边,四钉跑鞋和径赛鞋采用的是尼龙鞋底和可更换的鞋钉。高质量、创新性和产品多样化,使阿迪达斯在20世纪70年代中支配了这一领域的国际竞争。

20世纪70年代,蓬勃兴起的健康运动使阿迪达斯公司的管理者感到吃惊。一瞬间成百万以前不好运动的人们对体育锻炼产生了兴趣,其中成长最快的健康运动细分市场是慢跑。据统计,有2 500万~3 000万美国人加入了慢跑运动,他们需要各类跑鞋。另外,还有1 000万人是为了休闲而穿跑鞋。尽管如此,为了保护其在竞技市场中的统治地位,阿迪达斯并没有大规模地进入慢跑市场。

20世纪70年代,在这一领域出现了一大批竞争者,如美洲狮(Puma)、布鲁克斯(Brmks)、新布兰斯(New Ballance)和虎牌(Tiger)等。其中有一家公司比其余更富有进取性和创新性,那就是耐克(Nike)。由前俄勒冈大学的一位长跑运动员创办的耐克公司,在1972年俄勒冈的尤金举行的奥林匹克选拔赛中首次亮相。穿着新耐克鞋的马拉松运动员获得了第四至第七名,而穿阿迪达斯鞋的参赛者在那次比赛中占据了前三名。

耐克的大突破出自1975年的"夹心饼干鞋底"方案。它的鞋底上的橡胶钉比市场上出售的其他鞋更富有弹性。夹心饼干鞋底的流行及旅游鞋市场的快速膨胀,使耐克公司1976年的销售额达到1 400万美元。而在1972年仅为200万美元,自此耐克公司的销售额飞速上涨。今天,耐克公司的年销售额超过了35亿美元,并成为行业的领导者,占有运动鞋市场26%的份额。

耐克公司的成功源于它强调的两点:(1)研究和技术改进;(2)风格式样的多样化。公司有将近100名雇员从事研究和开发工作。它的一些研究和开发活动包括人体运动高速摄影分析,对300个运动员进行的试穿测验,以及对新的和改进的鞋及材料的不断的试验和研究。

在营销中,耐克公司为消费者提供了最大范围的选择。它吸引了各种各样的运动员,并向消费者传递出最完美的旅游鞋制造商形象。到20世纪80年代初,慢跑运动达到高峰时,阿迪达斯已成了市场中的“落伍者”。竞争对手推出了更多的创新产品,更多的品种,并且成功地扩展到了其他运动市场。例如,耐克公司的产品已经统治了篮球和年轻人市场,运动鞋已进入了时装时代。到20世纪90年代初,阿迪达斯的市场份额降到了可怜的4%。

讨论:

1. 耐克公司的管理当局制定了什么决策使它如此成功?

2. 20世纪90年代初,阿迪达斯的市场份额的极大减少,哪些决策如何使得它陷入了可怜的地步?不确定性在其中扮演了什么角色吗?

第三篇　组织

第十章　组织体系

◆**本章关键词**

1. 组织　2. 组织结构　3. 组织设计　4. 非正式组织

第一节　组织概述

一、组织的含义

组织这个词我们经常使用，虽然看起来非常简单，但管理学家提出过众多从不同角度来阐述组织的理论，因而对组织概念的解释也较多。组织有两种词性，一种是动词（organize），就是有目的、有系统集合起来，如组织群众，这种组织是管理的一种职能；另一种是名词（organization），指按照一定的宗旨和目标建立起来的集体，如工厂、机关、学校、医院、各级政府部门、各个层次的经济实体、各个党派和政治团体等，这些都是组织。

组织是由两个或两个以上的人组成，有一定社会边界，为一定目标而进行协作活动的集体。同时，组织又是对完成特定使命的系统性安排的过程。有效的协作需要管理，而管理的载体就是组织。管理学家切斯特·巴纳德也认为，由于生理的、心理的、物质的、社会的限制，人们为了达到共同的目标，就必须合作，于是形成群体，即组织。所谓组织，就是为达成某些目标而设计的集合体，是成员进行各种活动的基本框架。

> 当组织严谨的作风和道德精神不断发展、组织的目标和处事能力不断提升时，组织内个体成员的发展空间也会越加广阔。
> ——彼得·德鲁克

理解组织的几个要点：

（1）组织是社会实体，是人的集合体。

（2）组织有确定的目标，将资源组合在一起完成特定的目标。组织的目标是完成使命和组织宗旨的载体，是随着环境、时间以及条件变化不断调整的进程表，是组织争取达到的一种未来状态，它是开展各项组织活动的依据和动力。彼得·德鲁克指出“组织的目标是要使得平凡的人能作出不平凡的事”。每一个社会组织，都有自己预期的目的或结果，它代表着一个组织的方向和未来。医院的目标是救死扶伤；大学的目标是培养高素质的复合型人才。对于组织而言，实现个体目标和共同目标的兼容，使组织成员在为共同的目标奋斗的过程中实现个体目标，是组织生命力和凝聚力的保证.

（3）组织有一定的结构和协调模式的动态系统。随着时代发展能够通过运用现代技术和新的信息技术，重新设计组织结构和管理实践以增进效率，并为创新提供条件，从而有效地生产商品和提供服务。

组织需要有分工与合作。在组织中，合作使劳动过程相互结合，而分工则使劳动过程相互独立；同时，为了提高生产力、达到组织的目标，合作要以分工为基础实现有计划的协同劳动，而分工则需要通过合作创造出一种超越个人劳动力的更高的劳动力，组织也就更容易达到既定的目标。企业中设置的不同部门就是一种分工形式，每个部门专门从事一种特定的工作,而各个部门又要相互配合,提高企业的效率。分工和合作使组织活动形成弧线关联关系的层次网络结构,与此相适应,组织的成员也根据各自的权利和责任制度形成正式的层级指挥体系。

组织要有不同层次的权力与责任制度。权力是组织的本质特征,组织之所以是组织而不是松散的人的结合体,就是因为组织中的各级成员拥有不同层次的权力。制定责任制度是明确其角色与职责的有效工具,组织中的每个具体任务都能落实到组织成员的身上,确保了组织的事有人做,人有事干。通过不同层次的权利和责任制度就能够把组织成员的角色和职责,以及汇报关系确定下来,使成员能够各负其责、各司其职,进行充分、有效的合作,避免职责不明、推诿扯皮现象的发生,为组织目标的完成提供了可靠的保证。

(4)与外部环境相联系,组织还适应并影响着迅速变化的环境。组织也必须应付和适应当今劳动力多样化的挑战,更加注重伦理和社会责任,改变雇员的职业生涯模式,找出有效的办法激励组织成员完成组织目标。因此,组织包围并以多种方式改变我们的生活,同时管理者也能改变组织,重新设计组织,提高组织效率。

二、组织的要素

各种社会组织的具体形式因社会功能差异而不同,但构成组织的内部和外部的基本要素相同。

(一)内部要素(一般包括5个基本要素)

(1)目的——宗旨,含义比目标广泛,表明为什么要有这个组织。

(2)人——包括管理的主体和客体。

(3)物和技术——管理的客体、手段和条件。

(4)信息——管理的媒介、依据,同时也是管理的客体。

(5)机构——体现管理的分工关系和管理方式。

(二)外部要素(作为社会系统的子系统,组织活动具有9个外部环境要素)

(1)市场。

(2)行业,包括同行业的斗争对手和相关行业的状况。

(3)人力资源。

(4)资金资源。

(5)原材料供应基地。

(6)技术。

(7)政治形势。

(8)政府。

(9)社会文化。

因此,一个组织的建立和发展,既要具备基本的内部要素,又要受到一系列外部环境要素的影响和制约。管理就是在这样的组织中,由一个或者若干个人通过行使各种管理职能,合理配置以人为主各种要素,为实现组织目标而进行的活动,这对任何性质、任何类型的组织都具有普遍意义。

三、组织的特征

第一,组织是以人为主的各种资源集成的社会技术系统。组织由人构成,没有人群便没有组织。同时,组织活动又需要一定的物质资源,而这些资源配置也要人来完成。因此,组织是以人为主导的物质结构和社会结构综合的有机体,是人的系统、物的系统和社会环境系统相结合的社会技术系统,又是相对静态的人群社会实体单位。组织是投入产出的系统,它与社会环境相互作用成为独立的法人,并具有调节、适应发展变化功能的开放系统。人类的力量在本质上是组织的力量。各种组织是构成现代社会的基本的独立单元。

第二，组织是适应实现目标的需要而存在的，组织必须有共同目标，而它自身则是实现共同目标的手段。任何组织都有其基本目标，即满足人们日常生活和社会活动的种种需要，如企业提供产品（服务）以满足顾客需要、学校培养人才、医院为病人提供健康服务等。为满足需要，群体产生了。群体活动正式化、群体规则稳定化的结果就导致了组织的出现。组织是有一定的需要、动机、感情和进取心的团体意识和精神的结合体。为了完成共同的目标，组织成员按照一定方式相互合作而结成有机整体，从而形成单个人力量简单相加所不能比拟的整体力量。组织活动扩大了人的活动范围，增强了人们认识、改造客观世界的能力。

第三，组织是通过专业化分工和协作来实现目标的。组织是组织工作或组织活动的动态系统。组织作为一种职能，是完成特定目标的系统性安排的过程，如企业"组织"生产经营、学校"组织"课堂教学、军队"组织"战术训练、政府"组织"抗震救灾等。在许多情况下，人们需求的满足方式是多元化的，既可能通过个体活动实现，也可能由组织活动提供，至于如何选择，则取决于组织活动和个人活动两种方式效率的比较。当组织活动的效率高于个体活动时，便会在人们长期的自然选择比较中逐渐胜出。一个典型的例子便是学校的出现和发展。知识传授的方式可以是师傅带徒弟式的个体活动，也可以是学校教育式的组织活动，在社会发展到一定程度后，后者具有更高的效率，于是后者取代了前者。组织活动的展开离不开相应的人力资源（员工）、物力资源（原材料和机器设备）、财力资源（资金）和信息资源（各种数据幕情报）等条件，为了保证组织活动基本过程的顺利进行，就需要分工和协作，使组织活动形成互相联系的层次网络结构。与此相适应，组织的成员也应当根据各自的权利、责任制度形成正式的层级指挥体系。这种系统性安排能保证组织完成单个人无法完成的持续性和系列化的特定目标。

第四，组织的功能是在组织目标已经确定的情况下，将实现目标所必需进行的各项业务活动加以分组合，并根据管理幅度原理，划分出不同的管理层次和部门，将监督各类活动所必需的职权授给各部门的主管人员，以及规定这些层次和部门间的相互配合关系。目的是通过建立一个适于组织成员相互合作、人尽其才的良好环境，从而消除由于工作或职责混乱引起的各种冲突，使组织成员都能在各自的岗位上为组织目标的实现作出应有的贡献。

第二节　组织结构

一、组织结构的含义

组织结构是描述如何将组织所有工作分配到组织的下级部门中去，以及这些部门是如何进行协调和完成这些工作的。所以，组织结构是指组织对工作任务进行分工、分组和协调合作的模式。它表现为组织各部分排列顺序、空间位置、聚集状态、联系方式以及各要素之间的相互关系，同时也是执行管理任务的体制。

组织结构在整个管理系统中同样起"框架"作用，有了它，系统中的人流、物流、信息流才能正常流通，组织目标才可能实现。所不同的是组织结构是主管人员有意识地创造的结构，组织能否顺利达到目标，能否促进个人在实现目标过程中作出贡献，在很大程度上取决于这种结构的完善程度。

> 所谓搭"架子"就是建立起一个使领导意志得以高效贯彻的组织结构。一个好的组织结构应该是使企业具有高效的运转效率，形成优秀人才脱颖而出的机制，构建起正确决策得以通过实施、重大失误得以避免的决策体系。

二、组织结构的演变和类型

组织结构的设计从直线型、职能型结构开始到现在，经过了直线职能型组织结构、事业部制组织结构、矩阵式组织结构、多维立体组织结构和委员会等形式组织结构的演变，为了应付环境的不确定性，近年来理论界和实际部门又发展了一些新的结构形式，如项目组织设计、团队结构模式、虚拟公司模式和自由型结构等，并给组织结构赋予了扁平化、柔性化、分立化和网络化等一些新的特点。

(一)常用的一般组织结构形式

常用的一般组织结构形式：简单结构、官僚结构、事业部制结构和矩阵结构。

1. 简单结构

简单结构型组织的最大特点在于它不是什么，而不在于它是什么。它不复杂，部门化程度很低，控制跨度宽，权力集中在一个人手中，正规化程度较低。简单结构是一种扁平式组织结构形式，通常仅有 2 ~ 3 层垂直层次，员工之间的联系比较松散，决策权力集中在一个人身上。

简单结构的优势就在于它的简单。它简便易行、反应敏捷、费用低廉、责任明确。其主要弱点是，主要适用于小型组织。随着组织的扩展，这种组织形式由于正规化程度低，高度集权导致的信息积聚于上层，使它难以适应组织的扩展需要。随着组织规模的扩大，如果高层主管还企图独掌决策大权，组织决策就会日渐迟缓，甚至停滞，这往往会导致许多小型企业的倒闭。如果一个组织的员工人数为 50 ~ 100 人，企业主就很难包揽所有的决策。如果组织结构还不加以改变，使之更加复杂，这个企业就难免失去不少发展机会，最终是要倒闭的。简单结构的另一个不足在于它的风险性：一切都取决于一个人，事实上，一次心脏病发作就足以破坏整个组织的信息与决策中心。

2. 官僚结构

官僚结构的特点是：通过职务专门化，制定非常正规的制度和规则；以职能部门划分工作任务；实行集权式决策，控制跨度狭窄；通过命令链进行经营决策，来维持日常的组织运营顺利进行。具体的表现形式有直线型组织结构，职能型组织结构，直线 - 职能型组织结构。

直线型组织结构，由垂直系统的各管理层次的主管人执行统一指挥和管理职能，一般不设职能人员或者只在上层组织配备少数职能人员协助主管人员工作，见图 10.1。

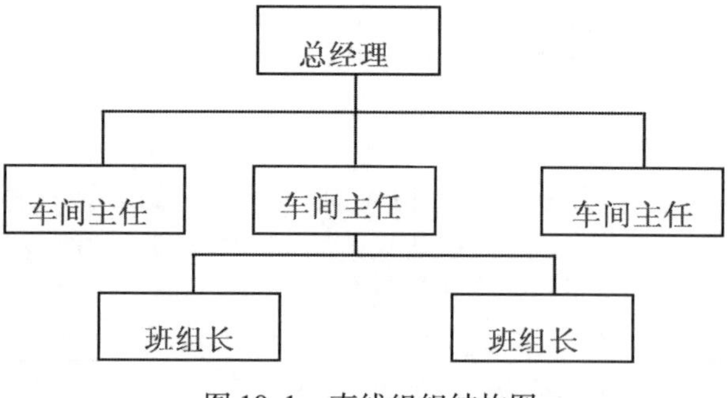

图 10.1 直线组织结构图

优点：结构单一，管理权限集中，实行统一指挥和管理，下级不会同时接受两种相互抵触的命令。

缺点：未设职能机构，管理劳动缺乏分工，采用家长式的领导方法。

运用：这种组织类型一般在规模小、经营项目单一的企事业单位中采用。

职能型组织结构，是在直线型组织的基础上，设置各级职能机构(人员)，协助行使管理职能，各级职能机构(人员)在自己的业务范围内，可以向下级发布命令、指示。见图 10.2。

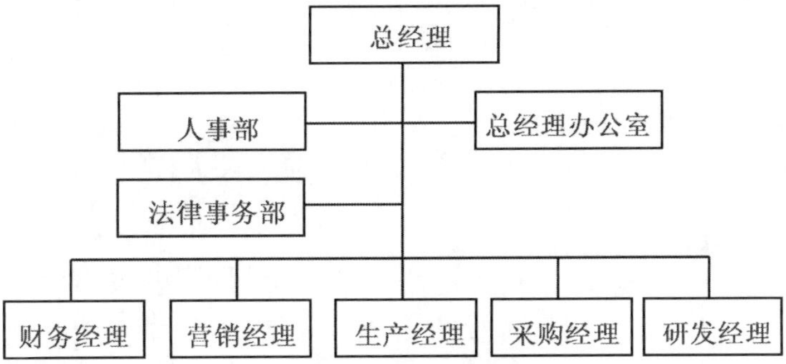

图 10.2　职能型组织结构

优点:管理劳动的专业化,吸收专业人员参加管理。

缺点:强调例行工作;管理人员本位性观念,难以成为高层领导;减少了部门的依赖性,协调更困难;难以分清对整体成果的责任。

运用:稳定环境;中小企业;常规技术,职能部门之间相互依赖;以效率和工艺质量为目标。

直线 – 职能型组织结构,是上述两种类型的结合,以直线型为基础,在主管人员之下设置职能机构,协助主管人员工作,不对下级直接指挥,只对下级职能机构进行业务指导,见图 10.3。

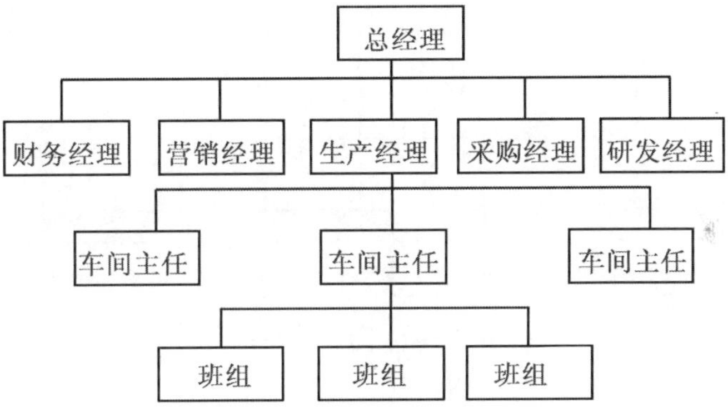

图 10.3　直线 – 职能型组织结构

优点:综合了直线型和职能型的优点,既发挥了职能型实行管理专业化的长处,又保持了直线型集中统一领导的优点,为管理组织的基本形式。

缺点:职能机构之间的横向联系较差,容易产生相互脱节的现象,主管人员必须做好协调工作。

运用:比较适用中、小型组织,但对于规模较大、决策时需要考虑较多因素的组织,则不太适用。在目前仍被我国大多数企业采用。

官僚结构型组织的主要优势在于,它能够高效地进行标准化活动操作。把同类专家配置在同一个职能性部门,能够实现规模经济,使人事与机器的重复设置降到最低限度,员工也有更多的机会与自己的同事进行兴趣相投的交流。而且,这种结构形式对中低层的管理人员的要求较低,因此可以节约成本。规章制度在组织中的渗透在某种程度上使管理人员处理问题比较容易。实行标准化操作和高度正规化经营,使决策可以集权化。因此,对中、低层管理人员创新能力、决策、工作经验的要求不高。

官僚结构型组织的一个主要不足是,工作专门化导致了各个分部门之间的冲突,职能部门的目标有时会凌驾于组织的整体目标之上。官僚结构的另一个不足是过于刻板和机械，对于在官僚结构型组织工作的人来说，既使事实与规则不完全相符，也要遵守规则，根本没有变通的余地。只有在员工们面临他们熟悉的问题，而且问题解决方法已有程序性规定时，这种结构的效力才能发挥出来。

官僚结构型组织盛行于20世纪50年代至60年代。到了90年代，这种组织形式已经过时，有人认为这种结构形式对于变革的反应速度太慢，压抑了员工的创造性和积极性。但是多半大型组织仍具有官僚结构的基本特点，尤其是专门化和高度正规化这两点。但在控制跨度上，大都有所拓宽，集权式经营决策向分权式经营决策转变，功能齐全的部门与多功能团队共同发挥作用。现在的另一种趋势是把官僚结构分解成小型的、职能较少的官僚结构单位，这种单位一般拥有150～260个员工，每个单位有自己独立的经营宗旨和利润目标。

3. 事业部制组织

事业部制组织也亦称分权组织或部门化结构，其下属单位是在公司统一领导下，按产品地区或市场（顾客）划分而建立的、具有产供销权限的、实行相对独立的经营单位。其主要特点是“集中政策，分散经营”。基本要素是相对独立的经营自主权，相对独立的市场，相对独立的利益。公司最高管理机构握有人事决策、财务控制、规定价格幅度、监督等大权，并利用利润指标加以控制，见图10.4。

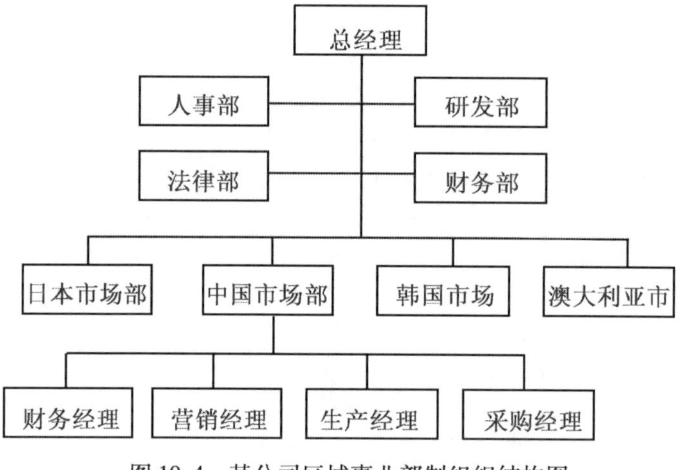

图10.4　某公司区域事业部制组织结构图

优点：适应性和稳定性强，有利于组织的最高管理者摆脱日常事务而专心致力于组织的战略决策和长期规划，有利于调动各事业部的积极性和主动性，并且有利于公司对各事业部的绩效进行考评。

缺点：机构重复，造成了管理人员浪费；由于各个事业部独立经营，各事业部之间要进行人员互换就比较困难，相互支援较差；各事业部主管人员考虑问题往往从本部门出发，引起相互间激烈的竞争，可能发生内耗；由于分权易造成忽视整个组织的利益、协调较困难的情况，也可能出现架空领导的现象。

运用：产品多样化和从事多元化经营的组织，也适用于面临市场环境复杂多变或所处地理位置分散的大型企业和巨型企业。

事业部制首创于20世纪20年代的美国通用汽车公司，是在组织领导方式上由集权制向分权制转化的一种改革，其最突出的特点是“总公司集中决策，事业部独立分散经营”，即总公司下设多个事业部，有各自独立的产品和市场，实行独立核算：事业部内部在经营管理上则拥有自主性和独立性。这种组织结构多适用于规模较大的一些公司等组织，在国外相当普及，我国的许多大企业也开始采用。

20世纪70年代美国和日本的一些公司在事业部制的基础上创建超事业部制组织结构类型，是在组织最高管理层和各个事业部之间增加了一级管理机构，负责统辖和协调所属各个事业部的活动，使领导方式在分权基础上又适当地集中。这样做的好处是可以集中几个事业部的力量共同研究和开发新产品，可以更好地协调各事业部的活动，从而能够增强组织活动的灵活性。

4. 模拟分权制

介于直线职能制和事业部制之间的结构形式。许多大型企业，如连续生产的钢铁、化工企业由于产品品种或生产工艺过程所限，难以分解成几个独立的事业部。又由于企业的规模庞大，以致高层管理者感到采用其他组织形态都不容易管理，这时就出现了模拟分权组织结构形式，见图10.5。

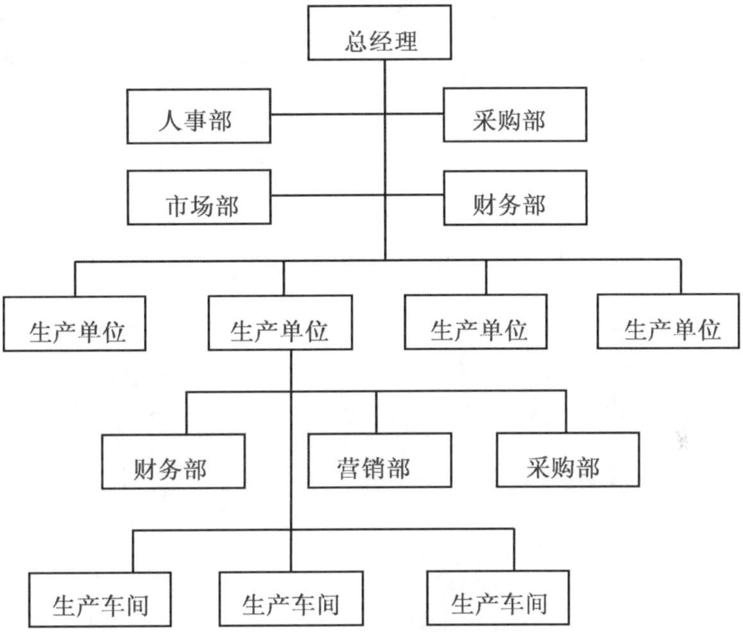

图10.5　模拟分权制组织结构

所谓模拟，就是要模拟事业部制的独立经营，单独核算，而不是真正的事业部，实际上是一个个“生产单位”。这些生产单位有自己的职能机构，享有尽可能大的自主权，负有“模拟性”的盈亏责任，目的是要调动它们的生产经营积极性，达到改善企业生产经营管理的目的。需要指出的是，各生产单位由于生产上的连续性，很难将它们截然分开。就以连续生产的石油化工为例，甲单位生产出来的"产品"直接就成为乙生产单位的原料，这当中无需停顿和中转。因此，它们之间的经济核算，只能依据企业内部的价格，而不是市场价格，也就是说这些生产单位没有自己独立的外部市场，这也是与事业部的差别所在。

优点：除了调动各生产单位的积极性外，就是解决企业规模过大不易管理的问题；高层管理人员将部分权力分给生产单位，减少了自己的行政事务，从而把精力集中到战略问题上来。

缺点：不易为模拟的生产单位明确任务，造成考核上的困难；各生产单位领导人不易了解企业的全貌，在信息沟通和决策权力方面也存在着明显的缺陷。

5. 矩阵制组织结构

称目标－规划制，按职能划分的部门和按工程项目或服务项目划分的小组相互结合的一种组织形式。实质上，矩阵结构是对两种部门化形式（职能部门化和产品部门化）的融合，见图 10.6。

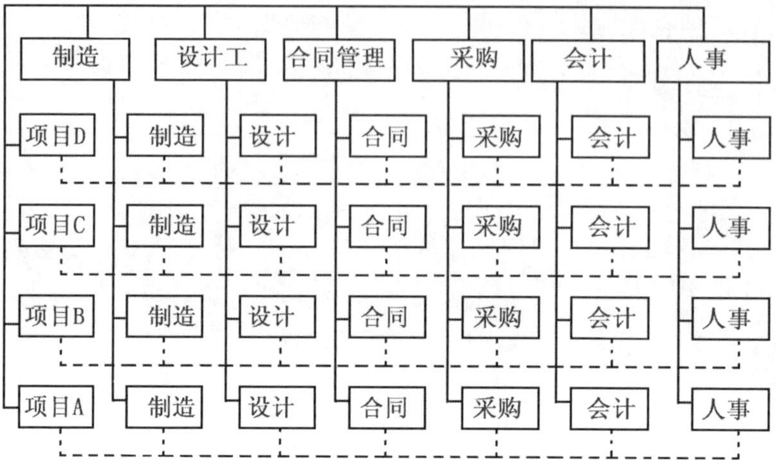

图 10.6　某公司矩阵制组织结构

优点：促使各职能部门间密切配合，相互协调地执行任务；机动灵活，弹性较大，增强组织的应变能力；集中有关专业人员协作攻关，发挥创造性，开发新产品和推广新技术，提高管理水平。

缺点：矩阵制组织形式中，领导关系具有双重性，容易发生工作上的意见分歧，因而应加强信息沟通和协调工作。利于政治才能的人，不利于技术型人才。

运用：适用于任务复杂的社会管理组织和生产技术复杂、各项管理需要具有专门知识的企业管理组织。

职能部门化的主要优势在于把同类专家组织在一起，使所需人员降到最少，使生产不同产品时可以实现特殊资源的共享。其主要不足在于，要协调好各种专家之间的关系，否则，他们在资金预算范围内完成任务是比较困难的事。

相反，产品部门化的优势与劣势和职能部门化的优、劣势正好不同，它有利于专家的协调，在预算范围内及时完成任务，而且，它为各种活动规定了清晰的职责。因此，可以与职能部门化实现互补。矩阵结构试图把二者融合在一种组织结构中，扬二者之长，避二者之短。

矩阵结构最明显的特点是突破了控制统一性的框框。这种组织形式是为了完成特定的任务，从有关职能部门抽调专业人员而组成的项目小组或委员会。组织关注产品和专业技能整体，资源共享。矩阵结构组织中的员工有两个上司——职能部门经理和产品项目经理，既受原属职能部门（在业务方面）的领导，又受项目小组（在执行工作任务方面）的领导。因此，其命令链是双重的。当该项任务完成后，员工即可回原来的单位和部门。这种组织形式，既保持原工作单位或部门的纵向领导系统，又增设项目小组的横向领导系统，从而形成矩阵状的二维组织。

在矩阵组织中，这些规则富有弹性，因此职能部门主管和生产部门主管之间的斗争就不可避免。对于渴望安全感，却因工作中的模糊性而得不到安全感的员工来说，这种工作环境会产生压力。员工向多个上司汇报工作会带来角色冲突，模糊不清的角色期待会导致角色模糊。官僚组织中一切都可预测的安全感不见了，取而代之的是不安全感和压力增加。

组织结构各有不同特点，也适用于不同企业，比较分析见表 10.1。

表 10.1　组织结构模式比较分析

	组织结构的优点	组织结构的缺陷	适用企业类型
直线结构	1. 命令统一 2. 权责明确 3. 组织稳定	1. 缺乏横向联系 2. 权力过于集中 3. 对变化反应慢	小组组织 简单环境
职能结构	1. 高专业化管理 2. 轻度分权管理 3. 培养选拔人才	1. 多头领导 2. 权责不明	专业化组织
直线－职能结构	1. 命令统一 2. 职责明确 3. 分工清楚 4. 稳定性高 5. 积极参谋	1. 缺乏部门间交流 2. 直线与参谋冲突 3. 系统缺乏灵敏性	大中型组织
事业部结构	1. 有利于回避风险 2. 有利于锻炼人才 3. 有利于内部竞争 4. 有利于加强控制 5. 有利于专业管理	1. 需要大量管理人员 2. 企业内部缺乏沟通 3. 资源利用效率较低	大中型、特大型组织
分权结构	1. 权责一致 2. 自我管理 3. 中度分权	1. 分权不彻底 2. 沟通效率低 3. 素质要求高	高度规模集中型组织
矩阵结构	1. 密切配合 2. 反应灵敏 3. 节约资源 4. 高效工作	1. 双重理性领导 2. 素质要求高 3. 组织不稳定	协作性组织 复杂性组织

（二）新型组织结构形式

新型组织结构形式有团队结构、虚拟组织、无边界组织、女性化组织形式。

1. 团队结构

现在团队已成为组织工作活动的最流行的方式。当管理人员动用团队作为协调组织活动的主要方式时，其组织结构即为团队结构。这种结构方式的主要特点是，打破部门界限，并把决策权下放到工作团队员工手中，这种结构形式要求员工既是全才又是专才。

在小型公司中，可以把团队结构作为整个组织形式。在大型组织中，团队结构一般作为典型的官僚结构的补充，这样组织既能得到官僚结构标准化的好处，提高运行效率，又能因团队的存在而增强灵活性。例如，为提高基层员工的生产率，像克莱斯勒汽车公司、土星公司、摩托罗拉公司、施乐公司这样的大型组织都广泛采用自我管理的团队结构。但是，当波音或惠普公司需要设计新产品或协调主要项目时，他们将根据多功能团队来组织活动。

2. 虚拟组织

可以租借，何必拥有？这句话道出了虚拟组织的实质。虚拟组织是一种规模较小，但可以发挥主要商业职能的核心组织。虚拟组织决策集中化的程度很高，但部门化程度很低，或根本就不存在。

像耐克（Nike）、瑞宝（Reebok）、利兹·克莱宝尼（Liz Claiborne）、爱默生无线电公司（Emerson Radio）、戴尔计算机公司（Dell Computer）这样的公司在美国有成千上万家。它们发现,没有自己的生产制造设备,也可以赚到大笔钱。例如,戴尔计算机公司,没有生产工厂,只是从别的公司买来零部件进行组装。国家钢铁公司把生产部转给别人经营。美国电话电报公司则把信用卡制造业务出租给了别的公司。美孚石油公司把自己的精炼厂移交给别的公司经营。

这样做的目的是什么？它们追求的都是最大的灵活性。这些虚拟组织创造了各种关系网络,管理人员如果认为别的公司在生产、配送、营销、服务方面比自己更好,或成本更低,就可以把自己的有关业务出租给它们。

虚拟组织与官僚组织截然不同,官僚组织垂直管理层次较多,控制是通过所有权来实现的,研究开发工作主要在实验室中进行,生产环节在公司的下属工厂中完成,销售工作由公司自己的员工去做。为保证这些工作顺利进行,管理层不得不雇用大量的额外人员,包括会计人员、人力资源专家、律师等。与之相反,虚拟组织从组织外部寻找各种资源,来执行上述职能,而把精力集中在自己最擅长的业务上,见图 10.7。

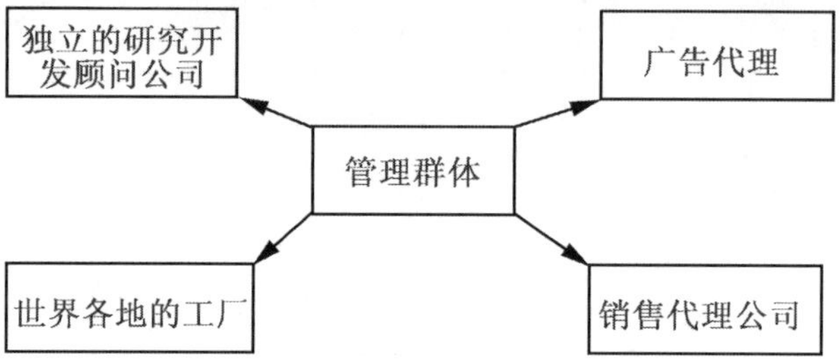

图 10.7　虚拟组织结构图

对于大多数美国公司来说,这就意味着公司主要把精力集中在设计和营销上。例如,爱默生无线电公司,现在集中精力开发设计新型的电视机、录像机、立体声收音机及其他消费电子产品,把生产任务承包给了亚洲供应商。

管理人员把公司基本职能都移交给了外部力量,组织的核心是一小群管理人员,他们的工作是,直接督察公司内部的经营活动,协调为本公司进行生产、分配及其他重要职能活动的各组织之间的关系。实质上,虚拟组织的主管人员主要是通过计算机网络联系的方式,把大部分的时间用于协调和控制外部关系上。

虚拟组织的主要优势在于其灵活性。例如,它能使善于创新但又缺乏资金的人,如迈克尔·戴尔(Michael Dell)和他的戴尔计算机公司成功地与 IBM 这样的大公司进行竞争。这种结构的主要不足是,公司主管人员对公司的主要职能活动缺乏强有力的控制。

3. 无边界组织

管理人员通过取消组织垂直界线而使组织趋向扁平化,等级秩序作用降到了最低限度,个人身份与头衔的地位也一落千丈。组织看上去更像一个粮仓筒而不是金字塔,最上层的谷粒和最下层的谷粒差别不大.

通用电气公司总裁杰克·威尔奇(Jack Welch)创造了无边界组织这个词,用来描述他理想中的通用公司的形象。威尔奇想把他的公司变成一个年销售额达 600 亿美元的家庭式杂货店。也就是说,尽管公司体积庞大,威尔奇还是想减少公司内部的垂直界限和水平界限,消除公司与客户及供应商之间的外部障碍。无边界组织所寻求的是减少命令链,对控制跨度不加限制,取消各种职能部门,代之以授权的团队。通用电气公司用来取消组织垂直界线的做法有:引入跨等级团队(由高级主管、中级主管、基层主管和员工组成);让员工参与决策;360 度绩效评估(员工的绩效由他的同事及其上、下级共同评定)。

组织的水平界线是由职能部门的存在而形成的,因此消除这种界线的方法是,以多功能团队取代职能性部门,围绕公司的工作流程来组织活动。例如,施乐公司现在通过多专业交叉的团队参与整个工作流程的工作,而不是围绕狭窄的职能任务来开发新产品,它们要参与整个过程。与此相似,美国电话电报公司的部分下属单位进行年度预算时也不再基于职能或部门逆行,而是建立在提供世界性通信网络服务这样的过程上。管理人员可以用以清除水平障碍的另一种途径是,进行各部门间的人员横向调动或在不同职能领域的工作轮换,这样有助于专才变成全才。

充分发挥无边界组织的职能,有助于打破组织与客户之间的外在界线及地理障碍。取消外部界限的方法包括:经营全球化,实行公司间的战略联盟,建立顾客与组织之间的固定联系,这些方式都有助于清除组织外部界线。例如,可口可乐公司已把自己看做是一个全球性公司,而不是美国或亚特兰大的公司。像日本电气公司(NEC)、波音飞机公司、苹果电脑公司这类大型公司,都与几十家公司存在着战略上联盟或合伙关系。由于员工都是在为共同的项目而工作,因此,这些联盟也就模糊了各组织之间的界线。在美国电话电报和西北航空公司(Northwest airlines),已经开始允许顾客行使以前由管理人员所行使的职能。

使无边界组织能够得以正常运行的技术原因之一是计算机网络化,这类工具使人们能超越组织内外的界线进行交流。例如,电子邮件使成百上千的员工可以同时分享信息,并使公司普通员工可以直线与高级主管进行交流。现在组织间的网络,使商品供应商可以及时查看自己经营的商品在商店的存货情况。如沃尔玛的供应商宝洁公司和列维·施特劳斯公司可以分别监控商店中香皂和牛仔裤的存货水平,因为宝洁和列维的计算机系统与沃尔玛的系统是相连的。

4. 女性化组织

一个更有争议的组织设计方案是关于性别问题的,性别差异是否导致了女性对女性化组织的偏爱。

20 世纪 80 年代初,一些组织理论学家开始探索女性的价值观与组织结构之间的关系。他们最主要的发现是,女性偏爱那些重视人际关系和人际交往的组织。据这些理论家所言,这是由女性社会化的方式决定的:“很少有人能够怀疑,在很大程度上,女性的社会化角色是家庭主妇女的角色,女性要支持别人,照顾别人,要维系长期的家庭关系,要让家中每一个人都有成就感,并尽可能地使个人的利益与大家的利益协调起来。”

组织社会学家乔伊斯·露丝查德(Joyce Rothschild),对女性化组织方面的有关研究进行了归纳和发展,建立了具有 6 个特点的女性化组织模型。

(1)重视组织成员的个人价值。组织成员被当做个体看待,承认他们有自己的价值和需要,而不是把他们看做是组织角色的扮演者。

(2)非投机性。组织成员之间的关系被看做是成员自身价值的体现与维持,而不仅仅是实现组织目标的手段。

(3)事业成功与否的标志是为别人提供了多少服务。在官僚组织中,成员事业成功的标志是晋升,获得权力,增加薪水。而在女性化组织中,则以为别人提供了多少服务来判断一个人成功与否。

(4)重视员工的成长。女性化组织为其成员提供广泛的个人成长的机会,这种组织不强调培养专家或开发狭窄的专业技能,而重视拓展成员的技能,增强员工的多种能力。组织不断地为员工提供新的学习机会,从而达到上述目的。

(5)创造一种相互关心的社区氛围。女性化组织成员的社区感很强,很像生活在小城镇中的居民,他们信任并彼此照顾。

(6)分享权力。在传统官僚组织中,信息和决策权是大家都渴望拥有的,要通过等级秩序加以分配。而在女性化组织中,信息资源大家共享,所有可能受一项决策影响的人都有机会参与这项决策。

露丝查德认为，在由女性加以管理并为女性服务的组织中，女性化组织模式运作效果可能很好。

三、组织结构差异化策略选择的影响因素

我们介绍了许多组织设计方案，其中有高度结构化、标准化的官僚组织，也有松散无定形的无边界组织，在这两个极端形态之间还有其他几种组织形式。考察了这些组织机构模型，他们各自具有不同特点，为什么不同组织选择不同的组织结构形式？影响这种选择的因素有哪些？我们来看看。

影响组织结构选择的因素包括战略、组织规模、技术、环境，组织绩效就取决于其组织结构与这些因素相适应程度。

(一)战略

组织结构是管理人员用来达到组织目标的一种手段。由于组织目标是由组织的总体战略决定的，因此，组织战略与组织结构的关系很密切。具体一些说，组织结构应该服从组织战略。如果组织战略发生了重大变化，组织结构也应作相应的调整，以支持组织战略的变化。现在，大多数组织战略集中在3种战略的选择上：创新、成本最小化、模仿。在进行组织结构设计时，就出现3种联合组织战略的形式。

一个组织在多大程度上引进主要的新产品和服务方式就是它的创新战略。它不是指简单的、表面上的战略变化，而是注重有意义的、独特创新的战略形式。显然，并非所有的公司都追求创新。这种战略可能很好地概括3M公司的特征，但却不是《读者文摘》(Reader's Digest)杂志社所追求的战略。

奉行成本最小化战略的组织对成本加以严格地控制，限制不必要的发明创新和营销费用，压低销售基本产品的价格。普通日用品销售公司一般实行这种战略。

奉行模仿战略的组织试图充分利用上述两种战略的优势，它追求的是风险最小化，利润最大化。在一种新产品或新市场的开发潜力被创新组织证明之后，它们才进行大胆投资。他们采纳革新者的成功思想并进行模仿。那种剽窃时装设计师的风格、进行时装规模生产的厂家奉行的正是此种战略。像IBM和履带拖拉机公司这样有名的大公司也可能采用这种战略，他们基本上追寻那些较小的、富有创新精神的竞争者的脚步，只在竞争对手证明了市场的存在后，再以优质的产品争夺市场。

表10.2描述了与每种组织战略相对应的最佳的组织结构选择。创新战略需要有机结构的灵活性；成本最小化战略要求机械结构的效率和稳定性；而模仿战略所适用的组织结构是这二者的融合。运用机械结构可以实现严密的控制并降低目前活动的成本。同时，创设有机结构单位，便于组织进行创新活动。

表10.2 战略－结构理论

战略	结构方案
创新战略	结构松散，工作专门化程度低，正规化程度低，分权化
成本最小化战略	控制严密，工作专门化程度高，正规化程度高，高度集权化
模仿战略	松紧搭配，对于目前的活动控制较严，对创新活动控制较松

(二)组织规模

组织规模对组织结构有一定的影响。设想对这10万员工有什么方式能把他们组织起来呢？唯一的办法是大量实施工作专门化和部门化，同时制定大量的程序和规则来保证统一的行动，实施高度的分权化决策。但对于仅雇用10个员工，就不必实行分权决策或明确规定程序与规则了。

大量证据支持这样的思想：组织规模对组织结构的影响很大。例如，大型组织，一般员

工在2 000人以上,工作专门化、部门化的程度较高,垂直层次较多,规章制度也较多,但规模与结构之间并非简单的线性关系;相反,呈递减的趋势。随着组织的扩大,规模的影响会渐渐减小。因为,假如一个组织拥有2 000名员工,其专门化和部门化程度已经较高了,再增加500名员工,影响也不大。但对于仅有300人的组织而言,再增加500人可能会导致组织的工作的专门化和部门化程度大大增强。

(三)技术

技术是指组织把投入转化为产品的手段。每个组织都至少拥有一种技术,从而把人、财、物等资源转化为产品或服务。例如,福特公司主要是应用生产线来生产汽车。

有关技术－结构关系的研究很多,具体情况比较复杂,这些最基本的东西,然后就我们所了解的进行归纳总结。

我们直接来考察对技术进行区分的一个常用标准是他们的常规性程度,也就是说,技术是常规性的还是非常规性的。常规性的技术是指技术活动是自动化、标准化的操作,非常规性的技术则是指技术活动内容根据要求而有不同的活动,包括像家具组装、传统的制鞋业和遗传学研究之类的活动。

技术与结构之间存在什么关系呢?我们发现虽然二者关系并非高度相关,但常规性的任务与层次繁杂和部门化的结构有关,技术与正规化程度相关。多种研究一致表明,常规性技术任务通常与各种操作规则、职务说明及其他正规文件分不开。

最后,技术与集权化的关系很有趣。在逻辑上,似乎常规性技术应与集权化结构相关,而非常规性技术,因为更多地依赖专家的知识,应与分权化结构相关。这种推理得到了一定的支持。但是,一般的结论认为,技术与集权化之间的关系受正规化程度的影响。正规的制度程序与集权化经营决策都属控制机制,二者可以相互取代。如果组织的规章制度很少,常规性技术就与集权相联系了,但是,如果正规化程度很高,常规性技术则可以伴随分权化控制机制。因此,只有在正规化程度较低时,常规性技术才能导致集权化。

(四)环境

一个组织环境是由组织外部可能影响组织绩效的多种机构和因素构成的,主要包括供应商、顾客、竞争者、政府管理机构、公众压力群体等。

为什么环境会影响组织结构?因为环境是不确定的。有些组织所面临的环境相对静止,环境中的因素基本上没有变化。比如,它们没有新的竞争对手,或现有的竞争对手在技术上没有重大突破,公众压力群体对组织的影响很小。而有些组织所处的环境则是动态的。比如,不断变化的政府规章制度影响企业的业务活动,新的竞争者不断出现,获得原材料的难度,顾客对产品口味的变化。静止环境给管理者造成的不确定性要小得多。由于不确定性会危害组织的有效性,因此,管理人员会努力减小它的影响。减小环境的不确定性的方法之一是调整组织结构。

任何组织环境都有3个关键维度:环境容量、稳定性、复杂性。环境容量是指环境可支持组织发展的程度。丰富和不断成长的环境可带来丰富的资源,这可以使组织面临资源短缺时有缓冲的余地。丰富的容量为组织提供了改正错误的机会,而容量短缺就做不到这一点。环境的稳定性反映在稳定维度上。当环境中不可预测的变化太多时,环境处于动态中,管理人员就很难对各种决策意见的未来结果进行准确预测,决策也就比较困难。与此相对的是稳定的环境,现在这种组织环境较少存在了。最后,还要考虑环境的复杂性,即环境要素的异质性和集中性状况。简单的环境是同质的、单一的。相反,异质性强、分散程度较高的环境则为复杂环境,面临这种环境,几乎每天都有新竞争对手出现,已有的公司不得不作出应对措施。

在这种3维度环境定义的基础上,我们可得出一些普遍性结论,环境的不确定性与组织结构有关。具体地说,环境的稀少性、动态性、复杂性越强,就越应该采用有机式组织结构;环境的丰富性、静态性、简单性越强,就越可以考虑实行机械式组织结。

工业革命带来了经济规模的扩大、现代大型公司的出现。起初,公司组织为简单结构式。随着组织的发展,它们的机械性和官僚倾向日益增强。从20世纪20年代至70年代,官僚结构渐渐发展成为工业国家占主导地位的组织结构形式。原因主要在于3点:第一,这段时间中环境相对稳定。大型公司垄断市场,国际竞争对手又很少,这使环境的不确定性降到了最低限度。第二,经济规模化,竞争性较弱,使各种公司可以引进高度常规性的技术。第三,大多数大型公司奉行成本最小化和模仿战略,把创新空间留给了小公司。把这些战略与公司规模、常规技术相对丰富、稳定和简单的环境结合起来考虑,就不难解释官僚组织结构兴起并走上主导地位的原因了。

竞争进入了全球性时代,为了更有效地进行竞争,高级管理人员开始重构自己的组织。有的选择了矩阵组织,以给公司带来更大的灵活性;有的则增加了团队结构,以便对变化作出更迅速的反应。现在,大型公司的高层管理人员大都在改变组织的官僚结构,通过裁员、削减垂直层次、分权等手段来使组织更加有机化。促使他们这样做的原因主要是组织环境的不确定性程度越来越高。管理人员认识到,在一个动态的、不断变化的环境中,如果组织缺乏灵活性,就会走向破产的境地。

第三节 组织设计

一、组织设计含义

组织设计,又称组织结构设计,是指对组织内的层次、部门和职权进行合理的划分,即把为实现组织目标而需完成的工作划分为若干性质不同的业务工作,然后再把这些工作“组合”成若干部门,并确定各部门的职责与职权。因此,就有如何正确进行组织设计的问题。

组织设计的原则和程序:第一,目标明确、功能齐全、政企分开。第二,组织内部必须实行统一领导,分级管理。第三,有利于实现组织目标,力求精干、高效、节约。第四,有利于转换经营机制和提高经济效益与社会效益。第五,既要有合理的分工,又要注意相互协作和配合。第六,明确和落实各个岗位的责、权、利,建立组织内部各种规章制度。

二、组织设计的程序

(一)以人为本,确定各级机构的目标

美国IBM公司在计算机发展的早期,认为产品销售和市场营销是企业的关键,为此配备了规模庞大的销售服务队伍;进入20世纪80年代后,产品开发尤其是软件开发越发重要。为此。IBM在加强研发投入的同时,也密切了销售部门与研发部门之间的联系。对企业生存发展影响重大的关键性活动,已经成为组织设计工作的焦点。

(二)进行管理业务流程的总体设计

业务流程是指一组共同为顾客创造价值而又相互关联的活动。对业务流程进行合理设计,能够促进组织各方面工作走向规范化、标准化、正常化,同时可以简化员工培训,使新手更快地适应工作,并促进组织的分权化管理。

(三)设置管理岗位

对活动进行分组,就是将贡献相同或相似的活动归并在一起,由一个单位或部门来承担。如产品销售和市场营销活动可以合并在一个单位内;库存控制和采购职能,以及质量检验和管理工作,均可以结合在一起。与此同时,还应该考虑尽可能地使一项活动对其他活动的联系距离保持最短。

(四)规定管理岗位内容,建立健全激励机制

只有做到人与事相结合,才能确保所配备的人员的切实承担起为该职位或职务所规定的工作任务。满足人的内在需要和发挥人的潜在能力,使人员得到最为妥当的配置。组织设计还要使职务和职责权限保持一致。分派某人去承担某项工作,必须明确赋予他完成该工作任务的职责,同时相应地授予他履行该项职务的职权。

(五)配置岗位人员

确定每个岗位配置人员量和质的要求,可用岗位人员配置一览表明示。规模较大的组织还要订立指导组织运行的其他各项规章制度,如人员招聘和选拔制度、人员培训与激励制度、工作命令与报告制度、绩效考核与评价制度等,使各方面工作有法可依,达到有序规范的运行状态。

(六)设置管理机构

确定管理机构的形式,划分管理岗位,绘制组织图,编制说明书。组织设计要确保将各组成部门(各层次、部门、职位)联结成一个整体,以使整个组织协调一致地实现组织的总体目标。

三、组织设计的原则

(一)拔高原则

在为企业进行组织结构的重新设计时,必须遵循拔高原则,即整体设计应紧扣企业的发展战略,充分考虑企业未来所要从事的行业、规模、技术以及人力资源配置等,为企业提供一个几年内相对稳定且实用的平台。

(二)优化原则

任何组织都存在于一定的环境之中,组织的外部环境必然会对内部的结构形式产生一定程度的影响,因此企业组织结构的重新设计要充分考虑内外部环境,使企业组织结构适应于外部环境,谋求企业内外部资源的优化配置。

(三)均衡原则

企业组织结构的重新设计应力求均衡,不能因为企业现阶段没有要求而合并部门和职能,在企业运行一段时间后又要重新进行设计。一句话:职能不能没有,岗位可以合并。

(四)重点原则

随着企业的发展,会因环境的变化而使组织中各项工作完成的难易程度以及对组织目标实现的影响程度发生变化,企业的工作中心和职能部门的重要性亦随之变化。因此,在进行企业组织结构设计时,要突出企业现阶段的重点工作和重点部门。

(五)人本原则

设计企业组织结构前要综合考虑企业现有的人力资源状况以及企业未来几年对人力资源素质、数量等方面的需求,以人为本进行设计,切忌拿所谓先进的框架往企业身上套,更不能因人设岗,因岗找事。

(六)适用原则

企业组织结构的重新设计要适应企业的执行能力和一些良好的习惯,使企业和企业员工在执行起来时容易上手,而不能脱离企业实际进行设计,使企业为适应新的组织结构而严重影响正常工作的开展。

(七)强制原则

重新设计的组织结构必然会因企业内部认识上的不统一、权利重新划分、人事调整、责任明确且加重、考核细致而严厉等现象的产生而导致干部和员工的消极抵制甚至反对。在这种情况下,设计人员和企业老总要有充分的心理准备,采取召开预备会、邀请员工参与设计、舆论引导等手段,消除阻力,但在最后实施时,必须强制执行,严厉惩罚一切违规行为,

确保整体运行的有序性。某些被证明不适合企业的设计可在运行两3个月后再进行微调。

四、影响组织设计的因素和问题

组织设计是一个动态的工作过程,包含了众多的工作内容。科学的组织设计,要根据组织设计的内在规律性有步骤地进行,才能取得良好效果。组织设计可能三种情况:

第一,新建的企业需要进行组织结构设计。

第二,原有组织结构出现较大的问题或企业的目标发生变化,原有组织结构需要进行重新评价和设计。

第三,组织结构需要进行局部的调整和完善。

组织设计是为了有效地实现经营目的而实际探索应该如何设计组织结构,是一种由管理机制决定的、用以帮助达到组织目标的有关信息沟通、权力、责任、利益和正规体制。管理者在进行组织结构设计时,必须考虑6个关键因素:工作专门化、部门化、命令链、控制跨度、集权与分权、正规化。见表10.3。

表10.3 设计组织结构时需要思考的6个关键问题

关键问题	关键因素
1.把任务分解成各自独立的工作应细化到什么程度?	工作专门化
2.对工作进行分组的基础是什么?	部门化
3.员工个人和工作群体向谁汇报工作?	命令链
4.一位管理者可以有效地指导多少个员工?	控制跨度
5.决策权应该放在哪一级?	集权与分权
6.应该在多大程度上利用规章制度来指导员工和管理者的行为?	正规化

(一)工作专门化

本世纪初,亨利·福特(Henry Ford)通过建立汽车生产线,享誉全球。他的做法是,给公司每一位员工分配特定的、重复性的工作。例如,有的员工只负责装配汽车的右前轮,有的则只负责安装右前门。通过把工作分化成较小的、标准化的任务,使工人能够反复地进行同一种操作,福特利用技能相对有限的员工,每10秒钟就能生产出一辆汽车。福特的经验表明,让员工从事专门化的工作,他们的生产效率会提高。今天,我们用工作专门化这个术语或劳动分工这类词汇来描述组织中把工作任务划分成若干步骤来完成的细化程度。

工作专门化的实质是:一个人不是完成一项工作的全部,而是将工作分解成若干步骤,每一步骤由一个人独立去做。就其实质来讲,每个人的工作只是完成组织任务活动的一部分,而不是全部活动。

通过实行工作专门化,管理层还寻求提高组织在其他方面的运行效率。通过重复性的工作,员工的技能会有所提高,在改变工作任务或在工作过程中安装、拆卸工具及设备所用的时间会减少。同样重要的是,从组织角度来看,实行工作专门化,有利于提高组织的培训效率。挑选并训练从事具体的、重复性工作的员工比较容易,成本也较低。对于高度精细和复杂的操作工作尤其是这样。例如,如果让一个员工去生产一整架飞机,波音公司一年能造出一架大型波音客机吗?最后,通过鼓励专门领域中进行发明创造,改进机器,工作专门化有助于提高效率和生产率。

20世纪50年代以前,管理人员把工作专门化看做是提高生产率的不竭之源,或许他们是正确的,因为那时工作专门化的应用尚不够广泛,只要引入它,几乎总是能提高生产率。但到了60年代以后,越来越多的证据表明,好事做过了头就成了坏事。在某些工作领域,达到了这样一个顶点:由于工作专门化,人的非经济性因素的影响(表现为厌烦情绪、疲劳感、压力感、低生产率、低质量、缺勤率上升、流动率上升等)超过了其经济性影响的优势。

在这种情况下，通过扩大而不是缩小工作活动的范围，可以提高生产率。另外，许多公司发现，通过丰富员工的工作内容，允许他们做完整的工作，让他们加入到需要相互交换工作技能的团队中，他们的产出会大大提高，工作满意度也会增强。

现在，大多数管理人员并不认为工作专门化已经过时，也不认为它还是提高生产率的不竭之源。他们认识到了在某些类型的工作中工作专门化所起到的作用，以及使用过头可能带来的问题。

（二）部门化

一旦通过工作专门化完成任务细分之后，就需要按照类别对它们进行分组以便使共同的工作可以进行协调，工作分类的基础是部门化。

对工作活动进行分类主要是根据活动的职能。制造业的经理通过把工程、会计、制造、人事、采购等方面的专家划分成共同的部门来组织其工厂。当然，根据职能进行部门的划分适用于所有的组织。只有职能的变化可以反映组织的目标和活动。这种职能分组法的主要优点在于，把同类专家集中在一起，能够提高工作效率。职能性部门化通过把专业技术、研究方向接近的人分配到同一个部门中，来实现规模经济。

工作任务也可以根据组织生产的产品类型进行部门化，这种分组方法的主要优点在于提高产品绩效的稳定性，因为公司中与某一特定产品有关的所有活动都由同一主管指挥。如果一个组织的活动是与服务而不是产品有关，每一种服务活动就可以自然地进行分工。每个部门都会在一个产品或服务经理的指导下，提供一系列服务项目。

可以根据地域来进行部门划分分组。每个地区是围绕这个地区而形成的一个部门。如果一个公司的顾客分布地域较宽，这种部门化方法就有其独特的价值。

可以根据顾客的类型来进行部门化分组方法，因为每个部门的顾客存在共同的问题和要求。因此，通过为他们分别配置有关专家，能够满足他们的需要。例如，一家销售办公设备的公司可下设 3 个部门：零售服务部、批发服务部、政府部门服务部，比较大的法律事务所可根据其服务对象是公司还是个人来分设部门。

大型组织进行部门化时，可能综合利用上述各种方法，以取得较好的效果。到了 20 世纪 90 年代有两个倾向较为普遍：第一，以顾客为基础进行部门化越来越受到青睐。为了更好地掌握顾客的需要，并有效地对顾客需要的变化作出反应，许多组织更多地强调以顾客为基础划分部门的方法。例如，施乐公司已取消了公司市场部的设置，把市场研究的专家排除在这个领域之外。这样使得公司能更好地了解谁是它的顾客，并更快地满足他们的需要。第二个倾向是，坚固的职能性部门被跨越传统部门界限的工作团队所替代。随着工作内容日益复杂，所需要的技术日趋多样化，管理人员开始将注意力转向多功能型团队。

（三）命令链

20 年前，命令链的概念是组织设计的基石，但今天它的重要性大大降低，不过在决定如何更好地设计组织结构时，管理者仍需考虑命令链的意义。

命令链是一种不间断的权力路线，从组织最高层扩展到最基层，澄清谁向谁报告工作。它能够回答员工提出的这种问题："我有问题时，去找谁？""我对谁负责？"。为了促进协作，每个管理职位在命令链中都有自己的位置，每位管理者为完成自己的职责任务，都要被授予一定的权威。而且一个人应该对一个主管，且只对一个主管直接负责，维持命令统一性。如果命令链的统一性遭到破坏，一个下属可能就不得不穷于应付多个主管不同命令之间的冲突或优先次序的选择。

时代在变化，组织设计的基本原则也在变化。随着电脑技术的发展和给下属充分授权的潮流的冲击，现在，命令链、权威、命令统一性等概念的重要性大大降低了。随着计算机技术的发展，日益使组织中任何位置的员工都能同任何人进行交流，而不需通过正式渠道，在一个基层雇员能在几秒钟内得到 20 年前只有高层管理人员才能得到的信息。而且，权威的概念和命令链的维持越来越无关紧要,因为过去只能由管理层作出的决策现在已授权给操作员工自己作决策。除此之外,随着自我管理团队、多功能团队和包含多个上司的新型组织设计思想的盛行,命令统一性的概念越来越无关紧要了。当然,许多组织仍然认为通过强化命令链可以使组织的生产率最高,但今天这种组织越来越少了。

(四)控制跨度

一个主管可以有效地指导多少个下属?这种有关控制跨度的问题非常重要,因为在很大程度上,它决定着组织要设置多少层次,配备多少管理人员。在其他条件相同时,控制跨度越宽,组织效率越高。

组织控制跨度的不同对组织有不同的影响。首先,控制跨度宽的,在成本方面,组织效率更高。但是,在某些方面宽跨度可能会降低组织的有效性。也就是说,如果控制跨度过宽,由于主管人员没有足够的时间为下属提供必要的领导和支持,员工的绩效会受到不良影响。其次,控制跨度窄也有其好处,把控制跨度保持在 5 ~6 人,管理者就可以对员工实行严密的控制。但控制跨度窄也有缺点:管理层次会因此而增多,管理成本会大大增加;使组织的垂直沟通更加复杂,管理层次增多也会减慢决策速度,并使高层管理人员趋于孤立;控制跨度过窄易造成对下属监督过严,妨碍下属的自主性。

近几年的趋势是加宽控制跨度。例如,在通用电气公司和雷诺金属公司这样的大公司中,控制跨度已达 10 ~12 人,是 15 年前的 2 倍。加宽控制跨度,与各个公司努力降低成本、削减企业一般管理费用、加速决策过程、增加灵活性、缩短与顾客的距离、授权给下属等趋势是一致的。但是,为了避免因控制跨度加宽而使员工绩效降低,各公司都大大加强了员工培训的力度和投入。管理人员已认识到,自己的下属充分了解了工作之后,或者有问题能够从同事那儿得到帮助时,他们就可以驾驭宽跨度的控制问题。

(五)集权与分权

在有些组织中,高层管理者制定所有的决策,低层管理人员只管执行高层管理者的指示。另一种极端情况是,组织把决策权下放到最基层管理人员手中。前者是高度集权式的组织,而后者则是高度分权式的。

集权化是指组织中的决策权集中于一点的程度。这个概念只包括正式权威,即某个位置固有的权力。一般来讲,如果组织的高层管理者不考虑或很少考虑基层人员的意见就决定组织的主要事宜,则这个组织的集权化程度较高。相反,基层人员参与程度越高,或他们能够自主地作出决策,组织的分权化程度就越高。

集权式与分权式组织在本质上是不同的。在分权式组织中,采取行动、解决问题的速度较快,更多的人为决策提供建议。所以,员工与那些能够影响他们的工作生活的决策者的隔膜较少,或几乎没有。

近年来,分权式决策的趋势比较突出,这与使组织更加灵活和主动地作出反应的管理思想是一致的。在大公司中,基层管理人员更贴近生产实际,对有关问题的了解比高层管理者更翔实。IBM 的欧洲总监瑞纳托·瑞沃索把欧洲大陆的公司分成 200 个独立自主的商业单位,每个单位都有自己的利润目标、员工激励方式、重点顾客。"以前我们习惯于自上而下的管理,像在军队中一样。"瑞沃索说,"现在,我们尽力使员工学会自我管理。"

"法约尔桥"(Fayol bridge)

为了弥补统一指挥的原理在实践中可能会出现一些麻烦和缺陷,在应用中往往还规定主管人员有必要临时处置、事后汇报之权,其依据的原则是"法约尔桥"(Fayol bridge)。该原则规定,根据统一指挥的原理,上级可授权下级相互进行直接的联系,但必须将行动结果报告各方的上级,这样才不至于削弱且还有助于统一指挥的实施。

A 代表这个组织的最高领导,按照组织系统,F 与 P 之间发生了必须两者协议才能解决的问题,F 必须将问题向 E 报告,E 在报告 D,如此层层由下而上,由上而下到达 P,然后 P

将研讨意见向O报告,层层上报到A,再经过B、C……最后回到F。这样往返一趟,既费时又误事,所以法约尔提出作一“跳板”,使F与P之间可以直接商议解决问题,再分头上报。如果工长F想同工长P联系,他可以直接进行联系,而不用向上级报告(F通过E到A)以及按顺序A向下传递给P。但是这种联系只有等级中所有各方都同意而且上级人员随时都了解情况的时候才能进行,E与O同意各自的下属F和P直接联系,就“捍卫了等级原则”;F与P分别向各自的上级汇报了情况,“整个情况就完全合乎规则”。因此,“跳板”原则使得侧向联系可以迅速有效地进行,而且既不使路线负担过重,又维护了统一指挥原则、捍卫了等级原则。法约尔的等级制度倾向于所有的员工安排均有明确的等级机构,但他也意识到上下级之间存在沟通问题。因此,他也提倡适当的横向联系。如下图所示。

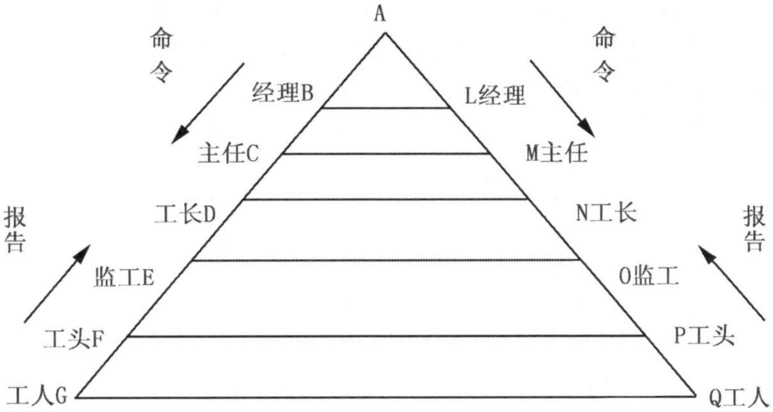

(六)正规化

正规化是指组织中的工作实行标准化的程度。如果一种工作的正规化程度较高,就意味着做这项工作的人对工作内容、工作时间、工作手段没有多大自主权。人们总是期望员工以同样的方式投入工作,能够保证稳定一致的产出结果。在高度正规化的组织中,有明确的工作说明书,有繁杂的组织规章制度,对于工作过程有详尽的规定。而正规化程度较低的工作,相对来说,工作执行者和日程安排就不是那么僵硬,员工对自己工作的处理权限就比较宽。由于个人权限与组织对员工行为的规定成反比,因此工作标准化程度越高,员工决定自己工作方式的权力就越小。工作标准化不仅减少了员工选择工作行为的可能性,而且使员工无需考虑其他行为选择。组织之间或组织内部不同工作之间正规化程度差别很大。

第四节　组织中的群体

一、群体的概念与特征

(一)群体的概念

群体就是人们通过一定的社会关系,结合起来进行共同活动的集体。它建立在其成员相互依存和相互作用的基础之上,并有其特定的群体目标。人们在社会上为了生活、安全、社交、尊重、自我实现的需要,可以同时参加若干个群体。例如,一个职工不仅是家庭中的成员,而且也是生产班组成员,还是工会会员、共青团员等。在一个群体内的个体,不仅个人能意识到自己与群体的关系,而且也能被群体以外的人所意识到。

(二)群体的特征

群体是相对于个体而言的,它是个体之间人群的结合。

(1)各成员在心理、行为上相互产生影响和吸引。

(2)各成员相互依附,在心理上彼此意识到对方的存在。

(3)各成员在心理上有“我们同属一体”的感受,这种感受群体以外的人也同样能意识到。

群体内人数的下限最少要有两人,上限是不确定的。群体不能是偶尔遇到的一群人。例如,影剧院里的观众,大街上围观某一个偶然事件的一群人,他们虽然都意识到对方的存在,但是并没有行为上的交往和影响,没有同属“一群的感觉”。

(三)群体的作用

群体能够完成组织任务与满足个体成员心理的需要。

1. 完成组织任务

群体对组织的主要作用是完成组织赋予的任务。一个组织要有效地达到组织目标,必须充分合作,把最终目标划分成为若干个目标,分配给若干个群体去完成,这些功能主要是针对正式群体而言的。当然,非正式群体对于组织任务的完成也能发挥一定作用,这就要对非正式群体加以正确引导、控制、利用。例如,利用他们的核心人物去做思想工作,有时候可能比正式群体效果要好。利用非正式群体去传输一些信息,也能产生较好的效果。

2. 满足职工心理需要

组织成员无论参加正式群体或非正式群体,都可或多或少地得到心理的满足。

表现在:①获得安全感。组织成员在群体内,可以避免孤独、寂寞、恐惧感,能够得到心理的安全感。②满足社交需要。组织成员在群体内可以与其他成员获得友情与支持,得到精神的鼓励。③满足自尊的需要。组织成员在群体内做好本职工作受尊重、爱护,从而满足自尊的需要。④增加勇气和信心。群体内组织成员可就才能、技术等交换意见,可以使他们对某些不明确、无法把握的东西获得支持,能够增加勇气、增强信心。

二、群体的分类

群体有许多种分类:有正式群体和非正式群体,假设群体和实际群体,大群体和小群体等。从组织管理的角度出发,应着重研究正式群体和非正式群体。这种研究有助于做好组织成员的思想工作,调动其工作的积极性、创造性,达到组织目的。

(一)正式群体

正式群体就是具有一定的目标,并由规章、制度、方针、政策等责任形成各个成员之间相互关系和职责范围的一定人群结构。一个正式群体必须包括以下几个系统:

(1)有一个职能化的系统,从而人们有可能实现专业分工。

(2)有一个有效的激励系统,从而能引导人们对群体的行动作出贡献。

(3)有一个权力(权威)系统,从而能导致群体成员去接受管理者的决定。

(4)有一个合理的决策系统。

(二)非正式群体

非正式群体就是成员在共同工作的过程中,由于抱有共同的社会感情而形成的非正式团体。

在一个组织中同事或者兴趣相同的人们之间,或者因关系接触较多的朋友们之间,有各种各样的来往,从而会形成各种各样的群体。构成这样群体的成员,可能是同单位的,也可能是跨单位的朋友。他们凑到一起,谈的问题可能与工作有关,也可能与工作毫无关系;可能是在传播某些信息,也可能是在一起打球,打桥牌等。这些人的往来,不是按照正常的隶属关系进行的。这是非正式群体的重要特征。

任何正式群体中都有非正式群体的存在,二者常常相伴而存,相促而生。例如,在正式群体成立之前,往往要经过非正式群体的酝酿;而正式群体的成立,又常成为非正式群体形成的最大原因。

非正式群体和正式群体的区别在于,前者没有共同的(或自觉配合的)目标,它的成员不稳定,经常变动。所以,它不可能像正式群体那样画出组织图来。但非正式群体对于正式群体成员的情绪、士气和工作效率,却有很大的影响。这种影响可能是好的,也可能是坏的。

三、非正式群体

(一)非正式群体的特点

(1)很强的凝聚力。在非正式群体里,共同的情感是维系群体的纽带,人们相互依赖、相互信任,有时甚至会出现不讲原则的现象。正式目的凝聚力往往超过正式群体的凝聚力。

(2)心理的协调性。由于有自愿的结合基础,群体成员对某些问题的看法基本相似,感情融洽,行为协调,行动一致,归属感强。

(3)广泛的渗透性。广泛的渗透性,说明了非正式群体组织的复杂性。一个非正式群体组织渗透到社会的不同部门和不同行业。

(4)自然形成"领导"人物。非正式群体不是由于组织的决定而成立的,它虽然没有上级任命的领导,但实际上每个非正式群体都有自己的"领导"。非正式群体内"领导"的形成,是在发展过程中自然涌现出来的,成员的拥戴程度比正式群体高,号召力强。

(5)信息沟通灵。非正式群体成员之间感情密切、交往频繁、知无不言,信息传播迅速,成员对信息反应往往具有很大的相似性,而一般信息传递办法往往用直线式。

(6)信息传递的片面性和失真性。由于感情的作用,使非正式群体内成员看问题容易出现片面性,信息的传输由于缺乏全面调查、了解,也容易失真。

(二)非正式群体的类型

1. 按传输信息的性质分类

感情型:群体的成员在较多的社会往来中,感情融洽,相互了解,相互支持,思想共鸣,以亲密的情感为基础。例如,校友、师兄弟等。

兴趣型:群体的成员由于某种兴趣爱好结合起来。例如,打球、下棋、钓鱼、钻研技术等,以共同感兴趣的问题为基础。

利益型:群体的成员由于某种共同利害关系而结合在一起。例如,为某方面的互利而结合,为了对抗其他群体而结合。

2. 按成员构成分类

纵向非正式群体:它由各种不同地位的成员组成。这种群体中的下级人员对上级可能会唯命是从。

横向非正式群体:它由不同部门地位相当的人员形成。参加这样的非正式群体,可能为了维护本身的利益,也可能为了取长补短,一起搞好工作。

混合交错的非正式群体:它由不同部门、不同地位、不同工作场合的人员组成,成员之间往往有共同的兴趣爱好。

亲缘型:这是指由社会亲属关系组成的非正式群体。

(三)非正式群体的功能

非正式群体在任何一个组织里都会存在,尤其在正式组织不能有效地达到目标,或者组织目标与成员的基本要求不甚一致的时候,它能为个体成员提供情感支持。非正式群体可以具有正反两方面的功能。

1. 非正式群体的正面功能

正式组织正确对待非正式群体,可以促进组织的稳定。因为非正式群体具有控制成员顺从的力量、满足成员心理上需求的气氛和形成互助的作用。这些特性可以加以引导,加速组织内的沟通,提高组织成员的士气,促进工作任务的完成,从而把非正式群体改造成组织发展的动力。

2. 非正式群体的负面功能

正式组织的管理者必须小心警惕非正式群体的负面功能，它主要体现为阻碍组织目标的实现。

因此，正式组织必须正视非正式群体成员的合理需求，创造民主平等的团体气氛，从而控制和减少非正式群体的负面作用。

思考题

1 影响组织结构的因素有哪些？

2 如何进行组织结构设计？

3 直线制组织结构与职能制组织结构有什么区别？

4 你认为什么情况下设计矩阵制组织结构形式为好？

5 简述组织结构的类型及其特点。

6 非正式组织对正式组织有哪些作用？对非正式组织应怎样进行管理？

7 某高新科技企业按业务分类，成立了三个针对不同产品的事业部，各事业部下设研发团队、销售团队和技术团队，各部门的业务收入和成本都是独立核算的，但需要与后勤部门（行政部、人力资源部和财务部）分担企业所产生的成本。请绘制该公司的组织结构图。

【案例分析】

康宝公司

康宝公司是北京一家生产办公设备的公司。该公司几个月前推出了一款型号为PX9000的产品，这是一款集彩色打印、彩色扫描、彩色复印和传真机功能于一身的设备。PX9000由于功能强大、价格适中和设计新颖而赢得了高度的赞誉。很快，便出现了严重的订单积压，康宝公司已经不能及时满足需求。

一开始，康宝公司的总经理张涛对订单积压极为关注，给生产经理乔京生施加了很大的压力，要求他增加产量。但是，张涛很快转移了方向，因为他收到了新的报告，称PX9000的退货和投诉比正常的行业水平高出了4倍。张涛意识到这一问题的严重性，决定请一位外部的质量专家来帮助公司尽快解决问题。

张涛请到了某大学的质量专家王文成来帮助调查这个问题。王文成来到公司后，决定首先对一些关键的人员进行访谈，以尽可能多地了解问题。因为事情紧急，张涛承诺王文成可以找任何人了解情况，并立刻通知全体员工配合和协助王文成的调查。

王文成最先约谈的是成品装配车间的主任李金德。李金德说：我昨天收到了张总的便笺。坦白说，我对PX9000出现问题并不吃惊。我们这一块的装箱是一个问题。箱子的底和盖很少能够严丝合缝。我们常常不得不使很大的劲才能把箱子扣上。所以，包装箱的破裂或散架并不足为奇。需要说明的是，我们原来的包装箱可没出过这样的问题。采购部为了每个箱子省2元钱而更换了供应商。

午饭后，王文成找印刷电路板车间的主任郑根夫谈话。郑根夫正同一个工人检查一台自动植入机。这种机器是用来把集成电路、电容、电阻等在波焊前布置在印刷电路板上。王文成向郑根夫做了自我介绍，然后问："这里有什么问题吗？"郑根夫回答说：PX9000的印刷电路板有点麻烦。设计师把元件间的距离设置得太近，超过了我们的设备所能达到的水平。结果，很多元件出现了弯曲，合格率恐怕不会超过25%。我们要花大量的时间检查电路板，对有问题的就要进行返工。订单已经积压了很多，再加上大量的返工，我们只好让设备以120%的速度运转。这又导致设备经常出故障。一个班次几乎要停一两个小时。

所以，说到产品质量，我认为电路板肯定是一个关键的原因。我们尽了最大的努力来查找并纠正缺陷，但电路板的检验和返工耗时、乏味，员工现在不得不频繁加班。我最大的遗憾是在制作PX9000的原型时没有更多地参与。假如他们多听听生产部门的意见的话，也就不会有这么多的问题。

接下来,王文成又拜访了生产科的经理魏西平。魏西平完全同意李金德和郑根夫的观点,他进一步补充说:最大的问题是缺乏合作。采购部为了省几元钱就更换了供应商,工程师设计产品时不考虑生产的条件。这些都是缺乏合作惹的祸。

第二天,王文成拜访了采购部的经理马琳琳。当提到箱子的问题时,马琳琳回答说:生产部门的那些家伙总觉得地球应该围着他们转。但是,我们的新供应商的包装箱每个要便宜2.2元。听起来不多,可我们今年预计一共需要125 000个,这是一个相当大的数字。当然,包装箱的质量也很重要,我下次同供应商见面时会跟他们讨论这一问题,我们预定在下月初见面。

结束了与马琳琳的谈话,王文成决定再找设计部的人谈一下。路上碰到了前一天与郑根夫在一起的那个工人。这个工人自我介绍叫崔平,说他原来一直在送货部工作,两周前才调到车间。崔平没有受过任何正规的培训来操作这台新机器。他说质量检验员让他很紧张,他感到他们总是在盯着他。

与崔平告别后,王文成见到了设计部的经理贾晓明。针对王文成的提问,贾晓明说:我们部门也知道现在质量出了一些问题。我们现在面临的压力是如何使产品小型化。两年前,传真机、打印机、扫描仪和复印机都是单独的设备。现在的PX9000把所有功能集中到了一台机器上,而且体积还不能比原来的打印机大。这就使得产品更难生产了。但是,我们要生存,生产部门也必须一起努力。我们设计部门做了应当做的工作。我们设计了一款现当代技术发展水平的产品,产品原型也很不错。我们已经做了能做事情,现在是该生产部门的家伙们解决如何生产出来的问题。

第二天下午,王文成见到了质量部经理林世恩。林世恩说:我作为质量部经理的最大挑战是让大家都认识到质量的重要性。个人口头上都承认质量的重要性,一到月底,工期就成了最优先的因素。我有时会感到很无助。虽然我负责质量,但我对生产工人没有指挥权力。我的下属质量检验员能做的就是检验产品,不合格时贴上标签,除此之外什么都做不了。说老实话,非常高兴张总对质量表现出这样的关注,我愿意全力配合你的工作。我再不抓质量的话,真的要出大题了。

讨论:

1. 推测康宝公司的组织结构是何类型?

2. 康宝公司的哪个部门对质量的影响最大?对于张涛关注的康宝公司的质量问题,你能提什么建议?

第十一章　组织的整合与运行

◆**本章关键词**

1. 管理幅度　2. 组织部门化　3. 组织职位　4. 组织职权

第一节　管理幅度与层级化

一、管理幅宽

管理幅度又称“管理跨度”或“管理宽度”，是指组织的一名上级领导，能直接而有效地领导下属的可能人数。一名组织的领导者，由于受知识、经验、时间、精力、条件等各方面的限制，能够有效地、直接地领导的下级人数总是有限的，超过了一定的限度，就会降低管理的效率。因此，一名领导到底直接领导多少人才能保证管理是有效的，这就是管理幅度所要研究的问题。当超过这个限度时，管理的效率就会随之下降。换句话说，超过了管理宽度时，就必须增加一个管理层级。这样，可以通过委派工作给下一级主管人员而减轻上层主管人的负担。如此下去，便形成了有层次的结构。但是，上级主管人员减轻这分负担的同时，也带来了监督下一级主管人员怎样执行的工作负担，而监督也需要时间和精力。所以，增加管理层次节约出来的时间，一定要大于用监督的时间，这是衡量增加一个管理层次是否合理的重要标准。

法国的管理学者格拉丘纳斯（VaGraicunas）曾提出一套数学公式，说明了当上级的控制幅度超过6~7人时，其和下级之间的关系会越来越复杂，以至于最后使他无法驾驭。该公式为 $N=n(2n-1+n-1)$，其中 n 表示直接向一位上级报告的下级人数，N 表示需要协调的人际关系数。见表11.1。

表11.1　格拉丘纳斯控制幅度

n	N	n	N
1	1	6	222
2	6	7	490
3	18	8	1 080
4	44	…	…
5	100		

二、管理幅度与层级关系

由于管理宽度的存在，当组织规模扩大到一定程度时，才产生了部门和层级划分的必要性。如果组织的最高领导者是一个万能的领导者，我们是否还需要有这种部门和层次的安排？答案是否定的，因为这个万能的领导者可以指挥和监督一切行动而无须他人的帮助。但现实世界的管理者做不到这一点，人类存在着身体的、生理的、心理的和社会的种种限制，使得每一个管理者只能直接指挥监督有限的下属。

当组织规模有限时，一个管理者可以直接管理每一个成员的活动。当规模的扩大导致管理工作量超出了一个人所能承担的范围时，为了保证组织的正常运转，管理者就必须委托他人来分担自己的一部分管理工作。随着组织规模的进一步扩大,受托者又不得不进而委托其他人来分担自己的工作,这样形成了组织的层次性的管理结构。由以上分析可知,只是由于存在着管理宽度的限制,或者说因为管理者所能有效监督的下属人数是有限的,才形成了这种层次性的管理结构。

从一定意义上来讲,组织层次是一种不得已的产物,它的存在本身是带有一定的副作用的。这些副作用主要表现为:

(1)层次多意味着费用也多。层次的增加需要更多的管理者,管理者需要辅助人员,每个人员都需要一定的设施和设备的支持,同时也加大了部门之间的协调工作量。所有这些都意味着费用的增加。

(2)层次的增加加大了沟通的难度和复杂性。信息经由层次自上而下传达时,不可避免地会产生曲解和遗漏,自下而上的信息流动同样也会变得更加复杂和困难。

(3)众多的部门和层次使得计划和控制活动更为复杂。一个在最高层显得清晰完整的计划方案会因为逐层分解而变得模糊不清。随着层次和管的增多,控制活动会更加困难,尽管此时由于计划的复杂化和沟通的困难而使控制显得更为重要。

较大的宽度意味着较少的层级,较小的宽度意味着较多的层级。假设两个组织,它们的人员约为 4 100 人,见图 11.1,如果一个组织的管理幅度为 4,而另一个组织的幅度为 8,那么,幅度大的组织就可以减少 2 个管理层级,大约精简 800 名管理人员。假如管理人员的平均年薪为 4.2 万美元,则加宽管理幅度后将使组织在管理人员工资上每年节省 330 万美元。从成本角度看,宽幅度明显更加有效率。

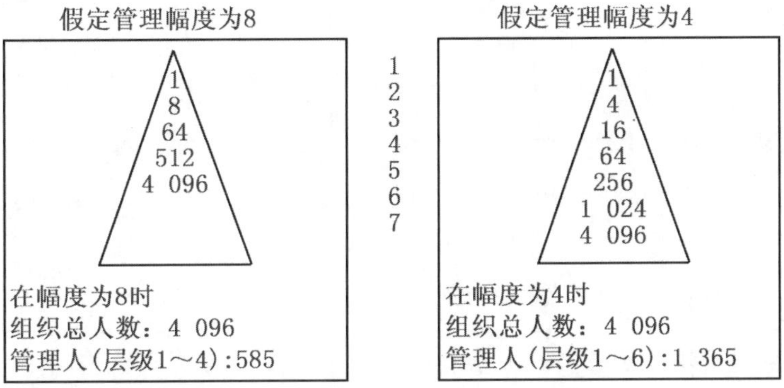

图 11.1　管理幅度与管理层级的关系

显然,当组织规模一定时,管理层级和管理幅度之间存在着一种反比例的关系。管理幅度越大,管理层级就越少;反之,管理幅度越小,则管理层级就越多。这两种情况相应的对应着两种类型的组织结构形态,前者称为扁平型结构,后者则称为高耸型结构。一般来说,传统的企业结构倾向于高耸型,偏重于控制和效率,比较僵硬。扁平型结构则被认为比较灵活,容易适应环境,组织成员的参与程度也相对比较高。近年来,企业组织结构出现了一种由高耸向扁平演化的趋势。

> 组织扁平化不只是要节省开支,更重要的是改善了管理的功能。扁平化不仅是为组织节省了费用,更加速了组织内部的沟通,将原本就属于企业的"控制"与"责任"交还给了企业自身。扁平化管理必须导致:管理跨度加大,富余人员精简,人员素质提升,业务流程优化,管理重心下移,信息传递快捷,应对市场敏捷,管理水平改善,管理成本下降,交易费用节约,企业效率提高。
>
> ——杰克·韦尔奇

这样,按照管理宽度的大小及管理层级的多少,就可分成两种结构:扁平结构和垂直式结构(科层制结构)。所谓扁平结构,是管理层级少而管理宽度大的结构;而垂直式结构的情则相反。扁平结构与垂直式结构各有利弊。见表11.2。

(1)扁平结构有利于缩短上下级距离,密切上下级关系,信息纵向流快,管理费用低,而且由于管理幅度较大,被管理者有较大的自主性、积性、满足感,同时也有利于更好地选择和培训下层人员;但由于不能严密监督下级,上下级协调较差,管理宽度的加大,也加重了同级间相互沟通络的困难。

(2)垂直式结构具有管理严密、分工明确、上下级易于协调的特点。但层级增多,带来的问题也越多。这是因为层级越多,需要从事管理的人员迅速增加,彼此之间的协调工作也急剧增加,互相扯皮的事会层出不穷。管理层级增多之后,在管理层级上所花费的设备和开支,所浪费的精力和时间也然增加。管理层级的增加,会使上下的意见沟通和交流受阻,最高层主管人员所要求实现的目标,所制定的政策和计划,不是下层不完全了解,就是层层传达到基层之后变了样。管理层级增多后,上层管理者对下层的控制变困难,易造成一个单位整体性的破裂;同时由于管理严密,而影响下级人的主动性和创造性。因此,一般来说,为了达到有效,应尽可能地减少管理层级。

表11.2 垂直式组织结构与扁平组织结构比较分析

比较项目\组织类型	垂直式组织结构	扁平组织结构
层次与幅度	层次多、幅度窄	层次少、幅度宽
权力结构	较集中、等级	分散、多样化
等级差异(权力和待遇)	不同等级差异大	不同等级差异较大
沟通方式	上下级之间,沟通距离长	上下级之间,平级斜向沟通
职责	附加于具体的职能部门	很多成员分担
通信方式	传统通信方式	现代网络化通信方式
协调	通过等级结构很明确规定管理程序	手段多样,注重人员之间的直接沟通
持久性	倾向于固定不变	持续的高速适应最新情况
适应环境	较稳定	快速变化
企业驱动力	高层次管理驱动	市场需求驱动

三、影响管理幅度的因素

多年来,许多学者和管理者对管理宽度这一问题进行了研究。早期的人们试图寻求一个广泛适用的最佳管理宽度值,但现在一般认为这种普遍最佳的管理宽度是不存在的。管理者所能有效监督的下属人数在客观上的确是有限的,但具体的人数取决于特定条件下各种因素的综合作用。因此,找出特定情景下影响管理宽度的各种具体因素,考察哪些因素使得管理者在处理上下级相互关系中消耗了过多的时间,哪些措施有利于减少这些时间,将会有助于确定在这种情况下的适当的管理宽度。这要比追求一个普遍适用的最佳管理宽度值更有价值,也更有现实意义。

管理幅度的现代观认为,有许多因素影响着一个管理者既有效率又有效果地管理下属人员的合适数量。

(1)主管人员与其下属双方的素质和能力。凡受过良好训练的下属不但所需的监督比较少,而且不必时时事事都向上级请示汇报,这样就可减少与其主管接触的次数,从而增大管理宽度。同样道理,素质和能力均强的主管人员能够在不降低效率的前提下,比在相同层次,担负类似其他主管人员管辖较多的人员而不会感到过分紧张。

(2)面对问题的种类。主管人员若经常面临的是较复杂、困难的问题或涉及方向性、战略性的问题,则直接管辖的人数不宜过多。反之,若主管人员大量面临的是日常事务,已有规定的程序和解决方法,则管辖的人数以较多一些。

(3)工作任务的协调。工作任务相似及工作中需协调的频次较少,宽度可加大,组织层次也可减少。

(4)授权。适当的和充分的授权可以减少主管人员与下属之间接触次数和密度、节约主管人员的时间和精力,以及锻炼下属的工作能力和提高积极性。所以,在这种情况下,管辖的人数可适当增加。不授权、授权不足、授权不当或授权不明确,都需主管人员进行大量的指导和监督,效率不会高,因而宽度也不会大。

(5)计划的完善程度。事前有良好的计划,使工作人员都能明了各的目标和任务,可减少主管人员指导及纠正偏差的时间,那么管辖的人数可以多一些,反之则不然。

(6)组织沟通渠道的状况。组织沟通渠道畅通,信息传递迅速、准确,所运用的控制技术比较有效,对下属的考核制度比较健全,在这种情况下管理宽度可考虑加大一些。

此外,工作对象的复杂性、下属人员的空间分布,以及组织的稳定程等因素也影响着管理宽度。当然,在确定管理幅度时,应具体问题具体分析,不能绝对地说管理幅度是大好还是小好。管理幅度的大小是有条件的,条件不同,适当的管理幅度可能相同也可能不同。一般来讲,上层管理幅度 4 ~8 人为宜,下层管理幅度 8 ~15 人为宜。

> 20 世纪 90 年代后期,杰克·韦尔奇被称为“全球第一 CEO”。1981 年,当他执掌 GE 时,公司机构臃肿、等级森严、反应迟钝,正走下坡路。杰克·韦尔奇对企业内部的扁平化改造,从管理层级上是将管理层次从 8 层精简到 3 层。在薪酬体系改造上,将工资层级从 29 个级别调整到 5 个组线条的级别,这也是扁平化的改革。当然,砍掉 25% 的企业,削减了 10 多万份工作,将 350 个经营单位裁减合并成 13 个主要的业务部门,则更是大手笔的企业扁平化的改造。
>
> 杰克·韦尔奇强调“无边界合作”,一直致力于打破公司内部的各种障碍,加强自上而下、自下而上和跨部门的团队工作,改进公司内部的协作以及与供应商和客户的合作关系。因为,全世界每天有数十亿美元被浪费在组织间缺乏沟通即互相竞争上面,而这些组织本该为共同的目标而努力:为客户创造价值。我们认为,杰克·韦尔奇所谓的“无边界合作”,则正是企业组织与外部环境之间扁平化的最好佐证。杰克·韦尔奇已经将扁平化管理从企业组织内部延伸到企业组织的外部了。因此,企业的规模、资源、边界等就更为广大无比了。

第二节 组织部门化

一、部门划分的含义

部门划分就是要确定组织中各项任务的分配与责任的归属,以求分工合理、职责分明,从而有效地实现组织的目标。正如法约尔所指出的,它是“为了用同样多的努力生产更多和更好的产品的一种分工”。

部门是指组织中管理人员为完成规定的任务有权管辖的一个特定领域。部门化是将组织中的活动按照一定的逻辑安排,划分为若干个管理单位。如部、处、科室、组等。划分目的:确定组织中各项任务的分配以及责任的归属,以求分工合理、职责分明,有效达到组织的目标。

从一定意义上可以认为,划分部门使得组织的规模突破了管理宽度的制约。至少在理论上而言,把组织的各种活动和人员划分为部门,使得组织的扩大具有无限的可能性。

> 组织是一门工具,和任何工具一样,越是专门化,它产生的绩效能力越强。
>
> ——彼得.德鲁克

二、组织部门化原则

部门的划分是为了实现组织的目标。在划分部门时应遵循如下一些具体的原则。

(1)目标实现原则。组织设计的根本目的是保证组织目标的实现,使目标活动的每项内容都落实到具体的岗位和部门,"事事有人做",这就要求要因事设职,保证工作的完成。

(2)精简高效原则。衡量组织结构合理与否的主要标准是在满足组织目标所要求的业务活动需要的前提下,力求减少管理层次,精简机构和人员,提高管理效率。

(3)弹性原则。组织结构应具有弹性。划分部门应随着业务的需要而增减,在一定时期划分的部门不是永久性的,其增设和撤销应随着业务的需要而定,临时出现的业务可以设立临时部门和工作组的方式来解决。

(4)任务平衡原则。各部门的任务指派应达到平衡,避免忙闲不均,工作量分摊不均。

(5)监督与执行的部门分立原则。承担监督和检查的部门与承担执行职能的部门要分别设立。

三、组织部门化的基本形式

部门划分的标准主要有:职能、产品、顾客、地域、流程、人数、时间、设备以及销售渠道、工艺、字母或数字等。下面介绍最主要的5种部门化形式。

(一)职能部门化

职能部门是最普遍采用的一种划分方法。即按专业化的原则,以工作或任务的性质为基础来划分部门。见图11.2,按照生产、财务管理、营销、人事、研发等基本活动相似或技能相似的要求,分类设立专门的管理部门。按重要程度可分为:基本的职能部门、派生的职能部门。基本的职能部门一般有:生产、工程、质量、销售、财务部门等。派生的职能部门有:如生产部门中的设计科、工艺科、制造车间、生产计划科、设备动力科、安全科、调度室等。

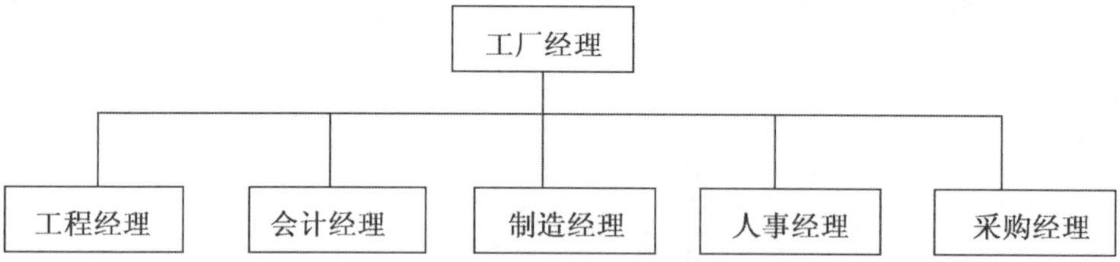

图11.2 职能部门结构

职能部门化突出业务重点,确保管理的权威性;符合专业化分工的要求,有效发挥员工的才能。但是它不利于开拓远去市场或按照目标顾客的需求组织分工;助长部门主义风气,使部门间难以协调配合;不利于"多面手"式的人才成长。

(二)产品或服务部门化

产品或服务部门化是按照按组织向社会提供的产品或者服务的要求来划分部门,见图11.3。

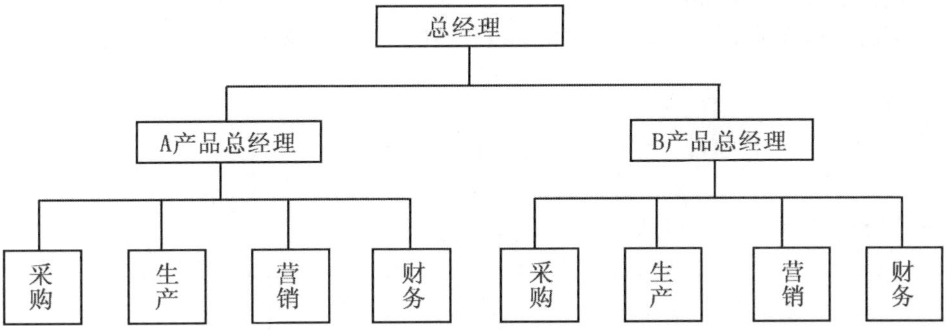

图 11.3 产品或服务部门结构

这种部门化可以促进不同产品或服务项目间的合理竞争;加强对企业产品或服务的指导和调整;有利于“多面手”式的人才成长。但同时它需要更多的“多面手”;存在本位主义倾向;导致管理费用的增加。

(三)地域部门化

地域部门化就是按工作所在的区域范围来划分部门,见图 11.4。这种方法较多用于一些地理位置比较分散的组织。其特点是,把同一地区或区域内发生的各种业务活动划归同一部门,然后再按这一部门所管辖的范围进一步建立有关的职能部门。这样,一个地区或区域的业务活动便被集中起来,交给一个管理者负责。其目的是充分利用本地的人力、物力和财力,以便获取区域经营的效益。

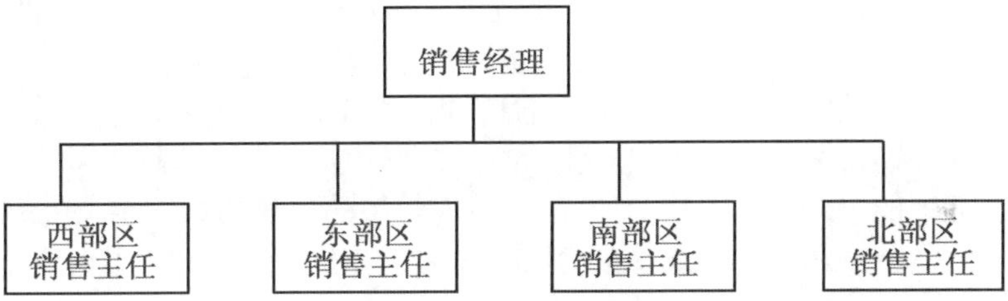

图 11.4 地域部门结构

地域部门化鼓励地方参与决策和经营;灵活决策;减少成本和风险。但是由于地区主管比较稀缺,所以比较难控制;此外机构设置重叠往往导致管理成本过高。

(四)顾客部门化

顾客部门化就是根据目标顾客的不同利益需求来划分组织的业务活动。见图 11.5。在激烈的市场竞争中,顾客的需求导向越来越明显,企业应当在满足市场顾客需求的同时,努力创造顾客的未来需求,顾客部门化顺应了需求发展的这一趋势。

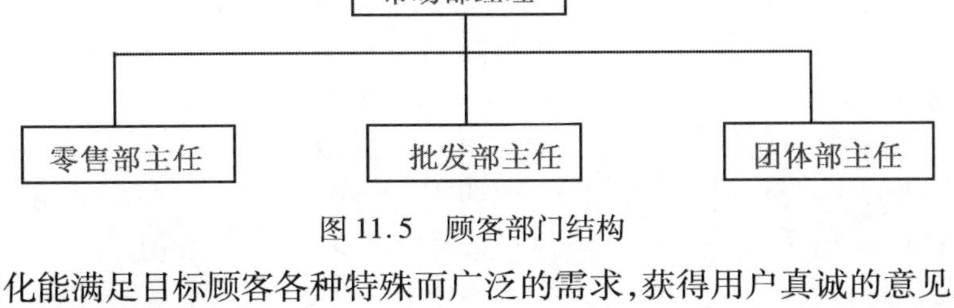

图 11.5 顾客部门结构

顾客部门化能满足目标顾客各种特殊而广泛的需求,获得用户真诚的意见反馈;发挥自己的核心专长,创新顾客需求,建立持久性竞争优势。然而实施顾客部门化容易增加与顾客需求不匹配而引发的矛盾和冲突，从而造成产品或服务结构的不合理，影响对顾客需求的满足。为了解决这些矛盾和冲突则需要更多能妥善处理和协调顾客关系问题的管理人员。

（五）流程部门化

流程部门化就是按工作或业务流程来组织业务活动。人员、材料、设备比较集中或业务流程比较连续紧密是流程部门化的实现基础。见图 11.6。

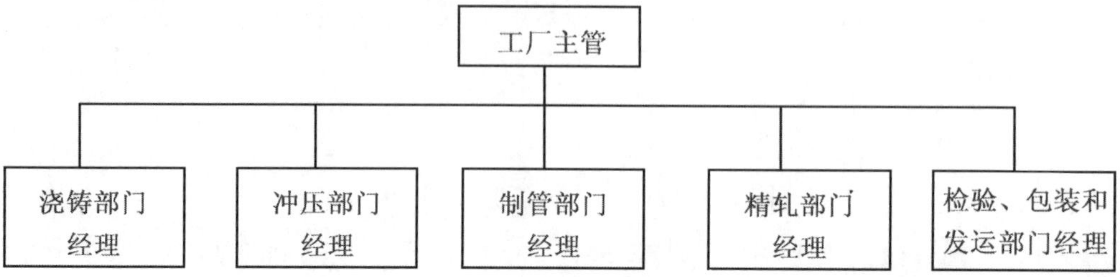

图 11.6　流程部门结构

流程部门化可以充分发挥技术优势，易于协调管理，对市场需求反应敏捷，容易取得集合优势；简化了培训，形成良好的学习氛围。它的缺点是会产生部门间的利益冲突；权责相对集中，不利于培养“多面手”式的管理人才。

除了上述 5 种主要的部门化形式，还有 4 种常见的形式。人数部门化是单纯按人数的多少来划分部门。类似于军队的师、团、营、连的划分，是最原始、最简单的划分方法。时间部门化是在正常工作日不能满足工作需要时，所采用的一种部门划分方法。如三班制、轮班制工作的情形，即可按此来划分。设备部门化——按设备的类型来划分部门。如医院的放射科、心电图室、脑电图室、超声波室等。此外跨职能团队越来越受到管理者的青睐。在这个团队中各专业领域的专家们组合在一起协同工作。例如，世界闻名的生产饮料容器和快餐盒的企业塞马斯公司就以跨专业领域的弹性化团队取代了传统的受制于职能边界的部门化结构。其中的“生活方式团队”开发了一种新型的电烧烤架，受到消费者的欢迎。这一团队由工程、营销、制造各领域的人员组成，他们从事产品的推广工作，包括确定目标市场、设计产品、制定可行性制造方案等。

美国圣莫尼卡高速公路事件

1994 年 1 月 17 日，圣莫尼卡高速公路的一座大桥在洛杉矶地震中倒塌了。这一事件迫使几百万驾车者改道上班；洛城所有交通因此受到影响，造成大规模塞车。加利福尼亚交通部官员起初预测修复高速公路得花 12 至 18 个月。考虑到交通受阻带来的严重后果，加州交通部表示将把合同交付给能够在 6 个月内完成的公路修复工程的承包商，并将集中力量不惜代价尽快完成此工程。修复工作最后仅花了短短的 66 天。这一奇迹实现的具体程序是这样的：加州交通部派工作人员携带施工计划及说明书乘飞机去与承包商洽谈，这样 5 位承包商会同时获得相同的信息。标价的审定及合同签订在同一天完成。设计组于 6 天内将施工图送交承包商，通常这需要约 9 个月时间。大桥的重建彻底改变了以往的审核过程。桥梁建设计划一般由加州交通部审核（此过程需要几周甚至几个月—）；然后同级部门复审（花去更多时间）；最后复审的计划送交承包商进行投标。而这一次，承包商已准备就绪，在交通部批准的同时得到施工计划。同级复审与工程开工同步进行。为了防止突发事件及不确定因素，加州交通部的特派工程师和政府监督员随后就被派驻公路建设现场，负责整个建设过程。这样就减少了工作审批过程的时间。可见，扁平化可以应用于政府管理之中，用于管理流程再造之中。

第三节　组织的职位

一、职位设计的含义

职位设计就是将若干工作任务组合起来构成一个完整的职位。现实中有些职位是常规性的,有些事非常规性的。有些职位要求广泛多样的技能,有些则只要求范围狭窄的技能;有些职位规定了非常严格的程序,有些则是有相当的自由度。职位因为任务的组合方式不同形成了不同的职位设计方案。

组织可以看成是由各种各样的职位、职位之间关系以及相互作用所构成的特定功能的有机体。如果将组织活动看成是一场戏剧,职位就相当于戏剧中的各种角色。因而,从分工和协作的意义上讲,组织实际上是一种有意识形成的职位结构或角色结构。

职位工作内容的确定,应该既要考虑工作效率的要求,同时兼顾工作人员能从中体验的内在工作满足。这是调动人的积极性的一个重要因素,以便在任务和人员两方面要求的相互平衡中,确定出职位的合理广度与深度。

一个职位要存在并有意义,必须满足以下几个特征:

(1)具有明确而且能够检验的目标,这是一个职位之所以存在的理由。

(2)具有明确的职责,也就是必须清楚该职位所承担的任务或活动。

(3)具有明确的职权,以使占据该职位的管理者有可能去实现其目标。

二、职位设计的演化

从历史上来看,职位设计经历了如下一些变迁和发展。

(一)按照专业化分工的原则设计职位

20世纪上半叶以前,职位设计是与劳动分工、工作专业化意义相同的,人们力求将组织中的工作设计得尽可能简单、单纯、易做。

现在大量的工作仍然是在按照专业化分工的原则进行。生产工人在装配流水线上从事简单、重复的工作,办公室职员坐在计算机前从事范围狭窄的、标准化的任务,甚至护士、会计及许多其他的职业性工作都是按照同样原则组织起来的。

专业化分工的好处是不容置疑的,有利于提高人员的工作熟练程度,有利于减少因工作变换而损失的时间,有利于使用专用设备和减少人员培训的要求,有利于扩大劳动者的来源和降低劳动成本等。但职位设计得过于狭窄也会带来负面的影响。诸如在流水线上每天上千次地拧紧螺栓这样的工作,其枯燥、单调、乏味造成了人们在生理、心理上的伤害,导致员工的心烦和不满情绪,工作之间的协调成本上升,从而影响了总体的工作效率和质量。早期,人们在职位设计方面基本上都是通过提高专业化和分工的程度来取得规模经济的高效率。后期的努力则转向了如何克服由于过度的专业化和分工而产生的各种弊端。

(二)职位扩大化

这是为了克服由于过度分工而导致的工作范围过于狭窄的弊端而提出的一种职位设计思想。它主张通过把若干狭窄的活动合并为一项工作的方式来扩大工作的广度和范围,这样降低了工作的单调程度。

(三)职位轮换

职位轮换是让员工定期地从一项工作更换到另一项工作上去。如在仓库工作的工人,可以在卸货、出货、记录、盘点等多项职位上定期轮换。这样有利于促进员工技能的多样化,在一定程度上减少了工作的单调和枯燥的感觉。有些企业在中低层的管理职位上进行定期或不定期的职位轮换,以更好地培养和激励管理人员。

(四)职位丰富化

职位扩大化是指工作的横向扩展,职位丰富化则是指从纵向上充实和丰富工作内容,也即从增加员工对工作的自主性和责任心的角度,使其体验工作的内在意义、挑战性和成就感。在强调劳动分工的时代,一般主张在管理人员和作业人员之间进行明确的职责划分,由管理人员来决定工作的内容和工作的方法,而一般人员只需俯首听命即可。职位丰富化设计,就是要将部分管理权限下放给下级人员,使其在一定程度上自主决定工作的内容、方法和进度等。

(五)工作团队

上述几种方式均是依据个人来进行职位设计的。当职位设计是围绕群体而不是个人时,就形成了工作团队。近年来,工作团队代表了一种日益盛行的职位设计方案,越来越多的组织采用这一方式来安排工作以期提高组织的竞争力。工作团队有多种类型,自主管理工作团队便是其中最具代表性的一种。这种团队享有相当大的自主权,除了安排工作进度、决定工作方法之外,团队甚至可以自主挑选成员、自主考评工作绩效以及决定对团队成员的奖惩。

三、职位特征模型

理查德·哈克曼(J. Richard Hackman)和格雷格·奥尔德姆(Greg R. Oldham)提出的职位特征模型对组织的职位设计具有指导意义。该模型由四个重要的部分所组成,即关键心理状态、核心职位特征、调节因素和结果,见图 11 –7。

从该模型中可以看出,三种关键心理状态导致了四个方面的结果。这三种关键心理状态分别是体验到工作的意义、体验到对工作结果的责任和了解工作活动的结果。四种结果则是内在工作动机大、工作满意度高、工作绩效质量高以及缺勤率和流动率低。

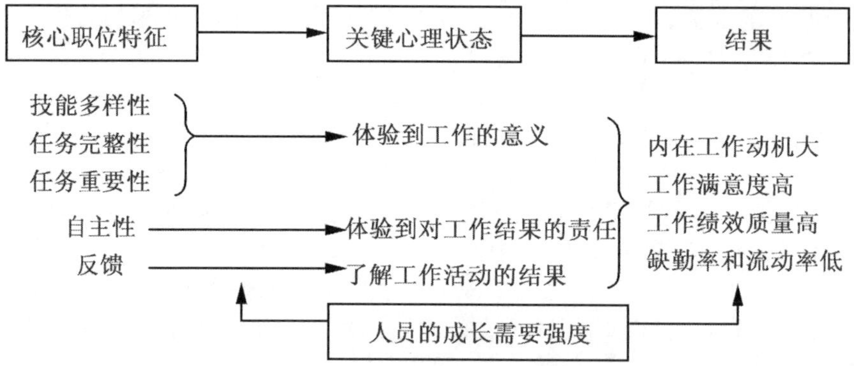

图 11.7 职位特征模型

根据这一模型,可以用一个称为激励潜力分数(MPS)的单一指标来衡量一个职位本身对人们的激励程度,即

MPS = [(技能多样性 + 任务完整性 + 任务重要性) ÷3] 自主性 × 反馈

技能多样性、任务完整性、任务重要性、自主性和反馈这五个因素称为核心职位特征。这五个方面的核心职位特征决定了三种关键心理状态。其中,技能多样性、任务完整性和任务重要性这三项因素决定了工作的意义。一个职位如果具有这三个特征,则可以预期任职者会将他的工作视为是重要和有价值的。而拥有自主性的职位会给任职者带来对于工作结果的责任感,反馈则能够使人们了解自己的工作绩效。MPS 得分较高的职位将对人们的动机、绩效和满意度产生积极的影响。

该模型指出，要是一个人知道(对结果的了解)他个人(责任感的体验)在其关注(有意义的体验)的任务上完成得很好，他会获得一种内在的激励。一个职位越是具备这三个条件，则员工的动机、绩效和满意度就会越强，而缺勤和辞职的可能性会越小。

该模型还指出，上述结论受到个人的成长需要强度，亦即对自尊和自我实现的需要强度的中和与调整。也就是说，具有高度成长需要的员工，面对 MPS 得分较高的职位，在心理状态上要比那些只有低度成长需要的员工有更高程度的体验。

根据职位特征模型，组织可以采取以下五个方面的策略以实现 MPS 的提高：

(1)形成自然的工作单位，使工作具有完整性。

(2)归并任务，将现有的过细分割的任务组合起来，形成一项新的内容丰富的职位，从而提高技能的多样性和任务的完整性。

(3)建立客户联系，这有助于增加技能多样性、自主性和绩效反馈。

(4)纵向扩展职位，缩小计划、实施和控制之间的距离，增大员工的自主性。

(5)开通反馈渠道，这有助于使员工了解其工作做得如何，有无改善。

四、职位设计要求

职位设计必须满足顾客、雇员和组织的利益要求，对任何有关方面的忽视都会导致组织设计的失衡。

(一)着眼于顾客满意

组织职位的成功设计应着眼于顾客满意。雇员们必须清楚顾客的需要以及满足这些需要的方式，必须知道这些需要是否得到了满足以及通过哪些改进能够使之获得进一步的愉悦。雇员必须有机会来努力确保顾客的需要得到满足，确保这方面绩效得到持续的改进。职位的设计必须能够确保了解、理解并沟通顾客的需要，确保对于满足顾客需要的绩效有所反馈。组织的设计应当能够为雇员提供实现绩效持续改进的机会。

(二)着眼于雇员满意

雇员满意是实现顾客满意的关键。全面质量管理的理念主张，人们从本性上渴望成长和学习。为了使之成为现实，就必须使雇员理解工作的目的以及实现这一目的的策略，使人们理解组织对他们的期望。此外，充分的薪酬、成长的机会、履行工作的职权、足够的培训、工作环境中的安全感等也都是不可缺少的。许多组织都认为雇员满意与顾客满意之间存在着正相关关系。

(三)着眼于组织的利益

除了雇员满意与顾客满意之外，组织的设计还必须确保安全作业，产品和服务的质量与价值，环境保护，以及过程、产品和人员的持续改进，确保组织能够实现卓越的绩效。

第四节　组织的职权

如果把组织看成是具有特定功能的一台机器，各个部门就是组成机器的各种零部件，组织结构就是这台机器的构造。要使一台机器能够运转起来，只是把各种零部件组合在一起还不够，还必须供之以动力。一个组织除了要对各个部门进行安排之外，同样也必须具有动力才能使组织运转起来。这意味着要将职权在组织中进行合理而有效的配置。

一、权力、职权和指挥链

管理者必须拥有职权才能发挥其职责。职权是权力的一种。权力是比职权的含义更为广泛的一个概念，它是指个人或群体影响其他的个人或群体的行为或信仰的能力。这种能力之所以能够存在并发挥作用,或者说人们之所以会受影响,是因为它有一定的存在基础。

(一)权力的类型

根据存在基础的不同,人们一般将权力区分为五种类型。

(1)职位权。这种权力附属于某种职位,来自人们对权利、义务和责任的根本看法所形成的文化系统。在这样一个文化系统中,职位作为一种合理合法的存在而为人们所认可或接受。这种随职位而拥有的权力就是我们所关心的职权。

(2)专长权。这是由于人们拥有某种特殊的知识或技能而对他人所产生的影响力。人们常常会受到医生、律师、科学家等的强烈影响,这是因为他们拥有着各自领域的特殊的专门知识而为人们所尊敬。

(3)个人影响权。这是由被人们信仰和崇拜而产生的权力。例如,一些宗教领袖、战斗英雄、电影明星等就常常拥有这样的权力。

(4)强制权。或称惩罚权,指能够给人们带来不愉快或不情愿的后果的权力。

(5)奖赏权。指能够为他人带来某种期望的后果或好处的权力。

组织中的管理者所拥有的权力主要就是职权,当然也可以不同程度地同时具有其他几种权力。职权是在组织中的某一职位上作出决策的权力,它只与组织中的管理职位有关,而与占据这个职位的人员无关。原先占据某一职位的管理者一旦离职,其所拥有的职权也就随之消失。

(二)指挥链

组织主要依靠职权来操纵其各个组成部分。职权从组织的大脑——最高管理层出发,途经各个管理层次,一直贯穿到组织的基层而形成一条自上而下的权力线。这种权力线通常被称为“指挥链”。它形如金字塔,组织的最高主管高居塔顶,之后每经过一个层次便发生一次职权的分裂,如此进行而将指挥链延伸至组织的最底层,形成了一个遍布于整个组织的职权网络。正是这个职权网络,才使得组织具有高度的行为能力。

一般认为健全的指挥链存在着两个基本要求。一是统一指挥原则,要求组织中的每一个成员必须同一个上司,而且只能同一个上司建立起一种明确的报告关系。也就是组织中的每个成员都只能接受一个上司的指挥。否则,组织中就不可避免地会出现混乱的局面。

另一个要求是连续分级原则,主张从组织的最底层职位到组织的最高顶点之间的每一条职权线都应当是明确而不间断的。组织中由最高职位至每一个下属职位的职权线越是清晰,决策责任也就越明确,组织中的沟通性会越有效。这一原则说明,在组织中每一项决策最终都必须有人为之负责。

二、集权和分权

集权是指决策权在组织系统中较高层次上一定程度的集中;与此相对应,分权是指决策权在组织系统中较低层次上一定程度的分散。

在组织管理中,集权和分权是相对的,绝对的集权或绝对的分权都是不可能的。如果最高主管把他所拥有的职权全部委派给下属,那他作为管理者的身份就不复存在,组织也不复存在。因此,某种程度的集权对组织来讲是必要的,如果最高主管把权力都集中在自己手里,这就意味着他没有下属,因而也就不存在组织。因此,某种程度的分权同样是组织所需要的。

(一)过度集权的弊端

1. 不利于合理决策

要做到正确、合理地决策,组织的最高管理阶层必须迅速准确地把握组织的具体情况,而且各项决策与命令更需准确及时地传达到下属各执行单位。然而,在过度集权的管理体制下，随着组织规模的扩大，组织的最高层领导者很难再一一把握下面的具体情况，他们总会显得心有余而力不足，而且往往会因层次过多而造成信息失真，这就无法保证正确决策。

2. 不利于调动下属的积极性

由于实行高度集权，几乎所有的决策权都集中在最高管理层，结果使中下层管理者变成了纯粹的执行者，他们只能按照上面的指示、命令和规定的程序行事，没有任何的决策权、发言权和自主性，他们变成了上传下达和被动执行的“主管机械人”，积极性和创造性受到压抑，导致其工作热情低下，并且会减弱其对组织关心的程度。同时，也不利于培养人才，使中下层管理人员无法独当一面，无法有机会在实际工作中增长才干，受到锻炼。

3. 阻碍信息交流

在高度集权的组织里，由于决策层即最高管理层与中下层的执行单位之间存在多级管理层次，信息传输路线长，经过环节多，因而信息的交流比较困难，使下情难以上达。如果高层管理者的官僚主义严重，不愿做实际调查，又喜欢偏信某些人的汇报，则有可能在组织内部造成一种欺上瞒下、阿谀奉承的不良风气，最高层领导者就会变成“睁眼瞎”，对下面的实情一无所知。这势必会导致他们作出与事实相违背的错误决策，而这种决策的错误给组织带来的损害将是致命的，甚至是毁灭性的。

4. 助长组织中的官僚主义

过度集权的管理体制，势必需要制定许多繁琐的办事程序和各种各样的规章制度以确保权力的实现，而这极易助长官僚主义作风，使组织机关化，办事公式化，使组织显得毫无活力和生气。现在我国不少组织中的机关化倾向相当严重，管理部门“官气”十足，不愿为基层、为车间提供服务，这实际上是在长期实行高度集中的计划经济下形成的，是计划经济在组织工作中的反映。

（二）分权标志及重要意义

1. 分权程度的标志

（1）决策的频度。组织中较低管理层级制定决策的频度或数目越大，则分权程度越高。

（2）决策的幅度。组织中较低层级决策的范围越广，涉及的职能越多，则分权程度越高。

（3）决策重要性。决策的重要性可以从两个方面来衡量，一是决策的影响程度；二是决策涉及的费用。

（4）对决策的控制程度。如果高层次对较低层级的决策没有任何控制，则分权程度极高。

2. 分权的意义

（1）分权有利于组织决策的合理化。职权分散化以后，组织的决策权不再完全集中在最高管理层，而是将某些决策权适当地分配给下属各有关单位，使它们有一定程度的自主权，能够根据各单位的具体情况和所面临的形势与任务作出决策，增强了决策的灵活性与及时性。

而且有些程序性、日常性的事务性决策，实在不必由最高领导来定夺，各有关单位完全可以自主决策，甚至会决策得更科学、更好。因此，职权分散化有利于明确地实行分级决策和分层负责。职权分散既能保证决策的科学化，又能从上到下更好地实现分工与协作，它可以使决策明确化，其相应的责任也可以更明确化。

（2）分权有助于培养组织管理专家。职权的分散化意味着赋予中下层管理人员更大的自主权力，同时也交给他们更大的责任。对权力的运用本身就是一门管理艺术，也是一门高深的学问。职权的分散化迫使中下层管理人员更快地走向成熟。因为，如果他们不能恰当地运用自己的权力，那就无法很好地完成他们所负的职责，他们就会被迫丧失领导者的身份和地位，这是一种巨大的压力。另外，职权分散后，更需要中下层管理人员独当一面地工作，因而他可以有更多的机会施展才华，受到锻炼，积累经验。

(三)影响分权的因素

集权与分权的程度，是随条件变化而变化的。影响分权程度的有如下这些因素。

1. 决策的代价

决策付出代价的大小，是决定分权程度的主要因素。一般来说，决策失误的代价越大，对经济标准和信誉、士气等无形标准影响较大的决策，越不适宜交给下级人员处理。高层主管常常亲自负责重要的决策，而不轻易授权下属处理。这不仅是因为高层主管的经验丰富，犯错误的机会少，而且因为这类决策责任重大，也不宜授权。

2. 政策的一致性

如果最高主管希望保持政策的一致性，即在整个组织中采用一个统一的政策，则势必趋向于集权化，因为集权是达到政策一致性的最方便的途径。采用一致性的政策，便于比较各部门的绩效，以保证步调一致。如果最高主管希望政策不一致，即允许各单位根据客观情况制定各自的政策，则势必会放宽对职权的控制程度。政策适当的差异有利于激发下级单位的创新和竞争，提高效率。

3. 组织的规模

组织规模扩大后，集权管理不如分权管理有效和经济。组织规模越大，组织的层次和部门会因管理幅度的限制而不断增加。层次增多会使上下沟通的速度减缓，造成信息延误和失真，并意味着今后彼此间的配合工作也会迅速增加。因此，为了加快决策速度、减少失误，使最高主管能够集中精力处理重要决策，也需要向下分权。

4. 组织的成长

从组织成长的阶段来看，组织通常在成立初期采取和维护高度集权的管理方式。随着组织逐渐成长，规模日益扩大，则由集权的管理方式逐渐转向分权的管理方式。

从组织成长的方式来看，如果组织是从内部发展起来的，由小组织逐渐发展成为大组织，则分权的压力比较小；如果组织是由合并的方式发展起来的，则分权的压力比较大。

5. 管理哲学

管理者的个性和他们的管理哲学不同，对组织的分权程度有很大影响。专制、独裁的管理者不能容忍别人触犯他们小心戒备的权力，往往采取集权式管理；反之，则会倾向于分权。

6. 人才的数量与素质

人才的数量和素质不高，会限制职权的分散。如果管理人员数量充足、经验丰富、训练有素、管理能力强，则可有较多的分权。

7. 控制的可能性

分权不可失去有效的控制。最高主管在将决策权下授时，必须同时保持对下属的工作和绩效的控制。许多高层主管之所以不愿意向下分权，就是因为他们对下属的工作和绩效没有把握，担心分权之后下属无法胜任工作而承担连带责任，认为与其花更多的时间去纠正错误，不如多花一些时间自己去完成这项工作。因此，要有效地实施分权，就必须同时解决如何控制的问题。

8. 职能领域

组织的分权程度也因职能领域而异，有些职能领域需要更大的分权程度，有些则相反。在组织的经营职能中，生产和销售业务的分权程度往往很高，原因很简单，生产和销售业务的主管要比其他人更熟悉生产和销售工作。但财务职能中的某些业务活动需要较高的集权，只有集权，最高层主管才能保持其对整个组织财务的控制。

【案例】

TCL 分权还是集权?

TCL 集团从去年开始调整组织架构,各大业务板块权力向各自的掌门人集中。这种分权式管理是否合适?

介绍:为了实现全面扭亏,TCL 集团从 2005 年就开始调整组织架构。现在,TCL 各大业务板块权力开始进一步由各自的掌门人掌握。

这次分权式管理是 TCL 诸侯文化最直接的体现。在 TCL 集团董事长李东生旗下,TCL 多媒体的胡秋生、TCL 通讯的刘飞、TCL 电脑的杨伟强和 TCL 家电的王康平,被称为 TCL 的四大诸侯。

有人认为,分权而治是 TCL 走出困境的一着妙棋。因为分权可以降低决策风险,充分发挥个人的智慧。

也有人认为,这种授权方式带有浓厚的李东生的个人色彩,随意性太大,缺乏系统的思考。而且,人事的调整是基于业绩来考虑,而不是主动地做战略性的安排。TCL 现在面临的是巨大的核心价值欠缺和外部的竞争压力,只强调业绩的授权,并不能解决企业战略层面的问题。

面对短期业绩和长期战略发展的双重压力,TCL 是否应该实行分权管理?如果要分权,怎样分权才能解决好短期的业绩压力和长期的战略发展这一对矛盾?如何才能让这些诸侯形成合力?

在 TCL 的组织架构方面,有两种观点比较对立:一种是认为 TCL 的这种分权式管理模式带来了决策上的风险。另一种观点则认为,作为 TCL 这样规模的企业,应该实施分权管理。

反对者认为,集权管理更重要,因为重大决策能够集思广益,避免决策片面;能够集中资源,避免浪费;避免出现个别业务发展偏离主线的情况;出现问题,便于企业进行及时采取补救措施。

支持者认为,分权便于发挥个人的智慧和创造性,使个人的管理能力和实施能力能够充分体现出来;能够更迅速地对市场进行反应;使高层决策者关注于企业方向性问题,而不是陷入具体事务当中;有利于人才的培养。分权和集权有各自的弊病,没有人会同意绝对的分权与集权,也没有哪一种领导风格能够适用于不同的企业。我们只能针对企业的不同情况,具体分析。

集权 VS 分权

从企业发展战略来看,适合集权的情况有:一体化企业集团;单一品牌的集团;企业主营业务;对企业利润贡献较大的业务板块;业务规模不大,但有战略意义的业务;处于变革时期的业务。

适合分权的有:多元化企业集团;多品牌集团;对企业业务贡献不大的存续业务;处于平稳期的业务。

从组织架构的角度来看,适合集权的有:战略型管理总部;运作型管理总部;事业部;独资或控股企业;中小型企业。

适合分权的有:财务型总部;子公司;参股企业。当然,财务型总部的资金管理权与重要人事任免权集中在总部,但具体运营权下放。

从人力资源管理的角度来看,适合集权的情况有:人力资源管理体系不健全,没有基础制度体系的企业;新招聘的管理者的业务。

适合分权的情况有:人力资源管理体系比较健全的企业;该业务板块的领导在企业工

作时间较长,集团对其较为了解的业务;该业务板块的负责人具有综合的全面的能力。

从企业文化的角度来看,适合集权的情况有:没有明确发展目标和核心理念的企业;干部员工思想涣散的企业。

适合分权的有:对企业战略有统一的认识的企业;企业文化体系健全的企业。

TCL 应实行集权管理

具体到 TCL 的案例中,种种迹象都显示,TCL 应该实行集权管理。

首先,随着3C 的融合,TCL 产品种类目前逐渐集中,都使用 TCL 这一共同的品牌,且在很多领域都面临着同一对手。因此,TCL 应实现集权管理,各产业群的重大战略决策应集体讨论,并实现战略协同。

TCL 不同于联想。联想的业务范围涉及电脑、IT 分销、房地产、玻璃、医药、汽车零配件等多个领域。因此,联想是典型的分权管理,其业务主要由杨元庆、郭为、朱立南、陈国栋和赵令欢五大领军人具体管理,柳传志只关注于个别业务领域。

其次,总体上来说,TCL 属于战略型管理总部,而不是一个追求短期回报的财务型企业。因此必须对战略管理实施集体决策,不允许下属业务群各自发展不相关业务,也不允许下属业务阶段性的重大决策不经总部批准。因此,像万明坚走自主研发之路,需要 TCL 总部共同讨论。双方也许达成一致,也许会产生分歧。如果产生分歧,应由 TCL 总部决定并负责。如果是这样,就不会出现万明坚出走了。今天的刘飞,必然会面临万明坚同样的问题。

第三,从人力资源的角度来分析,对吴士宏的授权就不太妥当。她作为 TCL 新招聘者,对其所分管的业务应该实施集权管理。但是由于李东生对她过分信任,导致 TCL 损失了很多利润。一人兴邦,一人毁邦,是中国企业目前面临的典型问题之一。所以,分权与集权往往就变成了两个人的问题。是盲目信任?还是投缘?还是两强相争(据传万明坚功高盖主)?李东生的个人色彩是两面的,有鲜艳的一面,也有黯然的一面。但是 TCL 的发展不能因为李东生的个人色彩来决定事业群的发展。如果你喜欢一个人即使他业绩不行你也会授权给他(很多国有企业出现的问题)。如果你不信任一个人,可能他的业绩再好你也不放心(很多民营企业出现的问题)。总之,判断一个人要建立有战略导向的人力资源绩效体系,要把个人问题和人力资源体系有机的结合,才能达到集权与分权的最佳效果。

第四,企业文化,对于很多实施国际化战略的企业,包括 TCL 这样的企业,都是一个具体的问题。把不同国家、不同信仰、不同文化背景的员工都统一到一个文化体系中去,才能谈得上授权管理。然而,中国企业和被收购的国外企业,包括在国外设立的分支机构,很难有共同的目标和沟通机制。如果采用集权管理,被收购方可能不会积极配合,甚至造成人才流失。如果采用分权,很可能实现不了总部的目标,政令不能下达,导致失控。因此,跨文化的研究与融合,是国际化企业发展的关键成功要素,也是直接决定企业盈亏的。

从管理学的角度上谈集权与分权,对企业没有具体的指导意义。还是要从企业的规模、发展阶段、发展战略、组织层次、基础管理体系、企业文化、领导风格等多方面考虑,本着管理成本低、交易费用少,且能够减少风险的角度来决定究竟是分权,还是集权。

企业要避免现实经济中母子公司管理上常出现的两种倾向:集权过度与分权过度。至于 TCL,在战略管理和重大资源调配上应该采取集权管理,在具体运作上可采取分权管理。当然,理顺集权与分权,不能够解决 TCL 长期盈利的问题,企业还是要走自主研发,走创新的道路,把提升竞争力作为最主要的手段。

三、授权

组织是依靠指挥链来行动的。职权在组织中的各个职位上的分配,亦即指挥链的建立，是通过授权来进行的。

(一)授权步骤和内容

授权意味着在上下级之间建立起某种形式的职权关系。具体而言，授权是管理者将自己的部分决策权或工作负担转授给下属的过程。授权可以说是组织规模扩大的结果。没有人能够承担实现组织目标所必需的一切任务，同样也没有人能够行使所有的决策权力。由于存在着管理宽度的限制，管理者必须将职权授予下属，以使他们在各自的职责范围内进行决策。

授权是一个过程。授权的第一步就是要将任务委派给接受授权的下属，并明确应当取得的成果；要使下属明确他将承担什么任务，这些任务应当完成到什么程度或应当取得什么样的成果。第二步是将完成任务所必需的职权授予下属，到这里上级主管仍然负有确保完成任务的责任。因此，第三步就是要使下属承担起对所接受的任务、成果要求和职权的义务，要使下级认可或同意由上级所授予的任务和职权，并作出完成任务的承诺。

授权的这三个步骤是不可分割的。只是要求某人完成某一任务而不授以相应的职权，或者授予职权但却不清楚最终要取得什么成果，都不能算是真正的授权。

在授权过程中，责任是不可下授的。这称为授权的绝对性原则。上级管理即使授权给下属去完成某项任务，但仍然负有对该项任务的责任。这也是许多管理者不愿授权或不敢授权的原因之一。

(二)授权中职权分裂

组织中有时会出现职权分裂的情况。当解决一个问题或作出一项决策必须汇总两个或更多管理者的职权才能实现时，就认为解决这一问题的职权是分裂的。例如，在某企业一个横跨两个车间的生产过程中，如果将工序做一点小小的变动就有可能大幅度降低生产成本，但两个车间主任无论谁都无法单独作出决定，此时，就只有两人的共同上司——分管生产的副厂长才能解决问题。在副厂长这里，解决这一问题的职权是完整的，但对两位车间主任而言，他们处理这一问题的职权均是分裂的。

当职权分裂的问题涉及许多管理者时，常常需要通过会议来协调解决。例如，许多城市为了解决一些老大难问题，常常采用联合办公的形式，这实际上就是在解决职权分裂的问题。有些场合下，尽管职权分裂的问题出现在基层，但只有到最高层才有解决该问题的完整的职权。组织中不可能完全避免职权分裂的现象，但如果同一问题一再重复发生，则有可能就是授权不当的征兆，这时可能就有必要进行一些组织上的变革。

管理者对下属授权并不意味着永久地失去了这部分职权，他可以随时收回授予的职权。组织的变动总是意味着职权的收回和重新授出。当发现下属不能胜任或负担过重时，也需要将授出去的权力部分或全部职权收回，并进行重新授权。

(三)授权的态度

管理者必须从思想上认识授权的必要性和重要性。为了实现组织的目标，维持组织的成长，授权是管理者所面临的不可回避的选择。授权不当常常是造成许多管理问题的最主要原因。为了进行有效的授权，管理者必须树立以下几方面的态度。

(1)要有善于接受不同意见的态度，要能够听得进他人的意见，而且能够接受和欣赏下属所作出的不同的决策。

(2)要有放手的态度。在某些问题上，或许上级管理者的确比下级更高明、更有经验，但即此也不应越俎代庖。

(3)要允许别人犯错误。谁都难免犯错误，应当把下属的错误看做一种投资，一种人才投资。

(4)要善于信任下级。授权本身就意味着对他人的信任。下属不能胜任、能力不够等都不是不应该授权的理由,应当做的是或者培养他们,或者撤换他们。

(5)要善于适度控制。由于管理者的责任不会随着授权而消失,所以必须确保所授出的职权是在为实现组织目标而使用。必须对下属的工作绩效心中有数。而要做到点,只有将目标、方针和计划作为判断的标准和依据。因此,计划工作不周,害怕失去控制,是管理者不能充分授权的重要原因。

四、职权的分化

(一)直线职权与参谋职权

指挥链的存在使得组织能够行动自如。指挥链上的节点意味着一个个管理职位,占据这些职位的管理者对直接下属都行使着监督、指挥和命令的职权。人们一般把指挥链上这种上下级之间的监督和命令的职权关系称为直线职权,在这种情况下,在上级到下级之间有一条直通的职权线。直线职权是职权关系的最一般、最普遍的形态。

随着组织规模扩大和外界环境日益复杂,管理工作也变得越来越艰巨和困难。管理者的决策工作越来越离不开在经济、政治、技术、社会、法律等领域的高度的专业知识,仅仅依靠个人能力来进行决策显得力不从心。在这种情况下,管理者在进行决策时,就必须依靠各个领域的专业人员或专家来出主意、想办法,提供咨询和建议。这些专业人员或专家便是组织中的参谋,直线主管与参谋人员之间的这种建议和咨询的关系便是参谋职权关系。显然,直线职权是一种决策的权力,或者说是指挥和命令的权力,而参谋职权则仅限于提供咨询和建议。

区分直线和参谋不是依据部门划分。从组织整体的角度来看,有的部门与其他部门之间或许的确是一种直线或参谋的关系。但是,必须明确的是,区分某一部门或某一职位是参谋还是直线的标志,是它们与其他部门或职位之间的职权关系,而不是该部门和职位的活动内容。任何一个职位都有可能既行使直线职权,也行使参谋职权。例如,对于企业的主要生产经营活动而言,公关部经理的工作一般是建议性的,因而通常被认为是行使参谋职权。但在公关部内部,他与部下之间的职权关系则是直线关系。

(二)职能职权

职能职权是一种赋予个人或部门的,对某些特定的程序、业务、政策等进行控制的权力。从理论上来讲,职能职权并不只限于参谋或服务部门的主管,直线主管也同样可以拥有职能职权。但在一般的场合下,职能职权是由服务或参谋部门的主管行使的,这是因为这些部门通常都是由某一领域的专业人员构成的。正是这些专业人员所具有的特殊的知识和技能构成了职能管理的基础。

应当引起注意的是,为了不至于削弱直线主管的职权,职能职权的应用必须适度,必须只限于那些确实需要专门知识和技能的复杂问题。职能职权的产生还意味着对统一指挥原则的一定程度的破坏,意味着多头指挥,因此必须注意避免职能职权的过度和滥用。

(三)直线人员、职能人员和参谋人员的关系

在组织结构运转的实际工作中,三种职权(人员)关系处理不当,就有可能导致混乱,管理效率低下。要保证组织结构的正常运转,处理好三种职权(人员)的关系,是组织结构运行中的一个重要问题。在处理各种职权关系时应注意以下几个问题。

1. 三种人员的职权关系

在任何一个现实的组织中,各级管理人员的职责都兼具直线、参谋或职能的因素。在现代组织中,这三种职权是使组织活动朝向组织目标的不可分割的整体。直线职权意味着作出决策,发布命令并付诸实施,是协调组织的人、财、物,保证组织目标实现的基本权力。

参谋职权则意味着协助和建议的权力，它的行使是保证直线主管人员作出的决策更加科学与合理的重要条件。职能职权由于是直线职权的一部分，因此也具有直线职权的特点，但职能职权的范围小于直线职权，它主要解决的是关于怎么做和何时做的问题，绝不能包揽直线的一切权力。同时，职能职权的行使者多是一些有一定专长的参谋人员，因此，它更能从某一专业的角度出发来保证一项决策的科学性、可行性和实用性，从而大大促进管理效率的提高。

2. 注意发挥参谋人员的作用

理顺直线和参谋的关系。一般来说，参谋只是为直线提供信息、出谋划策配合直线工作。但是，在现实管理生活中，参谋和直线的关系比这复杂得多，概括起来有六种基本的直线－参谋关系。

(1)咨询(顾问)。参谋仅向直线提供咨询帮助，直线可接受也可不接受这种帮助。参谋在充分了解情况的基础上，可主动向直线人员提出建议。

(2)按照要求提供服务。其关系与上述的咨询相似，但服务项目超过咨询和建议。参谋人员与直线人员的关系同合同承包人员与发包人的关系相似，他们的上司是参谋部门的领导。

(3)根据既定的计划，作为完成单位任务的一部分，向某组织提供参谋服务。例如，参谋组织向某组织(企业、医院等)提供常规的技术服务。这些专家、技术人员听令于参谋组织，主管人员对他们的服务质量负责。而接受服务的组织无权指挥专家们的工作，但如果他们对服务质量，对偏离既定方案有疑问，可直接与参谋组织的主管联系。同时，参谋组织的主管也无权决定服务项目的利用程度，因为这些已在规划中作过规定。

(4)为直线提供必要的常规辅助性服务。一旦提供服务所需要的报告、申请或其他特别制度(例如财会制度等)经批准，提供单位就有权要求直线遵守。在发生违章时，服务单位的人员(在向直线人员提出正常要求后)有权要求在监督下进行纠正。只要提出的公文得到批准，使用单位的人员可直接与提供单位联系，要求给予有关的服务和信息。

(5)中心参谋单位和经营单位、附属的参谋单位、参谋人员之间的职权关系。例如，质量控制中心，通过各分厂的质量控制处开展工作；卫生局人事部门，通过各医院人事处开展工作。这些中心参谋单位对经营组织的参谋进行业务指导，而不能下达指令。若中心参谋单位感到确有必要应做或停做某事，可向经营组织的参谋单位提出有力的建议，甚或提到经营组织的更高一级。

(6)部门主管和来自参谋单位人员之间的关系。参谋单位常常培训一些较高质量的专业人员，然后分配给经营组织。这些人员虽较长时间在经营组织里工作，但总认为参谋单位才是他们的“家”。经营组织的主管对他们进行行政管理，参谋单位的主管对他们进行专业管理，后者是他们的顶头上司。因为参谋单位的主管一是可变更他们的工作位置；二是决定他们的成绩大小，在晋升和报酬时提出建议；三是负责不断提高他们的业务水平。这里所说的行政管理，是指经营组织的主管给他们(参谋人员)布置工作、批准请假等，并指示他们遵守工作人员守则。

思考题

1 什么是管理宽度?

2 管理层次是如何产生的?

3 管理层次有哪些副作用?

4 简要讨论管理宽度与管理层次的关系。

5 如何设计职位?

6 权力的类型有哪些?
7 集权和分权的利弊?
8 职权分化中注意什么问题?
9 比较一下高耸型组织结构和扁平型组织结构的优点和不足。

【案例分析】

海尔组织结构的创新

海尔组织结构的创新,经历了3个阶段:第一个阶段是直线职能制组织结构(即U型)。对于当时产品品种单一、规模尚小的海尔来说,采用这种结构最大的好处是,在人数比较少的情况下易于控制、强化管理和解决混乱的局面,反应速度快。海尔在名牌战略阶段基本上用的就是这种结构。

在进入多元化战略阶段之后,直线职能制的结构很难再支持它的发展,于是过渡到了矩阵制的组织结构。海尔集团冰箱事业本部"由集权"的直线职能型转变为相对分权的扁平型。1996年冰箱事业本部销售收入仅为26亿元,1998年则快速上升到了近60亿元。调整后的组织结构支持了多元化战略的发展,但是它也有很多弊病,每个部门都要服从于项目,但是具体管这个项目的人却由他的职能部门考核,有时候会发生冲突。

很快,海尔过渡到市场链管理模式。这种模式已经被列入欧盟商学院的管理案例库。在OEC管理的基础上,大力推进"市场链业务流程再造",打破了传统的企业组织结构,建立起物流、商流、资金流3个订单信息处理体系,实现制造商与消费者需求的零距离,将产品制造系统的管理水平推向世界前沿。海尔的组织结构由纵向一体化改造为横向网络化同步业务流程结构后,进一步提高了对市场的响应速度,产品交货期、新产品的开发周期大大缩短,实现了倍速发展。如以科尔尼国际咨询公司关于敏捷度的4个指标加以测算,改造后冰箱交货时间由原来的9.5天降为6.5天,平均降低了32%。

在海尔的成长过程中,面对外部环境的变化,适时进行了40多次的组织变革,其中变革较大的有3次,可以说,每一次组织结构的变革都是一次飞跃。产品从1984年的单一冰箱发展到拥有白色家电、黑色家电、米色家电在内的96个大门类15 100多个规格的产品群,并出口到世界160多个国家和地区。2003年,海尔全球营业额达到806亿元。2003年,海尔蝉联中国最有价值品牌第一名。2004年1月31日,世界五大品牌价值评估机构之一的世界品牌实验室编制的《世界最具影响力的100个品牌》报告中,中国海尔入选,排在第95位,这些成就与海尔进行适应环境的组织结构变革是分不开的,其管理模式也被业界与学术界奉为经典。

海尔国际化经营组织结构不断创新的过程,实际上是对组织结构不断选择的过程。这个过程不仅从实践的角度印证了组织结构的合理选择对企业发展产生的积极影响,也为其他企业组织结构的优化提供了有益的启示。

讨论:

请分析海尔组织结构各阶段的特点,海尔的组织结构优化给我国企业带来什么样的启示?

第十二章　人力资源管理

◆ **本章关键词**

1. 人员选聘　2. 绩效评估　3. 人员培训与开发　4. 职业生涯与规划

第一节　人力资源管理概述

组织设计为组织系统的运行提供了基本的运行框架。为确保各项任务的顺利完成并使系统能够正常地运行，组织还必须按照组织设计的基本要求为系统配置合适的人力资源，如管理人员、作业人员及参谋人员等，并对之进行有效的管理。

一、人力资源管理的含义

人力资源管理是指组织为了获取、开发、保持和有效利用在生产和经营过程中所必不可少的人力资源，通过运用科学、系统的技术和方法所进行的各种相关的计划、组织、领导和控制活动，以实现组织既定目标的管理过程。简单地说，人力资源管理就是在合适的时间把合适的人放在合适的位置上。人力资源管理既包括战略性的管理职能，如人力资源规划、控制、开发、教育与培训等；又有技术性的具体管理，如人员招募、绩效管理、薪酬福利、员工关系管理等。

人力资源管理的目标是实现企业目标。阿姆斯特朗（Armstrong，1992）对人力资源管理的目标作出了阐述：

（1）企业的目标最终将通过其最有价值的资源——它的员工来实现。

（2）为提高员工个人和企业整体的业绩，人们应把促进企业的成功当做自己的义务。

（3）制定与企业业绩紧密相连，具有连贯性的人力资源方针和制度，是企业最有效利用资源和实现商业目标的必要前提。

（4）应努力寻求人力资源管理政策与商业目标之间的匹配和统一。

（5）当企业文化合理时，人力资源管理政策应起支持作用；当企业文化不合理时，人力资源管理政策应促使其改进。

（6）创造理想的企业环境，鼓励员工创造、培养积极向上的作风；人力资源政策应为合作、创新和全面质量管理的完善提供合适的环境。

（7）创造反应灵敏、适应性强的组织体系，从而帮助企业实现竞争环境下的具体目标。

（8）增强员工上班时间和工作内容的灵活性。

（9）提供相对完善的工作和组织条件，为员工充分发挥其潜力提供所需要的各种支持。

（10）维护和完善员工队伍以及产品和服务。

二、人力资源管理的功能

（一）招收、录用

根据企业目标确定的所需员工条件，通过规划、招聘、考试、测评、选拔、获取企业所需人员。主要包括以下活动：

（1）根据组织中工作岗位的需求，提供人员补充。

（2）对有资格的求职人员提供均等的就业机会。

（3）根据岗位要求和条件允许来确定最合格人选。

（二）整合

为保持员工的正常状况，通过奖惩、解聘、晋升、调动等方法，使员工技能水平和工作效率达到岗位的要求。通过企业文化、信息沟通、人际关系和谐、矛盾冲突的化解等有效整合，使企业内部的个体、群众的目标、行为、态度趋向企业的要求和理念，使之形成高度的合作与协调，发挥集体优势，提高企业的生产力和效益。

（三）保持

通过薪酬、考核，晋升等一系列管理活动，保持员工的积极性、主动性、创造性，维护劳动者的合法权益，保持员工有效工作的积极性和安全健康的工作环境，通过激励措施以调动和维持员工的工作积极性和责任心，保证员工在工作场所的安全、健康、舒适的工作环境，保证他们身心健康，以增进员工满意感，使之安心满意地工作。

（四）评价

对员工工作成果、劳动态度、技能水平以及其他方面作出全面考核、鉴定和评价，为作出相应的奖惩、升降、去留等决策提供依据。

（五）发展

通过教育、培养、训练，促进员工知识、技巧、能力和其他方面素质提高，不断保持和增强员工在工作中的竞争地位，使员工的劳动能力得到开发。促使员工工作丰富化，进行职业生涯规划与开发，促进员工知识、技巧和其他方面素质提高，使其劳动能力得到增强和发挥，最大限度地实现其个人价值和对企业的贡献率，达到员工个人和企业共同发展的目的。

三、人力资源管理的内容

（一）人力资源规划

美国学者斯蒂芬·P·罗宾斯认为："人力资源规划是管理者为确保在适当的时间，为适当的职位配备适当数量和类型的工作人，并使他们能够有效地完成所分配任务的一个过程。"通过制定人力资源规划，一方面可以保证人力资源管理活动与企业的战略方向和目标相一致；另一方面能保证人力资源管理活动的各个环节相互协调，避免相互冲突。在实施此规划时，要在法律和道德观念方面创造一种公平的就业机会。人力资源规划的内容主要体现为两方面：

（1）人力资源总体规划。指在规划期内人力资源管理的总目标、总政策、实施步骤和预算的安排等。人力资源总体规划主要在组织的战略层次上，就组织内人力资源供需的预测结果所反映出来的人力资源需求和供给部平衡进行总体的调节。

（2）人力资源业务规划。是在组织业务经营层次上，确定为实现人力资源战略发展规划需要实施的各种业务规划。主要包括职务编制规划、人员补充规划、人员流动规划、减员规划、培训开发规划、职业生涯规划、薪酬激励规划、组织文化规划。这些业务规划是人力资源总体规划的开展和具体化，使总体规划具有明确的、可以实施的目标和行动纲领。它服从于总体规划，并为总体规划目的实现服务。

（二）职务分析与职务设计

这是人力资源管理中的一项重要的工作，是企业一切人事管理工作的基础。通过对工作任务的分解，根据不同的工作内容，设计为不同的职务，规定每个职务应承担的职责和工作条件、工作要求等。这样可使企业吸引、保持合格的员工。职务分析所提供的信息，可用于企业中各项重要的人事管理决策。职务分析中对职务的说明，以及对人员素质要求的界定，有助于确定企业所需人员的数量及素质，为人事计划的制订提供依据。

通过职务分析，招聘人员或管理者可以充分了解与各项职务的内容与要求有关的信息，以便对应聘者或下属进行充分细致的考察，做到合理地选拔和使用，使人尽其才、才尽其用。职务分析的内容包括职务的名称及其所属的部门，工作中需完成的具体任务，需采用的具体方法和步骤,以及工作中用到的材料、设备、工具等。

职务设计与职务分析紧密相连,它说明工作如何做以及如何使工作者在工作中得到满足。其内容包括工作内容和方法、工作职能和工作间的关系等。

(三)招聘与选拔

组织就所需招聘的人员的数量和质量作出计划,如果组织现有员工数大于所需数,则组织可制定出裁员计划;如果组织现有人数不足,则可制定招聘计划。对未来人力资源的需要是由组织的目标和战略决定的,在对现有能力和未来需要作出全面评估后,管理者就可以测算出人力资源的短缺程度,从中发现组织中将出现人员不足或超员配置的领域,运用这些信息制定合理的招聘计划,并进入下一个步骤的工作。

招聘就是安置、确定和吸引有能力的申请者的活动过程,是为组织补充所缺少人员而采取寻找和发现合乎工作要求的申请者的办法。当管理者了解了组织现有的人力资源状况和未来需要,就可以进行招聘了。如果组织中存有一个或多个职务空缺,管理者可以根据职务分析得到的信息来指导招聘工作。管理者可通过多种渠道(包括互联网)找到拟聘的候选人。使用哪种渠道通常受到三方面因素的影响:劳动力市场供求情况;所配置工作职位的类型或层级;组织的特点和规模。

企业挑选最合适的求职者,并录用安排在一定职位上。

(四)个人发展计划

这是根据员工个人性格、气质、能力、兴趣、价值观等特点,同时结合组织的需要,为员工制订一个事业发展的计划,并为之不断开发员工的潜能。

(五)绩效评价

通过考核员工工作绩效,及时作出信息反馈,奖优罚劣,进一步提高和改善员工的工作绩效。

(六)培训与开发

通过培训提高员工个人、群体和整个企业的知识、能力、工作态度和工作绩效,进一步开发员工的智力潜能。

(七)工资福利

根据员工工作绩效的大小和优劣,企业给予不同的报酬和奖励。

(八)劳动关系

劳动关系是企业控制者与员工之间的相互关系。企业管理者与企业内有组织的员工群体之间应依照《劳动法》的规定就工资、福利及工作条件等问题进行谈判,协调劳动关系。

(九)安全与保健

为保障员工的健康,减少污染,减少工伤和死亡事故的发生所必须采取的措施。

第二节　人员选聘

组织对所需要人员的配备包括对于人力资源需求的确定,人员的招聘和雇佣,人员的安置、定位和通过提升和调转重新安排他们。为了确保人员的配备的有效,必须明确员工聘用的政策和标准。聘用政策的主要目标是:

(1)努力发现和确认人才。

(2)精确地研究所需求人才的才能,指出聘用要求。

(3)通过培训和自我发展规划培养新的人才。

(4)一旦发现人才,要留住他们。

一、选聘的原则

1. 公开原则

把招聘的单位、招聘的数量、岗位及其要求、资格条件、考试方法等向社会公开。这样做不仅可以广招贤才，而且有助于形成人才公平竞争的氛围，使组织获得德才兼备的优秀人才。同时，公开选聘可以在社会的监督下，防止社会不正之风对组织的消极影响。将聘用公告发布在有较大的社会影响的公共媒体上，将选拔条件、选拔方法等公开，不仅使相关人员清楚地了解了有关招聘的条件，而且使组织选择聘用人员获得更大的选择空间。

2. 平等原则

对待所有的应聘者应该一视同仁，不得人为地制造不平等条件。例如，在一些招聘启事中看到关于年龄、性别的不正确限制，即年龄、性别歧视行为，违背了国家有关政策规定，应受到谴责和禁止。组织应努力为人才提供公平竞争的机会，不拘一格地吸纳各方面的优秀人才。

3. 竞争原则

人员招聘需要各种测试方法来考核和鉴别人才，根据测试结果的优劣来选拔人才。靠领导的目测或凭印象，往往带有很大的主观片面性和不确定性。因此，必须制定科学的考核程序、录用标准，才能真正选到良才。

4. 全面原则

录用前的考核应兼顾德智体等诸方面因素。因为一个人的素质不仅取决于他的智力水平、专业技能，还与他的人格、思想等因素密切相关。近年来人们对情商越来越重视，反映了基于这种观点的一种倾向。例如，我国公务员的考试内容是根据全面考核人才的原则制定的，涉及了职业倾向、个性倾向、认知能力等多方面的考察项目。

5. 量才为用原则

招聘录用时，必须做到“人尽其才”、“用其所长”、“职得其人”。认真考虑人才的专长，量才录用。有的招聘单位一味盲目地要求高学历、高职称，并不根据拟招聘岗位的实际需求来考虑，结果花费了大量人力物力招聘来的优秀人才，用不了多久就都跳槽了。招聘到最优的人才并不是最终目的，而只是手段，最终的目的是每一岗位上用的都是最合适、成本又最低的人员，达到组织整体效益最优。

二、选聘的条件和标准

（一）管理的愿望

管理愿望是指人们从事管理工作的主观要求。选择管理人员必须了解候选人之所以准备从事管理工作的真正理由。强烈的管理愿望是有效开展工作的基本前提，对某些管理人员来说，担任管理工作，意味着在组织中将取得较高的地位、名誉以及与之相对应的报酬，这将产生很强的激励效用；管理意味着对种种权力的运用。管理能力低下、自信心不足或对权力不感兴趣的人，自然也就不会负责任地有效地使用权力，这就难以达到理想而积极的工作效果。一个人只有对管理工作有这种愿望，才能将其全部才能充分发挥，才能积极地去学习一切与此有关的知识和技能，才能成为合格的主管人员。没有对其将从事的工作抱有强烈愿望是不能干好这个工作的。中国明代学者王守仁说过：“志不无可成之事”。古今中外许多例子都说明了二者之间的关系。

（二）良好的品德

良好的品德是每个组织成员都应具备的基本素质。对于管理人员来说，担任管理职务意味着拥有一定的职权，而组织对权力的运用不可能随时进行严密、细致、有效的监督，所以权力能否正确运用在很大程度上只能取决于管理人员的自觉、自律行为。因此，管理人员应当是值得信赖的人，他们应当有正直而高尚的道德品质。良好的品德应该成为员工的基本要求，特别是在一个学习型的团队组织中，如果员工缺乏这种品质就可能会使团队合作无法进行。

（三）勇于创新的精神

对于一个组织来说，管理的任务绝不仅仅是执行上级的命令，维持系统的运转，而是要能在组织系统或部门的工作中不断创新。只有不断创新，组织才能充满生机和活力，才能不断发展。创新意味着做以前没有做过的事，而这一切都没有现成的程序或规律可循。因此，创新需要冒风险，而且希望取得的成功越大，需要冒的风险也越多。要使组织更具创新活力，组织就必须努力创造敢于冒风险、鼓励创新的良好氛围。

（四）管理能力

能力通常是指完成一定活动的本领；包括完成一定活动的具体方式以及顺利完成一定活动所必需的心理特征。各种活动所必需的心理特征在各个人身上的发展程度和结合方式是不同的，因而能力特征也是各有不同的。管理能力是指完成管理活动的本领。贝尔电话公司前任经理巴纳德认为：为使主管人员能理解一个复杂的组织机构的各个方面，能分析各组织之间正式的相互关系，把技术、经济、财务、社会以及法律等学识恰当地结合起来，把这些问题向别人解释清楚，这就要求他有精确的识别、分类、逻辑推理能力。由于能力是在实践中形成和发展起来的，因此，在以是否具有管理能力这一标准来选拔主管人员时，就必须从主管人员在工作中认识问题、分析问题以及综合处理问题时表现出来的管理能力来评价他。随着组织权力的日趋下移，组织中员工的决策能力要求有不断提高的趋势。为了更好地完成组织的任务，对管理人员来说，不仅要计划和安排好自己的工作，而且更重要的是要通过一系列的决策，组织和协调好部属的工作。

三、招聘的方法

（一）员工招聘的来源

人力资源计划中最为关键的一项任务是能够招到并留住有才能的员工，因此，组织提升制度对招聘工作有着非常重要的影响。依据招聘的内外环境不同，组织大致可以通过外部招聘和内部提升两种方式来选择和填补员工的空缺。

1. 外部招聘

外部招聘就是根据组织制定的标准和程序从组织外部选拔符合空缺职位要求的员工。选择员工具有动态性，特别是一些高级员工和专业岗位，组织常常需要将选择的范围扩展到全国甚至全球劳动力市场。

外部招聘的优势在于：

具备难得的“外部竞争优势”。所谓“外部竞争优势”是指被聘者没有太多顾虑，可以放手工作，具有“外来和尚会念经”的外来优势。组织内部成员往往只知外聘员工目前的工作能力和实绩，而对其历史、特别是职业生涯中的负面信息知之甚少。因此，如果他确有工作能力，那么就可能迅速地打开局面。相反，如果从内部提升，部下对新上司了如指掌，可能影响他大胆地放手工作。

有利于平息并缓和内部竞争者之间的紧张关系。组织中某些管理职位的空缺可能会引发若干内部竞争者的较量。事实上，组织中的每个人都希望获取晋升的机会，这样可能造成相互间不满的情绪，懈怠工作甚至互相拆台。从外部选聘则可能会使这些竞争者得到某种心理上的平衡，有利于缓和他们之间的紧张关系。

能够为组织输送新鲜血液。来自外部的候选人可以为组织带来新的管理方法与经验。他们没有太多的框框程序束缚，工作起来可以放开手脚，从而给组织带来更多新的管理方法、经验，增加创新机会。

外部招聘也有许多局限性：

外聘者对组织缺乏深入了解。外聘者一般不熟悉组织内部复杂的情况,同时也缺乏一定的人事基础,很难一下进入工作角色。

组织对外聘者缺乏深入了解。在选聘时虽然可以借鉴一定的测试和评估方法,但一个人的能力是很难通过几次短暂的考察或测试就得到确认的。被聘者的实际工作能力与选聘时的评估能力可能存在很大差距,因此组织可能会聘用到一些不符合要求的员工。这种错误的选聘可能会给组织造成一定的危害。

外聘行为的最大局限性莫过于对内部员工积极性造成打击。大多数员工都希望在组织中能有不断升迁和发展的机会,都希望能够担任越来越重要的工作,而外来的管理人员或许会堵了他们的升迁之路。如果组织过于注重从外部招聘管理人员,就会挫伤他们的工作积极性,影响他们的士气。

来自于外部的员工进入企业的方式主要有:

广告应聘者:通过广播、报纸、电视等传媒渠道发布用人信息广告是最常用的招聘方式。应聘者可以根据自己的情况选择自己适合的职业,减少盲目应聘,组织也可以通过此办法集中挑选需要的人员。一般而言,组织中空缺职位越高或者所需具备的技能越强,广告的辐射范围就应该越广。

员工或关联人员推荐:研究表明,经内部员工或关联人员推荐的人员要比广告等其他形式招募来的满意度高。因为,做这样的推荐事关推荐人的名声,并且本人对组织也比较了解,容易形成凝聚力,另外,也可以省去部分招聘成本。

职业介绍机构推荐:对于规模小而且没有正式人事机构的组织而言,职业介绍机构能使组织以较低的成本找到职位应聘者。职业介绍机构有三种类型:一种是公营的机构,该类机构所雇用的职员不必具备太强的技术或太多的培训,因此收费较低。第二种种是私营机构,这类机构介绍的职位较高,提供的服务也较为完整,因此收费较高;第三种是管理顾问公司,也称"猎头公司",这种公司收费最为昂贵,主要推荐的是中层至高层管理人员,它比上述两类机构服务更周全、信息更完整,因此成功率也更高。

其他来源:除了上述机构之外,许多高中、大专院校都有职业介绍的服务。用人单位可以向这些学校征求所需人才。同时还有很多专业组织也能够提供职业介绍的服务。

2. 内部提升

内部提升是指组织内部成员的能力和素质得到充分确认之后,被委以比原来责任更大、职位更高的职务,以填补组织中由于发展或其他原因而空缺了的管理职务。

内部提升制度具的优点:有利于调动员工的工作积极性。内部提升制度给每个人带来希望和机会,且会带来示范效应;有利于吸引外部人才。内部提升制度表面上看是排斥外部人才、不利于吸收外部优秀人才的,其实不是如此;由于内部提升制度也为新来者提供了美好的发展前景,因此外部的人才也会乐意应聘到这样的组织中工作;有利于保证选聘工作的正确性。已经在组织中工作若干时间的候选人,组织对其了解程度必然要高于外聘者。候选人在组织中工作的经历越长,组织越有可能对其工作能力、业绩以及基本素质作全面深入地考察、跟踪和评估,从而保障选聘工作的正确性;有利于被聘者迅速展开工作。被聘者能力的有效发挥要取决于他们对组织文化的融合程度以及对组织本身及其运行特点的了解。在内部成长提升上来的被聘者,由于熟悉组织中错综复杂的机构、组织政策和人事关系,了解组织运行的特点,所以可以迅速地适应新的工作。

内部提升制度也可能会带来如下一些弊端:可能会导致组织内部"近亲繁殖"现象的发生。从内部提升的人员往往喜欢模仿上级的管理方法。这虽然可使过去的经验和优良作风得到继承,但也有可能使不良作风得以发展,这极不利于组织的管理创新和管理水平的提高;可能会引起同事之间的矛盾。在若干个候选人中提升其中一名员工时,虽可能提高员工的士气,但也可能使其他旁落者产生不满情绪。这种情绪可能出于嫉妒,也可能出于“欠公平感觉”,无论哪一种情况都不利于被提拔者展开工作,不利于组织中人员的团结与合作。

(二)员工招聘的方法

为了保证员工选聘工作的有效性和可行性,应当按照一定的程序并通过竞争来组织选聘工作。具体的过程为:

1. 制定并落实招聘计划

当组织中出现需要填补的工作职位时,有必要根据职位的类型、数量、时间等要求确定招聘计划。必须根据本组织目前的人力资源分布情况及未来某时期内组织目标的变化,比如开发新产品,或者由单一经营变为多元经营等,来分析从何时起本组织将会出现人力资源的缺口,是数量上的缺口还是层次上需要提升。这些缺口分布在哪些部门,数量分布如何,层次分布是怎样的。正如计划为管理指明方向一样,一个完整的招聘计划往往能起到事半功倍的良好效果。完整的招聘计划应包括招聘的时间、地点、欲招聘人员的类型、数量、条件、具体职位的具体要求、任务,以及应聘后的职务标准及薪资等。

2. 建立专门招聘小组

许多组织的招聘工作是周期性或临时性的工作,应有专人来负责此项工作。此外在每次招聘时成立一个专门的临时招聘小组,也是十分必要的。招聘小组的组成是否合理将决定招聘工作是否有效。该小组一般应由招聘单位的人事主管以及用人部门的相关人员组成。专业技术人员的招聘还必须由有关专家参加,如果是招聘高级管理人才,一般还应有心理专家等相关方面的专家参加,以保证全面而科学地考察应聘人员的综合素质及专项素质。招聘工作开始前应对有关人员进行培训,使其掌握政策、标准以及有关技巧,并明确职责分工,协同工作。

3. 对应聘者进行初选

当应聘者数量很多时,选聘小组需要对每一位应聘者进行初步筛选。内部候选人的初选可以根据以往的人事考评记录来进行;对外部应聘者则需要通过简短的初步面谈,及时排除那些明显不符合基本要求的人。这一阶段,招聘者提问的问题大多直截了当,比如接受过什么培训等。初次面试可以大大减少进一步选拔的工作量和费用,使选聘工作得以顺利进行。

4. 对初选合格者进行知识与能力的考核

在初选的基础上,需要对余下的应聘者进行材料审查和背景调查,并在确认之后进行细致的测试与评估,其内容是:

智力与知识测试。该测试是通过考试的方法测评候选人的基本素质,包括智力测试和知识测试两种基本形式。智力测试的目的是通过候选人对某些问题的回答,测试他的思维能力、记忆能力、应变能力和观察分析复杂事物的能力等。知识测试是要了解候选人是否具备待聘职务所要求的基本技术知识和管理知识,缺乏这些基本知识,候选人将无法进行正常工作。

竞聘演讲与答辩。这是对知识与智力测试的一种补充。测试可能不足以完全反映一个人的素质全貌,不能完全表明一个人运用知识和智力的综合能力。发表竞聘演讲,介绍自己任职后的计划和远景,并就选聘工作人员或与会人员的提问进行答辩,可以为候选人提供充分展示才华、自我表现的机会。

案例分析与候选人实际能力考核。在竞聘演说与答辩以后,还需对每个候选人的实际操作能力进行分析。测试和评估候选人分析问题和解决问题的能力,可借助“情景模拟”或称“案例分析”的方法。这种方法是将候选人置于一个模拟的工作情景中,运用各种评价技术来观测考察他的工作能力和应变能力,以判断他是否符合某项工作的要求。

选定录用员工。在上述各项工作完成的基础上,需要利用加权的方法,算出每个候选人知识、智力和能力的综合得分,并根据待聘职务的类型和具体要求决定取舍。对于决定录用的人员,应考虑由主管再一次进行亲自面试,并根据工作的实际与聘用者再作一次双向选择,最后决定选用与否。

评价和反馈招聘效果。对整个选聘工作的程序进行全面的检查和评价,并且要对录用的员工进行追踪分析,通过对他们的评价检查原有招聘工作的成效,总结招聘过程中的成功与过失,及时反馈到招聘部门,以便改进和修正。

(三)选聘工作的有效性分析

员工的选聘必须坚持慎重的原则,增加正确决策的概率,这是开展组织工作的基本前提。选聘工作的基础是有效性。所谓有效性是指员工选聘时所选用的各种凭证,诸如招聘表、测验、面谈或背景考察,必须有效,并且这些凭证和员工实际绩效之间要有某种相关性。

选聘工作的有效性要求被选用的凭证具有规范性、客观性和可靠性。选用凭证的内容包括:

1. 招聘表

这种表格包括应聘者的姓名、地址、电话、学历、履历、技术类型以及过去的工作经验或成就等。由于表格中的各个项目的重要性权数会随着各个特定的工作发生变化,所以随着时间的推移必须不断地加以调整。

2. 书面测试

书面测试包括智力测验、性格测验、能力测验等。对于组织而言这些测验可以适度地预测出应聘者是否能够胜任相应的职位。当然,主管人员应更加注意工作绩效的模拟测验。

3. 绩效模拟测验

这种测验以工作分析的资料为依据,由实际的工作行为组成,因此比传统式的任何书面测试都更能证实与工作的相关性。工作抽样法和评估中心法是两种典型的绩效模拟测验,前者适用于一般工作职位,后者适用于管理阶层。

工作抽样法的设计思想是先设计出一种小型的工作样本,然后让应聘者实际去做,看其是否具备必需的才能。工作样本是根据工作分析的资料琢磨出来的,里边含有各个工作所必备的知识、技术与能力。工作样本中的各项要素必须与工作绩效要素相搭配。

评估中心法是由直线主管、监督人和受过培训的心理学者用两到四天时间让应聘者去模拟处理他们将遇到的实际问题,然后由评估的中心人员考核评分。评估中心法所进行的活动包括面谈、模拟解决问题、群体讨论、企业决策竞赛等。

4. 面谈记录

面谈与申请表一样,是得到普遍使用的一种人员甄选手段。面谈可以对应聘者有一个初步的印象。不过,这种方式和往后的工作绩效并无多大的关系,其有效性比较低,需要克服的缺点是面试者在初评时容易产生印象偏差。

面谈的建议

对于所有应聘者设计一些固定的问题
取得对应聘者面谈的工作有关的更详细资料
尽量减少对应聘者履历、经验、兴趣、测试成绩等的先前认识
多提问那些要求应聘者对实际做法给予详尽描述的行为问题
采用标准的评价格式
面谈中要做笔记
避免短时间面谈,防止过早形成决策

5. 背景调查

背景调查有两种类型:审评应聘材料和调查一些参考附件。前者提供的信息很有价

值，而后者通常只是一种参考。审核的原因是一些应聘者往往会夸大他以前的经历、成就或隐瞒某些离职的原因，因此向以前的用人单位了解过去的工作情况颇有必要。

6. 体检

体检的目的是确定应聘者的一般健康状况，检查其是否有工作职务所不允许的疾病或生理缺陷，以减少员工因生病所增加的费用支出以及由于员工存在生理缺陷或体能给工作带来的负面影响。

第三节　培训与开发

在知识经济迅猛发展的条件下，组织的生存和发展主要取决于创新能力的培养和强化。而这一能力依赖于员工的素质，依赖于组织人力资源的质量。高明的企业主管需要未雨绸缪，对员工特别是管理人员进行培训与能力开发，使他们能更好地适应工作需求，应付新的问题和挑战。

一、培训的目标

（一）补充新知识，提炼新技能

随着科学技术进步速度的加快，人们原先拥有的知识与技能在不断老化。为了防止组织中各层级人员工作技能的衰退，组织必须对员工不断地进行培训，使他们掌握与工作有关的最新知识和技能。

（二）全面发展能力，提高竞争力

员工培训的一个主要目的，便是根据工作的要求，努力提高他们在决策、用人、激励、沟通、创新等各方面的综合能力。特别是，随着工作的日益复杂化和非个人行为化，组织内部改进人际关系的能力要求不断提高，这使得组织对合作的培训要求变得越发重要，这也是衡量组织竞争力的重要体现。

（三）转变观念，提高素质

每个组织都有自己的文化、价值观念、基本行为准则。员工培训的重要目标就是要通过对组织中各个成员，特别是对新聘管理人员的培训，使他们能够根据环境和组织的要求转变观念，了解并融于组织文化之中，形成统一的价值观念，按照组织中普遍的行动准则来从事管理工作，与组织目标同步。

（四）交流信息，加强协作

组织培训员工的基本要求是要通过培训，加强员工之间的信息交流，特别是使新员工能够及时了解组织在一定时期内的政策变化、技术发展、经营环境、绩效水平、市场状况等方面的情况，熟悉未来的合作伙伴，准确而及时地定位。

二、培训的原则

（一）理论联系实际，学以致用

培训不同于基础教育，应当有明确的针对性，从实际工作需要出发，与职位特点紧密结合，与培训对象所需的知识与技能结合，才能收到培训的实效。

（二）专业知识技能培训与组织文化建设相结合

培训的内容还应与干部标准、职工标准相衔接。除了安排文化知识、专业知识、专业技能的培训内容外，还应安排理想、信念、价值观、道德观等方面的培训内容，而后者又常常与企业目标、企业哲学、企业精神、企业道德、企业制度等结合起来进行，更切合本单位实际。

（三）全员培训与重点提高并重

全员培训就是有计划、有步骤地对在职的各级各类人员都进行培训，这是提高全员素质的必由之路。但全员并不等于平均使用力量，仍然要有重点，即重点培训技术、管理骨干，特别是培训中上层管理人员。

三、培训的方法

（一）新来员工的培训

应聘者一旦决定被录用之后，组织中的人事部门应该对他将要从事的工作和组织的情况给予必要的介绍和引导，西方国家称之为职前引导。

职前引导的目的在于减少新来人员在新的工作开始之前的担忧和焦虑，使他们能够尽快地熟悉所从事的本职工作以及组织的基本情况，如组织的历史、现状、未来目标、使命、理念、工作程序及其相关规定等，并充分了解他应尽的义务和职责以及绩效评估制度和奖惩制度等。

这一方面可以消除新员工中那些不切实际的期望，充分预计到今后工作中可能遇到的各种困难和问题，了解克服和解决这些困难和问题的渠道，另一方面可以引导新员工了解工作单位的远景目标、工作中的同事以及如何进行合作等。

（二）在职培训

对人员的培训可以通过参加工作实践的方法进行，受训人员可以在学习的同时又为企业目标做贡献。对员工进行在职培训使员工通过不断学习掌握新技术和新方法，达到新的工作目标要求并且不脱产。工作轮换和实习是两种最常见的在职培训。工作轮换是让员工在横向层级上进行工作调整，其目的是让员工学习多种工作技术，使他们对于各种工作之间的依存性和整个组织的活动有更深刻的体验和更加开阔的视野。实习是让新来人员向优秀的老员工学习以提升自己知识与技能的一种培训方式。在生产和技术领域，这种培训方式通常称为学徒制度，而在商务领域，则称为实习制度。实习生的工作必须在优秀的老员工带领和监督之下进行，老员工有责任和义务帮助实习生克服困难，顺利成长进步。

（三）离职培训

离职培训是指为使员工能够适应新的工作岗位要求而让员工离开工作岗位一段时间，专心致志于一些职外培训。最常见的离职培训方式包括教室教学、影片教学以及模拟演练等。

教室教学：教室教学比较适合于给员工们集中灌输一些特殊的信息、知识，可以有效地增进员工在管理和技术方面的认知。

影片教学：影片教学的优点在于它的直观示范性，可以弥补其他教学方式在示范效果方面的不足。而如何在实践中处理好人际关系问题，如何提高解决具体问题的技能，则最适于在模拟演练中学习。这包括案例分析、经验交流、角色模拟以及召开小群体行动会议等。有效利用现代高科技及电脑的模式也属于模拟演练的一种，如航空公司用此方法来培训驾驶员等。

辅导培训：辅导培训也是模拟演练的一种有效方式。员工在实际上岗前先在同样的设施内模仿他们日后的工作，为日后开展的实际工作打下了基础。如大型的连锁零售商可以在一个模拟营业情形的实验里教导收款员如何操作电脑记账机，这样可以让错误在学习过程中及早暴露和解决，就能大大提高以后的营业效率。

（四）专业理论与技能培训

理论培训有助于学员较深地了解有关学科的基本理论同发展状况，有助于提高管理人员的理论水平，但不足之处在于对于提高学员解决实际问题的能力帮助不大。为了解决这一问题，一些组织改变理论培训的具体作法，以求尽可能使理论联系实际，以提高学员解决实际问题的能力。例如，德国的一些培训中心在对基层主管人员进行培训时，实行一种称之为“篮子计划”方法。即在学习理论的基础上，把组织中常能遇到的，需要及处理的问题，列出若干具体问题，放在一个篮子里，由受训人员自抽自答，进行讨论，互相启发和补充。

这样的专业理论知识与技能培训不仅有助于员工深入了解相关专业的基本知识及其发展动态,还有助于提高人员的实际操作技能。专业知识与技能培训可以采取脱产、半脱产或业余等形式,如各种短期培训班、专题讨论会、函授、业余学校等。

（五）职务轮换培训

职务轮换是指人员在不同部门的各种职位上轮流工作。职务轮换有助于受训人全面了解整个组织的不同工作情况,积累和掌握各种不同的工作经验,从而提高他们的组织和管理协调能力,为其今后的发展和升迁打好基础。职务轮换是使各级主管人员在不同的部门的不同主管位置上轮流工作,以使其全面了解整个组织的不同工作内容得到各种不同的经验,为其今后在较高层次上任职打好基础。职务轮换包括非主管工作的轮换,主管职位间的轮换等。

非主管工作的轮换:非主管工作的轮换主要是在生产和服务的第一线进行。日的在于使受训者了解组织基层的各类业务活动,了解这些活动的基本特点、基本过程,了解基层非主管人工作情况和精神状况。这种轮换的时间一般不要求太长。参加的人多为刚从学校毕业的人员和一些基层主管人员。目前许多组织都采用这种方法作为培训的一种基本方法。这种方法的优点是轮训,主管人员对组织内的各类业务活动有了直接的感性认识,密切了与基层非主管人员之间的关系,为对他们今后在主管岗位上工作打好基础。这种方法的不足之处是这种轮换在时间上不容易掌受,时间太长则费用太高,并会影响受训人员的情绪;时间太短则不容易把握组织中各类业务活动的实质。

主管的职位间轮换:这种轮换是在组织同一层次上的各不同部门的职务上进行。例如,在防疫站中,一个主管人员先在防疫科担任主管职务,过一段时间后,再到环境卫生科或营养卫生科担任主管。这种轮换的目的是使得被提拔到较高层次的主管人员在不同职务上根据各部门的不同特点,学习实际的管理经验。这种方法不要求主管人员对某些专业有很深的了解,而是强调主管人员全面管理技能的提高,使他们积累在不同部门管理的经验,以胜任较高层次上的管理工作。这一方法的优点在于可以开阔主管人员的视野,了解各部门的特点及其相互联系,培养其全面综合能力。同时,也可从中考察他们的实际管理能力和适应能力。不足之处是这种轮换会影响部门的相对稳定性;而且某些职位轮换的主管人员易产生“客人”的心理;而且,经常调换主管人员也会影响下级的积极性。

事先未规定的主管职务问轮换:这种轮换也是在同一层次内进行,与前一种轮换的不同在于这种轮换事先并未规定到哪个主管位置上轮换,也没有规定在某个主管位置的时间长短,而是组织根据那些主管人员的具体情况,将其从一个部门调往另一个部门,并根据其在某一主管位置上的表现,决定培训时间的长短。这种方法的目的同样也是为了使主管人员获得在不同情况下从事管理工作的经验。这种方法较前两种方法为好,可避免职务轮换中常见的那种“客人”思想,避免下级人员产生的某种抵触情绪。

（六）提升培训

提升是指将人员从较低的管理层级暂时提拔到较高的管理层级上,并给予一定的试用期。这种方法可以使有潜力的管理人员获得宝贵的锻炼机会,既有助于管理人员扩大工作范围,把握机会展示其能力和才干,又能使组织能全面考察其是否适应和具备领导岗位上的能力,并为今后的发展奠定良好的基础。提升的意义不是体现在职位的高低上,而在于主管人员由低到高晋升的过程中可学到不同层次的管理方法。如果将职务轮换看做是一个横向的培训的话,则提升可称之为垂直的培训。

（七）设置助理职务培训

这是一种常用的培训方法。在一些较高的管理层级上设立助理职务,不仅可以减轻主要负责人的负担,而且有助于培训一些后备管理人员。这种方式可以使助理接触到较高层次上的管理实务，使他们不断吸收其直接主管处理问题的方法和经验，了解和学习到上级主管人员的工作内容和处理各种问题的不同方法，在特殊环境中积累特殊经验，从而促进了助理的成长。主管人员也应该根据受训者的不同经历和特点，根据他们所需要的知识和经验进行培训。

（八）设置临时职务培训

设置临时性职务可以使受训者体验和锻炼在空缺职位上的工作情景，充分展示其个人能力，避免“彼得现象”的发生。劳伦斯·彼得曾经发现，“在实行等级制度的组织里，每个人都崇尚爬到能力所不逮的层次”。他把这种由于组织中有些管理人员被提升之后不能保持原来的成绩，反而可能给组织效率带来大滑坡的现象归结为“彼得原理”。

第四节　绩效评估

一、绩效评估的含义和作用

所谓绩效评估是指组织定期对个人或群体小组的工作行为及业绩进行考察、评估和测度的一种正式制度。一个组织的发展依赖于训练有素的员工队伍，一个有效的绩效评估有利于这个目标的实现。而在实际工作中，绩效评估因为在制度设计、评估的标准及方法、执行程序等诸多方面很难真正做到客观和准确，管理人员与员工之间往往会发生一些矛盾和冲突。实施绩效评估一直被认为是组织内人力资源管理中最棘手也是最强有力的方法之一。绩效评估的作用主要有以下几方面。

（一）绩效评估为最佳决策提供了重要的参考依据

绩效评估的首要目标是为组织目标的实现提供支持，特别是在制定重要的决策时。绩效评估可以使管理者及其下属在制订初始计划过程中及时纠偏，减少工作失误，为最佳决策提供重要的行动支持。

（二）绩效评估为组织发展提供了重要的支持

绩效评估另一个重要目标是提高员工的业绩，引导员工努力的方向，使其能够跟上组织的变化和发展。绩效评估可以提供相关的信息资料作为激励或处分员工、提升或降级、职务调动以及进一步培训的依据，这是绩效评估最主要的作用。

（三）绩效评估使员工更清楚了解自己

绩效评估使员工有机会了解自己的优缺点以及其他人对自己工作情况的评价，起到了有益的“镜子”作用。特别是，当这种评价比较客观时，员工可以在上级的帮助下有效发挥自己的潜能，顺利执行自己的职业生涯计划。

（四）绩效评估为确定员工的工作报酬提供依据

绩效评估的结果为确定员工的实际工作报酬提供了决策依据。实际工作报酬必须与员工的实际能力和贡献相结合，这是组织分配制度的一条基本原则。为了鼓励员工出成绩，组织必须设计和执行一个公正合理的绩效评估系统，对那些最富有成效的员工和小组给予明确的加薪奖励。

（五）绩效评估为员工潜能的评价以及相关人事调整提供了依据

绩效评估中对能力的考评是指通过考察员工在一定时间内的工作业绩，评估他们的现实能力和发展潜力，看其是否符合现任职务所具备的素质和能力要求，是否具有担负更重要工作的潜能。组织必须根据管理人员在工作中的实际表现，对组织的人事安排进行必要的调整。

反映员工过去业绩的评价要与描述将来潜力的评价区分开来。为此，组织需要创设更为科学的绩效评估体系，为组织制订包括降职、提升或维持现状等内容的人事调整计划提供科学的依据。

二、绩效评估的程序

(一)确定特定的绩效评估目标

在考评员工时,首先要有针对性地选择并确定特定的绩效评估目标,然后根据不同岗位的工作性质,设计和选择合理的考评制度。

(二)确定考评责任者

考评工作往往被视为人事管理部门的任务。实际上,人事部门的主要职责是组织、协调和执行考评方案。要使考评方案取得成效,还必须使那些受过专门评估培训的直线管理人员直接参与到方案实施中来,因为直线领导可以更为直观地识别员工的能力和业绩,并负有直接的领导责任。当然,下属和同事的评价也可以列为一种参考。

(三)评价业绩

在确定了特定的绩效评估目标和考评责任者之后,就应当通过绩效评价系统对员工特定的目标评估内容进行正确的考评。考评应当客观、公正,杜绝平均主义和个人偏见。在综合各考评表得分的基础上,得出考评结论,并对考评结论的主要内容进行分析。特别是,要检查考评中有无不符合事实以及不负责任的评价,检验考评结论的有效程度。

(四)公布考评结果,交流考评意见

考评人应及时将考评结果通知本人。及时通报考评结论,可以使本人知道组织对自己能力的评价以及对所作贡献的承认程度,认识到组织的期望目标和自己的不足之处,从而确定今后需要改进的方向。如果认为考评有不公正或不全面之处,也可在认真反思和考虑之后进行充分申辩或补充,这有利于本人的事业发展,也有利于组织对本人工作要求的重新建立。

(五)根据考评结论,将绩效评估的结论备案

根据最终的考评结论,可以使组织识别那些具有较高发展潜力的员工,并根据员工成长的特点,确定其发展方向。同时,还需要将绩效评估的结果进行备案,为员工今后的培训和人事调整提供充分的依据。

三、绩效评估的考核方法

(一)分等法

将全部职工按一定标准进行排队分等,等级越高说明考核的成绩越高。这种方法没有明确的考核标准和依据,只是凭印象将职工归等。例如,根据职工的能力、态度、成绩等将全体职工分成好、较好、中、较差、差几等,然后凭领导的印象将职工分在各等内。这是一种比较陈旧的方法,目前企业已较少采用。

(二)评分法

评分法在分等法的基础上进了一步,它不再笼统地分等,而是根据职工考核的内容分别定出评分标准,然后由领导(或群众)对每一项打分,最后按事先定好的比例计算综合得分,以综合得分确定每个职工的考核等级。

(三)工作标准法

这种方法是以各职务的工作标准作为评价依据的一种方法。首先对各职务进行分析,定出工作标准(最好定量化),将职工的实际工作与标准相比较,判断其工作的优劣。这种方法有明确的客观标准,比较科学。但由于企业的许多职务不易制定明确的工作标准,因而在应用中受到一定限制。

(四)比较法

对一些难以定量的考核项目,采取人与人之间比较的方法,得出相对的比分,达到考核目的。具体做法:先以一个职工作为标准评出分数,然后将其他职工以这个职工为标准进行比较,打出相应的分。

(五)选择法

对每个考核项目都按等级设标准,并用问号把标准表示出来,考核人员在每个项目中选择一个最适合被考核人员的问句(得小项相应分),然后将小项得分相加,计算出考核的总得分。这种方法的关键在于各小项的问句要设准,能正确反映工作的性质。例如,"考勤"这个项目就可设"经常迟到"、"偶然迟到"、"基本不迟到"、"从不迟到"几个问句。

(六)关键事件法

所谓关键事件法,就是通过被评人在工作中极为成功或极为失败的事件的分析和评价,来考察被评价者工作绩效的一种方法。关键事件法需要对每一位待考评的员工做一本"工作绩效日记"或"工作绩效记录",由考察者(通常是被考评者的直接上级)随时记录。需要注意的是,所记录的事件既有好事,也有坏事;所记录的事件必须是比较突出的,与工作绩效直接相关的事,而不是一般的、琐碎的、生活细节方面的事;所记载的也应该是具体的事件与行为,不是对某种品质的批判。

(七)正态分布法

正态分布法要求评价者按事先定好的比例把许多被评价者分成不同的等级。比如,可能把被评价者的绩效分成:低绩效者占10%、低于平均绩效者占20%、平均绩效者占40%、高于平均者占20%、高绩效者占10%。

这种方法的理论基础是:员工的绩效是呈正态分布的,这种方法的特点是两端的人少,中间水平的人多。实践证明,人的许多心理特点都基本符合正态分布规律,上述比例分布正是根据正态分布估算出来的。应用正态分布法的一种操作方法是,把每一位被评员工的姓名写在一张单独的卡片上,然后针对每一位被评者的特质(如工作态度、工作质量、积极性和创造性等),把每一位员工的卡片放人适合的类别中。这种评定方法需要有一定数量的被评价者,以保证在每类中都有一定数量的人,并占有相应的比例。要是人数太少,这种方法就不适用了。

第五节 职业发展与职业生涯

职业是劳动者具体从事的不同类别的劳动。劳动者选择职业、调整职业,并且在从事该职业的过程中获得自身的发展和自我愿望的实现,同时得到相应的收入,这就构成了劳动者的职业生涯。职业与职业生涯,既是劳动者个人身份的特征及其发展的历程.又反映社会分工岗位的特征及其变迁。一方面.劳动者个人要在职业生涯中求得发展;另一方面,企业也有企业的整体发展,使员工的职业生涯融入企业的整体发展,两者相结合,才能实现良好的员工职业发展。

一、职业类型

职业一般可以归纳为五种类型:

(1)技术型。技术型的职业,重点是工作的实际技术内容或职能内容。例如,工程技术工作、财务工作、教育工作、艺术工作等。从事这类职业的人仅在本职业范围内向高层次纵向发展。

(2)管理型。以管理型的职业为最终目标时,具体的技术或职能工作仅成为通向更高的管理层的一个必经阶段。当一个人达到一定的技术或职能工作经验基础的高度时,他便横向跃升为管理职业者。管理型职业要求择业者具备管理能力、分析能力和人际关系能力。

(3)安全型。安全型的职业能够提供较稳定的职位,较好的工作环境和足够维持生活的收入。追求这类职业的人以较稳定安全为首选的择业目标。通常,这类求职者行为较规范，对组织的依赖性也较大。

(4)创造型。这类职业与管理型与技术型有一定程度的重叠，但其以冒险与开拓为特点。这类职业的选择者喜欢新的项目和计划，喜欢开拓新的领域，因此他们的流动性较大。

(5)独立型。这类职业的选择者不喜欢组织的约束，倾向于按个人的意愿办事，大多为自由职业者。

二、职业选择的影响因素

职业选择过程，就是人力资源配置的前期过程。正确地选择职业，能够减少人力资源过度流动带来的损失，实现人力资源的优化配置。职业选择需要考虑的因素主要有：

(1)职业技能。职业技能是从事某项特定职业所需具备的知识、技术和能力的总称。它是择业的基本条件。一般来说，求职者的职业技能层次越高，覆盖面越广，他的择业范围就越大，择业的成功率就越高。在市场竞争的条件下，某些"复合型"人才，即具备专业技术技能，又具备管理技能，兼有外语、计算机、法律知识等辅助技能的人才，由于其职业应变力与就业竞争力较强，故成为市场竞争热点，用人单位竞相聘用，需求远远大于供给。

(2)择业意向。择业意向是指求职者职业的选择偏好和价值判断，它是择业的主观条件。由于择业意向包含着个人对职业的价值判断的动机，因此择业意向会受到个人的受教育程度、家庭背景与社会观念的影响。另一方面，择业意向又包括对一些客观条件的考虑，主要有劳动报酬、福利保障、职业的社会地位、职业的发展前景、个人兴趣爱好和工作条件等。为了帮助择业者确立正确的择业意向，政府应当重视政策、舆论、信息、教育与择业指导方面的工作。

(3)职业信息。职业信息是求职者择业的依据。职业信息应尽量完整，并且容易获得，这样可以帮助求职者作出正确的判断和选择。常见的职业信息包括职业条件与要求、职业特点和待遇、职业供求状况等。

三、职业生涯与职业战略设计

(一)职业生涯

职业生涯发展是指组织在发展过程中要根据内外环境变化的要求对员工进行动态调整，以使每个员工的能力和志趣都能与组织的需求相吻合。

职业生涯发展体现了一个人在机遇面前所选择的不同发展路径。这些路径类型如下。

1. 传统路径

传统路径是指员工在一个层级组织中经过不断努力，从下向上纵向发展的一条路径。必须看到，由于兼并、重组、收缩、组织再造等行为的日趋增多，管理层的数目正在大量地减少，这使纵向发展的机会大大减少。

2. 网络路径

网络路径是指员工在纵向层级和横向岗位上都具有发展机会。在这条路径上发展的人或组织认为，一个人如果在纵向晋升的过程中能够多一些横向上的工作经历，将有助于员工的成长。由于比传统路径有更多的发展机会，因此也减少了路径堵塞的可能性和由此所带来的失落感。

3. 横向技术路径

横向技术路径是指员工通过努力不断地拓宽专业技术知识。组织开辟这样的路径可以促使员工在不同的工作领域经受锻炼，可以调动员工不断创新的积极性，最终提升自己在组织中的价值。

4. 双重职业路径

双重职业路径是指组织通过设计技术发展路径，让那些有一技之长的技术专家能够专心于技术贡献而让那些有管理能力的人沿传统的升迁和发展路径。双重职业路径的优点在于避免了从合格的技术专家中选拔出不合格的管理者,使那些具有高技能的技术人员和管理者都能沿着各自不同的路径发展。

(二)职业生涯发展的意义及特点

设计并管理职业生涯的优点表现为以下几个方面。

1.确保组织获得需要的人才

职业生涯发展计划与人力资源计划具有目标上的一致性,并且是对后者的必要补充。人力资源计划指出了组织在未来需要哪些人力资源,而职业生涯发展计划指出了员工的需求与理想怎样才能与组织相吻合。

2.增加组织的吸引力以留住人才

每个组织都希望招到并留住最优秀的人才,而这种人才往往会考虑到他们自己的发展道路,期望能够在更好的组织环境中发挥他们的才能。如果组织对他们的职业生涯有所安排和建议的话,他们的忠诚度就会提高。

3.使组织中的成员都有成长和发展的机会

组织不仅要考虑特殊人才的生涯发展道路,同时也要使组织中的每一个成员都有成长和发展的机会。职业生涯发展计划应该包括增加培训、横向调动等增加员工价值的方法,使员工相信组织并不歧视任何员工。

4.减低员工的不平衡感和挫折感

员工受教育的程度越高,他们对工作的期望目标也就越高。然而,由于经济周期波动以及组织不断变革的影响,每个组织都不可能有太多的升迁机会。当两者无法匹配时,员工便会产生强烈的心理不平衡和挫折感。职业生涯能够切实地增加员工的信心。

(三)职业战略设计

个人职业战略的设计可以使人能够发挥长处,利用职业机会。职业战略的制定过程主要包括以下几个步骤。

1.了解个人基本概况

一个人很难完全洞察和了解自己,但制定职业战略时,这却是关键的第一步。管理者应该问自己这样一些问题:我是内向型还是外向型?我对于时间、成就、物质以及未来的变化持什么态度?对这些问题或相关问题的回答以及一个明确的价值观将有助于决定职业生涯的方向。

2.长期的个人职业目标设定

选择了一个目标,一个人就得放弃追求其他目标的机会;一个人如果学习并打算成为一名律师,那么他通常就不可能同时成为一个医生。管理者也不愿设定目标,因为环境中存在的不确定因素导致承担责任的顾虑。另外,还存在有对达不到目标的担心,因为没有达到目标是对其自尊的一个打击。知道了妨碍目标设定的因素,就可以采取措施解决这一问题。首先,当业绩目标设定成为业绩评价的一部分时,识别职业目标就会变得容易一些。此外,人们对职业目标的设定并不是一次性的。更确切地说,目标的设定是一个不间断的、灵活的过程,职业目标可以依据不但变化的环境来修订。

3.环境分析

一个成功的职业战略,需要对环境中的机遇和威胁进行系统地搜寻和分析。这些因素包括经济的、社会的、政治的和技术的以及人口方面。在个人职业战略的制定中,不仅要关注现在,而且要关注将来,这需要对未来进行预测。由于有诸多因素要考虑,对个人职业战略的规划需要有很强的选择性,并且要关注对个人成功起关键作用的因素。

4.分析个人的优势和劣势

好的职业战略需要将环境给予人的机遇、威胁与个人的优势、劣势相对比进行分析。因为人的才能可以有很多方面,对于组织来说其所需要的各个职位对人的才能需要各不相同,而且这些才能的相对重要性也不相同,所以自身的优势和劣势,可以根据自己的不同技能,有针对性地选择合适的职位。

四、管理者职业生涯规划

(一)职业生涯发展阶段

1. 职业预备期

对于大多数人而言,职业生涯预备期是指从学校毕业到步入工作岗位这段时期,是为进入职业而进行准备的时期。正是在这段时期人们形成了对职业生涯的一种预期,其中有很多是颇有抱负的理想,甚至是不切实际的幻想。这些理想或幻想在工作一开始可能会潜藏不露,到后来会逐渐地暴露出来。如果这些理想或幻想能够实现,员工将会产生极大的成就感。职业预备期主要的工作内容是了解、分析有关职业信息,形成择业意向并为择业做准备。

2. 职业初期

职业初期是指员工从寻找工作和找到第一份工作开始到30多岁第一次体验工作经历为止。在这段时间内,员工需要经历与同事相处、做好本职工作、处理好个人生活问题以及经受现实中成功或失败感受等过程。在职业初期阶段,人们作出职业选择,成为组织成员,并且要使自己逐步适应组织的要求。这个时期的特征是员工需要通过个人的思考和努力,调整自己的行为并与组织合拍,在磨合中不断改进自己的工作,一旦发生错误,要有勇气承认并加以改正。

3. 职业中期

职业中期是指面临第一次严重的职业危机开始一直到走出困境为止这样一段经历。在这一时期,员工已经完成了与职业的适应与调整工作。一个人的绩效水平可能会继续改进提高,也可能保持稳定,或者开始下降。这一阶段的重要特征是人们此时已不再是一个学习者,不会再有更多的试挫机会,如犯错误将会付出巨大的代价。在一个层级组织中,如能够经受得住这一考验就可能获得更大的发展机会,反之,则可能要面临调整和变换工作或者寻求其他的变换方式走出困境,诸如继续深造、变换工作环境等。在此时期,员工的职业发展面临两个方面问题:利用和保持专业技能,维护自己的职业竞争优势;确定自己进一步发展的增长点。

4. 职业后期

职业后期是指经历了中期考验之后一直到退休这段时间。显然,对于那些成功地进行了中期转换获得了继续发展的人们来说,这段时期意味着收获季节的到来,事业成功,工作轻松,他们可以凭借自己多年积累的经验和判断力以及非凡的能力向组织证明其存在的价值。

然而,对于那些经历了挫折或停滞不前的人来讲,这一段时期可能会遭遇来自各个方面的压力,会感觉到过去曾经想象的那种理想很遥远,也正是在这一时期,员工的体力、精力下降,但经验阅历丰富。人们意识到需要减少工作的流动性,从而可能会更安心于现有的工作。

5. 衰退期

衰退期是指退休之后的人生经历。这一段时期,对于成功的人士来讲,意味着几十年的成就和绩效表现就要停止,容易使人感到有一种失落感,而对于那些人生经历和绩效表现一般的人来讲则可能会有一个令人舒心的时期,因为此时他们可以把工作中的烦恼抛在脑后。

(二)需要注意的问题

1. 慎重选择第一项职务

员工在组织中的起点,对于其今后的职业生涯发展具有重大的影响。实践证明,如果机会适宜,一个人应当选择一个最有权力的部门作为自己管理生涯的开始。

一开始就在组织中权力影响大的部门工作,就有可能在今后的职业生涯中得到快速的提升。

在第一项管理职务中不应停留太久,除非能预期作出更大成绩来。如果能够很快地转换到不同的工作岗位上,一方面可以锻炼自己找到更好的升迁路径;另一方面,会产生一种快速升迁的感觉,增加自我成就实现感。

2. 努力掌握工作中的平衡

良好的工作绩效是职业生涯成功的一个必要条件但却不是充分条件。成功固然令人欣喜,会给以后的提升带来有益的帮助,但失败也是常常发生的,这对未来的发展会造成不利的影响。员工应当通过努力减少这样的失败。员工也应该熟悉组织的权力结构,了解并努力争取对组织中那些稀缺、十分重要的资源加以控制,如知识、技术、经验等,以提高自己在组织中的价值。

3. 适时表现自我

由于员工绩效的评估具有相当的主观性,因此,通过自己的努力并让主管和组织中的权力人认识到自己的贡献是非常重要的。特别是应当明确组织对个人的要求和期望,了解组织文化的特点以及如何与组织中的关键人员协调关系等。如果自己的工作可表现性很差或自己的特定贡献难以与别人区分,就必须采取一些手段,如及时向上级或其他人汇报自己的工作进展情况,出席各种社交集会,与正面评价你的人结成有力的同盟。当然,不要给人一种不踏实的印象。

4. 要善于同上级处好关系

自己的未来往往掌握在上级的手中,如本身缺乏足够的实力对上级提出挑战,那么明智的办法是努力帮助你的上级取得成功,特别是在上级处于被动时应当给予大力配合和支持,不能拆台、挖墙脚。经验表明,为了实现个人的目标,还应该努力找到组织中居于权力核心的某个人作为自己的推荐人,如果上司很有才干并拥有权力基础,那么自己升迁的速度将会很快,自己的才能会得到快速的认可。否则,即使自己工作绩效再明显也不会及时得到认可,这就必须借助于推荐人的帮助及时进行工作轮换,寻找其他发展路径。

5. 保持一定的流动性

随着现代管理组织扁平化趋势以及购并、重组的不断发生,工作环境也变得相对动荡不定。显然,如长期陷于那些成长缓慢、不景气或衰退中的组织,自己的职业发展进程可能会得不到更好的促进,进而会扼杀自己的进取心,成为"烫锅中的青蛙",并失去发展的能力。

思考题

1 什么是人力资源管理? 主要有哪些内容?

2 阐述员工招聘的原则和标准。

3 组织决定对员工聘用的依据。

4 简述招聘的过程。

5 举例说明人员培训的方法。

6 描述绩效评估要经过的基本程序。

7 绩效评估的方法有哪些?

8 职业生涯分几个阶段? 如何进行职业生涯规划?

【案例分析】

电器公司员工绩效评价

美国新泽西州的某一电器公司规模较大,效益也不错。公司的人事政策包括每年一度的员工绩效评定。评定的方法是:公司将评定的表格下发给各部门经理,由各部门经理对下属的每一个员工进行评估,公司不限定评估方式,由各部门经理决定。

辛迪·安德森是该公司会计部经理。在绩效评定期间,她总是与下属每一个员工单独见面,讨论每个人的工作绩效情况及她所作出的评估,这样员工就能清楚地了解经理对自己是如何评价的。她评估的方式非常有效,总能为员工找到需要改进的地方,并帮助他们改进工作。但从去年开始,她的评估方式开始出问题:在她第一次与应付账款分部的主管巴利·耐特进行评估会面时,她发现他抵触性很强,不接受任何批评。

巴利是个能力很强的会计,辛迪不想失掉他。但辛迪对他进行评估并指出他工作上的不足后,他在这些方面没有任何的改进。因此,辛迪想换一种评估方式——自我评估,方法是员工对自己的评估与班组长的定期评估相结合。在安排好的评定会面前一周,她发给巴利一份评估表格,让他自己填好并在会面时带上。在会面的那天,巴利来得很准时,辛迪看了看他对自己的评估情况,发现他在表中的每一项目上都为自己评了最高分,并在表格的最后注明:他已做好准备被提升到更有挑战性的职位上工作。

讨论:

1. 你认为自我评估应如何发挥作用?它只适用于某一类的员工吗?对主管人员是否合适?

2. 你将如何把握与巴利的会面?请设计用角色扮演这样一个会面。

3. 你怎样评价辛迪为某一特定员工而改变她的评估方法?试分析原因。

第十三章　组织文化和组织变革与发展

◆本章关键词

1. 组织文化　2. 组织变革　3. 组织发展

第一节　组织文化概述

一、组织文化含义及特征

(一)文化

人类学家从多方面给文化下了一百多条定义;归结起来,所谓文化是凝聚在一个民族的世世代代的人的身上和全部财富中的生活方式之总体。生活方式包括行为方式和思考方式,文化是各种行为方式和思考方式的整体。作为文化的生活方式,创造了人类丰富的物质和精神财富。因此,广义的"文化"是人类社会实践过程中所创造的物质财富和精神财富的总和。狭义的"文化"是指社会的知识和意识形态,以及与之相适应的制度和组织机构。

1. 文化具有以下几个方面的特点

(1)民族性。任何一种文化,都带有本民族的特点,深深打上民族心理、民族精神、民族语言、民族传统和民族生活行为方式的印记。

(2)时代性。不同时代具有不同的文化特质和表现形式,文化体现着时代特征和风貌。

(3)历史继承性。文化是一种历史现象,它为社会成员所共享并传承下去,每一代社会成员都受到上代流传的文化的影响,又影响到下一代,这是一个不断继承与创新的过程。

(4)阶级性。文化作为一种社会现象,体现了不同阶级的利益要求,显示出不同阶级的特色,代表着不同阶级的地位和生活方式。

2. 文化的存在方式包括以下三个方面

(1)物质文化。物质文化是通过物质生活和各种有形的具体的实物表现出来的文化,有建筑物、交通工具、劳动和学习工具、通信工具、大众传播工具、服装、装饰品、用品等。在这些实物中表现出来的文化,包括对实物的制作方式和在制作过程中产生的空间意识和审美意识。

(2)社会文化。社会文化(又称行为文化)是通过社会成员共同遵守的社会规范和规范行为表现出来的文化。社会规范包括制度、法律、道德、风俗、信仰等,对社会成员起约束作用,调节和协调人际关系及社会关系。因而,它使人们的社会行为能够形成一种比较一致的、共有的类型和模式,维系这个社会的安定和秩序。社会文化作为社会规范存在着,是社会意志的产物。

(3)精神文化。精神文化是通过精神活动和精神产品表现出来的文化。精神产品包括文学艺术、科学、哲学、大众传播等,其中为人们共有又比较稳定的思考方式代表文化。精神文化作为知识的总体,是思维的结果。

上述三种文化紧密相连、互为一体。物质文化是对人最早和最经常起作用的文化。用品式样、空间造型等,都影响人的视听品质和日后的生活习惯,陶冶人的性格和品格,深刻地影响人们的美感和品性。

社会文化是在人们的各种社会关系中起作用的文化,是在物质文化的基础上,随着人们的"关系"的建立和发展,对人起作用。人们在家庭和触及社会组织中获得语言和思考能力后,才能把自己和他人在实际中联系起来又区别开来。人有了“关系”,有同他人和整个社会的接触,就必须接受社会管理和社会控制,就得不断社会化。

精神文化是在前两种文化基础上形成,并在精神活动中起作用的思考方式。精神文化的支柱是知识,知识虽然不等于文化,但是知识却体现一个民族的文化素质和文明程度。因此,精神文化比社会文化(行为文化)和物质文化的层次都要高。

(二)组织文化

凡是有人群存在的地方就有文化。组织文化是文化的一种表现形态,是组织在长期的实践过程中形成并为组织成员普遍遵守和奉行的共同价值观念。它反映和代表了组织成员的整体精神、共同的价值标准、合乎时代的伦理和追求发展的文化素质。组织文化以观念的形态,从非计划、非理性的因素出发调控着组织成员的行为,补充和强化着组织管理,维系着组织内部人与人之间的关系,团结着组织成员为实现组织目标而努力工作。

组织文化涵盖以下八个方面的内容:

(1)组织价值观和精神。

(2)组织发展战略和目标。

(3)组织管理制度。

(4)组织道德规范和行为准则。

(5)组织形象和凝聚力。

(6)组织内部人际关系和文明建设。

(7)组织人才成长发展条件。

(8)组织生产、生活条件、文化活动及文化氛围。

组织文化主要有以下特点:

(1)民族性。组织文化包容于民族文化之中,建立在民族文化基础之上。民文化对组织成员的影响比组织文化大。

(2)整体性。组织文化是组织上下全体员工在长期发展过程中共同形成的价值观,渗透到组织活动的每一种行为,具有整体功能。

(3)个体性。组织文化有鲜明的个性,不同的组织具有不同的文化,组织文化总是在特定的环境中生长,在特定的范围发生作用。

(4)连续性。组织文化与组织的长期发展历史相联系,是一个不断适应环境、挑战未来的历史继承与创新的过程。

(5)创新性。组织文化总是在适应环境的过程中不断创新,唯有创新,组织文化才得以生存和延续下来。

分析和研究组织文化的个性特色,可以从以下七个方面考察和评价组织文化的内在特质和文化状态

(1)组织是鼓励创新、冒险还是赞赏安分守己。

(2)组织期望员工把工作做得细致缜密到何种程度。

(3)组织是看重结果还是强调实现结果的手段和过程。

(4)组织是关注人还是关注工作。

(5)组织是强调集体、团队的作用还是突出个人的活动。

(6)组织内部成员是积极进取、竞争还是一团和气。

(7)组织注重维持现状还是成长发展。

对一个组织文化的特性,可以考察以上七个要素所表现的程度,从而确定其组织文化的类型和个性特点。

二、组织文化的构成及表现形式

(一)组织文化的内容结构

组织文化是由核心的精神文化、中间的制度规范文化和表层的物质文化构成的圈层系

统,见图 11.1。

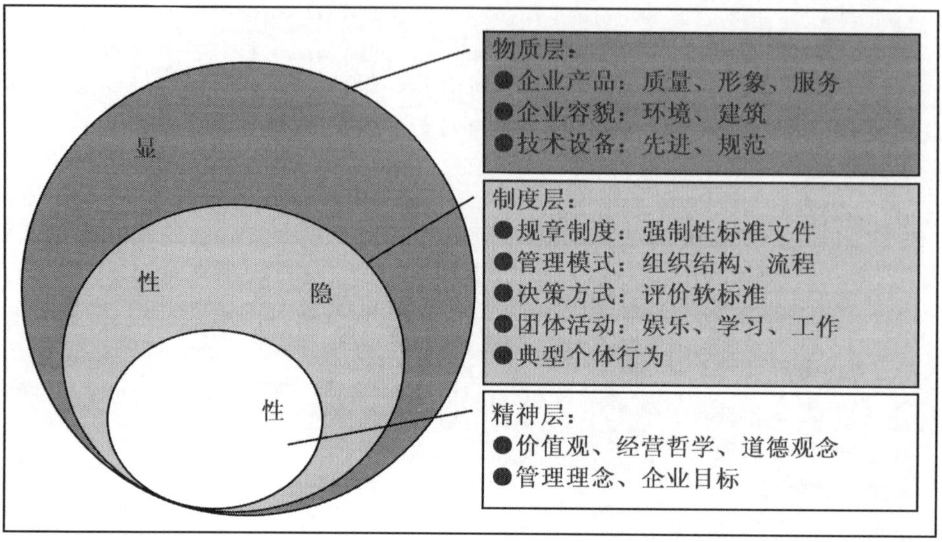

图 13.1　组织文化结构图

三个要素之间是有机联系的整体,物质文化和制度文化是精神文化的具体表现,是显性文化。所谓显性指以精神的物化产品和精神行为为表现形式的,人通过视听器官能感受的,又符合组织文化实质的内容;主要通过组织标志、工作环境、规章制度、组织目标、经营管理行为五个方面来体现的。精神文化是隐性文化,组织文化的隐性内容是组织文化的根本,包括组织经营哲学、价值观念、组织道德规范、组织精神、组织风气等几个方面。

1. 组织精神文化的内容

(1)组织核心价值观,是组织成员评价事物重要性和优先次序的共同标准,是组织成员共同的思想基础、信仰支柱行为准则,因而也是组织文化的核心和基石。同时,它也是制定经营方针、发展战略和策略的指导思想。

(2)组织道德,是指组织内部调整人与人、单位与单位、个人与集体、个人与社会、组织与社会之间关系的行为规范。道德与制度都是行为准则和规范,但制度是强制性的,而道德是非强制性的;前者针对是否合理,后者解决是否合法的问题。

(3)组织精神,是组织有意识地在员工群体中提倡、培养的优秀价值观和良好精神风貌,是对组织现有的观意识、传统习惯、行为方式中的积极因素进行总结、提炼及倡导的结果。因此,组织精神是组织文化发展到一定阶段的产物,组织文化则是组织精神的源泉。

(4)组织风气,是指组织内所形成的带普遍性的、重复出现的和相对稳定的心理行为状态,是影响整个组织活的重要因素。组织风气是组织文化的外在表现,组织文化是组织风气的本质内涵。人们总是通过组织成员的言行举止感受到组织的独特风气,又透过组织风气体会到成员共同遵循的价值观,从而深刻地感受到该组织的组织文化。

(5)组织目标,是上述精神文化的集中体现。有了明确的组织目标,就可以提高广大员工的主动性、积极性创造性,使员工将自己的岗位工作与实现组织奋斗目标联系起来,组织的管理工作就有了坚实的群众基础。因此,组织目标是组织成员凝聚力的焦点,是组织共同价值观的集中表现,也是组织对员工考核和奖惩的主要标准,同时又是组织文化建设的出发点和归宿。

2 组织规范文化的内容

组织规范文化是组织文化的中间的层次,是组织文化中按精神文化要求对组织和成员行为产生规范性、约束性影响的部分,主要规定组织成员在共同的工作、活动中应当遵循的行动准则。

(1)工作制度,如组织的领导工作制度、技术工作及技术管理制度、计划管理制度、生产管理制度、设备管理制度、物资供应管理制度、产品销售管理制度、经济核算及财务管理制度、生活福利工作管理制度、劳资人事管理制度、奖惩制度等,这些成文的制度与某些不成文的规则,对员工思想和行为起着约束作用。

(2)责任制度,是指组织内各级组织、各类人员工作的权力及责任制度。如领导干部责任制、各职能机构及职能人员责任制,以及员工岗位责任制等,其目的是使每个员工、每个部门都有明确的分工和职责,使每个组织能够分工协作,井然有序地、高效率地工作。

(3)决策方式,是指组织的非程序化制度。如员工民主评议干部制度、干部"五必访"制度(即员工生日、结婚、死亡、生病、退休时干部要访问员工家庭)、员工与干部对话制度、庆功会制度等。

(4)群体及个体活动方式。比如特殊仪式就是为表明和强化组织最关键的价值观、最重要的目标和最重要的人而进行的重要活动,如生日晚会、周末午餐会、厂庆活动、内部节日等。

3. 组织物质文化的内容

组织物质文化是组织文化的表层,是形成制度层和精神层的物质条件,往往能折射出组织的经营管理哲学、工作作风和审美意识。

(1)环境面貌。企业的自然环境,建筑风格,车间和办公室的设计及布置方式,工作区和生活绿化、美化,企业污染的治理等,都是企业物质文化的反映。

(2)产品的外观和包装。产品的特色、式样、品质、牌子、包装、维修服务、售后服务等,是文化的直接表现。例如,美国汽车以豪华、马力大为特点,日本汽车以省油为特点,德国汽车以耐用为特点等。企业只有具有自己独特的产品,才能吸引一部分具有特殊需求的顾客。产品特点不突出,就要靠其他因素,如包装、价格、销售地点和服务等赢得市场。

(3)工艺技术设备特性。设备是指企业的机器、工具、仪表、设施,是企业的主要生产资料。一个具体的设备,都与一定的工艺和技术相联系。工艺技术设备和原材料,是维持企业正常生产活动的物质基础,也是形成企业生产经营个性的物质载体。一定的工艺技术设备,不仅是知识经验的凝聚,也往往是管理哲学和价值观念的体现。

(4)纪念物。组织在其环境中往往设置纪念建筑,如雕塑、石碑、纪念标牌等,在公共关系活动中送给客人纪念画册、纪念品、礼品等,充当组织理念的载体,成为组织塑造形象的工具。

三、组织文化功能

组织文化来自组织,但它一旦形成,就将反过来对组织产生巨大的能动作用,可能解决被视为管理难题的组织目标与个人目标、管理者与被管理者的矛盾,将全体员工的思想行为统一到组织发展的目标上来。

(一)组织文化积极的功能

(1)目标导向功能。组织文化能够引导和塑造员工的态度和行为,在组织具体的历史环境及条件下将人们的事业心和成功欲整合成组织的奋斗目标、信条和行为则,形成员工的精神支柱和动力,为组织的共同目标而奋斗,使得组织中的个体目标与组织的整体目标相一致,成为个体目标发展的导向。因此,优秀的组织文化建立的实质就是建立内部的动力机制。这一动力机制的建立,使广大员工了解了组织正在为崇高的目标而努力,使他们可以产生具有创造性的策略,而且可以使员工勇于为实现组织目标而作出个人牺牲,使员工与组织真正成为一个有机整体,形成一股强大的力量向特定的方向努力。

(2)约束规范功能。组织中成文或不成文的法规和价值准则,引导和塑造员工的态度和行为,对员工的思想、性格、情趣产生潜移默化的影响。组织文化的作用机制是建立共同的价值观体系,形成统一的思想,使信念在员工的心理深层形成一种定势。只要外部诱导信号发生,即可得到积极的响应,并迅速转化为预期的行为,就形成了组织的“软约束”。这种影响作用比权威、命令的效力更大。

(3)团结凝聚功能。组织文化发展组织成员对组织的集体认同感,使组织成员不仅仅注重自我利益,更考虑组织利益,使大家认清组织共同利益大于各自的一己利益,组织的兴衰关系到每个人的切身利益,形成组织对成员的吸引力和成员对组织的向心力。它指导着人们的行为,提供了言谈举止的标准,是一种社会黏合剂,有巨大的内聚作用,使员工个人的命运与组织的安危紧密联系起来,把整个组织聚合起来。

(4)激励振奋功能。组织文化建立了一种精神目标和支柱,形成人人受重视、受尊重的文化氛围。良好的文化氛围,往往能产生一种激励机制,可以激励全体成员自强自信,团结进取,形成组织成员的统一意志。这种意志形成了自身的发展机制,并产生激励效应。

(5)创新功能。组织是由人组成的,也应当像人一样,有自己独特的性格和风范。一个没有文化的组织就像一个没有个性的人,不会引人注意,是绝无竞争力的。组织文化起着分界线的作用。它使不同的组织区别开来。建立具有鲜明特色的组织文化,正是组织创新的重要方面,是激发员工创新精神的动力,使组织在激烈的市场竞争中立于不败之地的重要保证。

(6)适应和辐射功能。组织文化塑造组织形象,一方面可以激发组织员工对本组织的责任心和自豪;另一方面能更深刻反映组织文化的特点及内涵。组织形象的树立,除对本组织产生很大影响,还会对社会公众乃至其他组织产生一定的影响,在提高组织知名度的同时,构成社会文化一部分,具有巨大的辐射作用。

(二)组织文化的负面功能

当然也要看到,组织文化有时也可能成为变革的障碍、多样化的障碍、兼并和联合的障碍,成为组织发展的束缚,必须正确处理。因此,对组织文化的负面影响也不容忽视。主要表现在:

(1)对变革的影响。组织处于动态变化的情况下,组织文化往往成为组织的束缚。根深蒂固的组织文化容易束缚组织的手脚,使组织难以对付变幻莫测的环境,对那些不符合组织的价值观念总是置若罔闻。

(2)对个性的影响。组织文化强调统一的价值观、生活方式,强调新成员服从组织文化,这不利于组织成员自身个性多样化和创新能力的发展。

(3)对组织兼并、收购的影响。组织文化一旦形成,便具有相对的稳定性和个性特色,这种特色使得两种不同的组织在兼并、联合、收购后面临着文化融合、文化沟通的难题,使得新的组织文化同原有的组织文化之间出现摩擦和碰撞,有可能导致收购和兼并的失败。

五大流行的企业文化

现代中外许多成功企业的经营之道为现代企业提供了值得借鉴的宝贵经验。

- 民生文化。民生公司发展之所以如此迅速,和创始人卢作孚的经营成功有着极大关系。在卢作孚的长期经营实践中,一个突出的特点便是十分注重文化意识在经营管理中的作用。例如,他极为注意强化企业对职工的凝聚力,鼓励企业和职工的双向参与。他曾提出一个著名的口号:公司问题,职工来解决;职工问题,公司来解决。他把这一口号印在轮船的床单和茶杯上,逐步培养职工树立一种和公司同生存共荣辱的集体意识,在企业发展中起到来良好的作用。
- 松下文化。松下公司在几十年的经营生涯中形成了独特的企业文化,制定了七大精神:“产业报国、光明正大、和亲一致、奋斗向上、礼节谦虚、顺应同比、感谢报恩”,充分表现了松下那种谦和、执著、一以贯之的朴实风格。
- 大庆文化。以“铁人”王进喜为代表的大庆油田工人,把“艰苦创业”作为座右铭,坚持“有条件上,没有条件创造条件也要上”的创业精神。大庆人艰苦创业、三老四严的精神,化作了中国工人阶级自力更生、艰苦创业的强大力量。

- 索尼文化。索尼的企业哲学其中突出的一点就是十分重视人的因素和民主作风，特别看重中层管理人员的作用，并设法淡化等级观念。该公司领导努力将工厂的车间搞得比工人的家庭更舒服，而把管理人员的办公室尽量布置得朴素些。另外，索尼人始终不满足现状，时时有“饥饿感”、“紧迫感”伴随，这可谓索尼文化的另一特色。正因如此他们能不断学习世界上比自己先进的东西，经过消化，创造出别人没有的东西，适应了市场，赢得了声誉。
- IBM 文化。IBM 公司即美国国际商用机器公司，该公司的信条就是“IBM 就意味着最佳服务”。因为他们懂得，优质服务是顾客最需要的。这不能不说是 IBM 公司多年来一直取得成功的一个奥秘。

第二节 组织文化的内容

一、组织文化理论研究的兴起

组织文化理论产生于 20 世纪 70 年代末 80 年代初，它是组织管理发展的必然成果，是一门新兴的组织管理科学，它的兴起标志着组织管理科学研究进入了一个新的阶段。

组织文化理论的兴起是 20 世纪 70 ~ 80 年代新技术革命的发展和人们对人类自身的认识深化的结果。重视人的发展和人的潜能，充分调动人的积极性，成为时代的共性和人类发展的现实趋势。文化管理受到各国企业的普遍关注。企业联合兼并趋势明显，使得文化沟通、文化融合的问题突出出来。特别是进入 90 年代以来，文化对员工行为的影响作用越来越大，组织控制的跨度拓宽，组织结构扁平化，工作团队的引入，员工权力的增大，要求组织提供共同的价值体系。科技发展和竞争的加剧使得组织对劳动力素质要求越来越高，劳动力结构发生变化，知识层次普遍提高，把员工当做“社会人”，满足员工心理的、感情的、精神的需要，形成和发展员工群体价值观，成为组织文化理论研究的时代课题。

组织文化理论源于日本，研究中心却在美国。20 世纪 70 年代末 80 年代初，美国作为世界经济强国，在石油危机的冲击下，其企业竞争能力大大削弱，劳动生产率停止了增长，而东方小国日本的经济却得到长足的发展，并在许多方超过了美国，对其经济利益形成了强大威胁，引起了美国各界人士的普遍关注。经过研究，美国专家学者认识到，在日本企业中，不是就管理论管理，而是从企业经营哲学的高度研究企业管理，把企业视为一种文化实体来实施管理。他们把日本的经验与美国的管理现状进行了比较，作了系统的概括和总结，形成了有关组织文化理论的一系列著作，提出了独到的见解。

1981 年，美国加利福尼亚大学美籍日裔教授威廉·大内出版了他的专著《Z 理论——美国企业界怎样迎接日本的挑战》。该书分析了企业管理与文化的关系，提出了“Z 型文化”、“Z 型组织”等概念，认为企业的控制机制是完全被文化所包容的。

1982 年特雷斯·迪尔（Terrence E. Deal）和艾兰·肯尼迪（Allan Kennedy）出版了《企业文化》（Corporate Culture）一书，他们提出，杰出而成功的公司大都有强有力的企业文化。他们在这本书中还提出，企业文化的要素有五项：①企业环境；②价值观 ；③英雄；④仪式；⑤文化网络。其中，价值观是核心要素。该书还提出了企业文化的分析方法，应当运用管理咨询的方法，先从表面开始，逐步深入，观察公司的行为。

1982 年，美国著名管理专家托马斯·彼得斯与小罗伯特·沃特曼合著《寻求优势——美国最成功公司的经验》，研究并总结了 3 家优秀的革新型公司的管理。他们发现这些公司都以公司文化为动力、方向和控制手段，因而取得了惊人的成就，这就是企业文化的力量。

组织文化在 90 年代的研究由理论研究向应用研究和量化研究方面迅猛发展，出现了四个走向:理论研究的深入探讨;企业文化与企业经营业绩的研究;企业文化测量的研究;企业文化诊断和评估的研究。

组织文化理论的兴起突破了传统的企业观,认为企业不仅创造利润,还要谋求人的全面发展,谋求人与其本质活动——生产活动的统一,实现社会与其生产组织形式——企业的统一。正如美国著名管理学家德鲁克指出的:“利润和盈利性固然是极为重要的,但盈利性并不是企业的目的”;“企业的目的必须存在于企业本身之外,事实上,它存在于社会中,因为企业是社会的一个机构”。组织文化理论的兴起标志着组织行为研究向加深化、更高层次发展。组织文化是组织赖以生存和发展的精神支柱,是组织的最高层次,组织文化理论适应了组织管理的需要,有利于实现组织目标。

组织文化理论追求组织的整体优势和组织成员良好的集体感受,通过组织的文化优势创造出导致个体从众行为的群体规范和共同价值准则,通过成员的集体感,使组织的人际关系达到协调。组织文化的研究是组织理论由个体的研究向组织整体化研究的发展。

中国当代企业文化研究与国外相比,显得十分薄弱,这表现在:

第一,中国的企业文化研究还停留在粗浅的阶段,虽然也有一些关于企业文化的研究,但是大多数是以介绍和探讨企业文化的意义及企业文化与社会文化、与企业创新等的辩证关系为主,真正有理论根据的定性研究和规范的实证研究为数甚少;

第二,中国企业文化研究严重滞后于中国企业文化发展实践,许多企业在塑造企业文化时主要是企业内部自己探讨,企业文化实践缺少真正的科学理论的指导,缺少个性,同时也难以对企业长期发展产生文化的推动力。因此,应该借鉴国外企业文化研究,加强中国企业文化研究,促进中国企业文化的发展。

未来研究主要侧重于以下三个方面:

第一,在中国文化背景下,探讨中国企业文化的基础理论,研究企业文化与中国传统文化和现代社会文化的关系,企业文化与企业管理、企业环境、企业发展和企业创新的关系等。

第二,加强企业文化的应用研究,如关于企业文化的测量、诊断、评估和咨询的实证研究。

第三,加强企业文化的追踪研究。企业文化的塑造不是一次性完成的作品,它要随着企业的发展和变化而作出及时的调整和改变,才能对企业的长期发展产生深远的影响。所以对企业文化进行追踪研究的价值是不可低估的。

丹尼森组织文化模型

丹尼森组织文化模型是由国外学者 Denison 在对一千多家企业、四万多名员工长达 15 年研究的基础上建立起来的,它是组织文化诊断的一种常用工具。该模型不仅有其研究和学术价值,同时由于它从具体的商业运营环境中发展而来,直接与组织经营业绩相联系,易于应用,并且由于该模型已经建立了 500 多家企业的常模,因此它有相对较好的可靠性。见下图所示。

丹尼森组织文化模用 60 个项目集中考察企业文化的四个维度:应变能力、愿景及目标、一致性、员工参与。应变能力与愿景及目标两个维度是组织关注外部的程度,反映了企业是否顺应外部经济、政治、社会环境的变化适时地作出相应的改变和调整。

一致性与员工参与两个维度反映了组织关注内部的程度,它要求企业具备对内部系统、结构和流程进行动态的整合,以满足组织目标的实现。

应变能力与员工参与两个维度又反映了组织的灵活性,即以市场、客户为导向的创新能力。

愿景及目标与一致性两个维度要求组织具有相对的稳定性,使得企业有自己的发展方向和目标,并且强化员工对企业的忠诚和归属感。

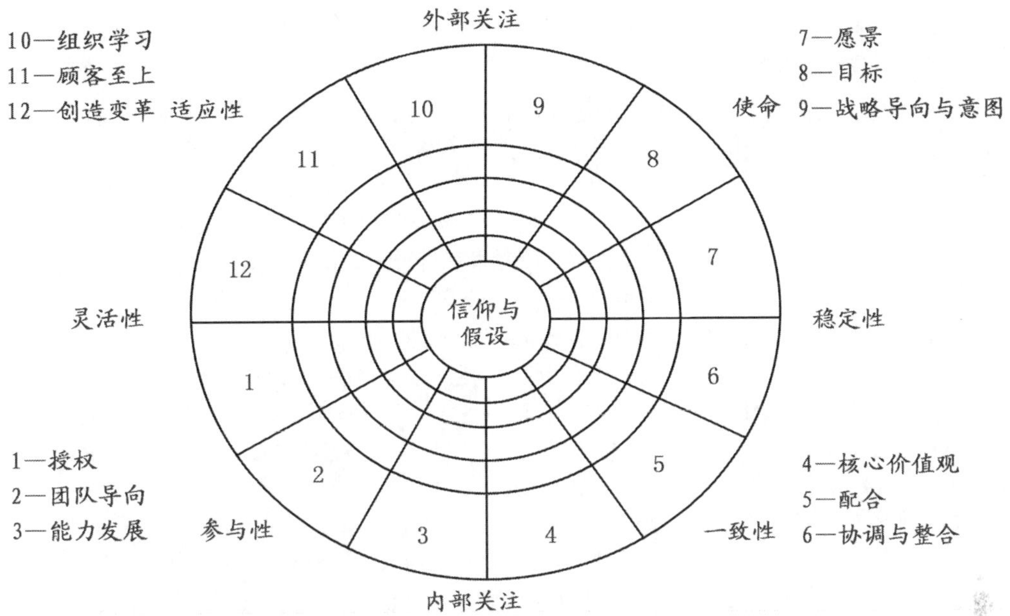

上述四个维度与企业经营业绩密切相关，包括利润率、产品质量、销售增长率、创新能力、员工满意度等。该模型对企业文化的四个维度又分别从三个方面进行测量。

维度一：员工参与——提升个人能力、增强认同感以及责任感

1. 授权——个体有管理自己工作的权力、主动性以及相应的能力。授权是建立员工对企业的主人翁意识和责任感的基础。

2. 团队合作——提倡合作以达成组织共同的目标，并使员工认同。

3. 个人能力的提升——组织为提升员工个体能力进行长期的持续的投入，目的在于保持企业的竞争力以及满足市场的需要。

维度二：一致性——对有生命力的企业文化的基础——核心价值观的认同

1. 核心价值观——组织成员对一组价值观以及期望、目标的认同程度。

2. 一致性——在关键事件上组织成员能够达成一致，这取决于组织成员深层价值观的一致性，以及当不同意见发生时，妥协和取得一致意见的频率。

3. 合作和配合——不同职能部门能够为了组织共同的目标很好地合作，不会由于部门之间的界限影响工作的完成。

维度三：应变能力——将组织外部环境的需求转变为行动的能力

1. 创新——组织能够敏感地了解商业环境，快速地对变化作出反应，并且可以预见未来的变化。

2. 关注客户需求——组织了解客户的需要，作出相应的对策。关注客户体现了组织行为以满足客户需要为导向的程度。

3. 学习的组织——组织将从商业环境中得到的信息变为激励创新、获得新知识和发展新的竞争能力的机会。

维度四：愿景及目标——组织发展的长远而有意义的方向

1. 愿景——组织有一个获得很高认同的未来组织的状态，它涵盖了核心价值观，是企业发展的灵魂，并为企业发展指明了方向。

2. 战略发展目标和方向——组织在本行业确立什么样的地位的发展目标。明确的战略定位清晰地表明了组织的目标，并且使每个员工明了努力的方向。

3. 具体目标——清晰、可操作的具体目标从组织愿景中发展而来，并指导员工的具体

工作.

二、组织文化的影响因素

了解组织文化的特性和结构，使我们对组织文化的整体构造有较清晰的认识，深入理解组织文化还需要认识组织文化影响因素，具体有如下7个方面。

(一)民族文化因素

作为组织文化主体的组织成员，同时也是社会成员，在创建或进入组织前，就是在民族文化的熏陶中成长起来的。所以，组织文化植根于民族文化的土壤中，分析一个组织的文化内涵，不能忽视其所在的民族文化大背景的影响。一个组织的价值观、行为准则、道德规范等无不打上民族文化烙印，民族文化对组织的经营思想、方针、战略和策略等也会产生深远的影响。组织要获得成功需要努力适应在一定民族文化环境下形成的社会心理状态，否则就将陷入困境和危机难以维持。研究表明，组织文化对员工行为的影响很大，而民族文化的影响更大。中国是一个文明古国，文化历史悠久，优秀文化传统不仅与市场经济可以相容，而且应该成为现代企业组织文化的深厚基础和重要营养。

(二)制度文化因素

组织文化的重要影响因素之一是制度文化。不同的国家以及同一国家在不同的历史时期，它们基本的政治制度和经济制度各不相同，由此对一个组织的文化形成所产生的影响也各不同。我国和日本同属于东方民族，有以儒家文化为特色的民族文化传统，但在社会制度上却有着根本差别。组织文化的核心问题是要形成群体意识和群体规范，由于社会制度的差异，不同国家中企业的组织文化是不同的。

(三)地域文化因素

地域和行业文化是组织文化存在的中观环境。“一方水土养一方人”，各个地区教育、风俗民情、地理环境的不同，地域文化各具特色，对组织文化产生着潜移默化的影响。北方人重义气，南方人讲效率，这些因素对组织文化的影响是不可低估的。与民族文化因素一样，“入乡随俗”，只有认同并适应组织所在的地域文化，组织才能得到良好的，组织的文化建设也才能得到保障。

(四)行业文化因素

行业性质不同，决定了工作内容、工作方式、劳动力结构等方面的差异。价值观念、道德理念、行为规范等方面有着各自独特的偏好，对组织文化形成具有重大影响。

(五)组织传统因素

组织文化的形成过程是对组织传统的发扬和传承的过程。每个组织应该根据各自外部环境和内部条件特点，总结出自己企业的优良历史传统和经营特色，形成自己企业的价值观念，产生出本组织独具特色的组织文化风格。只有这样，才能形成具有个性的组织文化。

(六)个人文化因素

个人文化因素，指的是领导者和组织成员的思想素质、文化素质和技术素质。组织文化是组织成员在长期活动中养成并共同遵守的最高目标、价值标准和行为规范，组织成员的思想素质、文化和技术素质直接影响和制约着组织文化的层次水平，在某种意义上是组织领导者价值观念和管理理念的反映。领导者的思想经验、价值观念、思想方法和工作作风等因素，甚至个性特征，影响组织文化的形成。要建设好组织文化，领导者的作用至关重要。

(七)外来文化因素

对于一个组织来讲，其他国家、民族、地区、行业、组织的文化，都是外来文化，随着经济全球化的发展，市场的日益融合，各国、各区域间经济关系日益密切，文化交流和经济渗透对组织文化产生越来越大的影响。因此,在引入先进技术和思想的同时,要根据本组织的具体环境条件,有选择地吸收、消化、融合外来文化中有利于企业发展的文化因素,也要警惕和拒绝对本企业文化建设不利的文化因素。

三、组织文化建设

(一)组织文化建设的内容

组织文化建设,是指组织领导者有意识地培育优良文化、克服不良文化的过程,也称为组织的“软管理”。优良的组织文化能创造出和谐、上进的组织氛围,产生源源不断的动力,对组织发展起到巨大的推动作用;反之,则会阻碍组织前进的步伐,甚至导致组织衰退和灭亡。优秀的组织领导者,不仅应强烈意识到组织文化的存在,而且应不断提倡和发扬组织中好的精神和传统,消除组织中不良的观念、习惯和风气,能动地引导组织文化的运行和完善,自觉地进行组织文化的建设和管理。组织文化建设的内容通常包括以下方面:

(1)培育具有优良取向的核心价值观,塑造杰出的组织精神。

(2)坚持以人为本管理,全面提高员工素质。

(3)提倡先进的管理制度和行为规范。

(4)加强礼仪建设,促进组织文化的习俗化。

(5)改善物化环境,塑造组织的良好形象。

(二)组织文化的形成过程

组织文化的形成是一个历史过程,它不是凭空产生的,一旦形成又很难消除。它是随着组织的诞生、创始人的倡导、组织的各种规定和活动制度化以及组织成员对于基本的、有意义的行为的共同理解,并经过甄选、高层人士倡导、社会化逐步形成和发展起来的。

1. 组织文化形成的源头

组织文化的最初源头是组织的创始人。组织的创始人对组织的早期文化影响最大,他们规划了组织发展蓝图,把特定的理念和价值观表达出来并贯彻为愿景、哲学和商业战略。当这些理念和价值观导致组织成功后,它们就会被制度化,那些反映组织创始人和领导者思想的愿景和战略的组织文化随之出现,并不随领导人的更改而更改。一个成功的组织必然是那些能够对环境的各种变化作出敏锐的准确反应的组织。要使组织在变化不定的环境中长盛不衰,有远见卓识的领导人总是在组织中形成一种能够洞悉环境因素的变化及这种变化对组织的影响的内在机制,这种机制的存在能够保证组织在其卓越领导人的时代结束后仍然保持敏锐的洞察力和较强的适应性。组织文化总是打着创始人所追求的宗旨、价值观、愿景的印记,体现着创始人独有的风格和特色。

2. 组织文化的发展过程

组织文化建立起来以后,要经过一系列的强化过程,逐步发展成熟。

(1)要经过组织对人员的识别和挑选过程。组织总是按照自己的价值观和判断标准招聘、雇用应聘员工,筛选掉那些可能对组织核心价值观构成威胁或者与之不协调、不融洽的人。经过多次挑选,被甄选出来符合组织要求的人员起着维系组织文化的作用。

(2)组织文化通过高层管理人员的身体力行得以灌输。高层管理人员通过自己的所作所为,把行为准则渗透到组织中去。公司倡导什么精神,鼓励什么行为,如何看待创新和失败,如何对顾客的需求变化作出反应,组织的信任程度与规章制度、监督控制的关系等,通过高层人员的管理活动,使员工在接受管理的过程中不断认同。

(3)员工自身对组织文化的适应和被同化,实践和传播着组织文化。员工进入组织以后,不断改变自己原有的价值观、态度和期望,逐步了解组织的评价体系、人们的期望和价值标准,在与同事、上级和组织交往的过程中,经过不断调整自身行为的社会化过程,逐步接受组织的规章制度、行为规范,并把它内化为自己的认知评价体系和自觉行动,通过自己的社会活动实践和传播组织文化。可以说,员工既是组织文化的体现者,又是组织文化的创造者。

(三)组织文化的传播形式

组织文化首先应该是企业有形无形的规范,是员工和管理者行为与决策方式的表现。组织文化不是自然产生的,而是管理者的主观意识与企业发展要求相结合的产物。组织文化需要借助于一定的形式来表现,需要人们基于可观察到的物象来推断,需要通过一定的渠道和途径以及表现形态传递给员工和外界,以利于解释、识别和学习。

(1)礼仪和仪式。礼仪和仪式是组织日常的已经成为习惯的一系列文化活动的总称。这项文化活动体现了组织对员工的期望和要求。它以生动的形象化的形式,向员工灌输本组织的价值观。文化仪式,实际上是一种培养人们一定价值观念和行为方式的手段和载体,它使本来抽象的价值观念变成具体的有形的东西,成为组织文化不可缺少的一部分。文化仪式能够增进员工向新的社会角色转化,使员工产生更强的社会认同感,有助于改善组织功效,使员工之间产生共同的纽带和良好的情感,增强员工对组织的认同。可以说,没有文化仪式,就没有组织文化。文化仪式的形式多种多样,有各种表彰和奖励活动,有各种聚会和娱乐活动,有唱歌、升旗和背诵誓词等。

(2)英雄人物。那些受人尊敬的英雄人物是组织价值观念的集中体现。这些英雄人物使组织价值观“人格化”,他们是员工学习的榜样。这些英雄人物大多是从实践中涌现出来的、被员工推选出来的普通人。他们在各自的岗位上作出了突出成绩,是组织的象征,是员工心目中有形的精神支柱。英雄人物的巨大影响是潜移默化的,因而会产生一种持久的影响。所以,英雄人物也是组织文化的重要载体和传播形式。

(3)故事。故事是指在组织内曾经发生的能够体现组织的价值观、反映组织情境的、经过演化和加工而流传下来的叙述性事件。这些故事有的是历史事件和传奇故事,加进了一些虚构的细节,有的是有事实根据、经过艺术加工的神话。故事的内容大多与组织创建者、违反组织制度、从乞丐到富翁的发迹史、裁减劳动力、员工重新安置、反省过去的错误以及组织应急事情等有关。故事借古喻今,使公司价值观保持长久活力,为全体员工提供了一种共享的理念,还可以为组织政策提供解释。

(4)文化网络。文化网络是指组织内部非正式的信息传递的手段,它是组织文化的载体,在组织中起到上下左右、内外纵横的渠道作用,广泛存在于组织员工之中。文化网络对所传播的消息作艺术加工,对消息含义的解释往往与组织的正式渠道的解释不同,信息的传递大多靠口头传播。

(5)物质象征。物质象征是组织文化的物质形态和外在表现。这些物质象征包括公司的外在形象如公司的名称、标志物、内外空间设计,劳动环境如色调、音乐、员工休息室、餐厅、教室、图书室、文化娱乐环境,还包括给高层管理人员配备、提供的各种办公条件、生活待遇、津贴以及基层管理人员的衣着、交通配置等。

(6)语言。语言是指在组织中特有的、常用的,体现组织的行业特点、工作性质、专业方向的专用术语。如公司的格言、口号、隐喻或其他形式的语言,这些语言能够识别和解释组织文化或亚文化,并成为组织文化的重要组成部分。组织成员学会这种语言,有利于他们接受组织文化。

(四)组织形象设计

CIS 策划,组织形象设计(Corporation Image System,简称 CIS)。CIS 于 20 世纪 50 年代起源于美国,60 年代发展于日本,现已风行世界的 CIS,曾造就了 IBM、麦当劳、可口可乐、松下、索尼等国际一流企业。

CIS 包括理念识别(MI)、行为识别(BI)和视觉识别(VI)3 个层次,它们与组织文化的观念层(深层)、规范层(里层)、物质层(表层)这 3 个层次是一一对应的,在内容上大体一致,因而被视为较抽象的组织文化建设的具体操作艺术和行动入手点。见图13.2。

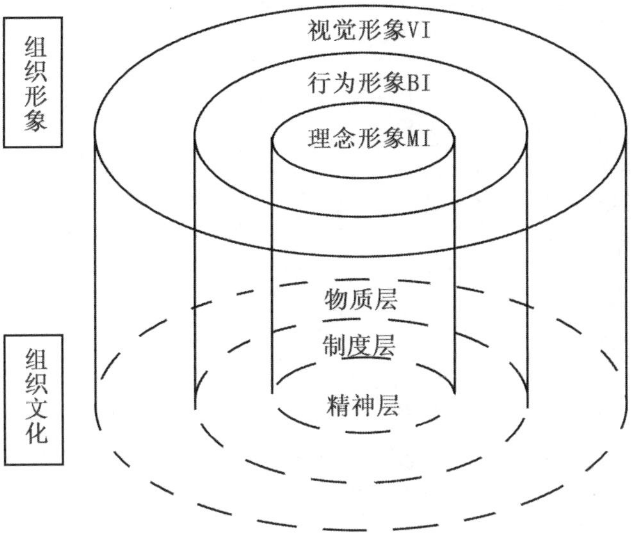

图13.2 企业形象识别系统组织文化关系图

(1)理念识别(MI),包括企业的目标、宗旨、精神、道德等内容,实际是组织精神文化的体现,核心是指企业必须用为全体员工所遵循的共同价值观作为企业的指导思想和员工的行为准则,贯穿于企业活动的整个过程,是塑造企业形象的战略出发点。组织一旦建立了共识、共存、共荣的共同价值取向,员工对企业充满感情,CIS就有了根。世界名牌企业都有自己明确的、积极的、深入人心的价值观念。如海尔公司的"真诚到永远",美国通用电器公司的"进步乃是我们最重要的产品"等信条。

(2)行为识别(BI),是紧扣和体现企业理念,并使之具有可操作性的措施和行动方式。这里的"行为"包括对内的组织管理、人员培训、企业礼仪和风尚、工作环境与气氛等;对外的市场调查、产品推广、服务态度和技巧、公共关系活动等。而"识别"是指在这些行为中贯彻和体现被社会公众认同的企业个性化的理念。总之,BI是以企业理念为核心,渗透在企业内部组织、教育、管理、制度、行为等方面,并包括支持公益事业、赞助活动、公共关系等方面的动态识别形式。

行为识别是企业理念的具体体现和实施贯彻,企业理念是企业形象塑造的基础和前提,没有企业理念,行为识别就成了无源之水,无本之木;但只有理念识别,如不通过具体的行为来体现,再好的理念也只能是一句空洞的口号。行为识别使企业理念由抽象化过渡为操作化,使全体员工行为规范化和协调化,始终能以一种统一的良好行为出现在公众面前,给公众留下稳定、规范、诚信的印象,才能将企业理念落到实处,让企业理念发挥效力。行为识别还能使公众从企业行为中真正感受到企业的理念,树立良好的企业形象。

(3)视觉识别(VI),是指借助静态的识别符号,通过视觉传递信息的各种传递形式,是CIS的外显部分,也是消费者接触层面最广泛、效果最直接、最具传播力与感染力的视觉表现方法。

视觉识别(VI)分为两大类:第一,基本要素,包括企业名称、品牌、标志、标准色、标准字、象征图案、宣传口号、标语等;第二,应用因素,包括产品及其包装、招牌与旗帜、办公用品、衣着制服、建筑风格、厂容厂貌、纪念物、广告等。视觉是人类获取信息的主要渠道,人靠视觉获得的信息占全部获取信息的83%,而听觉占13%,其他方式仅占4%。竞争实践使人们越来越意识到建立统一的视觉形象识别对增强企业知名度、提高企业竞争力有着重要作用。美国许多企业由此受到启发,开始设计制作代表企业标志、标准色和标准字的广告牌。见图 11.3。

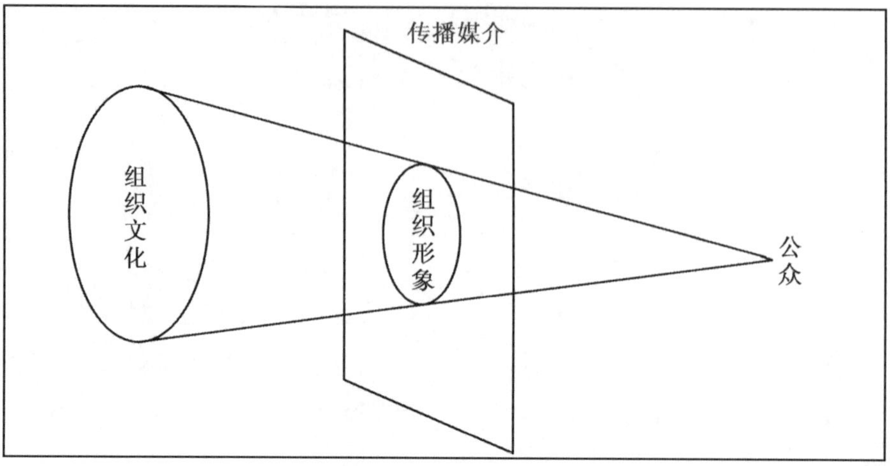

图 11.3 组织形象设计与组织文化

(五)组织文化建设的心理机制

怎样避免组织文化建设流于表面化、形式化?怎样克服组织文化建设的阻力?关键在于领导者按照心理学的规律,采取相应的措施,扎扎实实地在组织内部创造愉悦适宜的心理环境,使全体员工在感染熏陶中达成共识。

(1)运用心理定势。人的心理活动具有定势规律,即前一个较强烈的心理活动,对随后进行的活动的反应内容及反应趋势有一定影响,这在对新员工、新干部的培训上作用十分突出。培训要提高员工的业务能力,更主要的是要系统详细地介绍组织的经营哲学、战略目标、价值观念、行为准则、道德规范及优良传统,通过讨论、总结、实习加深理解,深入人心。这样,从成为新员、新干部的第一天起,他们就形成了与组织文化相协调的心理定势,对其今后的行为发挥着指导作用。

(2)重视心理强化。心理强化是指通过一定的肯定或否定(奖励或惩罚)手段,使某种心理变得更加牢固、某种行为得到重复或制止的过程。使人的行为重复发生的手段称为正强化,制止的手段称为负强化。这种心理机制运用到组织文化建设上,就是及时表扬或奖励与组织文化一致的思想和行为,反之则及时批评或惩罚,使组织精神变成可见的、可感的、现实性的因素。

(3)利用从众心理。从众是在群体影响下放弃个人意见而与大家保持行为一致的社会心理行为,是实际存在或想象存在的群体压力,它不同于行政压力,不具有直接的强制性或威胁性。在组文化建设中,组织领导者应主动利用从众心理,运用一切舆论工具,大力宣传组织文化,同时发挥英雄模范人物的示范带头作用,形成潮流和声势,促成全体员工行动一致。一旦形成这个局面,对后进员工就构成一种群体压力,促使他们改变初衷,与大多数员工一致起来,这就实现组织文化建设所需要的舆论与行动的良性循环。对组织中局部存在的不正之风、不正确的舆论,应采取措施,教育员工分清是非,防止消极从众行为的发生。

(4)培养认同心理。认同是指个体将自己和另一个对象引为同类,从而产生彼此密不可分的整性感觉,分为初步的认知认同、较深入的情绪认同和完全的行动认同 3 个层次。应培养个体对群体、组织认同,使之与这些对象融为一体,休戚与共。这里的首要任务,是组织负责人要取得全体员工的认同。员工对组织主要负责人的认同感一旦产生,就会心甘情愿地把他所倡导的价值观念、行为规范,当做自己内在的要求,从而形成目标组织文化。还应着重培养员工对组织的认同感,应在充分尊重员工的人格和权益的基础上,尽量使组织目标与个人目标协调一致,使员工深刻认识到这种利益上的共同性。对组织认同感的最高表现形式，是对组织的自豪感。对组织充满自豪感召的员工，必定热爱组织，站在组织发展的角度思考和行事，自觉维护组织的好传统、好作风。为了培养这些积极的感情，一些企业开展撰写厂史、设计厂标、设置口号标语、创作厂歌，制作厂徽、厂服、厂旗等活动。当然，更重要的是把企业的名牌产品、良好的社会形象，及时反馈给全体员工，激发集体荣誉感。

(5)激发模仿心理。模仿指个人受到社会刺激后引起的一种按照别人相似方式行动的人际互动现象，其前提和根据是榜样的力量。组织中的模范、英雄人物，是组织文化的人格化代表，员工对他们由钦佩、爱戴到模仿，也就是对组织文化的认同和实践的过程。身教胜于言传，组织负责人作为组织文化的倡导者，一言一行都起着暗示和榜样的作用，应该成为组织的模范人物、英雄人物。同时，还要通过大力表彰先进模范，使他们的先进事迹及其体现的组织精神深入人心，在全体员工中激发起模仿心理，掀起学先进、赶先进的热潮，这也是组织文化建设的有效途径。

(6)化解挫折心理。在组织的各项活动中，上级与下级之间、同事之间总会发生一些矛盾和冲突，员工总会在工作和生活中遇到各种困难和挫折，这时，他们就会产生挫折心理。这种消极的心理状态不利于优良组织文化的形成，如何化解员工出现的挫折心理，也是组织文化建设中应该给予注意的问题。

第三节　组织变革与发展

一、组织变革与发展的基本动因

今天越来越多的组织面对的是一个动态的、变化不定的环境，这又反过来要求组织适应这样的环境。组织是一个开放、复杂的系统，这种系统与其多重环境发生着动态的相互影响。多层次、多因素、复杂多变的环境要求组织不断调整和完善自身的功能和结构，提高在变化的环境中求得生存与发展的灵活性、适应性和快速反应能力，即要根据外在环境的变化，不断对组织进行变革。组织变革就是指：组织根据外部环境变化和内部情况的变化，及时调整和完善自身结构和功能，以提高其适应环境、求得生存和发展需要的应变能力。组织变革与发展密切相关，组织发展可以看成实现有效组织变革的手段，是一个通过利用行为科学的技术和理论，在组织的中进行有计划的变革的过程。组织发展是一个数据收集、诊断、行为规划、干预和评价的系统过程，它致力于增强组织结构、进程、战略、人员和文化之间的一致性；开发新的创造性的组织解决方法；以及发展组织的自我更新能力。这是通过组织员工之间及其与使用行为科学理论、研究和技术的变革推动者之间进行合作来达到的。

要制定科学的组织变革与发展的对策，首先需要对组织变革的基本动因进行分析，这是研究组织变革的起点。

成功应付变革的最有效办法，就是去创造变革。——彼得·德鲁克

(一)组织变革与发展的外在原因

(1)科学技术进步迅速。科学技术系统是组织变革的一个明显的推动力。由于计算机控制取代了直接监督，使管理者的控制跨度更为广泛，组织结构也更扁平。现代科学技术在以空前的广度和深度影响和改变着社会生产和生活的各个方面，它对组织结构、组织管理层次与幅度、组织运行要素等都带来了巨大的变化。复杂的信息技术也使组织的活动更为迅速，产品技术创新速度越来越快，从研究试制到投入商品市场的周期越来越短，国内外市场新产品层出不穷，产品随时面临老化过时遭淘汰的厄运。不但组织越来越具有适应性，它们的员工也是如此。许多工作正在重新设计，从事狭窄、专业化、常规工作的个体正在被工作团队所取代，团队成员从事多种工作并积极参与群体决策。信息系统的引进有助于组织结构扁平化,中间层次大大减少,部门之间、上层与下层之间沟通更为快捷,沟通方式也大为改变。总之,科学和技术使工作和组织发生了变化。

(2)竞争压力加大。竞争日趋激烈,全球经济意味着竞争者来自国内也来自国外。强调竞争还意味着公司需要保护自己,它一方面必须与开发新产品和服务的传统竞争对手抗争;另一方面又面临着具有创新优势的小企业的挑战。竞争对手越来越强大且难以捉摸,新的进入者不断加入,替代品不断出现,竞争的领域、范围扩大,同行业竞争对手增多,除了国内的竞争者外,海外的竞争者以更高、更精致技术的同类产品低价销售。成功的组织将是那些根据竞争作出相应变革的组织。它们紧跟时代的脚步,能够迅速开发新产品并投放市场。它们以短、平、快的形式进行产品的开发和生产。换句话说,它们是很灵活的。同样,它们也需要灵活且敏捷的劳动力以适应急骤变化的环境。所以,组织不变革,就无法应付竞争的压力。

(3)社会发生变化,人的需要不同了,也就是顾客变了。在过去20年里,结婚和离婚方面有一个明显的趋向。年轻人的婚姻推迟,为数不少的婚姻以离婚告终。这种社会趋势导致的明显后果是单亲家庭数量不断增加。而单亲家庭对住房的需求也随之上升。如果你在房屋建筑公司工作,这是一个决定房屋大小和布局的重要因素。同样,单身家庭的膨胀增加了对单份冷冻食品的需求。由此可见,随着科技的发展、生活水平的提高,消费者的需求水平、需求结构、价值观和生活方式、审美观和闲暇时间等都发生了一系列新的变化,组织必须进行变革,增强快速反应能力,及时满足消费者的需要,占领市场。

(4)本地和国家经济变化。政府针对经济形式,出台重大方针、政策,改变宏观调控措施,调整经济结构,以及通货膨胀的变化以及各项法律法规、税收、政治事件等方面的改变,这些都要求组织作出相应的变革。因此,政府对组织的影响巨大,构成了组织最重要的外部环境之一。

(5)组织活动范围扩大。随着经济全球化和一体化趋势加快,企业联合兼并出现,跨国企业增多,各国公司尤其是综合性大规模企业经营活动范围在扩大,从一国扩展到多国甚至全球,经营活动范围的扩大使得企业面对众多不同的政治经济文化和法律环境,要求企业改变单一的组织模式,适应多国不同的环境。

(6)管理现代化的需要。管理是推动组织变革的重要因素。有人直接把组织变革称为“管理变革”或“改革的管理”。管理现代化要求组织对其行为作出有效的预测和决策,对组织要素和组织运行过程的各个环节进行合理规划,以充分调动职工的积极性,最大限度地发挥本单位人力、物力、财力的作用,取得最佳效益。

(二)组织变革与发展的内在原因

(1)组织目标与职工价值观改变。因外在环境的变化,几乎每个组织都不得不进行调整,以适应多元化的环境。要么组织既定的目标已经实现或即将实现,需要寻求新的发展、新的目标;要么组织既定目标无法实现,需要及时地转轨变型;要么组织目标在实施过程中与环境不相适应,出现偏差,需要进行及时修正与调整。同时,职工的价值观、对组织的期望和劳动态度的变化都要求组织进行变革。为了吸引和留住以多元化为特点的劳动力队伍,人力资源政策和实践也必须加以变革。另外,许多公司不得不在培训方面大量投资,以提高员工的阅读、数学、计算机及其他技能。

(2)组织结构的改变。现有部门进一步划分或合并,对组织结构的权责体系、部门体系的调整,将引起整个组织系统效率和作用的变化,从而要求调整管理幅度和层次,重组新的部门,协调各部门的工作,改变现有结构设计不合理或不适应新的环境变化的状况,以提高组织的运转效率。

(3)组织内部的矛盾与冲突。由于部门扩大,人员增多,目标不一致,业务量增加,组织内部矛盾增加,人际关系复杂,群体冲突不断,需要调整组织结构,改变沟通方式,缓解矛盾,理顺关系,从而使组织有效运行。

(4)组织职能的转变。组织职能随着现代社会的发展而发展变化。现代社会组织的职能更专业化、社会化,强调职能细化,分工明确化,社会服务职能要求强化,对社会的责任要增强。所有这些要求组织变革原有的权责体系,合理设计管理层次和幅度,建立有效的沟通体系,兼顾社会各方面的利益,提高服务的层次和水平,以求得生存与发展。

(5)员工社会心理的变化。组织成员动机、态度、行为、需求等的改变,对整个组织的发展具有重要意义。组织方针、措施的出台,战略规划的实施,都需要员工的支持与配合,员工的需求层次提高,参与意识、自主意识增强,个性化趋势增强,要求组织改变激励手段,改善工作环境和工作条件,改变工作设计,以适应组织成员的社会心理需要。

二、组织变革的先兆

变革是个人生活和组织生活不可避免的一个特性。那么,对于一个组织来说,出现了哪些征兆、发展到什么程度才预示着必须实施改革呢?国内外的学者从研究中发现,引起组织变革的原因总会通过各种形式表现出来。也就是说,组织变革总有它的先兆和信号。如果一个组织内部出现了下列情况中的一种,那就是组织变革的征兆。

“变革不仅无处不在,而且持续不断,这已成了常态。” ——奥博伦斯基:《公司再造》

(1)机构重叠,职能重复,人浮于事,影响组织效率,造成企业生产计划不能如期完成,生产成本过高,产品质量低劣,销售下降。

(2)权限冲突,协调困难,造成技术革新和新产品上市失败,职工工作绩效下降等。

(3)组织决策的形成过于缓慢,以致无法把握良好的机会,或者时常作出错误的决策,以致常常坐失良机。

(4)组织中沟通不良,造成许多严重后果,诸如协调不好,人事纠纷等。

(5)组织的机能不能得到正常的发挥,人员素质不足以配合组织形式发生的变迁。

(6)组织缺少创新,在产品发展上没有新观念,在企业机能的执行上没有新方法,致使组织停滞不前,没有新的或较好的方法出现。

我国学者针对我国具体情况,研究总结我国绝大多数的企业组织变革的征兆如下:

(1)组织内部官僚主义盛行,直接影响组织目标的实现。

(2)组织内部涣散,组织成员情绪低落,贪图安逸。

(3)工作效率低,人浮于事严重。

(4)组织内部奖惩不分明,吃“大锅饭”,大部分成员无工作积极性。

(5)组织中职能部门存在着较大的失误,如人事部门任人唯亲,财务部门违犯财经纪律,生产部门安全问题多,废品多等。

这些都说明组织的停滞。但是,看到了组织变革的需要还不够,还需要辨别需要变革的程度,才能下决心是否要真正进行改革。研究组织是否必须变革,可从两方面着手分析。一方面考察:组织机构是否健全?组织目标是否明确?工作效能是高是低?另一方面,要随着外部环境的变化而进行组织变革。因此应该着重考察:组织结构是否重叠,职能是否重复?权限之间是否发生冲突?信息沟通和控制是否健全?决策和执行是否延误?

发现了组织需要变革的征兆,就可以确定变革的时机和对策,及时实施变革。

三、组织变革与发展的类型与内容

(一)组织变革与发展的类型

组织的变革与发展是为了改变组织的某些特征,消除前面所提到的一些组织变革的征兆,所以组织变革措施的重点是要解决问题。组织所要解决的问题有四类:

1. 战略问题

一个组织必须要明确自己想要提供什么样的产品或服务,将要进入的是怎样的一个市场，以及面对的相关环境因素，还须考虑怎样使自己与环境变化的步伐保持一致。在当今日新月异、高度竞争的环境下，这些战略问题是组织面对的最主要的问题。瞄准这些问题的组织发展方法称为战略干预措施，这些都是最近才运用到组织发展之中的一些方法，包括综合战略变革、合并和收购、组织战略转移和组织学习等。

2. 技术和组织结构问题

一个组织必须知道怎样把工作分为不同的部分，然后怎样将协调这些不同的部分以支持战略导向。它还必须知道怎样提供产品或服务和怎样将人们为同一目标组织起来。处理这些结构性和技术性的问题的组织发展方法称做技术结构相互干预法。它包括有关组织设计的活动、雇员方面的工作以及怎样工作设计的问题。

3. 人力资源管理问题

这一问题主要考虑吸引那些有能力的人到组织中来，为设定目标工作，对他们的业绩和表现进行评价和奖励，并保证他们能提高管理水平。针对这些问题的组织发展技术称做人力资源管理干预。

4. 人际过程问题

这个问题与组织成员之间的关系有关，比如交流、决策、领导和团队活动。针对这些问题的组织发展方法称做人际过程干预，其中包括一些最普通的组织发展技术，如冲突解决和团队建设。

（二）组织变革与发展的内容

由于各种组织的情况不同，客观环境的不断变化，不同组织或同一组织的不同时期的组织变革的内容也不会完全相同。根据组织变革与发展存在的四类问题，组织变革与发展的内容主要有以下五个方面。

1. 以战略转变为重点的组织变革与发展

组织经营战略同组织发展规模、组织在市场上的竞争地位相适应。组织变革涉及的是组织战略性的改革与调整，是关系到全局性、方向性的大问题，通过变革整合组织的各种资源和竞争力量，形成新的竞争优势。如果规模和地位发生了变化，经营战略也要随之改变。明星类企业（市场增长率和相对市场份额都很高的企业）与瘦狗类企业（市场增长率低而相对份额低）、处于市场领导者地位的企业与处于市场挑战者地位的企业，所采取的经营战略与策略都是不一样的。组织必须审时度势，对自身市场进行再定位，适时调整变革自己的发展目标，以适应社会环境的变化与要求。

（1）整合战略变革。人们往往将战略思考和实际运作分割开来，而忽视了计划付诸实施的意义。传统上，高级经理和战略计划人员分析经济趋势，分析竞争者和研究市场。他们讨论这些研究报告，结合公司的优势和劣势，环境的机会与威胁，形成公司战略。当中层管理人员、监督者、雇员通过备忘录、反复宣传、工作责任变化或新的部门目标设定等了解到新的战略时，战略实施就正式开始了。结果，因为战略制定仅限于高层管理人员，几乎很少有人理解改变的需要和具有实现新的战略目标所具有的新行为、新精神和新方法，组织战略不能够有效执行。

因此，整合战略变革就是强调高度重视参与。组织战略和组织设计必须被看做一个整体。设计组织计划、获得通过和支持、组织计划的准备和实施，都应该被视为一个完整的过程。组织中所有个人、部门都应该参与到战略分析、计划和实施过程中，设计出一个更加可行的计划，维护组织战略的重点，将重心和资源投入到组织的核心竞争力上，提高组织内部的协调和整合，创造一个高度参与和具有高度责任的组织环境。

（2）跨组织发展是战略变革计划的一种形式，旨在帮助组织与其他组织发展共同战略或合作战略。许多组织结合在一起完成共同目标。具体方式可以包括许可协议、战略联盟、公共私人合作伙伴关系等。

(3)合并和兼并是两个组织的结合。主要因为组织战略选择发生变化,进入全球市场、技术和其他资源、实现经营效率、提高创新能力和资源共享等方面的计划。但是这种方式变革存在很多困难,失败的案例也很多。其原因是多方面的,主要有缺乏全面仔细的评估、对结果的过高期望、收购费用太高、遭遇企业文化的冲突等。

2. 以组织结构为重点的变革与发展

当组织的结构影响组织发展时,就要着重组织结构的变革。组织结构变革,一般包括变动组织的部门或单位、改变职位及其职责范围、各部门之间关系的协调、调整管理幅度和管理层次以及向下授权等。一般来说,以组织结构为重点的变革的主要内容有:

(1)重新确定管理的职能与工作的组成及其系统化,规定每个职能管理工作的质和量。

(2)按新的决策需要,确定权力分散与集中的程度。

(3)在考察信息流和文件周转情况的基础上,修订管理机关、职能部门的相互联系模型。

(4)精简和健全管理机构、调整管理层次的数量和减少部门多余人员。

(5)修订规章制度和各岗位职务说明书,使其更加明确。

3. 以工作和任务为重点的变革与发展

以工作任务为中心的变革,一般是指由于工作任务单调乏味或工作流程、劳动时间等安排不合理,影响职工的积极性而进行的以工作任务为中心的变革。主要是对各部门、各层次工作任务重新组合,改革工作流程、劳动时间,更新组织中的生产设备,采用新工艺、新方法,进行技术革新挖潜等,统称为工作重新设计。即通过工作本身的变革,提高职工的工作兴趣,从而提高工作绩效。主要有以下内容和方法:

(1)工作范围扩大化和工作内容丰富化。所谓工作扩大化,是指让一个职工承担较多的工作或周期更长的工作,体验工作的乐趣。工作丰富化,是指使工作内容多样化,参与工作的全过程,使职工体验到工作的完整性和挑战性。工作扩大化和丰富化是使职工的工作尽可能向纵向、横向扩展,以消除分工过细带来的单调乏味、枯燥沉闷的气氛,提高职工的工作兴趣。

(2)建立自治的工作群体。是让生产班组安排自己的工作计划,自己控制和调节工作进度和安排任务。这样可以增强责任感,密切人际关系,提高工作的兴趣。

(3)工作轮换。职工从事某种类型工作一定时间后,和其他类似的工作进行轮换。目的在于提高职工对工作的兴趣。

(4)组织镜像法。这是当某组织在对外关系上发生了障碍和问题时采取的一种变革方法。这种方法是从若干有关群体的代表那里获得对本组织的印象和意见。这是一种间接的调查方法。这种方法是从顾客对本组织的印象或意见中推测顾客的真正要求,然后对组织作出变革。

4. 人力资源管理变革

当组织中的职工素质跟不上形势发展的需要,个人和群体的态度、行为等方面阻碍组织的发展时,组织变革就需要以人为重点进行变革与发展。重要是要改变个体的观念与态度。改变职工个体的观念与态度主要是满足成员的各种合理需要、加强信息沟通、发动职工参与管理等,即提高职工的工作生活质量,同时注意采取适当的领导方式。改革的具体内容主要有以下几项:

(1)职工合理的薪金、福利收入,特别是同他们工作中付出的努力和取得的绩效相比较,认为是可以接受的报酬。

(2)安全和有益于健康的环境。创造职工在履行职责时的安全、方便的工作条件和有益于职工健康的舒适的工作环境。

(3)发展人的能力。实施职务专业化和分化的同时,要充分考虑发挥和发展职工的知识和技能。工作设计要力图有利于保持和扩大职工的技能和知识,发掘人的潜能。

(4)参与各层次的决策。创造条件使职工能参与各层次的决策或参与解决问题的活动。

5. 人际过程问题的变革干预

组织成员之间的关系协调,解决人际冲突,建设高效工作团队。

(1)过程咨询法。是通过外部的专家、顾问等帮助诊断和解决组织面临的问题。过程咨询法可以帮助组织解决面临的重要人际关系问题或群体关系问题。但一般需要时间较长,费用较多。我国经常采用的上级组织派调查组或工作组,帮助下级组织解决一些实际问题。

(2)行为矫正。就是强化人们符合组织要求的行为,矫正那些不符合要求的行为。这就需要在职工行为过程中始终跟随着强化措施,强化要及时。美国的埃默里公司的经理们都经过这种教育,公司为经理们准备的工作手册中,指出了给予职工的150种不同的强化物,包括微笑、点头,乃至特殊的赞扬和奖赏。有些组织采用放录像模拟行为的方法,让职工知道哪些是符合组织要求的行为,哪些是不合要求的行为。也可以通过其他教育形式矫正人的行为。

(3)角色分析技术。这是丹伊尔(L. S. Dayal)和托马斯(J. M. Thomas)等人提出的,用来明确组织中角色的责任和期望以提高组织效率的一种技术。它特别适用于新组织和那些成员职责不清、个人行为不符合组织要求的组织。

(4)班组讨论会。是指在班组讨论会上对工作进行开诚布公的讨论,提意见、谈想法,每个人都可以得到反馈信息。通过这种讨论,能联系实际,明确自身的角色职责、行为要求,弄清集体和组织对他的角色期待,可以增强责任感,更好地完成本职工作。我国企业或其他组织中采取这种方法的比较多。

《易经》对变革的理解

《易经》是我国古代哲学思想的精华,它反映了古人对事物发展规律的认识和总结。《易经》的六十四卦实际上是六十四种事物、现象所寓义理的组合,各自喻示着特定环境、条件下的处世方法、人生哲理和自然规律等,如“屯”卦譬喻事物“初生”时颇为艰难,揭示了事物在“草创”之时的发展规律。而六十四卦任何一卦的六爻之间在“义理”上的联系,正是某种事物、现象的变动、发展规律的象征性表露,也是易经哲学内容的具体反映。

以下从“革”卦的卦辞分析入手,揭示企业变革的规律。

“革,已日乃孚,元亨,利贞,悔亡”,这是“革”卦基本的卦辞。革,即变革旧的事物。变革旧的事物不是轻而易举的事情。员工对旧的事物早已习惯了,适应了,你一下子要变革员工早已习惯、早已适应的东西,员工是绝对不会马上理解接受的。变革后要取得员工的理解和信服,需要一定的时间。

元亨,大亨,大通。事物旧了,坏了,亦即穷了,才要变革。变革的目的是以旧换新,穷变通,所以革之而可以元亨,即所谓的“穷则变、变则通、通则久”的道理。利贞,即利于正道。变革旧事物是极难的事情,所以要遵循正道,坚持原则,倘若任意胡来,则一定失败。能够坚持正道去进行变革,纵使时间久,险阻多,最终也将成功,成功了就不会后悔。

从以上的卦辞可以读出,符合事物发展规律的变革一定是有生命力的,而变革之后需要一段时间取得员工的理解和信任,遵循变革规律的变革则一定成功,不会后悔。这段卦辞是对变革的概括性的论述。

下面则是六爻的爻辞,我们可以把它们理解成一个变革过程中的六个阶段。

第一阶段,“初九,巩用黄牛之革”。从字面意思理解就是,用坚韧的牛皮将自己包束起来,不要轻举妄动。变革是大事,不可轻易为之。变革要得其时,在其位,有其才,审虑慎动,而后可以成功,可以无悔。在企业管理变革时,企业尤其要审时度势,时机如果不具备,就应该以中顺之道自守,不可轻举妄动。

第二阶段,“六二,已日乃革之,征吉,无咎”。在变革之前要有一个过程,使变革的形势达到成熟,变革的条件具备了,不失时机地进行变革,那么一定“征吉,无咎”,取得胜利。这个阶段意味着变革的条件已经成熟,变革的时机已经到来。

第三阶段,“九三,征凶,贞厉。革言三就,有孚”。虽然变革时机已经到来,然而变革并非一蹴而就,变革开始实施时往往面临如何开始地问题,既不可盲动躁动引起恐慌和抵触,又不可迟迟不动错失良机,动摇员工对变革的信心。“万事开头难”,爻辞“征凶,贞厉”就反映了变革初期的这种两难局面,此时唯一的办法就是“革言三就有孚”,亦即革还是要革,但必须十分小心谨慎,得到员工的理解和信任之后方可行动。“革言三就”就是对变革的言论要经过多次反复的研究和审慎周密的考虑,证明确实合理可行,没有问题,并且经过多次的宣讲、讨论和培训后得到员工的信任,即“有孚”,这时就可以进行变革了。这一阶段强调的是与员工充分的沟通并得到员工的信任是变革成功的重要保证。

第四阶段,“悔亡,有孚改命,吉”。变革成功了,后悔消失了,员工理解了,满意了。在前三个阶段,即当革未革,欲革难革之时,必当小心审慎从事,力求变革稳步发动,一举成功。而第四阶段则是前面阶段的一个必然发展。

第五阶段,“大人虎变,未占有孚”。大人,即企业的领导者,是变革的主体,以大人之道进行变革的一个重要特点就是“虎变”,亦即变革的一切就像老虎身上的花纹一样显而易见,没有阴谋可疑之事,员工看得清清楚楚,完全值得信任。这里强调的是变革过程中的领导态度的坚定、过程的公开和交流的坦诚。

第六阶段,也是最后一个阶段,“君子豹变,小人革面,征凶,居贞吉”。对于变革成果需要具体严格的制度去支持和巩固,就像豹子一样细密严谨。因为还有人对变革只是“革面”而没有革心,内心未必有认识,更谈不上心悦诚服,所以需要严格的制度以及对制度严格的执行,才能真正巩固落实变革的成果。

在这个阶段,主要的问题已经不是革而是守了,这时候最重要的是“居贞”守成,最宜安静守正。“征凶”是指变革成功之后,不可继续变革,否则员工疲于应付,得不到时间对新的思维和行为模式进行理解和强化,甚至认为改革者永远不可能得到满足,转而排斥变革,最后往往连最初的改革成果也难以保住。

摘自://finance. sina. com. cn/leadership/jygl/20070228/19323364702. shtml

第四节 组织变革的阻力与克服

一、变革的阻力以及来源

任何组织的变革都要依赖于绝大多数组织成员的支持、理解、参与和积极配合。组织的领导者必须清醒地认识到影响大多数人对组织变革态度的因素,尽可能地对这些因素加以控制,把变革的阻力降到最低限度。

在个体和组织行为方面的研究所得到的丰富的发现之一是:组织和成员抵制变革。从某种意义上说,这是积极的。它使行为具有一定的稳定性和可预见性。如果没有什么阻力的话,组织行为会变得混乱而随意。变革的阻力还可以成为功能正常的冲突源。例如,对组织重组计划或生产线改进方案的抵制会激发对这些变革观点优缺点的有益讨论,并因而会得到更完善的决策。但变革的阻力也有显而易见的缺点,它阻碍了适应和进步。

一般来说,组织成员理解变革的目的与意义,对变革是持支持和欢迎态度的,因为人们都希望通过变革使组织能够更好地适应变革的环境,进一步提高效率,增加利润水平,同时使个人收入水平得到增长。变革意味着打破旧的僵化的管理体制,增强组织的活力,意味着打破平均主义,鼓励多劳多得。但是,由于变革的长期性、艰巨性和复杂性,人们往往习惯于旧有的组织模式,而对变革所带来的旧有规章制度被打破、多年的传统和习惯被废止、原有的行为规范不适用,感到不适应、不习惯,从而在心理和行为上产生抵制,这就形成了变革的阻力。

变革阻力不一定以统一的方式表现出来,阻力可以是公开的、潜在的、直接的或延后的。公开和直接的阻力最容易处理。当提议实施变革时,组织成员会很快作出反应,他们怨声载道,消极怠工,并声称要进行罢工或作出其他类似举动。处理潜在或延后的变革阻力会面临更大挑战。潜在的阻力十分微妙——它可能会降低对组织的忠诚感,丧失工作积极性,增加错误率,因"病"请假使缺勤率上升——因此也更难识别。

同样,延后的反应使阻力源和对阻力的反应之间的联系比较模糊。一项变革刚开始出现时可能只会产生很小的反应,但在几个星期、几个月甚至数年后,阻力就暴露出来了。一项单独的变革本身可能刚开始时产生的影响很小,但后来却可能会成为"最终导致失败的致命因素"。对变革的反应可能积累起来,然后以看起来和原先对变革的反应完全不相称的行为爆发出来。然而,变革的阻力常常是延后的或储备性的,它所表现出来的是对以往变革的累积反应。

为了便于分析,我们将其分为个体的阻力源和组织的阻力源两个方面。实际上,二者常常是重叠的。

一是从个体方面讲,影响变革的主要因素,见图 13.3。

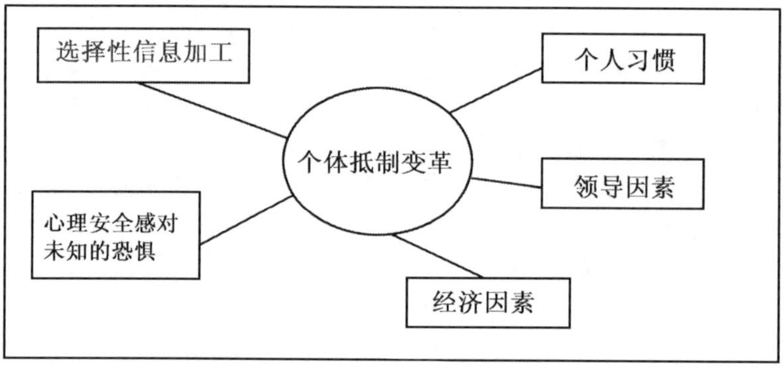

图 13.3　组织变革阻力中的个体因素

(1)心理因素。人们对自己所长期从事的工作总是熟悉的、感到稳定的,这在心理上是一种安全感和心理平衡。而一旦遇到变革,这种心理上的平衡与安全感就会丧失,从而产生一种茫然无助的心理恐慌,这种心理恐慌往往导致对变革的抵制。还有一些人担心变革会影响自己在组织中的地位,有的人担心变革会破坏原有的人际关系的协调,为了维持原有的关系,人们从感情上产生一种对变革的抵制。

(2)个人习惯。人类是有习惯的动物,生活很复杂,我们每天必须作出数百种决策,但不必对这些决策的所有备选方案一一考察。为了应付这种复杂性,我们往往依赖于习惯化或模式化的反应。但是当你面对变革时,以惯常方式作出反应的趋向会成为阻力源。所以有一些人担心变革会改变人们熟悉的工作环境、工作方式、职业习惯,会造成心理不适应,因而产生不快和抵触情绪。

(3)选择性信息加工。个体通过知觉塑造自己的认知世界。这个世界一旦形成就很难改变。为了保持知觉的完整性,个体有意对信息进行选择性加工,他们只听自己想听的,而忽视那些对自己已建构起来的世界形成挑战的信息。再看看那些面临着引进全面质量管理的生产工人吧。他们可能充耳不闻上司关于统计知识的必要性和变革会带给他们潜在收益的解释。

(4)经济因素。这是决定人们对变革持何种态度的关键。人们担心变革会降低个人收入,损害自身利益。比如担心技术变革后会使自己不适应新的工作,成为多余的人而被解雇,担心变革后工作时间的减少会使自己收入减少,担心职务和工作的改变会使自己的薪水下降,担心生产效率提高后工作变得更紧张辛苦,闲暇时间减少等。如果人们担心自己不能适应新的工作或新的工作规范,尤其是当报酬和生产率息息相关时,工作任务或工作规范的改变会引起经济恐慌。这些在经济利益得失问题上的担心成为人们抵制变革的又一主要原因。

(5)领导因素。组织中的员工同样不喜欢不确定性,变革意味着对旧有秩序的破坏,变革的过程与结果存在诸多不确定因素,因而领导者对变革要承担一定的风险。领导者和组织成员担心一旦变革失败,会危及自身地位和既得利益,因而大多对变革有一种畏惧心理和求稳怕乱的倾向。如果全面质量管理的引进意味着生产工人不得不学习统计过程控制技术的话,一些人会担心他们不能胜任。因此,如果要求他们使用统计技术,他们会对全面质量管理产生消极态度或者产生功能失调的冲突。

二是从组织方面看,影响变革的主要因素,见图 13.4。

组织就其本质来说是保守的,它们积极地抵制变革。这种现象随处可见,比如政府机构想继续从事它们干了数年的工作,不论它们的服务是否仍被需要。具体而言有如下图所示几个因素:

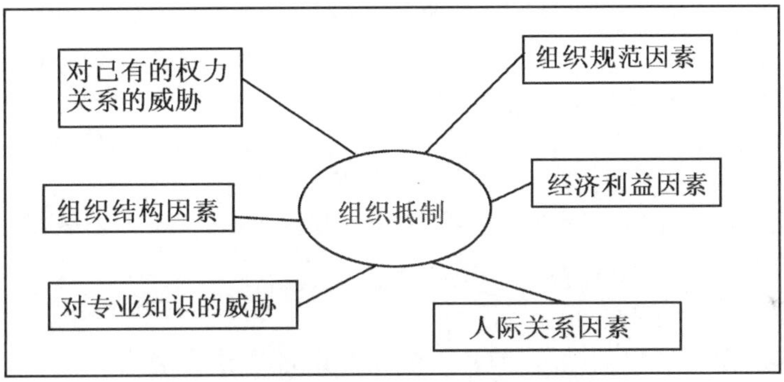

图 13.4 组织变革阻力中的组织抵制因素

(1)组织结构因素。组织变革会打破原有的各层次权力与责任的界限,调整不同层次的管理机构,因而会触及旧有各层次管理机构的利益和权力,组织中控制一定数量资源的群体常常视变革为威胁。它们倾向于对事情的原本状态感到满意。对已有的资源分配的威胁变革是否意味着它们的预算减少或人员减少呢?那些最能从现有资源分配中获利的群体常常会对可能影响未来资源分配的变革感到忧虑,因此变革招致这些群体的抵制。

(2)组织规范因素。组织规范一旦制定出来,就有一种惯性,在较长时间内约束和规范人的行为。组织变革会改变旧有的行为规范和原有的组织目标,而旧有的行为规范的影响力在没有消退之前对新的组织规范和组织目标就会形成一种抵制。例如,甄选过程系统地选择一定的员工流入,一定的员工流出,培训其他社会化技术强化了具体角色的要求和技能。而组织的规范化提供了工作说明书、规章制度和员工遵从的程序。经过挑选符合要求的员工才会进入组织,此后,组织又会以某种方式塑造和引导他们的行为。当组织面临变革时,组织规范就充当起维持稳定的反作用力。

(3)经济利益因素。组织变革意味着废除旧有的、过时的东西,建立新的制度和秩序,而所有这些都是需要成本的,需要投入人力、物力和财力,在人们对这种投入的预期效果感到不确定和存在顾虑时,组织变革的动力就减弱。

(4)人际关系因素。变革意味着打破旧有的人际关系,重新调整组织成员之间的关系。

这种新旧关系的交替、新关系的确立需要一个较长的过程。在旧有关系仍在起作用、而新的关系尚未建立时,组织成员之间的关系可能会变得紧张,从而引起一些人对变革的不满。

(5)对专业知识的威胁。组织中的变革可能会威胁到专业群体的专业技术知识。上世纪80年代初,分散化个人计算机的引进就是一个例子。这种计算机可以使管理者直接从公司的主要部门中获得信息,但它却遭到许多信息系统部门的反对。因为分散化的计算机终端的使用对集中化的信息系统部门所掌握的专门技术构成了威胁。

(6)对已有的权力关系的威胁。任何决策权力的重新分配都会威胁到组织长期以来已有的权力关系。在组织中引入参与决策或自我管理的工作团队的变革,就常常被基层主管和中层管理人员视为一种威胁。

(三)变革中的政治活动

在变革阻力的讨论中不包括变革政治的论述就是不全面的。因为变革无疑是对现实状况的改变,因此它为组织中的政治活动提供机会。

内部变革推动者往往都在组织中位居要职,会在变革中失去很多利益。实际上,他们通过开发有利于组织的技术和行为模式才升迁到这个权力位置上。但变革会威胁到这些技术和行为模式。如果这些技术和行为模式不再为组织所重视又会怎样呢? 这就为组织中的其他人提供了获得权力的机会,这种机会又是以他们的牺牲为代价的。

变革中的政治活动更意味变革的推动力有可能来自于组织中的新来者或是那些不处于主要权力结构中的经营管理人员。那些把毕生精力都投入到一个组织中并最终在管理层中获得了高级职务的管理者常常是变革的障碍,因为变革对他们的地位和职务造成了真正的威胁。但他们也可能希望实施变革以证明自己不仅仅是个暂时代理人。通过扮演变革推动者的角色,他们可以向各方人士——股东、供应商、员工、顾客——象征性地传递如下信息:他们完全控制了问题,并在适应动荡不定的环境。

组织内的权力斗争在很大程度上会决定变革的速度和程度。长期任职的经营管理人员会成为变革的阻力。

二、组织变革阻力的克服

归纳国内外研究与实验的结果,克服对变革抵制的方法主要有:

(1)员工参与。个体很难抵制他们自己参与作出的变革决定。在变革决策之前,应把持反对意见的人吸引到决策过程中来。如果参与者具有一定的专业知识,能为决策作出有意义的贡献,那么他们的参与就可以减少阻力,获得承诺,并提高变革决策的质量。但是,这种策略也有不足之处:可能带来劣等的决策,并浪费了很多时间。在组织变革中要吸引和鼓励成员积极参与变革计划制订和实施过程。

(2)注意上下沟通。通过与员工进行沟通,要让大多数成员了解变革的原因、目标和进程安排,相信和尊重大多数成员,加强信息沟通,协调上下级关系,把变革者的意愿变成全体员工的信念,会使变革的阻力减少,从而形成变革的强大推动力。这种策略的基本假设是,产生阻力的原因在于信息失真或沟通不良。如果员工了解了全部事实并消除了所有误解的话,阻力就会自然消失。沟通可以通过个别交谈、小组讨论、备忘录或报告来实现。这种策略能否奏效? 当变革的阻力确实来自于沟通不良,并且劳资关系以相互信任为特征时,它是会有效的。如果这些条件不具备,它就不可能成功。

(3)有计划分步骤实施。变革是个渐进的过程,人们对新事物的认识和接受也有一个过程,不可能一蹴而就,要分步骤、有计划、有组织地进行。

(4)利用群体动力。个体的行为要受到群体的影响和制约,群体的目标、感情、态度、规范、价值观念和行为准则深刻影响个体的行为方式,因此,要大力培养组织归属感,提高群体的凝聚力,明确变革目标,统一思想认识,从而得到组织成员的积极支持与配合。

(5)领导重视,促进与支持。领导支持是变革顺利实施的保证,要努力创造“领导气候”,使上层领导支持变革。变革推动者可以通过提供一系列支持性措施来减少阻力。当员工十分恐惧和忧虑时,给员工提供心理咨询和治疗、新技术培训或短期的带薪休假都有利于他们的调整。这个策略的不足之处是费时,另外,实施起来花费较大,并且没有成功的把握。

(6)力场分析法。这是勒温提出的一种克服变革阻力的方法。所谓力场分析法,就是把对变革的两种态度、两种力量(即支持的和反对的)运用对称图示方法排队,分析比较强弱,然后采取措施。通过增强支持因素和削弱反对因素的办法,推行变革。这种方法已被管理部门成功地运用于管理和组织变革之中。

(7)强制。最后一项策略是强制,即直接对抵制者实施威胁和压力。如果员工不同意削减工资,而企业管理者真的下决心要关闭工厂时,那么这种变革策略就会具有强制色彩。其他例子还有,威胁调职、不予提拔、消极的绩效评估和提供不友善的推荐信等。强制的优缺点与操纵和收买相似。

三、组织变革模式与方法

(一)勒温的3阶段组织变革模型

库克·勒温(Kurt Lewin)认为成功的组织变革应该遵循以下3个步骤:解冻现状,变革到新状态,重新冻结新变革使之持久。见图13.5。

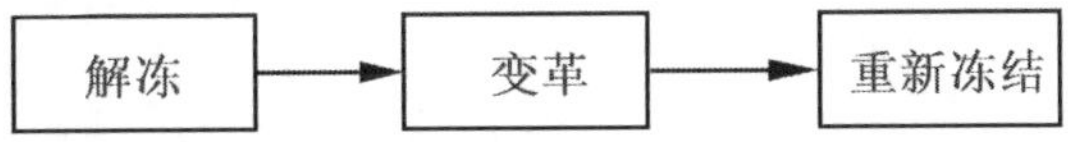

图13.5 勒温的三阶段组织变革模型

勒温认为组织变革应包括三个阶段:解冻、变革、再冻结。他特别重视组织变革过程中人的心理机制。这三个阶段就是他针对职工的心理态度和行为提出来的。

(1)解冻。这一阶段中,要激发要求变革的动机,首先使职工们认识到照老办法下去不能达到希望的结果。此外,还要创造一种心理上的安全感。现状可以视为一种平衡状态。要打破这种平衡状态——必须要克服个体阻力和群体的从众压力——因此解冻是必要的。解冻可以通过以下三种方式之一来实现:①推动力,指引导行为脱离现状的力量;②约束力,指阻碍偏离现有平衡状态活动的力量;③以上两种方法的结合。

(2)变革。这一阶段要指明改变的方向,实施变革,使职工形成新的态度和行为,认同与内在化在变革期起很大作用。认同是成员模仿环境中的新的行为模式,逐步学会新的行为;内在化是在“非以新行为就不会成功”的情况下产生的。综合运用认同与内在化的作用,能加速变革的进程。

(3)重新冻结。这一阶段是利用必要的强化方法使新的态度和行为方式固定下来,使之持久化。一旦变革实现以后,如果想使变革真正成功,对变革成果进行“再冻结”,使其长久存在下去。如果不执行这最后一步,那么变革在很短时间内就会恢复到原来的状态。

再冻结的目的就是通过平衡的持久的力量替代暂时的力量。例如,长久性地将薪水上调或减少工作时间以加强员工对组织的信任和忠诚度。为了强化新的均衡,还需要依靠一些正式的机制,对一些正式的规则和制度加以修正,假以时日,工作群体自然会形成新的规范来保持这种新的均衡。

(二)组织变革具体过程(见图13.6)

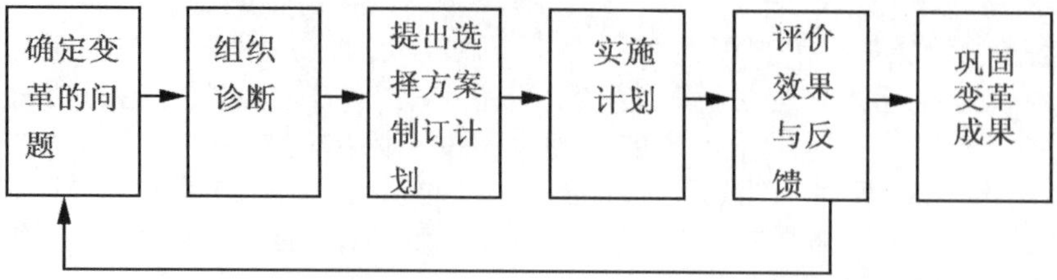

图13.6 组织变革流程图

(1)研究组织的内外环境,确认变革的需要。

(2)认识问题,找出差距。变革推动者在活动研究中通常是外部顾问,他们从组织成员那里收集变革需要方面的信息。这种诊断与医生了解病人到底得了什么病相似。在活动研究中,变革推动者提出问题,与员工面谈,考察记录并倾听员工所关注的问题。

(3)提出变革行动方案。随后要对诊断阶段所收集的信息进行分析。员工认为哪些过程是关键的?这些问题以什么形式出现?变革推动者把这些信息综合成这几个方面:主要关心的问题,问题的范围和可能采取的行动。让员工共同参与发现问题。在变革推动者的帮助下,制订选择出有关变革的行动计划。

(4)实行变革。现在就是"行动"阶段了,用具体行动来改进所发现的问题。

(5)评定变革的效果,实行反馈。变革推动者评估行动计划的效果,并对组织领导者以及员工作出反馈。

(6)巩固变革成果,是变革成果制度化。

(三)组织变革的干预措施

组织变革的干预措施包括目标管理、敏感性训练、职工事业发展计划的辅导、组织行为改造、调查反馈、过程咨询、团队建设以及学习型组织。

(1)目标管理。目标管理是一种新的管理方式,也是组织变革和发展中的一项措施。目标管理是将工作任务目标化、充分发挥职工的主动性和创造性、重视对职工心理与行为的激励。

(2)敏感性训练。敏感性训练也是一种组织变革和发展的途径,它通过人们自由讨论和交流意见,提出各自对问题的理解,以便增加彼此观察和分析问题的敏感性。

(3)职工事业发展计划的辅导。有效地辅导职工个人事业发展,逐渐成为组织发展的一项重要内容。国外一些企业对职工事业发展计划的辅导,一般采用以下方法:

①采用手册、小组会或"一对一"辅导,帮助职工提高自我评价的能力。

②编制简单的职业名称以至具体的招聘通告,传递职业机会的信息。

③安排经理人员、咨询顾问、人事或教育训练专业人员担任职业辅导工作。

④举办新职业所需知识技能训练班或提高工作能力的训练班。

⑤通过工作设计和其他组织发展活动,促使职工个人发展。

⑥进行工作轮换,安排职工调换工作,帮助职工向外寻找工作,编制更换职业指南,为职工创造调换工作的机会。

⑦组织小组研讨会,相互帮助制订事业发展的目标和行动的规划。

(4)组织行为改造。组织行为改造是近年来出现的组织变革和发展的方法,它的目的是改变组织内一些关键行为,以有效地提高组织绩效。

(5)调查反馈。调查反馈是评估组织成员所持有的态度,识别成员之间的认知差异以及清除这些差异的一种工具。

(6)过程咨询。过程咨询的目的就是让外部顾问帮助管理者对他们必须处理的事件进行认识、理解和行动。这些事件可能包括工作流程、各部门成员间的非正式关系、正式的沟通渠道等。

(7)团队建设。团队建设利用高度互动的群体活动提高了团队成员之间的信任与真诚。团队建设适用于相互依赖的情况,其目标是改进队员的协作能力,提高团体成绩。

(8)学习型组织。学习型组织是一个不断开发适应与变革能力的组织。

这种过程首先系统地收集信息,然后在信息分析的基础上选择变革行为。变革过程包括5个阶段:诊断、分析、反馈、行动和评价。

思考题

1 什么是组织文化?组织文化结构如何?包括哪些内容?

2 组织文化受到哪些因素影响?组织文化能发挥什么作用?

3 组织文化建设的内容是什么?

4 组织文化建设的心理机制是什么?

5 企业形象识别系统包括哪些层次?其内容是什么?

6 怎样理解组织变革与发展的含义?

7 组织变革与发展有哪些动因?

8 组织变革有哪些征兆?

9 组织变革与发展理论模型?

10 组织变革通常有哪些阻力?应该如何克服这些阻力?

【案例分析】

王安实验室和惠普公司:两种不同的变革方式

王安实验室以年销售额超过30亿美元名列1989年《幸福》500家大公司的第146名。这一文字处理计算机的先驱者,在全世界范围雇有2.7万名员工。可就在3年之后,王安公司申请了《破产法》第11章保护。这时,王安公司的销售额已下降到19亿美元,员工人数为8 000人左右。公司遭受巨大的损失,其亏损额1990年达到7.16亿美元;1991年为3.86亿美元;1992年为3.57亿美元。公司的股票市场价值一度达到56亿美元,后跌落到0.7亿美元。

再来看看惠普公司。这家计算机与电器企业在1989年出现了销售额锐减,并多年来第一次经历了盈利下降局面。但是,惠普公司没有像王安公司那样步入大规模衰退时期,而是迅速走向引人注目的复苏。在员工从92万人减到8.9万人(并没有实行强制性的解雇裁员)的情况下,公司实现了销售额的大幅回升。1992年第一、第二季度的盈利分别增长了49%和40%。公司的市场价值剧增到190亿美元以上。惠普公司到底采取了什么措施,使其取得与王安公司截然相反的结果呢?

20世纪80年代后期以来,计算机行业成了面临环境急剧变化的典型例子。这对于像国际商用机器公司、数据设备公司和优利系统公司这样的大企业都造成了不利的影响。顾客需要已经从大型计算机转为小型机乃至更小多用途的个人计算机。许多硬件成了日用品一样的商品,无论是低价的供货者,还是提供优质服务或持续创新的厂家,都可以加入争夺市场份额的行列。在这一时刻.王安公司管理当局的行动仍像他是在一个稳定的环境中运营似的。公司的创建者王安博士本人也没有意识到变革的需要。他自以为是地认为办公室职员们从打字机时代中解放出来,就已经完成了办公室的革命。他和他的整个管理队伍都没有看到飞速发展的个人计算机已远远超过了王安的单功能文字处理机和价格昂贵的微型机。

惠普公司则走了另一条路子。其管理当局看到了环境的变化并全力推进公司的变革。

它们给员工们授予了充分的权力，简化了决策制定过程，并大幅度削减了成本。虽然惠普公司仍然是一家大公司，但它的管理当局已经决定，决不能使惠普公司成为行动缓慢者。高层管理者们视察了全国的生产基地，收集了生产和销售第一线员工的意见和建议。他们所到之处听到的是对于公司管理行政机构的普遍抱怨，以及新项目得到批准的重重困难。于是，管理当局对组织进行了重组。它们撤销了两个高层管理委员会，取而代之的是一种跨职能领域和组织界限的团队结构。工作团队被给予前所未有的从新产品开发到分销全过程的充分自主权。高层管理者当局投入了大量的时间向员工宣传，他们需要有一种高度的紧迫意识，勇于采取冒风险的行动。同时，需要认识到，在竞争者不断削价的新形势下，仅靠提供优质的产品是不够的。管理当局鼓励员工们寻找全新的办法，使公司从研究开发到行政管理和销售各领域都能达到低成本。这些措施实施的结果，使惠普公司在其大部分产品的毛利都下降的情况下，得以取得了较高的盈利。

讨论：

请根据所提供的资料。回答下面的问题：

1. 在 1989 年，王安公司和惠普公司遭遇到什么样的问题？

A. 市场环境恶化　　B. 顾客需求变化

C. 销售额大幅下降　　D. 以上三者都对

2. 你认为王安公司失败的主要原因是什么？

A. 在变化的经营环境中，没有及时转变观念，跟不上变化

B. 王安公司没有开发出适应市场的新产品

C. 王安博士本人的技术背景使其在管理上没有投入足够的精力

D. 以上三个都不对

3. 你认为惠普公司成功的最主要原因是什么？

A. 高层领导者的远见卓识

B. 企业全力推进了适应环境要求的变革措施

C. 开发了适应市场要求的新产品

D. 全面降低了产品的成本

4. 从案例中我们可以得出什么结论？

A. 不同的企业经营方式往往有很大不同

B. 企业经营的成败在很大程度上决定于环境，领导者的作用有限

C. 只有能够对环境变化作出快速、灵活反应的企业才能生存下去

D. 跨职能的团队合作能够提高企业的竞争力

5. 以变革的“风平浪静”观和“急流险滩”观来考察 80 年代后期的电子计算机行业。试问惠普公司和王安公司各采取了哪一种变革观？

6. 对比王安公司和惠普公司的组织文化，它们各自如何影响管理当局对环境变化的反应？

7. 惠普公司在 80 年代后期所采取的管理措施是否也适用于王安公司？请论证你的观点。

第四篇　领导

第十四章　领导

◆**本章关键词**

1. 领导　2. 领导环境　3. 领导理论　4. 领导效能　5. 领导创新

第一节　领导的含义

占据未来先机，做变革的领导者。　——彼得·德鲁克

“我不是管理通用公司，我是领导它，我的主要工作是去发现伟大的观念，并让它以光学的速度，在整个企业获得推广。”　——杰克·韦尔奇(Jack Welch)

一、领导的含义

领导是领导者及其领导活动的简称。领导者是组织中那些有影响力的人员，他们可以是组织中拥有合法职位的、对各类管理活动具有决定权的主管人员，也可能是一些没有确定职位的权威人士。领导活动是领导者运用权力或权威对组织成员进行引导或施加影响，以使组织成员自觉地与领导者一道去实现组织目标的过程。领导是管理的基本职能，它贯穿于管理活动的整个过程。

毛泽东指出：“领导依照每一具体地区的历史条件和环境条件，统筹全局，正确地决定每一时期的工作重心和工作秩序.并把这种决定坚持地贯彻下去，务必得到一定的结果，这是一种领导艺术。”美国前总统尼克松对“领导”是这样描述的：“伟大的领导能力是一种独特的艺术形式，既要求有非凡的魄力，又要求有非凡的想象力。经营管理是一篇散文，领导能力是一篇诗歌。”管理学的鼻祖彼得·德鲁克认为：“领导就是创设一种情境，使人们心情舒畅地在其中工作。有效的领导应能完成管理的职能，即计划、组织、指挥、控制。”著名的学者哈罗德·孔茨是这样定义领导的：“领导是管理的一个重要方面。有效地进行领导的本领是作为一名有效的管理者的必要条件之一。”在学术界引用较为广泛的是斯蒂芬·罗宾斯的定义：“领导就是影响他人实现目标的能力和过程。”

二、领导的属性

(一)领导的自然属性

领导的自然属性产生于社会整体活动的自然需要，是由人们社会集体实践活动中的客观规律所决定的。其一般标志，就是统一的意志和一定的权力，它是任何社会与时代的领导都必须具有的共同的标志。权力是领导的重要标志，权力和服从是领导关系的永恒属性。

人类的劳动和活动是以群体行动作为特征，以社会分工为基础的。在这个活动过程中，必须要明确实现活动目标的途径和步骤，要协调分工合作时所产生的各种错综复杂的关系等。改造自然界和改造人类社会的实践活动，必须由众多的人一起完成，任何单个的人不能完成。俗话说：“人无头不走，鸟无头不飞”，“兵熊熊一个，将熊熊一窝”。凡有人群的地方，必须有人把分散的力量集中起来，变无序的活动为有序的活动，人类的实践才可以进行下去。人是群居的动物,群居的活动一定要求协调、规范。这是领导活动、领导职业产生的自然条件。正如马克思所说:"一切……直接社会劳动或共同劳动,都或多或少地需要指挥……。"所以,凡群体的社会活动就需要有人担任起带领、引导、指挥、协调的工作,这即决定了在各个社会中领导活动所具有的共同的自然属性。

(二)领导的社会属性

领导不仅具有自然属性,更具有社会属性。人们之间的政治关系与经济关系渗透于领导活动的全部过程之中,并规定着它们的社会性质,即领导的社会属性。

在所有的社会关系中,马克思最强调的是生产关系,认为生产关系是一切社会关系的基础。生产关系中最重要的决定性因素又是生产资料的所有制。因此,生产资料的所有制形式决定着生产过程中的领导与被领导的关系。一个社会中,究竟采取什么样的领导方式,归根到底是由生产方式的性质决定的。

例如,在生产资料私有制的社会中,领导的作用主要体现在对于劳动的监督上,领导关系中统治的色彩非常的强烈,这种活动不仅是为了满足社会共同生活的需要,更是阶级压迫和阶级剥削的需要。就像奴隶主雇用的"监工",像对待"牲口"一样地对待奴隶。封建社会的各级官员拥有百姓望尘莫及的特权,农民只有绝对的服从,"敢怒不敢言"。而工人阶级的领导要体现工人阶级和广大劳动人民的利益,它的作用主要体现在协调关系,它与被领导者的关系是平等的,不是统治与被统治的关系。

这些区别的形成是由社会关系,特别是生产关系决定的,这种由社会生产方式决定的属性就是领导的社会属性。可以看出,这一属性在不同的社会形态中是不一样的,它区别于领导的自然属性。

(三)两种属性的关系

领导具有两种属性,并不意味着有两种领导活动,而是指同一领导活动的两个方面。一个是领导的"自然天职",要起到引导、指挥的作用(即自然属性);一个是具体的领导活动是在什么社会中进行的,受到什么生产关系的制约,带有什么社会特征。

领导的自然属性是领导属性中的共性,领导的社会属性是领导属性中的个性。任何领导都带有两种属性,世界上不存在只有一种属性的领导。

领导具有两种属性,但两种属性不是并列的,在任何社会中领导的本质都是由其社会属性决定的。这是因为:

(1)领导的社会属性规定着领导的自然属性。一切社会生产过程中的领导都具有带领、引导、指挥、协调的作用,但这些作用不是空洞的,是由社会的生产关系决定的,领导与被领导之间的关系也受制于社会的经济关系。

(2)社会属性决定领导活动中主导要素的形成。在领导活动中,决定领导者本质的是具体的社会关系,领导者的出现首先是以其社会属性的身份出现的,而不是其自然属性。因为社会活动中的领导工作都是具体的。正如马克思所说:"资本家所以是资本家,并不是因为他是工业的领导人,相反,他所以成为工业的司令官,因为他是资本家。"。

(3)社会属性规定着领导活动基本要素的相互关系。领导所具有的意志和权力的特征是由一定的社会经济关系和政治关系决定的,在绝大多数的生产资料归地主所有的社会中,领导产生的主体一定是控制生产资料的地主阶级。

(4)领导的社会属性在一定的条件下不受自然属性改变的影响,仍然决定着领导的实质。。在资本主义社会中,领导方式的自然属性的形式可以改变,领导可以不直接去监督,而让经理、监工代行指挥,但这并不改变其不平等的社会关系。

三、领导的类型

(一)以领导的历史发展进程为标准

以领导的历史发展进程为标准划分,可以划分出五种领导类型:自然式领导;专制式领导;民主式领导;专家式领导,也称专家辅佐式领导;专家集团式领导。

知识链接:

专权型领导,是指领导者个人决定一切,布置下属执行,即靠权力和命令让人服从。这种领导者要求下属绝对服从,并认为决策是自己一个人的事情。专权型领导适于任务简单且经常重复或者问题要求尽快解决的情况。

民主型领导,是指领导者与下属共同讨论,集思广益,然后再进行决策,要求上下融合,合作一致地工作。民主型领导的显着特征就是通过参与来达成共识。采用这一风格的领导者确信员工有能力为自己和组织找到合适的发展方向;能让员工参与其对工作有影响的决定;经常召集会议听取员工意见;对积极的绩效进行奖励,很少给予消极反馈或惩罚。采用这种领导风格能够让领导者赢得他人的信任,尊重与支援,提高员工对工作目标的认可程度。

(二)以领导的工作性质和对象为标准

以领导工作的性质和对象为标准,可以划分出四种基本类型:政治领导;行政领导;业务领导;学术领导。

(三)以领导关系为标准

以领导关系为标准,可以划分为五种主要的领导类型:层次式领导;单线式领导;星式领导;轮式领导;网络式领导。

四、领导的功能

领导的功能指领导者在领导过程必须发挥的作用,即领导者在带领、引导和鼓舞下属为实现组织目标而努力的过程中,要发挥组织、激励和控制作用。

(一)组织功能

组织功能指领导者为实现组织目标,合理地配置组织中的人、财、物,把组织的三要素构成一个有机整体的功能。组织功能是领导的首要功能,没有领导者的组织过程,一个组织中的人、财、物只可能是独立的、分散的要素,难以形成有效的生产力。通过领导者的组织活动,人、财、物之间的合理配置,构成一个有机整体,才能去实现组织的目标。

(二)激励功能

激励功能指领导者在领导过程中,通过激励方法调动下级和职工的积极性,使之能积极努力地实现组织目标的功能。实现组织的目标是领导者的根本任务,但完成这个任务不能仅靠领导者一个人去动手亲自干。他应在组织的基础上,通过激励功能的作用,将全体职工的积极性调动起来,共同努力,“众人拾柴火焰高”。领导的激励功能,形象地说就是要使众人都积极地去“拾柴”。

(三)控制功能

控制功能指在领导过程中,领导者对下级和职工,以及整个组织活动的驾驭和支配的功能。在实现组织的目标过程中,“偏差”是不可避免的。这种“偏差”的发生可能源自于不可预见的外部因素的影响,也可能源自于内部不合理的组织结构、规章制度、不合格管理人员的影响。纠正“偏差”,消除导致“偏差”的各种因素是领导的基本功能。

五、领导与管理的区别与联系

(一)领导与管理的联系

(1)领导是从管理中分化出来的。就领导活动自身发展的历史而言,决策与执行的分离、领导权与管理权的分离,是领导科学发展进程中的重要变革,这一具有里程碑意义的变革同样证明了领导是从管理中分化而来的。

(2)领导和管理无论是在社会活动的实践方面,还是在社会科学的理论方面,都具有较强的相容性和交叉性。

（二）领导与管理的区别

（1）领导具有战略性。领导侧重于重大方针的决策和对人、事的统御，强调通过与下属的沟通和激励实现组织目标；管理则侧重于政策的执行，强调下属的服从和组织控制实现组织目标。领导追求组织乃至社会的整体效益；管理则着眼于某项具体效益。

（2）领导具有超脱性。领导重在决策，管理重在执行。工作重点的不同，使领导不需要处理具体、琐碎的具体事务，主要从根本上、宏观上把握组织活动。管理则必须投身于人、事、财、物、信息、时间等具体问题的调控与配置，通过事无巨细的工作实现管理目标。

第二节　领导环境

一、领导环境的含义

领导环境，就是领导活动中所有能直接、间接地参与或影响领导行为或领导过程的有效因素的总和。

从其地位作用看，领导环境是同领导成败得失直接相关的外在条件，是领导主体赖以生存、发展和发挥作用的综合性客观基础和客观条件。反过来，领导者的行为选择又会对领导环境产生直接或间接的影响。

领导环境的基本含义有以下四点：

（1）领导环境既包括客观的物质因素和条件，也包括主观的精神因素和条件，如人的思想、心理活动、精神状态等，它们都是领导者认识和实践的对象。

（2）环境还是一种态势，其各个方面的条件、因素都处在动态发展中，由此派生出诸多矛盾和变化，形成领导者及其追随者客观上面临的新任务、新问题。

（3）领导环境是一个多层次的开放的有机系统。它是指领导者所在的组织系统，也包括领导集体，还包括上下左右各类相关系统。在最广泛意义上，它还涉及整个国家、社会乃至国际环境的大系统。

（4）领导环境中包含着组织特有的工作任务。

二、领导环境的作用

领导活动的很多方面都受制于领导环境。

第一，领导环境为领导活动的开展提供了前提和基础。

第二，领导环境制约和决定着领导目标。

第三，领导环境的特性制约和决定着领导方式和领导方法。

第四，领导环境影响领导关系的建立和维系。

第五，领导环境影响领导效能的高低和领导目标的实现。

三、领导环境的基本特征

（一）客观实在性和部分可塑性的统一

领导环境是不以任何个人或组织的意志为转移的客观存在。因此，在进行领导行为选择的过程中，必须尊重领导环境的客观存在，从实际出发，实事求是。环境的客观性并不意味着领导者只能消极地适应环境而不能有所作为。只要领导主体从实际出发、具体问题具体分析，可以部分地影响甚至改变领导环境。

（二）多样性与类别性的统一

环境的多样性主要体现在以下几个方面：

（1）从范围上看，领导环境既有国际的，也有国内的，而且常常相互影响；既有全面的，也有局部的，而且经常变换位置。

(2)从内容上看,领导环境因素有政治的、经济的、文化的、社会的众多类别,而每一类中又可分出更为细微的类别,如制度的、结构的、过程的环境等。

(3)从形式上看,领导环境因素既有显露的,也有潜在的;既有实体的,也有精神心理性的。从时间上看,领导环境有长时间起作用的,也有短时间起作用的。

(4)从影响力度来看,有影响强烈的,有影响微弱的。

环境的多样性决定了领导者在作出行为选择的时候,必须从多方面、多角度了解领导活动所具备的环境。领导环境因素虽然是多样的,但也不是杂乱无章的。一定类别的环境因素总是与一定领域、内容的领导活动联系在一起的。

(三)稳定性与动态性的统一

社会稳定性首先是通过其自然地理环境的固定性来实现的;其次,社会稳定性还可以通过政治、经济、文化结构、制度的稳定来体现。相当多的领导环境因素是较为稳定的,领导环境因素的相对稳定性为领导活动的顺利进行提供了基本的前提。

但是,环境因素又不可能是一成不变的,这种变换主要是由环境因素自身的矛盾引起的。领导环境因素变化的另一个原因是领导与环境系统的相互作用。领导行为不仅仅是环境作用的产物,而且,领导行为选择一旦作出,就会反过来对产生它的环境发生反作用。环境因素的变动性要求领导者要善于审时度势,因时、因地调整和改变自己的行为。

(四)环境的连锁性与定向性的统一

领导环境因素对领导者的作用不是一个简单的作用与反作用的循环,而是表现为或者是一环扣一环的连锁反应,或者是相互影响的交叉反应。

所谓环境的连锁反应是指当某些环境因素 C 作用于领导 A 后,环境因素 C 与领导 A 又成为新的环境因素作用于领导 B,C、A、B,又构成新的环境因素作用于领导 D,形成环境与领导的因果链条。

所谓环境的交叉反应是指环境 C 作用于领导 A、领导 B 和领导 C,领导 A、领导 B、领导 C 分别以对方为环境,发生相互作用,这种作用所产生的状态连同环境 C,交叉对领导 D 发生作用。

环境因素的连锁性和交叉性要求领导者在作出行为选择的时候,必须考虑对其他领导的影响。领导环境因素有其连锁性、交叉性特征。同时,领导环境因素由于上述的类别性特征,从而也具有定向影响的特点。

(五)常规性与突发性的统一

领导环境因素由于上述的稳定性特征而表现出一定的确定性。大多数环境因素,其出现、变化都是有规律的,或者说是符合常规的。但是相当多的环境因素的出现、变化却是突发性的,往往出乎领导者的意料之外。这些突发性的环境因素主要有特大自然灾害、国际范围的危机和综合性危机。

环境因素的突发性往往给领导行为选择造成巨大的影响。

四、领导环境的影响力分析

(一)环境的有利影响

环境的有利影响包括两种情况:由于环境的影响而强化了正确的领导行为的效能,从而有助于正确的领导目标的实现;由于环境的影响而阻碍了错误的领导行为的实施,从而弱化了错误的领导行为可能招致的不良后果。

(二)环境的不利影响

环境的不利影响包括两种情况:由于某些环境因素阻碍了正确的领导行为的实施,影响了领导效能的提高,妨碍了正确的领导目标的实现;某些环境因素可能诱发错误的领导行为,或是有助于错误的领导行为的贯彻实施。

（三）环境的双重影响

它们既有有利影响，又有不利影响；既是威胁，又是激励；既是机遇，又是挑战。

（四）领导环境影响的机制

领导环境影响的机制，即领导者通过何种中介环节和途径，以何种方式，最终影响到领导效能和领导目标的。主要包括：环境因素通过影响领导者自身的心理状况和作风素养而影响领导效能和领导目标；环境因素通过影响被领导者心理状况和各方面素质而影响领导效能和领导目标；环境因素通过影响组织的运作状态而影响领导效能和领导目标；环境因素通过影响领导职能的实施而影响领导效能和领导目标；环境因素通过影响领导方法和艺术而影响领导效能和领导目标。

第三节　领导理论

一、领导理论的含义

领导理论是研究领导有效性的理论，是管理学理论研究的热点之一。影响领导有效性的因素以及如何提高领导的有效性是领导理论研究的核心。意大利政治学家马基雅维里是较早研究领导理论的人。他指出："领袖是权力的行使者，是那些能够利用技巧和手段达到自己目标的人。"见图 14.1。

尼可罗・马基雅维利（Niccolò Machiavelli，1469 年 5 月 23 日～1527 年 6 月 22 日）是 15 世纪文艺复兴时期意大利著名的政治思想家和哲学家，在西文政治思想史上占有很重要的地位。马基雅维利主要理论是"政治无道德"的政治权术思想，在他的著作中包含了一系列对于获取和掌握政府权力的建议。马基雅维利的主要著作有《李维史论》、《佛罗伦萨史》和《君主论》。其中《君主论》的影响最大。

二、领导特质理论

（一）领导特质理论的含义

领导特质理论又称为领导性格理论、素质理论、品质理论、性格理论。这种理论着重研究领导者的品质和特性。按其对领导特性来源的不同解释，可分为传统的领导性格理论和现代的领导性格理论。前者认为领导者所具有的品质是天生的，是由遗传决定的；而后者则认为领导的品质和特性是在实践中形成的，是可以通过教育训练培养的。在此基础上，许多学者做了大量的研究，提出了许多理论。

（二）领导特质理论的类别

领导特性理论可分为传统特性理论和现代特性理论两大类别。

1. 传统特性理论

传统特性理论认为领导者的特性来源于生理遗传，是先天具有的，且领导者只有具备这些特性才能成为有效的领导者。犹如亚里士多德所说："人从出生之日早就已经注定属于治人或治于人的命运。"特性理论的创始人阿尔波特（C. W. Allport）及其同事们曾分析过 17 953个用来描写人的特点的形容词。亨利（W. Henry）1949 年在调查研究的基础上指出，成功的领导者应具备 12 种品质：①成就需要强烈，他把工作成就看成是最大的乐趣。②干劲大，工作积极努力，希望承担富有挑战性的工作。③用积极的态度对待上级，尊重上级，与上级关系较好。④组织能力强，有较强的预测能力。⑤决断力强。⑥自信心强。⑦思想敏捷，富于进取心。⑧竭力避免失败，不断地接受新的任务，树立新的奋斗目标，驱使自己前进。⑨讲求实际，重视现在。⑩眼睛向上，对上级亲近而对下级较疏远。⑪对父母没有情感上的牵扯。⑫效力于组织，忠于职守。

吉伯(C. A. Gibb)于1954年指出,天才的领导者具有7项特性:①智力过人。②英俊潇洒。③能言善辩。④心理健康。⑤外向而敏感。⑥有较强的自信心。⑦有支配他人的倾向。

然而,随着研究的深入和实践的反馈,传统特性理论受到了各方面的异议,归纳起来,主要反映在三个方面:①据有关统计,自1940年至1947年的124项研究中,所得出的天才领导者的个人特性众说纷纭。但各特性之间的相关性不大;有的甚至产生矛盾。②进一步的研究发现,领导者与被领导者、卓有成效的领导者与平庸的领导者有量的差别,但并不存在质的差异。③许多被认为具有天才领导者特性的人并没有成为领导者。

传统特性理论有价值之处是正确地指出了领导者应具备的某些特征,其局限性则表现更为突出:

(1)认为领导者的性格特征是天赋的,否认可以后天学习,可以从实践中培养。思想上是唯心主义,理论上服务于资本主义社会的生产关系,客观上起到腐化工人思想,听从企业主的摆布和统治。

(2)传统特性理论忽视性格的整体性、联系性和表现在某一个人身上的具体性。所列出性格很多,有的多达几十种,甚至上百种,而且各种性格特征之间缺乏必然的联系,有的甚至相互矛盾。如冷静理智和热情灵活同是领导者应具备的性格特征,但是这两种性格却很难统一于一个人的身上,因为黏液质和多血质不能同时集中于一个人身上。由此可见,这种理论忽视的重要事实是性格的完整性和体现每个人身上的具体性。忽视人格的社会性,从而无法认识人格的本质。

(3)与实际的矛盾性。领导个性与领导者的关系相当微弱,实际生活中,许多具备优良的人格特性但却不是领导者,不完全具备或很少具备这种性格特征的人却是领导者,实际与理论的反差证明该理论本身的不完善。

(4)传统特性理论不完备还体现在所列出的某些领导特征不具有普遍代表意义,有的特征甚至是荒谬的。如身体的高矮、体型、体重等许多事实完全可以证明这一点。列宁个子比较矮,却是伟大的革命导师,拿破仑也是矮个子却曾叱咤风云,成为一代名将。

(5)特性理论也忽视了领导特性要与其所处情境相关,某些特性在某种环境中能成为有效领导的必备条件,有的环境则会要求与此相反。这取决于领导者所在的群体特征、群体目标、群体承祖任务的性质等。

(6)传统特性理论仅揭示了是否具备领导特性的量的差异,而没有指出质的区别。

2. 现代特性理论

现代特性理论认为,领导者的特性和品质并非全是与生俱来的,而可以在领导实践中形成,也可以通过训练和培养的方式予以造就。主张现代特性理论的学者提出了不少富有见地的观点。美国普林斯顿大学教授威廉·杰克·鲍莫尔(William Jack Baumol)针对美国企业界的实况,提出了企业领导者应具备的10项条件:①合作精神。②决策能力。③组织能力。④精于授权。⑤善于应变。⑥勇于负责。⑦勇于求新。⑧敢担风险。⑨尊重他人。⑩品德超人。日本企业界认为,有效的领导者应具备10项品德和10项才能,见表14.1。

表14.1　有效的领导者应具备的条件

10项品德		10项才能	
1. 使命感	6. 公平	1. 判断能力	6. 劝说能力
2. 责任感	7. 热情	2. 创造能力	7. 对人理解能力
3. 依赖性	8. 勇气	3. 思维能力	8. 解决问题能力
4. 积极性	9. 忠诚老实	4. 规划能力	9. 培养下级能力
5. 进取心	10 忍耐性	5. 洞察能力	10. 调动积极性能力

美国管理协会曾对在事业上取得成功的1 800名管理人员进行了调查,发现成功的管

理人员一般具有下列 20 种品质和能力:①工作效率高。②有主动进取精神。③善于分析问题。④有概括能力。⑤有很强的判断能力。⑥有自信心。⑦能帮助别人提高工作的能力。⑧能以自己的行为影响别人。⑨善于用权。⑩善于调动他人的积极性。⑪善于利用谈心做工作。⑫热情关心别人。⑬能使别人积极而乐观地工作。⑭能实行集体领导。⑮能自我克制。⑯能自主作出决策。⑰能客观地听取各方面的意见。⑱对自己有正确估价,能以他人之长补自己之短。⑲勤俭。⑳具有管理领域的专业技能和管理知识。

上述领导特性理论,无论是传统特性理论还是现代特性理论,都强调了领导者应具有较多的适应于领导工作的人格特性。但领导特性理论还存在着一些缺陷。一是领导特性理论忽视了下属,而下属对领导的成效往往产生重要的影响。二是没有具体指出不同的品质和特性在领导工作中的相对重要性。三是不同的理论依靠的证据不一致。四是随着研究的展开和深入,被当做领导者的特性的条目越来越多,而且有不断增多之势,这导致理论上的争执和混乱。

现代特性理论认为,领导是一种动态的过程,领导者的特性和品质是在实践中形成的,可以通过训练和培养加以造就。为满足工作需要,选择领导必须要有明确的标准,考核领导要有严格的指标,培养领导要有具体的方向。心理学家总想找出领导者与非领导之间本质的人格特质差异,但经过几十年的研究并没有获得成功。原因是:

(1)领导是一种动态过程,是社会现象;任何个人都不可能生来就具有领导者的特性;而是后天通过实践形成的,是后天培养、训练而获得的。

(2)非凡的特性,只是领导的必要条件,而不是充分条件。因为一个有效的领导者,不仅取决于个人的特质,而且与领导者领导的对象所处的情境有关。而特性理论把个人特质看成是领导成败的主要因素,忽视了外在因素的影响,因此不可能获得理想的结果。

(3)由于不同组织对领导者的特质要求不同,即是同一个组织中,工作和任务也是多性质的。岗位、责任的性质不同,对领导者特质的要求也不同。有人适合于这种工作的领导,而不适合另一种工作的领导。而人们却要求领导的特质是具体的、特定的,而不是一般的,总是企图寻找一个固定模式,显然这是不合实际的。

(4)现行的人格测验工具尚不完善,测量的尺度难以确定,因而很难测出人格的重要方面,人的个性特质也很难做到精确的区别。

由于以上种种原因,领导特性理论并没有为研究领导行为提供可靠的依据。但这并不能否认个人品质特性对一个领导者的必要性,不少心理学家都在为合格的领导者画像。

三、领导行为理论

(一)领导行为理论的含义

领导行为理论又称为领导行为方式理论。领导才能与追随领导者的意愿都是以领导方式为基础的,所以许多人从研究领导者的内在特征转移到研究外在行为上。这就是领导者的行为方式论。这种理论认为,依据个人行为方式可以对领导进行最好的分类。然而至今还没有一个公认的“最好的”分类。

有效的领导理论除了研究领导的个性和素质以外,还要研究领导的工作行为方式。领导者通过一定的工作方式对被领导者施加影响,以组织被领导者实现组织绩效的领导行为,称为领导行为方式或领导方式。

领导方式的内涵,一般是指领导者在不同的工作环境中如何作出决策和实现目标,以及行使权力和发挥领导影响力的方式。为了进一步理解领导方式,还需考察领导行为和领导活动的过程。

诺贝尔经济学奖获得者西蒙认为,领导方式大致可分为两类:一是领导者通过培养教育,树立员工对组织的忠诚,培养员工的态度、习惯和精神状态,诱发员工对工作效率的关心，引导员工自觉地执行组织的决定；二是领导者行使权力，进行动员和提供信息，迫使操作人员执行组织的决定。

(二)有代表性的行为方式理论

1. 怀特和李皮特的三种领导方式理论

美国管理学家罗夫·怀特(Ralph K. White)和罗纳德·李皮特(Ronald Lipper)所提出的三种领导方式理论——权威式、参与式、放任式领导方式，是最有影响的分类。

(1)权威式领导。此类领导者也被称为是“独裁式”的领导，他们几乎决定所有的政策；所有计划及具体的方法、技术和步骤也由领导者发号施令，并要求下属不折不扣地依从；工作内容、资源的分配及组合，也大多由他单独决定；平时他们对下属和员工的接触、了解不多，如有奖惩，也往往是对人不对事。大多数权威式的领导者为人教条而且独断，往往借助奖惩的权力实现对别人的领导，对下属既严厉又充满要求。

(2)参与式领导。参与式领导者一般会在理性的指导下及一定的规范中，使下属及员工为了目标作出自主自发的努力，他们往往认真倾听下属的意见并主动征求他们的看法。参与式领导者将下属视为与己平等的人，给予他们足够的尊重。在参与式领导者管理的团队中，主要政策由组织成员集体讨论、共同决定，领导者采取鼓励与协助的态度，并要求下属员工积极参与决策；在确定完成工作和任务的计划、方法、技术和途径上，组织成员也有相当的选择机会。通过集体讨论，领导者使团队成员对工作和任务有更全面、更深刻的认识，并就此提出更为切实可行的计划和方案。

参与式领导方式按照下属及员工的参与程度又可分为三种不同的类型：①咨询式。领导者在作出决策前会征询组织成员的意见，但对于组织成员的意见，他们往往只是作为自己决策的参考，并非一定要接受。②共识式。这类领导者鼓励组织成员对需要决策的问题加以充分讨论，然后由大家共同作出一个大多数人同意的决策。③民主式。领导者授予组织成员最后的决策权力，他们在决策中的角色则更像是一个各方面意见的收集者和传递者，主要从事沟通与协调。

(3)放任式领导。此类领导者喜欢松散的管理方式，极少运用手中的权力，他们几乎把所有的决策权都完全下放，并鼓励下属独立行事。他们对下属员工基本采取放任自流的态度，由下属自己确定工作目标及行动。他们只为组织成员提供决策和完成任务所必需的信息、资料、资源和条件，提供一些咨询，并充当组织与外部环境的联系人，而尽量不参与、也不主动干涉下属、员工的决策和工作过程，只是偶尔发表一些意见，任务的完成几乎全部依赖团队成员的自主工作。这种领导方式虽然控制力较弱，但对专业人员却可以收到不错的效果。

曾有美国学者通过一项实验来探讨以上三种领导方式哪一个更优越。实验是将一群孩子分成三个小组来堆雪人，事先分别训练各组的组长按权威式、民主式和放任式行事。实验表明，放任式领导下的小组工作效果最差，所堆的雪人在数量和质量上都不如其他小组。权威式领导下的小组，堆的雪人数量最多，说明工作效率最高，但质量不如民主式领导下的小组。在民主式领导的小组中，由于孩子们积极主动发表意见，显示出很高的工作热情和创造性思维，小组长又在旁引导、协助和鼓励，结果堆出的雪人质量最高，但工作效率不及第二组，因为孩子在商量时花了大量时间进行讨论才达成了一致意见。这次实验表明，权威式和民主式领导利弊并存，而放任式领导在通常情况下往往弊多利少。

2 领导连续流理论

(1)领导连续流的含义。领导连续流是美国管理学家坦南鲍姆(Robert Tannen Baum)和沃伦·施密特(Warren H. Schmidt)提出的。这种连续流也称做主管者——非主管者的行为连续流，他们认为领导方式有各式各样。一个适宜的领导方法取决于环境。他们描述了从主要以领导人为中心到主要以下属为中心的一系列领导方式，这些方式依领导者把权力授予下属的大小程度而不同。

罗伯特·坦南鲍姆(Robert Tannenbaum,1915～2003):美国著名企业管理学家,领导行为连续流理论的提出者。毕业于美国芝加哥大学并获得博士学位,长期在洛杉矶加利福尼亚大学工商管理学院执教,担任人才系统开发教授,从事"人事制度的发展"研究,并为美国及其他国家的企业承担范围广泛的咨询顾问工作。坦南鲍姆在领导理论方面提出了富有创见的连续分析方法,并在敏感性训练和组织发展方面进行 了卓有成效的研究工作,他和沃伦·施米特合著的《如何选择领导模式》是一部著名的管理学专著。

沃伦·施密特(Warren H. Schmidt)加州大学洛杉矶分校的高级讲师,他辗转多个学校,先后在圣路易斯华盛顿大学、密苏里大学、斯普林菲尔德学院、尤宁学院、南加州大学等校任教。施密特除了在人际关系、领导及会议计划等议题上著作等身,还曾当过牧师、心理学家,写过电影剧本《做正确的事总是对的吗?》,并于1970年获得学院奖。施密特与坦南鲍姆在加州大学共事20多年。后来转到南加州大学任行政管理学教授。主持一家管理顾问公司,1970年出版《组织的新领域与人类的价值观》。

(2)领导行为连续流理论的7种主要的领导模式。

在高度专制和高度民主的领导风格之间,坦南鲍姆和施密特划分出7种主要的领导模式:

①领导作出决策并宣布实施。

②领导者说服下属执行决策。

③领导者提出计划并征求下属的意见。

④领导者提出可修改的计划。

⑤领导者提出问题,征求意见做决策。

⑥领导者界定问题范围,下属集体作出决策。

⑦领导者允许下属在上司规定的范围内发挥作用。

在上述各种模式中,坦南鲍姆和施密特认为,不能抽象地认为哪一种模式一定是好的,哪一种模式一定是差的。成功的领导者应该是在一定的具体条件下,善于考虑各种因素的影响,采取最恰当行动的人。当需要果断指挥时,他应善于指挥;当需要员工参与决策时,他能适当放权。领导者应根据具体的情况,如领导者自身的能力,下属及环境状况、工作性质、工作时间等,适当选择连续流中的某种领导风格,才能达到领导行为的有效性。

3.利克特的"工作中心"与"员工中心"理论

利克特的"工作中心"与"员工中心"理论又称利克特的四种领导方式理论。

利克特把领导者分为两种基本类型,即"以工作为中心"(Job-centered)的领导与"以员工为中心"(Employee-centered)的领导。前者的特点是:任务分配结构化、严密监督、工作激励、依照详尽的规定行事;而后者的特点是:重视人员行为反应及问题。利用群体实现目标,给组织成员较大的自由选择的范围。利克特于1967年提出了领导的四系统模型(见图14.4),即把领导方式分成四类系统:剥削式的集权领导、仁慈式的集权领导、协商式的民主领导和参与式的民主领导,见图14.1。

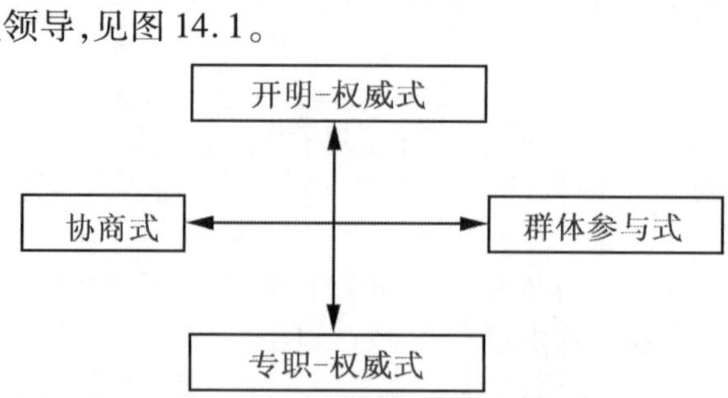

图14.1 利克特四系统模型

(1)管理方式1。管理方式1被称为"专制－权威式"。采用这种方式的主管人员非常专制，很少信任下属，采取使人恐惧与惩罚的方法，偶尔兼用奖赏来激励人们，采取自上而下的沟通方式，决策权也只限于最高层。

(2)管理方式2。管理方式2被称为“开明－权威式”，采用这种方式的主管人员对下属怀有充分的信任和信心；采取奖赏和惩罚并用的激励方法；允许一定程度的自下而上的沟通，向下属征求一些想法和意见；授予下级一定的决策权，但牢牢掌握政策性控制。

(3)管理方式3。管理方式3称之为“协商式”。采取这种方式的主管人员对下属抱有相当大的但又不是充分的信任和信心，他常设法采纳下属的想法和意见；采用奖赏，偶尔用惩罚和一定程度的参与；从事于上下双向沟通信息；在最高层制定主要政策和总体决策的同时，允许低层部门作出具体问题决策，并在某些情况下进行协商。

(4)管理方式4。利克特认为管理方式4是最有参与性的方式，可称之为“群体参与式”。采取第四种方式的主管人员对下属在一切事务上都抱有充分的信心和信任，总是从下属那里获取设想和意见，并且积极地加以采纳；在确定目标和评价实现目标所取得的进展方面，组织群体参与其事，在此基础上给予物质奖赏；更多地从事上下之间与同事之间的沟通；鼓励各级组织作出决策，或者，本人作为群体成员同他们的下属一起工作。

总之，利克特发现那些应用管理方式4从事经营的主管人员都是取得最大成就的领导者。此外，他指出了采取管理方式4进行管理的部门和公司在设置目标和实现目标方面是最有效率的，通常也是更富有成果的。他把这种成功主要归之于群体参与程度和对支持下属参与的实际做法坚持贯彻的程度。

4. 阿吉里斯的不成熟－成熟连续流

“不成熟－成熟”理论是研究人的个性和组织关系的一种理论。美国的阿吉里斯认为，在人的个性发展方面有一个过程，就是从不成熟到成熟，最后发展成为一个健康的个性。

(1)个性发展的变化。人的个性发展过程一般要经过以下几种变化：从被动到主动；从依赖到独立；从能做少量行为到多种行为；从浅淡的兴趣到浓厚的兴趣；从目光短浅到目光远大；从附属地位到同等或优越的地位；从不明白自我到明白自我和控制自我。见表14.2。

阿吉里斯认为，组织中的劳动分工、权力等级、组织控制和统一指挥的基本功能，是企业实行有效经营所必不可少的，但也有不适应人的健康个性的需要，妨碍人的成熟和自我实现的一面。因此，清除人的个性和组织之间的不协调，便是企业经营中的重要任务。

(2)协调的办法。协调的办法是扩大职工的工作范围，使职工有从事多种工作的经验；采用参与式以职工为中心的领导方式；多给职工责任和权利；更多地依靠职工的自我指挥和自我控制。

一般来说，人的成熟程度越高，发挥的作用就越充分。一个人从不成熟到成熟，决定因素是知识和经验，所以阿吉里斯重视职工教育和职工培训工作，认为企业领导者要善于促进职工的成熟，采用各种手段来提高职工的成熟程度，从而充分发挥职工的智能和提高工作效率。见表14.2。

表14.2　阿吉里斯的不成熟－成熟连续流

不成熟的特点	成熟的特点
被动性	能动性
依赖性	独立性
办起事来方法少	办起事来方法多
兴趣淡漠	兴趣浓厚
目光短浅	目光长远
从属的职位	显要的职位
缺乏自知之明	有自知之明，能自我控制

四、领导权变理论

(一)领导权变理论的含义

“权变”一词有“随具体情境而变”或“依具体情况而定的意思”。领导权变理论(contingency theories of leadership)主要研究与领导行为有关的情境因素对领导效力的潜在影响。该理论认为,在不同的情境中,不同的领导行为有不同的效果,所以又被称为领导情境理论。领导权变理论是继领导者行为研究之后发展起来的领导学理论。这一理论的出现,标志着现代西方领导学研究进入了一个新的发展阶段。

(二)有代表性的领导权变理论

1. 菲德勒模型(The Fiedler Model)

伊利诺大学的菲德勒(Fred Fiedler)从 1951 年开始,首先从组织绩效和领导态度之间的关系着手进行研究,经过长达 15 年的调查试验,提出了“有效领导的权变模式”,即菲德勒模型。他认为任何领导形态均可能有效,其有效性完全取决于是否与所处的环境相适应。他把影响领导者领导风格的环境因素归纳为三个方面:职位权力、任务结构和上下级关系。

(1)职位权力(Position Power)。职位权力指的是与领导者职位相关联的正式职权和从上级和整个组织各个方面所得到的支持程度,这一职位权力由领导者对下属所拥有的实有权力所决定。领导者拥有这种明确的职位权力时,则组织成员将会更顺从他的领导,有利于提高工作效率。

(2)任务结构(Task Structure)。任务结构是指工作任务明确程度和有关人员对工作任务的职责明确程度。当工作任务本身十分明确,组织成员对工作任务的职责明确时,领导者对工作过程易于控制,整个组织完成工作任务的方向就更加明确。

(3)上下级关系(Leader-member Relations)。上下级关系是指下属对一位领导者的信任爱戴和拥护程度,以及领导者对下属的关心、爱护程度。这一点对履行领导职能是很重要的。因为职位权力和任务结构可以由组织控制,而上下级关系是组织无法控制的。

2. 情境领导理论(Situational Leadership Theory, SLT)

该理论由赫塞(Paul Hersey)和布兰查德(Ken Blanchard)提出,他们认为下属的“成熟度”对领导者的领导方式起重要作用。所以,对不同“成熟度”的员工采取的领导方式有所不同。

所谓“成熟度”(Readiness)是指人们对自己的行为承担责任的能力和愿望的大小。它取决于两个要素:工作成熟度和心理成熟度。工作成熟度包括一个人的知识和技能,工作成熟度高的人拥有足够的知识、能力和经验完成他们的工作任务而不需要他人的指导。心理成熟度指的是一个人做某事的意愿和动机。心理成熟度高的个体不需要太多的外部激励,他们靠内部动机激励。

根据员工的成熟度不同,将领导方式分为四种:命令式、说服式、参与式和授权式。

根据下属成熟度和组织所面临的环境,领导生命周期理论认为随着下属从不成熟走向成熟,领导者不仅要减少对活动的控制,而且也要减少对下属的帮助。当下属成熟度不高时,领导者要给予明确的指导和严格的控制,当下属成熟度较高时,领导者只要给出明确的目标和工作要求,由下属自我控制和完成。

3. 路径 - 目标理论(Path-goaltheory)

路径 - 目标理论是以期望几率模式和对工作、对人的关心程度模式为依据,认为领导者的工作效率是以能激励下属达到组织目标并且在工作得到满足的能力来衡量的。领导者的基本职能在于制定合理的、员工所期待的报酬,同时为下属实现目标扫清道路,创造条件。根据该理论,领导方式可以分为四种:

(1)指示型领导方式(Directive Leader)。领导者应该对下属提出要求,指明方向,给下属提供他们应该得到的指导和帮助,使下属能够按照工作程序去完成自己的任务,实现自己的目标。

(2)支持型领导方式(Supportive Leader)。领导者对下属友好,平易近人,平等待人,关系融洽,关心下属的生活福利。

(3)参与型领导方式(Participative Leader)。领导者经常与下属沟通信息,商量工作,虚心听取下属的意见,让下属参与决策,参与管理。

(4)成就指向型领导方式(Achievement-oriented Leader)。领导者做的一项重要工作就是树立具有挑战性的组织目标,激励下属想方设法去实现目标,迎接挑战。

路径－目标理论告诉我们,领导者可以而且应该根据不同的环境特点来调整领导方式和作风。当领导者面临一个新的工作环境时,他可以采用指示型领导方式,指导下属建立明确的任务结构和明确每个人的工作任务;接着可以采用支持型领导方式,有利于与下属形成一种协调和谐的工作气氛。当领导者对组织的情况进一步熟悉后,可以采用参与者式领导方式,积极主动地与下属沟通信息,商量工作,让下属参与决策和管理。在此基础上,就可以采用成就指向式领导方式,领导者与下属一起制定具有挑战性的组织目标,然后为实现组织目标而努力工作,并且运用各种有效的方法激励下属实现目标。

4. 领导者－参与模型(Leader-participation Model)

1973 年维克多·弗罗姆(Victor Vroom)和菲利普·耶顿(Phillip Yetton)提出了领导者－参与模型(Leader-participation Model)。该模型将领导行为与参与决策联系在一起。由于认识到常规活动和非常规活动对任务结构的要求各不相同,研究者认为领导者的行为必须加以调整以适应这些任务结构。弗罗姆和耶顿的模型是规范化的——它提供了根据不同的情境类型而遵循的一系列的规则,以确定参与决策的类型和程度。这一复杂的决策树模型包含七项权变因素(可通过“是”或“否”选项进行判定)和 5 种可供选择的领导风格。

弗罗姆和亚瑟·加哥(Arthur Jago)后来又对该模型进行了修订。新模型包括了与过去相同的 5 种可供选择的领导风格,但将权变因素扩展为 12 个,其中 10 个按 5 级量表评定。

该模型认为对于某种情境而言,5 种领导行为中的任何一种都是可行的。它们是:独裁 I(AI),独裁 II(AII),磋商 I(CI),磋商 II(CII)和群体决策 II(GII),具体描述如下:

AI:你使用自己手头现有的资料独立解决问题或作出决策。

AII:你从下属那里获得必要的信息,然后独自作出决策。在从下属那里获得信息时,你可以告诉或不告诉他们你的问题。在决策中下属的任务是向你提供必要信息而不是提出或评估可行性解决方案。

CI:你与有关的下属进行个别讨论,获得他们的意见和建议。你所作出的决策可能受到或不受下属的影响。

CII:你与下属们集体讨论有关问题,收集他们的意见和建议,然后你所作出的决策可能受到或不受到他们的影响。

GII:你与下属们集体讨论问题,你们一起提出和评估可行性方案,并试图获得一致的解决办法。

第四节　领导效能

一、领导效能的含义

领导效能,是指领导者在实施领导过程中的行为能力、工作状态和工作结果,即实现领导目标的领导能力和所获得的领导效率与领导效益的系统综合。它包括三个要素:

第一,领导能力。

第二,领导效率。领导效率是指已经实现的领导任务(或目标)与时间之比,即完成一定数量和质量的领导任务(或目标)的速度。

第三,领导效益。领导效益是指领导活动的最终结果,即领导活动投入与领导活动结果之比。它包括经济效益、政治效益、文化效益、人才效益以及社会效益等,是个综合性的指标。

当然,衡量领导效能的最重要的指标就是实现目标的程度。

二、领导效能的特点

领导效能作为一个复杂的、广泛的综合性体系,其特点主要表现在以下几个方面。

(一)综合性

领导效能的高低优劣取决于多种因素:首先包括领导者的自身因素;其次包括领导群体的因素;再次包括被领导者的自身因素;最后包括领导活动得以进行的客观环境因素。

(二)社会性

一方面,领导活动作为一种有组织的社会活动,是社会活动的有机组成部分,这就使领导效能不可避免地受到各种社会因素的影响与制约;另一方面,领导活动作为一种有目的的社会活动,其最终目标是为促进整体社会的发展服务。

(三)历史继承性

领导效能所反映和体现的,总是在某一特定的时间和空间里,某一个领导者或领导群体率领被领导者,在一定的环境与条件下改造客观世界所取得的工作成果与所释放的领导能力。然而,这些成绩的取得,无不是建立在前人或前任已进行的工作或已创造的条件的基础之上,同时现任领导者或领导群体在某一特定的时间和空间里所取得的,又会为后来者创造条件,提供契机。

(四)主观与客观统一性

领导活动必须首先在一定的自然与社会环境中进行,因而,领导效能的取得必然受到所处客观环境的影响与制约。同时,人具有改变客观世界的主观能动性,在一定的时期和一定的条件下,在认识并掌握客观世界规律的前提下,人是可以利用并进一步改造客观环境因素的。

(五)动态变化性

一方面,领导群体或个体的绩效随着时间的推移而不断变化;另一方面,人的主观行为对社会经济发展的作用需要一定的时间才能显示出来,因而,领导者在不同的时间其工作效能是有差异的。因此,要准确评价一个领导者的效能,必须对他在一段时间内的效能进行多次的评价和衡量,并且要根据工作性质的不同而改变效能评价的次数。

(六)形式多样性

从事不同类型工作的领导者,其工作结果的表现是不同的,因而其工作效能的表现形式亦有很大的差异。进行效能评价时,应考虑不同类型领导者的特点

三、领导效能的类型

(一)根据领导效能层次的不同来划分

根据领导效能层次的不同,我们将其分为宏观领导效能与微观领导效能。

宏观领导效能是指领导活动在社会整体中所达成的效能。它主要包括以下几种:一是政治效能,即领导者以国家权力为后盾和威慑,通过自身的努力,约束和率领被领导者与人民群众,达成既定的共同目标的效能。二是经济效能,即领导者能够对经济生活施以有效的影响,从而维护生产经营秩序,并通过对经济制度的维护和创新使社会生产率大为提高,社会生产力迅速发展的效能。三是文化效能,即领导者通过对意识形态的调控,增强整个社会的向心力与凝聚力,消除异端思想的过度发展,提升整个社会的文化水准和精神风貌

的效能。四是社会效能,即领导者有效地保障绝大多数社会成员的社会利益,提升社会福利水平,改善环境保护设施等,从而满足绝大多数社会成员需要的效能。

微观领导效能,是指领导者在领导活动的具体过程中所体现出来的效能。它主要包括以下几种:一是决策效能。决策效能体现在领导决策的及时性、正确性和可行性上。二是用人效能,即领导者选配人才的科学性和使用人才的有效性。三是办事效能,即领导者在领导活动的各个环节中,包括指挥、计划、组织、协调、沟通等,处理事务的能力、效率和效益。四是时间效能,即领导者在单位时间内所完成的工作量。它是衡量领导者科学管理与利用时间的尺度。五是组织的整体贡献效能。它是领导者的办事效能、用人效能与时间效能的综合体现,是衡量领导效能高低的最重要的尺度。领导效能最终体现在对组织的整体贡献的大小之上。

(二)根据领导效能的性质不同来划分

根据领导效能的性质不同,我们可将领导效能分为正效能与负效能。无论是宏观领导效能还是微观领导效能,都有正负之分。一是领导正效能,即领导者所从事的领导活动与社会经济沿着同一方向前进,并对社会经济发展最终起到促进作用。二是领导负效能,即领导者所从事的领导活动与社会经济沿着相反方向行驶,并对社会经济发展最终起到阻碍作用。

领导效能虽然有正负之分,但我们通常意义上所说的领导效能一般是指领导正效能,而领导负效能则被称为领导无能。

四、领导效能的内容

领导效能是一个综合指标,包括许多不同具体的内容。从一般的意义考察,主要包括以下几方面。

(一)决策效能

决策是领导的首要职能。决策的正确与否,决定领导活动和组织中全体人员活动的目标方向是否正确。所谓决策效能,是指决策对一个组织领导效率、直接效果以及社会环境所产生的作用或影响。一项高效率的决策,不仅能导致领导活动和组织和各项工作的高效率,更重要的是还会对社会产生积极的影响。

(二)用人效能

用人效能是指领导活动中对人的选配和使用所产生的效能。领导活动是需要依靠各级人员的活动实现的。能否选择适当的人员从事适当工作,并使各类人员合理配置、组合,能否充分调动各类人员的积极性和创造性,不仅关系到组织目标的实现速度和效果,而且直接影响到该组织的社会存在价值,关系到领导活动的成败。如果某个组织用人是低效能,这个组织的领导活动及全部活动必然也是低效能的。

(三)办事效能

领导者的职能活动,主要表现为进行组织指挥、协调激励等具体处理和解决问题的工作,即办理各种领导事务。如果领导者作风拖拉懒散,办事效率低、失误率高,这个组织的运转必然是低效率的,效果差。因此,办事效能是领导效能其中重要的内容。办事效能,就是领导者处理各种事务所获得的效率。

(四)时间效能

时间效能是衡量领导者管理、利用时间的尺度。

1. 时间效能的重要性

(1)时间对于任何人来说,都是极为重要的,对于领导者来说,也是如此。领导者必须把时间效能置于一个重要的地位,以科学地运筹时间取得较高的时间效能。

(2)领导者的时间,即他的时间效能与整个组织的发展联系在一起。

2. 领导者必需有科学的时间观

科学的时间观至少包括以下几个方面的内容：

（1）认识到领导者的时间效能是与组织的命运联系在一起的，因此要使时间的浪费减少到最低限度。

（2）要善于抓住时机。

（3）要重视讲求实效。实效，就是指在单位时间内所完成的工作量。

（五）组织的整体贡献效能

领导者的整体贡献效能是指同一领导组织整体目标的实现程度。领导效能不仅反映在个人所主持、负责的部门工作和单项领域之中，更重要的是反映在全局工作和整体贡献上。整个组织的总体目标实现程度如何，是衡量领导效能高低的最重要的尺度。

第五节　领导创新

一、领导创新的含义

“创新”（innovation）是一个现今时代被论及频率越来越高的词语，这也充分反映了创新在现时环境中的重要作用以及人们对其意义的认识。一个组织如何将创新的精神和实践引入组织的领导实践中，从而提高领导活动的绩效，增强领导活动与组织内外部环境的适应性，进而提高组织的生命力，就成为领导创新活动的重要内容及目标取向。

领导创新，首先需要界定创新的概念。约瑟夫·熊彼特在其1912年出版的著作《经济发展理论》中最早探讨了创新的含义，并将这个概念纳入其对经济发展的研究之中。在他对创新的定义中提出：创新是采用一种新的产品——也就是消费者还不熟悉的产品或一种产品的新的特性；采用一种新的生产方法，也就是在有关的制造部门中尚未通过检验的方法。

创新不是仅仅发生在经济领域，从广义上来说，所有革新与淘汰旧的事物，创造与促进新事物产生的过程，都属于创新的范畴。创新的含义特别体现在实现既定目标的活动过程中，引入新的方法、思维、工具、程序、变更实现目标的资源配置方式。在此基础上，我们认为，领导创新是创新活动在领导理论以及实践中的应用，指的是将新的思维方式引入领导活动中，革新原有的领导关系和情境，创造新的领导方法和途径，塑造新的领导者与被领导者，从而提高领导活动的绩效，更好地实现领导活动的预期目标。它包括领导观念创新、领导关系创新、领导方式创新等多个方面。

二、领导创新的特征

（一）首创性

领导创新不是在原有的组织领导活动的基础上进行简单的模仿和修改，创新意味着突破与创造，因此，领导创新活动必然要产生首创性的成果，比如新的领导方式、新的领导观念、新的领导关系等。这其中虽然有继承和延续，但是必然包含过去所没有的新的因素在内。

（二）风险性

领导创新是对当前领导活动的扬弃，对未来的安排和规划。而未来总是充满了诸多变数。在领导创新过程中，人们详尽地总结过去，评估现在，预测未来，可是仍然很难精确地预期未来及其发展趋势。特别是当今环境的变动越来越呈现加速度的趋势，而人们是不能左右环境的变化及其发展的。

环境的变动性决定了领导创新具有相当的风险性。一方面，领导创新一旦成功，可以改变整个领导活动的面貌，提高组织的活力和效率，取得可观的物质和精神效益；另一方面，如果创新没有取得成功，不仅在创新过程中投入的所有资源无法收回，而且考虑到领导活动在组织运行中的统率作用，将不可避免地在一定程度上带来组织运行的紊乱，甚至给组织带来不可预期的损失,这种损失有时是难以弥补的。另外,新的领导方法、领导方式、领导观念尽管具有先进性,但是能否适应组织的现状,能否被组织成员所接受,能否融入组织的运行流程和制度中,都不以人们的意志为转移。因此,风险性使得创新成为高收益与高风险并存的双刃剑。

(三)应用导向

领导创新的组织者必须明确创新本身不是目的,我们不是单纯为了创新而创新。将创新成果应用于组织,提高组织的绩效,这既是创新活动的出发点,也是创新活动的最终归宿。

为此,任何领导创新必须从组织的现实需要出发,根据组织的现状、领导活动的弊端与不足、组织的发展趋势以及领导活动的客观规律,有针对性地开展创新活动,进行创造和变革。创新成果不一定必须具有技术上的先进性,只要能适应组织的需要、提高领导活动的绩效,就是好的创新。应用是创新的首要目的。

(四)收益性

创新成果应当具有一定的社会价值,能取得相当的收益。领导创新最终体现在改善组织的领导关系和现状,增强组织的活力和环境适应性,使得组织能以更少的资源消耗实现更多的产出。这种收益性既可以体现在经济收益方面,也可以体现在非经济性收益方面,比如增强组织的凝聚力、改善领导活动的方式和程序、实现组织的持续发展等方面。收益性应该体现在领导创新的整个过程之中。

(五)整体性

任何创新都是一项系统性工程,需要组织各部分力量和组成因素的协同作用。各自为政、单打独斗只会无谓地消耗组织的资源,带来组织的混乱,这是不以人的意志为转移的。领导创新活动的顺利进行,需要组织物资、资金、文化、战略、内外部环境等因素的协同,需要整合组织的内外部各种资源。

另外,必须明确的一点是,领导创新并不是组织的领导者单方面的工作,了解被领导者或组织成员的需要和想法,双方共同参与、集思广益,创新活动才能取得切实的成效。领导创新是组织所有成员的共同使命,被领导者的参与程度往往决定了领导创新的成败。

(六)进步性

在领导创新活动中产生了新的领导方式方法、领导观念,这些毫无疑问具有新颖性。但是一项创新不能仅仅追求新的想法、新的事物出现,追求标新立异。领导创新的成果必须要比原有的领导方式、领导观念更适应组织的环境,特别是组织未来可能面对的环境,能改变组织运行过程中原有的痼疾,明显提高组织的绩效,这些都是原有的领导活动所不可能产生的。新事物代替旧事物,必然体现了其中的进步性。进步性体现出更好的适应性、效益性和前瞻性。

三、领导创新的作用

21 世纪是一个创新的世纪,创新在整个人类的发展和进步过程中都发挥着不可替代的重要作用,成为改变世界的最强有力的力量。将创新引入领导活动中,也将深刻地改变领导活动的面貌,带来领导活动新的变革和突破。没有创新的领导必然是僵化的领导,停滞的领导。

(一)使领导活动能更好地适应不断变动的环境

领导活动是认识世界、改造世界的活动,它必然要面对组织内外部的客观环境因素,包括一切影响领导活动的政治、经济、历史、文化传统等环境,还包括组织内文化、权力关系、惯例、制度等。“人们创造自己的历史,但是他们并不是随心所欲地创造,并不是在他们自己选定的条件下创造,而是在直接碰到的、既定的、从过去继承下来的条件下创造”。领导活动能否适应客观环境、符合客观的发展规律,是决定领导活动最基本最首要的客观因素。

进入新的世纪后,在科学技术进步和发展的推动下,环境的变动越来越呈现出加速度的态势，由此增加了环境的动荡性和复杂性。环境的变动推动了领导活动的变革，过去的领导活动适应的是当时的组织环境，新的环境因素需要用全新的领导方式、领导制度和领导活动来配合。环境的发展变化决定了领导活动是一个动态的发展过程，环境变化的加速度对领导创新的速度和时效性也提出了更高的要求。

（二）提高领导活动的绩效

领导活动绩效包括领导活动的效率和领导活动的效果。领导活动的效率是指领导活动过程中支出的成本和取得的收益之间的比率。领导活动的效果则是领导环境对环境产生的影响程度，或者说领导活动在多大程度上实现了预期的目标。领导活动的绩效既取决于领导者和被领导者的素质、领导方式、领导手段、领导制度等领导活动的内在因素，也取决于组织文化、组织凝聚力、组织资源状况、创新活动的开展等组织内部环境，以及组织可以从外部环境获取的资源、外部环境的变化等组织外部环境。领导创新活动正是将领导活动与外部环境连接起来的纽带，所以对于提高领导活动的绩效起着特殊重要的作用。领导创新可以提高领导者和被领导者的素质，提供新的领导方式和领导手段，改善领导关系中领导者和被领导者的关系，进而使得领导活动能够更加适应变动的环境，以保证领导活动目标的顺利实现，不断改善和提高领导活动的绩效。

领导活动的实质是一种影响力，领导活动中的双方即领导者和被领导者之间是一种互相影响和互相制约的关系。这种影响力不仅来源于领导者在组织的特殊地位——领导者掌握着组织的资源分配的权力，而且也来源于领导者自身的素质，最重要的也是最为关键的在于被领导者对于这种影响力的认同和接受程度。没有这种认同和接受，领导活动是不可能顺利进行的，领导活动中的绩效提高和目标实现更是无从谈起。

领导活动创新可以改变传统的僵化的领导方式，特别是在领导活动创新的过程中可以积极建立和发展民主的作风和制度，鼓励所有组织成员积极参与组织创新，提出对领导活动的设想和意见，从而增强员工在领导活动中的主人翁意识，提高员工的积极性和主动性，激发领导者和被领导者的创造性，从而使得领导活动的认同程度和接受程度不断得到提高。领导者在组织领导创新的过程中，也会更加关心组织事务，关心环境变化对组织领导活动的要求，主动发掘领导活动中的问题，改变一些僵化的不合理的传统作风和领导方式，使得领导方式不断趋于合理，领导关系更加融洽。领导者在创新过程中通过表率作用可以激励和鼓舞组织成员，树立自身的威信和影响力。

四、领导创新的内容

（一）领导观念创新

观念是行为的先导，人们的行为都是受着一定思想观念的支配和约束。观念的创新就是运用新的观点、新的思维方法去研究组织领导实践中出现的现实问题，寻求解决问题的新途径，利用全新的创新成果来改造组织的领导活动过程，为组织领导活动开辟新局面。

观念创新也意味着思想解放，需要使每个组织成员果断地摒弃陈旧、僵化的观念，不断将自身的思想跟上时代进步和环境发展的步伐，以用来指导组织的领导实践，更好地参与领导活动。观念创新是整个组织的共同使命，不仅仅是领导者，每个员工都应将观念创新作为自己的职责。

（二）领导方式创新

领导方式是领导者从事领导活动所遵循的比较稳定的领导模式。一般组织中常见的领导方式有：集权式领导、分权式领导、重事式领导、重人式领导、人事并重式领导、专断式领导、民主式领导、放任式领导等。一个组织在长期发展过程中，往往形成比较固定的领导模式，有着一套习惯的领导方式方法。显然，这样的领导方式是适应当时的组织环境、工作任务特点、领导者和被领导者的状况的。

随着客观环境的变化、任务性质的变化，领导方式不是教条式一成不变的。领导者要根据对各种因素的分析掌握，因地制宜、因时制宜、因人制宜，根据不同的对象和情况，进行领导方式的创新。领导方式创新既包括在领导活动中探索出具有突破性的全新的领导方式，也包括在组织中引入已经产生但从未在本组织运用过的领导方式。由于思维和制度的惯性，对原有领导方式的摒弃和新的领导方式的引入必然存在着较大的阻力，领导者应该知难而上，协调有关因素，善于将压力转化为动力。

（三）领导环境创新

环境是客观的，不以人的意志为转移的，但这并不意味着人们在环境面前是消极被动的。

环境创新首先需要正确认识环境，这是人们能否驾驭环境和开展创新的基础和前提。创新者必须对领导活动环境中的各个因素进行把握，既要看到有利的方面，也要看到问题和困难的方面；既要了解历史和现时的环境，又要预测和把握未来的环境。只有全方位、多层次、多角度地认识环境，才能为环境创新打下基础。

其次，环境因素的客观性，决定了在领导活动中必须遵循环境及其客观发展规律。适应环境，要求适应环境的发展规律，要求按照环境的客观规律办事。违背了环境发展的趋势和力量，注定是要碰壁的。

再次，环境创新不能局限于适应环境，它不仅包括组织为适应外界环境变化而调整组织自身的领导活动和关系，而且要发挥人的主观能动性，通过领导创新活动去影响、改变环境，使环境更加有利于未来领导活动的顺利开展。

最后，领导环境创新不仅要积极改变组织内环境，比如工作氛围、工作关系、领导者与被领导者的关系，也要积极改变组织外部的大环境。这需要有意识地去组织开展一系列的公关，与环境积极沟通，参与社区活动等。

（四）领导制度创新

这里的领导制度主要是指组织日常领导活动中各种具体程序规则的总称。其中分配制度具有重要的意义。分配制度是对组织权利、物质资源分配的规定，也决定了领导活动的本质。分配制度在于如何根据需要将资源在组织及组织成员之间分配，以保证组织的稳定运行。分配制度包括对资源消耗的测度，对组织成员贡献的衡量，对组织成员能力的认识，资源分配的方式原则等。

合理的分配制度可以保证组织运行中资源的平衡供应，激发组织员工的工作热情。分配制度的创新的主旨在于寻找组织以往从未采用过的新的分配程序、分配原则、分配标准、分配方式等，实现报酬与贡献的平衡，责任与权利的平衡，静态结构与动态调整之间的平衡。

第六节　领导者

一、领导者的含义

领导者，是指居于某一领导职位拥有一定领导职权承担一定领导责任实施一定领导职能的人。在职权、责任、职能三者之中，职权是履行职责、行使职能的一种手段和条件，履行职责、行使职能是领导者的实质和核心。但是，领导者要想有效地行使领导职能，仅靠制度化的、法定的权力是远远不够的，必须拥有令人信服和遵从的高度权威，才能对下属产生巨大的号召力、磁石般的吸引力和潜移默化的影响力。

领导者的职务、权力、责任和利益的统一，是领导者实现有效领导的必要条件。职务是领导者身份的标志，并由此产生引导、率领、指挥、协调、监督、教育等基本职能；权力是领导者履行领导职能所需要的法定权力；责任是领导者行使权力所需要承担的后果；利益是领导者因工作好坏获得的报偿和受到的奖惩。领导者职务、权力、责任、利益的统一，突出表现为有职务必须要有相应的权力,有权力必须负起应有的责任,尽职尽责的领导者应当受到一定的奖励。反过来说,有职无权就无法履行领导责任,有权无责就会滥用权力,不尽职尽责应该受到惩罚。

二、领导者的类型

(一)集权式领导者

所谓集权,是指领导者把管理的制度权力进行收揽的行为和过程。因此,所谓集权式领导者,就是把管理的制度权力相对牢固地进行控制的领导者。由于管理的制度权力是由多种权力的细则构成的,如奖励权、强制权收益的再分配权等,这就意味着对被领导者或下属而言,受控制的力度较大。在整个组织内部,资源的流动及其效率主要取决于集权领导者对管理制度的理解和运用。同时,个人专长权和影响权是他行使上述制度权力成功与否的重要基础。这种领导者把权力的获取和利用看成是自我人生价值的实现。

显然这种领导者的优势在于,通过完全的行政命令,管理的组织成本在其他条件不变的情况下,要低于在组织边界以外的交易成本。这对于组织在发展初期和组织面临复杂突变的变量时,是有益处的。但是,长期将下属视为可控制的工具,则不利于他们职业生涯的良性发展。

(二)民主式领导者

和集权式领导者形成鲜明对比的,是民主式领导者。这种领导者的特征是向被领导者授权,鼓励下属的参与,并且主要依赖于其个人专长权和影响权影响下属。从管理学角度看,意味着这样的领导者通过对管理制度权力的分解,进一步通过激励下属的需要,去实现组织的目标。不过,由于这种权力的分散性,使得组织内部资源的流动速度减缓,因为权力的分散性一般导致决策速度降低,进而增大了组织内部的资源配置成本。但是这种领导者对组织带来的好处也十分明显。通过激励下属的需要,组织发展所需的知识,尤其是意会性或隐性知识,能够充分地积累和进化,员工的能力结构也会得到长足提高。因此,相对于集权式领导者,这种领导者更能为组织培育未来发展所需的智力资本。

(三)维持型领导者

维持型领导者一般也称为事务型领导者(Transactional Leader)。这种领导者通过明确角色和任务要求,激励下属向着既定的目标活动,并且尽量考虑和满足下属的社会需要,通过协作活动提高下属的生产率水平。他们对组织的管理职能推崇备至,勤奋、谦和而且公正,将把事情理顺、工作有条不紊地进行引以为自豪。这种领导者重视非人格的绩效内容,如计划、日程和预算,对组织有使命感,并且严格遵守组织的规范和价值观。

(四)创新型领导者

1. 魅力型领导者

这种领导者有着鼓励下属超越他们的预期绩效水平的能力。他们的影响力来自以下方面:有能力陈述一种下属可以识别的、富有想象力的未来远景;有能力提炼出一种每个人都坚定不移赞同的组织价值观系统;信任下属并获取他们充分的信任回报;提升下属对新结果的意识,激励他们为了部门或组织而超越自身的利益。这种领导者不像事务型领导者那样不擅长预测,而是善于创造一种变革的氛围,热衷于提出新奇的、富有洞察力的想法,并且还能用这样的想法去刺激、激励和推动其他人勤奋工作。此外,这种领导者对下属有某种情感号召力,可以鲜明地拥护某种达成共识的观念,有未来眼光,而且能就此和下属沟通,激励他们的工作方向。

2. 变革型领导者

变革型领导者(Transformational Leader)鼓励下属为了组织的利益而超越自身利益,并能对下属产生深远而且不同寻常的影响,如美国微软公司的比尔·盖茨。这种领导者关心每一个下属的日常生活和发展需要，帮助下属用新观念分析老问题，进而改变他们对问题的看法，能够激励、唤醒和鼓舞下属为达到组织或群体目标而付出加倍的努力。

3. 战略领导者

战略领导者的特征是用战略思维进行决策。战略，本质上是一种动态的决策和计划过程，追求的是长期目标，行动过程是以战略意图为指南，以战略使命为目标基础。因此，战略的基本特性，是行动的长期性、整体性和前瞻性。对战略领导者而言，是将领导的权力与全面调动组织的内外资源相结合，实现组织长远目标，把组织的价值活动进行动态调整，在市场竞争中站稳脚跟的同时，积极竞争未来，抢占未来商机领域的制高点。战略领导者认为组织的资源由有形资源、无形资源和有目的地整合资源的能力构成。他们的焦点经常超越传统的组织边界范围中的活动，进入组织之间的相互关系地带，并将这种区域视为组织潜在的利润基地。

管理人力资本的能力是战略领导者最重要的技能。能干的战略领导者有能力创造产生知识资本的社会结构，能提出组织创新的思想。现代社会的竞争，将不止是产品之间或组织之间的竞争，更是组织管理人员的思维方式之间和管理框架之间的竞争。战略领导者行为的有效性，取决于他们愿意进行坦荡、鼓舞人心但却是务实的决策。他们强调同行、上级和员工对于决策价值的反馈信息，讲究面对面的沟通方式。

战略领导者一般是指组织的高层管理人员，尤其是首席行政长官(CEO)。其他战略领导者还包括企业的董事会成员、高层管理团队和各事业部的总经理。不管头衔和组织的功能怎样，战略领导者一般具有不可授权的决策责任。没有战略领导者，也就无所谓战略的提出与实施。

> 所谓领导的才能，即能使下属的见识更上层楼，提高他们的绩效标准，并帮助他们塑造独特的个性。
>
> ——彼得·德鲁克

三、领导者应具备的素质

(一)自我修炼，懂得做人

品德高尚是新时期领导者成功之本，知识经济的到来，对组织的领导者素质提出了更多更新的要求。作为一名领导者要主动适应时代的要求，自觉增强素质修养意识。

一是要政治坚定。加强政治思想和道德情操修养，形成良好的思想作风和工作风格，塑造自己崇高思想品德、净化思想灵魂。二是培养良好的心理素质，优化非智力因素。加强个性和素质修养，以远大的志向、坚定的信念和强烈的责任感树立起良好的人格形象。要会做人，让别人喜欢你，愿意和你一起工作，学习；能真诚地欣赏他人的优点，对人诚实、正直、公正、和善和宽容。对他人的生活、工作要表现出深切的关心。在人际交往中，奉行“已所不欲，勿施于人”的原则，不以自我为核心，能设身处地地为别人着想。三是要善于学习，不断提高知识素养。在当前竞争激烈的环境中，没有相当高的文化知识是很难胜任一个领导职务的，那些只有中学文化就能当上一个单位领导的现象，已经不会像以前那样普遍出现了。这就要求领导者要加强科学文化知识学习，努力拓展知识面，注意构筑自己多元化的知识结构。四是要有较强的自信心，有较强的承受刺激及个体自控能力、应变能力和适应能力。能够正确评价自我，脚踏实地，将远大的自我实现目标和现实结合起来，善于调整自己的消极情绪。

> 刘邦有两种好的领导特质，他知道自己拥有的唯一资源是“人”，而成功所依靠的是“能干的人”。所以，他首先承认自己的不足，能够认真听取进别人的意见；第二，他知道自己的能力有限，因此他不会卖弄聪明对部下指手划脚。对于像萧何、韩信、张良、陈平这样的精英来说，刘邦是“有道明君”——因为跟着刘邦他们可以尽情施展才华，不用担心自己没有用武之地。

(二)求真务实,脚踏实地

求真务实,对于领导者来说,既是能否清廉为政,执政为民的试金石,也是领导者必须具备的思想和政治素质。领导者除了要深刻理解求真务实的科学内涵外,还特别需要有一种脚踏实地、求真务实的精神和作风。要善于从实际出发,不好大喜功,不投机取巧,在脚踏实地的苦干中获得效益和信誉,为单位或组织发展努力工作,以扎实推进各项工作的全面协调和谐发展。

作为一个优秀的领导者和政治家,知人之明是把手下人才都摆放到最合适的位置上,从而组建出最佳的组合,发挥团队最大能量。

刘邦的知人之明更为人所称道。一次他派韩信前去攻打魏王豹,以灌婴、曹参为副手。他问郦食其说:“魏王豹以谁为大将?”郦食其回答说:“柏直。”刘邦就说:“那是个乳臭未干的毛头小子,不是韩信对手。是谁统领骑兵?”郦食其说:“是冯敬。”刘邦说:“是秦朝大将冯无择的儿子啊,虽然有些本事,也不是灌婴的对手。谁统领步兵?”郦食其回答:“项陀。”刘邦这下就高兴了:“项陀也不是曹参的对手。我再没有什么可担忧的了。”他对敌我双方将领的能力了解得清清楚楚,因人而用,的确是很了不起。

后来刘邦临死,吕雉问他:“您驾崩后,萧相国如果也去世了,谁可以取代他?”刘邦回答说:“曹参可以当相国。”吕雉又问:“要是曹参也去世了呢?”刘邦说:“可以用王陵。只是王陵不大聪明,需要陈平辅佐他。陈平才智是够了,却缺乏独当一面的能力。周勃重厚少文,但将来安定刘家天下的必然是他,可以任命他为太尉掌管兵权。”结果后来发生的事情正如他所料。萧何死后曹参为相国,萧规曹随,与民生息,天下传为美谈。紧接着诸吕擅权,危及刘家天下,正是依靠陈平、周勃等人的力量才得以挽救。可见刘邦之知人。刘邦圈子中的次级核心人物是萧何、张良、韩信,这三人被后世称为“汉初三杰”。刘邦自己也承认是靠这三人的力量击败项羽夺得天下的,如何驾驭领导这三个人,是刘邦的最大课题。

一般来说,一个系统中最稳定的架构是一个的三角形结构。萧何、张良、韩信三个人就是一稳定的三角:他们是平行的级别,只对最高首长刘邦负责。他们是互相依赖的,工作上有明确的分工,这种分工也形成了互相之间的制约。他们都是专业型人才,性格也不同,三个人不可能联合起来对付刘邦——他们谁也领导不了谁,不可能产生新的领袖。而且,如果圈子中除了领袖,还有一位全面型的二把手作为次级核心的话,那领袖晚上肯定睡不着觉;如果有两个次级核心的话,这两个人很容易联合起来共同谋逆——最高首长很容易成为他们共同的敌人,而三个人联合的难度要大得多;再者,如果没有得力的次级核心和干部,也不行,事情干不成了。作为最高领导,随时要掌握全局,不可能让其中的一股势力发展壮大到威胁其他两人的地步,更不要说威胁自己了。刘邦与“汉初三杰”的搭配,可以称得上是一个千古经典的政治组合。

摘自:http://blog.sinA.com.cn/s/blog_495669790100fmbo.html(有删减)

(三)善于创新,追求卓越

创新就是突破传统习惯,打破思维定式,创造前所未有的新事物。创新是知识经济可持续发展的源泉,是市场经济活动的动力,也是领导者精神的核心内容。作为领导者若具备了创新力就具备了工作的动力、发展的潜力,就能开创工作新局面;若缺乏创新力就缺乏活力、缺乏激情,干事创业就缺乏斗志。因此,这就要求领导者,要勇于追求卓越,敢于超越前人,创造性地解决问题,在力求提高执政能力的同时,树立创新意识,敢想、敢干、敢试,与时俱进,抢抓机遇,加速发展要学会观念和理论上的创新,体现在组织与管理领域之中,形成创新的组织体系。要创新用人观,要在坚持任人唯贤、知人善任的基础上,建立“赛选”机制变“相马”为“赛马赛中选马,干中辨才”。要创新和引入新的管理理念,提高和放大管理效能,建立有效的激励机制和符合科学发展观要求的目标绩效考核体系和评价体系,改变“一句定全年”的传统考核模式。

对于创新还值得一提的是,一个要取得成功的组织,一个有远见的领导者,无论其自身能否成为管理创新的主体,都应该充分重视、发掘和培养组织中管理层及组织员工成为管理创新主体的可能性。如果组织中许多管理人员和员工都在进行管理创新的探索,那么这个组织必将无往而不胜。

(四)审时度势,科学决策

决策就是针对问题和目标,分析问题、解决问题,决策是行使权力的主要表现形式。决策贯穿于组织的所有活动之中,决策权是所有权力的核心,其领导者的主要职责就是决策。

《孙子兵法》中提到知己知彼,百战不殆。不知彼而知己,一胜一负,不知彼不知己,每战必殆。这些2 500年前的论述,闪烁着朴素的决策思想,精辟、概括地阐明了决策本身就是一个比较选择的过程。知识经济时代,科学技术突飞猛进,市场风云变幻莫测。作为组织的领导者,必须克服困难,挤出时间学习充电,增强专业知识的深度和广度,为形成和提高决策能力打下良好的基础。做个有头脑、善思考的人,还要做到多听、善听、集思广益与敢拿主意、大胆决策相统一,以系统的思路和全新的观念,把握时代的脉搏。面对不断变化的市场,单位的事业经营方案总是不止一个,决策就是要对各种方案进行分析、比较,然后选择一个最佳方案。因此,必须审时度势,及时捕捉有用的信息,迅速作出准确判断,适时进行科学决策,这也是在扑朔迷离的市场中把握成功的关键。总之,领导者的价值在于做“正确的事情同时帮助各阶层的管理人员”把事情做正确把决策落实。这样才能在日趋激烈的竞争中抢占先机,加快发展步伐。

(五)明确目标,充满热忱

关于“领导”的概念,世界级企管大师班尼士也曾下过这样的定义:“创造一个令下属追求的前景和目标,将它转化为大家的行为,并完成或达到所追求的前景和目标。”团结协作,积极奋斗的精神是一个组织辉煌业绩的保证。现代科技越来越复杂,市场竞争如此激烈,靠个人奋斗既不可能征服科技高峰,也不可能战胜竞争对手。所以,领导者必须习惯于为他们的组织建立目标,率领全体员工共同努力,使全体员工为之奋斗,为之奉献,而不是简单地服从和投入。要使员工能奉献于组织共同的愿景,就必须使目标深植于每个员工的心中,必须和每个员工信守的价值观相一致,以达成组织目标。创建学习型组织,便是实施手段之一,因为学习型组织能够使各阶层所有成员全心投入,互动式学习,实现资源共享,提高和发挥创造力。

凡是成功的领导者,他们对事业总是充满着热忱和活力,并由此不断激发出激情和创造力。

热忱有时候比领导者的才能更重要,若二者兼具,则天下无敌。那么,领导者在事业中如何才能产生持久的热忱,其方法之一就是要制定出一个目标,并努力达到这个目标,而在达到这个目标之后,再定出一个目标,再去努力达到,循环往复。这样做,就可以保持充分的活力,效率更高地向目标和未来进军。

21世纪,我们面对的是日新月异的知识经济时代,技术进步一日千里,市场竞争越演越烈,这些都对领导者提出了更高的要求。只有具备高素质的领导者,才能以其巨大的影响力,适时地推动一个组织、一个单位的变革,不断适应新的环境变化,永久立于不败之地。

四、领导者应具有的五种习惯

习惯可以改变人的一生。虽然我们已经了解了许多提高自身素质的方法,但这些方法如果不能转变成自己的习惯,还是没有任何意义。下面列举的是作为一名合格的领导者必备的五种习惯,这些习惯并不复杂,但作用却非常显著。如果您是一位领导者,或者您希望将来成为领导者，就应该从现在做起，努力培养这些习惯。

（一）延长工作时间

许多人对这项习惯不屑一顾，认为只要自己在上班时间提高效率，没有必要再加班加点。实际上，延长工作时间的习惯对领导者的确非常重要。

作为一名领导者，不仅要将本职的事务性工作处理得井井有条，还要应付其他突发事件，思考部门及公司的管理及发展规划。有大量的事情不是在上班时间内出现，也不是在上班时间内可以解决的，这需要领导者根据公司的需要随时为公司工作。但是，在不同时期和不同情况下，领导者超额工作的方式也有不同。如为了完成一个计划，可以在公司加班；为了理清管理思路，可以在周末看书和思考；为了获取信息，可以在业余时间与朋友们联络。总之，领导者所做的这一切，可以使领导者在公司更加称职，从而巩固领导者的地位。

（二）始终表现出对公司及公司产品的兴趣和热爱

领导者在任何时候都应表现出对公司及其产品的兴趣和热爱，不论是在工作时间，还是在下班后；不论是对公司员工，还是对客户及朋友。当领导者向别人传播对公司的兴趣和热爱时，别人也会从领导者身上体会到他的自信及对公司的信心。没有人喜欢与悲观厌世的人打交道，同样，公司也不愿让对公司的发展悲观失望或无动于衷的人担任领导工作。

（三）自愿承担艰巨的任务

公司的每个部门和每个岗位都有自己的部门及岗位职责，但总有一些突发事件无法明确划分到部门或个人，而这些事情往往还都是比较紧急或重要的。如果领导者是一名合格的领导者，就应该从维护公司利益的角度出发，积极去处理这些事情。面对艰巨的任务，领导者更应该主动去承担。不论事情成败与否，这种知难而上的精神也会让大家对领导者产生认同。另外，承担艰巨的任务是锻炼领导者能力的难得机会，长此以往，领导者的能力和经验会迅速提升。当然在完成这些艰巨任务的过程中，领导者有时也会感到很痛苦，但痛苦会让领导者成熟。

（四）在工作时间避免闲谈

可能领导者的工作效率很高，可能领导者现在很累，但是一定要注意，不要在工作时间闲谈。在公司并不是每个人都很清楚领导者当前的工作任务和工作效率，所以闲谈只能让人感觉领导者很懒散或很不重视工作。另外，闲谈也会影响他人的工作，引起别人的反感。领导者也不要做其他与工作无关的事情，如听音乐、看报纸等。如果领导者没有事做，可以看看本专业的相关书籍，查找一下最新专业资料等。总之，领导者必须让人感觉他在工作时间的每一分钟都是充实和高效的。

（五）向公司领导提出部门或公司管理问题及建议

作为一名领导者，必须始终以领导者的眼光观察部门和公司所发生的事情，并及时将发现的问题归纳总结，向公司领导提出管理建议。当然领导者的上级可能不会安排领导者做这些事情，但领导者的管理能力却是上级考核领导者的重要内容。领导者必须让别人感觉到，他始终关心着公司的发展。除向上级提出管理建议之外，一些小的管理方法可以直接在部门内部实施。只要这些方法行之有效，提高了部门的工作效率，领导者的工作就会被肯定。

思考题

1 什么是领导？
2 简述领导的两种属性及其关系。
3 简述领导特质论。
4 简述领导行为论。
5 简述领导权变论。

6　简述21世纪领导的问题及领导应具备的能力。

【案例分析】

处理投诉

作为生意人,不仅要向顾客提供优质的产品和上乘的服务,更重要的是通过自己的产品和服务使顾客获得一定程度的满足。但是往往事非人愿,并不是所有顾客都对产品和服务满足。我们常常会被那些不满足的顾客抱怨和指控。所以一个具有远见卓识的经营者不但在经营方面有奇招和怪招,而且在处理投诉方面也要有庖丁解牛、游刃有余的能力。

有一个生产美容品的工厂。一天,一位不速之客怒气冲冲地跑进工厂,指手画脚地对张厂长说:“你们的美容霜不如叫毁容霜算了!我的18岁的女儿用了你们厂的‘美容霜’后,面容受到严重的破坏,现在她连门都不敢出,我要控告你们,你们要负起经济责任,要赔偿我们所有的损失!”

张厂长听完,稍加思索,心里明白了几分。但他仍诚恳的道歉:“是吗?竟发生这样严重的事,实在对不起您,对不起令爱。不过,现在当务之急是马上送令爱到医院医治,其他的事我们以后再慢慢说。”

那位不速之客本想臭骂一番,出口窝囊气,万万没想到厂长不但认真而且还挺负责的。想到这里她的气消了一些。于是在厂长的亲自陪同下,她的女儿去了医院皮肤科检查。

检查的结果是:小姐的皮肤有一种遗传性的过敏症,并非由于美容霜有毒所致。医生开了处方,并安慰她说不久便会痊愈,不会有可怕的后遗症。

这时,母女的心才放下来。她们对张厂长既感激又敬佩。张厂长又说:“虽然我们的护肤霜并没有任何有毒成分,但小姐的不幸,我们是有责任的,因为虽然我们的产品说明书上写着‘有皮肤过敏症的人不适用本新产品’,但小姐来购时,售货员一定忘记问她是否有过皮肤过敏症,也没有向顾客叮嘱一句注意事项,致使小姐遇到麻烦。”

小姐听到这些话,再拿起美容霜仔细一看,果然包装上明确说明,只怪自己没看清就用了。心中不禁有些懊悔。张厂长见此情景便安慰她:“小姐请放心,我们曾请皮肤专家认真研究过关于患有过敏症的顾客的护肤问题,并且还开发设计了好几种新产品,效果都很好,等您治愈后,我再派人给您送两瓶试用一下。保证以后不再出现过敏反应,也算我们对今天这事的补偿,你们意见如何?”

讨论:浅谈张厂长对这事处理的艺术。

第十五章　激励

◆**本章关键词**

1. 激励　2. 激励理论　3. 动机　4. 需求层次　5. 期望理论　6. 强化激励

第一节　激励的原理

领导艺术也就是激励的艺术，好的激励形式才能产生更高的效率。有效的激励有不同的方式，物质的、精神的、表扬的、批评的、提升的、降职的等。这就如同孙悟空手里的金箍棒，如果想不断提高工作、生产效率，只需轻轻挥舞这根伸缩如意的棒子就行了。

一、激励的含义

激励，就是组织通过设计适当的外部奖酬形式和工作环境，以一定的行为规范和惩罚性措施，借助信息沟通，来激发、引导、保持和归化组织成员的行为，以有效地实现组织及其成员个人目标的系统活动。这一定义包含以下几方面的内容：

第一，激励的出发点是满足组织成员的各种需要，即通过系统设计适当的外部奖酬形式和工作环境，来满足企业员工的外在性需要和内在性需要。

第二，科学的激励工作需要奖励和惩罚并举，既要对员工表现出来的符合企业期望的行为进行奖励，又要对不符合员工期望的行为进行惩罚。

第三，激励贯穿于企业员工工作的全过程，包括对员工个人需要的了解、个性的把握、行为过程的控制和行为结果的评价等。因此，激励工作需要耐心。赫兹伯格说，如何激励员工：锲而不舍。

第四，信息沟通贯穿于激励工作的始末，从对激励制度的宣传、企业员工个人的了解，到对员工行为过程的控制和对员工行为结果的评价等，都依赖于一定的信息沟通。企业组织中信息沟通是否通畅，是否及时、准确、全面，直接影响着激励制度的运用效果和激励工作的成本。

第五，激励的最终目的是在实现组织预期目标的同时，也能让组织成员实现其个人目标，即达到组织目标和员工个人目标在客观上的统一。

二、激励的基本原则

（一）目标结合原则

在激励机制中，设置目标是一个关键环节。目标设置必须同时体现组织目标和员工需要的要求。

（二）物质激励和精神激励相结合的原则

物质激励是基础，精神激励是根本。在两者结合的基础上，逐步过渡到以精神激励为主。

（三）引导性原则

外激励措施只有转化为被激励者的自觉意愿，才能取得激励效果。因此，引导性原则是激励过程的内在要求。

（四）合理性原则

激励的合理性原则包括两层含义：其一，激励的措施要适度。要根据所实现目标本身的价值大小确定适当的激励量；其二，奖惩要公平。

(五)明确性原则

激励的明确性原则包括三层含义:其一,明确。激励的目的是需要做什么和必须怎么做;其二,公开。特别是分配奖金等大量员工关注的问题时,更为重要。其三,直观。实施物质奖励和精神奖励时都需要直观地表达它们的指标,总结和授予奖励和惩罚的方式。直观性与激励影响的心理效应成正比。

(六)时效性原则

要把握激励的时机,“雪中送炭”和“雨后送伞”的效果是不一样的。激励越及时,越有利于将人们的激情推向高潮,使其创造力连续有效地发挥出来。

(七)正激励与负激励相结合的原则

所谓正激励就是对员工的符合组织目标的期望行为进行奖励。所谓负激励就是对员工违背组织目的的非期望行为进行惩罚。正负激励都是必要而有效的,不仅作用于当事人,而且会间接地影响周围其他人。

(八)按需激励原则

激励的起点是满足员工的需要,但员工的需要因人而异、因时而异,并且只有满足最迫切需要(主导需要)的措施,其效价才高,其激励强度才大。因此,领导者必须深入地进行调查研究,不断了解员工需要层次和需要结构的变化趋势,有针对性地采取激励措施,才能收到实效。

三、对人的认识

既然激励是根据人的行为规律来调动人的积极性,那么首先应该对人的本质有一个基本的认识。基于对人的不同认识,相应的就会有不同的激励理论和激励方法。

对人的认识包括对于人们本身的特性即人性的认识,对人所处的环境特性即客观存在的周围环境的认识。对组织中人的不同假设,将直接影响着主管人员的管理行为。美国的行为科学家麦格雷戈(D. M. McGregor)在他所著的《企业的人性面》一书中,提出了两种对立的管理理论:X 理论 - Y 理论;美国心理学家和行为学家谢恩(Edgar H. Schein)归纳分类了人性的四种假设,即理性 - 经济人、社会人、自我实现人和复杂人的假设。

(一)“经济人”(Rational-economic Man)假设

“经济人”又称为“理性 - 经济人”,也称为实利人。此假设把人的一切行为都看成是为了最大限度地满足自己的经济利益,工作就是为了获得报酬。泰勒是“经济人”观点的典型代表,他提出的差别计件工资制就是基于这样一种观点。美国管理学者麦格雷戈提出的 X 理论就是对”经济人”假设的概括。其基本观点如下:

(1)多数人是十分懒惰的,他们总想逃避工作。

(2)多数人没有雄心壮志,不愿负任何责任,而甘心情愿地受别人指导。

(3)多数人的个人目标都是与组织目标相矛盾的,必须用强制、惩罚的办法,才能迫使他们为达到组织的目标而工作。

(4)多数人干工作都是为了满足基本的需要,只有金钱和地位才能鼓励他们工作。

(5)人大致可分为两类,多数人都是符合上述设想的人,另一类人是能够自己鼓励自己,能够克制感情冲动的人,这些人应承担管理的责任。

组织以经济报酬来使人们服从和作出功效,并应以权力和控制体系来保护组织本身及引导职工,其管理的重点在于提高效率,完成任务。其管理特征是订立各种严格的工作规范,加强各种法规和管制;为了提高士气,则用金钱刺激,同时对消极怠工者严厉惩罚,即采用“胡萝卜加大棒”的政策。

(二)“社会人”(Social Man)假设

霍桑实验研究的最大意义在于,它使人们认识到:社会性需求的满足往往比经济上的报酬更能刺激人们。人们在长期的社会生活中发现，只有在顾全集体利益时，个人利益才能得到保障。“社会人”假设认为：

(1)从根本上说，人是由社会需求而引起工作动机的，并且通过与同事的关系而获得认同感。

(2)工业革命的结果，使工作本身失去了意义，因此只能从工作的社会关系去寻求意义。

(3)职工对同事们的社会影响力，要比管理者所给予的经济诱因及控制更为充实。

(4)职工的工作效率随着上司能满足他们的社会需求的程度而改变。

此假设得出的管理方式与根据“经济人”的假设得出的管理方式完全不同。他们强调除了应注意工作目标(指标)的完成外，更应注意从事此项工作的人们的要求。不应只注意指挥、监督等，而应该重视员工之间的关系，培养和形成员工的归属感和认同感；不应只注意对个人的奖励，应提倡集体奖励制度，这种假设无疑比前一个假设进了一步。

(三)“自我实现人”(Self-actualizing Man)假设

“自我实现人”是美国管理学家、心理学家马斯洛(Abraham Maslow)在人的需要层次理论中提出来的。自我实现指的是“人都需要发挥自己的潜力，表现自己的才能，只有人的潜力充分发挥出来，人才会感到最大的满足”。这就是说，人们除了上述的社会需求外，还有一种享受充分运用自己的各种能力，发挥自己自身潜力的欲望。

麦格雷戈在总结并归纳了马斯洛与其他类似观点的基础上，相对于 X 理论提出了 Y 理论：

(1)一般人都是勤奋的，如果环境条件有利，工作就同游戏或休息一样自然。

(2)控制和惩罚不是实现目标的唯一手段，人们在执行任务中能够自我指导和自我控制。

(3)在适当条件下，一般人不仅会接受某种职责，而且还会主动寻求职责。

(4)大多数人而不是少数人，在解决组织的困难问题时，都能发挥高度的想象力、聪明才智和创造性。

(5)有自我满足和自我实现需求的人往往以达到组织目标作为自己致力于实现目标的最大报酬。

(6)在现代社会条件下，一般人的智力潜能只得到一部分的发挥。

因此，主管人员的任务是，安排好组织工作方面的条件和作业的方法，使人们的智慧潜能充分发挥出来，更好地为实现组织目标和自己具体的个人目标而努力。这主要是一个创造机会、挖掘潜力、鼓励发展的过程。

Y 理论认为，只要人们被说服去接受组织任务，也就是说，一个组织的主管人员若能把工作安排得比较富有意义和挑战性，能使组织的成员认为能够以从事这一工作而自豪，或者以实现组织的目标而得到自我满足，就不需要组织的其他特别激励，而且组织成员能自我激励来完成组织的目标。这可以说是一种理想的管理方法。

(四)“复杂人”(complex man)假设

“复杂人”是 20 世纪 60 年代末至 70 年代初提出的假设。上述三种假设虽各有一定的合理性，但不能适用一切人。因为人是复杂的，不仅因人而异，而且一个人本身在不同的年龄、地点、时期也会有不同的表现。人的需求会随着外部环境和自身的条件而变化，人与人之间的关系也会改变的。

根据上述假设，提出了新的理论，称为超 Y 理论，含义如下：

(1)人的需要是多种多样的，而且这些需要随着人的发展和生活条件的变化而发生变化。每个人的需要各有不同，需要的层次也因人而异。

(2)人在同一时期内有各种需要和动机，他们会发生相互作用并结合成为统一的整体，形成错综复杂的动机模式。

(3)人在组织中的工作和生活条件是不断变化的,因而会产生新的需要和动机。

(4)一个人在不同的单位或同一单位的不同部门工作,会产生不同的需要。

(5)由于人的需要不同,能力各异,对不同的管理方式会有不同的反应,因此没有适合于任何组织、任何时间、任何人的统一的管理方式。

在上述假设中,要求主管人员根据具体的人的不同,灵活采用不同的管理措施,即因人因事而异,不能千篇一律。通常人们也认为这是管理学的权变理论。

在实际生活中,人是千差万别的,并非几种类型所能全部概况得了的,因而过分依赖关于人的性质的各种假设是危险的。但我们应该看到的是,这些分类假设对我们研究管理工作有很大的帮助。它至少可以使我们认识到,作为社会环境中的个人是一个非常重要的因素,他们是社会系统中的组成部分,而绝不是被动的成员。

第二节　激励理论

在经济发展的过程中,劳动分工与交易的出现带来了激励问题。激励理论是行为科学中用于处理需要、动机、目标和行为四者之间关系的核心理论。行为科学认为,人的动机来自需要,由需要确定人们的行为目标,激励则作用于人内心活动,激发、驱动和强化人的行为。激励理论是业绩评价理论的重要依据,它说明了为什么业绩评价能够促进组织业绩的提高,以及什么样的业绩评价机制才能够促进业绩的提高。

早期的激励理论研究是对于"需要"的研究,回答了以什么为基础、或根据什么才能激发调动起工作积极性的问题,包括马斯洛的需求层次理论、赫茨伯格的双因素理论和麦克利兰的成就需要理论等。最具代表性的马斯洛需要层次论就提出人类的需要是有等级层次的,从最低级的需要逐级向最高级的需要发展。需要按其重要性依次排列为:生理需要、安全需要、社会需要、尊重需要和自我实现需要。并且提出当某一级的需要获得满足以后,这种需要便中止了它的激励作用。

激励理论中的过程学派认为,通过满足人的需要实现组织的目标有一个过程,即需要通过制订一定的目标影响人们的需要,从而激发人的行动,包括弗洛姆的期望理论、洛克和休斯的目标设置理论、波特和劳勒的综合激励模式、亚当斯的公平理论、斯金纳的强化理论等。

一、内容激励理论

内容型激励理论,是指针对激励的原因与起激励作用的因素的具体内容进行研究的理论。这种理论着眼于满足人们需要的内容,即人们需要什么就满足什么,从而激起人们的动机。见图 15.1。

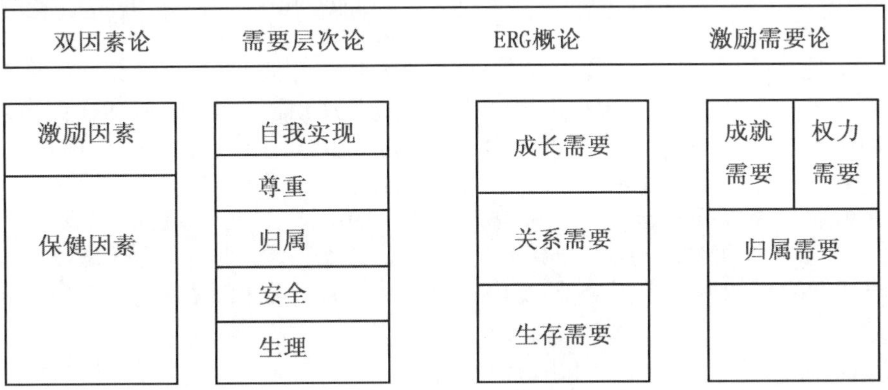

图 15.1　内容激励理论的内容

(一)需求层次激励理论

马斯洛的需求层次理论是研究组织激励时应用得最广泛的理论。

如图15.2所示,马斯洛理论把需求分成生理需求、安全需求、社交需求、尊重需求和自我实现需求五类,依次由较低层次到较高层次。

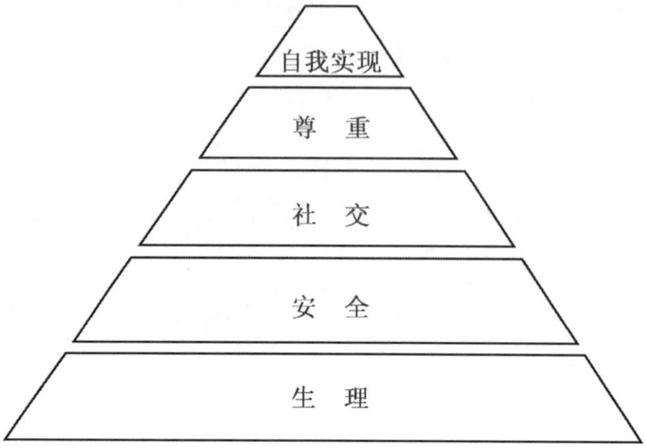

图15.2　马斯洛需求层次

1. 生理需求

对食物、水、空气和住房等需求都是生理需求,这类需求的级别最低,人们在转向较高层次的需求之前,总是尽力满足这类需求。一个人在饥饿时不会对其他任何事物感兴趣,他的主要动力是得到食物。即使在今天,还有许多人不能满足这些基本的生理需求。管理人员应该明白,如果员工还在为生理需求而忙碌时,他们所真正关心的问题就与他们所做的工作无关。当努力用满足这类需求来激励下属时,我们是基于这种假设,即人们为报酬而工作,主要关于收入、舒适等,所以激励时试图利用增加工资、改善劳动条件、给予更多的业余时间和工间休息、提高福利待遇等来激励员工。

2. 安全需求

安全需求包括对人身安全、生活稳定以及免遭痛苦、威胁或疾病等的需求。和生理需求一样,在安全需求没有得到满足之前,人们唯一关心的就是这种需求。对许多员工而言,安全需求表现为安全而稳定以及有医疗保险、失业保险和退休福利等。主要受安全需求激励的人,在评估职业时,主要把它看做不致失去基本需求满足的保障。如果管理人员认为对员工来说安全需求最重要,他们就在管理中着重利用这种需要,强调规章制度、职业保障、福利待遇,并保护员工不致失业。如果员工对安全需求非常强烈时,管理者在处理问题时就不应标新立异,并应该避免或反对冒险,而员工们将循规蹈矩地完成工作。

3. 社交需求

社交需求包括对友谊、爱情以及隶属关系的需求。当生理需求和安全需求得到满足后,社交需求就会突出出来,进而产生激励作用。在马斯洛需求层次中,这一层次是与前两层次截然不同的另一层次。这些需要如果得不到满足,就会影响员工的精神,导致高缺勤率、低生产率、对工作不满及情绪低落。管理者必须意识到,当社交需求成为主要的激励源时,工作被人们视为寻找和建立温馨和谐人际关系的机会,能够提供同事间社交往来机会的职业会受到重视。管理者感到下属努力追求满足这类需求时,通常会采取支持与赞许的态度,十分强调能为共事的人所接受,开展有组织的体育比赛和集体聚会等活动,并且遵从集体行为规范。

4. 尊重需求

尊重需求既包括对成就或自我价值的个人感觉,也包括他人对自己的认可与尊重。有尊重需求的人希望别人按照他们的实际形象来接受他们，并认为他们有能力，能胜任工作。他们关心的是成就、名声、地位和晋升机会。这是由于别人认识到他们的才能而得到的。当他们得到这些时，不仅赢得了人们的尊重，同时就其内心因对自己价值的满足而充满自信。不能满足这类需求，就会使他们感到沮丧。如果别人给予的荣誉不是根据其真才实学，而是徒有虚名，也会对他们的心理构成威胁。在激励员工时应特别注意有尊重需求的管理人员，应采取公开奖励和表扬的方式。布置工作要特别强调工作的艰巨性以及成功所需要的高超技巧等。颁发荣誉奖章、在公司的刊物上发表表扬文章、公布优秀员工光荣榜等手段都可以提高人们对自己工作的自豪感。

5. 自我实现需求

自我实现需求的目标是自我实现，或是发挥潜能。达到自我实现境界的人，接受自己也接受他人。解决问题能力增强，自觉性提高，善于独立处事，要求不受打扰地独处。要满足这种尽量发挥自己才能的需求，他应该已在某个时刻部分地满足了其他的需求。当然自我实现的人可能过分关注这种最高层次的需求的满足，以至于自觉或不自觉地放弃满足较低层次的需求。自我实现需求占支配地位的人，受到激励会在工作中运用最富于创造性和建设性的技巧。重视这种需求的管理者会认识到，无论哪种工作都可以进行创新，创造性并非管理人员独有，而是每个人都期望拥有的。为了使工作有意义，强调自我实现的管理者，会在设计工作时考虑运用适应复杂情况的策略，会给身怀绝技的人委派特别任务以施展才华，或者在设计工作程序和制订执行计划时为员工群体留有余地。

（二）ERG 激励理论

美国耶鲁大学的克雷顿·奥尔德弗（Clayton Alderfer）在马斯洛提出的需要层次理论的基础上，进行了更接近实际经验的研究，提出了一种新的人本主义需要理论。奥尔德弗认为，人们共存在 3 种核心的需要，即生存（Existence）的需要、相互关系（Relatedness）的需要和成长发展（Growth）的需要，因而这一理论被称为“ERG”理论。生存的需要与人们基本的物质生存需要有关，它包括马斯洛提出的生理和安全需要。第二种需要是相互关系的需要，即指人们对于保持重要的人际关系的要求。这种社会和地位的需要的满足是在与其他需要相互作用中达成的，它们与马斯洛的社会需要和自尊需要分类中的外在部分是相对应的。最后，奥尔德弗把成长发展的需要独立出来，它表示个人谋求发展的内在愿望，包括马斯洛的自尊需要分类中的内在部分和自我实现层次中所包含的特征。

除了用 3 种需要替代了 5 种需要以外，与马斯洛的需要层次理论不同的是，奥尔德弗的“ERG”理论还表明了：人在同一时间可能有不止一种需要起作用；如果较高层次需要的满足受到抑制的话，那么人们对较低层次的需要的渴望会变得更加强烈。

马斯洛的需要层次是一种刚性的阶梯式上升结构，即认为较低层次的需要必须在较高层次的需要满足之前得到充分的满足，二者具有不可逆性。而相反的是，“ERG”理论并不认为各类需要层次是刚性结构。比如说，即使一个人的生存和相互关系需要尚未得到完全满足，他仍然可以为成长发展的需要工作，而且这 3 种需要可以同时起作用。

此外，“ERG”理论还提出了一种叫做“受挫－回归”的思想。马斯洛认为，当一个人的某一层次需要尚未得到满足时，他可能会停留在这一需要层次上，直到获得满足为止。相反，“ERG”理论则认为，当一个人在某一更高等级的需要层次受挫时，那么作为替代，他的某一较低层次的需要可能会有所增加。例如，如果一个人社会交往需要得不到满足，可能会增强他对得到更多金钱或更好的工作条件的愿望。与马斯洛需要层次理论相类似的是，“ERG”理论认为较低层次的需要满足之后，会引发出对更高层次需要的愿望。不同于需要层次理论的是，“ERG”理论认为多种需要可以同时作为激励因素而起作用，并且当满足较高层次需要的企图受挫时，会导致人们向较低层次需要的回归。因此，管理措施应该随着人的需要结构的变化而作出相应的改变，并根据每个人不同的需要制定出相应的管理策略。

（三）成就动机理论

美国哈佛大学教授戴维·麦克利兰是当代研究动机的权威心理学家。他在20世纪40年代~50年代就对人的需求和动机进行研究，提出了著名的“三种需要理论”，并得出了一系列重要的研究结论。

在麦克利兰之前，精神分析学派和行为主义学派的心理学家对动机进行了研究。以弗洛伊德为代表的精神分析学派用释梦、自由联想等方法研究动机，他们往往将人们的行为归于性和本能的动机，而且他们的研究方法和技术很难得出有代表性的结果、可重复性差、无法得出动机的强度。行为主义者用实验的方法研究动机，使得动机的强度可以测量，要集中于饥、渴、疼痛等基本生存的需要上，没有区分人的动机与动物的动机。麦克利兰认为，他们对动机的研究都带有一定的局限性，他注重研究人的高层次需要与社会性的动机，强调采用系统的、客观的、有效的方法进行研究。他的研究主要受到了美国心理学家莫瑞的需要理论及其研究方法的影响，莫瑞提出了人的多种需要，并且编制了主题统觉测验进行测量。

麦克利兰提出了人的多种需要，他认为个体在工作情境中有三种重要的动机或需要：

（1）成就需要：争取成功希望做得最好的需要。

（2）权力需要：影响或控制他人且不受他人控制的需要。

（3）亲和需要：建立友好亲密的人际关系的需要。

麦克利兰认为，具有强烈的成就需要的人渴望将事情做得更为完美，提高工作效率，获得更大的成功。他们追求的是在争取成功的过程中克服困难、解决难题、努力奋斗的乐趣，以及成功之后的个人的成就感，他们并不看重成功所带来的物质奖励。个体的成就需要与他们所处的经济、文化、社会、政府的发展程度有关；社会风气也制约着人们的成就需要。麦克利兰发现高成就需要者的特点是：他们希望得到有关工作绩效的及时明确的反馈信息，从而了解自己是否有所进步；他们喜欢设立具有适度挑战性的目标，不喜欢凭运气获得成功，不喜欢接受那些在他们看来特别容易或特别困难的工作任务。高成就需要者事业心强，有进取心，敢冒一定的风险，比较实际，大多是进取的现实主义者。

权力需要是指影响和控制别人的一种愿望或驱动力。不同人对权力的渴望程度也有所不同。权力需要较高的人喜欢支配、影响他人，喜欢对别人“发号施令”，注重争取地位和影响力。他们喜欢具有竞争性和能体现较高地位的场合和情境，他们也会追求出色的成绩，但他们这样做并不像高成就需要的人那样是为了个人的成就感，而是为了获得地位和权力或与自己已具有的权力和地位相称。权力需要是管理成功的基本要素之一。

亲和需要就是寻求被他人喜爱和接纳的一种愿望。高亲和需要者渴望友谊，喜欢合作而不是竞争的工作环境，希望彼此之间的沟通与理解，他们对环境中的人际关系更为敏感。有时，亲和需要也表现为对失去某些亲密关系的恐惧和对人际冲突的回避。亲和需要是保持社会交往和人际关系和谐的重要条件。

在大量的研究基础上，麦克利兰对成就需要与工作绩效的关系进行了十分有说服力的推断。首先，高成就需要者喜欢能独立负责、可以获得信息反馈和冒险的工作环境。他们会从这种环境中获得高度的激励。麦克利兰发现，在小企业的经理人员和在企业中独立负责一个部门的管理者中，高成就需要者往往会取得成功。其次，在大型企业或其他组织中，高成就需要者并不一定就是一个优秀的管理者，原因是高成就需要者往往只对自己的工作绩效感兴趣，并不关心如何影响别人去做好工作。再次，亲和需要与权力需要和管理的成功密切相关。麦克利兰发现，最优秀的管理者往往是权力需要很高而亲和需要很低的人。如果一个大企业的经理的权力需要与责任感和自我控制相结合，那么他很有可能成功。最后，可以对员工进行训练来激发他们的成就需要。如果某项工作要求高成就需要者，那么，管理者可以通过直接选拔的方式找到一名高成就需要者，或者通过培训的方式培养自己原有的下属。

麦克利兰的动机理论在企业管理中很有应用价值。首先,在人员的选拔和安置上,通过测量和评价一个人动机体系的特征对于如何分派工作和安排职位有重要的意义。其次,由于具有不同需要的人需要不同的激励方式,了解员工的需要与动机有利于合理建立激励机制。再次,麦克利兰认为动机是可以训练和激发的,因此可以训练和提高员工的成就动机,以提高生产率。

(四)双因素激励理论

激励因素——保健因素理论是美国的行为科学家弗雷德里克·赫茨伯格(Fredrick Herzberg)提出来的,又称双因素理论(见图 15.3)。

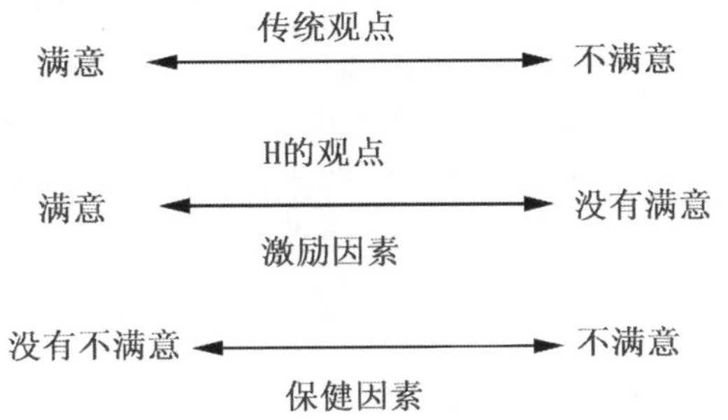

图 15.3　双因素理论

20 世纪 50 年代末期,赫茨伯格和他的助手们在美国匹兹堡地区对 200 名工程师、会计师进行了调查访问。访问主要围绕两个问题:在工作中,哪些事项是让他们感到满意的,并估计这种积极情绪持续多长时间;又有哪些事项是让他们感到不满意的,并估计这种消极情绪持续多长时间。赫茨伯格以对这些问题的回答为材料,着手去研究哪些事情使人们在工作中快乐和满足,哪些事情造成不愉快和不满足。结果他发现,使职工感到满意的都是属于工作本身或工作内容方面的;使职工感到不满的,都是属于工作环境或工作关系方面的。他把前者叫做激励因素,后者叫做保健因素。

保健因素的满足对职工产生的效果类似于卫生保健对身体健康所起的作用。保健从人的环境中消除有害于健康的事物,它不能直接提高健康水平,但有预防疾病的效果;它不是治疗性的,而是预防性的。保健因素包括公司政策、管理措施、监督、人际关系、物质工作条件、工资、福利等。当这些因素恶化到人们认为可以接受的水平以下时,就会产生对工作的不满意。但是,当人们认为这些因素很好时,它只是消除了不满意,并不会导致积极的态度,这就形成了某种既不是满意、又不是不满意的中性状态。

那些能带来积极态度、满意和激励作用的因素就叫做“激励因素”,这是那些能满足个人自我实现需要的因素,包括成就、赏识、挑战性的工作、增加的工作责任,以及成长和发展的机会。如果这些因素具备了,就能对人们产生更大的激励。从这个意义出发,赫茨伯格认为传统的激励假设,如工资刺激、人际关系的改善、提供良好的工作条件等,都不会产生更大的激励;它们能消除不满意,防止产生问题,但这些传统的“激励因素”即使达到最佳程度,也不会产生积极的激励。按照赫茨伯格的意见,管理当局应该认识到保健因素是必需的,不过它一旦使不满意中和以后,就不能产生更积极的效果。只有”激励因素”才能使人们有更好的工作成绩。

但是,赫茨伯格注意到,激励因素和保健因素都有若干重叠现象,如赏识属于激励因素,基本上起积极作用;但当没有受到赏识时,又可能起消极作用,这时又表现为保健因素。工资是保健因素,但有时也能产生使职工满意的结果。

赫茨伯格的双因素理论同马斯洛的需要层次论有相似之处。他提出的保健因素相当于马斯洛提出的生理需要、安全需要、感情需要等较低级的需要；激励因素则相当于受人尊敬的需要、自我实现的需要等较高级的需要。当然，他们的具体分析和解释是不同的。但是，这两种理论都没有把“个人需要的满足”同“组织目标的达到”这两点联系起来。

双因素理论促使企业管理人员注意工作内容方面因素的重要性，特别是他们同工作丰富化和工作满足的关系，因此是有积极意义的。赫茨伯格告诉我们，满足各种需要所引起的激励深度和效果是不一样的。物质需求的满足是必要的，没有它会导致不满，但是即使获得满足，它的作用往往是很有限的、不能持久的。要调动人的积极性，不仅要注意物质利益和工作条件等外部因素，更重要的是要注意工作的安排，量才录用，各得其所，注意对人进行精神鼓励，给予表扬和认可，注意给人以成长、发展、晋升的机会。随着温饱问题的解决，这种内在激励的重要性越来越明显。

二、过程激励理论

过程型激励理论（Process theory）是指着重研究人从动机产生到采取行动的心理过程。它的主要任务是找出对行为起决定作用的某些关键因素，弄清它们之间的相互关系，以预测和控制人的行为。这类理论表明，要使员工出现企业期望的行为，须在员工的行为与员工需要的满足之间建立起必要的联系。过程型激励理论主要有：期望理论、公平理论等。

（一）期望理论

维克托·弗鲁姆，著名心理学家和行为科学家。他深入研究组织中个人的激励和动机，率先提出了形态比较完备的期望理论模式。

弗鲁姆提出的期望理论（Expectancy theory）的基础是：人之所以能够从事某项工作并达成组织目标，是因为这些工作和组织目标会帮助他们达成自己的目标，满足自己某方面的需要。弗鲁姆认为，人们采取某项行动的动力或激励力取决于其对行动结果的价值评价和预期达成该结果可能性的估计。换言之，激励力量的大小取决于该行动所能达到目标并能导致某种结果的全部预期价值乘以他认为达成该目标并得到某种结果的期望概率。用公式可以表示为

$$M = V \times E$$

式中：M——激励力量，是直接推动或使人们采取某一行动的内驱力。这是指调动一个人的积极性，激发出人的潜力的强度；

V——目标效价，指达到目标后对于满足个人需要其价值的大小，它反映个人对某一成果或奖酬的重视与渴望程度；

E——期望值，这是指根据以往的经验进行的主观判断，达到目标并能导致某种结果的概率，是个人对某一行为导致特定成果的可能性或概率的估计与判断。显然，只有当人们对某一行动成果的效价和期望值同时处于较高水平时，才有可能产生强大的激励力量。

弗鲁姆的期望理论辩证地提出了在进行激励时要处理好三方面的关系，这些也是调动人们工作积极性的三个条件。第一，努力与绩效的关系。人们总是希望通过一定的努力达到预期的目标，如果个人主观认为达到目标的概率很高，就会有信心，并激发出很强的工作力量；反之如果他认为目标太高，通过努力也不会有很好绩效时，就失去了内在的动力，导致工作消极。第二，绩效与奖励的关系。人总是希望取得成绩后能够得到奖励，当然这个奖励也是综合的，既包括物质上的，也包括精神上的。如果他认为取得绩效后能得到合理的奖励，就可能产生工作热情，否则就可能没有积极性。第三，奖励与满足个人需要的关系。人总是希望自己所获得的奖励能满足自己某方面的需要。然而由于人们在年龄、性别、资历、社会地位和经济条件等方面都存在着差异，他们对各种需要要求得到满足的程度就不同。因此，对于不同的人，采用同一种奖励办法能满足的需要程度不同，能激发出的工作动力也就不同。

对期望理论的应用主要体现在激励方面,这启示管理者不要泛泛地采用一般的激励措施,而应当采用多数组织成员认为效价最大的激励措施,而且在设置某一激励目标时应尽可能加大其效价的综合值,加大组织期望行为与非期望行为之间的效价差值。在激励过程中,还要适当控制期望概率和实际概率,加强期望心理的疏导。期望概率过大,容易产生挫折,期望概率过小,又会减少激励力量;而实际概率应使大多数人受益,最好实际概率大于平均的个人期望概率,并与效价相适应。

(二)公平理论

公平理论(Equity theory)又称社会比较理论,它是美国行为科学家亚当斯(J. S. adams)在《工人关于工资不公平的内心冲突同其生产率的关系》(1962,与罗森合写)、《工资不公平对工作质量的影响》(1964,与雅各布森合写)、《社会交换中的不公平》(1965)等著作中提出来的一种激励理论。该理论侧重于研究工资报酬分配的合理性、公平性及其对职工生产积极性的影响。

公平理论的基本观点是:当一个人作出了成绩并取得了报酬以后,他不仅关心自己的所得报酬的绝对量,而且关心自己所得报酬的相对量。因此,他要进行种种比较来确定自己所获报酬是否合理,比较的结果将直接影响今后工作的积极性。

一种比较称为横向比较,即他要将自己获得的“报偿”(包括金钱、工作安排以及获得的赏识等)与自己的“投入”(包括教育程度、所作努力、用于工作的时间、精力和其他无形损耗等)的比值与组织内其他人作社会比较,只有相等时他才认为公平,可用公式表示为

$$OP/IP = OC/IC$$

其中,OP 表示自己对所获报酬的感觉;OC 表示自己对他人所获报酬的感觉;IP 表示自己对个人所作投入的感觉;IC 表示自己对他人所作投入的感觉。

当上式为不等式时,可能出现以下两种情况:

一是前者小于后者。他可能要求增加自己的收入或减少自己今后的努力程度,以便使左方增大,趋于相等;第二种办法是他可能要求组织减少比较对象的收入或让其今后增大努力程度以便使右方减少趋于相等。此外他还可能另外找人作为比较对象以便达到心理上的平衡。

二是前者大于后者。他可能要求减少自己的报酬或在开始时自动多做些工作,久而久之他会重新估计自己的技术和工作情况,终于觉得他确实应当得到那么高的待遇,于是产量便又会回到过去的水平了。

除了横向比较之外,人们也经常做纵向比较,即把自己目前投入的努力与目前所获得报偿的比值,同自己过去投入的努力与过去所获报偿的比值进行比较。只有相等时他才认为公平,即

$$OP/IP = OH/IH$$

其中,OH 表示自己对过去所获报酬的感觉;IH 表示自己对个人过去投入的感觉。当上式为不等式时,人也会有不公平的感觉,这可能导致工作积极性下降。当出现这种情况时,人不会因此产生不公平的感觉,但也不会感觉自己多拿了报偿从而主动多做些工作。调查和实验的结果表明,不公平感的产生绝大多数是由于经过比较认为自己目前的报酬过低而产生的;但在少数情况下也会由于经过比较认为自己的报酬过高而产生。我们看到,公平理论提出的基本观点是客观存在的,但公平本身却是一个相当复杂的问题,这主要是由于下面几个方面原因。

第一,它与个人的主观判断有关。上面公式中无论是自己的或他人的投入和报偿都是个人感觉,而一般人总是对自己的投入估计过高,对别人的投入估计过低。

第二,它与个人所持的公平标准有关。上面的公平标准是采取贡献率,也有采取需要率、平均率的。例如,有人认为助学金改为奖学金才合理,有人认为应平均分配才公平,也

有人认为按经济困难程度分配才适当。

第三,它与业绩的评定有关。我们主张按绩效付报酬,并且各人之间应相对平衡。但如何评定绩效?是以工作成果的数量和质量,还是按工作能力、技能、资历和学历?不同的评定办法会得到不同的结果。最好是按工作成果的数量和质量,用明确、客观、易于核实的标准来度量,但这在实际工作中往往难以做到,有时不得不采用其他的方法。

第四,它与评定人有关。绩效由谁来评定是领导者评定还是群众评定或自我评定,不同的评定人会得出不同的结果。由于同一组织内往往不是由同一人评定,因此会出现松紧不一、回避矛盾、姑息迁就、抱有成见等现象。

然而,公平理论对我们有着重要的启示:首先影响激励效果的不仅有报酬的绝对值,还有报酬的相对值。其次,激励时应力求公平,使等式在客观上成立,尽管有主观判断的误差,也不致造成严重的不公平感。再次,在激励过程中应注意对被激励者公平心理的引导,使其树立正确的公平观,一是要认识到绝对的公平是不存在的,二是不要盲目攀比,三是不要按酬付劳,按酬付劳是在公平问题上造成恶性循环的主要杀手。

为了避免职工产生不公平的感觉,企业往往采取各种手段,在企业中造成一种公平合理的气氛,使职工产生一种主观上的公平感。

三、行为改造型激励理论

(一)强化理论

强化理论(Reinforcement Theory)是美国的心理学家和行为科学家斯金纳、赫西、布兰查德等人提出的一种理论。

斯金纳所倡导的强化理论是以学习的强化原则为基础的关于理解和修正人的行为的一种学说。所谓强化,从其最基本的形式来讲,指的是对一种行为的肯定或否定的后果(报酬或惩罚),它至少在一定程度上会决定这种行为在今后是否会重复发生。

强化包括正强化、负强化和自然消退三种类型。

第一种:正强化,又称积极强化。当人们采取某种行为时,能从他人那里得到某种令其感到愉快的结果,这种结果反过来又成为推进人们趋向或重复此种行为的力量。例如,企业用某种具有吸引力的结果(如奖金、休假、晋级、认可、表扬等),以表示对职工努力进行安全生产的行为的肯定,从而增强职工进一步遵守安全规程进行安全生产的行为。

第二种:负强化,又称消极强化。它是指通过某种不符合要求的行为所引起的不愉快的后果,对该行为予以否定。若职工能按所要求的方式行动,就可减少或消除令人不愉快的处境,从而也增大了职工符合要求的行为重复出现的可能性。例如,企业安全管理人员告知工人不遵守安全规程,就要受到批评,甚至得不到安全奖励,于是工人为了避免此种不期望的结果,而认真按操作规程进行安全作业。

惩罚是负强化的一种典型方式,即在消极行为发生后,以某种带有强制性、威慑性的手段(如批评、行政处分、经济处罚等)给人带来不愉快的结果,或者取消现有的令人愉快和满意的条件,以表示对某种不符合要求的行为的否定。

第三种:自然消退,又称衰减。它是指对原先可接受的某种行为强化的撤消。由于在一定时间内不予强化,此行为将自然下降并逐渐消退。例如,企业曾对职工加班加点完成生产定额给予奖酬,后经研究认为这样不利于职工的身体健康和企业的长远利益,因此不再发给奖酬,从而使加班加点的职工逐渐减少。

正强化是用于加强所期望的个人行为;负强化和自然消退的目的是为了减少和消除不期望发生的行为。这三种类型的强化相互联系、相互补充,构成了强化的体系,并成为一种制约或影响人的行为的特殊环境因素。

强化的主要功能,就是按照人的心理过程和行为的规律,对人的行为予以导向,并加以规范、修正、限制和改造。它对人的行为的影响，是通过行为的后果反馈给行为主体这种间接方式来实现的。人们可根据反馈的信息，主动适应环境刺激，不断地调整自己的行为。

开始，斯金纳也只将强化理论用于训练动物，如训练军犬和马戏团的动物。以后，斯金纳又将强化理论进一步发展，并用于人的学习上，发明了斯金纳的程序教学法和教学机。他强调在学习中应遵循小步子和及时反馈的原则，将大问题分成许多小问题，循序渐进；他还将编好的教学程序放在机器里对人进行教学，收到了很好的效果。

斯金纳的强化理论和弗隆的期望理论都强调行为同其后果之间关系的重要性，但弗隆的期望理论较多地涉及主观判断等内部心理过程，而强化理论只讨论刺激和行为的关系。

（二）亚当斯的挫折理论

挫折理论是由美国的亚当斯提出的。挫折是指人类个体在从事有目的的活动过程中，指向目标的行为受到障碍或干扰，致使其动机不能实现，需要无法满足时所产生的情绪状态。挫折理论主要揭示人的动机行为受阻而未能满足需要时的心理状态，并由此而导致的行为表现，力求采取措施将消极性行为转化为积极性、建设性行为。

个体受到挫折与其动机实现密切相关。人的动机导向目标时，受到阻碍或干扰可有四种情况：

（1）虽然受到干扰，但主观和客观条件仍可使其达到目标。

（2）受到干扰后只能部分达到目标或使达到目标的效益变差。

（3）由于两种并存的动机发生冲突，暂时放弃一种动机，而优先满足另一种动机，即修正目标。

（4）由于主观因素和客观条件影响很大，动机的结局完全受阻，个体无法达到目标。

第四种情况下人的挫折感最大，第二和第三种情况次之。挫折是一种普遍存在的心理现象，在人类现实生活中，不但个体动机及其动机结构复杂，而且影响动机行为满足的因素也极其复杂，因此，挫折的产生是不以人们的主观意志为转移的。

几乎人的行为都有受挫折的可能，但挫折心理的实际发生有三个必备条件：

（1）个人所期望的目标是重要的、强烈的。

（2）个人认为这种目标有可能达成。

（3）在目标与现实中存在难以克服的障碍。事实上，如无此条件，目标就会实现，挫折就不存在了。

根据不同人的心理特点，受到挫折后的行为表现主要由两大类：

（1）采取积极进取态度，即采取减轻挫折和满足需要的积极适应态度。

（2）采取消极态度，甚至是对抗态度，诸如攻击、冷漠、幻想、退化、忧虑、固执和妥协等。

因此，在管理工作中，第一，要培养员工掌握正确战胜挫折的方法，教育员工树立远大的目标，不要因为眼前的某种困难和挫折而失去前进的动力。第二，要正确对待受挫折的员工，为他们排忧解难，维护他们的自尊，使他们尽快从挫折情境中解脱出来。第三，要积极改变情境，避免受挫折员工“触景生情”，防止造成心理疾病和越轨行为。

（三）海德的归因理论

归因理论（Attribution Theory）最初是由 F. 海德（F. Heider，1958）在《人际关系心理》中提出来的，因此，海德是归因理论的创始人。他指出人的行为的原因可分为内部原因和外部原因。内部原因是指存在于行为者本身的因素，如需要、情绪、兴趣、态度、信念、努力程度等；外部原因是指行为者周围环境中的因素，如他人的期望、奖励、惩罚、指示、命令、天气的好坏、工作的难易程度等。

海德认为人们归因时，通常使用不变性原则，就是寻找某一特定结果与特定原因间的不变联系。如果某特定原因在许多条件下总是与某种结果相联系，如果特定原因不存在，相应的结果也不出现。这就可把特定结果归结于那个特定原因。不变性原则的思想方法是科学的，用这种方法可找到某种行为或其结果的关键原因。

海德的“归因理论”是关于人的某种行为与其动机、目的和价值取向等属性之间逻辑结合的理论。

归因理论认为，人们对过去的成功或失败主要归结于四个方面的因素：努力、能力、任务难度和机遇。这四种因素又可按内外因、稳定性和可控性进一步分类：从内外因方面来看，努力和能力属于内因，而任务难度和机遇则属外部原因；从稳定性来看能力和任务难度属于稳定因素，努力与机遇则属不稳定因素；从可控性来看，努力是可以控制的因素，而任务难度和机遇则超出个人控制范围。

海德指出，在日常生活中，每一个人，不光是心理学家，都对各种行为的因果关系感兴趣，力图弄清周围人们行为的前因后果。海德还分析了导致行为发生的是行为者的内在因素，包括能力、动机、努力程度等。他认为，行为观察者对因果关系进行朴素分析时，试图评估这些因素的作用，而且对行为的归因和对行为的预测两者密切相关。海德的归因理论开创了归因问题的先河，他对行为原因所做的个人－环境的划分一直是归因的基础，影响深远。随后，琼斯和戴维斯的相应推断理论扩充和发展了海德的归因理论。这种理论认为，人们的外显行为是由行为者内在的人格特质直接引起的。也就是说，一个人的行为与其人格特征是相当一致的。

第三节　现代激励方法

现代激励方法在企业发表中发挥重要作用，具体方法主要包括如下内容。

(1)经济激励法。激励要点：其一，只对成绩突出者予以奖赏。如果见者有份，既助长了落后者的懒惰，又伤害了先进者的努力动机，从而失去了激励意义。其二，重奖重罚。对于克服重重困难方才取得成功者，“赏如山”；对于玩忽职守，造成重大责任损失者，要“罚如溪”。其三，奖励向脏、累、苦、难等岗位倾斜，这是因为劳动仍是人们谋生手段，只有向脏、累、苦、难等艰苦岗位倾斜奖励水平，才能体现其劳动价值。

(2)任务激励法。把单调、乏味的工作或训练同个人的切身利益相结合，使下属能够从保护自己的利益出发去做内心不愿做的事。

(3)纪律激励法。纪律激励法就是用纪律和制度来约束和规范执行者和操作者的行为的激励方法。这是一种负激励方法，表现为只罚不奖，因为遵守纪律是理所当然的，而不遵守纪律则当然应该受到制裁与处罚。

(4)政治激励法。无论哪个组织中，都应该十分重视人们的思想政治工作，把它当做一件大事来抓。进行思想政治工作的重要意义在于，它对提高人们的觉悟、加强组织纪律性、努力学习精通本职业务、掌握现代科学技术知识都具有重要的作用。各级主管人员在不断努力学习提高自身思想觉悟的前提下，以身作则，并通过深入细致的思想政治工作，调动人们的积极性，这才能发挥最大的激励作用。

> 民生轮船公司总裁卢作孚为了将“服务社会、便利人群、开发实业、富强国家”的“民生精神”灌输给每个“民生”职员，要求每周二、三、五上午8点到9点举行早会时，向职工宣传：“一个人不能只打个人的算盘，越是为自己打算盘，结果是越顾全不了自己，应该用全部精力为社会服务，让社会离不开你，社会自然就得养活你。你把一桩事业搞好，这桩事业自然也就会解决你的一切问题。”进而还提出了“公司问题由职工解决，职工问题由公司解决”的口号。卢作孚的做法就是政治激励法。

(5)情绪激励法。职工的婚丧嫁娶，经理和干部都带着礼品或哀悼品前去慰问，为职工的生日举行一二次全体干部、工人及其家属参加的野游活动。这种做法在人情淡薄的美国社会深得人心。

情绪激励法就是通过在集团内部建立起亲密、融洽、和谐气氛来激励职工士气的方法。

(6)关怀激励法。企业领导对于下级的关怀,哪怕是微不足道却是出自真诚的关心,对于下级都是无穷的激励。

关怀激励法就是通过对职工进行关怀、爱护来激发其积极性、创造性的激励方法,它属于感情激励的内容。关怀激励法被管理学家称之为"爱的经济学",即勿需投入资本,只要注入关心、爱护等情感因素,就能获得产出。

(7)尊重激励法。松下幸之助相信,许多员工每天注意如何在工作中进步,其成效胜过总公司所有的生产工程师和策划人员。他主动征询员工的意见,喜欢带来访客人参观工厂,随便指着一位员工说:"这是我最好的主管之一,"而使被指者倍感自豪。

尊重激励法就是通过尊重下级的意见、需要及尊重有功之臣的做法来使职工感到自己对于组织的重要性,并促使他们向先进者学习的一种激励方法。

(8)行为激励法。这种用企业领导者在某些方面的有意行动来激发下级的激励方法就是行为激励法。

(9)职工参加管理法。所谓职工参加管理就是指在不同程度上让职工和下级参加组织决策及各级管理工作的研究和讨论。处于平等地位商讨组织中的重大问题,可使下级和职工感到上级主管的关心。同时,主管人员与下属们在商讨组织问题时,对双方来说都提供了一个取得别人重视的机会,从而给人们一种成就感。多数人会因能够参加商谈与自己有关的行为而受到激励。正确的参加管理既对个人产生激励,又为组织目标的成功实现提供了保证。

行为科学告诉我们,需要决定动机,动机产生行为。因此,激发人的积极性必须研究人的动机、人的需要。而人的需要具有多样性,除了生理、安全、社交等低层次的需要外,人们还追求尊重和自我实现需要的满足。因此,要调动员工的积极性,必须针对不同员工的不同需要,研究采取不同的激励措施。在管理实践中,激励的手段主要有物质激励和精神激励两种。物质激励的形式主要是以合理的薪酬制度奖励高绩效的员工,在目前的经济和生活条件下,物质激励仍然是最基本,也是最有效的激励手段。精神激励主要包括表彰与批评、吸引员工参与管理、满足员工的成就感等,通常有目标激励、荣誉激励、培训激励、晋升激励、参与激励、环境激励等几种形式。

无论是物质激励还是精神激励,二者必须有机结合起来,在不同的历史阶段、不同的环境条件下,采取恰当的"激励组合"。要注重奖优罚劣,根据实绩奖罚分明,公平合理,做到"赏不可虚施,罚不可妄加"。同时,在实施激励时,必须通过科学合理的绩效考评,客观评价员工的行为表现和工作业绩,做到实事求是、客观公正。只有这样,才能真正达到激励的目的。

思考题

1　什么是激励?激励的实质是什么?
2　人类行为的基本心理过程是什么?
3　简述需求层次激励理论。
4　简述过程激励理论的内容。
5　请结合一个实际的工作岗位论述强化激励理论的应用。
6　简述激励的几种方式。

【案例分析1】

华东输油管理的激励方式

华东输油管理局有8 000多名职工,1万余名职工家属,管理着沧临、濮临和鲁宁三条输油管线,担负着华北、胜利、中原三大油田生产原油的输送任务。这样一条地下大动脉,在我国经济建设中有着重要的战略意义。

但在管线建成投产后的一段时间内，出现了职工不安心在泵站工作、劳动纪律松懈等问题。基层单位的领导常常花费很大气力做思想工作而收效并不大。通过调查、分析，找出了问题的原因。从客观原因上看，输油生产有着与其他企业不同的点多、线长和分散等特点，四个输油公司和20多个输油泵站，70%以上建在远离城镇的乡村。正是这种特殊性，给生产第一线的职工带来了一系列困难，如购粮买菜、子女上学、幼儿入托、家属就业、食堂伙食花样少和质量差，以及业余文化生活单调等。从主观原因上看，一些单位的领导片面地强调"先生产，后生活"，甚至把生活后勤工作和生产对立起来，这样，就形成了落后的生活后勤和广大职工、家属生活方面的需要不能相适应的矛盾，并逐渐上升为影响职工思想情绪、影响生产的主要矛盾。例如，在几个问题比较突出的泵站，有20%以上的职工向领导提出请调报告；有的由于食堂办得差，50多个职工竟有30多个煤油炉，做小锅的人数远远超过了在食堂就餐的人数；有的由于吃菜困难，职工中脱岗买菜的现象时有发生；有的为了买一斤盐、一支牙膏也要跑几里路。

讨论：

如何调动员工工作的积极性？

【案例分析2】

用洋葱替代胡萝卜的尴尬！

一家制药业的巨无霸刚刚获得了一项评审极其严格的质量产品奖。广大的员工废寝忘食，牺牲了个人的正常的生活，通过半年多的努力，最终赢得了这个奖项。当宣读获得这个奖项的人员及公司的名称的时候，大家都兴奋不已。公司领导很快就召集全体员工开庆祝会。这之前他们先召开了会议，会议并没有宣布嘉奖事宜。然后，他们把员工召集到自助餐厅开庆祝会，由总裁表达对每位员工的感谢，宣布这个奖项对公司的意义。他总结性的说到："为了庆祝这次巨大的成功，大家都会得到一份很有意义的礼物。"

此时，从后面传来一句："现在就发吧！"大家都笑了，那时大家的心情就像过节一样。

CEO点了点头，示意公关部经理揭开了罩在神秘礼物上的帷幕。啊！竟是由无数塑料杯子搭建起的金字塔造型。会场上先是死一般的寂静，接着爆发出震耳欲聋的喊声。员工们几乎被这个场面所震晕，就像他们看到的是一个巨大的发了霉的圣诞水果蛋糕一样。

后来，大家排着队，陆续领走自己的杯子。在员工摇着头、苦笑着领走奖品时，可怜的CEO好像只剩下最后一点呼吸了。其他员工的表情也让他心凉。随后的几个星期里，杯子就成了公司里新的（令人嘲讽和挖苦的）质量的象征品了。

讨论：

1 这样激励能发挥作用吗？

2 CEO下一步该怎么办？

第十六章　沟通

◆**本章关键词**

1. 沟通　2. 沟通过程　3. 小道消息　4. 人际沟通　5. 沟通障碍　6. 跨文化沟通

第一节　沟通原理

> 要改进沟通，主动权是掌握在信息接收者手中，而非信息传播者手中。
>
> ——彼得·德鲁克

一、沟通的含义

沟通(communication)是指两个人或者两个主体之间对某种信息的传递与接受。沟通所传递的信息既包括客观情况和事实，也包括人的思想、意见、态度和感受等。沟通包括“传递什么内容”和“怎样传递”两个方面。这一沟通过程主要包括输出者、接受者、信息、渠道四个因素。

(一)输出者

信息的输出者就是信息的来源，他必须充分了解接受者的情况，以选择合适的沟通渠道利于接受者的理解。要顺利地完成信息的输出，需要经历变码和解码的过程。变码是指将想法、认识及感觉转化成信息的过程。解码是指信息的接受者将信息转换为自己的想法或感觉。为了提高变码的正确程度，首先，在变码过程中信息必须与接受者所知道的范围相关联，这样才能被接受者了解。所有信息必须以一种对接受者有意义或有价值的方式传送出去。其次，应尽量将信息转变为最简明的形式，越是简明的方式，越可能为接受者所了解。此外，将信息组织成有条理的若干重点并反复加以强调，可以方便接受者了解记忆及避免接受者承担过多的负担。最后，在沟通过程中，输出者可以将焦点集中在信息的几个重要层次上，以避免接受者迷失在一堆杂乱无章的信息之中。在口语沟通中，可凭借特别的语调、举止、手势或面部表情来表达这些重点。若以文字沟通方式，则可采用画线或强调语气突出内容的重要性。

(二)接受者

接受者是获得信息的人。接受者必须从事信息解码的工作，即将信息转化为他所能了解的想法和感受。这一过程要受到接受者的经验、知识、才能、个人素质以及对信息输出者的期望等因素的影响。

(三)信息

信息是沟通过程中传给接受者(包括口语和非口语)的消息，同样的信息，输出者和接受者可能有着不同的理解。这可能是输出者和接受者的差异造成的，也可能是由于输出者传送了过多的不必要信息。

(四)沟通渠道

组织的沟通渠道是信息得以传送的载体，可分为正式或非正式的沟通渠道、向下沟通渠道、向上沟通渠道、水平沟通渠道。

二、沟通的类型

(一)按沟通的组织系统分类

按照沟通的组织系统，可以分成正式沟通与非正式沟通。正式沟通是指经过精心谋划而建立的信息沟通渠道即媒介。正式沟通通常指命令和指示经指挥链条向下传达,意见和建议经指挥链条向上汇报。它还包括由组织规则制度所提供的供组织成员进行协商交流的场所。正式沟通代表组织,所以比较慎重、约束力强、具有权威性、易于保密。非正式沟通是以私人接触来进行沟通。这类沟通代表个人,比较灵活随便。有时非正式信息沟通也被称为"小道消息"。非正式沟通能够弥补正式沟通的缺陷,向上级反馈充裕的信息,同时有利于上下级之间的沟通交流。非正式沟通能够促进组织与个体目标一致。

(二)按沟通的流动方向分类

按照沟通的流动方向可将沟通分为水平沟通和垂直沟通。水平沟通发生在同一等级之间。这种沟通方式可以促进组织成员之间的合作以达到组织目标并能够加快工作进度。垂直沟通可以分为自上而下的沟通和自下而上的沟通。自上而下沟通是上级将政策、目标、制度和方法等告诉下级;而自下而上沟通是下级向上级反映情况、问题、要求和建议,请求支持等。

(三)按沟通的方法分类

按照沟通的方法可以分为语言沟通和肢体语言沟通。语言是人类特有的一种非常好的、有效的沟通方式。语言的沟通包括口头语言、书面语言、图片或者图形。口头语言包括面对面的谈话、召开会议等。书面语言包括信函、广告和传真,甚至现在用得很多的 E-mail 等。图片包括一些幻灯片和电影等。在沟通过程中,语言沟通对于信息的传递、思想的传递和情感的传递而言更擅长于传递的是信息。在全部的沟通中,有大约 55% 是肢体语言沟通。肢体语言包含得非常丰富,包括我们的动作、表情、眼神。

实际上,在我们的声音里也包含着非常丰富的肢体语言。我们在说每一句话的时候,用什么样的音色去说,用什么样的抑扬顿挫去说等,这都是肢体语言的一部分。语言更擅长沟通的是信息,肢体语言更善于沟通的是人与人之间的思想和情感。

(四)按沟通方向的可逆性分类

这里可以把沟通分为单向沟通和双向沟通。单向沟通是朝着一个方向的沟通,它速度快、秩序好、无反馈、无逆向沟通,但是接受者容易产生挫折、埋怨和抗拒。一般来说例行公事、有章可循、无须争论的情况可以采用单向沟通。双向沟通是反馈式沟通。A 把信息告诉给 B,B 经过思考又把自己的感受告诉给 A,如此往复,即是双向沟通。这种沟通虽然速度慢、传达者有心理压力,但气氛活跃、有反馈,接受者能表达意见,人际关系较好。

(五)按沟通渠道所形成的网络分类

按这种分类方式,可以将沟通分为链式、Y 式、轮式、环式和全通道式 5 种(见图 16.1)。

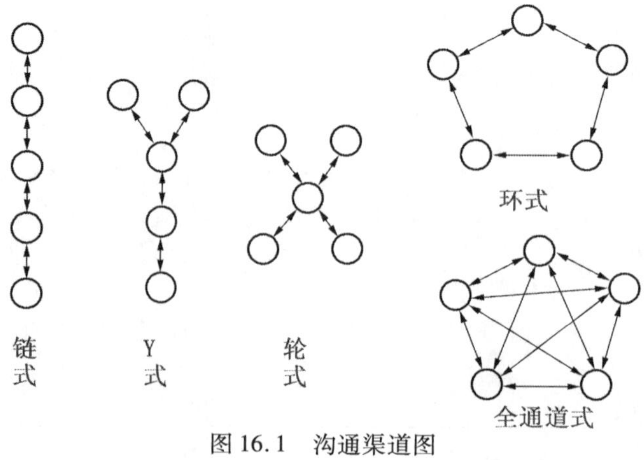

图 16.1　沟通渠道图

在链式沟通中信息逐级传递,可以自上而下,也可以自下而上。信息传递速度快,但是信息经过层层“筛选”,可能使上级不能了解下级的真实情况,也可能使下级不能了解上级的真正意图。在Y式沟通渠道中有一个成员处于沟通中心的地位,有些具有四个或五个等级的组织的纵向沟通渠道。轮式沟通渠道是指,在这种沟通渠道中主管人员分别同其下属部门发生联系,向各下属部门发出指令,并汇集和传递来自各个部门的信息,从而成为信息的中心和全面了解情况的人;下属各部门接受主管人员的指令并反馈信息。这种沟通渠道有助于加强控制和提高工作效率。环式沟通渠道中每个成员或组织可与其相邻的两个成员或组织进行信息沟通,有助于提高群体成员的士气。全通道式沟通使组织中的每个成员之间都有一定的联系,在一个民主气氛很浓的领导集体中,成员之间总是相互交流情况,通过协商作出决策。

每种沟通渠道都有其自身的特点,对于不同的任务和要求,应该使用不同的沟通渠道网络。如果要求速度快并容易控制,则轮式较好;环式可以提高组织成员士气和解决复杂问题;如果组织庞大,则链式较好;如果主管事务繁重,则易采用Y式网络。见表16.1。

表16.1　各种沟通渠道比较

沟通渠道 比较点	链式	Y式	轮式	环式	全通道式
解决问题的速度	适中	适中	快	慢	快
信息传递的准确性	高	高	高	低	适中
领导的突出性	相当显著	非常显著	非常显著	不发生	不发生
成员的士气	适中	适中	低	高	高

三、沟通的功能

在组织中沟通具有以下4个主要功能。

(一)信息传递功能

沟通的信息传递功能是指为组织或团队领导者提供其决策所需要的信息,使其能够确定并评估各种备选方案。

(二)激励功能

沟通是通过明确告诉组织成员做什么,如何来做,没有达到目标时应该如何改进来激励员工,进行绩效反馈和各种奖赏及强化等。这样,沟通的过程也就成了激励的过程。

(三)控制功能

沟通能够控制组织成员的行为。正式沟通可以使成员遵从组织中的领导管理行为,遵守公司的规章制度,完成工作任务,实现组织的控制功能。非正式的沟通也能帮助或敦促绩效较差的组织成员完成任务。

(四)情绪表达功能

对组织成员来说,组织是其主要的社交场所,成员通过沟通来表达自己的快乐和挫折感。由此,沟通就为组织成员提供了一种释放情感的情绪表达机制,并满足了员工的社交需要,在组织中形成良好的人际关系。

第二节　人际沟通

一、人际沟通的含义

人际沟通(Interpersonal Communication)是指人们之间的信息交流过程,也就是人们在共同活动中彼此交流各种观念、思想和感情的过程。这种交流主要通过言语、表情、手势、体态以及社会距离等来表示。人际沟通是指一种有意义的互动历程。它含有三个重要的概念:

第一,人际沟通是一种历程(Process),是在一段时间之内,有目的地进行一系列的行为。与您的亲人饭后闲聊,或和您的好友千里一线牵的电话聊天,甚至您使用网络在聊天室里与网友们对谈都是一种人际沟通的例子。而在每一个沟通的历程里,都会产生意义,都算是在实行人际沟通。

第二,其重点在于它是一种有意义(Meaning)的沟通历程。沟通的过程中,其内容表现出的是"什么"?其意图所传达的理由是"为何"?以及其重要性的价值对应出此沟通"有多重要"?

第三,双方在沟通历程中表现的是一种互动,在沟通的过程当时以及沟通之后所产生的意义都要负有责任。在尚未沟通之前,不能先预测沟通互动后的结果。例如小孩跟父母开口要钱,说了"我没有钱了,能不能给我一千元当零用钱?",此时再还未造成互动前,不能知晓结果为何。可能是"是",也可能是"不是",而且"是"或"不是"的结果又存在许许多多的语气态度等差别。

二、人际沟通的特点和功能

(一)人际沟通的特点

把人的观念、思想、情感等看做信息,把人际沟通看做信息交流的过程,按照前苏联社会心理学家安德列耶娃的说法,这种观点可以说是迈出了很有意义的一步,使之可以用信息论的观点来解释人际沟通的整个过程。但是,在方法论上却不能认为这种观点是正确的。因为这种观点忽略了人际沟通的某些重要特点。安德烈耶娃指出人际沟通有以下特点:

(1)人际沟通不同于两套设备间的简单的"信息传输",其中每一个个体都是积极的主体。也就是说,人际沟通中的每一个参加者都要求自己的对方具有积极性,不能把沟通伙伴看成是某种客体。因此在沟通过程中,信息发出者必须判定对方的情况,分析他的动机、目的、态度等,并预期从对方的回答中得到新信息。因此人际沟通的过程不是简单的"信息传输",而至少是一种信息的积极交流。

(2)人们之间的信息交流不同于设备之间的信息交流,沟通双方借助符号系统相互影响。人与人的交流产生的沟通影响是以改变对方行为为目的一个沟通者对另一个沟通者的心理作用。

(3)作为信息交流结果的沟通影响,只有在发送信息和接受信息的人掌握统一的编码译码系统的情况下才能实现。这个法则用一般的话说,就是要使用双方都熟悉的同种语言说话。

(4)人际沟通可能产生完全特殊的沟通障碍。这些障碍与某些沟通渠道的弱点以及编码译码的差错无关,而是社会性的和心理性的障碍。

(二)人际沟通的功能

人际沟通具有心理、社会和决策等功能,和我们生活的层面息息相关。

1. 心理功能

(1)为了满足社会需求和他人沟通。在心理学中认为人是一种社会的动物,人与他人相处就像需要食物、水、住所等相等重要。如果人与其他人失去了相处的机会与接触方式,大都会产生一些症状,如产生幻觉,丧失运动机能,且变得心理失调。但山居隐士们采取自愿式选择遗世独立,是一种例外。我们平常可与其他人闲聊琐事,即使是一些不重要的话,但我们却能因此满足了彼此互动的需求而感到愉快与满意。

(2)为了加强肯定自我而和他人沟通。由于沟通,我们能够探索自我以及肯定自我。要想得知自己有什么专长与特质,有时是借助于沟通从别人口中告诉你的。与他人沟通后所得的互动结果,往往是自我肯定的来源,人都想被肯定,受重视,从互动中结果就能找寻到部分的答案。

2. 社会功能

人际关系提供了社会功能,且借着社会功能我们可以发展与维持与他人间的关系。我们必须经由他人的沟通来了解他人。借助于沟通的历程,关系得以发展、改变、或者维系下去。因此,在与某人做第一次的交谈后,可能会决定和此人保持距离或者接近他抑或远离。

3. 决策功能

人类除了是一种社会的动物之外,也是一种决策者。我们每时每刻都在做决策,不论是接下来是否要去看电视,明天要穿哪一套衣服,或者是否该给对方一个微笑与否,都是在做决策。但有时可能是靠自己就能决定的,有时候却是和别人商量后一起做的决定。而沟通满足了决策过程中两个功能,一个是沟通促进资讯交换与沟通有影响他人两种功能。而正确和适时的资讯是做有效决策之钥。有时是经由自己的观察,一些是从阅读,或是从传播媒体得来的资讯,但也有时是经由与他人沟通而获得的许多资讯。而今天我们也借助于沟通来影响他人的决策,如和朋友去买衣服,他的询问意见与你的传达意见之间的互动就可能会影响到结果。

三、群体中人际沟通的分类

(一)正式沟通和非正式沟通

从组织系统区分,将沟通分为正式沟通和非正式沟通。信息通过组织明文规定的渠道进行的传递和交流是正式沟通。组织内部的文件传达、通知发布、工作布置、工作汇报、各种会议以及组织与其他组织之间的公函往来都属于正式沟通。其优点是信息通路规范、准确度较高。

在正式沟通渠道之外进行的信息传递和交流称为非正式沟通,如员工间的私人交谈及一般流传的"流言"等。因为非正式沟通不但表露或反映人们的真实动机,同时也常提供组织没有预料的内外信息,因此现在的管理者都很重视非正式沟通,常利用私人会餐及非正式团体的娱乐活动等,多与员工接触并从中获取各种资料,作为改善管理或拟订政策的参考。非正式沟通既具有沟通形式灵活、信息传播速度快等优点,又具有随意性和不可靠性等致命的弱点。

(二)下行沟通、上行沟通和平行沟通

根据信息流动的方向,将沟通分为下行沟通、上行沟通和平行沟通。下行沟通是上级向下级传递信息。如企业的上级领导向下级发布命令和指示。这种沟通方式大体有五种目的:传达工作指示;促使员工了解本项工作与其他任务的关系;提供关于程序与任务的资料;向下级反馈其工作绩效;向员工阐明组织目标,使员工增强其"任务感"。这种自上而下的沟通能够协调组织内各层级之间的关系,增强各层级之间的联系,对下级具有督导、指挥、协调和帮助等作用。因此,这种沟通形式受到古典管理理论家的重视,今天仍为许多企业所沿用。但是,这种沟通易于形成一种"权力气氛"而影响士气,并且由于曲解、误解或搁置等因素,所传递的信息会逐步减少或歪曲。

上行沟通是指由下级向上级传递信息。如员工向上级报告工作情况、提出自己的建议和意见、表述自己的态度等。在组织中,不仅要求下行沟通迅速有效,而且还应保证上行沟通畅通无阻。因为只有这样,领导者才能及时掌握各种情况,从而作出符合实际的决策。但有关研究表明:有时自下而上的信息沟通即使到达了管理阶层,通常也不会被重视,或根本没被注意到,并且在逐层上报过程中内容会被逐层压缩,细节会被一一删去,造成严重失真。

平行沟通是指同级之间传递信息,如员工之间的交流、同一层级不同部门的沟通等。在企业部门中经常可以看到各部门之间发生矛盾和冲突。除其他因素以外,部门之间互不"通气"是重要原因之一。保证平行组织之间沟通渠道的畅通,是减少各部门之间冲突的一

项重要措施。这种沟通一般具有业务协调性质。它有助于加强相互间的了解,增强团结,强化协调,减少矛盾和冲突,改善人与人之间的关系。

(三)单向沟通和双向沟通

根据发信者与接信者的地位是否变换,可将沟通分为单向沟通和双向沟通。

单向沟通只是一方向另一方发出信息,发信者与接信者的方向位置不变,双方无论在语言上还是在表情动作上都不存在反馈信息,发指示、下命令、演讲、报告等都带有单向沟通的性质。

双向沟通即指发信者和接信者的位置不断变化,发信者以协商、讨论或征求意见的方式面对接信者,信息发出后,又立即得到反馈。有时双方位置互换多次,直到双方共同明确为止。招聘会、座谈会等都属双向沟通。

单向沟通和双向沟通究竟哪种方式效率更高呢?心理学家曾作过不少实验,实验结果表明:①从速度看,单向沟通比双向沟通信息传递速度快。②从内容正确性看,双向沟通比单向沟通信息内容传递准确、可靠。③从沟通程序上看,单向沟通安静、规矩,双向沟通比较混乱、无秩序、易受干扰。④双向沟通中,接受信息者对自己的判断有信心、有把握;但对发出信息者有较大的心理压力,因为随时会受到接受者的发问、批评与挑剔。⑤单向沟通需要较多的计划性;双向沟通无法事先计划,需要当场判断与决策能力。⑥双向沟通可以增进彼此了解,建立良好的人际关系。

由此可见,单向、双向沟通各有所长,究竟采用何种方式沟通,要视具体情况而定。如果需要迅速传达信息,应采取单向沟通方式;如果需要准确地传达信息,以采取双向沟通为宜。一般说来,如果工作急需完成,或者工作性质比较简单,或者发信者只需发布指示,无需反馈时,多采用单向沟通方式。

(四)口头沟通和书面沟通

根据沟通形式区分,可将沟通分为口头沟通和书面沟通。

口头沟通是面对面的口头信息交流,如会谈、讨论、会议、演说以及电话联系等。其优点是有亲切感,可以用表情、语调等增加沟通的效果,可以马上获得对方的反应,具有双向沟通的好处,且富有弹性,可以随机应变,但如果传达者口齿不清或不能掌握要点做简洁的意见表达,则无法使接受者了解其真意。沟通时如果接收受者不专心、不注意或心里有困扰,则因口头沟通一过即逝,无法回头再追认。

书面沟通即指通过布告、通知、文件、刊物、书信、电报、调查报告等方式进行的信息交流。其优点是具有一定的严肃性、规范性、权威性,不容易在传达中被歪曲;它可以作为档案材料和参考资料,以及正式交换文件长期保存;它比口头表达更详细地供接受者慢慢阅读,细细领会。其弱点是沟通不灵活,感情因素少一些,对文字能力要求较高。

传统的管理多偏重书面的沟通,现代管理中,口头言语沟通受到重视,书面沟通显然仍是一种重要方式,但采用书面沟通方式,应注意文字的可读性、规范性,做到:①文字简练。②使用规范与熟悉的文字。③使用比喻、实例、图表等必须清晰易懂,便于理解。④使用主动语态和陈述句。⑤逻辑性强,有条理性。

在组织中,人际沟通构成组织沟通最普遍的形式。在一般意义上,组织中的人际沟通是指组织中的个体成员如何将个体目标和组织目标相联系的过程。每个企业都由数人、数十人、数百人甚至成千上万人组成,企业每天的活动也由许许多多的具体工作所构成。由于个体的地位、利益和能力的不同,他们对企业目标的理解,所感受的信息也不同,这就使得个体的目标有可能偏离企业总的目标,甚至完全背道而驰。如何保证上下一心,不折不扣地完成企业的总目标呢?这就需要相互交流意见,统一思想认识,自觉地协调个体的工作活动,以保证组织目标的实现。因而,人际沟通在组织中是最基本的协调工作,认识不到这一点,就不可能完全实现企业的目标。

另外,人际沟通也是由人的自利行为的客观性和多样性决定的。管理学中的人性理论以及各种类别的激励理论,都是以协调人在组织中的行为为出发点的。

人际沟通对组织的重要意义,还在于组织中的人的管理。自 20 世纪 90 年代以后,随着企业经营外部环境巨大的变化,已经由传统的把人当做成本中心的观念向当做资源中心的观念转变。由员工的成本观到资源观,表明了企业的经营和发展是产业结构调整的结果,但更主要的,是表明企业正在由传统的经营实体向以资源为基础的、以知识获取和管理为中心的新型企业组织发展。企业员工日益成为企业经营流程中专有知识的载体,成为产生企业竞争力的核心源表现。

第三节　组织沟通

组织沟通是人力资源管理中最为基础和核心的环节,它关系到组织目标的实现和组织文化的塑造。目前,我国大多企业在组织沟通领域的确存在许多问题。虽然有些问题所导致的不良现象已有所反映,但是企业的管理者们却不能正确认识问题的起源和本质。所以,重视组织沟通、采取有效措施改善组织沟通是实现组织目标的关键。良好的沟通有助于组织文化建设,有助于改进管理者作出的决策,接纳各级员工的合理化建议,促使员工协调有效地工作,有利于领导者激励下属,建立良好的人际关系和组织氛围,提高员工的士气。

一、组织沟通概述

组织沟通是企业最为常见的管理行为。从其行为构成要素来看,它包括沟通背景、沟通发起者、沟通编译码、沟通渠道、沟通干扰、沟通接受者和沟通反馈,见图 16.2。

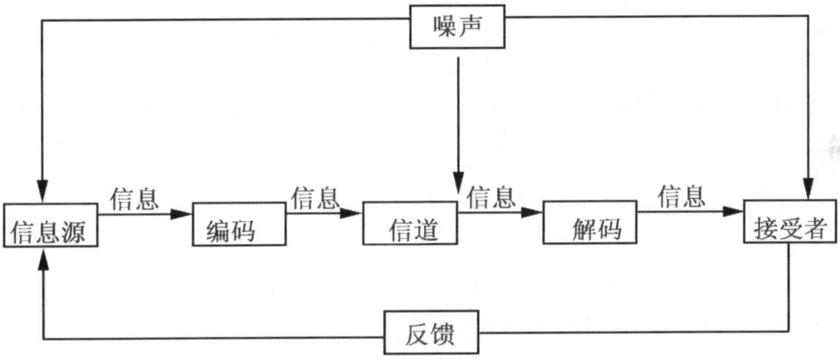

图 16.2　沟通过程

上述诸要素的科学合理配置、选择与否对组织沟通的效果都有不同程度的影响。

同时,任何组织的沟通总是在一定背景下进行的,受到组织文化类型的影响。企业的行为文化直接决定着员工的行为特征、沟通方式、沟通风格,而企业的物质文化则决定着企业的沟通技术状况、沟通媒介和沟通渠道。

世界著名的 GE 公司,它的企业文化突出“以人为本”的经营哲学,鼓励个人创造力的展现,并充分重视和强调个人,尊重个体差异。因此,GE 的沟通风格是个体取向的,并直言不讳。企业内部的员工在任何时候都会将自己的新思想和意见毫无掩饰和过滤地反映给上层管理者。而对于公司的管理协调,GE 员工习惯于使用备忘录、布告等正式沟通渠道来表明自己的看法和观点。与此同时,前通用 CEO 杰克 · 韦尔奇在公司管理沟通领域提出了“无边界理念”。GE 公司“将各个职能部门之间的障碍全部清除,工程、生产、营销以及其他部门之间的信息能够自由流通,完全透明”。在这样一个沟通理念的指引下,GE 更为有效地使公司内部信息最大限度上实现了共享。实践证明,良好的企业必然具有良好的沟通，而良好的组织沟通必然由其良好的企业文化所决定。

除此之外，“领导者作风”也是影响组织沟通的重要因素。社会心理学家勒温曾把领导者在领导过程中表现出来的极端工作作风分为三种类型：专制作风、民主作风和放任自流作风。三种不同的领导作风对于组织沟通效果的影响是大不相同的。专制作风的领导者实行的是个人独裁领导，把权利完全集中于自己手中。他个人独断设计工作中的一切，却很少与组织成员进行沟通，更谈不上向组织成员征求决策意见。所以这种领导作风表面上看来虽然是一种极为严格的管理，但无法顾及组织成员的精神与情感需求。因而，组织内部弥漫着消极态度和对抗情绪。从长远看，这种领导作风必将有害于组织的发展与成长。民主作风的领导则会把部分权力授权给组织成员，并积极提倡组织成员之间相互交流并商讨组织事务与决策。同时，还关心他人，尊重他人，鼓励组织成员提出新意见，好想法。

可见，影响组织沟通的因素是方方面面的。无论是沟通行为本身的流程要素，还是组织的领导行为风格或组织文化，都直接对组织沟通产生重要影响。

二、组织中的小道消息

小道消息在现实中是非常普遍的现象，而且已经成为员工日常沟通中不可缺少的部分。

（一）小道消息的产生

研究表明，当某一情境对员工来说十分重要，涉及他们的切身利益，但又模棱两可，信息提供不完全，并因而引起人们的焦虑情绪时，小道消息就会作为情境的反应而出现。

在一些规模较大的组织中，由于保密性和竞争性的需要，高层和中层管理者对组织中诸如新上司的任命、工作组的重组、任务重新安排等事件，事先都会“三缄其口”，这就为小道消息的产生和传播提供了条件。如果人们的愿望和期待不能得到满足或焦虑得不到缓解，小道消息就会一直传播下去。

（二）小道消息的特点

（1）不受管理层控制，人们热衷于传播最新消息。

（2）大多数员工认为它比高级管理层通过正式沟通渠道解决问题更可信、更可靠。

（3）它在很大程度上有利于人们的自身利益。

（4）小道消息的准确率较高

（三）小道消息的类型

1. 集群连锁

即在沟通过程中，可能有几个中心人物，由他们转告若干人，而且有某种程度的弹性。如图 16.3（a）中的 A 和 F 两人就是中心人物，代表两个集群的“转播站”。

2. 密语连锁

由一人告知所有其他人，犹如其独家新闻，如图 16.3（b）。

3. 随机连锁

即碰到什么人就转告什么人，并无一定中心人物或选择性，如图 16.3（c）。

4. 单线连锁

就是由一人转告另一人，后者也只再转告一个人，这种情况最为少见，如图 16.3（d）。

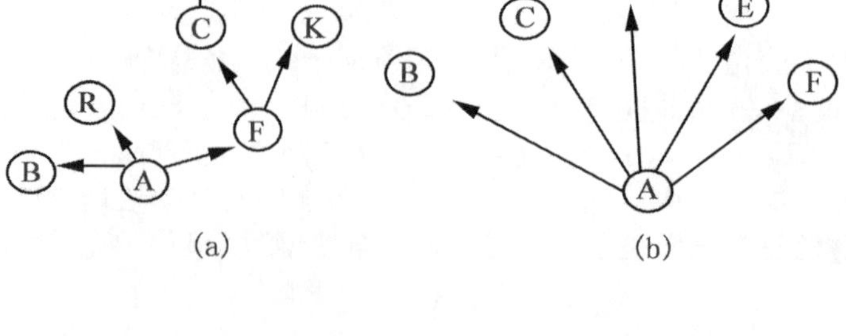

(a) (b)

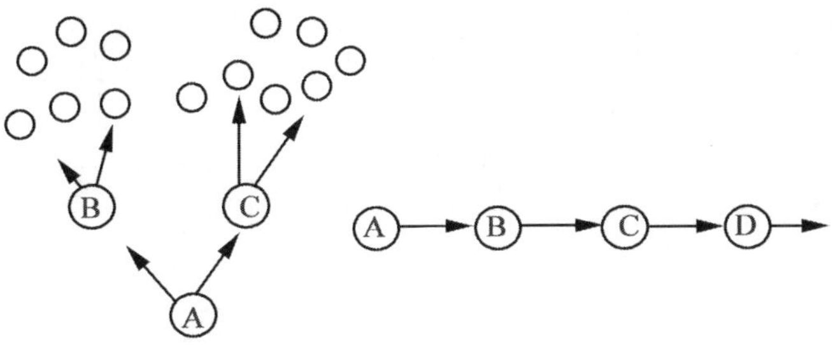

图 16.3　非正式沟通渠道

三、越级报告的管理机制

越级报告是一种普遍发生的非正式上行沟通机制,常被称为"小报告"。越级报告的实质是组织成员未按照正式上行沟通渠道,逐级向领导表达意见,而是越过直属上级直接向更上层领导者,以口头或书面的形式进行沟通。

越级报告在所有的组织中都存在,具有上行沟通的功能;但如果不能妥善处理,对组织将具有一定程度的破坏力,将危害领导程序、沟通机制等,对工作士气造成冲击。越级报告产生的原因如下。

(1)组织上行沟通机制不良。组织成员接受下行沟通的信息,形成个人的观点,并产生向直属领导加以表达的需求。沟通机制不良造成部分成员心理不安与不满,从而产生越级报告的行为。

(2)组织内部的政治行为。由于组织内部资源有限,越级报告是组织成员为创造个人利益基础而采取的政治行为之一。个人因素和组织因素能够影响越级报告政治行为。某些具有高度自我监督个性及高度权力需求人格特征的组织成员,对社会变动敏感,能展现高度的社会顺从,促成越级报告的产生;还有部分组织成员因为经验不足,欲突显个人角色,但误判时机而易采取越级报告行为。

(3)组织内部某些信息收集活动促进越级报告行为的产生。组织中部分管理者,为积极了解组织成员对制度和环境等满意情况或某些特定组织信息,有计划进行的信息收集活动等,都可以产生越级报告。

四、组织沟通的障碍

沟通有时不能保证使组织中的信息沟通顺利进行,因为在实际的组织沟通中,常常存在着许多影响沟通效能的因素。

(一)语义障碍,理解差异

组织中的人与人之间的信息沟通主要是借助于语言进行,语言是思想的外壳,是交流的工具。人们的语言修养不同,表达能力各异,对同一种思想、观念或事务,有的人可以清楚地表达,有的则表达不清楚。

用语言表达思想或描述事物时,不可能避免地会产生语义障碍。理解的可变度很大,形成模棱两可、含糊不清的情况;此外,由于语音复杂、语言不通、口齿不清等情况都会引起误解,影响沟通。

(二)个体差异造成的选择性知觉

知识、经验的差异会带来沟通障碍,如果信息发送者和接受者水平相距很大时,可能会产生"对牛弹琴"的情况。个人心理因素的差异在一定情况下都会引起沟通障碍。很多人都排斥抗拒那些不符合自己习惯或经验的信息;接受自己喜欢或习惯的信息。这样,在信息沟通中带有个体的主观成分,无形中歪曲了所传达的信息。

(三)情绪造成沟通障碍

不同的情绪对同一信息的解释截然不同,极端的情绪感受可能阻碍有效的沟通,无法进行理性客观的思维活动。不同情绪类型的人也能影响沟通结果,情绪稳定的人在沟通中容易理解对方的信息;情绪急躁的人对信息理解容易片面。

(四)地位差异和利害冲突妨碍交流,形成"过滤"

地位高的人对地位低的人沟通是无所顾忌的,而下级对上级沟通则不然。这就使领导者不容易得到充分和真实的信息。特别是领导者不愿听取不同意见时,必然堵塞言路,使下级保持沉默。如果存在利害冲突,信息传承者往往会按自己的观点去过滤,甚至有意隐瞒,导致信息失真。

(五)组织层次的影响

在组织中,高层向下传达信息,低层向上汇报信息。这些沟通要经过许多中间层次,每经过一个环节,都会有信息的"过滤"和"失真"。

(六)组织结构设计不当,沟通渠道不畅

当组织结构设计没有充分考虑信息有效沟通的问题,沟通渠道不明确,要求不合理时,信息交流即处于自发、无组织的低效率状态。组织气氛也会影响信息沟通,关系融洽、开诚布公、相互信赖的组织中,信息沟通更加有效。

(七)条件不清,弹性太大

各个组织或组织中的各部门之间的政策与制度执行起来不尽相同。这些政策制度都有一定的边界条件、前提和假设。当在信息传达上忽略了这些边界条件时,那么沟通就存在一定的障碍。以发放奖金为例。奖金的发放必须在加强教育和健全管理的基础上进行,工作必须有严格的考核,全国和各部门的非工资的现金收入必须予以控制,工资总额的增长不能超过利润和劳动生产率的增长率等,这些都可能是边界条件,这些边界条件不讲清楚,就会理解不一,行动失调。

(八)信誉不佳,妨碍沟通

如果信息的发送者在接受者心目中的形象不佳,那么接受者就会对信息存有成见,不重视。

(九)地理障碍,沟通困难

组织规模庞大,地理位置分散都会造成沟通困难。随着交通条件和信息技术的发展,这种情况有了很大程度的改善。

五、改善组织沟通的意义

沟通不良是组织低效的一个基本原因。很多员工离职很重要的两个原因就是受到不公正的对待和沟通不良。《商业周刊》、《华尔街日报》报道过一份传播委员会的研究报告,调查 70 家公司共 705 位员工,对该公司的沟通有何感想。他们发现:有 64% 的人不相信管理层所说的话;有 61% 的人觉得未被充分告知公司的计划;有 54% 的人觉得公司的决策未作充分的说明。

组织沟通是管理中极为重要的部分。管理与被管理者之间有效沟通是任何管理艺术的精髓。美国著名未来学家奈斯比特曾指出:"未来竞争是管理的竞争,竞争的焦点在于每个社会组织内部成员之间及其外部组织的有效沟通上。"

组织是按一定规则和程序为实现其共同目标而结集的群体,组织目标的实现与否取决于组织沟通是否畅通,有效的组织沟通有利于信息在组织内部的充分流动和共享,可以提高组织的工作效率,增强组织决策的科学、合理性。另外,行为科学理论告诉我们,组织成员并不是单纯的物质利益追求者,他们同时还有精神层次的需求。比如说对组织(企业)的归属感、荣誉感和参与感,而这一切也都是借助于有效的组织沟通得以实现的。因为只有有效的组织沟通,组织成员的意见、建议才能得到充分的重视;只有有效的组织沟通,组织成员的工作成绩才能得到应有的评价和认可。从企业文化看来,企业文化是企业员工所共有的企业核心价值观,属意识范畴。企业文化的形成有赖于组织成员之间的良好沟通以达成最后价值观的认同。所以说，组织沟通是一切企业管理行为的灵魂。

六、改善组织沟通的途径

面对市场日益复杂多变的竞争环境，顺畅的沟通是组织保持活力的有效保障。提升组织沟通效率既需要外部的力量，比如商学院的教育水平、职业化的人力资源供给等，更需要企业从内部改善沟通的环境及机制。有资料表明，企业管理者70%的时间用在沟通上。开会、谈判、谈话、做报告是最常见的沟通方式，对外拜访、约见等。另外，企业中70%的问题是由于沟通障碍引起的，无论是工作效率低，还是执行力差，领导力不高等，归根结底都与沟通有关。因此，提高管理沟通水平显得特别重要。

（一）事先认真准备，正确理解，确切表达沟通内容

沟通者自己首先要对沟通的内容、沟通要解决的问题和要达到的目的，有正确和清晰的理解，还要尽可能让被沟通者清楚。沟通的内容要言之有物，针对性强，语意确切，尽可能的通俗化、数量化和具体化；不能模棱两可。

（二）以良好的心态与员工沟通

与员工沟通必须把自己放在与员工同等的位置上，“开诚布公”、“推心置腹”、“设身处地”，否则当大家位置不同就会产生心理障碍，致使沟通不成功。沟通应抱有“五心”，即尊重的心、合作的心、服务的心、赏识的心、分享的心。只有具有这“五心”，才能使沟通效果更佳，尊重员工，学会赏识员工，与员工在工作中不断地分享知识、分享经验、分享目标、分享一切值得分享的东西。

（三）建立沟通标准

任何的沟通只有在有了标准的情况下才有意义，那么企业内部的沟通标准何在？作为盈利性的组织，企业的存在就是以经营业绩为依归。衡量任何沟通活动的意义，都会最终追溯到业绩目标。领导的话可以被下属揣摩，但这种揣摩的导向应该是为了达成经营目标，而不是领导的好恶。从这个方面来说，企业组织必须首先要构建好自身的业绩管理体系，通过设置明确、科学的业绩目标，用以指导企业行为，包括沟通行为。沟通的实现有赖于良好的机制，包括正式渠道、非正式渠道。员工不会做你期望他去做的事，只会去做奖罚去做的事和考核他去做的事，因此引入沟通机制很重要。应纳入制度化、轨道化，使信息更快、更顺畅，达到高效高能的目的。

（四）强化内部培训

强化培训是为了在企业的内部构建一种统一的沟通风格和行为模式，减少因沟通形式不一而造成的摩擦。通过培训可以将一些概念性的东西固定下来，形成大家一说出口就能被理解的企业话语，而不必再挖空心思的去弄清楚一句话从老板口里说出和从某位副总口中说出有何区别。

（五）转换领导意识

沟通是管理的高境界，许多企业管理问题多是由于沟通不畅引起的。良好的沟通可以使人际关系和谐，顺利完成工作任务，达成绩效目标。沟通不良则会导致生产力、品质与服务不佳，使得成本增加。组织的老总、老板是个相当重要的人物。老总必须以开放的心态来做沟通，来制定沟通机制。组织文化即老板文化，他直接决定是否能建立良性机制，构建一个开放的沟通机制。老总以身作则在组织内部构建起“开放的、分享的”组织文化。

（六）提高信任度

沟通双方互信的程度，对改善沟通效果有重要的影响，如果信息接收方对发送者不信任，就会抵制其发出的信息；如果发送者对接收方不信任，也会不自觉地减少信息量，甚至拒绝发送信息。对管理者来说，对沟通富有诚意，取得、保持并提高下属对自己的信任，对改善沟通效果尤为重要。

(七)提倡平行沟通

平行沟通是在一个组织中处于同一层次的部门、单位和个人之间的相互沟通,它是减少部门矛盾和冲突的重要措施。一些日常活动的协调工作应尽量通过有效的平行沟通来实现。此外,在组织当中还提倡直接的口头沟通。管理者应该尽可能地到车间科室或集体办公室到处走走,主动了解工作中的情况,及时充分和直接地掌握第一手资料和信息,与员工一起讨论解决问题。这样要比那些深居简出的管理者与下属沟通要容易、有效得多。

美国一家公司的总经理非常重视员工之间的相互沟通与交流,他曾有过一项“创举”,即把公司餐厅里四人用的小圆桌全部换成长方形的大长桌。这是一项重大的改变,因为用小圆桌时,总是那四个互相熟悉的人坐在一起用餐。而改用大长桌情形就不同了,一些彼此陌生的人有机会坐在一起闲谈了,如此一来,研究部的职员就能遇上来自其他部门的营销人员或者是生产制造工程师。他们在相互接触中,可以互相交换意见,获取各自所需的信息。而且可以互相启发,碰撞出“思想的火花”,公司的经营得到了大幅度的改善。

总而言之,良好的沟通能够给企业带来的不仅仅是信息的顺畅流动,更能为组织的决策与执行力提供基本的保障。

有效的沟通是一个主动和有意运用信息的过程,在这个过程中又受沟通者习惯的影响和制约。习惯有优有劣,有效的沟通就是克服不良习惯对沟通所造成的障碍,并养成良好的习惯,使沟通得到改善。R·G·尼柯斯认为,沟通过程中的不良习惯主要表现在10个方面:

(1)对谈话对方所谈的主题没有兴趣。

(2)被谈话对方的态度所吸引,而忽略了对方所讲的内容。

(3)当听到与自己意见不同的地方,就过分激动,以致不愿再听下去,对其余信息也就此抹杀了。

(4)仅注意事实,而不肯注意原则和推论。

(5)过分重视条理,而对欠条理的人的讲话不够重视。

(6)过多注意造作掩饰,而不重视真情实质。

(7)分心于别的事情,心不在焉。

(8)对较难的言辞不求甚解。

(9)当对方的言词带有感情时,则听力分散。

(10)在听别人讲话时还思考别的问题,顾此失彼。

良好沟通10诫

(1)沟通前先澄清概念。

(2)检查沟通的真正目的。

(3)考虑沟通时的一切环境情况。

(4)计划沟通内容应尽量取得他人的意见。

(5)沟通时应注意内容,同时也应注意语调。

(6)沟通时尽可能传递有效信息。

(7)应有必要的反馈跟踪与催促。

(8)沟通时不仅着眼现在,还应着眼未来。

(9)应该言行一致。

(10)应该成为一名“好听众”。

摘自:中国法律人才网,http://www.lexhr.com/news/news_info.asp? id=124270

第四节 跨文化沟通

一、文化与沟通的关系

荷兰跨文化研究学者霍夫斯泰德认为,文化是一种"共同的心理程序",即文化不是一种个体特征,而是具有相同的教育和生活经历的许多人所共有的心理程序。正是此程序才将不同的群体、区域或国家的人类群体得以相互区分开来,而这个共同心理程序的核心就是共有的价值观。与跨文化有关的文化的特征主要有以下几个方面。

(一)群体性

即文化不是一种个体行为或个体特征,而是生活在该群体中的人们所共有的行为和特征。

(二)习得性

群体文化不是其每个成员生来就有的,而是其成员不断向群体其他成员和环境学习的结果。

(三)差异性和同一性

文化的差异是指由于人类历史演进中的条件和过程存在差异,决定了不同的文化有不同的特点。文化的同一性则反映了人类一般的生理特征和他们适应自然和社会环境的一般需要。

(四)层次性

文化的各个方面对其成员的重要程度是不同的,有些方面是其文化的核心,有些方面则是较次要的。

(五)稳定性与变迁性

文化的稳定性是指文化是由数千年的经验和知识积累而形成的,它保持着相对的稳定不变性。

二、跨文化沟通的含义

所谓跨文化沟通(Cross-Cultural Communication)是指跨文化组织中拥有不同文化背景的人们之间的信息、知识和情感的互相传递、交流和理解过程。跨文化沟通通常是不同文化背景的人之间发生的沟通行为。因为地域不同、种族不同等因素导致文化差异,因此,跨文化沟通可能发生在国际间,也能发生在不同的文化群体之间。在进行跨文化沟通时首先要观察一个文化的角度:交流与语言、自我意识与空间、衣着与打扮、食品与饮食习惯、时间与时间意识、季节观念、各种人际关系、价值观与规范、信仰与态度、思维过程与学习、工作习惯与实践等。其次要理解一个文化系统,可以考察研究的系统:亲属系统、教育系统、经济系统、政治系统、宗教系统、协会系统、卫生保健系统,娱乐系统等。

跨文化沟通的概念源于经济的全球化,国际交流首先是文化的交流。所有的国际政治外交、企业国际化经营、民间文化交流与融合,都需要面对文化的普遍性与多样性,研究不同对象的特征,从而获得交流的效果。

> 俄罗斯新闻网2009年10月21日转引瑞士《晨报》文章说,德国总理默克尔对法国总统萨科齐表现出的过分热情感到非常尴尬。默克尔坦言,在官方见面会上萨科齐的欢迎方式非常"黏人":搭肩扶背,在手臂上下徘徊,并且伸手亲吻,这都让她感到很难为情。瑞士《晨报》文章说,对于萨科齐这种过分亲热行为默克尔已经通过驻法国大使馆向爱丽舍宫提出了抗议。

因为文化差异的存在,新进入的人群,在适应中往往还会遭遇文化冲击(Cultural Shock)。如今很多政府机构与企业组织就积极研究跨文化沟通。在以往的国际政治外交活动中,出现过很多受欢迎的领导人夫人,很多积极的“夫人外交”的案例,其根本原因是除了女性的和善角色以外,一般比较了解对方的文化特色,而且交流的民间风格,导致很多积极的效应。

即便是同在中国,不同省份,语言可能不同;南方北方也有气候差异、饮食差异,交流中会遇到个性差异,也会出现“水土不服”的说法,其实就是跨文化沟通中的适应问题。

> 日本人同事一起吃饭时,都“均摊付款”(“割勘”),即使共同招待客人,也是如此,而且可以在客人面前公开算账、掏钱。在中国人眼里,这是一种丢脸的事,而且被作为日本人小气的证据。其实,据说“割勘”本是来自美国的舶来品,于二次大战后进入日本,它迎合了当时日本人的心理,所以备受欢迎。那时,随着日本向美国式产业社会转变和消费型社会迈进,日本社会以往的“义理人情”逐渐淡薄,人们希望与他人保持一定的距离。这种变化反映在人际交往上有两个具体特征:一是谁都不愿欠别人的情;二是感情上,人情只局限于一时一事,和以后的事无关,所以一切都要当场算清。在现在的日本,“割勘”已不仅表现在共同餐饮时的付费,而且几乎表现在所有共同消费的行为当中。
>
> 摘自:http://news.ifeng.com/history/special/wushidao/detail_2010_03/21/399900_0.shtml 有删减

三、影响跨文化沟通的主要因素

(一)感知

感知与文化有很密切的关系。一方面,人们对外部刺激的反应,对外部环境的倾向性、接受的优先次序,是由文化决定的;另一方面,当感知形成后(指感知过程的结果——知觉),它又会对文化的发展以及跨文化的沟通产生影响。

在跨文化沟通过程中,研究感知或知觉对沟通的影响具有十分重要的意义。人们在沟通过程中存在的种种障碍和差异,主要是由感知方式的差异所造成的。要进行有效的沟通,我们必须了解来自异文化环境中人们感知世界的不同方式。

(二)成见

当我们突然进入一种有着很少我们所熟悉的符号和行为的情境的时候,我们就会经历一种很强的令人烦恼不安的情境——文化冲击。我们会因此而感到焦虑不安,甚至茫然不知所措。在这种情况下,成见常常就油然而生了。成见不是不可避免的,但它常比悬而未决或模棱两可的状态容易接受得多。由于我们大多数人都很怠惰,不愿意发展了解不同境遇中其他人的必要的能力,我们就心安理得地根据错误的信息来减少悬念状态带来的不安和痛苦。然而,问题是,成见作为我们头脑中的图像,常常是僵化的,难以改变的,以其作为防卫的机制则是不妥当的,而且常常是极为不利的。我们必须认识到,凡此种种的成见,对于成功地进行跨文化的沟通是全然无益的。

(三)种族中心主义

种族中心主义是人们作为某一特定文化中成员所表现出来的优越感。它是一种以自身的文化价值和标准去解释和判断其他文化环境中的群体——他们的环境,他们的沟通的一种趋向。

所有的人都经历了促使民族中心主义心态发展的社会过程。人们通过受教育知道了“如何行事”的准则,通过观察知道了周围人的行为方式,对某一特定的制度和体系也越来越熟悉。从一种文化的角度看,假定另一种文化能选择“最好的方式”去行事似乎是不合理的。因而,我们对文化差异很大的人们之间的沟通,在早期是抱着否定态度的。

(四)缺乏共感

缺乏共感的主要原因是人们经常是站在自己的立场而不是他人的立场上理解、认识和评价事物的。缺乏共感也是由许多原因造成的。首先,在正常情况下,设身处地地站在他人立场上想象他人的境地是十分困难的。尤其是文化的因素加入之后,这个过程就更加复杂了。其次,显示优越感的沟通态度也阻碍了共感的产生。如果一个人总是强调自己管理方法的科学性,固执己见,那么我们就很难与之产生共感。第三,缺乏先前对于某个群体、阶级或个人的了解也会阻碍共感的发展。如果从来没有在国外的企业工作过或从事过管理,也就没有机会了解他人的文化,我们就很容易误解他人的行为。这种知识的缺乏,可能致使我们从某些不完全跟行为背后的真正动机相联系的行为中得出结论。最后,我们头脑中所具有的跟人种和文化相关的成见也是达到共感的潜在的抑制因素。

四、实现有效跨文化沟通原则

为了达到有效沟通,必须遵循一定的原则。作为沟通过程中的指南,一些权威的沟通专家一致认为,要实现跨文化经营管理的有效沟通,必须坚持以下几条原则。

(1)完整性。完整性包括三个方面的要求:一是向对方提供他所需的所有信息,以便对方能彻底、准确地理解该信息。二是要回答对方提出的所有问题。三是要向对方提供他所需要的额外信息。

(2)简洁性。简洁性或简明性是指在不损害信息的其他方面的前提下,用尽可能少的词汇来传递信息,即信息既要完整又没有多余的修饰成分。

(3)关心性。指在沟通过程中始终要把对方放在心中,设身处地地与对方交谈,不能发脾气,不能谩骂,不能无端地指责对方。

(4)具体性。指双方传递的信息不是模糊的、一般性的,而应是明确的、确定的和生动的。

(5)明晰性。指要求将信息发送者头脑中的信息精确地传送到对方的头脑中。由于词汇的使用受到个人的经历、知识水平、价值观等影响,因此一方要精确地将信息传送到另一方并不容易。

(6)礼貌性。礼貌性是指在沟通过程中要关心对方、尊重对方。

(7)正确性

从一般意义上讲,语言的正确性包括在语法、标点、拼写和发音等方面的要求。

克服障碍可以从如下几方面入手

1. 从态度和认识提高敏感度,提高我们的全球意识。人是文化动物,难免用自己的价值观来分析和判断我们周围的一切。比如,人家批评几句,就什么都听不进去,总觉得我们的文化比别人的优越,或者有种族偏见和歧视,这些都是跨文化沟通的严重障碍。只有带着虚心和平静的心态与态度才能真正听得进去,有效沟通才可能真正发生。就如布莱斯帕斯卡在其所说的名句"在比利牛斯山这边是真理的东西,在比利牛斯山那边就成了谬误"。要学会培养接受和尊重不同文化的意识。

2. 掌握不同文化的知识和外语工具,多了解自己文化和其他文化的差异,这样会提高跨文化沟通的有效性。

3. 在行为上不断训练自己和不同文化背景的人交往,锻炼自己的能力,尤其是倾听能力,确认自己听到的是对方真正的意思。这些都是我们每个人终生不断提高的追求。

第五节 信息时代的沟通

科技已经或正在改变着人们的工作和生活方式。在沟通越来越扁平化的时代,QQ、MSN、短信、彩信、视频播客、微博、博客等沟通方式不断出现。现在,人们的沟通方式已经完全不一样了。员工们坐在办公桌前,通过网络沟通,开展工作。即使是相隔不到1米的两个员工之间,也是通过即时信息传递软件进行交流。组织当中的每个成员均有自己的电子信箱，每个员工每天上班的第一件事就是查看信箱内的信息。一些组织，如高校设有办公自动化系统。无论你身在何处，只要登陆学校的主页，输入相应的口令和密码就能够浏览到学校发布的各项通知和信息。每名员工每天携带的手机可以使领导随时召唤。

技术进步对管理者协调员工的工作活动有着重要的促进作用，并由此带来工作效率和效果的提高，对管理沟通产生了深刻的影响。

信息技术从根本上改变了组织成员的沟通方式。它不但提高了管理者控制员工和团队绩效的能力，还使员工获得作出快速决策所需要的更完整的信息，并为员工提供更多的加强合作和共享信息的机会。信息技术还使组织成员随时联系。而这一切应该归功于计算机网络系统和无线通信技术的发展。

一、计算机网络系统

组织通过计算机网络系统，将组织成员连接在一起，无论这些组织成员身在何处，都能进行相互沟通，得到及时的相关信息。这些通信工具包括电子邮件、即时信息、音频邮件、传真、电子数据交换、电视电话会议、内外部互联网，以及聊天室等。

电子邮件是通过联网的计算机发送书面信息的一种邮件瞬时传递方式。信息能够存储于接受者的电脑中，并可供随时阅读。电子邮件传递信息快速、便宜而且能同时向许多人发送同一条信息。对组织成员来讲，它是一种快捷便利的实现信息共享和沟通的渠道。

即时信息是一种能够在计算机网络使用者之间实现互动的实时沟通。如 MSN、QQ 等。即时信息沟通克服了电子邮件需要等待或网络阻塞的缺陷。无论什么信息都能在瞬间得到传递。

音频邮件系统是对声音信息的数字化处理，通过网络传递，并存储在电脑中，以便接受者需要时使用。这种能力使声音信息可以在接受者不在场的情况下得到传递。接受者还可以将信息储存、删除或转发给他人。

传真机使包括文字和图表信息的文件通过普通的电话线传递。传真机打印出来的信息，能够方便迅速地供有关组织成员传阅。

电子数据交换，通过直接的计算机对计算机网络，使组织之间得以交换标准化的商务交易文件。通过电信网络，使交易信息从一个组织的计算机系统传递到另一个组织的计算机系统，取消了发送组织的文件资料打印和处理工作，对方组织也避免了接收信息的麻烦。

电话会议，使一群在不同地点参加会议的人员能够通过电话在同一时间开会。如果会议参加者能够通过电视或者电脑屏幕看到对方，则成为视频会议。组织无论规模多大，成员分布有多么广泛，都可以通过这些通信网络工具实现工作的协同和信息的共享。

网络化计算机系统，也使组织的内部和外部互联网得以发展。内部互联网是一种运用互联网技术在组织内部建立的沟通网络，只有组织的成员才允许登陆。许多组织已经将内部互联网作为员工分享信息和实现不同地点的资料交换和项目合作的重要手段。外部互联网允许组织内部的使用者经授权后直接与组织外部的顾客和供应商进行沟通，实现交易的快捷和方便沟通。

二、无线通信技术

网络时代的管理者拥有了与相关人员保持联系的全新方式。无绳电话、笔记本电脑以及便携式通信设备等发展，使人们随时随地方便地发送和接收信息。员工可以与组织的其他成员即时沟通。

新技术发展催生了新媒体，人可以直接跟他人对话、跟社会沟通。移动通信、网络等技术平台赋予了人们信息平等的权利，有责任感的组织可以通过更好的方式来促进与引导这样的社会生活进程。

微博成为一个继博客之后的全新信息平台。以个人面向网络的即时广播,通过群聚的方式,每个人都可以形成一个自己的听众群落;用微博的方式,将个人的见解和观点发布给自己的听众,以最精炼的词汇来表达最高深的观点。

它是公民新闻的聚集地,有了微博,任何地方的新闻都变成全国的新闻;它是公共话语的策源地,有了微博,中国破天荒地形成跨越地域和阶层的全国性的公共领域;它也是公民行动的产生地,有了微博,公民得以团结起来,不论在何处,你都能看见中国人走到一起彼此分享,共同工作,或是发起某种公共行动。在中国历史上第一次,我们的交流工具支持群体对话与群体行动。

摘自:http://style.sina.com.cn/news/p/2010-11-26/092470421_3.shtml(有删减)

思考题

1 某公司质管部经理老吕在质量管理的总体目标、步骤、措施等方面与公司主要领导人有不同看法。老吕认为,质量管理的重要性在公司上下并未得到充分重视;公司领导则认为,他们是十分重视产品质量问题的,只是老吕的质量控制方案成本太高且效果不好。最近一段时间,这种矛盾呈现激化现象。一天上午,老吕接到公司周副总的电话,通知他去北京参加一个为期10天的管理培训班,而老吕则认为自己主持的质改推进计划正在紧要关头,一时脱不开身,公司领导应该是知道这个情况的,他们作出这样的安排显然是不支持甚至是阻挠自己的工作。因此,老吕不仅拒绝了领导的安排,还发了一通脾气;而公司副总也是十分恼火,认为老吕太刚愎自用,双方不欢而散。你认为这里出现的沟通失败的主要原因是: ( )

A. 周副总发送的信息编码有问题

B. 信息传递中出现了噪音

C. 老吕对于周副总的反馈有问题

D. 老吕对于信息的译码出了问题

2 某企业原先重大战略决策的基本过程是由各部门(如财务部、销售部、生产部、人事部等)独立把各自部门的情况写成报告送给总经理,再由总经理综合完成有关的战略方案。后来,对此过程作了些调整,这就是:总经理收到各部门呈上的报告后,有选择地找些管理人员来磋商,最后由自己形成决策。再后来,总经理在收到报告后,就把这些报告交给一个有各部门人员共同参与组成的委员会,通过委员会全体成员的面对面讨论,最终形成有关决策。对此你的看法是: ( )

A. 这种处理方式的改变对企业战略决策以及其他方面的工作没什么影响

B. 这种处理方式的改变可以大大提高企业决策的效率

C. 这种处理方式的改变增加了信息沟通的范围,可带来更多的成员满意感

D. 这种处理方式的改变提高了企业上下信息沟通的效率

3 近一段时间,负责公司人事管理的马经理注意到公司内部的员工人心浮动,企业内部小道消息很多。为此,他认为首先应该寻找出问题的原因,然后才能有针对性地采取措施,消除这种现象。你认为最可能的原因是什么? ( )

A. 企业面临的竞争环境最近发生了较大的变化

B. 企业当中的正式沟通渠道不畅通,员工感到不安全

C. 企业内部近期将要进行大的调整

D. 员工中很大比例的人原来是国企中的员工,一直有传小道消息的倾向

4 指出沟通在组织内的功能,分别举例说明。

5 如何克服沟通中的障碍?

【案例分析1】

小道消息传播带来的问题

斯塔福德航空公司是美国西北部一个发展迅速的航空公司。然而,最近在其总部发生了一系列的传闻。公司总经理波利想出卖自己的股票,但又想保住自己总经理的职务,这是公开的秘密了。他为公司制定了两个战略方案:一个是把航空公司的附属单位卖掉;另一个是利用现在的基础重新振兴发展。他自己曾经对这两个方案的利弊进行了认真的分析,并委托副总经理本查明提出一个参考的意见。本查明曾为此起草了一个备忘录,随后叫秘书比利打印。比利打印完以后即到职工咖啡厅去。在喝咖啡时比利碰到了另一个副总经理肯尼特,并将这一秘密告诉了他。

比利对肯尼特悄悄地说:“我得到了一个最新消息。他们正在准备成立另外一个航空公司。他们虽说不会裁员,但是我们应该联合起来,有所准备啊。”这些话又被办公室的通信员听到了。他又高兴地立即把这个消息告诉他的上司巴巴拉。巴巴拉又为此事写了一个备忘录给负责人事的副总经理马丁。马丁也加入了他们的联合阵线,并认为公司应保证兑现其不裁减职工的诺言。

第二天,比利正在打印两份备忘录。备忘录却被路过办公室探听消息的莫罗看见了,莫罗随即跑到办公室说:“我真不敢相信公司会做这样的事情,我们要卖给航空公司了,而且要大量减员呢!”

这个消息传来传去,3天后又传回总经理波利的耳朵里。他也接到了许多极不友好甚至是敌意的电话和信件,人们纷纷指责他企图违背诺言而大批解雇工人。有的人也表示为与别的公司联合而感到高兴,波利则被弄的迷惑不解。

后来波利经过多方了解,终于弄清了事情的真相。然后波利就采取了澄清传闻的工作。首先他给各部门印发了他为公司制定的那两个战略方案,并让各部门的负责人将两个方案的内容发布给全体职工。然后在三天后,他把全公司的员工召集在一起,让他们谈谈对这两个方案的看法。职工们各抒己见,但多数人更倾向于第二个方案。最后波利说“:首先向大家道歉,由于我的工作失误使大家担心了,很抱歉,希望大家能原谅我。其次,我看到大家这样的爱公司,我也很受鼓舞,其实前几天大家所说的那件事就是这两个方案的‘升华’,今天我看到了大家的决心,那么我就更有信心,使我们的公司发展更好。谢谢!”

最后,该公司采取了第二个方案,公司也更迅速地发展起来。

讨论:

1. 什么是非正式沟通?
2. 就该案例进行分析非正式沟通对组织运作所起的作用。

【案例分析2】

张经理的沟通经验

某公司张经理在实践中深深体会到,只有运用各种现代科学的管理手段,充分与员工沟通,才能调动员工的积极性,才能使企业充满活力,在竞争中利于不败之地。

首先,张经理直接与员工沟通,避免中间环节。他告诉员工自己的电子信箱,要求员工尤其是外地员工大胆反映实际问题,积极参与企业管理,多提建议和意见。经理本人则每天上班时先认真阅读来信,并进行处理。

其次,为了建立与员工的沟通体制,公司又建立了经理公开见面会制度,定期召开,也可因重大事情临时召开,参加会议的有员工代表、特邀代表和自愿参加的员工代表。每次会议前,员工代表都广泛征求群众意见,提交经理在公开见面会上解答。1998年12月,调资晋级和分房两项工作刚开始时,员工中议论较多。公司及时召开了会议,厂长就调资和分房的原则、方法和步骤等做了解答,使部分员工的疑虑得以澄清和消除,保证了这两项工作的顺利进行。

1　请你分析张经理与员工在沟通方式上所做的选择,这些方式有何特点?

2　沟通的主要内容是什么?

3　从这个沟通案例中,分析管理者在沟通中所起的作用。

【实践练习1】

实地交际与沟通

班级成员每3~5人一组进行实地交际与沟通练习。

目标

(1)培养与陌生人交际的能力。

(2)培养与别人沟通的能力。

内容与要求

(1)主动同一位相关专业的陌生人士交往,交流某个专业问题。

(2)或者同一位认识的人,通过沟通解决一个难题。

(3)运用交际与沟通理论,讲究交际与沟通的艺术。

(4)事先要有精心的策划,必要时候要进行简要的小结。

成果与检测

(1)完成沟通实录卡。

(2)班级组织一次交流,每组推荐2人介绍交际与沟通过程及体会。

(3)由教师与学生进行评估与打分。

沟通实录卡

沟通主体		沟通对象		单位及职务	
沟通目标		时间		地点	
沟通前计划					
沟通过程实录					
沟通后体会					
教师评估					

【实践练习2】

培训游戏——撕纸

目标

说明我们平时的沟通过程中,经常使用单向的沟通方式,结果听者总是见仁见智,个人按照自己的理解来执行,通常都会出现很大的差异。但使用了双向沟通之后,又会怎样呢,差异依然存在,虽然有改善,但增加了沟通过程的复杂性。所以什么方法是最好的?这要依据实际情况而定。作为沟通的最佳方式要根据不同的场合及环境而定。

内容与要求

形式:20人左右最为合适。

时间:15分钟。

材料:准备总人数两倍的A4纸(废纸亦可)。

操作程序 :

(1)给每位学员发一张纸。

(2)培训师发出单项指令。

(3)大家闭上眼睛:

——全过程不许问问题。

——把纸对折。

——再对折。

——再对折。

——把右上角撕下来,转 180 度,把左上角也撕下来,——睁开眼睛,把纸打开。

培训师会发现各种答案。

(4)这时培训师可以请一位学员上来,重复上述的指令,唯一不同的是这次学员们可以问问题。

(5)有关讨论:

完成第一步之后可以问大家,为什么会有这么多不同的结果(也许大家的反映是单向沟通不许问问题所以才会有误差)。

完成第二步之后又问大家,为什么还会有误差(希望说明的是,任何沟通的形式及方法都不是绝对的,它依赖于沟通者双方彼此的了解,沟通环境的限制等,沟通是意义转换的过程)。

成果与检测

根据学生表现看游戏的效果。

第五篇　控制

第十七章　控制原理

◆本章关键词

1. 控制　2. 开环控制　3. 闭环控制　4. 前馈控制　5. 过程控制　6. 反馈控制
7. 控制方法　8. 危机控制

第一节　控制的含义

就管理者的任务而言,“控制”纯粹是为了达成目的的手段,该目的在于“管制”。如果我们控制的对象是社会组织中的“人”,那么控制必须成为行动的动机,从而实现对人的管制。 ——彼得·德鲁克

一、控制的含义

自从1948年诺伯特·维纳创立控制理论以来,控制论的概念、理论和方法被许多学科广泛吸收,用来丰富各学科的理论和方法体系,管理学就是其中之一。控制是管理的一项重要职能,它与计划、组织、领导工作相辅相成、互相影响,它们共同被视为管理链的四个环节。“控制”一词最早源于希腊语“掌舵术”,意思是指领航者通过发号施令将偏离航线的船只拉回到正常的轨道上来。所谓控制就是“纠偏”,即按照计划标准对行动及其效果进行衡量和纠偏,以确保组织的目标和计划得以实现。由此可见,维持到达目标的正确行动路线是控制概念最核心的含义。但在现代管理活动中,从广义的角度来理解,控制的含义有两个:一是要“维持现计划”,即在变化的环境中,通过控制工作,随时将计划的执行结果与标准相比较,一旦发现偏差产生,就要及时采取纠正措施,以保持系统原来的状态,实现组织的目标。二是要“打破现计划”,即控制职能也包含了对计划在其执行期间的修正或修改。在某些情况下,组织环境的变化会对组织提出新的要求,这时管理人员就必须通过调整新的目标和控制标准,使之变化到一种新的更合理、更先进的预期状态。

控制:既非客观,也非中立
在和企业机构相近的社会情境下,评价既不是客观的,也不是中立的。这种情境下的评价是带有主观性质的,而且必然是带有偏见的。这种评价不仅改变了事件本身,也改变了观察者。控制能够拓展我们的视野,因为它足以改变被评测的事件本身和观察者。它不仅能够赋予事件意义,而且还能赋予其价值。这表明基本的问题并非“我们应该怎样控制”,而是“在控制系统内,我们的评价对象是什么”。

二、控制的构成要素

控制构成要素主要有:受控对象、控制标准、绩效信息、控制人员以及纠偏措施。各控制构成要素之间的关系,见图17.1。

(一)受控对象

受控对象是企业或组织中需要接收控制的对象,如人员、活动或项目等。在管理工作中,控制对象按内容取名,如质量控制、财务控制和成本控制。

(二)控制标准

控制标准是组织为某个受控对象所制定的详细目标或标准。在管理过程中,控制标准是控制人员执行管理控制的准则。控制标准的制定,不能由控制人员主观决定,应根据组织目标和计划确定。控制标准的指标,具体分为定性指标和定量指标。

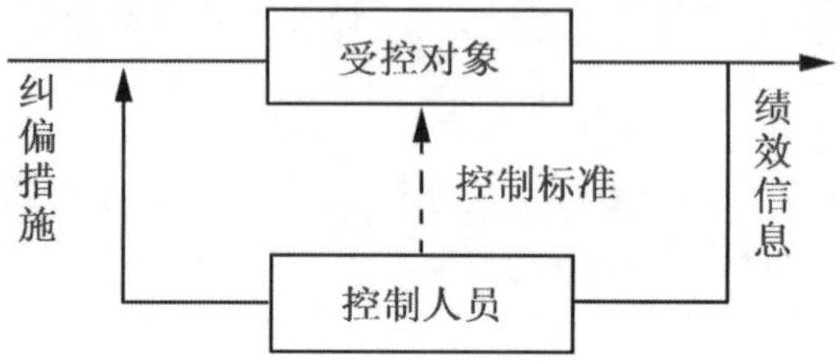

图 17.1　控制构成要素之间的关系

(三)绩效信息

在经营的过程中,受控对象在某个时间产生的经营数据,比如财务数据、成本数据、产量数据以及销售额等数据,称之为绩效信息。

(四)控制人员

控制人员可以是高层管理者;中层管理者,比如生产主管,财务主管等;也可以是基层管理者和员工,如车间主管、流水线操作人员等。不同的控制人员,控制对象和范围有所差异,但职责是相同的,即把绩效信息和控制标准进行比较分析,根据需要纠偏。

(五)纠偏措施

经营环境的不确定性,员工努力程度不同,导致了受控对象经营绩效的不确定性,纠偏措施就是为了保证达到控制标准而采取的行动和手段。

三、控制的作用

(一)控制具有检验的作用

组织活动一般都建立在计划的基础上,组织计划是对未来的预测。由于人的认识的局限性、未来的不确定性和不可预见性,对未来的预测不可能达到完全准确,计划在执行中必然会出现问题和偏差。这时控制就成了执行和完成计划的保证。控制检验各项工作是否按照预定计划进行,同时也检验计划方案的正确性和合理性。

(二)控制具有制约的作用

控制的对象是组织的各个方面。确保组织整体发展的均衡与协调,是管理工作的一项重要目标。控制可为主管人员提供有用的信息,使之了解计划执行中出现的偏差及其程度,及时分析原因,加以纠正。管理控制首先是对人的控制,控制正是基于这种指导思想,利用业务、统计、审计等部门的制度、规定及有关信息、报告等作为依据,以实现对团队和个人统一和制约的双重作用。

(三)控制具有激励作用

通过控制能真实地反映工作绩效,并可以稳定员工的工作情绪,激发他们的工作热情和潜能,从而提高工作效率。控制是提高下属工作能力的重要手段。控制不仅仅是监督,更为重要的是为下属提供指导和帮助。

(四)控制具有推动管理创新的作用

管理控制是在有机的社会组织中进行的,组织的外部环境和内部结构都在不断变化,为提高管理控制的适应性和有效性,管理控制的标准和方法也应具有动态性。

四、控制与其他管理职能的关系

(一)控制与计划的关系

控制工作意指按计划、标准来衡量所取得的成果并纠正所发生的偏差,以保证计划目标的实现。如果说管理的计划工作是谋求一致、完整而又彼此衔接的计划方案,那么,管理的控制工作则是使一切管理活动都能按计划进行。

计划和控制是一个问题的两个方面。计划是基础,它是用来评定行动及其效果是否符合需要的标准。计划越明确、全面和完整,控制的效果也就越好。控制职能使管理工作成为一个闭路系统,见图 17.2。

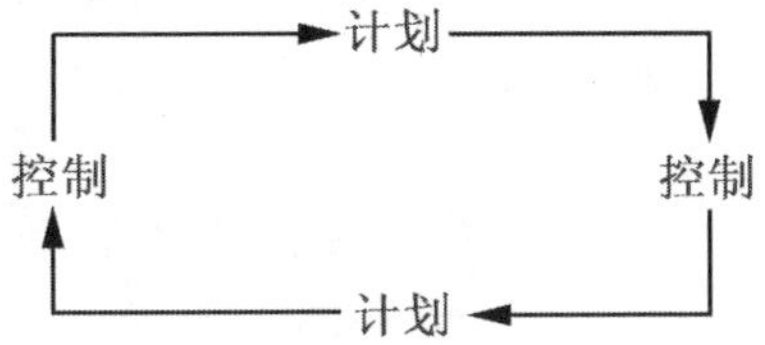

图 17.2　控制与计划的关系

在多数情况下,控制工作既是一个管理过程的终结,又是一个新的管理过程的开始,它使计划的执行结果与预定的计划相符合,并为计划提供信息。

(二)控制与组织的关系

组织职能是通过建立一种组织结构框架,为组织成员提供一种适合默契配合的工作环境。因此,组织职能的发挥不但为组织计划的贯彻执行提供了合适的组织结构框架,为控制职能的发挥提供了人员配备和组织机构,而且组织结构的确定实际上也就规定了组织中信息联系的渠道,为组织的控制提供了信息系统。如果目标的偏差产生于组织上的问题,则控制的措施就要涉及组织结构的调整、组织中的权责关系和工作关系的重新确定等方面。

(三)控制与领导的关系

领导职能是通过领导者的影响力来引导组织成员为实现组织的目标而作出积极的努力。这意味着领导职能的发挥影响组织控制系统的建立和控制工作的质量;反过来,控制职能的发挥又有利于改进领导者的领导工作,提高领导者的工作效率。

总而言之,控制工作中的纠偏措施可能涉及管理的各个方面,见图 17.3。要把那些不符合要求的管理活动引回到正常的轨道上来。

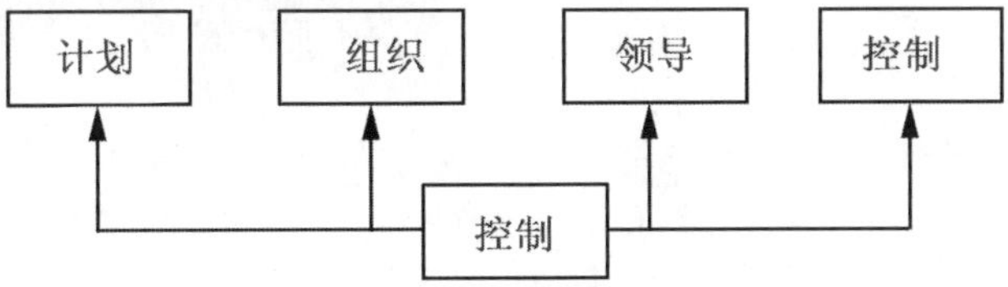

图 17.3　控制和其他管理功能的关系

五、控制的原则

(一)反映计划要求原则

控制是实现计划的保证,控制的目的是为了实现计划,计划越是明确、全面、完整,所设计的控制系统越是能反映这样的计划,则控制工作也就越有效。确定什么标准,控制哪些关键点和重要参数,收集什么信息,采用何种方法评定成效以及由谁来控制和采取纠正措施等,都必须按不同计划的特殊要求和具体情况来设计。

(二)控制关键点原则

为了进行有效的控制,需要特别注意在根据各种计划来衡量工作成效时具有关键意义的那些因素。对一个管理人员来说,随时注意计划执行情况的每一个细节,通常是浪费时间、精力和资源,是没有必要的,也是不可能的。他们应当也只能够将注意力集中于计划执行中的一些主要影响因素上。事实上,控制住了关键点,也就控制住了全局。有效的控制方法是指那些能够以最低的费用或其他代价来探查和阐明实际偏离或可能偏离计划的偏差及其原因的措施。

(三)控制趋势原则

对控制全局的管理者来说,重要的是现状所预示的趋势,而不是现状本身。控制变化的趋势比仅仅是改变现状要重要得多,困难得多。一般来说,趋势是多种复杂因素综合作用的结果,是在一段较长的时期内逐渐形成的,并对管理工作成效起着长期的制约作用。趋势往往容易被现象所掩盖,控制趋势的关键在于从现状中揭示倾向,特别是在趋势刚显露苗头时就觉察,并给予有效的控制。

(四)例外性原则

在控制过程中,管理者应该只注意一些重要的例外偏差,也就是说把主要注意力集中在那些超出一般情况的特别好或特别坏的情况,这样控制工作就会更有效。事实上,例外原则必须与控制关键点原则相结合,即要多注意关键点的例外情况。

第二节　控制的原理

管理中的控制自古有之。在西方古典管理理论中,一些学者在划分管理职能时,很早就注意到了控制这一管理的基本职能。但当时所强调的控制职能是只凭经验进行控制。如今的控制是以科学理论为基础的。一般认为,管理控制的理论基础是现代科学中具有较强综合性的基础理论,即信息论、系统论和控制论,通常简称为 ISC 三论。

一、系统论原理

系统论是以系统为研究对象,探索和揭示系统发生、发展的基本规律,并用逻辑思维和数学语言定量描述系统的一门科学。系统论一般分为三大分支:一是系统工程,即以系统作为研究对象,从系统的整体出发,用最合理、经济、有效的组织管理方法和技术,达到系统的目的。系统工程的关键是使系统达到最优化。二是系统分析,是指从系统的观点出发对事物进行分析或综合,找出各种可行方案,使决策者可以在许多可行方案中选择最优方案。三是系统管理,是指运用系统工程的思想、方法和程序,对已建成并投入运行的系统进行管理,一般包括系统研究、系统计划、计划执行和工作检查四个阶段。这四个阶段构成了一个动态的管理过程。

管理中的控制职能吸收了系统论中三大分支学科的基本思想。如控制的目的是使计划目标得以实现。在控制的整个过程中体现了最优化的要求,也体现了系统管理的主要内容。具体地说,在进行管理控制时,欲取得良好的控制绩效,就需将控制的对象视为一个系统,并从以下几个方面把握系统的主要特征。

(一)系统的整体性

这是系统的本质特征。在处理管理问题时,它要求要从全局出发,协调各部分之间的关系。

(二)系统的有序性

或称之为系统的层次性。它表现为系统的结构具有层次,构成系统的各个部分是依据一定的规律,而不是杂乱无章地组合而成的。不仅如此,系统的发展也具有层次性。

(三)系统的相关性

它指构成系统的各子系统之间存在着相互依存、相互制约的关系,子系统与大系统之间也存在着相关性。这是因为子系统之间的关系是通过大系统整体相互关联的。系统的相关性特征告诉我们,在管理过程中,既要协调系统中部分与部分之间的关系,又要处理好部分与整体之间的关系。

二、信息论原理

信息论产生于20世纪40年代末,它的主要创立者是美国的数学家香农(Shannon)和维纳(Norbert Wiener)。最初,信息论仅局限于通讯领域,后来,信息论作为控制论的基础。它是一门应用概率论与数理统计方法研究通讯和控制系统中普遍存在的信息传递和信息处理的科学。随着现代科学技术的发展,信息概念及其方法远远超出通讯领域,发展成一种广义信息论。在美国称为信息科学,西欧称为信息系统。

信息方法这一术语,是控制论的创始人维纳在其1948年出版的《控制论》一书中提出的,见图17.4。尽管技术装置与生物有机体中的反馈回路可以很不相同,但作为信息通道来说,却是相同的。这样就便于控制论从统一的角度来一般地研究各类不同的控制论系统。

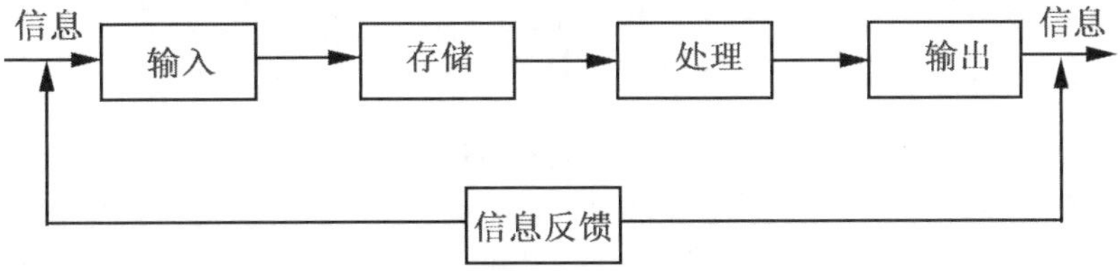

图17.4 信息方法示意图

信息是管理控制的基础和关键。控制就是将现实工作成果与计划规定的目标相比较,并纠正偏差的过程。控制过程就是信息传递和转换过程。控制职能的实施需有两方面的信息作为基础和条件:一是控制信息,即指由控制主体所发出的信息,这些信息规定了系统运行的方向、目标及为达到目标而进行的各项工作的时间、任务和指标。二是反馈信息,这类信息是实施控制职能的关键。它是指在计划执行过程中,由控制主体随时收集到的有关实际工作情况的信息。控制者通常将这类信息与计划信息进行比较,查明发生偏差的原因,以便采取纠正措施。因此,要求管理者必须掌握充实的有关管理过程的信息,以便于组织目标的顺利实现。

三、控制论原理

控制的一般含义是指不让被控制对象任意活动或使其活动不超出规定的范围。作为科学术语,控制的概念首先是由维纳于1948年在他的著作《控制论》一书中正式提出来的。维纳在描述控制论的实质时说:"控制论的目的在于创造一种语言和技术,使我们有效地研究一般的控制和通讯问题,同时也寻找一套恰当的思想和技术,以便通讯和控制问题的各种特殊表现都能借助一定的概念加以分类。"控制论不仅为自然科学,而且也为社会科学领域的研究奠定了认识论和方法论的基础。控制论在管理中的应用已经日益普及。结合系统分析方法和信息论的观点,根据控制论的基本原理指导管理实践已经取得了成效。

控制论在管理领域应用的主要技术是"功能模拟技术",又称"黑箱方法"。它根据模型和原型之间的相似关系来模拟对象,并通过模型来研究原型的规律性。简单地说,它就是通过建立系统模型来模拟所考察的问题(将被考察对象视为一个系统),重点研究系统的输入和输出及其相互联系。正因为功能模拟方法并不关心系统是如何将输入转换为输出的,因此,习惯上将此方法称为"黑箱方法"。管理意义上的控制正是依据这一技术,通过调整系统的输入条件而影响系统的输出,使之符合管理的目的。

第三节　控制的类型

在实际管理过程中，按照不同的标志，可把控制分成多种类型。例如，按照业务范围可把控制分为生产控制、质量控制、成本控制和资金控制等；按照控制对象的全面性，又可分为局部控制和全面控制；按照控制作用环节的不同，将控制分为现场控制、反馈控制和前馈控制等。各种不同类型的控制都有其不同的特点、功能与适应性。下面介绍几种主要的控制类型。

一、开环控制

开环控制，是指受控客体不对控制主体产生反作用的控制过程，即不存在反馈回路的控制。在这种控制中，控制系统的输出仅由输入来确定。在实际中则表现为控制主体在发出控制指令后，不再参照受控客体的实际情况重新调整自己的指令。其控制原理是：在对系统情况和外界干扰有了大致分析研究的基础上，通过控制初始条件，使系统能不受外界干扰的影响准确无误地转移到目标状态。这种控制见图 17.5。

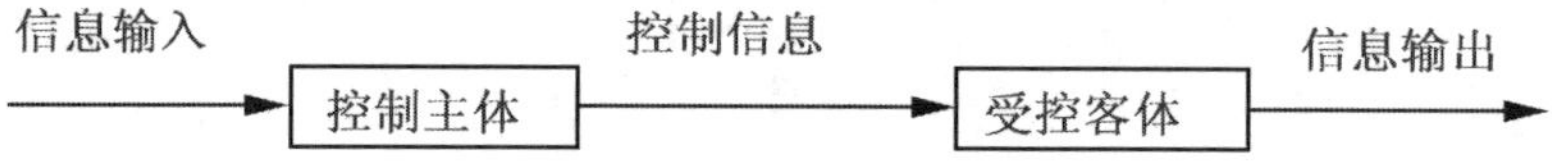

图 17.5　开环控制过程

在管理中采用开环控制具有作用时间短、控制成本低等优点，在外界干扰较小且变化不大的情况下，有一定的控制作用。但这种控制由于没有反馈机制，无法发现和纠正计划和决策实施中与预定目标之间的偏差，缺乏抗干扰能力，因此仅适用于那些干扰不大且能规则变化的组织活动，而在复杂多变的情况下，则不能起到有效控制作用，因此有很大的局限性。

二、闭环控制

闭环控制是指存在反馈闭合回路的控制。在闭环控制中，受控客体能作用于控制主体，并使其再输出增强或者减弱，以保证预定目标的实现。其控制原理是：当受控客体受干扰的影响，其实现状态与期望状态出现偏差时，控制主体将根据这种偏差发出新的指令，以纠正偏差，抵消干扰的作用。在闭环控制中，由于控制主体能根据反馈信息发现和纠正受控客体运行的偏差，所以有较强的抗干扰能力，能进行有效的控制，从而保证预定目标的实现。管理中所实行的控制大多是闭环控制，所用的控制原理主要是反馈原理。这种控制见图 17.6。

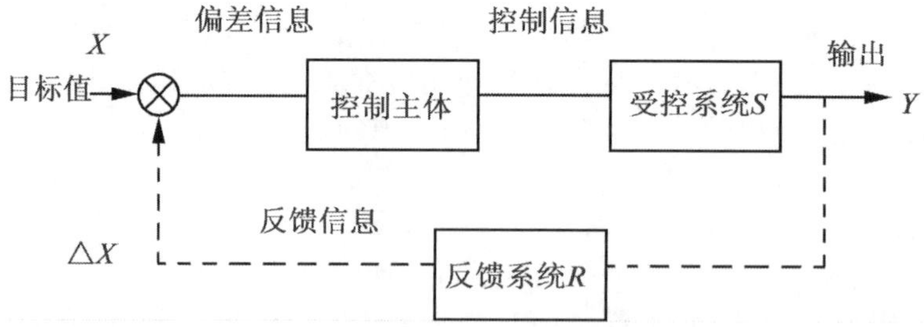

图 17.6　闭环控制过程

在图 17.6 中，如果我们把输入值用 X 表示，输出值用 Y 表示，客体的功能用 S 表示，控制系统也即反馈系统的作用用 R 表示，偏差信息用 $\triangle X$ 表示，则有

$$Y = S(X + \triangle X) = S(X + RY) = SX + SRY$$

$$Y = \frac{S}{1 - SR}X$$

管理中所运用的反馈原理主要是负反馈原理，其反馈回路的流程见图 17.7。

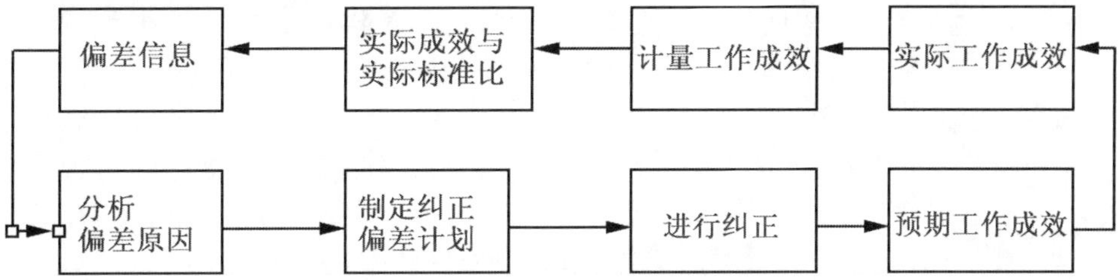

图 17.7　反馈回路流程图

在闭环控制系统里，即使有干扰，也能通过自己的调节保持原来的状态。实施闭环控制的抗干扰能力来自于反馈作用。因为在组织形式上增设了一个反馈机构，能把造成偏离目标的原因以及一贯干扰的因素及时地反馈给控制者，使决策控制层作出正确的决策，随时修正目标。

闭环控制的优点是充分发挥了反馈的重要作用，排除了难以预料或不确定的因素，使校正行动更准确，更有力。但它缺乏开环控制的那种预防性，如在控制过程中造成不利的后果才采取纠正措施。

三、定值控制

这是一种使预期量不随时间而变化的常量反馈控制。在定值控制中，由于预期量是个常量，因此其控制系统的主要任务是抗拒外来的干扰。当外部干扰影响系统运行时，输出量将偏离预期值，控制系统的作用是使被控变量恢复到预期的常量。在实际中，国家对于物价水平和经济增长速度的控制，一般都是定值控制。

四、程序控制

这是一种预期量是一个预先知道的时间控制程序的反馈控制。在这类控制中，预期量是一个由决策者预先规定的随时间而变化的控制程序。这种控制虽然不可避免地受到干扰的作用，但作为一种控制方式来说，只考虑被控变量按预定规律变化的问题。如果预期量变化了一个值，因被控变量从而变化，反馈后有偏差输出，从而使控制系统驱使被控对象作相应变化，如此直至两者按一定准确度都作相应变化为止。在实际中，某些长期计划的完成多属程序控制。例如，投资对 GDP 增长的控制。

五、前馈控制

前馈控制也称超前控制、预先控制。是指观察作用于系统的可以测量的输入量和主要扰动量，分析它们对系统输出的影响关系，在这些可测量的输入量和扰动量产生不利影响之前，通过及时采取纠正措施，来消除它们的不利影响，“防患于未然”。前馈控制，可以克服事后控制的时滞，具有事先预防的作用，因此在管理中有广泛的用途。

曲突徙薪

有位客人到友人家里作客，看见主人家的灶上烟囱是直的，旁边又有很多木材。客人告诉主人说，烟囱要改曲，木材移去，否则将来有可能会有火灾，主人听了没有做任何表示。不久主人家里果然失火，四周的邻居赶紧跑来救火，最后火被扑灭了，于是主人烹羊宰牛，宴请四邻，以酬谢他们救火的功劳，但是并没有请当初建议他将木材移走，烟囱改曲的人，有人对主人说：“如果当初听了那位先生的话，今天也不用准备宴席，而且没有火灾的损失，现在论功行赏，原先给你建议的人没有被感恩，而救火的人却是座上客，真是很奇怪的事呢！”

主人顿时醒悟，赶紧去邀请当初给予建议的那个客人来吃酒。

一般人认为,足以摆平或解决企业经营过程中的各种棘手问题的人,就是优秀的管理者,其实这是有待商榷的。俗话说:"预防重于治疗",能防患于未然之前,更胜于治乱于已成之后。由此观之,企业问题的预防者,其实是优于企业问题的解决者。

六、反馈控制

控制论的基本原理,同时也是管理控制职能最基本的原理就是反馈的机理。所谓反馈,是指系统的输出信息返送到输入端,与输入信息进行比较,并利用二者的偏差进行控制的过程。如果输出信息的作用是抵消输入信息,称为负反馈;若作用是增强输入信息,则称为正反馈。反馈控制具有使系统稳定、跟踪目标、抗干扰三个方面的性质。反馈控制,不仅是管理系统,也是自然界和人类社会中普遍存在的一种现象。

七、过程控制

过程控制也称自动控制,是指在无人直接参与的情况下,采用自动化装置使各生产或其他活动环节能以一定的准确度自动调节的控制。这种控制多用于生产中的自动操作系统,在市场经济条件下,自觉运用价值规律和市场机制的调节,从某种意义上说,也是一种自动控制。

八、优化控制

这是指在给定的约束条件下,寻求一个控制系统,使给定的被控系统性能指标取得最大或最小值的控制。一般说,进行优化控制必须要具备三个条件:一是要给出系统的性能指标;二是要给出约束条件;三是要寻找优化控制的机制和方法。由于在实际中情况是复杂多变的,进行优化控制不可能达到十全十美,因此优化控制只能是相对的或满意的控制,而难以做到最优控制。

随着科学技术的发展,目前智能控制已开始广泛应用。这种控制将人类的智能,如把适应、学习、探索等能力引入控制系统,使其具有识别、决策等功能,从而使自动控制和优化控制达到了更高级的阶段。

九、自组织控制

自组织控制是指工作条件和外部环境发生不确定性变化时,组织能及时调整自身的组织结构,以达到预期的理想目的的一种控制。自组织控制是适应性控制的进一步发展,它不但能适应外部环境和条件的变化,改变原定策略及某些参数,而且还能改变管理系统的组织结构。实行自组织控制要不断测量系统的输入和输出,积累经验,深入研究,以求在低成本的情况下,使组织结构与环境变化相适应,取得较好的控制效果。

第四节 控制的方法

一、预算控制

管理控制中使用最广泛的一种控制方法就是预算控制。预算是用数字编制未来某一个时期的计划,也就是用财务数字(如在财务预算和投资预算中)或非财务数字(如在生产预算中)来表明预期的结果。因此,预算控制就是通过编制预算来进行控制的一种控制方法。编制预算就是控制的第一步——拟定标准,而且由于这个标准是数量化的,本身就具有可考核性,因而可以用来评定工作成效,找出偏差(控制工作的第二步),然后再采取纠正措施,消除偏差(控制过程的第三步)。预算在形式上是一整套预计的财务报表和其他附表。按照不同的方法预算可以分为增量预算、零基预算和项目预算。

(一)增量预算

增量预算是指当今的预算在上一期的基础之上进行贬值,它具有两个显著特征。首先,基金被分配给部门或组织的单位,然后这些单位的管理者再将基金分配到适当的活动。其次,增量预算是从前期的预算中推演出来的,每一个预算期间开始时,都采用上一期的预算作为参考点,只有那些要求增加预算的申请才得到审查。实际上,增量预算最容易掩盖低效率和浪费。预算开始时,首先要看上一期的基金是怎么分配的,然后单位管理者再加上新的预算要求,而最高层管理者只审查增加的部分,结果是某些活动分配到的资金远超过实际的需求。

(二)零基预算

零基预算是指在每个预算年度开始时,将所有还在进行的管理活动都看做重新开始,即以零为基础,根据组织目标,重新审查每项活动对实现组织目标的意义和效果,并在费用——效益分析的基础上,重新排出各项管理活动的优先次序。零基预算最初是由德州仪器公司开发的,它要求管理者重新论证他们的预算申请,而不管以前是否有过拨款。零基预算专门用来克服增量预算的第二个缺点:即活动一开始就永远进行下去。零基预算过程包括三个步骤:一是将每一个独立的部门活动作为一个决策包;二是按照决策在预算期间给组织带来的效益对决策包进行排序;三是按照优先次序将预算资源分配给各个决策包。零基预算适合于管理日益减少的资源,当组织面临紧缩和财政困难时,管理者急需有效的手段来分配优先的资源,而零基预算正是这种手段。

(三)项目预算

项目预算的全称为项目的计划和预算,是一种寻求最有效地调配资源以实现目标的系统方法。由于这种方法强调的是目标和实现目标的规划,以及是按规划的项目或方案拨款而不是按职能部门上年的预算基数增加或减少一部分开支,所以它克服了其他各种预算所共有的缺点,摆脱了过分的受会计期间的限制。项目预算法强调选取实现目标的最佳途径,因此要对各种可能的方案进行费用效果分析。所谓费用效果分析是对不同的方案实现目标的效果和所需的费用进行综合的对比分析,然后根据一定的标准来选取最佳方案。选取的标准可能是:以最少的费用实现一个既定的目标,或是以现有的资源实现最大的效果。这通常需要采用数学模型对费用和效果的变化模式以及费用和效果的关系进行定量化的描述。

预算仅仅是管理的手段,而不能代替管理的工作;预算具有局限性,而且必须切合每项工作。另外,预算不仅仅是财务人员和总会计师的管理手段,而且也是所有管理者的管理手段。有效的预算控制必须注意以下几个方面。

1. 高层管理部门的支持

要使预算的编制和管理最有效果,就必须得到高层管理部门全心全意的支持。首先要给下属编制预算的工作提供在时间、空间、信息及资料等方面的方便条件。另一方面,如果公司的高层管理部门积极地支持预算的编制工作,并将预算建立在牢固的计划基础之上,要求各分公司和各部门编制和维护他们各自的预算,并积极地参与预算审查,那么,预算就会促使整个公司的管理工作完善起来。

2. 管理者的参与

要使预算发挥作用的另一种方法就是高层部门的直接参与,也就是希望那些按预算从事经营管理的所有管理者都置身于预算编制工作。多数预算负责人和总会计师都有这样的感觉,即真正地参与预算编制工作是保证预算成功的必要条件。不过在实际中,参与往往变成了迫使管理者仅仅去接受预算而已,这是不足取的。

3. 确定各种标准

提出和制定各种可用的标准,并且能够按照这种标准把各项计划和工作转换为对人工、经营费用、资本支出、厂房场地和其他资源的需要量,这是预算编制的关键。许多预算就是因为缺乏这类标准而失效的。一些管理者在审批下属的预算计划时之所以犹豫不决,就是因为担心下属供审查的预算申请额度缺乏合理的依据。如果管理者有了合理的标准和适用的换算系数就能审查这些预算申请,并提出是否批准这些预算申请的依据,而不至于没有把握地盲目削减预算。

4. 及时掌握信息

如果要使预算控制发挥作用,管理者需要获得按照预算所完成的实际业绩和预测业绩的信息。这种信息必须及时向管理者表明工作的进展情况,应当尽可能地避免因信息迟缓导致发生偏离预算的情况发生。

二、非预算控制

除了预算控制方法以外,管理控制工作中还采用了许多不同种类的控手段和方法。有些方法属于传统的控制方法,如亲自观察。另外一些方法,如审计法,则代表了新一代的计划和控制方法,它说明科学技术的进步、社会活动规模的扩大必然伴随着管理理论的发展和管理技术的进步。

(一)视察

视察也许算得上是一种最古老、最直接的控制方法数,它的基本作用就是获得第一手的信息。作业层(基层)的主管人员通过视察,可以判断出数量、质量的完成情况以及设备运转情况和劳动纪律的执行情况等;职能部的主管人员通过视察,可以了解到工艺文件是否得到了认真地贯彻,生产计划是否按预定进度执行,劳动保护等规章制度是否被严格遵守,以及生产过程中存在哪些偏差和隐患等;而上层主管人员通过视察,可以了解到组织方针、目标和政策是否深入人心,可以发现职能部门的情况报告是否属实及员工的合理化建议是否得到认真对待,还可以从与员工的交谈中了解他的情绪和士气等。所有这些,都是主管人员最需要了解的,但却是正式报告中见不到的第一手信息。

视察的优点还不仅仅在于能掌握第一手信息,它还能够使得组织的管理者保持和不断更新自己对组织的感觉,使他们感觉到事情是否进展顺利以及组织这个系统是否运转得正常。视察还能够使得上层主管人员发现被埋没的人才,并从下属的建议中获得不少启发和灵感。此外,亲自视察本身就有一种激励下级的作用,它使得下属感到上级在关心着他们。所以,保持经常亲临现场视察,有利于创造一种良好的组织气氛。

(二)报告

报告是用来向负责实施计划的主管人员全面地、系统地阐述计划的进展情况、存在的问题及原因、已经采取了哪些措施、收到了什么效果、预计能出现的问题等情况的一种重要方式。控制报告的主要目的是提供一种可用作纠正措施依据的信息。

对控制报告的基本要求是必须做到:适时;突出重点;指出例外情况;尽量简明扼要。通常,运用报告进行控制的效果,取决于主管人员对报告要求。管理实践表明,大多数主管人员对下属应当向他报告什么,缺乏明确的要求。随着组织规模及其经营活动规模的日益扩大,管理也日益复杂,主管人员的精力和时间是有限的,从而,定期的情况报告也就越发显得重要。

(三)审计法

审计是一种常用的控制方法,财务审计与管理审计是审计控制的主要内容。所谓财务审计是以财务活动为中心内容,以检查并核实账目、凭证、财务、债务以及结算关系等客观事物为手段,以判断财务报表中所列出的综合的会计事项是否正确无误,报表本身是否可以依赖为目的的控制方法。通过这种审计还可以判明财务活动是否符合财经政策和法令。所谓管理审计是检查一个单位或部门管理工作的好坏,评价人力、物力和财力的组织及利用的有效性。其目的在于通过改进管理工作来提高经济效益。此外,审计还有外部审计和内部审计之分,外部审计是指由组织外部的人员对组织的活动进行审计;内部审计是组织自身专门设有审计部门，以便随时审计本组织的各项活动。

（四）损益平衡分析

损益平衡分析是通过对业务量（产量、销售量、销售额）、成本、利润三者相互制约关系的综合分析，以预测利润、控制成本的一种分析方法。它是利用成本特性，即成本总额与产量之间的依存关系，来指明企业获利经营的业务量界限，从而达到控制的作用。

损益平衡分析在管理中有许多应用。

1. 指导决策

确定企业的临界产量，使管理者针对实际情况对扩大产品的生产，还是收缩生产的规模进行决策。

2. 预测实现目标利润的销售量

根据损益平衡分析，可以确定在不同的产量水平时企业的盈亏情况如何，要实现预定的利润目标企业需要达到怎样的产量和销售量。

3. 进行成本控制

通过分析固定成本和变动成本中某些因素的变化对盈亏平衡点的影响，可以用来控制成本。

4. 判断企业经营的安全率

经营安全率是指企业的经营规模（通常指销售量）超过盈亏平衡点的程度，以此可以粗略判断企业的经营状况。经营安全率越高越安全；若在 10% 以下则比较危险。

但需要注意的是，这种损益平衡分析的方法具有一定的局限性，它假定各种费用、产量和收入之间存在一种线性关系，而实际上只有在产量变动范围很小时此假定才成立；此外，它假定固定成本不变，是一个静态模型，因此仅在相对稳定的情况下才有价值。

（五）财务报表分析

财务报表是用于反映企业经营的期末财务状况和计划期内的经营成果的数字表。财务报表分析，也称经营分析，就是以财务报表为依据来判断企业经营的好坏，并分析企业经营的长处和短处。它主要包括三种分析：每一，利润率分析，指分析企业收益状况的好坏。第二，流动性分析，指分析企业负债与支付能力是否相适应、资金的周转状况是否良好等。第三，生产率分析，指分析企业在计划期间内生产出多少新的价值，又是如何进行分配将其变为人工成本、应付利息和净利润的。

（六）目标管理

目标管理是由美国管理学家德鲁克在 1954 年正式提出的。目标管理的概念是，把经营的目的和根本任务转化为企业的方针和目标，实现各层次的目标的管理，一方面激发有关人员的责任心和创造性，一方面把总的目标层层分解，最终化为个人的目标。目标管理在本质上是一种控制。通过目标的分解使控制的标准清晰、明确，各级管理者容易作出判断；而且，目标管理强调让管理人员和工人参与制定工作目标，员工的态度和行为与组织目标更为贴近；并在工作中注重推行自我管理，这使得对人员行为控制变得容易许多。因此有人称目标管理为“管理中的管理”。

第五节　控制的内容

控制涉及的内容是广泛的，概括起来，组织的控制内容主要包括人力资源控制、财务控制、经营态势控制等。

一、人力资源控制

人力资源控制主要包括两个方面，一是加强对人力资源的管理；二是增强员工对组织的认可程度,从而提高对组织的承诺,进而提高员工绩效和组织绩效。

加强对人力资源管理的主要方法有:合理设计组织结构和人员结构;定岗定编;确定合理的直接员工与间接员工的比例;加强对员工迟到缺勤的考核;加强对员工的绩效考核;加强对员工的绩效评价。

增强员工对组织的认可度,从而提高对组织的承诺和业绩表现,见图 17.8。

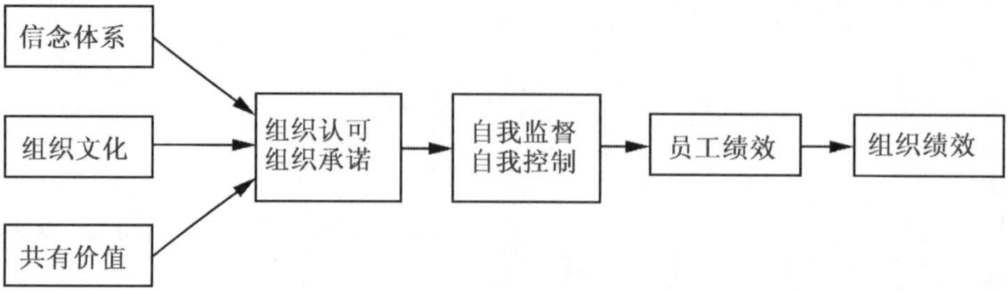

图 17.8 人员控制的基本概念

通过培育组织信念体系、组织文化和共有价值观,提高员工对组织的认可度,以及对组织的承诺,从而产生的自我监督与自我控制,实现员工绩效和组织绩效的提升。组织可以采取下列步骤增加员工对组织的认可和承诺:①强调员工的价值;②鼓励组织与员工的双向沟通;③建立休戚与共的意识;④建立价值基础的雇佣制度;⑤鼓励员工发展与自我实现。

二、财务控制

财务控制是指企业的资金投入及收益过程和结果进行衡量与校正,目的是确保企业目标以及为达到此目标所制定的财务计划得以实现。财务控制总体目标是在确保法律法规和规章制度贯彻执行的基础上,优化企业整体资源综合配置效益。

财务控制的特征有:以价值形式为控制手段;以不同岗位、部门和层次的不同经济业务为综合控制对象;以控制日常现金流量为主要内容。财务控制是内部控制的一个重要组成部分,是内部控制的核心,是内部控制在资金和价值方面的体现。

财务控制的基本原则包括:目的性原则、充分性原则、及时性原则、认同性原则、经济性原则、客观性原则、灵活性原则、适应性原则、协调性原则、简明性原则。

三、经营势态控制

高层管理者应该把握企业经营的全局,即整体的经营态势,企业经营态势究竟处于良性发展状态或处于不良发展状态。考察和监控经营态势包括内容很多,如市场需求与态势、产品或服务的质量、供应商态势、库存控制等。

(一)市场需求与态势

消费者和消费需求决定了企业产品或服务的销量,从而决定了企业的销售收入,所以,分析经营态势的首要问题是消费需求的变化。管理者应该经常到销售一线,以及销售者中去,亲自体验和感受市场的变化,把握第一手信息。市场调查和市场预测是把握消费需求的有效方法。

(二)产品或服务的质量

质量控制有广义和狭义之分。狭义质量主要指产品质量;广义质量涵盖面较宽,如产品质量、服务质量和工作质量等。迄今为止,质量管理与控制经历了三个阶段,即质量检验阶段、统计检验管理阶段和全面质量管理阶段。20 世纪 50 年代以来的全面质量管理已经形成了一套管理理念和方法,见表 17.1。

表 17.1　全面质量管理与控制

要点	内容
永远进取	没有最好,只有更好
通过质量	采用广泛的质量定义,不仅指最终的产品,而且覆盖最终产品的一切活动
精确衡量	运用数理统计的方法衡量实绩,比较标准,矫正偏差
雇员授权	授权工人和技术管理人员,动员和鼓励他们参与质量管理工作

(三)供应商态势

供应商为本企业提供了所需的原材料或零部件。供应商供货及时与否,质量好坏,价格高低,对企业最终产品产生重大影响。

供应商控制的一个有效方法是制造商持有供应商部分或全部股份,或由本企业系统内部的某个子企业供货。还有,按产品生产的供应链,向上游供应商展开经营整合,努力实现信息共享。

(四)库存控制

库存控制的主要目的是减少库存、减少库存失效和损耗,减少库存资金占用,提供经济效益。通常的库存控制方法有:物资管理的 ABC 分类法、经济订货批量模型等。

物资管理的 ABC 分类法的基本点是:将企业的全部存货分为 A、B、C 三类,属于 A 类的是少数价值高的、最重要的项目,这些存货品种少,而单位价值却较大。实务中,这类存货的品种数大约只占全部存货总品种数的 10% 左右,而从一定期间出库的金额看,这类存货出库的金额大约要占到全部存货出库总金额的 70% 左右。属于 C 类的是为数众多的低值项目,其特点是,从品种数量来看,这类存货的品种数大约要占到全部存货总品种数的 70% 左右,而从一定期间出库的金额看,这类存货出库的金额大约只占全部存货出库总金额的 10% 左右。B 类存货则介于这两者之间,从品种数和出库金额看,大约都只占全部存货总数的 20% 左右。管理时,对金额高的 A 类物资,作为重点加强管理与控制;B 类物质按照通常的方法进行管理和控制;C 类物资品种数量繁多,但价值不大,可以采用最简便的方法加以管理和控制。

经济订货批量模型用于计算最优订货批量,使订购库存总成本达到最小。该模型考虑了三类成本:订货成本、库存成本和订货总成本。订购成本为每次订货所需要的费用;库存成本为储存原材料或零部件所需要费用;订购采购总成本为订购成本和库存成本之和。

假设企业在一定期间内总需求量为 D,每次订购所需的费用为 S,库存物品单价为 p,库存成本与全部库存物品价值之比为 c,每次订货批量为 Q,则订购库存总成本 F 公式为

$$F = \frac{D}{Q}S + \frac{cpQ}{2}$$

其中,假设平均库存每次订货量的。对公式求导可以得出最优订购批量 EOQ,即

$$-\frac{D}{Q^2}S + \frac{cp}{2} = 0$$

最优订购批量:

$$EOQ = \sqrt{\frac{2DS}{pc}}$$

假设某企业对某种原材料的年总需求量为 5 000 件,每件价格为 20 元,每次订购所需要的费用为 250 元,库存成本与全部库存物品价值之比为 12.5% 。根据公式可知最优订购次数为 5 次,每次订购 1 000 件。

第六节 危机控制

危机控制又称危机管理，它是为了对应突发的危机事件，抗拒突发的灾难事变，尽量使损害降至最低点而事先建立的防范、处理体系和对应的措施。对一个企业而言，可以称之为企业危机的事项是指当企业面临与社会大众或顾客有密切关系且后果严重的重大事故，而为了应付危机的出现，在企业内预先建立防范和处理这些重大事故的体制和措施，则称为企业危机控制。

一、危机控制要素

危机控制是指企业通过危机监测、危机预警、危机决策和危机处理，达到避免、减少危机产生的危害。总结危机发生、发展的规律，对危机处理科学化、系统化的一种新型管理体系。危机控制的要素有主要有四种。

（一）危机监测

危机管理的首要一环是对危机进行监测，在企业顺利发展时期，企业就应该有强烈的危机意识和危机应变的心理准备，建立一套危机管理机制，对危机进行检测。企业越是风平浪静的时刻越应该重视危机监测，在平静的背后往往隐藏着杀机。

（二）危机预警

许多危机在爆发之前都会出现某些征兆，危机管理关注的不仅是危机爆发后各种危害的处理，而且要建立危机警戒线。企业在危机到来之前，把一些可以避免的危机消灭在萌芽之中，对于另一些不可避免的危机通过预警系统能够及时得到解决。这样，企业才能从容不迫地应对危机带来的挑战，把企业的损失减少到最低的程度。

（三）危机决策

企业在调查的基础上制定正确的危机决策。决策要根据危机产生的来龙去脉，对几种可行方案进行对比优缺点后，选择出最佳方案。方案定位要准、推行要迅速。

（四）危机处理

首先，企业确认危机。确认危机包括将危机归类、收集与危机相关信息确认危机程度以及找出危机产生的原因，辨认危机影响的范围和影响的程度及后果。第二，控制危机。控制危机需要根据确认的某种危机后，遏止危机的扩散使其不影响其他事物，紧急控制如同救火，刻不容缓。第三，处理危机。在处理危机中，关键的是速度。企业能够及时、有效地将危机决策运用到实际中化解危机，可以避免危机给企业造成的损失。

二、危机的特征

（一）突发性

危机往往都是不期而至，令人措手不及，危机发作的时候一般是在企业毫无准备的情况下瞬间发生，给企业带来的是混乱和惊恐。

（二）破坏性

危机发作后可能会带来比较严重的物质损失和负面影响，有些危机用毁于一旦来形容一点不为过。

（三）不确定性

事件爆发前的征兆一般不是很明显，企业难以作出预测。危机出现与否与出现的时机是无法完全确定的。

（四）急迫性

危机的突发性特征决定了企业对危机作出的反应和处理的时间十分紧迫，任何延迟都会带来更大的损失。危机的迅速发生引起了各大传媒以及社会大众对于这些意外事件的关注，使得企业必须立即进行事件调查与对外说明。

（五）信息资源紧缺性

危机往往突然降临，决策者必须作出快速决策，在时间有限的条件下，混乱和惊恐的心理使得获取相关信息的渠道出现瓶颈现象，决策者很难在众多的信息中发现准确的信息。

（六）舆论关注性

危机事件的爆发能够刺激人们的好奇心理，常常成为人们谈论的热门话题和媒体跟踪报道的内容。企业越是束手无策，危机事件越会增添神秘色彩引起各方的关注。

三、危机类型

不同类型的危机，处理的方法存在着很大的差异。在处理危机前，企业首先确定危机的类型，以便于有针对性地采取对策。企业组织面临的危机主要有8种：信誉危机、决策危机、经营管理危机、灾难危机、财务危机、法律危机、人才危机、媒介危机。

（一）信誉危机

信誉是企业在长期的生产经营过程中，公众对其产品和服务的整体印象和评价。信誉危机是企业由于没有履行合同及其对消费者的承诺，而产生的一系列纠纷，甚至给合作伙伴及消费者造成重大损失或伤害，企业信誉下降，失去公众的信任和支持而造成的危机。

（二）决策危机

它是企业经营决策失误造成的危机。企业不能根据环境条件变化趋势正确制定经营战略，而使企业遇到困难无法经营，甚至走向绝路。如巨人集团涉足房地产项目——建造巨人大厦，并一再增加层数，隐含着经营决策危机。决策失误没有能够及时调整而给企业带来了灭顶之灾。

（三）经营管理危机

它是企业管理不善而导致的危机。包括产品质量危机、环境污染危机、关系纠纷危机。

1. 产品质量危机

企业在生产经营中忽略了产品质量问题，使不合格产品流入市场，损害了消费者利益，一些产品质量问题甚至造成了人身伤亡事故，由此引发消费者恐慌，消费者必然要求追究企业的责任而产生的危机。

2 环境污染危机

企业的“三废”处理不彻底，有害物质泄露，爆炸等恶性事故造成环境危害，使周边居民不满和环保部门的介入引起的危机。

3 关系纠纷危机

由于错误的经营思想、不正当的经营方式忽视经营道德，员工服务态度恶劣，而造成关系纠纷产生的危机。例如，运输业的恶性交通事故、餐饮业的食物中毒、商业出售的假冒伪劣商品、银行业的不正当经营的丑闻、旅店业的顾客财物丢失、邮政业的传输不畅、旅游业的作弊行为等。

（四）灾难危机

这是企业无法预测和人力不可抗拒的强制力量，如地震、台风、洪水等自然灾害、战争、重大工伤事故、经济危机、交通事故等，造成巨大损失的危机。危机给企业带来巨额的财产损失，使企业经营难以开展。

（五）财务危机

企业投资决策的失误、资金周转不灵、股票市场的波动、贷款利率和汇率的调整等因素使企业暂时资金出现断流，难以使企业正常运转，严重的最终造成企业瘫痪。

（六）法律危机

指企业高层领导法律意识淡薄，在企业的生产经营中涉嫌偷税漏税、以权谋私等，事件暴露后，企业陷入危机之中。

（七）人才危机

人才频繁流失所造成的危机。尤其是企业核心员工离职，其岗位没有合适的人选，给企业带来的危机也是比较严重的危机现象。

（八）媒介危机

真实性是新闻报道的基本原则，但是由于客观事物和环境的复杂性和多变性，以及报道人员观察问题的立场角度有所不同，媒体的报道出现失误是常有的现象。一种是媒介对企业的报道不全面或失实。媒体不了解事实真相，报道不能客观地反映事实，引起的企业危机。二是曲解事实。由于新科技的引入，媒体还是按照原有的观念、态度分析和看待事件而引起企业的危机。三是报道失误。人为地诬陷，使媒体蒙蔽，引起企业的危机。

四、危机控制的内容

企业在生产经营中面临着多种危机，并且无论哪种危机发生，都有可能给企业带来致命的打击。企业通过危机控制把一些潜在的危机消灭在萌芽状态，把必然发生的危机损失减少到最小的程度。虽然危机具有偶然性，但是危机控制并不是无章可循。

（一）建立预防危机的预警系统

预防危机必须建立高度灵敏、准确的预警系统。信息监测是预警的核心，随时搜集各方面的信息，及时加以分析和处理，把隐患消灭在萌芽状态。预防危机需要重点做好以下信息的收集与监测：一是随时收集公众对产品的反馈信息，对可能引起危机的各种因素和表象进行严密的监测。二是掌握行业信息，研究和调整企业的发展战略和经营方针。三是研究竞争对手的现状，进行实力对比，做到知己知彼。四是对监测到的信息进行鉴别、分类和分析，对未来可能发生的危机类型及其危害程度作出预测，并在必要时发出危机警报。

（二）建立危机管理机构

这是企业危机管理有效进行的组织保证，不仅这是处理危机时必不可少的组织环节，而且在日常危机管理中也是非常重要的。危机发生之前，企业要做好危机发生时的准备工作，建立起危机管理机构，制定出危机处理工作程序，明确主管领导和成员职责。成立危机管理机构是发达国家的成功经验，是顺利处理危机、协调各方面关系的组织保障。危机管理机构的具体组织形式，可以是独立的专职机构，也可以是一个跨部门的管理小组，还可以在企业战略管理部门设置专职人员来代替。企业可以根据自身的规模以及可能发生的危机的性质和概率灵活决定。

（三）制定危机管理计划

企业应该根据可能发生的不同类型的危机制定一整套危机管理计划，明确怎样防止危机爆发，一旦危机爆发立即作出针对性反应等。事先拟定的危机管理计划应该囊括企业多方面的应对预案。在计划中要重点体现危机的传播途径和解决办法。

（四）及时准确地确认危机

危机管理人员要做好日常的信息收集、分类管理，建立起危机防范预警机制。危机管理人员要善于捕捉危机发生前的信息，在出现危机征兆时，尽快确认危机的类型，为有效的危机控制做好前期工作。

（五）迅速拿出解决方案

企业以最快的速度启动危机处理计划。每次危机各不相同，应该针对具体问题，随时修正和充实危机处理对策。主动、真诚、快速反应、公众利益至上是企业面对危机最好的策略。企业应该掌握宣传报道的主动权，通过召开新闻发布会，向公众告知危机发生的具体情况，企业解决问题的措施等内容，发布的信息应该具体、准确，随时接受媒体和有关公众的访问，以公众利益至上的原则解决问题。处理危机时，最好邀请权威人士辅助调查，以赢取公众的信任，这往往对企业危机的处理能够起到决定性的作用。

（六）进行危机总结、评估

对危机管理工作进行全面的评价，包括对预警系统的组织和工作程序、危机处理计划、危机决策等各方面的评价，要详尽地列出危机管理工作中存在的各种问题。

（七）对问题进行整顿

多数危机的爆发与企业管理不善有关，通过总结评估提出改正措施，责成有关部门逐项落实，完善危机控制内容。

总之，危机并不等同于企业失败，危机之中往往孕育着转机。危机控制是一门艺术，是企业发展战略中的一项长期规划。企业在不断谋求技术、市场、管理和组织制度等一系列创新的同时，应将危机控制创新放到重要的位置上。一个企业在危机控制上的成败能够显示出它的整体素质和综合实力。

思考题

1　管理中控制的含义与作用是什么？
2　控制的基本原则有哪些？
3　控制的基本原理是什么？
4　“控制就是管理，管理就是控制。”请对这一说法作出分析。
5　请列举一个控制失效的例子，并分析原因。

【案例分析】

卡帕公司的控制系统

当财务副总经理乔治·豪斯（George House）和总会计师海伦·罗宾斯（Helen Robbins）走进卡帕公司董事长、最高层主管阿德里亚安·巴恩斯（adrian Barnes）的办公室时，就碰到了这位公司的最高层主管正在大发雷霆。他吼叫道：“为什么有人不把情况向我报告？为什么我不能知道这里的工作进展情况？为什么把我蒙在鼓里？没有人向我汇报过这家公司的情况究竟怎样？在公司的问题没有变成危机之前，看来我决不会听到有谁向我提出我们的问题的。从今天开始，我要求你们两位设计出一种使我能够信息灵通的系统，并且还要求知道第二天你们将干些什么。即使我要对这家公司负责，但我对必须知道的事情却一无所知，我也得滚蛋。”

乔治·豪斯离开了巴恩斯先生的办公室，他转问他的总会计师，嘀咕起来：“真是蠢货！他想要知道的，或者他可能需要知道的一切都有报告，陈放在他的办公桌后面的文件架上。”

孰是孰非？是阿德里亚安·巴恩斯正确还是乔治·豪斯正确？巴恩斯是否取得了信息？

为了查明这位公司董事长是否得到了进行控制所必要的信息，你将怎么办？

【实践练习】

会议控制

目标

理解控制的重要性。

内容与要求

周五下午是某研究所例行办公会议时间。每次会议从下午2点开始，讨论和处理近期需要做的工作，对一些需要作出决策的问题形成决议。每次会议的议题数量平均在5～7个之间。开始，会议要开到很晚，到7点多钟才会结束。后来，所长要求会议秘书会前向每一位与会人员征集会议议题，由所长确定议题数量并排序，结果会议还是开到很晚。再后来，所长规定例会必须在6点前结束，结果排在前面的议题讨论占用了很多时间，后面的议题没有时间处理，赶上议题紧迫，便无奈又得延长时间。再后来，一些与会者故意把给研究生上的课程挪到周五晚上,到点回家吃饭上课,会议可以按时结束了,但许多事情被迫推迟到下周或增加会议次数。如何很好地解决这一问题?请你们组讨论后提出有效的控制措施。

成果与检测

根据书面作业评定成绩。

第十八章　控制过程

◆**本章关键词**

1. 管理控制　2. 控制过程　3. 有效控制

第一节　管理控制的必要性

> "尽管计划可以制订出来,组织结构可以调整得非常有效,员工的积极性也可以调动起来,但是这仍然不能保证所有的行动按计划执行,不能保证管理者追求的目标一定能达到"。
>
> ——斯蒂芬·罗宾斯

一、管理控制的含义

管理中的控制工作就是按设定的标准去衡量计划的执行情况,并通过对执行偏差的纠正来确保计划目标的正确与实现。计划和控制是实现组织目标密不可分的一对辩正统一体。

管理控制是指管理者影响组织中其他成员以实现组织战略的过程。管理控制涉及一系列活动,包括计划组织的行动;协调组织中各部分的活动;交流信息;评价信息;决定采取的行动;影响人们去改变其行为。管理控制的目的是使战略被执行,从而使组织的目标得以实现。因此管理控制强调的是战略执行。管理控制是管理者执行战略、实现目标的工具之一,见图 18.1。

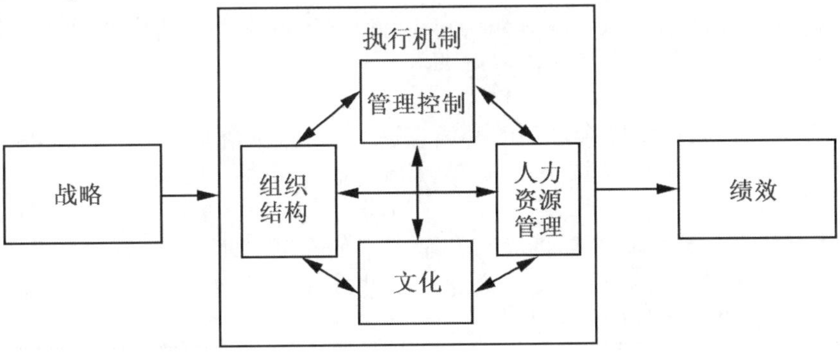

图 18.1　管理控制与企业战略的联系

管理控制具有以下的特点:

第一,管理控制具有整体性:所有管理人员、组织的各个方面(人员士气与作风、工作程序、产品质量、资金成本、物料消耗、工作或学习业绩……)。

第二,管理控制具有动态性。

第三,管理控制是对人的控制并由人来执行。

第四,管理控制是提高员工管理能力、业务能力、自我控制能力等的重要手段。

二、管理控制的目的

管理控制是一个延续、反复发生的过程,在这样的过程中,管理人员总是设法采用各种手段,在特定的期限内以最经济、最有效的方式完成各作业目标,以满足企业的整体策略与目的。具体说,管理控制无非是管理功能的一部分,它的主要目的是:

第一,确立企业组织内部每一管理阶层所应达到的目标。

第二,如何在各有关单位和部门之间,最为有效地分配企业的资源,并尽最大的可能性做到基本分配合理。

第三,将作业目标与作业计划(以及阶段变化的情况)准确地传达给相关负责人员。

第四,启发与诱导各部门主管尽可能地以最简单、有效的方法,领导自己的下属用最为经济的手段完成工作任务。

第五,极力维持企业内部各单位之间的平衡,促进整体目标活动的协调。

第六,及时正确地指出成绩显著或绩效不佳的部门,并找出所以如此的原因,同时帮助其解决(奖励、加油或给出方法)。

但就管理控制的整个过程而言,控制与规划是同一钱币的两个面。事实上,如果将"决策规划"从管理控制过程中分离出来,则控制与规划两个观念都无法独立存在。缺乏规划,管理控制活动不但毫无意义,而且还有可能制造危机。同样,管理人员如果无法预先制订好切合实际的作业计划,并设法结合本身的控制行为与既定的作业决策,那么管理行为就有可能导致组织的冲突与矛盾。

没有既定的决策规划,最伟大的管理人员也不知从何着手控制。所以,所谓管理控制就是确保下属在工作中遵守既定的作业规则,并按照既定的作业计划,随时纠正各种偏差或修正计划(因时间和情况的变化可能形成的对既定作业计划的调整)的作业行为。

三、管理控制的必要性

斯蒂芬·罗宾斯曾这样描述控制的作用:"尽管计划可以制订出来,组织结构可以调整的非常有效,员工的积极性也可以调动起来,但是这仍然不能保证所有的行动都按计划执行,不能保证管理者追求的目标一定达到。"其根本原因在于管理职能中的最后一个环节,即控制。由于理想的状态是不可能成为企业管理的现实的。无论计划制订得如何周密,由于各种各样的原因,人们在执行计划的过程中总是或多或少的出现与计划不一致的现象。管理控制的必要性主要是由下述原因决定的。

(一)环境的变化

如果企业面对的是一个完全静态的环境,其中各个影响企业活动的因素永远不发生变化。例如,市场供求、产业结构、技术水平等,那么,企业管理人员便可以年复一年、日复一日地以相同的方式组织企业经营,工人可以以相同的技术和方法进行生产作业,因而,不仅控制工作,甚至管理的计划职能都将成为完全多余的东西。事实上,这样的环境是不存在的,企业外部的一切每时每刻都在发生变化。这些变化必然要求企业对原先制订的计划,从而对企业经营的内容作相应的调整。

(二)管理权力的分散

只要企业经营达到一定规模,企业主管就不可能直接地、面对面地组织和指挥全体员工的活动。时间与精力的限制要求他委托一些助手代理部分管理事务。由于同样的原因,这些助手也会委托其他人帮助自己工作。这便是企业管理层次形成的原因。为了使助手们有效完成委托的部分管理事务,高一级的主管必然要授予他们相应的权限。因此,任何企业的管理权限都制度化或非制度化的分散在各个管理部门和层次。企业分权程度越高,控制就越有必要。控制系统可以提供被授予权力的助手的工作绩效的信息和反馈,以保证授予他们的权利得到正确的利用,促使这些权力组织的业务活动符合计划与企业目的的要求。如果没有控制,没有为此而建立的相应的控制系统,管理人员就不能检查下级的工作情况,即使出现权利不负责任的滥用或活动不符合计划要求等其他情况,管理人员也无法发现,更无法采取及时的纠正行动。

（三）工作能力的差异

即使企业制订了全面完善的计划，经营环境在一定的期限内也相对稳定，对经营活动的控制也仍然是必要的。这是由不同组织成员的认知能力和工作能力的差异造成的。完善计划的实现要求每一个部门的工作严格按照要求来协调地进行。然而，由于组织成员在不同的时空进行工作，他们的认知能力不同，对计划要求的理解可能发生差异；即使每一个员工都完全正确地理解计划的要求，但由于工作能力的差异，他们的实际工作结果也可能在质和量上与计划要求不符。某个环节可能产生的这种偏离计划的现象，会对整个企业活动造成冲击。因此，加强对这些员工的管理控制是非常必要的。

四、一般控制与管理控制的异同

（一）管理控制与一般控制的共同之处

（1）同是一个信息反馈过程。通过信息反馈，发现管理活动中存在的不足，促进系统进行不断地调整和改革，使其逐渐趋于稳定、完善，直至达到优化状态。

（2）管理控制也有两个前提条件：即计划指标在控制工作中转化为控制标准；有相应的监督机构和人员。

（3）管理控制也包含三个基本步骤：拟订标准、衡量成效和纠正偏差。

（4）管理控制也是一个有组织的系统。

（二）管理控制与一般控制的不同之处

（1）一般控制所面对的往往是非社会系统，如机械系统。其衡量成效和纠正偏差过程往往可以按照给定程序而自动进行。其纠正措施往往是在接受到反馈信息后即刻就付诸实施的。而在管理控制中，主管人员面临的是一个社会系统，其信息反馈、识别偏差原因、制定和纠正措施的过程比较复杂。

（2）一般控制的目的在于使系统运行的偏差不超出允许范围，维持系统活动在某一平衡点上。管理控制活动不仅要维持系统活动的平衡，而且还力求使组织活动有所前进、有所创新，使组织活动达到新的高度和状态，或者实现更高的目标。

第二节　管理控制的类型

管理控制的种类很多，可以从不同的角度加以分类。这些分类方法并不是彼此排斥的，实际工作中的某个控制可能同时分属于几种类型。熟悉这些控制的类型，有助于管理人员根据具体的情况，灵活采取控制的方式，以控制系统的效果与绩效。见表 18.1。

表 18.1　控制的类型

分类标准	类型
发生时间	事前控制、事中控制、事后控制
主体	直接控制、间接控制
权力的集散程度	集中控制、分散控制
来源	正式组织控制、群体控制、自我控制
活动性质	预防性控制、纠正性控制

一、事前控制、事中控制和事后控制

建立系统转换基本流程图，由系统输入、系统输出、转换和反馈等部分组成。根据系统转化流程，可以形成三种基本控制类型。第一种称为事前控制、前馈控制或预先控制；第二种称为事中控制、同期控制或过程控制；第三种称为反馈控制或事后控制，见图 18.2。

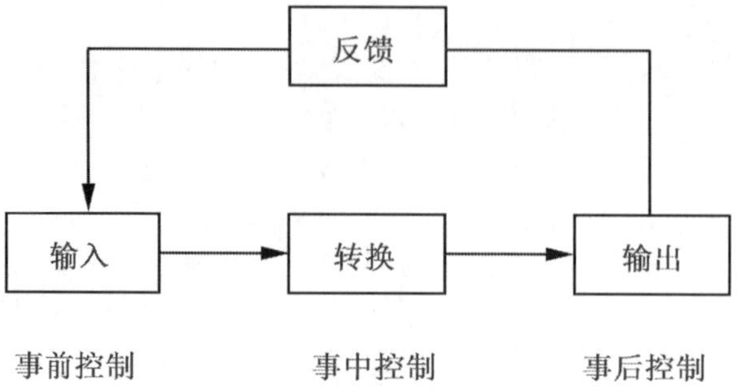

图 18.2　三种基本控制类型

（一）事前控制

事前控制是在企业生产经营活动开始之前进行的控制，是一种开环控制。管理过程理论认为，只有当管理者能够对即将出现的偏差有所觉察并及时预先提出某些措施时，才能进行有效的控制，因此事前控制具有重要的意义。

事前控制采用的普遍方式，是利用所能得到的最新信息，进行认真、反复的预测，把计划所要达到的目标同预测相比较，并采取措施修改计划，以使预测与计划目标相吻合。

在企业管理控制活动中，事前控制的内容包括对人力资源、原材料、资金等的前馈控制。比如，人力资源必须适应任务要求，数量和素质方面有能力完成指派的任务，并控制机构臃肿，人浮于事的现象，利用统计抽样来控制原料质量，根据抽样不合格率决定接受或退货，根据库存理论控制库存储备量等。

（二）事中控制

事中控制法即对经常性的重复出现的业务，要求执行人员按规定的标准化程序来完成，以保证业务处理质量达到控制目标和要求。事中控制要求按照牵制的原则进行程序设置，所有的主要业务活动都要建立切实可行的办理程序。即按生产流程，每道工序的最终点为程序控制点。每道工序的终点的生产者为质量控制者，对不合格的加工、不合格的配制有责任也有权提出改正，这样使每个人在生产过程都受到监控。

事中控制法避免业务工作的无章可循，职责不清，相互推诿，有利于及时处理业务和提高工作效率，以及追究有关责任人的责任。

（三）事后控制

事后控制又称反馈控制或成果控制，是对既定的目标或期望值，对生产经营过程加以调整和影响。这种目标既包括企业内部的成本、生产计划，也包括来自外部的要求，比如公司上市、配股以及退市的条件限制，政府和市场分析师的预期等。调整的对象是人流、物流和价值流，决不是信息流。信息流只是统一的物质流和价值流的反映，如果直接干扰信息流，使其“迎合”目标值，必然引起会计信息失真。

反馈控制是一种在计划执行一段时间或结束后进行的事后控制，主要为下一步计划的实施总结经验，但它却常常是管理控制工作的主要形式。例如，工作总结、产品性能检验、市场信息反馈系统等。

二、直接控制和间接控制

（一）直接控制

直接控制指管理者对系统运行亲自管理、监督和控制。显然，对组织最终结果具有重大影响的事件，对具有很大不确定性并后果比较严重的事件，管理者应该采用直接控制的方法。

有效的直接控制依赖三个前提条件：主管人员主观上没有故意犯错的企图和动机；客观上，合格的主管人员犯错误最少；管理工作成效可以计量，并且管理的概念、原理和方法是一些有用的判断标准。

(二)间接控制

间接控制指管理者通过他人或间接的方法对系统进行控制。采用间接控制的方法,可以减少管理者的工作量,可以提高下属的管理能力和工作主动性。间接控制最明显的缺点是滞后性,若出现了偏差,控制的间接性会造成采取措施的滞后,因此,控制成本较高。

三、集中控制与分散控制

(一)集中控制

集中控制是指在组织系统中建立一个控制机构,由它根据系统的运行状态和工作目标,直接发出控制指令,安排和操纵所有子系统的活动。这种控制实际上是集权式地解决系统的控制问题。一般来说,集中控制将企业中各个部门的决策权集中到高层管理者手中,经济活动由高层管理者的行政指令来推动,纵向信息流弱。在一些生产经营连续性强的企业里,集中控制是十分必要的 。

集中控制的局限性表现为:信息传输、处理效率低,决策缓慢;对组织环境的变化和局部的偏差不能及时、适当地作出反应,适应性差;子系统的创新动力不足,以及控制过程较为复杂等。

(二)分散控制

分散控制是在组织各个子系统中建立起各自的控制结构来进行各自的控制活动。分散控制下的各个子系统是一个决策和控制信息的接收和发布中心。各个子系统根据自身的实际情况,按照局部最优的原则进行控制。在企业管理中表现为各个部门拥有一定的决策权,具有一定的经营自主权,横向信息流动较强。整个企业显得适应性较强,但难以进行整体协调。

分散控制与集中控制相比,具有的优点主要是:能够适应系统规模大、结构复杂、功能多、分工细等特点。适合于对大系统的控制;信息传输途径较短、信息反馈环节较少,决策工作的周期较短,各个子系统的应变能增强,控制的反应快,控制的效率高;能够分散整个系统决策风险等。但是在分散控制下,各个子系统之间的协调工作量大,在达成各子系统目标与系统总体目标的一致性上存在困难,从而可能影响到系统总体的最优控制。

四、正式组织控制、群体控制、自我控制

(一)正式组织控制

正式组织是为了实现某一共同的目标而明确规定各成员之间职责范围的一种结构。正式组织控制是通过管理者设计和建立起来的机构或规定来进行控制。例如,组织可以通过规划,指导组织成员的活动,通过预算来控制消费,通过审计来检查各部门或各成员是否按照规定进行活动,对违反规定或操作规程者给予处理等,这些都是正式组织控制的范畴。正式组织控制相对于群体控制和自我控制而言具有更多的刚性和强制性。正式组织控制的内容通常包括:①实施标准化。即制定统一的规章、制度,制定出标准的工作程序以及生产作业计划等。②保护组织的财产不受侵犯。如防止偷盗、浪费等。包括设备使用记录、审计作业程序以及责任的分派等。③质量标准化。包括产品的质量及服务的质量。主要采取的措施有对职工培训、工作检查、质量控制以及激励政策。④防止滥用权力。这可以通过制定明确的权责制度、工作说明、指导性政策、规则以及严格的财务制度来完成。⑤对员工的工作进行指导和考核。这可以通过评价系统、产品报告、废品消耗、对员工工作进行直接观察和指导等方式来完成。

(二)群体控制

群体控制是由非正式组织发展和维持的。非正式组织是相对于正式组织而存在的,但

它并不是正式组织建立或需要的，而是由于人们相互联系而自发形成的个人和社会关系的网络，成员之间以共同的感情、爱好以及价值观为纽带。群体控制就是基于成员之间不成文的价值观念和行为准则的控制。非正式组织尽管没有明文规定的行为规范，但是组织中的成员都十分清楚这些规范的内容，都知道如果自己遵守这些规范，就会得到其他成员的认可，可能会强化自己在非正式组织组织中的地位；如果违反这些行为规范就会遭到惩罚，这种惩罚可能是遭受排挤、讽刺，甚至被驱逐出该组织。群体控制在某种程度上左右着职工的行为，处理得好有利于达成组织目标，如果处理不好将会给组织带来很大危害。

(三)自我控制

自我控制是指个人有意识地去按某一规范进行活动。自我控制能力取决于个人本身的素质。例如，一个员工不愿把企业的东西据为己有，可能是因为他具有诚实廉洁的品质，而不单单是怕被抓住受惩罚。具有良好修养的人一般具有较强的自我控制能力，顾全大局的人比看重个人局部利益的人具有较强的自我控制能力，具有较高层次需求的人比具有较低层次需求的人具有较强的自我控制能力。

正式组织控制、群体控制和自我控制有时是相互一致的，有时又是相互抵触的。这取决于组织对其成员的教育和吸引力，或者说取决于组织文化。有效的管理控制系统应该综合利用这三种控制类型，并使它们尽可能和谐，防止它们互相冲突。

五、预防性控制与纠正性控制

(一)预防性控制

预防性控制是为了避免产生错误或尽量减少今后的更正性活动，是为了防止资金、时间或其他资源的损耗而采取的一种预防保证措施。

使用这种控制措施，要求对整个运行活动的关键点有比较深刻的理解，能预见问题。一般说来，法律法规、规章制度、工作程序、人员训练和培养计划等，在管理活动中都起着重要的预防控制的作用。当然，这些预防性措施能否真正被遵守，还必须有良好的监控机构作为保证。

实施预防性控制方法可以促使管理者更多地进行自我控制，从而主动地对潜在的问题采取纠正措施；在向管理者个体委派任务时，有着较大的准确性，也为管理者定期、经常性的评价以及组织的培训提供了依据；可以获得下属更多的信任与支持；会有效地减少组织运行中的种种偏差，节约经费开支。

(二)纠正性控制

纠正性控制是指为了发现工作中存在的问题以便进行纠正而进行的控制。纠正性控制的目的是发现行为的偏差并使行为或实施进程回到预先确定的或管理者所希望的水平。

纠正性控制的产生往往是由于管理者没有预见问题，或者管理者认为某些事情出现错误之后来进行控制强化更好。

在实践中，这种控制用得也是较为广泛的。如审计制度增加了管理部门采取迅速更正措施的能力，因为定期对企业进行检查，有助于及时发现问题、解决问题。

第三节　控制过程

控制的对象一般都是针对人员、财务、作业、信息及组织的总体绩效，无论哪种控制对象其所采用的控制技术和控制系统实质上都是相同的。控制的基本过程都包括确定控制标准、衡量控制绩效、分析偏差并纠正等三个环节。见图 18.3。

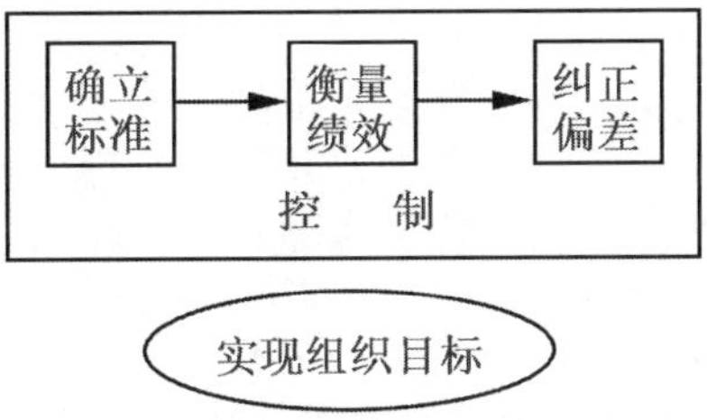

图 18.3　控制过程图

一、确定控制标准

控制标准必须从计划中产生,计划必须先于控制。换言之,计划是管理者设计控制工作和进行控制工作的准绳,所以控制工作的第一步总是制订计划。同时,计划的详尽程度和复杂程度各不相同,而且管理者也不可能事事都亲自过问,所以就得制定具体的标准。所谓标准,就是衡量实际工作绩效的尺度。它们是从整个计划方案中选出的,可以给管理者一个信号,使其不必过问计划执行过程中的每一个具体步骤,就可以了解工作的进展情况。

然而,由于不同的企业和不同的部门的特殊性,有待衡量的产品与服务种类繁多,有待执行的计划方案也数不胜数,所以不存在可供所有管理者使用的统一的控制标准。但是,所有的管理者必须使他们的控制和控制标准与其控制工作的需要相一致。

对管理者来说,选择关键性控制点的能力是一项艺术。因为有效的控制取决于控制点。这些控制点有的是一些限制性的因素,有的是一些非常有利的因素,这些因素会影响到将来整个组织的业绩。为此,管理者在确定标准时应当自问:可以最佳地反映本部门目标的是什么?当没有符合这些目标时,可以清楚地反映情况的是什么?能最好地衡量控制点偏差的是什么?应该由谁对哪些失误负责任?哪些标准最省钱?经济适用的信息的标准是什么?

计划方案的每个目标、这些方案所包括的每项活动、每项政策、每项规程以及每项预算,都可以成为衡量实际业绩或预期业绩的标准。但实际上,标准大致有以下几种。

(一)实物标准

这是一类非货币衡量标准,通常用于耗用原材料、雇佣劳动力、提供产品及服务等基层单位。例如,单位产量工时和所耗用的燃料数、单位机器台时的产量、每吨铜导线的尺数、每日门诊的病人数等。标准也可以反映品质,诸如材料的硬度、公差的精密度、飞机的爬升高度、纤维的强度、颜色的牢固度等。

(二)成本标准

是货币衡量标准,与实物标准一样通用于基层单位。这类标准是把货币值加到经营活动的成本之中。例如,单位产品的直接成本和间接成本、单位产品或每小时的人工成本、单位产品的原材料成本、单位面积的土地使用成本等。

(三)资本标准

是用货币来衡量实物项目而形成的,是成本标准的变种。这些标准与企业的投入资本有关,而同资本运营无关。对于新的投资和综合控制而言,使用最广泛的标准是投资报酬率。还有其他的标准如负债比率、债务与资本净值比率、现金及应收账款与应付账款的比率等。

(四)收益标准

把货币值用于销售量即为收益标准。例如,公共汽车载运乘客每公里的收入、每名顾客的平均购货额、在某市场范围内的人均销售额、每治愈一个病人的收入等。

(五)计划标准

为进行控制有时会安排管理人员编制一个可变动预算方案,或者一个准备实施的新产品开发计划,或提高销售人员素质的计划。在评估计划的执行情况时,虽然难免会运用一些主观判断,但也还可以运用计划中规定的时间安排和其他因素作为客观的判断标准。

(六)无形标准

也就是既不能以实物又不能以货币来衡量的标准。管理者经常遇到这样的难题:能用什么标准来测定公司人事部主任的才干等。对于这类问题,要确定明确定量又明确定性的标准是非常困难的。任何一个组织当中都存在着许多无形标准,这是因为对于一些工作的预期成果还缺乏具体的研究。或者,在工作业绩涉及人际关系尤其是在上层机构中,很难衡量何谓"良好"、"有效果"或"有效率"。虽然心理学家和社会学家提出了测试、调查和抽样方法使判断人的行为与动机已有可能,但对于人际关系的许多管理控制却仍要以一些无形标准、主观判断、反复试验,有时甚至是以纯粹的直觉为依据。

(七)指标标准

一些管理出色的企业往往要在每一层的管理部门建立可考核的定性指标或定量指标,无形标准尽管也很重要但在日益减少,通过这些指标来进行复杂的计划工作或衡量管理者的业绩。定量指标一般采取上文讨论过的各类标准。而定性指标的规定意味着标准领域内的一个大发展,尽管它不能像定量指标那样准确地考核,但可以用详细的说明计划或一些具体目标的特征和完成日期来增强其可操作性。

在实际工作当中,不管采取哪种类型的标准,都需要按照控制对象的特点来决定。企业无力,也无必要对所有成员的所有活动进行控制,只能在影响经营成果的众多因素中选择若干关键环节作为重点控制对象。美国通用电气公司关于关键绩效领域的选择或许能对我们提供某种启示。通用电气公司在分析影响和反映企业绩效的众多因素的基础上,选择了对企业经营成败起决定作用的 8 个方面,并为它们建立了相应的控制标准。图 18.4 为确定控制标准的控制重点。

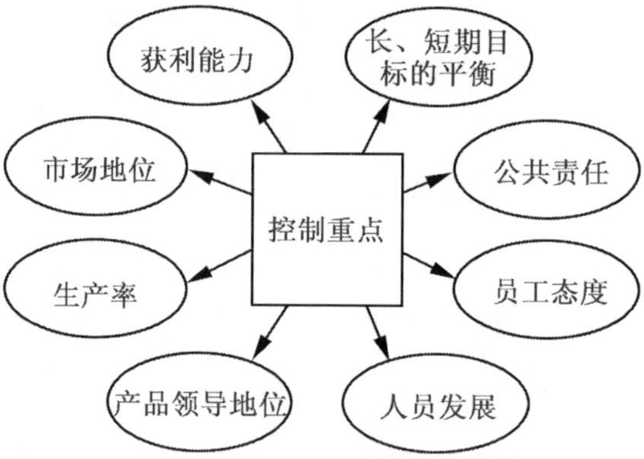

图 18.4 控制重点图

1. 获利能力

通过提供某种商品或服务取得一定的利润,这是任何企业从事经营的直接动因之一,也是衡量企业经营成败的综合标志,通常可用与销售领域或资金占用量相比较的利润率来表示。它们反映了企业对某段时期内投资应获利润的要求。利润率实现情况与计划的偏离,可能反映了生产成本的变动或资源利用效率的变化,从而为企业采取改进方法指出了方向。

2. 市场地位

市场地位是指对企业产品在市场上占有份额的要求。这是反映企业相对于其他厂家的经营实力和竞争能力的重要标志。如果企业占有的市场份额下降,那么意味着由于价格、质量或服务等某个方面的原因,企业产品相对于竞争产品来说其吸引力降低了,因此,应该采取相应的措施。

3. 生产率

生产率的标准可用来衡量企业各种资源的利用效果,通常用单位资源所能生产或提供的产品数量来表示。其中,最重要的是劳动生产率标准。企业其他资源的充分利用在很大程度上取决于劳动生产率的提高。

4. 产品领导地位

产品领导地位通常指产品的技术先进水平和功能的完善结构程度。通用电气公司是这样定义产品领导地位的:它表明企业在工程、制造和市场方面领导一个行业的新产品和改良产品的能力。为了维持企业产品的领导地位,必须定期评估企业产品在质量、成本方面的状况及其在市场上所受欢迎的程度。如果达不到标准,就要采取相应的改善措施。

5. 人员发展

企业的长期发展在很大程度上依赖于人员素质的提高。为此,需要测定企业目前的活动以及未来的发展对职工的技术、文化素质的要求,并与他们目前的实际能力相比较,以确定如何为提高人员素质采取必要的教育和培训措施。要通过人员发展规划的制定和实施,为企业及时供应足够的经过培训的人员,为员工提供发展和成长的机会。

6. 员工态度

员工的工作态度对企业目前和未来的经营成就有着非常重要的影响。测定员工态度的标准是多个方面的。比如,可以通过分析离职率、缺勤率来判断员工对企业的忠诚,也可以通过统计改进作业方法或管理方法的合理化建议的数量来了解员工对企业的关心程度,还可以通过定期调查的评价分析来测定员工态度的变化。如果发现员工态度不符合企业的预期,那么任其恶化是非常危险的,企业应采取有效的措施来提高他们在工作和生活上的满意程度,以改变他们的态度。

7 公共责任

企业的存在和延续是以社会的承认为前提的。而要争取社会的承认,企业必须履行必要的社会责任,包括提供稳定的就业机会,参加公益事业等多个方面。公共责任能否很好的履行关系到企业的社会形象。企业应根据有关部门对公共态度的调查,了解企业的实际社会形象同预期的差异,改善对外政策,提高公众对企业的满意程度。

8. 长、短期目标的平衡

企业目前的生存和未来的发展是相互依存,不可分割的。因此,在制订和实施经营活动计划时,应能统筹长期与短期的关系,检查各时期的经营成果,分析目前的高利润是否会影响未来的收益,以确保目前的利益不是以牺牲未来的收益和经营的稳定性为代价的。

麦当劳定量标准制定

麦当劳实行的是特许经营,它形成了一整套计划周密、有条不紊的筛选程序来选择特许经营者,而特许经营者必须通过“汉堡大学”的专门培训。一本几百页的操作手册规定了严格的标准,其中包括食物配置、烹饪程序、店堂布置、员工的着装,这些都有详细标准;食品的制作是完全标准化的,一磅肉的脂肪含量必须少于19%,小面包的宽度只能是3.5英寸,每个汉堡中的洋葱不能超过0.25盎司等;每种食品的制作时间有明确的规定,而且食品出炉后的存放时间也有详细的规定,油炸食品7分钟,汉堡包10分钟,咖啡30秒,超过规定时间所有食品必须扔掉。这些标准都要严格执行,并有严密的监督体制,每家分店有审查员,公司有不定期的暗访调查,发现不符合规定的坚决处理。通过这一整套严密的控制体系,消费者能在世界各地坐在相同熟悉、洁净的店堂里吃的相同质量、口味的食品,享受相同周到的服务。

二、衡量绩效

衡量绩效其实也是控制当中信息反馈的过程。在确定了标准以后,为了确定实际工作的绩效究竟如何,管理者首先需要收集必要的信息,考虑如何衡量和衡量什么。这样,一方面可以反映出计划的执行过程,使管理者了解到哪些部门哪些员工的绩效显著,以便对其奖励;另一方面,还可使管理者及时发现那些已经发生或预期将要发生的偏差。

(一)如何衡量

有四种信息常常被管理者用来衡量绩效,它们是:个人观察、统计报告、口头汇报和书面报告。这些信息分别有其长处和缺点,但是,将它们结合起来,可以大大丰富信息的来源并提高信息的准确程度。

个人观察提供了关于实际工作的最直接和最深入的第一手资料。这种观察可以包括非常广泛的内容,因为任何实际工作的过程总是可以观察到的。个人观察的显著优势是可以获得面部表情、声音语调以及怠慢情绪等,它是常被其他来源忽略的信息。

计算机的广泛应用使统计报告的制作日益方便。这种报告不仅有计算机输出的文字,还包括许多图形、图表,并且能按管理者的要求列出各种数据。尽管统计数据可以清楚有效地显示各种数据之间的关系,但它们对实际工作提供的信息是有限的。统计报告只能提供一些关键的数据,它忽略了其他许多重要因素。

信息也可以通过口头汇报的形式来获得,如会议、一对一的谈话或电话交谈等。这种方式的优缺点与个人观察相似。尽管这种信息可能是经过过滤的,但是它快捷、有反馈,同时可以通过语言词汇和身体语言来扩大信息,还可以录制下来,像书面文字一样能够永久保存。

书面报告与统计报告相比要显得慢一些;与口头报告相比要显得正式一些。这种形式比较精确和全面,且易于分类存档和查找。

这四种形式各有其优缺点,管理者在控制活动中必须综合使用方能获得较好效果。

(二)衡量什么

衡量什么是比如何衡量更关键的一个问题。如果错误地选择了标准,将会导致严重的不良后果。衡量什么还将会很大程度上决定组织中的员工追求什么。

有一些控制准则是在任何管理环境中都通用的。比如,营业额或出勤率可以考核员工的基本情况;费用预算可以将管理者的办公支出控制在一定的范围之内。但是必须承认内容广泛的控制系统中管理者之间的多样性,所以控制的标准也各有不同。例如,一个制造业工厂的经理可以用每日的产量、单位产品所消耗的工时及资源、顾客退货率等进行衡量;一个政府管理部门的负责人可用每天起草的文件数、每天发布的命令数、电话处理一件事务的平均时间等来衡量;销售经理常常可用市场占有率、每笔合同的销售额、属下的每位销售员拜访的顾客数等来进行衡量。

如果有了恰如其分的标准,以及准确测定下属工作绩效的手段,那么对实际或预期的工作进行评价就比较容易。但是有些工作和活动的结果是难以用数量标准来衡量的。如对大批量生产的产品制定工时标准和质量标准是简单的,但对顾客订制的单件产品评价其执行情况就比较困难了。此外,对管理人员的工作评价要比对普通员工的工作评价困难得多,因为他们的业绩很难用有形的标准来衡量,而他们本身和他们的工作又恰恰非常的重要。他们既是计划的制订者,又是计划的执行者和监督者,他们的工作绩效不仅决定着他们个人的前途,而且关系到整个组织的未来,因此不能由于标准难以量化而放松或放弃对其的衡量。有时可以把他们的工作分解成能够用目标去衡量的活动;或者采取一些定性的标准,尽管会带有一些主观局限性,但这总比没有控制标准、没有控制机制要好。

三、分析偏差并纠正

控制的最后一个步骤就是根据衡量绩效分析偏差并采取纠正措施。管理者应该在下列三种控制方案中选择一个:维持原状;纠正偏差;修订标准。当衡量绩效的结果比较令人满意时,可采取第一种方案;如果发现偏差,就要分析偏差产生的原因,有时可能是人员不称职或技术设备条件跟不上等造成的,也可能是计划或标准有误造成的,对不同的情况要采取不同的更正行动。在此,重点讨论后两种方案。

(一)纠正偏差

如果偏差是由于绩效不足所产生的,管理者就应该采取纠正措施。这种措施的具体方式可以是:管理策略的调整、组织结构的完善、及时进行补救、加强人员培训以及进行人事调整等。

管理者在采取纠正行动之前,首先要决定是应该采取立即纠正行动,还是彻底纠正行动。所谓立即纠正行动是指立即将出现问题的工作矫正到正确的轨道上;而彻底纠正行动首先要弄清工作中的偏差是如何产生的,为什么会产生,然后再从产生偏差的地方开始进行纠正行动。在日常管理工作中,许多管理者常以没有时间为借口而不采取彻底纠正行动,或者因为采取彻底纠正行动会遇到思想观念、组织结构调整以及人事安排等方面的阻力,而满足于不断的救火式的应急控制。然而事实证明,作为一个有效的管理者,对偏差进行认真的分析,并花一些时间永久性地纠正这些偏差是非常有益的。

(二)修订标准

工作中的偏差也可能来自不合理的标准,也就是说指标定得太高或太低,或者是原有的标准随着时间的推移已不再适应新的情况。这种情况下,需要调整的是标准而不是工作绩效。

但是应当注意的是,在现实生活中,当某个员工或某个部门的实际工作与目标之间差距非常大时,他们往往首先想到的是责备标准本身。比如,学生会抱怨扣分太严而导致他们的低分;销售人员可能会抱怨定额太高致使他们没有完成销售计划。人们不大愿意承认绩效不足是自己努力不够的结果,作为一个管理者对此应保持清醒的认识。如果你认为标准是现实的,就应该坚持,并向下属讲明你的观点,否则就应作出适当的修改。

图 18.5 总结了控制的过程。控制过程其实可以看做是整个管理系统的一个组成部分,并且是和其他管理职能紧密相联的。管理者可以运用改变航道的原理重新制订计划或调整目标来纠偏,可以运用组织职能重新委派职务或进一步明确职责来纠偏,可以采用妥善地选拔和培训下属人员或重新配备人员来纠偏,也可以通过改善领导方式方法或运用激励政策来纠偏。控制活动与其他管理职能的交错重叠,说明了在管理者的职务中各项工作是统一的,说明管理过程是一个完整的系统。

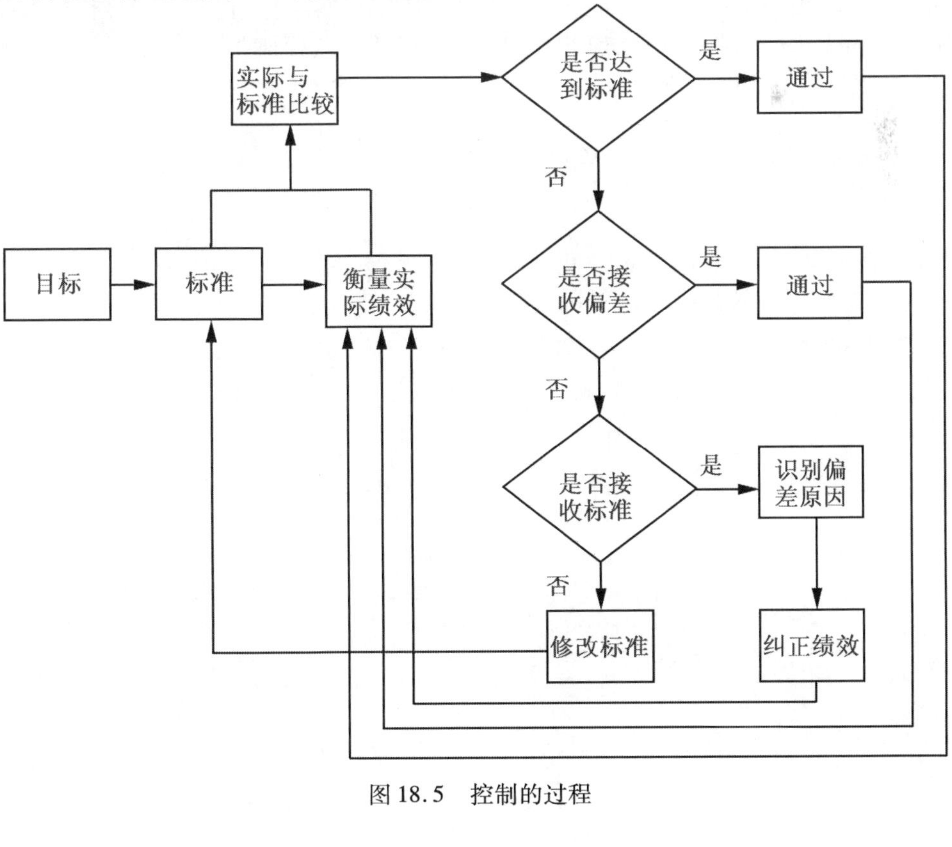

图 18.5　控制的过程

第四节 有效控制

一、有效控制的含义

有效控制,是指实际轨道围绕标准,在允许幅度内上下均匀波动。基于这种认识,纠正不宜采取过于强烈的行动。如果纠正偏差的力量,大于产生偏差的力量,将会造成新的偏差,形成大起大落的大波动,反而不利于稳定状态的维持。同时,纠正行动也应是必要的,过多的、不适当的纠正行动也将会破坏系统的稳定状态的维持。因此,纠正行动要适可而止,恰到好处。

而在管理学中的所谓有效控制,就是以比较少的人力、财力和物力,较少的精力与时间使组织的各项活动处于控制状态。一旦组织的某项活动出现偏差,则能及时纠正偏差,而且能使偏差所导致的损失降低到最低限度。

二、有效控制的原则

(一)反映计划要求

控制的目标是为了实现计划,控制是实现计划的保证。为实现每一项计划所进行的控制工作有很大的不同,都需要按不同计划的特殊要求和具体情况来设计。控制工作越是考虑到各种计划的特点,就越能更好地发挥作用。

(二)组织适宜

控制还必须反映组织结构的类型和状况。组织结构是控制工作的依据。控制工作只有适应组织结构并由健全的组织结构来保证,才能够顺利进行。

(三)控制关键点

为了进行有效的控制,需要特别注意在根据各种计划来衡量工作绩效时有关键意义的那些因素。控制住了关键点,也就控制住了全局。同时,在控制工作中强调关键点的控制也是提高控制工作效率的要求。

(四)关注例外

例外原则对例外的关注,不应仅仅依据偏差的大小而定,还必须考虑相应的工作或标准的重要性,即强调例外必须跟关键点结合起来,关键点上的例外偏差是最应予以重视的。

(五)控制趋势

要使控制有效,控制变化趋势则显得非常重要。控制趋势的关键在于从现状中揭示倾向,特别是在趋势刚显露苗头时就敏锐地觉察到。

三、有效控制的特征

有效控制主要包括四个主要特征,见图 18.6。

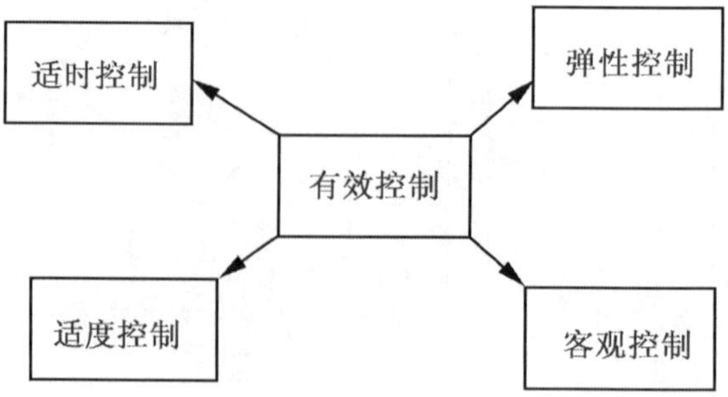

图 18.6 有效控制的特征

(一)适时控制

适时控制是企业经营活动中产生的偏差只有及时采取措施加以纠正,才能避免偏差的扩大,或防止偏差对企业不利影响的扩散。

及时纠偏,要求管理人员及时掌握能够反映偏差产生及其严重程度的信息。如果等到偏差已经非常明晰,且对企业造成了不可挽回的影响后,反映偏差的信息才姗姗来迟,那么,即使这种信息是非常系统,绝对客观,完全正确的,也不可能对纠正偏差带来任何指导作用。

适时控制就是在“正确的时间”进行控制。企业在经营活动中产生的偏差必须及时采取措施进行纠正才能避免偏差的扩大以及防止对企业不利影响的扩散。及时纠偏要求管理人员及时掌握能够反映偏差产生以及严重程度的信息。也就是说要根据现状进行预测,在偏差未发生之前,就注意到其发生的可能性并预先采取必要的防范措施,防止偏差的产生。但是在由于某种组织无法抗拒的力量导致必定发生偏差时,就要求这一控制能够指导企业预先采取措施,消除或者遏制偏差产生后可能对企业造成的不利影响。

预测偏差的产生,虽然在实践中有许多困难,但是在理论上是完全可行的,也就是说可以通过组织建立其经营状况的预警系统,为需要控制的对象建立一条警报线,当反映其经营状况的数据超过这个警戒线时,预警系统就要发出警报,提醒人们采取措施防止偏差的产生和扩大。

质量控制图可以被认为是一个简单的预警系统。见图 18.7。纵轴表示反映产品某个质量特征或某项工作质量完善程度的数值,横轴表示取值(进行控制)的时间,中心线 CL 表示反映质量特征的标准状况,UCL 和 LCL 分别表示上、下警戒线。反映质量特征的数据如果始终分布在 CL 周围,则表示质量“在控制中”;而一旦超越 UCL 或 LCL,则表示出了质量问题。在这之前,质量控制人员就应引起警戒,注意质量变化的趋势,并指定或采取必要的纠正措施。

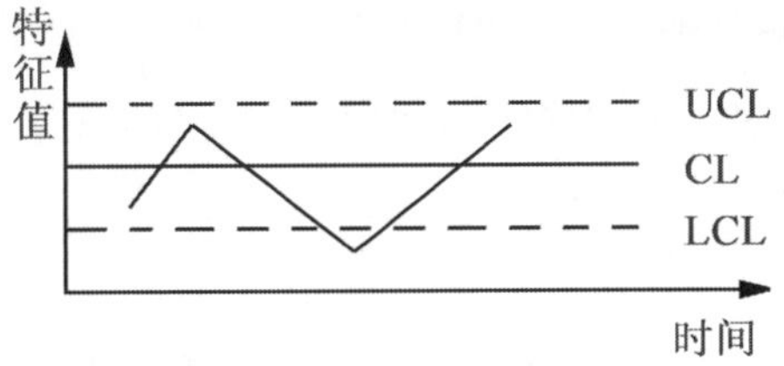

图 18.7　质量控制图
CL—质量特征的标准状况;UCL、LCL—上、下警戒线

(二)适度控制

适度控制是指控制的范围、程度和频度要恰到好处。虽然任何组织都需要控制,但控制系统的大小各异。不管管理者应用怎样的控制,它必须与涉及的工作相适合并是经济的。对适度控制的要求体现在这两方面:

一方面,过多的控制会扼杀组织中成员的积极性、主动性和创造性,会抑制他们的首创精神,从而影响个人能力的发展和工作热情的提高,最终影响企业的效率。

另一方面,控制不足将不能使组织活动有序地进行,不能保证各部门活动进度和比例的协调,造成资源的浪费。此外,过少的控制还可能使组织中的个人无视组织的要求,我行我素,甚至利用在组织中的便利地位谋求个人利益,从而导致组织的涣散和崩溃。

(三)弹性控制

弹性控制是指控制行为能够适应组织内部条件与外部环境的变化,具有灵活性。弹性控制通常与控制的标准有关,有时也与控制系统的设计有关;通常组织目标并不是单一的,而是多重目标的组合。

企业在生产经营过程中经常可能遇到某种突发的、无力抗拒的变化,如环境突变、计划疏忽、计划变更、计划失败等,这些变化使企业计划与现实条件严重背离。有效的控制系统应在这种情况下仍应有足够的灵活性去保持对运行过程的管理控制。也就是说,应该具有一定的弹性。例如,在工程项目建设中在对地质进行勘测、工程量测量时经常会发生偏差,导致工程费用急剧上升,因此,在做总投资估算时都有预备费的预算。

事实上,弹性控制最好是通过弹性的计划和弹性的衡量标准来实现。在制订计划时,充分考虑到未来企业经营可能出现的不同水平,从而为标志经营规模的不同参数值规定不同的经营额度,使预算在一个可接受的范围内变化。

(四)客观控制

客观控制是指控制的标准、方法与过程应尽量脱离主观性,建立在科学、客观的基础之上。

控制系统必须是精确的,这道理似乎是显而易见的,然而,在现实生活中,许多管理人员的决策往往是基于不精确的信息。销售人员在估计销量时说些模棱两可的话,以迎合主管上司的看法;生产车间的管理人员为了达到上级制定的目标隐瞒生产成本的上升;一些管理者为了得到领导的青睐而虚报成绩。这些都给管理人员的正确决策带来了负面影响。

要客观地控制,应做到以下几点:

第一,要尽量建立客观的计量方法,即尽量把绩效用定量的方法记录并评价,把定性的内容具体化。

第二,是管理人员必须谨慎适当地去解释所获得的信息。数字的客观性不能代表一切,管理人员在做决策时还应看到数字背后的真正含义。如销售每月提高销量多少,上层管理部门对这类报告显然会感到高兴,但是,在销量提高的背后,也许是销售擅自提供了折扣,或对产品的功效作了不切实际的保证,或答应较早的交货期等。

第三,是管理人员要从组织目标的角度来观察问题,避免个人偏见和成见。

思考题

1 为什么要进行管理控制?
2 管理控制有哪些类型?不同类型的控制有何特点?
3 控制过程包括哪些阶段的工作?
4 如何进行有效的控制?

【案例分析】

汉诺弗航天电子公司的控制系统

汉诺弗航天电子公司总经理祆沧·汉诺弗(Warren Hanover)和其他几家大型军工承包公司的总经理在华盛顿刚同国防部长会谈过。这位部长提起下列事实,给这些总经理留下了深刻印象。部长指出,政府方面坚决认为军工承包公司应该有良好的管理和严格的控制,以使在国防经费日益短缺的条件下提高产量,特别是鉴于近年来通货膨胀的激化更应如此。部长强调指出,从现在开始,国防部将认真检查承包公司管理的实际做法,凡是缺乏有力与有效的控制系统的公司,就不会给它什么重要的合同。

沃伦·汉诺弗和其他公司的总经理都得到了这一信息。汉诺弗回到堪萨斯城的公司总部后,立即召见他的行政副总经理,把国防部长的态度告诉他,同时命他构建一个有效的控制系统。行政副总经理转而召见公司总会计师,把这项指令给了他。总会计师随即把此项任务委派给他的办公室助理,要求她检索有关控制问题的文献,从中找出能供这家公司采纳的一种控制系统,并要求她在一周内写成建议书交给总会计师。

到了周末,助理不得不向总会计师汇报,她没有找到适用于本公司的控制系统,虽说事实上她翻阅了许多著作和刊物上的文章,可是无济于事。

讨论：

1. 如果这位助理充分检索了参考文献的话，她能否找到一种合适的控制系统呢？
2. 如果你是这位助理的话，你将会提出什么样的建议来制定一种有效的控制系统？

【实践练习】

模拟公司的综合评价

实训目标

通过本章实训，主要培养学生控制与信息处理的能力。具体包括：有效控制的能力；搜集与处理信息的能力；总结与评价的能力。

实训内容与要求

模拟公司的综合评价分两个阶段进行：

(1)第一阶段为自评阶段：经过一段时间的实践，由模拟公司的各个部门按工作性质的不同，责成各部门每名成员写出自检评估报告，总经理写出公司全面工作总结。模拟公司每名成员给自己打出自评分数。重点是搜集与整理有关本公司与本人绩效的信息。主要利用课余时间。

(2)第二阶段为互评和总评阶段：各模拟公司互评与教师总评，本着"公平、公正、公开"的原则，各模拟公司之间根据绩效与日常表现，互相评估打分；课上教师依据绩效及表现对各公司进行综合评估打分；最后将各部分分数进行加权汇总。

成果与检测

(1)各公司制订评估方案。

(2)总经理写出本公司全面工作总结。

(3)每个公司成员提交自我评估报告或总结。

(4)教师进行成绩汇总与评定。

参考文献

[1][苏]波波夫. 管理理论问题[M]. 张守慎,译. 北京:中国社会科学出版社,1982.
[2][美]罗宾斯,库尔塔. 管理学[M]. 孙健敏,黄卫伟,王凤彬,译. 北京:中国人民大学出版社,2004.
[3][美]孔茨,韦理克. 管理学[M]. 马春光,译. 经济科学出版社,1998.
[4]司马迁. 史记·高祖本记.
[5]罗贯中. 三国演义[M]. 北京:人民文学出版社,1979.
[6]马克思. 资本论[M]. 北京:人民出版社,1975.
[7][美]德鲁克管理:任务、责任,实践[M]. 孙耀君,译. 北京:中国社会科学出版社,1987.
[8]周三多. 管理学[M]. 北京:中国高等教育出版社,2005.
[9]芮明杰. 管理学:现代的观点[M]. 上海:上海人民出版社,2005.
[10][英]沃纳. 管理大师手册[M]. 清华大学经济管理学院,编译. 辽宁:辽宁教育出版社,2000.
[11]刘亚臣. 现代管理心理学教程[M]. 辽宁:东北大学出版社,2008.
[12]杨兆宇. 管理寻根[J]. 领导与管理,1997(1).
[13]沈铭贤. 科学精神与现代文化:载超越挑战与应战[M]. 上海:上海文艺出版社,1988.
[14][奥]庞巴维克. 资本实证论[M]. 北京:商务印书馆,1983.
[15]吴季松. 知识经济[M]. 北京:北京科学技术出版社,1998.
[16]孙耀君. 西方管理思想史[M]. 山西:山西人民出版社,1987.
[17]杰尔. 着牛仔裤的一代[J]. 陆玲姝,等译. 创业者文摘,1987(6).
[18]Tom brow,Sweatshop of the 1990s,Management Review/august,1996.
[19]21 世纪的管理人才[J]. 郑鹿年,编译. 创业者文摘,1987(6).
[20]陈胜群. 网络时代的 C. aLS 与管理科学的新课题[J]. 经济管理,1998(5).
[21]余绪缨. 柔怀管理的发展及其思想文化渊源[J]. 经济学家,1998(1).
[22][美]圣吉. 第五项修炼[M]. 张成林,译. 上海:上海三联书店,1994.
[23][美]奈斯比特. 大趋势——改变我们生活的十个趋向[M]. 孙道章,等译. 北京:新华出版社,1984.
[24]劳动和社会保障部和中国就业培训技术指导中心. 国家职业资格培训教程——职业道德[M]. 北京:蓝天出版社,2001.
[25]管理道德. 企业管理研究者面临的新挑战. 中国市场营销网 http://www. ecm. com. cn/,07 - 04 - 14.
[26][美]德鲁克. 卓有成效的管理者[M]. 许是祥,译. 北京:机械工业出版社,2005.
[27]马克思主义百科要览. 马克思主义研究网 http://myy. cass. cn/file/2005122215885. html,2005 - 12 - 22.
[28][美]普蒂 M,韦里奇,孔茨. 管理学精要[M]. 丁慧平,孙先锦,译. 北京: 机械工业出版社 2002.
[29]杨文士,焦叔斌,张雁,等. 管理学(第三版)[M]. 3 版. 北京:中国人民大学出版社 2009.
[30]徐艳梅. 管理学原理[M]. 北京:北京工业大学出版社 2003.
[31]董大海. 战略管理[M]. 大连:大连理工大学出版社,2000.
[32]杨锡怀,冷克平,王江. 企业战略管理:理论与案例[M]. 2 版. 北京:高等教育出版社,

2004.
[33]邹昭希.业战略分析[M].2版.北京:经济管理出版社,2004.
[34]王方华.战略管理[M].2版.上海:上海复旦大学出版社 2005.
[35]刘颖.业战略管理[M].北京:中国电力出版社 2007.
[36]The McGraw - Hill C. ompanies, Inc2003, arthur aThomson, Jr& aJStrickland Ⅲ Strategic Management, 13E[M].段盛华,王智慧,于凤霞,译.北京:中国财政经济出版社,2005.
[37]王曙光.预测:综合智慧的集中体现[J].观察与思考.2008,1(1):p28 - 29.
[38]马国英,陈文彦.企业现代预测管理的理论、方法与应用[J].山西科技,1999(6):15 - 17.
[39]刘亚臣.现代管理学概论[M].辽宁:辽宁大学出版社,1996.
[40][美]坎农.管理学概论[M].北京:中国社会科学出版社,1989.
[41]徐国华,张德,赵平.管理学[M].北京:清华大学出版社,1998.
[42]王凤彬,李东.管理学[M].2版.北京:中国人民大学出版社,2003.
[43][美]德鲁克.德鲁克日志[M].蒋旭峰,译.上海:上海译文出版社,2006.
[44]罗宾斯,库尔特.管理学[M].第7版.北京:中国人民大学出版社,2004.
[45]胡雄飞.企业组织结构研究[M].上海:立信会计出版社,1996.
[46]王晶晶,陈忠卫.组织行为学[M].北京:中国统计出版社,2001.
[47]张平华.中国企业管理创新[M].北京:中国发展出版社,2004.
[48]包晓闻,刘思周.管理制胜——20家中国企业的顶级管理模式[M].北京:机械工业出版社,2003.
[49]刘巨钦.企业组织设计原理与实务[M].北京:企业管理出版社,1996.
[50]郁义鸿.精巧的组织艺术:现代企业组织结构挥略[M].上海:上海译文出版社,1994.
[51][美]普蒂.管理学精要:亚洲篇[M].丁慧平,孙先锦,译.北京:机械工业出版社,1999.
[52][美]罗宾斯.组织行为学[M].第10版.孙健敏,译.北京:中国人民大学出版社,2005.
[53]姚裕群.团队建设与管理[M].北京:首都经济贸易大学出版社,2006.
[54]余凯成.人力资源管理[M].大连:大连理工大学出版社,2001.
[55]胡君辰.人力资源管理与开发[M].上海:复旦大学出版社,1999.
[56]张一驰.人力资源管理教程[M].北京:北京大学出版社,1999.
[57]张德.组织行为学[M].2版.北京:高等教育出版社,2004.
[58]刘光明.企业文化[M].4版.北京:经济科学出版社,2004.
[59][美]布坎南,赫心思盖.组织行为学[M].第5版.李丽,等译.北京:经济管理出版社,2005.
[60]石兴国,安文,姜岩.组织行为新[M].北京:电子工业出版社,2005.
[61]关培兰.组织行为学[M].北京:中国人民大学出版社,2005.
[62]石伟.组织文化[M].上海:复旦大学出版社,2004.
[63][美]卡明斯,沃里.组织变革与发展[M].第7版.李剑锋,译.北京:清华大学出版社,2003.
[64]贝特曼,斯奈尔.管理学[M].4版.北京:北京大学出版社,2004.
[65]全国高等学校精品课程建设工作,www. jpkcnet. com.
[66]山东理工大学管理教学网,http://gljx. sdut. edu. cn/newshi/default9. asp.
[67]武汉大学管理学国家级精品课,http://jpkc. whu. edu. cn/jpkc2005/management.
[68]辽宁大学管理学国家级精品课,http://edu. lnu. edu. cn/.

[69]广东交通职业技术学院国家级精品课,http://www.gdcp.cn/jpkc/glxjc/.
[70]孙元欣.管理学—原理、方法、案例.北京:科学出版社,2006.
[71]李东进,秦勇.管理学原理.北京:中国发展出版社,2006.
[72]洪波.管理学教程.上海:上海财经大学出版社,2006.
[73]张玲枣.管理学概论.福建:厦门大学出版社,2006.
[74]郭朝阳.管理学.北京:北京大学出版社,2006.
[75]罗宾斯组织行为学[M].孙健每、李源、译。北京:中国人民大学出版社.
[76]吴兆颐.如何拓展21世纪核心领导力[M].北京:人民出版社,2004.
[77]王凯,蔡根女.管理学原理[M].北京:高等教育出版社,2002.
[78]刘君政.领导与激励[M].北京:清华大学出版社,2003.
[79]周菲.管理心理学[M].北京:北京交通大学出版社,2006.
[80]王凯,蔡根女.管理学原理[M].北京:高等教育出版社,2002.
[81]徐永森.激励原理与方法[M].长春:吉林大学出版社,1991.
[82]刘君政.领导与激励[M].北京:清华大学出版社,2003.
[83]李剑锋.组织行为管理[M].北京:中国人民大学出版社,2000.
[84]刘志坚,徐北妮.管理学——原理与案例[M].广东:华南理工大学出版社,2002.
[85][美]Benson Smith Tony Rutigliano.发现你的销售优势[M].方晓光,译北京:机械工业出版社,2004.
[86]黄培论.组织行为学[M].广东:华南理工大学出版社,2002.
[87]胡丽芳,张焕强.团队管理实务[M].深圳:海天出版社,2004.
[88]邬志辉.管理学基础[M].吉林:东北师范大学出版社,2005.
[89][美]彼得·德鲁克管理思想全集[M].赵雪章,译.北京:中国长安出版社,2006.
[90]苏保忠.领导科学与艺术.北京:清华大学出版社出版,2004.
[91]孔茨.管理学精要[M].北京:机械工业出版社,2005.
[92]寇勇,李晓珊.现代工商企业管理实务全书[M].北京:中国工商出版社,2005.
[93]刘亚臣.管理学[M].北京:中国电力出版社,2008.